CAY S. HORSTMANN
GARY CORNELL
Übersetzung: Frank Langenau

Band 1 - Grundlagen

THE SUN MICROSYSTEMS PRESS
JAVA SERIES

Die Deutsche Bibliothek – CIP-Einheitsaufnahme

Core JAVA 2 [Medienkombination] : Cay S. Horstmann/Gary Cornell. –
München ; London ; Mexiko ; New York ; Singapur ; Sydney ; Toronto :
Prentice Hall
ISBN 3-8272-9565-3

    Bd.1. Grundlagen
    Buch. – 1999
    CD-ROM. – 1999

Die Informationen in diesem Produkt werden ohne Rücksicht auf einen
eventuellen Patentschutz veröffentlicht.
Warennamen werden ohne Gewährleistung der freien Verwendbarkeit benutzt.
Bei der Zusammenstellung von Texten und Abbildungen wurde mit größter
Sorgfalt vorgegangen.
Trotzdem können Fehler nicht vollständig ausgeschlossen werden.
Verlag, Herausgeber und Autoren können für fehlerhafte Angaben
und deren Folgen weder eine juristische Verantwortung noch
irgendeine Haftung übernehmen.
Für Verbesserungsvorschläge und Hinweise auf Fehler sind Verlag und
Herausgeber dankbar.

Autorisierte Übersetzung der amerikanischen Originalausgabe: Core Java, Volume 1 –
Fundamentals ©1999 Sun Microsystems, Inc.

Alle Rechte vorbehalten, auch die der fotomechanischen Wiedergabe und der
Speicherung in elektronischen Medien.
Die gewerbliche Nutzung der in diesem Produkt gezeigten Modelle und Arbeiten
ist nicht zulässig.

Umwelthinweis:
Dieses Buch wurde auf chlorfrei gebleichtem Papier gedruckt.
Die Einschrumpffolie – zum Schutz vor Verschmutzung – ist aus
umweltverträglichem und recyclingfähigem PE-Material.

10 9 8 7 6 5 4

03 02 01 00

ISBN 3-8272-9565-3

© 1999 by Markt und Technik Verlag,
ein Imprint der Pearson Education Deutschland GmbH,
Martin-Kollar-Straße 10–12, D-81829 München/Germany
Alle Rechte vorbehalten
Einbandgestaltung: Heinz H. Rauner, München
Übersetzung: Frank Langenau
Lektorat: Erik Franz, efranz@pearson.de
Herstellung: Martin Horngacher, mhorngacher@pearson.de
Satz: EDV-Beratung Klein, München
Druck und Verarbeitung: Media-Print, Paderborn
Printed in Germany

Inhaltsverzeichnis

	Vorwort	13
1	**Einführung in Java**	**15**
1.1	Java als Programmierwerkzeug	16
1.2	Vorteile von Java	17
1.3	Schlagwörter zu Java im »White Paper«	19
1.3.1	Einfach	20
1.3.2	Objektorientiert	21
1.3.3	Verteilt	22
1.3.4	Robust	22
1.3.5	Sicher	23
1.3.6	Architekturneutral	24
1.3.7	Portabel	25
1.3.8	Interpretiert	25
1.3.9	Hohe Leistung	26
1.3.10	Multithreaded	26
1.3.11	Dynamisch	27
1.4	Java und das Internet	27
1.4.1	Applets in der Praxis	28
1.5	Geschichtlicher Abriß zu Java	30
1.6	Java – falsch verstanden	32
2	**Die Programmierumgebung**	**37**
2.1	Compiler und Tools für Java installieren	38
2.1.1	Entwicklungsumgebungen für Windows-Benutzer	39
2.1.2	Core-Java-Dateien in einer integrierten Entwicklungsumgebung	40
2.2	In Java-Verzeichnissen navigieren	41
2.3	Windows 95/98/NT als Programmierumgebung	42
2.3.1	Lange Dateinamen	42
2.3.2	Mehrere Fenster	45
2.3.3	Zugriffstasten	46
2.3.4	Mehr zu DOS-Shells	47
2.3.5	Das Programm EDIT	48
2.4	Java-Programme kompilieren und ausführen	49
2.5	TextPad	50
2.5.1	Programme kompilieren und ausführen	50
2.5.2	Compilerfehler aufspüren	51

2.6	Grafikanwendungen	53
2.7	Applets	55

3 Grundlegende Programmstrukturen ... 63
3.1	Ein einfaches Java-Programm	64
3.2	Kommentare	68
3.3	Datentypen	69
3.3.1	Ganzzahlen	70
3.3.2	Gleitkommatypen	71
3.3.3	Der Zeichentyp »char«	72
3.3.4	Der Typ »boolean«	74
3.4	Variablen	74
3.5	Zuweisungen und Initialisierungen	75
3.5.1	Umwandlungen zwischen numerischen Typen	76
3.5.2	Konstanten	78
3.6	Operatoren	79
3.6.1	Potenzieren	79
3.6.2	Operatoren zum Inkrementieren und Dekrementieren	80
3.6.3	Relationale und boolesche Operatoren	80
3.6.4	Bitoperatoren	81
3.6.5	Klammern und Operatorvorrang	82
3.7	Strings	83
3.7.1	Verkettung	84
3.7.2	Teilstrings	84
3.7.3	Strings bearbeiten	85
3.7.4	Strings auf Gleichheit testen	87
3.7.5	Eingaben lesen	90
3.7.6	Ausgabe formatieren	93
3.7.7	Hypothekenberechnung	99
3.8	Den Programmfluß steuern	100
3.8.1	Gültigkeitsbereich eines Blocks	101
3.8.2	Bedingungsanweisungen	102
3.8.3	Unbestimmte Schleifen	105
3.8.4	Bestimmte Schleifen	109
3.8.5	Mehrfachauswahlen – die »switch«-Anweisung	111
3.8.6	Benannte Breaks	113
3.9	Klassenmethoden (benutzerdefinierte Funktionen)	115
3.9.1	Klassenvariablen	119
3.9.2	Rekursion	120
3.10	Arrays	121
3.10.1	Arrays kopieren	123
3.10.2	Arrays als Argumente	125

3.10.3	Arrays als Rückgabewerte	126
3.10.4	Mehrdimensionale Arrays	129

4 Objekte und Klassen ... 135

4.1	Einführung in die objektorientierte Programmierung	136
4.1.1	Das Vokabular der objektorientierten Programmierung	138
4.1.2	Objekte	140
4.1.3	Beziehungen zwischen Klassen	142
4.1.4	Objektorientierte und prozedurale Programmierung	144
4.2	Vorhandene Klassen	146
4.2.1	Objektvariablen	147
4.2.2	Die Klasse GregorianCalendar der Java-Bibliothek	150
4.2.3	Mutator- und Accessor-Methoden	154
4.2.4	Die Klasse »Day«	156
4.2.5	Objekte als Funktionsargumente	160
4.3	Eigene Klassen	162
4.3.1	Eine Klasse »Employee«	163
4.3.2	Die Klasse »Employee« im Detail	165
4.3.3	Erste Schritte mit Konstruktoren	167
4.3.4	Die Methoden der Klasse »Employee«	169
4.3.5	Methodenzugriff auf private Daten	173
4.3.6	Private Methoden	173
4.3.7	Mehr zur Objektkonstruktion	174
4.3.8	Statische Methoden und Felder	181
4.3.9	Eine Klasse »CardDeck«	186
4.4	Pakete	191
4.4.1	Pakete im Einsatz	192
4.5	Tips zum Entwurf von Klassen	197

5 Vererbung ... 201

5.1	Erste Schritte mit Vererbung	202
5.1.1	Vererbungshierarchien	208
5.1.2	Subklassen	209
5.1.3	Objekte kennen ihre Bestimmung: Polymorphismus	210
5.1.4	Vererbung verhindern: finale Klassen und Methoden	212
5.2	Typumwandlung	213
5.3	Abstrakte Klassen	216
5.4	Geschützter Zugriff	223
5.5	Object: Die kosmische Superklasse	224
5.5.1	Vektoren	228

5.6	Objekt-Wrapper	240
5.6.1	Große Zahlen	245
5.6.2	Die JDK-Dokumentation im HTML-Format	246
5.7	Die Klasse »Class« (Identifizierung des Laufzeittyps)	249
5.8	Reflection	252
5.9	Tips für den Entwurf der Vererbung	270

6 Schnittstellen und innere Klassen 273
6.1	Schnittstellen	274
6.1.1	Abstrakte Superklassen	274
6.1.2	Schnittstellen verwenden	278
6.1.3	Eigenschaften von Schnittstellen	282
6.1.4	Die Schnittstelle »Cloneable«	283
6.1.5	Schnittstellen und Callbacks	287
6.2	Innere Klassen	289
6.2.1	Eine »Property«-Schnittstelle	291
6.2.2	Lokale Klassen, die auf lokale Variablen zugreifen	304
6.2.3	Statische innere Klassen	308

7 Grafikprogrammierung 313
7.1	Einführung	314
7.2	Ein schließbarer Rahmen	319
7.3	Grafikprogramme beenden	322
7.4	Rahmenlayout	326
7.5	Informationen in einem Rahmen anzeigen	333
7.6	Grafikobjekte und die Methode »paintComponent«	335
7.7	Text und Schriften	340
7.8	Farben	350
7.9	Figuren aus Linien zusammensetzen	354
7.10	Rechtecke und Ellipsen	358
7.11	Figuren ausfüllen	360
7.12	Zeichenmodi	364
7.13	Bilder	367

8 Ereignisbehandlung 375
8.1	Grundlagen der Ereignisbehandlung	376
8.2	Beispiel: Welche Schaltfläche wurde angeklickt?	379
8.2.1	Beispiel: Fensterereignisse auffangen	390
8.2.2	Adapterklassen	391
8.3	Die AWT-Ereignishierarchie	394
8.4	Semantische und systemnahe Ereignisse im AWT	396

8.5	Zusammenfassung zur Ereignisbehandlung		397
8.6	Individuelle Ereignisse		401
8.6.1	Fokusereignisse		401
8.6.2	Fensterereignisse		403
8.6.3	Tastaturereignisse		404
8.6.4	Mausereignisse		410
8.7	Code für Benutzeroberfläche und Anwendung trennen		419
8.8	Multicasting		429
8.9	Erweiterte Ereignisbehandlung		431
8.9.1	Ereignisse konsumieren		431
8.9.2	Ereigniswarteschlange		432
8.9.3	Benutzerdefinierte Ereignisse aufnehmen		437
9	**Benutzeroberflächen mit Swing**		**445**
9.1	Modell – Ansicht – Steuerung		446
9.1.1	Swing-Schaltflächen nach Modell – Ansicht – Steuerung		452
9.2	Eine Einführung in das Layout-Management		454
9.2.1	Rahmen-Layout		457
9.2.2	Grundflächen (Panels)		459
9.3	Texteingaben		461
9.3.1	Textfelder		462
9.3.2	Eingaben auf Gültigkeit prüfen		470
9.3.3	Kennwortfelder		477
9.3.4	Textbereiche		478
9.3.5	Bezeichnungsfelder und Bezeichnungskomponenten		483
9.3.6	Text markieren		485
9.3.7	Text bearbeiten		486
9.4	Auswahlelemente		488
9.4.1	Kontrollkästchen		488
9.4.2	Optionsfelder		492
9.4.3	Rahmenlinien		497
9.4.4	Listen		503
9.4.5	Kombinationsfelder		524
9.5	Bildlaufleisten		528
9.5.1	Bildlaufbereiche		534
9.5.2	Bildlauf im Fenster		545
9.6	Intelligentes Layout-Management		552
9.6.1	Raster-Layout		556
9.6.2	Box-Layout		560
9.6.3	Grid-Bag-Layout		567
9.6.4	Die Parameter »gridx«, »gridy«, »gridwidth« und »gridheight«		569
9.6.5	Weight-Felder (Gewichtsfelder)		569

9.6.6	Die Parameter »fill« und »anchor«...	570
9.6.7	Padding...	570
9.6.8	Alternative Methode, um die Parameter »gridx«, »gridy«, »gridwidth« und »gridheight« festzulegen	570
9.6.9	Ohne Layout-Manager arbeiten..	574
9.6.10	Benutzerdefinierte Layout-Manager	575
9.6.11	Traversal-Reihenfolge	580
9.7	Menüs	582
9.7.1	Menüs erstellen...	583
9.7.2	Auf Menüereignisse reagieren..	586
9.7.3	Symbole in Menübefehlen..	589
9.7.4	Menübefehle mit Kontrollkästchen und Optionsfeldern	590
9.7.5	Kontextmenüs (Popup-Menüs)..	592
9.7.6	Tastenkürzel und Tastenkombinationen	594
9.7.7	Menübefehle aktivieren und deaktivieren	597
9.8	Dialogfelder...	603
9.8.1	Optionsdialogfelder	604
9.8.2	Dialogfelder erstellen	617
9.8.3	Datenaustausch...	621
9.8.4	Dateidialogfelder	625

10 Applets 633

10.1	Grundlagen zu Applets	634
10.1.1	Ein einfaches Applet...	638
10.1.2	Applets testen	642
10.2	Grundlagen zur Sicherheit	644
10.2.1	Anwendungen in Applets umwandeln...	647
10.2.2	Lebenszyklus eines Applets	650
10.3	HTML-Tags und Attribute für Applets	652
10.3.1	Applet-Attribute für die Positionierung..	653
10.3.2	Applet-Attribute für Code	655
10.3.3	Applet-Attribute für nicht Java-fähige Betrachter....................................	658
10.3.4	Das »OBJECT«-Tag...	658
10.3.5	Tags des Java Plug-in	659
10.3.6	Informationen an Applets übergeben	661
10.4	Popup-Fenster in Applets	666
10.5	Multimedia	668
10.5.1	URLs...	668
10.5.2	Multimedia-Dateien abrufen	669
10.6	Der Applet-Kontext...	671
10.6.1	Kommunikation zwischen Applets..	672
10.6.2	Objekte im Browser anzeigen	672

Inhaltsverzeichnis

10.6.3	Ein Lesezeichen-Applet	675
10.6.4	JAR-Dateien	678
10.6.5	Ressourcen	680
10.7	Applet? Anwendung? Beides!	685

11 Ausnahmen und Fehlersuche ... 691
- 11.1 Fehler behandeln ... 692
- 11.1.1 Klassifizierung von Ausnahmen ... 694
- 11.1.2 Ausnahmen ankündigen ... 696
- 11.1.3 Ausnahmen auslösen ... 699
- 11.1.4 Ausnahmeklassen erstellen ... 700
- 11.2 Ausnahmen auffangen ... 701
- 11.2.1 Mehrfache Ausnahmen auffangen ... 704
- 11.2.2 Ausnahmen erneut auslösen ... 705
- 11.2.3 Die Klausel »finally« ... 706
- 11.2.4 Ein abschließender Blick auf die Behandlung von Fehlern und Ausnahmen durch Java ... 708
- 11.3 Tips zur Verwendung von Ausnahmen ... 711
- 11.4 Verfahren zur Fehlersuche ... 714
- 11.4.1 Nützliche Tricks bei der Fehlersuche ... 715
- 11.4.2 Annahmen (Assertions) ... 719
- 11.4.3 AWT-Ereignisse auffangen ... 721
- 11.4.4 Debug-Nachrichten in Grafikprogrammen anzeigen ... 726
- 11.5 Der JDB-Debugger ... 729

12 Streams und Dateien ... 737
- 12.1 Streams ... 738
- 12.1.1 Bytes lesen und schreiben ... 739
- 12.2 Vielfalt der Streams ... 742
- 12.2.1 Ebenen von Stream-Filtern ... 744
- 12.2.2 Datenströme ... 750
- 12.2.3 Dateiströme mit wahlfreiem Zugriff ... 754
- 12.3 Streams für ZIP-Dateien ... 765
- 12.4 Streams einsetzen ... 773
- 12.4.1 Durch Begrenzer getrennte Ausgaben schreiben ... 774
- 12.4.2 String-Tokenizer und durch Begrenzer getrennter Text ... 775
- 12.4.3 Durch Begrenzer getrennte Daten lesen ... 776
- 12.4.4 Streams mit wahlfreiem Zugriff ... 780
- 12.5 Objektströme ... 788
- 12.5.1 Objekte mit variablem Typ speichern ... 788
- 12.5.2 Dateiformat der Objektserialisierung ... 793

12.5.3	Problem: Objektreferenzen speichern	797
12.5.4	Ausgabeformat für Objektreferenzen	804
12.5.5	Sicherheit	806
12.5.6	Versionsverwaltung	811
12.6	Dateiverwaltung	816

Anhänge

A   Java-Schlüsselwörter 825

B   Das Dienstprogramm javadoc 829
    Kommentare einfügen 830
    Allgemeine Kommentare 831
    Kommentare für Klassen und Schnittstellen 832
    Kommentare für Methoden 833
    Kommentare zur Serialisierung 833
    Kommentare für Pakete und Übersichten 834
    Kommentare extrahieren 834

C   Die CD-ROM zum Buch 837
    Inhalt der CD-ROM 838
    Installationsverzeichnisse 838
    JDK installieren 838
    Trial-Software installieren 840
    Beispieldateien von Core Java installieren 840
    Installation testen 842
    JDK testen 842
    Das Utility-Paket von Core Java testen 843
    Swing-Unterstützung testen 843
    Fehlersuche 843
    »PATH« und »CLASSPATH« 844
    Speicherprobleme 844
    Groß-/Kleinschreibung 845
    Browser 845
    Andere Plattformen 845
    Updates und Bug Fixes 845

Stichwortverzeichnis 847

Vorwort

Die Programmiersprache Java ist Ende 1995 auf der Bildfläche erschienen und war sofort in aller Munde. Java will ein *Universalbindeglied* sein, das Benutzer und Informationen zusammenbringt, wobei es keine Rolle spielt, ob die Informationen von Webservern, Datenbanken, Informationsanbietern oder sonstigen Quellen stammen. In der Tat nimmt Java eine einzigartige Position ein, um dieses Versprechen erfüllen zu können. Es ist eine durch und durch solide entwickelte Sprache, die von allen großen Anbietern akzeptiert wird. Die integrierten Sicherheitsmerkmale dürften sowohl die Programmierer als auch die Benutzer von Java zufriedenstellen. Mit der von Java angebotenen Unterstützung lassen sich sogar komplizierte Aufgaben wie Netzwerkprogrammierung, Datenbankverbindungen und Multithreading relativ einfach lösen.

Seit der ersten Version hat Sun Microsystems die Sprache mehrmals in wesentlichen Teilen überarbeitet. Die 1996 veröffentliche Version 1.02 unterstützte Datenbankverbindungen und verteilte Objekte. Die Version 1.1 von 1997 führte ein robusteres Ereignismodell, die Internationalisierung und das Komponentenmodell Java Beans ein. Die Ende 1998 veröffentlichte Version 1.2 – jetzt Java 2 genannt – bietet zahlreiche Verbesserungen, von denen sich besonders eine hervorhebt: das Toolkit für die grafische Benutzeroberfläche »Swing«, mit dem der Programmierer endlich echte portable GUI-Anwendungen schreiben kann.

Der vorliegende Band *Core Java – Grundlagen* liegt nun in der vierten überarbeiteten Fassung vor und hat damit jeden Versionswechsel von Java begleitet, um den Leser so früh wie möglich mit den neuesten Merkmalen von Java bekanntzumachen. (Anm. des Übersetzers: Für den deutschsprachigen Markt erscheint das Buch erstmals im Programm von Prentice Hall.)

Auch diese Ausgabe richtet sich an ernsthafte, ambitionierte Programmierer, die Java für konkrete Projekte in der Praxis einsetzen wollen. Aus diesem Grund verzichten wir auch auf die bekannten Spielereien wie zappelnden Text oder tanzende Buchstaben. Wir setzen bei Ihnen – unseren Lesern – ein solides Grundwissen in einer Programmiersprache voraus. *Das muß aber nicht C++ oder eine objektorientierte Programmiersprache sein.* Anhand der Rückmeldungen zu früheren Ausgaben sind wir überzeugt, daß in Visual Basic, C, COBOL, Delphi oder PowerBuilder erfahrene Programmierer keine Schwierigkeiten mit dem Material dieses Buches haben werden. (Es sind nicht einmal Erfahrungen im Erstellen grafischer Benutzeroberflächen unter Windows, UNIX oder auf dem Macintosh erforderlich.)

Kapitel 1

Einführung in Java

Vor noch nicht allzu langer Zeit konnte keine Computerzeitschrift auf Artikel zu Java verzichten. Diese Welle schwappte sogar auf große Tageszeitungen und Magazine über. Die Lage hat sich etwas gebessert (oder aus unserer Sicht verschlechtert). Oder können Sie sich vorstellen, daß ein Fond über 100 Millionen Dollar allein für die Entwicklung einer *bestimmten* Computersprache aufgelegt wird? Selbst die Massenmedien kamen nicht an Java vorbei. Java war in aller Munde und ist es in bestimmtem Umfang auch heute noch.

Da sich dieses Buch an ernsthafte Programmierer richtet, kümmern wir uns erst gar nicht um die Java-Hysterie, sondern schreiben in allen Einzelheiten über Java als Programmiersprache (natürlich einschließlich der Merkmale, die ihren Einsatz im Internet ermöglichen und die Euphorie ausgelöst haben). Dann erläutern wir, was Java kann und was nicht, um die eigentlichen Tatsachen von der Spekulation zu trennen.

In den frühen Tagen von Java lagen Vorstellung und Wirklichkeit in bezug auf die Fähigkeiten von Java weit auseinander. Mit der Weiterentwicklung von Java wurde die Technologie erheblich stabiler und zuverlässiger, und die Erwartungen kamen auf den Boden der Tatsachen zurück. Momentan setzt man Java zunehmend als »Middleware« ein, um zwischen Clients, Datenbanken und anderen Serverressourcen zu kommunizieren. Auch wenn das kaum spektakulär ist, kann Java in diesem wichtigen Bereich vorrangig aufgrund der Portabilität, des Multi-Threadings und der Netzwerkfähigkeiten einen echten Beitrag leisten. Vor allem in eingebetteten Systemen hat sich die Sprache als Standard bei Handheld-Geräten, Internet-Kiosken, Auto-Computern usw. etabliert. Frühe Versuche, bekannte PC-Programme in Java neu zu schreiben, zeigten dagegen wenig Erfolg – die Anwendungen waren langsamer und weniger leistungsfähig. Mit der aktuellen Version von Java ließen sich einige dieser Probleme überwinden, trotzdem kümmern sich die Benutzer im allgemeinen nicht darum, in welcher Programmiersprache ihre Anwendungen geschrieben sind. Wir glauben, daß sich die Vorzüge von Java aus einer neuen Art von Geräten und Anwendungen ergeben und nicht aus dem Neuschreiben existierender Programme.

1.1 Java als Programmierwerkzeug

Der Wirbel um Java als Computersprache ist übertrieben: Java ist sicherlich eine *gute* Programmiersprache. Es ist keine Frage, daß sie zu den besseren Sprachen gehört, die ernsthaften Programmierern zur Verfügung stehen. Wir glauben, daß Java möglicherweise eine große Programmiersprache *hätte werden können*, aber dazu ist es wahrscheinlich zu spät. Wenn eine Sprache einmal die Bühne betreten hat, ertönen immer wieder die Rufe nach Kompatibilität mit vorhandenen Elementen. Darüber hinaus kann der Urheber einer Sprache wie Java auch in den Fällen, bei denen Änderungen an der Sprache ohne Auswirkungen auf bestehenden Code möglich sind, nicht einfach sagen: »Gut, vielleicht lagen wir mit X falsch, und Y wäre besser.« Im Laufe der Zeit sind zwar Verbesserungen zu erwarten, die grundsätzliche Struktur der Sprache Java wird aber auch morgen noch mit der heutigen nahezu identisch sein.

Einführung in Java

In diesem Zusammenhang drängt sich die Frage auf, woher die dramatischen Verbesserungen von Java kommen. Es ist festzustellen, daß es sich nicht um Änderungen der zugrundeliegenden Programmiersprache Java handelt, sondern um *wesentliche Änderungen in den Java-Bibliotheken*. Im Laufe der Zeit hat Sun Microsystems alles geändert – angefangen bei den Namen vieler Bibliotheksfunktionen (um sie konsistenter zu machen), über die Arbeitsweise von Grafiken (durch Änderung des Modells der Ereignisbehandlung und dem Neuschreiben verschiedener Teile von Grund auf), bis hin zu neuen und wichtigen Merkmalen wie Drucken, die nicht zu Java 1.0 gehörten. Das Ergebnis ist ein weit nützlicheres Programmierwerkzeug, das zwar noch nicht gänzlich robust ist, das sich aber einheitlicher als frühere Versionen von Java präsentiert.

Bisher hat *jede* Version von Java gegenüber den Vorgängern größere Änderungen an den Bibliotheken vorgenommen, und die aktuelle Version bildet keine Ausnahme. In der Tat sind die Änderungen an den Bibliotheken in Java 2 am umfangreichsten – die *Anzahl der Bibliotheksfunktionen* hat sich gegenüber Java 1.1 in etwa *verdoppelt*.

Hinweis

Das Produkt Visual J++ von Microsoft weist viele Gemeinsamkeiten mit Java auf. J++ wird genau wie Java durch eine virtuelle Maschine interpretiert, die mit der Java Virtual Machine für die Ausführung von Java-Bytecodes kompatibel ist. Es gibt aber wesentliche Unterschiede bei den Schnittstellen zum externen Code. Die grundlegende Sprachsyntax ist fast identisch mit Java. Allerdings hat Microsoft Sprachkonstrukte hinzugefügt, deren Nutzen mit Ausnahme der Schnittstellen zum Windows-API eher zweifelhaft ist. Java und J++ verwenden nicht nur eine gemeinsame Syntax, auch grundlegende Bibliotheken (Strings, Dienstprogramme, Netzwerkarbeit, Multi-Threading, Mathematik usw.) sind praktisch identisch. Dagegen unterscheiden sich die Bibliotheken für Grafiken, Benutzeroberflächen und entfernten Objektzugriff vollkommen. Über die – in den Kapiteln 3 bis 6 behandelte – gemeinsame Syntax hinaus gehen wir in diesem Buch nicht weiter auf J++ ein.

1.2 Vorteile von Java

Einer der offensichtlichen Vorteile von Java ist eine Laufzeitbibliothek, die auf Plattformunabhängigkeit abzielt: Man soll denselben Code unter Windows 95/98/NT, Solaris, Unix, Macintosh usw. verwenden können. Gerade für die Internet-Programmierung ist das ohne Frage wichtig. (Allerdings bleiben die Implementierungen auf anderen Plattformen hinter denjenigen von Windows und Solaris zurück. Beispielsweise befindet sich Java 2 während der Manuskripterstellung zu diesem Buch noch nicht einmal in der Beta-Phase für den Mac.)

Ein weiterer Vorteil der Programmierung besteht darin, daß Java eine mit C++ vergleichbare Syntax aufweist – eine wirtschaftliche und keinesfalls abwegige Lösung. Dann wiederum stellen Visual-

Basic-Programmierer fest, daß die Syntax etwas lästig ist und ein paar der gefälligeren Visual-Basic-Konstrukte wie `Select Case` fehlen.

Hinweis

Wenn Sie von einer anderen Sprache als C++ kommen, werden Ihnen einige der in diesem Abschnitt verwendeten Begriffe nicht bekannt sein – überspringen Sie einfach diese Abschnitte. Am Ende von Kapitel 6 werden Ihnen alle diese Begriffe geläufig sein.

Java ist eine vollständig objektorientierte Sprache – sogar mehr noch als C++. Abgesehen von ein paar Grundtypen, beispielsweise Zahlen, ist alles in Java ist ein Objekt. (Gegenüber den herkömmlichen strukturierten Verfahren lassen sich mit dem objektorientierten Entwurf komplexere Projekte vorteilhafter behandeln. Wenn Sie mit der objektorientierten Programmierung (OOP) nicht vertraut sind, liefern Ihnen die Kapitel 4 bis 6 das erforderliche Wissen.)

Ein verbesserter C++-Dialekt bringt aber noch keinen echten Nutzen. Wesentlich ist: *Fehlerfreier Code läßt sich mit Java weit einfacher als mit C++ schreiben.*

Wieso? Die Entwickler von Java haben intensiv darüber nachgedacht, was C++-Code so fehleranfällig macht. Java erhielt Leistungsmerkmale, die von vornherein die *Möglichkeit* unterbinden, Code mit den üblichen Fehlerarten zu erstellen. (Beobachter schätzen ein, daß in C++-Code etwa alle 50 Zeilen zumindest ein Fehler enthalten ist.)

- Die Java-Entwickler haben die manuelle Zuweisung und Freigabe von Speicher eliminiert.

  Java räumt den Speicher automatisch auf. Der Programmierer muß keinen Gedanken an Speicherlücken verschwenden.

- Die Entwickler haben echte Arrays eingeführt und die Zeigerarithmetik über Bord geworfen.

  Es besteht keine Gefahr mehr, wichtige Speicherbereiche zu überschreiben, was beispielsweise durch einen Versatzfehler von 1 bei der Arbeit mit Zeigern passieren kann.

- Versehentliches Verwechseln von Zuweisung mit Test auf Gleichheit in einer Bedingung ist ausgeschlossen.

  Der Ausdruck `if (ntries = 3) ...` läßt sich nicht einmal kompilieren. (Auch wenn Visual-Basic-Programmierer hier kein Problem sehen, handelt es sich um eine häufige Fehlerquelle in C/C++-Code.)

- Es gibt keine Mehrfachvererbung. Sie wurde durch ein neues Konzept der *Schnittstelle* (Interface) ersetzt, das von Objective C abgeleitet ist.

Einführung in Java

Schnittstellen bieten das, was man von der Mehrfachvererbung erwartet, ohne die Komplexität, die mit der Verwaltung mehrerer Vererbungshierarchien verbunden ist. (Wenn das Konzept der Vererbung neu für Sie ist, finden Sie in Kapitel 5 eine Erklärung.)

Hinweis

Die Sprachspezifikation von Java ist öffentlich zugänglich. Im Web gehen Sie auf die Homepage von Java und folgen den hier angegebenen Verweisen. (Die Java-Homepage finden Sie unter `http://java.sun.com`.)

1.3 Schlagwörter zu Java im »White Paper«

Die Autoren von Java haben ein öffentliches Diskussionspapier (ein sogenanntes »White Paper«) verfaßt, das die Entwicklungsziele und Realisierungen erläutert. Das Dokument widmet sich den folgenden elf Merkmalen:

- Einfach
- Objektorientiert
- Verteilt
- Robust
- Sicher
- Architekturneutral
- Portabel
- Interpretiert
- Hohe Leistung
- Multithreaded
- Dynamisch

Im letzten Abschnitt haben wir bereits einige Punkte angerissen. In diesem Abschnitt

- fassen wir anhand von (sinngemäß wiedergegebenen) Auszügen aus dem White Paper zusammen, was die Entwickler von Java zu den einzelnen Schwerpunkten aussagen und
- geben unsere Meinung auf der Basis unserer Erfahrungen mit der aktuellen Version von Java zum jeweiligen Schlagwort wieder.

Hinweis

Während der Übersetzung dieses Buches war das White Paper über die Seite http://java.sun.com/docs/white/ zu erreichen. (Falls sich die Site geändert hat, können Sie sie über die Verweise auf der Homepage von Java auffinden. Außerdem sei darauf hingewiesen, daß das White Paper selbst mehrfach überarbeitet wurde.)

1.3.1 Einfach

Wir wollten ein System erstellen, das sich leicht und ohne Klimmzüge programmieren läßt und das die heute üblichen Standardpraktiken nutzt. Auch wenn uns C++ ungeeignet erschien, haben wir Java so nahe wie möglich an C++ angelehnt, um das System verständlicher zu machen. Java läßt viele selten verwendete, schlecht verstandene, verwirrende Merkmale von C++ weg, die nach unserer Meinung mehr Ärger als Nutzen bringen.

Die Syntax von Java ist tatsächlich eine bereinigte Version der C++-Syntax. Man braucht keine Header-Dateien, Zeigerarithmetik (nicht einmal eine Zeigersyntax), Strukturen, Unions, Überladen von Operatoren, virtuelle Basisklassen usw. (In diesem Zusammenhang sei auf die Anmerkungen zu den Unterschieden zwischen Java und C++ hingewiesen, die das ganze Buch hindurch eingestreut sind.) Allerdings haben die Entwickler keine eingeführten, aber wenig komfortablen Merkmale von C++ wie etwa die switch-Anweisung *verbessert*. Wenn Sie C++ kennen, ist der Übergang zur Syntax von Java für Sie relativ leicht.

Dagegen ist Java für Visual-Basic-Programmierer nicht so leicht nachvollziehbar. Es gibt für Sie viele neue Syntaxelemente (obwohl es nicht lange dauert, sich damit vertraut zu machen). Viel wichtiger ist, daß Sie jede Menge mehr Programmierung in Java absolvieren müssen. Die Schönheit von Visual Basic liegt darin, daß die visuelle Entwicklungsumgebung nahezu automatisch einen Großteil der Infrastruktur für eine Anwendung bereitstellt. In Java ist die äquivalente Funktionalität dagegen manuell zu programmieren, gewöhnlich mit einer ganzen Menge Code. (Die folgende Beschreibung geht darauf ein, wie Sun Microsystems das komponentenbasierte »Klebstoff-« Modell in die Java-Programmierung via »JavaBeans« einführt, eine Spezifikation für die Entwicklung von Plug&Play-Komponenten.)

Im Hinblick auf objektorientierte Sprachen ist Java ziemlich einfach gehalten. Man muß aber verschiedene »Tricks« kennen, um praxisorientierte Probleme zu lösen. Im Laufe der Zeit werden mehr und mehr dieser Details aus den Bibliotheken und den Entwicklungsumgebungen verschwinden. Produkte wie der Java WorkShop von Sun, Visual Café von Symantec und JBuilder von Inprise besitzen Formulareditoren, mit denen sich die Oberflächen der Programme einfacher gestalten lassen. Diese Werkzeuge sind zwar von der Perfektion noch ein gutes Stück entfernt, es ist aber zumindest ein Schritt in die Zukunft. (Die Entwicklung von Formularen allein mit dem Java Development

Einführung in Java

Kit – kurz JDK – ist bestenfalls als umständlich und schlimmstenfalls als unerträglich zu bezeichnen.) Ständig kommen neue Klassenbibliotheken von Drittherstellern hinzu, und im Internet sind eine Unmenge von Codebeispielen (einschließlich vieler Bibliotheken) frei zugänglich.

Einfach bedeutet auch klein. Mit Java sollen sich auch Programme erstellen lassen, die eigenständig auf kleinen Computern laufen können. Der Interpreter und die minimal erforderliche Klassenunterstützung beanspruchen etwa 40 Kbyte. Dazu kommen die grundlegenden Standardbibliotheken und die Thread-Unterstützung (praktisch ein eigenständiger Microkernel) mit weiteren 175 Kbyte.

Das ist eine große Errungenschaft. Man muß allerdings berücksichtigen, daß die Bibliotheken der grafischen Benutzeroberfläche wesentlich umfangreicher sind.

1.3.2 Objektorientiert

Einfach ausgedrückt ist der objektorientierte Entwurf ein Programmierverfahren, das sich auf die Daten (= Objekte) und auf die Schnittstellen zu diesem Objekt konzentriert. Im Vergleich mit der Vorgehensweise eines Zimmerers würde sich ein »objektorientierter« Zimmerer vorrangig mit dem von ihm angefertigten Stuhl beschäftigen und erst in zweiter Linie mit den Werkzeugen, die zu dessen Herstellung erforderlich sind. Ein »nichtobjektorientierter« Zimmerer würde hauptsächlich an seine Werkzeuge denken. Die objektorientierten Konzepte von Java entsprechen im wesentlichen denjenigen von C++.

Die Objektorientierung hat in den letzten 30 Jahren ihren Wert bewiesen, und es ist undenkbar, daß sich eine moderne Programmiersprache nicht dieser Verfahren bedient. In der Tat sind die objektorientierten Merkmale von Java mit denen von C++ vergleichbar. Der Hauptunterschied zwischen Java und C++ liegt in der Mehrfachvererbung, für die Java eine bessere Lösung gefunden hat, und im Metaclass-Modell von Java. Der Reflection-Mechanismus (siehe Kapitel 5) und die Objektserialisierung (siehe Band 2) erleichtern es, persistente Objekte und Erstellungsprogramme für Benutzeroberflächen (GUI-Builder) zu implementieren, die vorgefertigte Komponenten integrieren können.

Hinweis

Wenn Sie bislang noch keine Erfahrung mit objektorientierten Sprachen haben, sollten Sie sich intensiv mit den Kapiteln 4 bis 6 beschäftigen. Diese Kapitel erläutern, was OOP ist und warum sich diese Technik für die Programmierung komplexerer Projekte besser eignet als die herkömmlichen prozeduralen Sprachen wie Basic oder C.

1.3.3 Verteilt

Java verfügt über eine umfangreiche Bibliothek von Routinen für TCP/IP-Protokolle wie HTTP und FTP. Java-Anwendungen können über das Netz via URLs genauso einfach Objekte öffnen und darauf zugreifen, wie es ein lokales Dateisystem gestattet.

Die Netzwerkfähigkeiten von Java sind gut ausgebaut und leicht einzusetzen. Jeder, der sich bereits mit einer anderen Sprache an der Internet-Programmierung versucht hat, wird davon schwärmen, wie einfach sich in Java lästige Aufgaben wie das Öffnen einer Socket-Verbindung realisieren lassen. Java vereinfacht sogar das CGI-Skripting, und ein eleganter Mechanismus – die sogenannten Servlets – macht die serverseitige Verarbeitung in Java extrem effizient. Viele bekannte Webserver unterstützen Servlets. (Auf die Netzwerkarbeit kommen wir im Band 2 dieses Buchs zu sprechen.) Der Aufrufmechanismus über Remote-Methoden erlaubt die Kommunikation zwischen verteilten Objekten (ebenfalls Gegenstand von Band 2).

1.3.4 Robust

Mit Java sollen sich Programme schreiben lassen, die in vielerlei Hinsicht zuverlässig sein müssen. Java prüft vor allem frühzeitig mögliche Probleme, führt eine spätere dynamische (Laufzeit-)Prüfung durch und versucht, fehlerträchtige Situationen zu vermeiden. Der einzige große Unterschied zwischen Java und C/C++ besteht darin, daß das Zeigermodell von Java verhindert, Speicher unbeabsichtigt zu überschreiben und Daten zu zerstören.

Dieses Merkmal ist ebenfalls sehr nützlich. Der Java-Compiler (sowohl in seiner ursprünglichen Ausprägung als auch in den verschiedenen verbesserten Versionen in Implementierungen von Drittherstellern) erkennt viele Probleme, die bei anderen Sprachen nur zur Laufzeit (oder vielleicht nicht einmal dann) zu Tage treten. Was den zweiten Punkt betrifft: Jeder, der stundenlang nach Fehlern gesucht hat, die Speicher aufgrund von Zeigerfehlern zerstört haben, wird sich über dieses Merkmal von Java freuen.

Wenn Sie von einer Sprache wie Visual Basic kommen, die ausdrücklich auf Zeiger verzichtet, können Sie wahrscheinlich gar nicht nachempfinden, warum das so wichtig ist. C-Programmierer werden nicht so begeistert sein. Sie brauchen Zeiger, um auf Strings, Arrays, Objekte und sogar Dateien zuzugreifen. In Visual Basic brauchen Sie für diese Elemente keine Zeiger, und Sie müssen sich auch nicht um die Speicherreservierung kümmern. Wenn Sie andererseits in Visual Basic ausgefallenere Datenstrukturen mit Hilfe von Klassenmodulen implementieren und dabei auf Zeiger angewiesen sind, müssen Sie den Speicher eigenverantwortlich verwalten. Java bietet Ihnen das beste aus beiden Welten. Sie brauchen keine Zeiger für alltägliche Konstrukte wie Strings und Arrays. Dennoch können Sie bei Bedarf auf die Leistungsfähigkeit von Zeigern zugreifen, etwa bei verketteten Listen. Und immer haben Sie die volle Sicherheit, da Sie niemals auf einen falscher Zeiger zugreifen, Speicherzuweisungsfehler erzeugen können oder sich gegen Speicherlücken schützen müssen.

Einführung in Java

1.3.5 Sicher

Java ist für verteilte und Netzwerk-Umgebungen vorgesehen. Sicherheitsaspekte stehen damit im Vordergrund. Mit Java lassen sich virusfreie, gegen unbefugte Eingriffe gesicherte Systeme konstruieren.

In der ersten Ausgabe von Core Java wurde festgestellt: »Sag niemals nie«, was sich als richtig herausstellte. Eine Gruppe von Sicherheitsexperten an der Princeton-Universität hat die ersten Fehler in den Sicherheitsmechanismen von Java 1.0 gefunden – nicht lange nach der Veröffentlichung des JDK 1.0. Darüber hinaus haben diese und andere Leute weitere Fehler in den Sicherheitsmechanismen aller darauffolgenden Versionen von Java aufgedeckt. Deshalb empfiehlt es sich, bei

1. der Website der Princeton-Gruppe: http://www.cs.princeton.edu/sip/,
2. der Newsgroup comp.risks.

nach Meinungen von unabhängigen Experten über den aktuellen Zustand der Sicherheitsmechanismen von Java nachzuschlagen.

Positiv ist zu vermerken, daß das Java-Team eine »Nulltoleranz« für Sicherheitsfehler anstrebt und unmittelbar an die Arbeit geht, um bekanntgewordene Fehler im Sicherheitsmechanismus der Applets zu beseitigen (auf die Browser-Hersteller trifft sinngemäß das gleiche zu). Sun veröffentlicht die internen Spezifikationen zur Arbeitsweise des Java-Interpreters und erleichtert es damit allen Interessierten, Fehler in den Sicherheitsmechanismen von Java zu finden. Praktisch werden alle Außenstehenden in die diffizile Erkennung von Sicherheitsfehlern einbezogen. Das bietet die Gewähr, daß Sicherheitsfehler sobald als möglich gefunden werden. Auf jeden Fall lassen sich die Sicherheitsmechanismen von Java nur schwer überlisten. Die (relativ) wenigen bisher gefundenen Fehler waren kaum der Rede wert.

Hinweis

Sicherheitsrelevante Themen finden Sie momentan bei Sun unter dem URL http://java.sun.com/sfaq/.

Die folgenden Punkte zeigen auszugsweise, was die Sicherheitsmechanismen von Java in einem Java-Programm verhindern sollen:

1. Überlauf des Laufzeitstacks, wie es der berüchtigte Internet-Wurm bewirkt.
2. Zerstörung von Speicher außerhalb des eigenen Prozeßbereichs.
3. Lesen oder Schreiben lokaler Dateien, wenn der Aufruf durch einen sicherheitsbewußten Klassenlader erfolgt. Das kann ein Webbrowser sein, der per Programm derartige Zugriffe verbietet.

Alle diese Merkmale sind vorhanden und scheinen größtenteils wie vorgesehen zu funktionieren. Java ist bis heute bestimmt die sicherste Programmiersprache. Aber Vorsicht ist immer angebracht: Auch wenn die bislang gefundenen Mängel im Sicherheitsmechanismus nicht einfach aufzuspüren waren und die vollständigen Einzelheiten oftmals geheimgehalten wurden – man kann eigentlich nicht *nachweisen*, daß Java sicher ist. Wir können also nur noch einmal das Gesagte bekräftigen:

»Sag niemals nie.«

Unabhängig davon, ob Java überhaupt als sicher nachzuweisen ist, verfügt Java 2 jetzt über das Konzept der signierten Klassen (siehe Band 2). Eine signierte Klasse gibt Auskunft über den Urheber der Klasse. Der Signierungsmechanismus erlaubt es daher, daß man der betreffenden Klasse mehr Privilegien einräumen kann, wenn man dem Autor der Klasse vertraut.

Hinweis

Der von Microsoft bereitgestellte Konkurrenzcode basiert auf der ActiveX-Technologie und verläßt sich hinsichtlich der Sicherheit allein auf digitale Signaturen. Klar, daß das nicht ausreichend ist – wie jeder Benutzer von Microsoft-Produkten bestätigen kann, stürzen Programme von wohlbekannten Anbietern ab und richten dabei Schaden an. Java hat ein viel strengeres Sicherheitsmodell als ActiveX, da es die Anwendung bei deren Ausführung steuert und unterbindet, daß sie Unheil anrichtet. (Beispielsweise können Sie sicherstellen, daß lokale Dateieingaben und -ausgaben selbst bei signierten Klassen verboten sind.)

1.3.6 Architekturneutral

Der Compiler generiert ein architekturneutrales Objektdateiformat – der kompilierte Code ist auf vielen Prozessoren ausführbar, wenn die Java-Laufzeitbibliothek präsent ist. Der Java-Compiler generiert dazu Bytecode-Anweisungen, die nichts mit einer bestimmten Computerarchitektur gemein haben. Statt dessen sollen sie auf jeder Maschine leicht zu interpretieren sein und sich problemlos en passant in den nativen Maschinencode übersetzen lassen.

Diese Idee ist nicht neu. Vor mehr als zwanzig Jahren hat das UCSD-Pascal-System das gleiche in einem kommerziellen Produkt umgesetzt und sogar noch früher hat Niklaus Wirth in seiner originalen Implementierung von Pascal die gleiche Lösung propagiert. Bytecodes gehen zu Lasten der Ausführungsgeschwindigkeit (was aber Just-In-Time-Compiler in vielen Fällen lindern). Die Entwickler von Java haben einen exzellenten Anweisungssatz von Bytecodes geschaffen, der auf den meisten der heutigen Computer-Architekturen arbeitet. Außerdem lassen sich die Codes leicht in die eigentlichen Maschinenanweisungen übersetzen.

Einführung in Java

1.3.7 Portabel

Im Gegensatz zu C und C++ gibt es keine »implementierungsabhängigen« Aspekte der Spezifikation. Sowohl die Größen der einfachen Datentypen als auch die dafür definierten arithmetischen Operationen sind genau festgelegt.

Beispielsweise ist ein `int` in Java immer eine ganze Zahl mit 32 Bit. In C/C++ kann `int` eine 16-Bit-Ganzzahl, eine 32-Bit-Ganzzahl oder eine andere Größe, die der Compiler-Hersteller bevorzugt, bedeuten. Als einzige Einschränkung gilt, daß der Typ `int` zumindest so viele Bytes wie ein `short int` haben muß und nicht mehr Bytes als ein `long int` belegen darf. Die in der Größe feststehenden Zahlentypen ersparen viele Kopfschmerzen bei der Portierung. Binäre Daten speichert Java in einem festen Format. Das Rätselraten um »Big Endian/Little Endian« (höherwertige bzw. niederwertige Bits zuerst im Speicher) hat damit ein Ende. Strings werden in einem standardisierten Unicode-Format gespeichert.

Die Bibliotheken, die Teil des Systems sind, definieren portable Schnittstellen. Beispielsweise gibt es eine abstrakte Window-Klasse mit entsprechenden Implementierungen für Unix, Windows und den Macintosh.

Jeder, der schon einmal ein Programm geschrieben hat, das unter Windows, auf dem Macintosh und den zehn Spielarten von Unix ein gutes Bild abgibt, weiß, daß diese Aufgabe mit heroischen Anstrengungen verbunden ist. Java 1.0 hat in diesem heroischen Unterfangen versucht, einen einfachen Werkzeugsatz zu bieten, der gebräuchliche Elemente der Benutzeroberfläche auf eine Reihe von Plattformen abbildet. Leider ist eine Bibliothek herausgekommen, die trotz einer Unmenge Arbeit kaum akzeptable Ergebnisse auf verschiedenartigen Systemen liefert. (Dazu kommen noch *unterschiedliche* Fehler bei den verschiedenen Grafikimplementierungen der einzelnen Plattformen.) Aber es ist ein Anfang. Es gibt viele Anwendungen, bei denen die Portabilität entscheidender als äußere Politur ist, und gerade diese Anwendungen zogen ihren Nutzen aus den frühen Versionen von Java. Das Toolkit der Benutzeroberfläche wurde jetzt vollständig neu geschrieben, so daß es sich nicht mehr auf die Benutzeroberfläche des Hosts stützt. Das Ergebnis ist mehr Einheitlichkeit und, wie wir glauben, attraktiver als in den frühen Versionen von Java.

1.3.8 Interpretiert

Der Java-Interpreter kann Java-Bytecodes direkt auf jeder Maschine ausführen, auf die der Interpreter portiert wurde. Da das Linken inkrementeller und einfacher ist, läuft der Entwicklungsprozeß schneller ab und erlaubt damit einen gewissen Spielraum für Experimente.

Vielleicht ist dies ein Vorteil während der Entwicklung einer Anwendung, aber es ist deutlich übertrieben. Der Java-Compiler gehört nun mal nicht zu den schnellsten seiner Art. Wenn Sie die Geschwindigkeit im Entwicklungszyklus von Visual Basic oder Delphi gewöhnt sind, werden Sie wahrscheinlich enttäuscht sein.

1.3.9 Hohe Leistung

Obwohl die Leistung von interpretierten Bytecodes mehr als angemessen ist, gibt es Situationen, wo eine höhere Leistung erforderlich ist. Die Bytecodes können im Vorübergehen (zur Laufzeit) in Maschinencode für diejenige CPU übersetzt werden, auf der die Anwendung läuft.

Wenn Sie die Bytecodes mit dem normalen Java-Interpreter übersetzen, ist der Begriff »hohe Leistung« nicht angebracht (»mittel bis gering« trifft eher zu). Auch wenn die Geschwindigkeit des interpretierten Bytecodes akzeptabel ist, ist er nicht schnell. (Nach unseren Tests ist Java bestenfalls nur geringfügig schneller als VB4 und nicht so schnell wie die neuesten Versionen von Visual Basic.) Auf der anderen Seite werden Sie viele Java-Programme durch einen echten Compiler laufen lassen und sich nicht selbst auf die Interpretation der Bytecodes einschränken wollen. Beispielsweise gehen Sie so bei jedem Programm vor, das als eigenständige Anwendung auf eine bestimmte Maschine ausgerichtet ist. Letztendlich brauchen Sie Compiler für jede Plattform.

Für Java sind einige native Code-Compiler verfügbar, beispielsweise von Asymetrix, Symantec und IBM. Es gibt noch eine weitere Form der Kompilierung, die Just-In-Time- (JIT) Compiler. Diese kompilieren die Bytecodes einmalig in nativen Code, speichern die Ergebnisse zwischen und rufen sie dann bei Bedarf wieder ab. Diese Lösung beschleunigt Schleifenkonstruktionen erheblich, da die Interpretation nur einmal stattfinden muß. Obwohl das Ganze immer noch etwas langsamer als ein echter nativer Code-Compiler ist, bewirkt ein Just-In-Time-Compiler bei bestimmten Programmen eine 10- bis 20fache Geschwindigkeitssteigerung und ist fast immer beträchtlich schneller als der Java-Interpreter. Diese Technologie wurde ständig verbessert und kann schließlich Ergebnisse liefern, die mit herkömmlichen Kompilierungssystemen vergleichbar sind. Beispielsweise kann ein Just-In-Time-Compiler überwachen, welcher Code häufig ausgeführt wird, und genau diesen Code auf Geschwindigkeit optimieren.

1.3.10 Multithreaded

Die Vorzüge des Multithreading sind bessere interaktive Reaktion und besseres Echtzeitverhalten.

Wenn Sie jemals Multithreading in einer anderen Sprache ausprobiert haben, werden Sie angenehm überrascht sein, wie leicht das Ganze in Java zu realisieren ist. Threads in Java können auch Mehrprozessorsysteme nutzen, wenn das zugrundeliegende Betriebssystem in diesem Modus arbeitet. Nachteilig ist, daß sich die Thread-Implementierungen auf den großen Plattformen in breitem Maße unterscheiden, und Java unternimmt keine Anstrengungen, in dieser Hinsicht plattformunabhängig zu sein. Nur der Code für den Aufruf des Multithreadings bleibt über die Maschinen hinweg der gleiche. Java überträgt die Implementierung des Multithreading auf das zugrundeliegende Betriebssystem. (Auf das Threading geht Band 2 näher ein.) Trotzdem ist die einfache Handhabung des Multithreading einer der Gründe, warum Java eine derartig attraktive Sprache für die serverseitige Entwicklung ist.

Einführung in Java

1.3.11 Dynamisch

In verschiedener Hinsicht ist Java eine dynamischere Sprache als C oder C++. Java zielt darauf ab, sich an eine entwickelnde Umgebung anzupassen. Bibliotheken können neue Methoden und Instanzenvariablen ohne Auswirkungen auf ihre Clienten frei hinzufügen. In Java lassen sich die Typinformationen zur Laufzeit unkompliziert ermitteln.

Diese Eigenschaft ist gerade in denjenigen Situationen wichtig, wo man Code in ein laufendes Programm aufnehmen muß. Ein erstklassiges Beispiel ist Code, der aus dem Internet heruntergeladen wird, um in einem Browser abzulaufen. In Java 1.0 war die Ermittlung der Typinformationen zur Laufzeit alles andere als einfach, aber die aktuellen Versionen von Java bieten dem Programmierer vollen Einblick sowohl in die Struktur als auch in das Verhalten der Objekte. Das ist insbesondere bei Systemen vorteilhaft, die Objekte zur Laufzeit analysieren müssen, wie etwa die Java-Erstellungsprogramme für die Benutzeroberfläche, intelligente Debugger, steckbare Komponenten und Objektdatenbanken.

1.4 Java und das Internet

Der Grundgedanke ist einfach: Benutzer laden Java-Bytecode aus dem Internet und führen ihn auf ihren Maschinen aus. Java-Programme, die auf Webseiten arbeiten, bezeichnet man als *Applets*. (Eigentlich laden Sie die Bytecodes und nicht die Quelldatei herunter und führen sie aus.) Um ein Applet zu nutzen, brauchen Sie einen Java-fähigen Webbrowser, der die Bytecodes für Sie interpretiert. Da Sun den Java-Quellcode lizensiert und darauf besteht, daß keine Änderungen in der Sprache und der grundlegenden Bibliotheksstruktur vorgenommen werden, können Sie sicher sein, daß ein Java-Applet auf jedem Browser läuft, der als Java-fähig angepriesen wird. Beachten Sie, daß Netscape 2.x und Netscape 3.x nur Java-1.02-fähig sind, was auch auf Internet Explorer 3.0 zutrifft. Netscape 4 und Internet Explorer 4 führen unterschiedliche Teilmengen von Java 1.1 aus. Diese unglückliche Situation macht es zunehmend schwieriger, Applets zu entwickeln, die die neueste Java-Version nutzen. Um dieses Problem zu umgehen, hat Sun das Java *Plug-in* entwickelt. Dieses Werkzeug macht die neueste Java-Laufzeitumgebung sowohl für Netscape als auch Internet Explorer verfügbar (siehe dazu Kapitel 10).

Wir vermuten, daß letztendlich der größte Teil der anfänglichen Euphorie um Java von der Verlokkung stammt, Geld mit Spezialsoftware zu verdienen. Vielleicht haben Sie ein ausgeklügeltes Programm entworfen, von dem Sie sich großen Erfolg versprechen. Konvertieren Sie es in ein Applet, und verlangen Sie von den Benutzern eine Gebühr – vermutlich werden die meisten Leute diese Art von Programmen nur selten verwenden. Es gibt zwar Prognosen, daß alle Benutzer irgendwann ihre Software auf Anforderung aus dem Netz herunterladen. Für die Softwarebranche wäre das nicht schlecht. Es ist aber kaum denkbar, daß jemand, der eine E-Mail verschicken will, jedesmal eine Rechtschreibprüfung herunterlädt und dafür bezahlt.

Eine weitere früher vorgeschlagene Anwendung für Applets waren sogenannte Inhalts- und Protokoll-Handler, die einen Java-fähigen Webbrowser in die Lage versetzen, sich dynamisch auf neue Informationstypen einzustellen. Nehmen wir an, Sie erfinden einen ausgeklügelten fraktalen Kompressionsalgorithmus für die Behandlung von extrem großen Grafikdateien und möchten jemanden Ihre Technologie testen lassen, bevor Sie dafür horrende Gebühren verlangen. Schreiben Sie einen Java-Inhalts-Handler, der die Dekompression ausführt, und übertragen Sie ihn zusammen mit den komprimierten Dateien. Der HotJava-Browser von Sun Microsystems unterstützt dieses Merkmal, aber weder Netscape noch Internet Explorer beherrschen es.

Mit Applets lassen sich auch Schaltflächen und Eingabefelder auf einer Webseite realisieren. Allerdings ist das Herunterladen dieser Applets über eine Einwählverbindung ziemlich langsam, und man kann fast das gleiche mit dynamischem HTML, HTML-Formularen und einer Skriptsprache wie JavaScript erreichen. Die frühen Applets wurden nicht zuletzt für die Animation verwendet: die bekannten rotierenden Erdkugeln, tanzende Cartoon-Figuren, zitternder Text usw. Aber animierte GIFs können fast das gleiche, und dynamisches HTML kombiniert mit Skripting kann sogar noch mehr erreichen, verglichen mit dem, wofür man Java-Applets zunächst eingesetzt hat.

Durch die inkompatiblen Browser und die unzumutbaren Download-Zeiten von Applet-Code über langsame Netzzugänge haben Applets auf Webseiten keinen großen Erfolg erzielt. Bei *Intranets* ist die Lage völlig anders. Hier gibt es normalerweise keine Bandbreitenprobleme, so daß die Download-Zeit für Applets kein Thema ist. Und in einem Intranet läßt sich auch festlegen, welcher Browser zum Einsatz kommt oder ob das Java Plug-in einheitlich zu verwenden ist. Die Mitarbeiter können nicht ohne weiteres Programme verlegen oder falsch konfigurieren, die bei jedem Einsatz über das Web geliefert werden, und der Systemadministrator braucht nicht herumzugehen und den Code auf den Client-Maschinen zu aktualisieren. Viele Unternehmen haben Programme wie etwa die Inventurprüfung, die Urlaubsplanung, die Reisekostenerstattung usw. in Form von Applets gebracht, die den Browser als Bereitstellungsplattform nutzen.

1.4.1 Applets in der Praxis

Im Buch finden Sie nur wenige Beispiele für Applets. Schließlich ist das Web selbst die beste Quelle dafür. Einige Applets im Web lassen sich nur bei der Arbeit sehen, viele andere enthalten den Quellcode. Wenn Sie mit Java vertraut werden, stellen diese Applets eine großartige Möglichkeit dar, um mehr über Java zu lernen. Eine gute Website für Java-Applets ist Gamelan – diese Site wird jetzt als Teil der Site developer.com gehostet, läßt sich aber auch über den URL http://www.gamelan.com erreichen. (Nebenbei gesagt steht Gamelan auch für ein spezielles Instrument javanesischer Musikorchester. Wenn Sie die Möglichkeit haben, sollten Sie eine Gamelan-Vorstellung besuchen – es ist prachtvolle Musik.)

Um ein Applet auf eine Webseite zu stellen, muß man HTML (Hypertext Markup Language) beherrschen oder mit jemandem zusammenarbeiten, der sich mit dieser Seitenbeschreibungssprache auskennt. Für ein Java-Applet sind nur wenige HTML-Tags erforderlich, die sich obendrein leicht beherrschen lassen (siehe dazu Kapitel 10). Das Arbeiten mit den üblichen HTML-Tags gehört zum gestalterischen Entwurf einer Webseite – es stellt kein Thema der Programmierung dar.

Wie Sie Abbildung 1.1 entnehmen können, funktioniert ein Applet fast wie ein in eine Webseite eingebettetes Bild, nachdem es der Benutzer heruntergeladen hat. (Für die HTML-Experten: Wir meinen ein Bild, das mit einem IMG-Tag festgelegt wird.) Das Applet wird Teil der Seite, und der Text fließt um den Raum, der für das Applet vorgesehen ist. Vor allem aber ist das Bild *lebendig*. Es reagiert auf Benutzerbefehle, ändert seine Erscheinung und sendet Daten zwischen dem Computer, auf dem das Applet betrachtet wird, und dem Computer, der es bereitstellt.

Abbildung 1.1 zeigt das Beispiel einer dynamischen Webseite, die komplizierte Berechnungen ausführt – ein Applet zur Simulation genetischer Variationen in der Spezies Drosophila Melanogaster, der Fruchtfliege. Derartige Untersuchungen werden am Center for Distributed Learning der California-State-Universität durchgeführt. Die Studenten entwerfen Elternfliegen, indem sie Merkmale wie die Augenfarbe oder die Flügelform festlegen, und das Java-Programm bestimmt die möglichen Ausprägungen der Nachkommen.

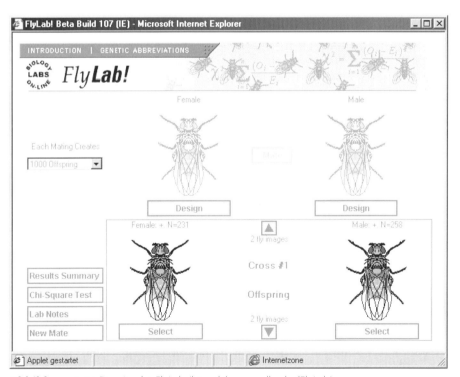

Abbildung 1.1: Das Applet FlyLab (http://www.cdl.edu/FlyLab)

1.5 Geschichtlicher Abriß zu Java

Dieser Abschnitt gibt eine kurze geschichtliche Einführung zur Entwicklung von Java. Er basiert auf verschiedenen Veröffentlichungen (vor allem auf einem Interview mit den Vätern von Java vom Juli 1995 im Online-Magazin SunWorld).

Java datiert auf das Jahr 1991 zurück, als sich eine Gruppe von Sun-Ingenieuren, geführt von Patrick Naughton, Sun Fellow und (Allround-Computertalent) James Gosling daranmachte, eine kleine Computersprache zu entwickeln, die sich für Konsumgeräte wie etwa Umschalter für das Kabelfernsehen eignet. Diese Geräte sind nicht mit üppiger Leistung oder Speicher ausgestattet, und so mußte die Sprache klein sein und sehr knappen Code generieren. Da die verschiedenen Hersteller auch unterschiedliche CPUs bevorzugen, war es wichtig, daß die Sprache nicht an einer einzigen Architektur klebt. Das Projekt erhielt den Codenamen »Green«.

Die Anforderungen nach kleinem, knappem Code führte das Team dazu, ein Modell neu zu beleben, mit dem sich eine Sprache namens UCSD Pascal in den frühen Tagen des PC versucht hat und für das Niklaus Wirth als Vorreiter gilt. Die von Wirth geleistete Pionierarbeit und die kommerzielle Umsetzung in UCSD Pascal diente den Projektingenieuren von Green als Vorbild für den Entwurf einer portablen Sprache, die einen Zwischencode für eine hypothetische Maschine erzeugte. (Diese bezeichnet man häufig als *virtuelle Maschinen* – daher auch der Name Java Virtual Machine oder JVM.) Dieser Zwischencode läuft dann auf jeder Maschine, die den entsprechenden Interpreter besitzt. Der nach diesem Modell erzeugte Zwischencode ist immer klein, und die Interpreter für den Zwischencode können ebenfalls ziemlich klein sein, so daß das Hauptproblem gelöst war.

Allerdings kamen die Sun-Leute von einem Unix-Hintergrund, so daß sie ihre Sprache auf C++ statt auf Pascal aufbauten. Insbesondere haben sie die Sprache objektorientiert und nicht prozedural gemacht. Aber, wie Gosling im Interview sagte: »Die Sprache war die ganze Zeit nur Mittel zum Zweck und nicht das Endprodukt«. Gosling nannte die Sprache »Oak« (Eiche). (Vermutlich, weil er die Ansicht der Eichen liebte, die unmittelbar vor seinem Fenster bei Sun standen.) Die Leute von Sun erkannten später, daß Oak der Name einer existierenden Computersprache war und entschieden sich schließlich für den Namen Java.

Im Jahr 1992 lieferte das Green-Projekt sein erstes Produkt namens »*7«. Es war eine ziemlich intelligente Fernbedienung. (Sie hatte die Leistung einer SPARCstation in einer »Schachtel« der Größe 15 * 10 * 10 cm.) Leider hatte bei Sun niemand Interesse daran, es zu produzieren, und die Leute von Green mußten andere Wege finden, um ihre Technologie zu vermarkten. Allerdings zeigte keiner der bekannten Hersteller von Konsumgüterelektronik Interesse. Die Gruppe bot dann den Entwurf einer Box für das Kabelfernsehen an, die sich für die neuen Kabeldienste wie Video auf Abruf eignete. Sie erhielten den Vertrag nicht. (Amüsanterweise wurde diese Firma von demselben Jim Clark geleitet, der Netscape gründete – eine Firma, die viel unternahm, um Java zum Erfolg zu verhelfen.)

Einführung in Java

Das Green-Projekt (mit dem neuen Namen »First Person Inc.«) verbrachte das ganze Jahr 1993 und die Hälfte von 1994 damit, nach Leuten zu suchen, die ihre Technologie kauften – niemand war aufzutreiben. (Patrick Naughton, einer der Gründer der Gruppe und die Person, die letztlich das meiste auf dem Marketing-Sektor unternahm, behauptet, daß er insgesamt 300.000 Luftmeilen zurückgelegt hat, um die Technologie an den Mann zu bringen.) First Person wurde 1994 aufgelöst.

Während das alles bei Sun vor sich ging, wurde das World Wide Web als Teil des Internet größer und größer. Der Schlüssel zum Web ist der Browser, der die Hypertext-Seite auf den Bildschirm übersetzt. 1994 verwendeten die meisten Leute Mosaic, einen nichtkommerziellen Webbrowser, der 1993 aus dem Zentrum für Supercomputer der Universität Illinois kam. (Mosaic wurde teilweise von Marc Andreesen als Student für 6,85 Dollar die Stunde im Rahmen einer Arbeitsstudie geschrieben. Er kam als einer der Mitbegründer und Technologiechef bei Netscape zu Ruhm und Ehre.)

In einem Interview der SunWorld sagte Gosling Mitte 1994, die Sprachentwickler hätten erkannt, daß »sie einen wirklich coolen Browser bauen könnten. Das war eines der wenigen Dinge unserer gesamten Bemühungen, die man in der Client-Server-Richtung brauchte: architekturneutral, echtzeitfähig, zuverlässig, sicher – Themen, die in der Welt der Workstation nicht so furchtbar wichtig waren. So haben wir einen Browser gebaut.«

Der eigentliche Browser wurde von Patrick Naughton und Jonathan Payne erstellt und entwickelte sich zum heutigen HotJava-Browser weiter. Der HotJava-Browser wurde in Java geschrieben, um die Leistungsfähigkeit von Java zu demonstrieren. Aber die Konstrukteure hatten auch die Leistung im Hinterkopf, die man heute als Applets bezeichnet, so daß ihr Browser die als Zwischenprodukt erstellten Bytecodes interpretieren konnte. Dieser »Technologiebeweis« wurde auf der SunWorld '95 am 23. Mai 1995 vorgestellt und führte zur Java-Euphorie, die unvermindert bis heute anhält.

Der große Durchbruch für den weitverbreiteten Java-Einsatz kam im Herbst 1995, als Netscape entschied, die nächste Version von Netscape (Netscape 2.0) Java-fähig zu machen. Netscape 2.0 kam im Januar 1996 heraus und war (wie alle daraufolgenden Ausgaben) Java-fähig. Zum Kreis der Lizenznehmer gehören IBM, Symantec, Inprise und viele andere. Selbst Microsoft hat Java lizensiert und unterstützt es. Internet Explorer ist Java-fähig, und zu Windows gehört eine virtuelle Java-Maschine. (Beachten Sie, daß Microsoft jedoch nicht die neueste Version von Java unterstützt und daß sich deren Implementierung vom Java-Standard unterscheidet.)

Sun gab die erste Version von Java im Frühjahr 1996 frei. Ein paar Monate später folgte Java 1.02. Man erkannte schnell, daß es Java 1.02 nicht mit einer ernsthaften Anwendungsentwicklung aufnehmen konnte. Sicherlich konnte man mit Java 1.02 auch ein Applet für zappelnden Text erstellen. (Es verschiebt einen Text an zufällig ausgewählte Positionen über den Bildschirm.) Aber man konnte in Java 1.02 nicht einmal *drucken*. Rund heraus gesagt war Java 1.02 noch nicht für seinen großen Auftritt bereit.

Die großen Ankündigungen über die zukünftigen Merkmale von Java sickerten in den ersten Monaten des Jahres 1996 durch. Nur auf der JavaOne-Konferenz, die im Mai 1996 in San Franzisco stattfand, zeichnete sich deutlicher ab, wohin der Trend von Java geht. Auf der JavaOne-Konferenz umrissen die Mitarbeiter von Sun Microsystems Ihre Vorstellungen über die Zukunft von Java mit einem scheinbar endlosen Strom von Verbesserungen und neuen Bibliotheken. Wir waren zumindest argwöhnisch, daß alles das in den folgenden *Jahren* kommen sollte. Wir sind froh zu vermelden, daß zwar nicht alle umrissenen Punkte realisiert sind, aber überraschend viel in Java 1.1 in einer gleichfalls überraschend kurzen Zeitspanne eingebunden wurde.

Die herausragende Neuigkeit der JavaOne-Konferenz 1998 war die bevorstehende Freigabe von Java 1.2, die die frühe spielzeugartige Benutzeroberfläche und die grafischen Werkzeuge durch ausgeklügelte und skalierbare Versionen ersetzte.

Die neue Version reicht ein Stück näher als ihre Vorgänger an das Versprechen von »einmal schreiben, überall ausführen« heran. Drei Tage (!) nach der Freigabe im Dezember 1998 wurde die neue Version in Java 2 umbenannt.

1.6 Java – falsch verstanden

Die folgende Zusammenfassung soll allgemeine Mißverständnisse über Java aus dem Weg räumen.

Java ist eine Erweiterung von HTML.

Java ist eine Programmiersprache. HTML ist ein Weg, um die Struktur einer Webseite zu beschreiben. Beide haben nichts gemein, außer daß es HTML-Erweiterungen gibt, um Java-Applets auf einer Webseite unterzubringen.

Java ist eine leicht zu erlernende Programmiersprache.

Keine Programmiersprache, die Java in der Leistungsfähigkeit entspricht, ist leicht. Man muß unterscheiden, wie leicht ein Spielzeugprogramm zu schreiben ist, und wie schwer es ist, ernsthaft damit zu arbeiten. Ziehen Sie auch in Betracht, daß lediglich vier Kapitel in diesem Buch die Sprache Java behandeln. Die restlichen Kapitel in beiden Bänden zeigen, wie man die Sprache in der Praxis einsetzt und dabei auf die Java-*Bibliothek* zurückgreift. Die Java-Bibliothek enthält über 1500 Klassen und Schnittstellen. Allein das Aufzählen jeder möglichen Funktion und Konstanten in der Bibliothek füllt mehr als 600 Seiten im *Java Developers Almanac*. (Die angeführte Aufzählung der gesamten Java-1.02-Bibliothek, die ein ganzes Stück kleiner als die Java-1.1-Bibliothek ist, enthielt eine vernünftige Anzahl von Codefragmenten, nimmt jedoch mehr als 1500 Drucksseiten in Anspruch!) Zum Glück muß man nicht jeden der mehr als 20.000 Einträge im *Java Developers Almanac* kennen, aber man muß erstaunlich viele davon kennen, damit man Java für realistische Aufgaben einsetzen kann.

Einführung in Java

Java ist eine einfache Umgebung, in der man programmieren kann.

Die native Java-Entwicklungsumgebung ist alles andere als einfach – ausgenommen für Leute, die auf die Befehlszeilenwerkzeuge der 70er Jahre schwören. Es gibt integrierte Entwicklungsumgebungen, die die Java-Entwicklung in das moderne Zeitalter der Visual-Basic-artigen Formular-Editoren mit Drag&Drop-Fähigkeiten und anständigen Einrichtungen zur Fehlersuche bringen. Für den Einsteiger ist das vielleicht etwas kompliziert und abschreckend. Darüber hinaus generieren diese Umgebungen auf Knopfdruck hin Hunderte von Codezeilen. Wahrscheinlich sind Sie als Einsteiger in Java nicht gut beraten, wenn Sie gleich mit diesen Hunderten vom Computer für die Benutzeroberfläche generierten Codezeilen beginnen und auf Kommentare treffen, die besagen, daß man nichts ändern soll oder ähnliches. Bei der Unterrichtung von Java haben wir festgestellt, daß die Verwendung des bevorzugten Texteditors immer noch die beste Art und Weise ist, um Java zu erlernen, und genau das tun wir hier.

Java wird zu einer universellen Programmiersprache für alle Plattformen.

Theoretisch ist das möglich und bestimmt auch das Ziel vieler Hersteller, Microsoft ausgenommen. Allerdings gibt es viele Anwendungen, die auf Desktops abgestimmt sind und auf anderen Geräten oder innerhalb eines Browsers nicht so gut funktionieren. Alle diese Anwendungen nutzen die Geschwindigkeitsvorteile des Prozessors und der nativen Bibliotheken für die Benutzeroberfläche und wurden immerhin auf alle wichtigen Plattformen portiert. Zu diesen Arten der Anwendungen gehören Textverarbeitungen, Fotoeditoren und Webbrowser. Typischerweise sind diese in C oder C++ geschrieben, und für den Endbenutzer bringt es keinen Nutzen, sie in Java neu zu verfassen. Und zumindest auf kurze Sicht gibt es signifikante Nachteile, da die Java-Version meist langsamer und weniger leistungsfähig ist sowie inkompatible Dateiformate verwendet.

Java ist einfach eine weitere Programmiersprache.

Java ist eine angenehme Programmiersprache. Die meisten Programmierer ziehen sie C oder C++ vor. Aber es gab Hunderte von angenehmen Programmiersprachen, die sich nicht durchsetzen konnten, während Sprachen mit offensichtlichen Schwachstellen wie C++ und Visual Basic beim breiten Publikum erfolgreich sind.

Warum? Wir denken, daß der Erfolg einer Programmiersprache mehr durch das umgebende *Support-System* und nicht durch die elegante Syntax bestimmt wird. Gibt es nützliche, passende und standardisierte Bibliotheken für die Merkmale, die Sie implementieren müssen? Gibt es Tool-Anbieter, die große Programmierungs- und Entwicklungsumgebungen bauen? Fügen sich die Sprache und der Werkzeugsatz nahtlos in die übrige Infrastruktur des Computers ein? Java ist im Serverbereich erfolgreich, da die Klassenbibliothek in einfacher Weise Dinge ermöglicht, die vorher schwer zu erreichen waren, beispielsweise Netzwerkarbeit und Multithreading. Es ist lediglich als Zugabe anzusehen, daß Java Zeigerfehler reduziert und Programmierer produktiver mit Java arbeiten können, aber das sind nicht die Quellen des Erfolges. Ob es die Fähigkeit von Java ist, portable

Benutzeroberflächen zu erzeugen, bleibt abzuwarten – die notwendigen Unterstützungsbibliotheken gab es in den Versionen vor Java 1.2 noch nicht.

Das ist ein wichtiger Punkt, den insbesondere ein Hersteller – der portable Benutzeroberflächen als Fluch ansieht – zu ignorieren versucht, indem er Java als »einfach eine Programmiersprache« betitelt und ein System liefert, das eine Ableitung von der Java-Syntax mit einer proprietären und nicht portablen Bibliothek verkörpert. Das Ergebnis kann eine sehr komfortable Sprache sein, sogar ein direkter Konkurrent zu Visual Basic, aber mit Java hat das nichts zu tun.

Java ist interpretiert und damit zu langsam für ernsthafte Anwendungen auf einer bestimmten Plattform.

Viele Programme verbringen die meiste Zeit damit, auf Eingaben vom Benutzer zu warten. Alle Programme – egal in welcher Programmiersprache sie geschrieben sind – erkennen einen Mausklick in einer hinreichend kurzen Zeit. Es stimmt schon, daß man keine CPU-intensiven Aufgaben mit dem zum Java-Entwicklungs-Kit gehörenden Interpreter vollführen kann. Auf Plattformen jedoch, wo Just-In-Time-Compiler verfügbar sind, braucht man nur die Bytecodes hindurchzuschicken, und die meisten Leistungsprobleme lösen sich einfach von selbst auf. Schließlich eignet sich Java hervorragend für netzwerkgebundene Programme. Die Erfahrung zeigt, daß Java locker mit der Datenrate von Netzwerkverbindungen mithalten kann, selbst wenn aufwendige Berechnungen wie bei der Verschlüsselung durchzuführen sind. Solange Java schneller als die zu verarbeitenden Daten ist, spielt es keine Rolle, daß C++ noch schneller sein kann. Java ist leichter zu programmieren und vor allem portabel. Das macht Java zu einer großartigen Sprache für die Implementierung von Netzwerkdiensten.

Alle Java-Programme laufen innerhalb einer Webseite ab.

Alle Java-*Applets* laufen innerhalb eines Webbrowsers ab. Das ist die Definition eines Applets – ein Java-Programm, das innerhalb eines Browsers läuft. Es ist aber durchaus möglich und auch sinnvoll, eigenständige Java-Programme zu schreiben, die unabhängig von einem Webbrowser laufen. Diese Programme (die man üblicherweise *Anwendungen* nennt) sind vollständig portabel. Nehmen Sie einfach den Code, und lassen Sie ihn auf einer anderen Maschine laufen! Und da Java bequemer und weniger fehleranfällig als reines C++ ist, stellt es eine gute Wahl für die Programmierung dar. Man kommt eigentlich nicht daran vorbei, wenn man eine Kombination mit Werkzeugen für den Datenbankzugriff wie JDBC von Sun (siehe dazu Band 2 dieser Buchreihe) in Betracht zieht. Die Wahl als erste Sprache, in der man das Programmieren erlernen kann, fällt sicherlich ganz eindeutig auf Java.

Die meisten Programme in diesem Buch sind eigenständige Programme. Sicherlich sind Applets interessant, und momentan handelt es sich bei den meisten nützlichen Java-Programmen um Applets. Wir glauben aber, daß eigenständige Programme sehr schnell zu einem sehr wichtigen Faktor werden.

Java-Applets sind ein großes Sicherheitsrisiko.

Es gibt einige weitverbreitete Veröffentlichungen zu Fehlern im Java-Sicherheitssystem. Die meisten stecken in der Implementierung von Java in einem bestimmten Browser. Die Forscher sahen es als Herausforderung an, die Schlitze in der Java-Rüstung zu finden und der Stärke und Ausgeklügeltheit des Applet-Sicherheitsmodells zu trotzen. Die aufgespürten technischen Fehler wurden schnell korrigiert, und unseres Wissens waren keine eigentlichen Systeme gefährdet. Aus diesem Blickwinkel sollte man auch die im wörtlichen Sinne Millionen von Virusangriffen auf die ausführbaren Windows-Dateien und Word-Makros sehen, die echten Schaden anrichten, über die man aber kaum redet. Auch der ActiveX-Mechanismus im Internet Explorer gibt einen fruchtbaren Nährboden für einen Mißbrauch ab. Offensichtlich ist dieser Mechanismus aber so leicht zu umgehen, daß sich nur wenige die Mühe gemacht haben, ihre Ergebnisse zu veröffentlichen.

Einige Systemadministratoren haben Java sogar in ihren Firmenbrowsern deaktiviert, während sie weiterhin gestatten, ausführbare Dateien, ActiveX-Steuerelemente und Word-Dokumente herunterzuladen. Das ist ziemlich lächerlich – momentan läßt sich das Risiko, von einem feindseligen Applet attackiert zu werden, etwa mit dem Risiko vergleichen, bei einem Flugzeugabsturz ums Leben zu kommen.

JavaScript ist eine einfachere Version von Java.

JavaScript, eine Skriptsprache, die man innerhalb von Webseiten einsetzen kann, wurde von Netscape erfunden und nannte sich ursprünglich LiveScript. Zwar erinnert die Syntax von JavaScript an Java, aber anderweitig gibt es keine Beziehungen (ausgenommen natürlich der Name). Eine Untermenge von JavaScript ist als ECMA-262 standardisiert, aber die Erweiterungen, die man für die wirkliche Arbeit braucht, sind nicht standardisiert. Im Ergebnis ist das Schreiben von JavaScript-Code, der sowohl in Netscape als auch im Internet Explorer laufen soll, eine frustrierende Übung.

Durch Java kann man auf CGI-Skripts verzichten.

Noch nicht. Mit der heutigen Technologie bleibt CGI immer noch der übliche Mechanismus für die serverseitige Verarbeitung. Allerdings tauchen Technologien am Horizont auf, die den Bedarf an CGI-Skripts stark reduzieren. Servlets bieten auf dem Server die gleiche Ausführungsumgebung, die Applets auf dem Client haben. JDBC (siehe Band 2) erlaubt dem Client die direkte Manipulation von Datenbanken, die auf dem Server liegen.

Java revolutioniert die Client-Server-Verarbeitung.

Das ist möglich, und auf diesem Gebiet wurde auch die meiste Arbeit in Java investiert. Es gibt ein paar Anwendungsserver wie etwa Tengah von Weblogic, die vollständig in Java erstellt sind. Das in Band 2 behandelte JDBC vereinfacht sicherlich den Einsatz von Java für Client-Server-Entwicklung. Mit der fortschreitenden Entwicklung von Werkzeugen durch Dritthersteller erwarten wir eine Datenbankentwicklung mit Java, die genauso einfach ist wie die Netzwerkprogrammierung mit der

Netzbibliothek. Der Zugriff auf Remote-Objekte ist in Java beträchtlich leichter als in C++ (siehe Band 2).

Mit Java kann ich meinen Computer durch ein billiges »Internet-Modell« ersetzen.

Einige Leute wetten darauf, daß dies passiert. Wir glauben, daß die Annahme ziemlich abwegig ist, daß die breite Masse auf den leistungsfähigen und komfortablen Desktop verzichtet und auf eine begrenzte Maschine ohne lokale Speichermöglichkeiten umsteigt. Verfügt allerdings der mit Java gefahrene Computer über genügend lokalen Speicher für die unvermeidlichen Situationen, wenn das lokale Intranet in die Knie geht, stellt ein mit Java betriebener Netzwerkcomputer eine praktikable Möglichkeit zur »Null-Administrations-Initiative« dar, um die Anschaffungskosten für Computertechnik in einem Unternehmen zu senken.

Außerdem sehen wir ein Internet-Gerät als portable *Ergänzung* zum Desktop. Angenommen, der Preis stimmt, würden Sie dann Ihre E-Mail oder die News nicht lieber auf einem Internet-fähigen *Gerät* mit Bildschirm lesen? Da der Java-Kernel so klein ist, stellt Java die logische Wahl für ein derartiges Telefon oder ein anderes Internet-»Gerät« dar.

Java verschafft dem komponentenbasierten Modell des Computers den Durchbruch.

Keine zwei Leute meinen dasselbe, wenn sie über Komponenten reden. In bezug auf die visuellen Steuerelemente, wie etwa die ActiveX-Komponenten, die man in Programme einer grafischen Benutzeroberfläche (GUI) einbauen kann, enthält Java 1.1 die Initiative JavaBeans (siehe Band 2). Mit JavaBeans läßt sich möglicherweise das gleiche erledigen wie mit ActiveX-Komponenten, *außer* daß sie *automatisch* über Plattformen hinweg neutral und *automatisch* mit einem Sicherheitsmanager ausgestattet sind. All das zeigt, daß der Erfolg der JavaBeans-Initiative ein ganzes Stück zum Erfolg von Java beitragen wird.

Kapitel 2

Die Programmier-
umgebung

Das vorliegende Kapitel beschäftigt sich mit dem praktischen Einsatz von Java in verschiedenen Umgebungen. Dabei konzentrieren wir uns auf die wohl gebräuchlichste Plattform Windows 95/98/NT. Für ein Buch dieser Art ist es etwas ungewöhnlich, so viele Tips für verschiedene Plattformen zu bringen. Erfahrenen Programmierern braucht man gewöhnlich nicht zu sagen, wie sie mit ihrer Software umgehen müssen. Allerdings ist das Setup von Java in dieser Hinsicht etwas komplex, und Fallstricke sind vorprogrammiert.

Hinweis

Eine gute und allgemeine Informationsquelle zu Java finden Sie über die Verweise auf der Java-Seite für häufig gestellte Fragen (FAQ – Frequently Asked Questions): `http://www.www-net.com/java/faq/`.

2.1 Compiler und Tools für Java installieren

Die vollständigsten Versionen von Java sind für Solaris 2.x von Sun, Windows NT oder Windows 95/98 verfügbar. (Wir fassen diese Plattformen unter dem Sammelbegriff »Windows« zusammen. Java ist für diese Versionen von Windows identisch.) Für Linux, OS/2, den Macintosh, Windows 3.1 und viele andere Plattformen sind Versionen von Java in verschiedenen Entwicklungsphasen verfügbar. Wenn Sie mit einem PC arbeiten und die im Buch beschriebenen Leistungsmerkmale von Java nutzen möchten, müssen Sie über Windows 95/98 oder NT verfügen, um Java auszuführen. (Linux-Benutzer auf einem PC sollten sich in den Linux-Newsgroups umsehen, um sich über den Status der JDK-Portierung auf Linux zu informieren.) Um vernünftig arbeiten zu können, ist ein Computer mit Pentium, 32 Mbyte Arbeitsspeicher und mindestens 50 Mbyte freiem Festplattenplatz erforderlich.

Tip

Für die drei »großen« Plattformen – Solaris, Windows und Mac – sollten Sie sich regelmäßig auf der Java-Homepage umsehen, ob eine neue Version für Ihre Plattform verfügbar ist. Gehen Sie mit Ihrem Browser auf `java.sun.com`. Für andere Plattformen müssen Sie das Web durchstreifen oder sich mit dem Hersteller in Verbindung setzen. Ein guter Ausgangspunkt ist die Newsgroup `comp.lang.java.programmer`.

Die zum Buch gehörende CD enthält eine Version des Java Development Kit (JDK) für Windows 95/98/NT und Solaris. In Anhang C finden Sie detaillierte Installationsanweisungen. Die CD-ROM enthält keine Unterstützung für den Macintosh. Sobald eine Version von Java für den Macintosh

Die Programmierumgebung

verfügbar ist, können Sie sie von java.sun.com herunterladen und gemäß den dort gegebenen Anweisungen installieren.

Hinweis

Nur die Installationsanweisungen für Java sind systemunabhängig. Wenn eine Vollversion von Java für Ihr Betriebssystem existiert, dann sollte – nachdem Sie Java installiert haben und ausführen können – alles andere in diesem Buch auf Sie zutreffen. Die Systemunabhängigkeit ist einer der großen Vorzüge von Java. (Gelegentlich treten in der Praxis kleinere Probleme auf, insbesondere auf Macs, wo sich die Tools für die Befehlszeile nicht besonders gut mit dem Mac-Modell vertragen.)

2.1.1 Entwicklungsumgebungen für Windows-Benutzer

Wenn Sie Programmiererfahrung mit Visual Basic, Delphi oder einer modernen PC- oder Macintosh-Version von C oder C++ haben, sind Sie bereits an eine integrierte Entwicklungsumgebung (IDE – Integrated Development Environment) gewöhnt, die einen Texteditor und Menüs zum Kompilieren und Starten eines Programms sowie einen eingebauten Debugger von Haus aus mitbringen. Das grundlegende JDK enthält nichts, was im entferntesten daran erinnert. *Alles* wird von der Befehlszeile ausgeführt. Wir zeigen, wie Sie das grundlegende JDK installieren und einsetzen, allein schon deshalb, weil die ausgewachsenen Entwicklungsumgebungen relativ komplex sind und es dem Einsteiger nicht gerade erleichtern, Java zu erlernen.

Die CD-ROM enthält außerdem TextPad, einen ausgezeichneten Programmeditor aus dem Shareware-Bereich für Windows. Damit geht die Entwicklung von Java-Programmen etwas leichter von der Hand, und wir haben ihn für das Entwickeln und Testen der meisten Programme in diesem Buch verwendet. Da sich Quellcode aus dem Editor heraus kompilieren und ausführen läßt, kann TextPad zu Ihrer De-facto-IDE werden, wenn Sie mit diesem Buch arbeiten. (Wir hoffen natürlich, daß Sie nach der Testperiode dem Programmautor die geringe Gebühr erstatten.)

Hinweis

Verschiedene andere Shareware-Editoren wie etwa Kawa (http://www.tektools.com/) und JPad Pro (http://www.modelworks.com/) sind speziell für die Java-Entwicklung angepaßt worden. Diese Editoren sind es auf jeden Fall wert, ausprobiert zu werden. Beide Produkte verfügen über einen integrierten Debugger. Viele professionelle Programmeditoren wie etwa der bekannte CodeWright-Editor (http://www.premia.com/) sind ebenfalls für die Java-Entwicklung eingerichtet.

Wenn Sie allerdings über eine Java-IDE wie zum Beispiel Java WorkShop, Inprise JBuilder oder Symantec Café verfügen, die die aktuelle Version von Java unterstützen, können Sie weiterhin damit arbeiten und manuell die speziellen Dateien hinzufügen, die wir in diesem Buch verwenden. Wir geben Ihnen allgemeine Anweisungen, wobei natürlich die Einzelheiten von der konkret eingesetzten Entwicklungsumgebung abhängen. Noch ein Hinweis: Wenn Sie das Core-Java-Codepaket in eine kommerzielle Umgebung aufnehmen und es die Umgebung scheinbar nicht finden kann, setzen Sie sich bitte mit dem Hersteller und nicht mit uns in Verbindung, um technische Unterstützung zu erhalten.

Nach dem bisher Gesagten bieten sich Ihnen die folgenden drei Optionen, um eine Entwicklungsumgebung unter Windows einzurichten:

1. Das JDK und TextPad von der CD-ROM installieren.
2. Das JDK von der CD-ROM installieren und Ihren bevorzugten ASCII-Editor (der lange Dateinamen unterstützen muß) verwenden.
3. Lediglich den Core-Java-Code und nicht das JDK installieren und mit der bereits bei Ihnen vorhandenen Java-Entwicklungsumgebung arbeiten.

Wenn Ihnen die Wahl zu schwerfällt, nehmen Sie einfach die erste Option. Damit liegen Sie auf der sicheren Seite. Sie schreiben einfach den Quellcode für Ihr Programm in den Editor. Sobald Sie damit zufrieden sind, können Sie das Programm über die Menübefehle von TextPad kompilieren und ausführen. Oder Sie sehen sich die Meldungen zu Syntaxfehlern an, denen Sie gerade in den ersten Wochen Ihrer Arbeit mit Java häufiger begegnen werden.

Kommerzielle Entwicklungsumgebungen sind für einfache Programme oft zu schwerfällig, da man in der Regel zuerst ein Projekt für jedes Programm einrichten muß. Allerdings sind diese Umgebungen unschlagbar, wenn Sie größere Java-Programme schreiben, die aus mehreren Quelldateien bestehen. (Und gewöhnlich arbeiten die Bytecode-Compiler dieser Produkte wesentlich schneller als der Compiler des JDK, was die oftmals zusätzliche Arbeit selbst für ein kleines Programm wettmacht.) In den kommerziellen Umgebungen stehen auch Debugger bereit, die für eine ernsthafte Entwicklungsarbeit unumgänglich sind – der kostenlose Befehlszeilen-Debugger des JDK ist relativ unhandlich.

2.1.2 Core-Java-Dateien in einer integrierten Entwicklungsumgebung

Wenn Sie bereits über eine andere Entwicklungsumgebung wie zum Beispiel Java WorkShop, Inprise JBuilder oder Symantec Café verfügen und Ihre IDE die neueste Version von Java unterstützt, kann die Installation des JDK zu unerwünschten Wechselwirkungen mit der vorhandenen Installation führen. In diesem Fall sollten Sie die einschlägigen Hinweise des Herstellers beachten. (Die IDE mancher Hersteller verträgt sich ausgezeichnet mit dem JDK von Sun, andere bringen alles durcheinander.) In jedem Fall sollten Sie die Core-Java-Dateien installieren.

Die Programmierumgebung

Um die Dateien von Core Java tatsächlich nutzen zu können, müssen Sie noch das Verzeichnis \CoreJavaBook in den *Klassenpfad* Ihrer Entwicklungsumgebung aufnehmen. Dabei kann es genügen, die Umgebungsvariable classpath in der Datei AUTOEXEC.BAT festzulegen. Vielleicht müssen Sie auch eine Option in Ihrer Entwicklungsumgebung oder einer anderen Datei wie SC.INI bei Café von Symantec setzen. Aber Obacht – in manchen Umgebungen *überschreibt* eine neue Einstellung alle anderen, während in anderen Umgebungen die zusätzliche Einstellung an die bestehenden *angehängt* wird. Konsultieren Sie die Dokumentation Ihrer Umgebung, und setzen Sie sich gegebenenfalls mit dem Hersteller in Verbindung.

2.2 In Java-Verzeichnissen navigieren

Bei Ihren Erkundungen in Java wollen Sie gelegentlich auch einen Blick in die Java-Quelldateien werfen. Und natürlich müssen Sie ausgiebig mit unseren Core-Java-Dateien arbeiten. Tabelle 2.1 zeigt die Verzeichnisstruktur von Java. Die Anordnung kann abweichen, wenn Sie mit einer integrierten Entwicklungsumgebung arbeiten, und das Stammverzeichnis hängt von der installierten JDK-Version ab. Darüber hinaus liegen die im JDK mitgelieferten Quellen als komprimierte Datei vor, die Sie zunächst entpacken müssen, um auf den Quellcode zugreifen zu können. Das sollten Sie auf jeden Fall zuerst in Angriff nehmen.

Verzeichnis	Inhalt
\jdk\	Stammverzeichnis des JDK (der Name kann auch anders lauten, beispielsweise jdk1.2)
docs	Bibliotheksdokumentation im HTML-Format
bin	Compiler und Tools
demo	Beispieldateien
include	Dateien für native Methoden (siehe Band 2)
lib	Bibliotheksdateien
src	In den verschiedenen Unterverzeichnissen finden Sie den Quellcode der Bibliotheken.

Tabelle 2.1: Verzeichnisstruktur der Java-Installation

Die wichtigsten Unterverzeichnisse in dieser Struktur sind docs und src. Das Verzeichnis docs enthält die Bibliotheksdokumentation zu Java im HTML-Format. Man kann sie mit jedem Webbrowser wie zum Beispiel Netscape ansehen.

Tip

Setzen Sie in Ihrem Browser ein Lesezeichen auf die lokale Version von `docs\api\index.html`. Auf diese Seite werden Sie sich oft beziehen, wenn Sie mit Java vorankommen.

Das Verzeichnis `src` enthält den Quellcode für den öffentlichen Teil der Java-Bibliotheken. Wenn Sie mit Java vertrauter werden, helfen Ihnen manchmal weder dieses Buch noch die Online-Informationen weiter. In diesem Fall stellt der Quellcode für Java einen guten Ausgangspunkt zur weiterführenden Suche dar. Manchmal ist es schon beruhigend, wenn man in den Quellcode eintauchen kann, um sich über die genaue Arbeitsweise einer Bibliotheksfunktion ein Bild zu machen. Wenn Sie sich beispielsweise für die inneren Abläufe in der Klasse Hashtable interessieren, können Sie sich den Quellcode von `src\java\util\Hashtable.java` zu Gemüte führen.

2.3 Windows 95/98/NT als Programmierumgebung

Wenn Sie bisher ausschließlich in den verschiedenen Versionen von Windows programmiert und dabei eine komfortable Umgebung wie Visual Basic, Delphi oder eine der integrierten C++-Umgebungen verwendet haben, kommt Ihnen das JDK primitiv vor (oder »seltsam«, um es nicht so kraß zu formulieren). In diesem Abschnitt geben wir Ihnen ein paar Tips für die Arbeit unter Windows 95/98/NT. Wenn Sie ein erfahrener Programmierer sind oder nicht mit diesen Versionen von Windows arbeiten, überspringen Sie einfach diesen Abschnitt.

2.3.1 Lange Dateinamen

Selbst wenn Sie als erfahrener Programmierer unter den vorherigen Versionen von DOS oder Windows 3.1 gearbeitet haben, bietet Windows nun ein wesentliches neues Merkmal – *lange Dateinamen*. Wenn Sie von DOS oder Windows 3.1 kommen, wissen Sie, daß die Namen unter DOS eine maximale Länge von 8 Zeichen plus einer Erweiterung von 3 Zeichen wie beispielsweise `WLCMAPPL.HTM` haben dürfen – die sogenannten 8/3-Dateinamen. Unter Windows können Sie jetzt fast beliebig viele (maximal 255) Zeichen verwenden. Zum Beispiel ist `WelcomeApplet.html` als Dateiname erlaubt. Diese Neuerung ist für viele sicherlich willkommen. Praktisch haben Sie *gar keine Wahl*, wenn Sie mit Java arbeiten. Alle Quelldateien in Java tragen lange Dateinamen und *müssen* eine Erweiterung aus vier Buchstaben haben: `.java`. Zum Glück verstehen die neueren Versionen der traditionellen DOS-Dienstfunktionen, die zu Windows NT oder Windows 95 gehören, lange Dateinamen. Zum Beispiel können Sie die Befehle

```
del WelcomeApplet.html
```

oder

Die Programmierumgebung

```
copy *.java a:
```

eingeben.

Die Dateien können Sie natürlich auch über den Explorer löschen oder kopieren. Viele Programmierer sind aber mit ihrer Tastatur verwachsen, finden das Arbeiten mit der Maus umständlich und ziehen deshalb die Befehlszeile vor.

Um Programme verwenden zu können, die vor der Einführung langer Dateinamen geschrieben wurden, gibt Microsoft jedem langen Namen einen *8/3-Alias*. Diese Aliasnamen enthalten eine Tilde (~) wie in `WELCOM~1.HTM`. Wenn im selben Verzeichnis zwei Dateinamen mit `WELCOM` beginnen und die Erweiterung `HTM` haben, erhalten sie die beiden Aliasnamen `WELCOM~1.HTM` und `WELCOM~2.HTM`. Für den Fall, daß im Verzeichnis einige Dateien mit 8/3-Aliasen existieren (was immer zutrifft, wenn man mit langen Dateinamen arbeitet), sollten Sie beim Löschen der Dateien vorsichtig zu Werke gehen, insbesondere, wenn Sie mit Platzhaltern arbeiten. Zum Beispiel löscht der Befehl

```
del *.HTM
```

alle Dateien mit der Erweiterung `HTM` und alle Dateien, deren Erweiterung mit `HTM` *beginnt*. Insbesondere werden auch alle `*.html`-Dateien gelöscht.

Im Windows Explorer können Sie auf die langen Dateinamen zugreifen. Wenn Sie aber mit einer DOS-Shell arbeiten, wie können Sie dann den langen Dateinamen ermitteln?

- Der Befehl `DIR` zeigt den 8/3-Alias auf der linken Seite und den langen Dateinamen auf der rechten.

Nach ein paar Wochen werden Sie sich an das Aussehen auf der rechten Seite gewöhnen und die linke Seite ignorieren.

Warnung

Mit der DOS-Version von PKZIP kann man eine Sammlung von Java-Dateien regelrecht unbrauchbar machen. Wenn Sie mit der altehrwürdigen Version PKZIP 2.04g arbeiten, um Dateien zu komprimieren und zu dekomprimieren, werden Sie feststellen, daß nur die 8/3-Dateinamen gepackt und entpackt werden. Ab der Version 2.50 können Sie PKZIP sicher einsetzen.

Empfehlenswert ist ein modernes Packwerkzeug wie WinZip. Auf der CD-ROM finden Sie eine Shareware-Version dieses Programms. Beispielsweise können Sie mit WinZip einen Blick in die Datei `rt.jar` im Verzeichnis `\jdk\jre\lib` werfen.

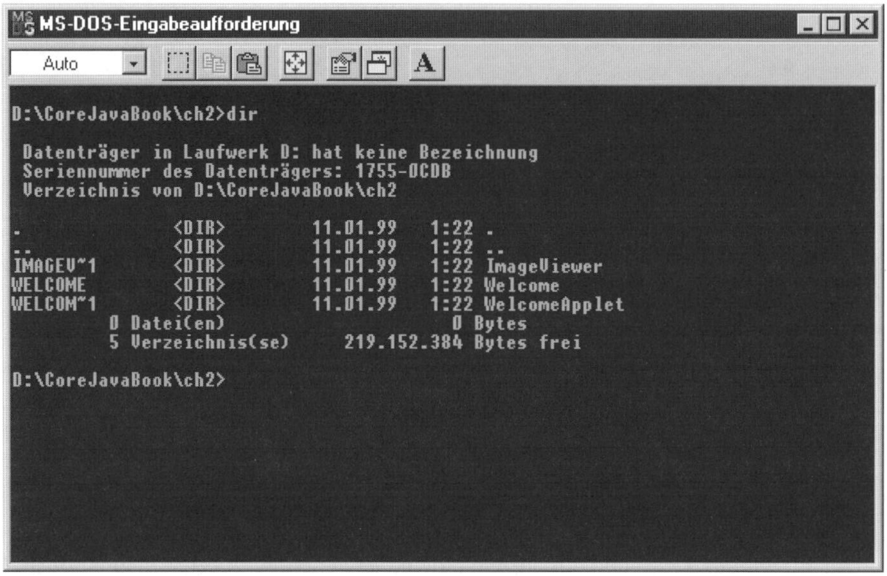

```
D:\CoreJavaBook\ch2>dir
 Datenträger in Laufwerk D: hat keine Bezeichnung
 Seriennummer des Datenträgers: 1755-0CDB
 Verzeichnis von D:\CoreJavaBook\ch2

.                <DIR>        11.01.99    1:22 .
..               <DIR>        11.01.99    1:22 ..
IMAGEV~1         <DIR>        11.01.99    1:22 ImageViewer
WELCOME          <DIR>        11.01.99    1:22 Welcome
WELCOM~1         <DIR>        11.01.99    1:22 WelcomeApplet
         0 Datei(en)                  0 Bytes
         5 Verzeichnis(se)   219.152.384 Bytes frei

D:\CoreJavaBook\ch2>
```

Abbildung 2.1: Der Befehl DIR bei langen Dateinamen

Lange Dateinamen dürfen sogar Leerzeichen enthalten. Vielleicht haben Sie schon bemerkt, daß manche Programme in einem Verzeichnis namens `Program Files` installiert werden. (Das trifft zum Beispiel auf Programme zu, die man in einer englischen Version installiert. Deutsche Installationen verwenden ein Verzeichnis `Programme`.) Bei einigen DOS-Befehlen kann das natürlich zu Komplikationen führen, da Leerzeichen traditionell die Dateinamen von den Befehlsoptionen trennen. Das gleiche trifft auf die zu JDK gehörenden Tools zu. Demnach sollten Sie keine Dateien, die Sie für die Java-Entwicklung verwenden, in einem Verzeichnis unterbringen, das Leerzeichen enthält. In jedem Fall müssen Sie Datei- bzw. Verzeichnisnamen, die Leerzeichen enthalten, in Anführungszeichen schreiben. Dazu folgendes Beispiel:

`del "Das erste Applet im Buch Core Java.java"`

Keine Angst. Auf derartige Dateinamen verzichten wir in den Beispielprogrammen dieses Buches.

Die DOS-Befehle unterscheiden bei langen Dateinamen nicht zwischen Groß- und Kleinschreibung. So spielt es keine Rolle, ob Sie

`del WelcomeApplet.java`

oder

`del welcomeapplet.JAVA`

Die Programmierumgebung

schreiben. Die Wirkung ist die gleiche. Allerdings behalten Windows 95/98/NT die Schreibweise bei, die Sie beim Erstellen der Datei verwendet haben. Wenn Sie zum Beispiel eine Datei als `WelcomeApplet.java` benannt haben, dann zeigt Windows in der Verzeichnisansicht und allen Dialogfeldern das `W` und das `A` von `WelcomeApplet` als Großbuchstaben an.

Hinweis

Java beachtet dagegen die Groß-/Kleinschreibung und übernimmt auch die vorgegebene Schreibweise der Dateinamen. Wie Sie bald sehen werden, enthält eine Datei wie `WelcomeApplet.java` eine Klasse mit demselben Namen, `WelcomeApplet`. Wenn Sie diese Datei mit dem Befehl

```
javac welcomeapplet.java
```

kompilieren, weist der Compiler DOS an, die Datei zu öffnen. DOS hat kein Problem damit, die Datei `welcomeapplet.java` zu öffnen, aber der Compiler beschwert sich, daß er keine Klasse `welcomeapplet` finden kann. Es erscheint die Fehlermeldung, daß eine Datei nicht gefunden werden kann. In diesen Fällen sollten Sie die Schreibweise des Namens mit dem Befehl `DIR` oder mit dem Explorer prüfen. Wenn Sie sich eigentlich für eine andere Schreibweise entschieden hatten, können Sie das Aussehen des Dateinamens mit dem Befehle `ren` ändern:

```
ren welcomeapplet.java WelcomeApplet.java
```

2.3.2 Mehrere Fenster

Wenn Sie mit JDK arbeiten, gehören mehrere DOS-Fenster zum Alltag. Oftmals läuft der Editor in einem DOS-Fenster und der Compiler in einem anderen. (Der auf der CD-ROM mitgelieferte Text-Pad-Editor ist so konfiguriert, daß er diese DOS-Shells transparent für Sie erzeugt.) Grafische Anwendungen, Applets und der Browser laufen in anderen Fenstern. Windows hat eine elegante *Taskleiste* am unteren Rand des Bildschirms, über die Sie leicht zwischen den Fenstern umschalten können.

Abbildung 2.2: Die Task-Leiste

Wenn Sie auf einem Computer mit kleinem Bildschirm (beispielsweise einem Laptop) arbeiten, werden Sie feststellen, daß die Taskleiste wertvollen Platz auf dem Bildschirm wegnimmt. Die Taskleiste können Sie dann ausblenden. (Klicken Sie mit der rechten Maustaste auf einen leeren Bereich der Taskleiste, und wählen Sie aus dem Kontextmenü EIGENSCHAFTEN und dann AUTOMATISCH IM HINTERGRUND.) Daraufhin zeigt Windows die Taskleiste nur dann an, wenn Sie die Maus an den unteren Rand des Bildschirms verschieben. (Sie können die Taskleiste bei Bedarf auch an einen anderen Rand des Bildschirms ziehen.)

2.3.3 Zugriffstasten

Die Maus wurde ursprünglich von Forschern am prestigevollen SRI International Lab entwickelt. Eines der unausgesprochenen Ziele schien es zu sein, alles zu verlangsamen, damit der Computer mit dem Benutzer mithalten kann. Programmierer möchten sich aber nicht bremsen lassen, und die Programmierkollegen bei Microsoft haben die »Mausomanie« bekämpft und eine Reihe von Zugriffstasten im Betriebssystem vorgesehen. Einige dieser hilfreichen Tastenkombinationen werden im folgenden erläutert.

[Alt]+[Tab]: Diese Kombination zeigt ein kleines Fenster mit Symbolen, die jeweils für eine laufende Task stehen.

Abbildung 2.3: Task-Umschaltung mit [Alt]+[Tab]

Halten Sie die [Alt]-Taste nieder, und drücken Sie die [Tab]-Taste. Auf diese Weise wählen Sie nacheinander die verschiedenen Symbole aus. Lassen Sie beide Tasten los, um zum gewählten Fenster zu wechseln.

[Strg]+[Esc]: Diese Tastenkombination öffnet das Startmenü der Taskleiste. (Auf einigen Tastaturen gibt es eine »Windows«-Taste, die das gleiche bewirkt.) Wenn Sie die Symbole der am häufigsten benutzten Programme in der ersten Ebene des START-Menüs unterbringen, können Sie sie mit wenigen Tastenbetätigungen starten.

Tip

Legen Sie die MS-DOS-Eingabeaufforderung, TextPad und Ihren Browser in der ersten Ebene des START-Menüs ab. (Um das START-Menü zu bearbeiten, klicken Sie mit der rechten Maustaste in einen freien Bereich der Taskleiste und wählen dann EIGENSCHAFTEN / PROGRAMME IM MENÜ "START".)

[Umschalt]+[F10]: Mit dieser Tastenkombination öffnen Sie – genau wie mit der rechten Maustaste – ein Kontextmenü.

Unter Windows 95/98 bewirkt die Tastenkombination [Strg]+[Alt]+[Entf] nicht das Neustarten des Computers. Statt dessen erscheint ein Fenster mit allen aktiven Anwendungen, wie es Abbildung 2.4 zeigt.

Die Programmierumgebung

Abbildung 2.4: Das Dialogfeld »Anwendung schließen« nach Betätigung der Tastenkombination [Strg]+[Alt]+[Entf]

Falls ein Programm nicht mehr reagiert, gehen Sie folgendermaßen vor:

1. Öffnen Sie das Fenster entsprechend Abbildung 2.4.

2. Markieren Sie das Programm in der Liste.

3. Klicken Sie auf die Schaltfläche TASK BEENDEN. (Es kann ein paar Sekunden dauern, bis die Wirkung eintritt.)

Achtung

Wenn Sie die Tastenkombination [Strg]+[Alt]+[Entf] zweimal drücken, wird der Computer neu gestartet. Daher sollten Sie über eine ruhige Hand verfügen, wenn Sie diese Tastenkombination wählen.

2.3.4 Mehr zu DOS-Shells

Die altehrwürdige MS-DOS-Shell hat über die früheren Versionen von Windows einen langen Entwicklungsweg hinter sich. In der Tat ist die DOS-Shell in Windows jetzt in vielerlei Hinsicht ein besseres DOS als das eigentliche DOS. Wie Sie gesehen haben, kann man mehrere DOS-Shells starten und zwischen ihnen wechseln. Außerdem können Sie Windows-Anwendungen direkt aus der DOS-Shell aufrufen. Wenn Sie beispielsweise

```
notepad
```

an der DOS-Eingabeaufforderung eintippen und ⌈Eingabe⌉ drücken, startet der Windows-Editor (notepad.exe). Das geht sicherlich schneller als das Klicken auf START / PROGRAMME / ZUBEHÖR / EDITOR.

Tip

Wenn Sie mit der DOS-Shell arbeiten, sollten Sie das Programm `DOSKEY` verwenden. Dieses Dienstprogramm führt eine Verlaufsliste für MS-DOS-Befehle. Mit den Pfeiltasten nach oben und unten kann man sich durch die zuletzt eingetippten Befehle bewegen. Mit den Pfeiltasten nach links und rechts läßt sich der aktuelle Befehl bearbeiten. Geben Sie den Anfang eines Befehls ein, und drücken Sie ⌈F8⌉, um den Befehl zu vervollständigen. Wenn Sie zum Beispiel bereits

```
appletviewer WelcomeApplet.html
```

eingetippt haben, können Sie später einfach

```
ap
```

schreiben und die ⌈F8⌉-Taste drücken, um den Befehl in voller Länge wieder auf den Bildschirm zu holen. Jetzt haben Sie auch die Möglichkeit, den Befehl zu bearbeiten, falls Sie kleinere Veränderungen vornehmen möchten.

Um `DOSKEY` automatisch zu installieren, fügen Sie die Zeile

```
DOSKEY /INSERT
```

in die Datei `AUTOEXEC.BAT` ein und starten den Computer neu.

2.3.5 Das Programm EDIT

Wenn Sie einen Quelltext auf die Schnelle bearbeiten wollen und Ihnen der Start Ihres Standardeditors zu lange dauert, probieren Sie einfach das Programm `EDIT` aus, das zu Windows 95/98 gehört. Sie werden angenehm überrascht sein. Es handelt sich nicht um den QuickBasic-Editor, der zu DOS 5 und 6 gehörte und immer noch in Windows NT enthalten ist, sondern um ein vollkommen anderes Programm. Insbesondere kann dieser Editor lange Dateinamen behandeln und bis zu 10 Dateien gleichzeitig öffnen. Zwischen den Dateien schalten Sie mit den Tastenkombinationen ⌈Alt⌉+⌈1⌉, ⌈Alt⌉+⌈2⌉ usw. um. Den Editor können Sie sogar mit einem Platzhalter starten:

```
edit *.java
```

Leider bleibt `EDIT` ein DOS-Programm. Somit ist es nicht ohne weiteres möglich, zwischen dem Editor und anderen Windows-Programmen mit den Operationen AUSSCHNEIDEN und EINFÜGEN zu arbeiten. (Allerdings funktioniert es, wenn Sie die Symbole MARKIEREN, KOPIEREN und EINFÜGEN

Die Programmierumgebung

in der Symbolleiste des DOS-Fensters verwenden und nicht die üblichen Editorbefehle.) Zwischen verschiedenen Dateien, die man in den Editor geladen hat, kann man natürlich mit AUSSCHNEIDEN und EINFÜGEN arbeiten. (Wenn Sie Text effizienter zwischen Windows-Programmen ausschneiden und einfügen möchten, nehmen Sie TextPad.)

2.4 Java-Programme kompilieren und ausführen

Ein Java-Programm kann man nach zwei Methoden kompilieren und starten: von der Befehlszeile und aus einem Editor heraus. Schlagen wir zunächst den schwereren Weg ein: von der Befehlszeile. Wechseln Sie ins Verzeichnis \CoreJavaBook\ch2\Welcome, und geben Sie dann die folgenden Befehle ein:

```
javac Welcome.java
java Welcome
```

Es sollte die in Abbildung 2.5 dargestellte Meldung auf dem Bildschirm erscheinen.

Abbildung 2.5: Das erste Java-Programm ausführen

Gratulation! Sie haben gerade Ihr erstes Java-Programm kompiliert und gestartet.

Was ist im einzelnen passiert? Das Programm javac ist der Java-Compiler. Er kompiliert die Datei Welcome.java in die Datei Welcome.class. Beim Programm java handelt es sich um den Java-Interpreter. Er interpretiert Bytecodes, die der Compiler in die Klassendatei geschrieben hat.

Das Programm Welcome ist extrem einfach. Es gibt lediglich eine Meldung auf der Konsole aus. Sehen Sie sich das in Beispiel 2.1 wiedergegebene Programm einmal näher an – eine Erläuterung zur Arbeitsweise folgt im nächsten Kapitel.

Beispiel 2.1: Welcome.java

```
public class Welcome
{  public static void main(String[] args)
   {  String[] greeting = new String[3];
      greeting[0] = "Welcome to Core Java";
      greeting[1] = "by Cay Horstmann";
      greeting[2] = "and Gary Cornell";

      int i;
      for (i = 0; i < greeting.length; i++)
         System.out.println(greeting[i]);
   }
}
```

Hinweis

Jede integrierte Umgebung verfügt über Befehle zum Kompilieren und Ausführen von Programmen. Wenn Sie nicht mit TextPad arbeiten, sollten Sie die Dokumentation studieren, um sich über diese Funktionen zu informieren. Falls Sie TextPad verwenden, lesen Sie den nächsten Abschnitt.

2.5 TextPad

2.5.1 Programme kompilieren und ausführen

Bei der Manuskripterstellung zu diesem Buch sind wir in TextPad förmlich hineingewachsen. Die Editoren verwenden die normalen Bearbeitungsbefehle, die man von einem Windows-Programm erwartet. (Die Tastenkombinationen für die meisten Aufgaben lassen sich außerdem anpassen.) Zum Programm gehört ein vollständiges Hilfesystem, so daß wir uns hier die Details über den Einsatz des Editors sparen können. (Ein erfahrener Programmierer sollte maximal 15 Minuten brauchen, um dieses Produkt zu beherrschen.)

Die Programmierumgebung

Der vorliegende Abschnitt zeigt die Schritte, die zur Ausführung des Programms Welcome aus der Editorumgebung heraus erforderlich sind. Dann erläutern wir die Vorteile, die der Editor bietet, wenn man Tippfehler korrigieren muß.

Um das Programm Welcome aus der benutzerdefinierten Version von TextPad zu kompilieren und auszuführen, unternehmen Sie folgende Schritte:

1. Starten Sie TextPad.
2. Wählen Sie DATEI / ÖFFNEN. Suchen Sie über das Dialogfeld den Quellcode in der Datei Welcome.java, und öffnen Sie diese.
3. Wählen Sie EXTRAS / JAVA KOMPILIEREN (oder drücken Sie die Tastenkombination [Strg]+[1]), um den Java-Compiler zu starten.
4. Wählen Sie EXTRAS / JAVA STARTEN (oder drücken Sie die Tastenkombination [Strg]+[2]), um das kompilierte Programm auszuführen.

Abbildung 2.6 zeigt ein Java-Programm, das aus TextPad heraus gestartet wurde.

2.5.2 Compilerfehler aufspüren

Vermutlich hat unser Programm keine Tippfehler oder Bugs. (Immerhin ist es nur wenige Zeilen lang.) Nehmen wir einfach als Beispiel an, daß sich versehentlich ein Tippfehler (oder sogar ein Programmfehler) in den Code eingeschlichen hat. Probieren Sie es aus – verstümmeln Sie die Datei, indem Sie zum Beispiel in den ersten Zeilen einiges groß schreiben:

```
Public class Welcome
{  Public Static void main(String[] args)
   {  String[] Greeting = new String[3];
      greeting[0] = "Welcome to Core Java";
      greeting[1] = "by Cay Horstmann Gary Cornell";
      greeting[2] = "and Gary Cornell Cay Horstmann";

      int i;
      for (i = 0; i < greeting.length; i++)
         System.out.println(greeting[i]);
   }
}
```

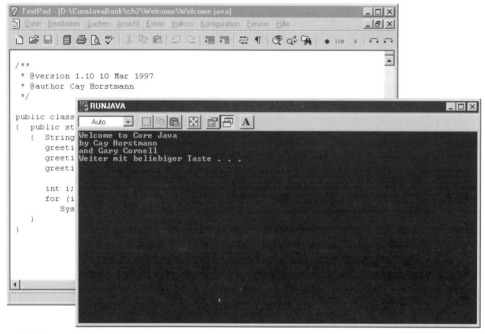

Abbildung 2.6: Ein Java-Programm aus TextPad heraus starten

Starten Sie nun den Java-Compiler erneut. TextPad zeigt alle Fehlermeldungen im Compilerfenster.

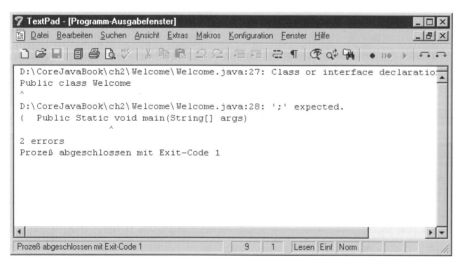

Abbildung 2.7: Compilerfehler in TextPad aufspüren

Die Programmierumgebung

Doppelklicken Sie auf die erste Zeile einer Fehlermeldung, um zur entsprechenden Stelle in der Datei zu gelangen. Mit dem Befehl SUCHEN / ZUM NÄCHSTEN SPRINGEN (oder der Taste F4) gehen Sie die übrigen Fehlermeldungen durch.

2.6 Grafikanwendungen

Das Programm Welcome war nicht gerade berauschend. Als nächstes wollen wir eine Grafikanwendung starten. Es handelt sich um einen sehr einfachen Betrachter für GIF-Dateien. Er lädt eine GIF-Datei und zeigt sie an. Auch hier kompilieren und starten wir das Programm zunächst von der Befehlszeile.

1. Öffnen Sie ein DOS-Fenster.
2. Gehen Sie ins Verzeichnis \CoreJavaBook\ch2\ImageViewer.
3. Tippen Sie die folgenden Befehle ein:

```
javac ImageViewer.java
java ImageViewer
```

Daraufhin öffnet sich ein neues Programmfenster mit unserer ImageViewer-Anwendung.

Wählen Sie nun FILE / OPEN, und suchen Sie sich eine GIF-Datei, die Sie öffnen können. (Im Verzeichnis haben wir eine Reihe von Beispieldateien bereitgestellt.)

Abbildung 2.8: Die Anwendung ImageViewer ausführen

Um das Programm zu beenden, klicken Sie auf das SCHLIEßEN-Feld in der Titelleiste oder öffnen das Systemmenü und wählen den Befehl SCHLIEßEN. (In TextPad oder einer Entwicklungsumgebung kompilieren und starten Sie das Programm ebenfalls wie oben beschrieben. Zum Beispiel wählen Sie bei TextPad EXTRAS / JAVA KOMPILIEREN und danach EXTRAS / JAVA STARTEN.)

Wir hoffen, daß Sie dieses Programm interessant und nützlich finden. Sehen Sie sich kurz den Quellcode an. Das Programm ist wesentlich länger als das erste, dennoch aber nicht übermäßig kompliziert, wenn man in Betracht zieht, welcher Aufwand in C oder C++ für eine ähnliche Anwendung erforderlich wäre. In Visual Basic ist es dagegen natürlich einfach, ein derartiges Programm zu schreiben oder, besser gesagt, per Drag&Drop zu erstellen – man muß nur etwa zwei Codezeilen hinzufügen, damit es funktioniert. Das JDK hat keine visuellen Editoren für die Benutzeroberfläche, so daß man für alles und jedes Code schreiben muß, wie es das Beispiel 2.2 zeigt. In den Kapiteln 7 bis 9 erfahren Sie, wie man derartige Grafikprogramme schreibt.

Beispiel 2.2: ImageViewer.java

```
import javax.swing.*;
import java.awt.*;
import java.awt.event.*;
import java.awt.image.*;
import java.io.*;

public class ImageViewer extends JFrame
    implements ActionListener
{  public ImageViewer()
   {  setTitle("ImageViewer");
      setSize(300, 400);

      JMenuBar mbar = new JMenuBar();
      JMenu m = new JMenu("File");
      JMenuItem m1 = new JMenuItem("Open");
      m1.addActionListener(this);
      m.add(m1);
      JMenuItem m2 = new JMenuItem("Exit");
      m2.addActionListener(this);
      m.add(m2);
      mbar.add(m);
      setJMenuBar(mbar);

      label = new JLabel();
      Container contentPane = getContentPane();
      contentPane.add(label, "Center");
   }

   public void actionPerformed(ActionEvent evt)
   {  String arg = evt.getActionCommand();
      if (arg.equals("Open"))
```

Die Programmierumgebung

```
      {  JFileChooser chooser = new JFileChooser();
         chooser.setCurrentDirectory(new File("."));

         chooser.setFileFilter(new
            javax.swing.filechooser.FileFilter()
            {  public boolean accept(File f)
               {  return f.getName().toLowerCase()
                     .endsWith(".gif");
               }
               public String getDescription()
               {  return "GIF Images";
               }
            });

         int r = chooser.showOpenDialog(this);
         if(r == JFileChooser.APPROVE_OPTION)
         {  String name
               = chooser.getSelectedFile().getName();
            label.setIcon(new ImageIcon(name));
         }
      }
      else if(arg.equals("Exit")) System.exit(0);
   }

   public static void main(String[] args)
   {  JFrame frame = new ImageViewer();
      frame.show();
   }

   private JLabel label;
}
```

2.7 Applets

Die beiden ersten in diesem Buch präsentierten Programme sind Java-*Anwendungen*, eigenständige Programme wie jedes »richtige« Programm. Wie bereits im letzten Kapitel erwähnt, resultiert aber die Java-Euphorie aus der Möglichkeit, Applets in einem Webbrowser ausführen zu können. Wir werden zeigen, wie man ein Applet erstellt und von der Befehlszeile ausführt. Schließlich laden wir das Applet in den Applet-Viewer, der zum JDK gehört, und in einen Webbrowser.

Gehen Sie zuerst in das Verzeichnis \CoreJavaBook\ch2\WelcomeApplet, und geben Sie dann die folgenden Befehle ein:

```
javac WelcomeApplet.java
appletviewer WelcomeApplet.html
```

Abbildung 2.9 zeigt, was im Fenster des Applet-Viewers erscheint.

Abbildung 2.9: Das Applet WelcomeApplet im Applet-Viewer

Der erste Befehl ist der mittlerweile bekannte Befehl zum Aufruf des Java-Compilers. Dieser kompiliert die Quelle `WelcomeApplet.java` in die Bytecode-Datei `WelcomeApplet.class`.

Dieses Mal starten wir aber nicht den Java-Interpreter, sondern verwenden statt dessen das Programm `appletviewer`. Dieses Programm ist ein spezielles Werkzeug, das zum JDK gehört und das schnelle Testen eines Applets gestattet. Dem Programm ist statt des Namens einer Java-Klassendatei eine HTML-Datei zu übergeben. Der Inhalt der Datei `WelcomeApplet.html` ist in Beispiel 2.3 wiedergegeben.

Beispiel 2.3: WelcomeApplet.html
```
<HTML>
<TITLE>WelcomeApplet</TITLE>
<BODY>
<HR>
This applet is from the book
<A HREF="http://www.horstmann.com/corejava.html">
Core Java</A> by <I>Cay Horstmann</I> and <I>Gary Cornell</I>,
published by Sun Microsystems Press.

<!--"CONVERTED_APPLET"-->
<!-- CONVERTER VERSION 1.0 -->
<SCRIPT LANGUAGE="JavaScript"><!--
    var _info = navigator.userAgent; var _ns = false;
```

Die Programmierumgebung

```
    var _ie = (_info.indexOf("MSIE") > 0 && _info.indexOf("Win") > 0 &&
_info.indexOf("Windows 3.1") < 0);
//--></SCRIPT>
<COMMENT><SCRIPT LANGUAGE="JavaScript1.1"><!--
    var _ns = (navigator.appName.indexOf("Netscape") >= 0 &&
((_info.indexOf("Win") > 0 && _info.indexOf("Win16") < 0 &&
java.lang.System.getProperty("os.version").indexOf("3.5") < 0) ||
(_info.indexOf("Sun") > 0) || (_info.indexOf("Linux") > 0)));
//--></SCRIPT></COMMENT>

<SCRIPT LANGUAGE="JavaScript"><!--
    if (_ie == true) document.writeln('<OBJECT classid="clsid:8AD9C840-
044E-11D1-B3E9-00805F499D93" WIDTH = 400 HEIGHT = 200  codebase="http://
java.sun.com/products/plugin
  /1.1.1/jinstall-111-win32.cab#Version=1,1,1,0"><NOEMBED><XMP>');
    else if (_ns == true) document.writeln('<EMBED type=
       "application/x-java-applet;version=1.1" java_CODE = Welco-
meApplet.class WIDTH = 400 HEIGHT = 200  greeting = "Welcome to Core
Java!"  pluginspage="http://java.sun.com/products
  /plugin/1.1.1/plugin-install.html"><NOEMBED><XMP>');
//--></SCRIPT>
<APPLET CODE = WelcomeApplet.class WIDTH = 400 HEIGHT = 200 ></XMP>
<PARAM NAME = CODE VALUE = WelcomeApplet.class >

<PARAM NAME="type" VALUE="application/x-java-applet;version=1.1">
<PARAM NAME = greeting VALUE ="Welcome to Core Java!">

</APPLET>

</NOEMBED></EMBED></OBJECT>

<!--
<APPLET  CODE = WelcomeApplet.class WIDTH = 400 HEIGHT = 200 >
<PARAM NAME = greeting VALUE ="Welcome to Core Java!">

</APPLET>
-->
<!--"END_CONVERTED_APPLET"-->

<HR>
<A href="WelcomeApplet.java">Die Quelle.</A>
</BODY>
</HTML>
```

Wenn Sie mit HTML vertraut sind, erkennen Sie die Standard-HTML-Anweisungen und das `APPLET`-Tag, das den Applet-Viewer anweist, das Applet zu laden, dessen Code in `Welcome-Applet.class` gespeichert ist. Der Applet-Viewer ignoriert alle anderen Tags in dieser Datei. Weiterhin gibt es mehrere Tags, die einen Browser in die Lage versetzen, das Java Plug-in zu laden und den HTML-Text zusammen mit dem Applet als eingebettetes Objekt anzuzeigen. Falls Sie das Java Plug-in installiert haben, können Sie die Webseite entweder in Netscape oder im Internet Explorer betrachten.

Probieren Sie es aus.

1. Starten Sie Ihren Browser.
2. Wählen Sie DATEI / ÖFFNEN (oder einen äquivalenten Befehl).
3. Gehen Sie in das Verzeichnis `\CoreJavaBook\ch2\WelcomeApplet`.

Im Dateidialog sollte nun die Datei `WelcomeApplet.html` zu sehen sein. Öffnen Sie diese Datei. Der Browser lädt nun das Applet einschließlich dem umgebenden Text. Abbildung 2.10 gibt das Ganze wieder.

Hinweis

Wenn Sie Java-Applets bereits kennen, sind Sie vielleicht überrascht, die Tags `OBJECT` und `EMBED` zum Laden des Applets vorzufinden und nicht das `APPLET`-Tag. Leider haben die Browser nicht mit der schnellen Entwicklung von Java gleichgezogen, und momentan kann kein Browser Applets anzeigen, die spezielle Merkmale von Java 2 verwenden. Allerdings verfügen die bedeutenden Browser über die Mechanismen zum Einbetten von Objekten. Sun hat mit dem *Java Plug-in* ein derartiges Objekt entwickelt. Das Java Plug-in lokalisiert die aktuelle Java-Laufzeitumgebung und verwendet sie, um das Applet zu laden und anzuzeigen. Leider behandeln Netscape und der Internet Explorer das Einbetten von Objekten auf verschiedene Weise. Um das Applet in beiden Browsern anzuzeigen, enthält die Webseite JavaScript-Code, der den jeweiligen Browser erkennt und die passenden Tags generiert. Diesen Code hat der Java-Plug-in-HTML-Konverter automatisch erzeugt.

Wie Sie sehen, ist diese Anwendung tatsächlich »lebendig« und bereit, mit dem Internet zu interagieren. Klicken Sie auf die Schaltfläche GARY CORNELL. Das Applet bewirkt, daß der Browser ein Mail-Fenster öffnet, in dem die E-Mail-Adresse von Gary bereits eingetragen ist. Klicken Sie auf die Schaltfläche CAY HORSTMANN. Das Applet veranlaßt nun, daß der Browser die Webseite von Cay anzeigt.

Die Programmierumgebung

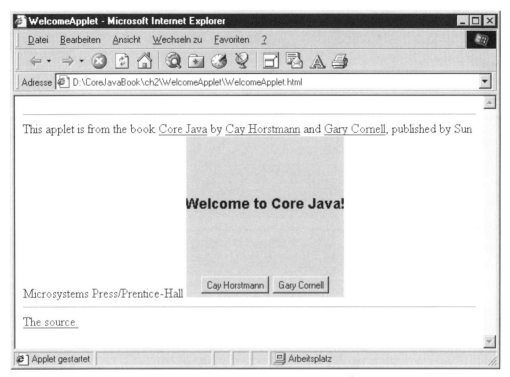

Abbildung 2.10: Das Applet WelcomeApplet in einem Browser ausführen

Beachten Sie, daß beide Schaltflächen nicht im Applet-Viewer funktionieren. Der Applet-Viewer verfügt nicht über die Fähigkeiten, Mail zu senden oder eine Webseite anzuzeigen. Er ignoriert einfach die Anforderung. Mit dem Applet-Viewer lassen sich in erster Linie Applets in der Abgeschiedenheit testen. Man muß aber Applets in einen Browser bringen, um sich davon zu überzeugen, ob sie mit dem Browser und dem Internet zusammenarbeiten.

Tip

Applets können Sie auch aus TextPad heraus kompilieren und ausführen. Wie bereits erwähnt, wählen Sie dazu KOMPILIEREN und dann AUSFÜHREN. Dabei startet der AUSFÜHREN-Befehl eine Stapeldatei, die erkennt, daß Sie ein Applet und keine Anwendung starten. Die Stapeldatei erstellt en passant eine HTML-Datei und startet den Applet-Viewer. Wenn Sie mit einer integrierten Umgebung arbeiten, verfügt diese über eigene Befehle zum Starten von Applets.

Abschließend zeigt Beispiel 2.4 den Code für das Welcome-Applet. Momentan sollten Sie lediglich einen Blick darauf werden. In Kapitel 10 erfahren Sie mehr darüber, wie man Applets schreibt.

Beispiel 2.4: WelcomeApplet.java

```java
import javax.swing.*;
import java.applet.*;
import java.awt.*;
import java.awt.event.*;
import java.net.*;

public class WelcomeApplet extends JApplet
   implements ActionListener
{  public void init()
   {  Container contentPane = getContentPane();
      contentPane.setLayout(new BorderLayout());
      JLabel label = new JLabel(getParameter("greeting"),
         SwingConstants.CENTER);
      label.setFont(new Font("TimesRoman", Font.BOLD, 18));
      contentPane.add(label, "Center");
      JPanel panel = new JPanel();
      cayButton = new JButton("Cay Horstmann");
      cayButton.addActionListener(this);
      panel.add(cayButton);
      garyButton = new JButton("Gary Cornell");
      garyButton.addActionListener(this);
      panel.add(garyButton);
      contentPane.add(panel, "South");
   }

   public void actionPerformed(ActionEvent evt)
   {  Object source = evt.getSource();
      String urlName;
      if (source == cayButton)
         urlName = "http://www.horstmann.com";
      else if (source == garyButton)
         urlName = "mailto:gary@thecornells.com";
      else return;
      try
      {  URL u = new URL(urlName);
         getAppletContext().showDocument(u);
      }
```

Die Programmierumgebung

```
      catch(Exception e)
      {   showStatus("Error " + e);
      }
   }

   private JButton cayButton;
   private JButton garyButton;
}
```

Kapitel **3**

Grundlegende Programmstrukturen

Wir gehen nun davon aus, daß Sie Java erfolgreich installiert haben und die Beispielprogramme wie in Kapitel 2 gezeigt ausführen können. Es ist nun an der Zeit, mit der Programmierung zu beginnen. Das vorliegende Kapitel zeigt, wie die grundlegenden Programmierkonzepte – Datentypen, Schleifen und benutzerdefinierte Funktionen (die man in Java eigentlich *Methoden* nennt) – in Java implementiert sind.

Leider kann man in Java nicht so ohne weiteres ein Programm schreiben, das mit einer grafischen Benutzeroberfläche arbeitet – dazu gehören fundierte Kenntnisse über die Maschinerie. Dann können Sie Fenster erstellen und Textfelder sowie Schaltflächen hinzufügen, um auf Benutzereingaben zu reagieren. Eine Einführung zu den Verfahren, die man für Java-Programme mit grafischer Benutzeroberfläche braucht, würde uns momentan aber von den grundlegenden Programmierkonzepten zu weit weg führen. Daher sind fast alle Beispiele in diesem Kapitel »Spiel«-Programme, die lediglich ein Konzept verdeutlichen sollen. Alle diese Beispiele bringen die Ausgaben einfach auf die Konsole. (Wenn Sie zum Beispiel unter Windows arbeiten, ist die Konsole ein MS-DOS-Fenster.) Benutzereingaben werden lediglich über die Tastatur entgegengenommen. Insbesondere schreiben wir in diesem Kapitel *Anwendungen* und keine *Applets*.

Leider ist es in Java auch etwas umständlich, Tastatureingaben zu lesen. Es gibt keine Grundfunktionen für numerische Eingaben. Da selbst die Demonstrationsprogramme wenigstens eine bescheidene Methode brauchen, um Eingaben vom Benutzer entgegenzunehmen, finden Sie auf der CD ausreichend Codebeispiele für einfache (aufgeforderte) Eingaben. Wir schlagen vor, daß Sie sich fürs erste nicht allzusehr in die Funktionsweise von Eingaben vertiefen. Die Einzelheiten erläutern wir etwas später in diesem Kapitel und runden das Ganze in Kapitel 12 ab.

Wenn Sie ein erfahrener C++-Programmierer sind, können Sie dieses Kapitel ohne weiteres überfliegen: Konzentrieren Sie sich auf die Anmerkungen zu C/C++, die den gesamten Text hindurch eingestreut sind. Programmierer, die zum Beispiel aus dem Lager von Visual Basic (VB) kommen, kennen zwar die meisten Konzepte, haben aber Schwierigkeiten mit der Syntax – in diesem Fall sollten Sie das Kapitel sehr sorgfältig studieren.

3.1 Ein einfaches Java-Programm

Sehen wir uns nun eines der denkbar einfachsten Java-Programme näher an – ein Programm, das einfach eine Meldung auf der Konsole ausgibt:

```
public class FirstSample
{  public static void main(String[] args)
   {  System.out.println("Kein 'Hello world!' Programm.");
   }
}
```

Nehmen Sie sich ruhig die Zeit, das Gerüst dieses Beispiels zu studieren. Den einzelnen Bausteinen begegnen Sie in allen Anwendungen. Zuallererst beachtet Java die *Groß-/Kleinschreibung*. Wenn

Grundlegende Programmstrukturen

Sie irgendwelche Fehler in der Schreibweise machen (wie etwa Main statt main schreiben), läßt sich das Programm nicht kompilieren bzw. ausführen.

Gehen wir nun den Quellcode Zeile für Zeile durch. Das Schlüsselwort `public` ist ein sogenannter *Zugriffsmodifizierer*. Diese Modifizierer steuern, welche anderen Teile eines Programms den bezeichneten Code verwenden können. In Kapitel 5 kommen wir näher auf Zugriffsmodifizierer zu sprechen. Das Schlüsselwort `class` soll uns daran erinnern, daß sich in einem Java-Programm alles in Klassen abspielt. Auch wenn wir im nächsten Kapitel etwas mehr Zeit mit Klassen zubringen, sollten Sie sich eine Klasse zunächst als Vorlage für die Daten und Methoden (Funktionen) vorstellen, die einen Teil oder die gesamte Anwendung ausmachen. Wie bereits in Kapitel 1 erwähnt, sind Klassen die Bausteine, aus denen Java-Anwendungen und -Applets aufgebaut sind. *Alles* in einem Java-Programm muß sich innerhalb einer Klasse befinden.

Auf das Schlüsselwort `class` folgt der Name der Klasse. Die Regeln für Klassennamen sind in Java relativ freizügig. Sie müssen mit einem Buchstaben beginnen, danach kann sich eine beliebige Kombination von Buchstaben und Ziffern anschließen. Die Länge ist praktisch nicht begrenzt. Reservierte Java-Wörter (wie etwa `public` oder `if`) darf man allerdings nicht als Klassennamen verwenden. (Im Anhang A finden Sie eine Liste der reservierten Wörter.)

Wie Sie am Namen `FirstSample` erkennen, gibt es die Konvention, daß man Klassennamen als Substantive mit großen Anfangsbuchstaben schreibt.

Der Dateiname für den Quellcode muß mit dem Namen der öffentlichen Klasse übereinstimmen und die Erweiterung `.java` aufweisen. Folglich müssen wir diesen Code in einer Datei namens `FirstSample.java` speichern. (Auch hier ist die Groß-/Kleinschreibung wichtig, verwenden Sie nicht `firstSample.java`.) Andernfalls erhalten Sie die Fehlermeldung »Public class FirstSample must be defined in a file called "FirstSample.java".« (Die öffentliche Klasse FirstSample muß in einer Datei namens "FirstSample.java" definiert werden.), wenn Sie diesen Quellcode über einen Java-Compiler ausführen wollen.

Wenn Sie die Datei richtig benannt haben und keine Tippfehler im Quellcode vorkommen, erhalten Sie nach dem Kompilieren des Quellcodes eine Datei, die die Bytecodes für diese Klasse enthält. Der Java-Compiler benennt die Bytecode-Datei automatisch als `FirstSample.class` und speichert sie im selben Verzeichnis wie die Quelldatei. Schließlich führen Sie die Bytecode-Datei über den Java-Interpreter mit dem folgenden Befehl aus:

`java FirstSample`

(Denken Sie daran, die Erweiterung `.class` wegzulassen.) Beim Ausführen des Programms zeigt es einfach den String `Kein 'Hello world' Programm.` auf der Konsole an.

Hinweis

Applets haben eine andere Struktur – Kapitel 10 bringt nähere Informationen zu Applets.

Wenn Sie ein kompiliertes Programm mit

`java NameDerKlasse`

ausführen, startet der Java-Interpreter immer die Ausführung mit dem Code in der Methode `main` der angegebenen Klasse. Folglich *muß* eine Methode `main` in der Quelldatei für die Klasse enthalten sein, damit der Code ausgeführt wird. Natürlich können Sie einer Klasse eigene Methoden hinzufügen und sie von der Methode `main` aus aufrufen. (Das Schreiben eigener Methoden behandeln wir weiter hinten in diesem Kapitel.)

Beachten Sie als nächstes die geschweiften Klammern im Quellcode. In Java wie auch in C/C++ (aber nicht in Pascal oder VB) trennen geschweifte Klammern die Teile eines Programms (die sogenannten *Blöcke*) voneinander ab. Ein VB-Programmierer kann sich das äußerste Klammernpaar als `Sub/End Sub` vorstellen, ein Pascal-Programmierer als `begin/end`. In Java muß der Code für jede Methode mit einer öffnenden geschweiften Klammer { eingeleitet und mit einer schließenden geschweiften Klammer } abgeschlossen werden.

Die Art und Weise, wie man Klammern im Quelltext anordnet, hat zu einer völlig nutzlosen Kontroverse angeregt. Wir verwenden einen Stil, der die Klammern mit jedem separaten Block ausrichtet. Da der Java-Compiler sogenannte White Spaces (Leerzeichen und andere Sonderzeichen, die keine Bedeutung für den Quelltext haben) ignoriert, sind Sie völlig frei in Ihrer Entscheidung, wie Sie die Klammern setzen. Mehr zu Klammern erfahren Sie, wenn es um die verschiedenen Arten von Schleifen geht.

Falls Sie kein C++-Programmierer sind, sollten Sie sich nicht an den Schlüsselwörtern `static void` stoßen. Nehmen Sie es einfach hin, daß Java sie braucht, um das Programm zu kompilieren. Am Ende von Kapitel 4 sind Ihnen diese Formeln geläufig. Momentan sollten Sie sich merken, daß jede Java-Anwendung eine Methode `main` haben muß, deren Header mit dem hier gezeigten identisch ist.

C++

Sie wissen, was eine Klasse ist. Java-Klassen sind mit C++-Klassen vergleichbar, es gibt aber ein paar Unterschiede, die für Sie eine Falle darstellen können. In Java gehören zum Beispiel *alle* Funktionen als Elementfunktionen (oder Member-Funktionen) zu irgendeiner Klasse, und die Standardterminologie bezeichnet sie als *Methoden* und nicht als Elementfunktionen. Folglich muß es in Java eine Rahmenklasse für die Methode `main` geben. Weiterhin sollten Sie das Konzept der *statischen*

Grundlegende Programmstrukturen

Member-Funktionen kennen. Dabei handelt es sich um Funktionen, die innerhalb einer Klasse definiert sind und nicht auf Objekten operieren. Die Methode (Funktion) `main` in Java ist immer statisch (`static`). Schließlich kennzeichnet das Schlüsselwort `void` in C/C++, daß die betreffende Methode (Funktion) keinen Rückgabewert liefert.

VB

Die am nächsten kommende Analogie in VB wäre ein Programm, das eine `Sub Main` statt einem Startformular verwendet. Wie Sie wissen, muß *alles* explizit aus `Sub Main` heraus aufgerufen werden, wenn Sie sich für eine `Sub Main` entscheiden. Diese Analogie trifft auch für die Ihnen bekannte Tatsache zu: Wenn Sie per `Sub Main` ein VB-Programm starten, dann muß es auch den Prozeß einleiten, der alle vom übrigen Programm verwendeten Objekte erzeugt. Wie Sie bald sehen werden, gilt das gleiche für Java. Die Methode `main` ist letztendlich für das Erzeugen aller Objekte verantwortlich, die das Programm entweder direkt oder indirekt verwendet.

Wenden Sie als nächstes Ihre Aufmerksamkeit dem folgenden Codefragment zu:

```
{  System.out.println("Kein 'Hello world' Programm.");
}
```

Geschweifte Klammern markieren den Beginn und das Ende des *Rumpfes* der Methode. In der dargestellten Methode ist lediglich eine einzige Anweisung enthalten. Wie bei den meisten Programmiersprachen kann man sich Java-Anweisungen als Sätze der Sprache vorstellen. In Java ist *jede Anweisung mit einem Semikolon abzuschließen.* (Für Pascal-Programmierer: Das Semikolon ist in Java kein Trennzeichen für die Anweisung, sondern bildet den Abschluß der Anweisung.)

Insbesondere markieren weder White Spaces noch Zeilenschaltungen das Ende einer Anweisung, so daß sich Anweisungen bei Bedarf auf mehrere Zeilen aufteilen lassen. Prinzipiell gibt es keine Beschränkungen hinsichtlich der Länge einer Anweisung.

Der Rumpf der Methode `main` enthält eine Anweisung, die eine einzige Textzeile auf der Konsole ausgibt.

Im Beispiel verwenden wir das Objekt `System.out` und weisen es an, seine Methode `println` zu verwenden. Beachten Sie die Punkte, die man beim Aufruf von Methoden schreibt. Java folgt der allgemeinen Syntax

`Objekt.Methode(Parameter)`

als Äquivalent für Funktionsaufrufe.

Im Beispiel rufen wir die Methode `println` auf, die einen String übernimmt und ihn auf der Standardkonsole anzeigt. Die Methode schließt die Ausgabezeile mit einem Zeichen für Zeilenschaltung ab, so daß jeder Aufruf von `println` die Ausgabe auf einer neuen Zeile beginnt. Beachten Sie schließlich, daß Java wie C/C++ und VB (jedoch nicht Pascal) Strings in Anführungszeichen einschließt. (Der Abschnitt zu Strings weiter hinten in diesem Kapitel bringt dazu weitere Informationen.)

Analog zu Funktionen in anderen Programmiersprachen können Methoden in Java kein, ein oder mehrere *Argumente* (in manchen Sprachen auch als *Parameter* bezeichnet) übernehmen. Selbst die Funktion `main` in Java übernimmt als Argumente, was der Benutzer auf der Befehlszeile eintippt. Wie man diese Informationen auswertet, erfahren Sie weiter hinten in diesem Kapitel. (Selbst wenn eine Methode keine Argumente übernimmt, muß man die leeren Klammern schreiben.)

Hinweis

In `System.out` ist auch eine Methode `print` verfügbar, die kein Zeichen für die Zeilenschaltung an den String anfügt.

C++

Auch wenn die Methode `main` in Java genau wie in C/C++ ein Array mit den Argumenten der Befehlszeile erhält, unterscheidet sich die Syntax in Java. Ein `String[]` ist ein Array von Strings, und so bezeichnet `args` ein Array von Strings. Der Name des Programms taucht allerdings nicht im Array `args` auf. Wenn Sie zum Beispiel das Programm `Bjarne.class` als

```
java Bjarne Stroustrup
```

von der Befehlszeile starten, dann steht `Stroustrup` in `args[0]` und nicht `Bjarne` oder `java`.

3.2 Kommentare

Wie in den meisten Programmiersprachen erscheinen auch in Java die Kommentare nicht im ausführenden Programm. Demzufolge kann man so viele Kommentare wie erforderlich hinzufügen, ohne den Code aufzublähen. Java kennt drei Arten für die Darstellung von Kommentaren. Die gebräuchlichste Methode sind doppelte Schrägstriche //. Ab diesen Schrägstrichen wird alles weitere bis zum Ende der Zeile als Kommentar betrachtet.

```
System.out.println("Kein 'Hello world' Programm.");
// Ist das zu einfach?
```

Grundlegende Programmstrukturen

Wenn man längere Kommentare braucht, kann man zwar jede Zeile mit doppelten Schrägstrichen einleiten, es ist aber gebräuchlicher, einen längeren Kommentar mit den Zeichenpaaren /* und */ abzusetzen. Beispiel 3.1 zeigt die Verwendung eines derartigen Kommentars.

Beispiel 3.1: FirstSample.java
```
/* Erstes Beispielprogramm in Core Java Kapitel 3
   Copyright (C) 1998 Cay Horstmann and Gary Cornell
*/

public class FirstSample
{  public static void main(String[] args)
   {  System.out.println("Kein 'Hello world' Programm.");
   }
}
```

Da sich Kommentare im Stil von // nur umständlich modifizieren lassen, wenn man einen Kommentar über mehrere Zeilen ausdehnen möchte, empfehlen wir diese Form nur bei kurzen Kommentaren, die höchstwahrscheinlich nicht mehr länger werden.

Schließlich gibt es eine dritte Art von Kommentaren, mit der sich Dokumentationen automatisch erzeugen lassen. Diese Kommentare beginnen mit /** und enden mit */. Weitere Hinweise zu derartigen Kommentaren und zum automatischen Generieren von Dokumentationen finden Sie im Anhang B.

Achtung

Die Kommentare /* */ lassen sich in Java nicht verschachteln. Das heißt, man kann einen Codeabschnitt nicht deaktivieren, indem man ihn einfach mit /* und */ umgibt, da der zu deaktivierende Code selbst das Begrenzerzeichen */ enthalten kann.

3.3 Datentypen

Java ist eine *streng typisierte Sprache*. Das bedeutet, daß jede Variable einen deklarierten Typ haben muß. Java kennt acht *primitive Typen*. Sechs davon sind Zahlentypen (vier ganzzahlige und zwei Gleitkommatypen). Einer ist der Zeichentyp char, den man für Zeichen in der Unicode-Kodierung verwendet (siehe dazu den Abschnitt zum Typ char), und einer ist der Typ boolean für Wahrheitswerte.

Hinweis

Java verfügt über ein Arithmetikpaket mit willkürlich einstellbarer Genauigkeit. Allerdings sind die sogenannten »großen Zahlen« Java-*Objekte* und kein neuer Java-Typ. Kapitel 5 zeigt deren Einsatz.

VB

In Java gibt es kein Äquivalent zum Datentyp `Variant`, in dem man alle möglichen grundlegenden Typen speichern kann. Außerdem ist Java unnachgiebig, wenn man versucht, einer Variablen des einen grundlegenden Datentyps einen anderen Typ zuzuweisen (siehe weiter unten). Allein für die Anzeige lassen sich analog zum & alle Typen in Strings konvertieren (ironischerweise ist es das +). Darauf kommen wir weiter hinten in diesem Kapitel zurück.

3.3.1 Ganzzahlen

Mit ganzzahligen Datentypen (Integer) stellt man Zahlen ohne gebrochenen Anteil dar. Negative Werte sind zulässig. Tabelle 3.1 führt die vier ganzzahligen Datentypen von Java auf.

Typ	**Speicherbedarf**	**Bereich (inklusive der Grenzen)**
`int`	4 Byte	−2,147,483,648 bis 2,147,483, 647 (etwas über 2 Milliarden)
`short`	2 Byte	−32768 bis 32767
`long`	8 Byte	−9,223,372,036,854,775,808L bis 9,223,372,036,854,775,807L
`byte`	1 Byte	−128 bis 127

Tabelle 3.1: Ganzzahlige Datentypen von Java

In den meisten Situationen ist der Typ `int` am praktischsten. Will man die Staatsverschuldung in Pfennigen (Verzeihung: Eurocent) ausdrücken, muß man auf einen `long` zurückgreifen. Die Typen `byte` und `short` sind hauptsächlich für spezialisierte Anwendungen vorgesehen, wie etwa die systemnahe Dateibehandlung oder große Arrays, wenn der Speicherbedarf im Vordergrund steht. Wichtig ist vor allem, daß in Java die Bereiche der ganzzahligen Typen nicht von der Maschine abhängig sind, auf der man den Java-Code ausführt. Das erleichtert es dem Programmierer, der Software von einer Plattform auf eine andere oder sogar auf derselben Plattform zwischen verschiedenen Betriebssystemen übertragen möchte. Ein C-Programm, das ohne weiteres auf einer SPARC läuft, bringt gegebenenfalls einen Integer-Überlauf unter Windows 3.1. Da Java-Programme gemäß Entwurf mit den gleichen Ergebnissen auf allen Maschinen laufen müssen, wurden die Bereiche der

Grundlegende Programmstrukturen

verschiedenen Datentypen genau festgelegt. Natürlich bringen die plattformunabhängigen Integer-Typen einen kleinen Leistungsnachteil mit sich, was aber speziell bei Java kein überragendes Problem darstellt. (Es gibt schlimmere Leistungsbremsen ...)

Lange Ganzzahlen sind mit dem Suffix L zu schreiben (beispielsweise 4000000000L). Hexadezimale Zahlen erhalten das Präfix 0x (zum Beispiel 0xCAFE).

C++

In C und C++ kennzeichnet int den Integer-Typ, der von der Zielplattform abhängig ist. Bei einem 16-Bit-Prozessor wie dem 8086 sind Integer 2 Byte lang. Mit einem 32-Bit-Prozessor wie bei der Sun SPARC sind es 4-Byte-Einheiten. Auf einem PC mit Intel Pentium hängt der Integer-Typ vom Betriebssystem ab: Bei DOS und Windows 3.1 sind es 2 Byte, im 32-Bit-Modus unter Windows 95 oder Windows NT belegen Integer 4 Byte. In Java ist die Größe aller numerischen Datentypen von der Plattform unabhängig.

Beachten Sie, daß Java keine unsigned-Typen kennt.

VB

Die Bereiche für die Integer-Typen unterscheiden sich in Java gänzlich von denen in VB. Ein Integer in VB entspricht einem short in Java. Der Typ int in Java entspricht einem Longint-Typ in VB usw.

3.3.2 Gleitkommatypen

Zahlen mit gebrochenen Anteilen stellt man mit Gleitkommatypen dar. Tabelle 3.2 zeigt die beiden Gleitkommatypen von Java.

Typ	Speicherbedarf	Bereich
float	4 Byte	etwa +/–3.40282347E+38F (6 bis 7 signifikante Dezimalstellen)
double	8 Byte	etwa +/–1.79769313486231570E+308 (15 signifikante Dezimalstellen)

Tabelle 3.2: Gleitkommatypen von Java

Der Typ double (doppelt) bezeichnet die Tatsache, daß diese Zahlen gegenüber dem Typ float die doppelte Genauigkeit aufweisen. (Man spricht auch von *doppeltgenauen* Variablen.) In den meisten Anwendungen greift man auf den Typ `double` zurück. Die begrenzte Genauigkeit von `float` ist in vielen Situationen einfach nicht ausreichend. Sieben signifikante Dezimalstellen können zwar genügen, um das Jahresgehalt eines Mitarbeiters in DM und Pfennigen anzugeben, was aber für das Gehalt des Unternehmensvorstandes schon nicht mehr zutrifft. Der einzige Grund, mit `float` zu arbeiten, besteht darin, die geringeren Geschwindigkeitsvorteile bei der Verarbeitung einfachgenauer Zahlen zu nutzen, wenn man sehr umfangreiches Zahlenmaterial bewältigen muß.

Die Zahlen vom Typ `float` weisen das Suffix `F` auf, beispielsweise `3.402F`. Gleitkommazahlen ohne das angehängte `F` (wie etwa `3.402`) betrachtet Java immer als Typ `double`. Optional kann man Zahlen vom Typ `double` ein `D` anhängen, etwa `3.402D`. Alle Gleitkommatypen entsprechen der Spezifikation IEEE 754. Die Typen liefern einen Überlauf bei Bereichsfehlern und einen Unterlauf bei Operationen wie Division durch Null.

VB

Für einen VB-Programmierer stellt es sich etwas seltsam dar, daß Java anstandslos eine Gleitkommazahl durch 0 dividiert und dann keinen Fehler meldet. Aber selbst in VB sollte man sich nicht auf das Abfangen von Fehlern bei einer Division durch 0 verlassen.

3.3.3 Der Zeichentyp »char«

Zuerst einmal ist festzustellen, daß `char`-Konstanten mit Apostrophen (oder einfachen Anführungszeichen) zu kennzeichnen sind. Beispielsweise ist `'H'` ein Zeichen. Dagegen steht `"H"` für einen String, der nur ein einzelnes Zeichen enthält. Zweitens steht der Typ `char` für Zeichen, die im Unicode-Schema kodiert sind. Vielleicht sind Sie mit Unicode noch nicht vertraut, aber zum Glück brauchen Sie sich darüber auch nicht viel Gedanken zu machen, wenn Sie nicht gerade internationale Anwendungen programmieren. (Aber auch dann sollte es kein großes Kopfzerbrechen geben, denn Unicode wurde unter anderem entwickelt, um nichtlateinische Zeichen in einfacher Weise behandeln zu können.) Da man in Unicode praktisch alle Zeichen darstellen kann, die in den Schriftsprachen dieser Welt vorkommen, verwendet Unicode für die Zeichen 2 Byte. Damit sind 65.536 Zeichen möglich (wovon etwa 35.000 momentan in Gebrauch sind). Das geht natürlich weit über den ASCII/ANSI-Zeichensatz hinaus, der nur 1 Byte pro Zeichen benötigt und damit nur 255 verschiedene Zeichen darstellen kann. Beachten Sie, daß der bekannte ASCII/ANSI-Code, den Sie in der Windows-Programmierung verwenden, als Untermenge im Unicode enthalten ist. Genauer gesagt handelt es sich um die ersten 255 Zeichen im Unicode-Schema. Demzufolge sind Codes wie `'a'`, `'1'` und `'['` alles gültige Unicode-Zeichen. Die Unicode-Zeichen drückt man meist als Hexadezimalzahl im Bereich von `'\u0000'` bis `'\uFFFF'` aus (wobei `'\u0000'` bis `'\u00FF'` für die normalen ASCII/ANSI-Zeichen vorgesehen sind). Das Präfix `\u` kennzeichnet einen Unicode-Wert, während die vier Hexadezimalstellen das Unicode-Zeichen selbst angeben. Beispielsweise ist

Grundlegende Programmstrukturen

\u2122 das Zeichen für das Symbol der Handelsmarke (Trademark, ™). Weitere Informationen zum Unicode finden Sie auf der Website unter www.unicode.org.

Neben der Escape-Zeichenfolge \u, die die Kodierung eines Unicode-Zeichens anzeigt, bietet Java verschiedene Escape-Sequenzen für Sonderzeichen, die in Tabelle 3.3 aufgeführt sind.

Escape-Sequenz	Name	Unicode-Wert
\b	Rückschritt (Backspace)	\u0008
\t	Tabulator	\u0009
\n	Zeilenschaltung	\u000a
\r	Wagenrücklauf	\u000d
\"	(doppeltes) Anführungszeichen	\u0022
\'	Apostroph (einfaches Anführungszeichen)	\u0027
\\	Backslash (umgekehrter Schrägstrich)	\u005c

Tabelle 3.3: Sonderzeichen

Hinweis

Obwohl man theoretisch jedes Unicode-Zeichen in einer Java-Anwendung oder einem Applet verwenden kann, hängt es vom jeweiligen Browser (bei einem Applet) und – letztlich – dem Betriebssystem ab, ob das Zeichen auch tatsächlich angezeigt wird. Beispielsweise können Sie keine japanischen Kanji-Zeichen auf einem Computer ausgeben, der mit der deutschen Version von Windows 95 läuft. Band 2 beschäftigt sich mit den Themen, die sich auf internationale Versionen beziehen.

C++

In C und C++ bezeichnet char einen integralen Typ, nämlich 1-Byte-Integerwerte. Der Standard hält sich über den genauen Bereich bedeckt. Er kann entweder zwischen 0 und 255 oder zwischen -128 und 127 liegen. In Java sind char-Daten keine Zahlen. Wenn man Zahlen in Zeichen konvertiert, ist in Java eine explizite Typumwandlung erforderlich. (Werte vom Typ char lassen sich in den Typ int ohne explizite Typumwandlung konvertieren.)

3.3.4 Der Typ »boolean«

Der Typ boolean hat genau zwei Werte, false und true. Diesen Typ setzt man bei logischen Tests in Verbindung mit relationalen Operatoren ein, die Java wie jede andere Programmiersprache unterstützt.

C++

In C gibt es keinen booleschen Typ. Statt dessen ist vereinbart, daß jeder Wert ungleich 0 für den Wahrheitswert true steht, während 0 den Wert false bezeichnet. In C++ ist kürzlich ein boolescher Typ (namens bool und nicht boolean) in den Sprachstandard aufgenommen worden. Dieser weist ebenfalls die Werte false und true auf. Aus historischen Gründen sind aber Umwandlungen zwischen booleschen Werten und Ganzzahlen erlaubt, und man kann weiterhin Zahlen oder Zeiger in Testausdrücken verwenden. In Java lassen sich Zahlen und boolesche Werte nicht ineinander umwandeln – auch nicht mit einer Typumwandlung.

VB

Wie Sie als VB-Programmierer wissen, steht in VB jeder Wert ungleich 0 für true und 0 für false. Das funktioniert einfach nicht in Java – man kann keine Zahl verwenden, wo ein boolescher Wert stehen muß, und man kann auch keine Zahl in einen booleschen Wert über das Äquivalent von CBool konvertieren.

3.4 Variablen

In Java ist es wie in C++ und Pascal-basierten Sprachen erforderlich, daß man den Typ einer Variablen deklariert. (Natürlich gehört es auch in VB zum guten Programmierstil, alle Variablen explizit zu deklarieren.) Eine Variable deklariert man, indem man zuerst den Typ angibt und danach den Namen der Variablen schreibt. Dazu einige Beispiele:

```
byte b; // Für Anwendungen, wo Speicherplatz knapp ist
int anIntegerVariable;
long aLongVariable; // Für die Staatsverschuldung in Pfennigen
char ch;
```

Beachten Sie das Semikolon am Ende jeder Deklaration (und die Positionierung der Kommentare in der ersten und dritten Zeile). Das Semikolon ist erforderlich, da eine Deklaration eine vollständige Java-Anweisung ist.

Grundlegende Programmstrukturen

Die Regeln für einen Variablennamen lauten wie folgt:

Ein Variablenname muß mit einem Buchstaben beginnen und aus einer Folge von Buchstaben und/ oder Ziffern bestehen. Beachten Sie, daß die Begriffe »Buchstabe« und »Ziffer« in Java wesentlich breiter gefaßt sind als in den meisten Sprachen. Als Buchstaben sind 'A' bis 'Z', 'a' bis 'z', '_' und *jedes* Unicode-Zeichen, das einen Buchstaben in irgendeiner Sprache darstellt, festgelegt. Im Deutschen kann man zum Beispiel Umlaute wie 'ä' in Variablennamen verwenden. Ein Grieche kann mit dem Buchstaben m arbeiten. Analog dazu sind als Ziffern die Zeichen '0' bis '9' und *alle* Unicode-Zeichen zu verstehen, die eine Ziffer in irgendeiner Sprache ausdrücken. Allerdings kann man weder Symbole wie '+' oder '©' noch Leerzeichen in Variablennamen verwenden. Im Namen einer Variablen sind *alle* Zeichen signifikant, wobei außerdem die Groß-/Kleinschreibung berücksichtigt wird. Die Länge eines Variablennamens ist praktisch nicht begrenzt.

Tip

Wenn Sie wissen wollen, welche Unicode-Zeichen für Java als »Buchstaben« gelten, können Sie das mit den Methoden isJavaIdentifierStart und isJavaIdentifierPart in der Klasse Character testen.

Als Variablennamen sind weiterhin keine reservierten Wörter von Java zulässig. (Die Liste der reservierten Wörter finden Sie in Anhang A.)

Auf einer Zeile können mehrere Deklarationen stehen:

```
int i, j; // Beides sind Integer (im Gegensatz zu VB!)
```

Wir empfehlen aber, jede Variable einzeln zu initialisieren und zu kommentieren. Daher sollte man für jede Deklaration eine eigene Zeile vorsehen.

3.5 Zuweisungen und Initialisierungen

Nachdem Sie eine Variable deklariert haben, sollten Sie sie mit Hilfe einer Zuweisung explizit initialisieren – Variablen sollten niemals uninitialisiert bleiben. (Und der Compiler verhindert es gewöhnlich, daß man sie auf irgendeine Weise verwendet.) Einer vorher deklarierten Variablen weisen Sie einen Wert zu, indem Sie den Variablennamen auf der linken Seite, ein Gleichheitszeichen (=) und dann einen Java-Ausdruck mit dem passenden Wert auf der rechten Seite schreiben.

```
int foo;    // Das ist eine Deklaration
foo = 37;   // Das ist eine Zuweisung
```

Das folgende Beispiel zeigt eine Zuweisung an eine Zeichenvariable:

```
char yesChar;
yesChar = 'Y';
```

Ein angenehmes Merkmal von Java ist die Fähigkeit, eine Variable auf derselben Zeile sowohl zu deklarieren als auch zu initialisieren. Zum Beispiel:

```
int i = 10; // Das ist eine Initialisierung.
```

Schließlich kann man in Java Deklarationen an einer beliebigen Stelle im Code unterbringen. Allerdings darf man eine Variable nur ein einziges Mal in einem beliebigen Block in einer Methode deklarieren. (Im Abschnitt zur Steuerung des Programmflusses in diesem Kapitel erfahren Sie mehr zu Blöcken.)

Hinweis

C und C++ unterscheiden zwischen der Deklaration und der Definition von Variablen. Beispielsweise ist

```
int i = 10;
```

eine Definition, während es sich bei

```
extern int i;
```

um eine Deklaration handelt. In Java gibt es keine Deklarationen, die von den Definitionen getrennt sind.

3.5.1 Umwandlungen zwischen numerischen Typen

In Java lassen sich Multiplikationen ohne weiteres etwa zwischen einer Ganzzahl und einem `double`-Wert ausführen – das Ergebnis ist ein `double`. Allgemein gesagt sind alle binären Operationen auf numerischen Werten unterschiedlicher Typen zulässig und werden in der folgenden Weise behandelt:

- Wenn einer der Operanden vom Typ `double` ist, wird der andere in einen `double` konvertiert.
- Wenn das nicht zutrifft, aber einer der Operanden vom Typ `float` ist, wird der andere in einen `float` konvertiert.
- Ist auch das nicht der Fall und hat einer der Operanden den Typ `long`, wird der andere in einen `long` konvertiert.

In gleicher Weise setzt sich das nach unten mit den ganzzahligen Typen `int`, `short` und `byte` fort.

Grundlegende Programmstrukturen

Manchmal kann es aber auch sein, daß man einen `double`-Wert als Integer betrachten will. In Java sind numerische Umwandlungen möglich, wobei natürlich Informationen verlorengehen können. Die Konvertierungen, bei denen ein möglicher Informationsverlust die Folge sein kann, lassen sich mit Hilfe von *Typumwandlungen* vornehmen. In der Syntax für die Typumwandlung gibt man den Zieltyp in Klammern gefolgt vom Variablennamen an, wie es die folgenden Beispiele zeigen:

```
double x = 9.997;
int nx = int(x);
```

Die Variable `nx` hat dann den Wert 9, da die Typumwandlung von einer Gleitkommazahl in eine Ganzzahl den gebrochenen Teil verwirft (und nicht wie in VB rundet).

Mit der Methode `Math.round` läßt sich eine Gleitkommazahl auf die *nächste* Ganzzahl runden (was in den meisten Fällen die sinnvollere Operation ist):

```
double x = 9.997;
int nx = (int)Math.round(x);
```

Die Variable `nx` weist nun den Wert 10 auf. Beim Aufruf von `round` ist trotzdem die Typumwandlung `(int)` zu verwenden, weil der Rückgabewert der Methode `round` ein `long` ist. Da ein Informationsverlust auftreten kann, wenn man einen `long` einem `int` zuweist, muß man mit einer expliziten Typumwandlung arbeiten.

Hinweis

Java beschwert sich nicht (»löst keine Ausnahme aus«, um mit Java zu sprechen – siehe Kapitel 11), wenn man versucht, eine Zahl des einen Typs in einen anderen umzuwandeln, und dabei den Bereich für den Zieltyp überschreitet. Das Ergebnis ist eine abgeschnittene Zahl, die einen vollkommen anderen Wert hat. Man sollte daher explizit testen, ob der Wert im »grünen« Bereich liegt, bevor man eine Typumwandlung ausführt.

C++

Zwischen booleschen Werten und numerischen Typen kann man keine Typumwandlung ausführen.

Schließlich erlaubt Java, daß man bestimmte Zuweisungsumwandlungen vornimmt, indem man den Wert einer Variablen des einen Typs einer anderen ohne explizite Typumwandlung zuweist. Das ist folgendermaßen erlaubt:

```
byte->short->int->long->float->double
```

und

```
char->int
```

Hierbei kann man eine Variable eines weiter links stehenden Typs einem Typ weiter rechts in der obigen Liste zuweisen.

3.5.2 Konstanten

In Java bezeichnet das Schlüsselwort `final` eine Konstante. Dazu folgendes Beispiel:

```
public class UsesConstants
{ public static void main(String[] args)
   { final double CM_PER_INCH = 2.54;
     double paperWidth = 8.5;
     double paperHeight = 11;
     System.out.println("Blattgroeße in Zentimeter: "
        + paperWidth * CM_PER_INCH + " mal "
        + paperHeight * CM_PER_INCH);
   }
}
```

Das Schlüsselwort `final` gibt an, daß man einmalig eine Zuweisung an die Variable vornehmen kann, der Wert bleibt dann ein für allemal gesetzt. Es hat sich eingebürgert, die Namen von Konstanten durchgängig groß zu schreiben.

In Java braucht man häufiger eine Konstante, die für mehrere Methoden innerhalb einer einzelnen Klasse verfügbar ist. Es handelt sich hierbei um die sogenannten *Klassenkonstanten*. Eine Klassenkonstante richtet man mit den Schlüsselwörtern `static final` ein. Die Verwendung einer Klassenkonstanten zeigt das folgende Beispiel:

```
public class UsesConstants2
{ public static final double G = 9.81;
  // Gravitation in Metern pro Sekunde ins Quadrat;
  public static void main(String[] args)
   { System.out.println(G + " Meter pro Sekunde ins Quadrat");
   }
}
```

Beachten Sie, daß die Definition der Klassenkonstanten *außerhalb* der Methode `main` steht. Der Zugriffsspezifizierer `public` bedeutet hier, daß andere Java-Methoden außerhalb der Klasse auf die Konstante zugreifen können.

C++

Das Schlüsselwort `const` gehört in Java zwar zu den reservierten Wörtern, ist aber momentan nicht in Gebrauch. Für eine Konstante ist das Schlüsselwort `final` zu verwenden.

Grundlegende Programmstrukturen

3.6 Operatoren

Java verwendet die üblichen Operatoren + – * und / für die Addition, Subtraktion, Multiplikation und Division. Der Operator / bezeichnet die ganzzahlige Division, wenn beide Argumente ganzzahlig sind, andernfalls die Gleitkommadivision. Den Rest einer Ganzzahldivision ermittelt man mit dem Operator %. Zum Beispiel ist 15 / 4 gleich 3, der Ausdruck 15 % 2 gleich 1 und 11.0 / 4 gleich 2.75. Die arithmetischen Operatoren kann man bei der Initialisierung von Variablen einsetzen:

```
int n = 5;
int a = 2 * n;   // a ist 10
```

Wie in C und C++ gibt es auch in Java eine Kurzform für binäre arithmetische Operatoren in einer Zuweisung. Beispielsweise ist

```
x += 4;
```

gleichbedeutend mit

```
x = x + 4;
```

(Im allgemeinen schreibt man den Operator links neben das Gleichheitszeichen, wie in *= oder %=.)

3.6.1 Potenzieren

Im Gegensatz zu Sprachen wie VB kennt Java keinen Operator, mit dem sich ein Wert zu einer Potenz erheben läßt. Zu diesem Zweck muß man auf die Methode pow zurückgreifen, die zur Klasse Math in java.lang gehört. Potenzen lassen sich dann mit Anweisungen wie

```
double y = Math.pow(x, a);
```

berechnen, die y auf die *a*te Potenz von x (das heißt x^a) setzt. Die Methode übernimmt zwei Argumente vom Typ double und gibt auch einen double zurück.

Hinweis

Die Klasse Math in Java umfaßt eine große Zahl von Funktionen, die insbesondere im wissenschaftlichen und technischen Bereich gefragt sind. Beispielsweise sind die Konstanten p und e (wegen hoher Genauigkeit als double) definiert. Weiterhin stehen die Quadratwurzel, der natürliche Logarithmus, Exponential- und trigonometrische Funktionen zur Verfügung. Auch wenn man die wissenschaftlichen Funktionen überhaupt nicht einsetzt, muß man gelegentlich auf Math zurückgreifen, da sich hier auch Methoden für das Runden von Gleitkommazahlen, das Maximum und Minimum von zwei Zahlen desselben Typs, eine Funktion für den Absolutwert und die Funktion für die größte ganze Zahl finden.

3.6.2 Operatoren zum Inkrementieren und Dekrementieren

In der Programmierung kommt es häufig vor, daß man zu einer numerischen Variablen 1 addiert bzw. von der Variablen 1 subtrahiert. Java tritt in die Fußstapfen von C und C++ und stellt sowohl die Inkrement- als auch die Dekrementoperatoren bereit: x++ addiert 1 zum aktuellen Wert der Variablen x, und x-- subtrahiert 1 von x. Zum Beispiel ändert der Code

```
int n = 12;
n++;
```

den anfänglich mit 12 initialisierten Wert von n in 13. Da diese Operatoren den Wert einer Variablen beeinflussen, lassen sie sich auf Zahlenliterale (das heißt, die in Ziffern notierte Zahl im Gegensatz zu einer Variablen) nicht anwenden. Demnach ist 4++ keine gültige Anweisung.

Die Operatoren existieren in zwei Formen. Die obigen Beispiele haben die »Postfix-Notation« gezeigt. Der Operator steht nach der Variablen. Die zweite Form ist die Präfix-Notation ++n. Beide Formen ändern den Wert der Variablen um 1. Der Unterschied zeigt sich erst innerhalb eines Ausdrucks. Die Präfix-Form führt zuerst die Addition aus, während die Postfix-Form der Variablen zuerst den alten Wert zuweist. Zur Verdeutlichung folgende Beispiele:

```
int m = 7;
int n = 7;
int a = 2 * ++m;  // jetzt ist a gleich 16 und m gleich 8
int b = 2 * n++;  // jetzt ist b gleich 14 und n gleich 8
```

Innerhalb von Ausdrücken sollte man die Operatoren ++ mit Vorsicht einsetzen, da hier schwer auffindbare Fehlerquellen verborgen liegen.

(Auch wenn es stimmen sollte, daß der Operator ++ der Sprache C++ den Namen gegeben hat, führte das zum ersten Witz über diese Sprache. Dieser geht auf Gegner der C++-Programmierung zurück und besagt, daß sogar der Name der Sprache einen Fehler enthält: »Eigentlich müßte es ++C heißen, da wir eine Sprache nur dann einsetzen möchten, wenn sie bereits verbessert ist.« Spinnt man diesen Faden weiter, kommt man zu dem Schluß, daß der richtige Name für Java ++C lauten müßte, und zwar deshalb, weil Java es wirklich leichter macht, fehlerfreien Code zu produzieren. Aus diesem Grund sind nämlich viele fehlerträchtige Merkmale von C++ weggelassen worden, wie etwa die Zeigerarithmetik, die manuelle Speicherzuweisung und nullterminierte Zeichenarrays. Natürlich bleiben noch die düsteren Seiteneffekte von Präfix und Postfix ++.)

3.6.3 Relationale und boolesche Operatoren

Java ist mit einem vollständigen Satz von relationalen Operatoren ausgestattet. Den Test auf Gleichheit führt man mit doppelten Gleichheitszeichen aus. Zum Beispiel liefert der Ausdruck

```
(3 == 7)
```

das Ergebnis false.

Grundlegende Programmstrukturen

VB

Beachten Sie bitte, daß Java für Zuweisungen und Tests auf Gleichheit unterschiedliche Symbole verwendet.

C++

Java unterbindet mögliche Fehler, die aus der Verwendung des einfachen Gleichheitszeichens anstelle des eigentlich beabsichtigten doppelten Gleichheitszeichens herrühren. Eine Zeile, die mit `if (k=0)` beginnt, läßt sich nicht kompilieren, da die Auswertung der Bedingung die Ganzzahl 0 liefert, was sich in Java nicht in einen booleschen Wert konvertieren läßt.

Auf Ungleichheit testet man mit `!=`. Beispielsweise liefert der Test

`(3 != )`

das Ergebnis `true`.

Schließlich gibt es die üblichen Operatoren < (kleiner als), > (größer als), <= (kleiner oder gleich) und >= (größer oder gleich).

Gemäß C++ verwendet Java die doppelten kaufmännischen Und-Zeichen && für den logischen AND-Operator und || für den logischen OR-Operator. Wie man aus dem Operator != unschwer ableiten kann, steht das Ausrufezeichen für den Negationsoperator. Die Operatoren && und || werden im »Kurzschlußverfahren« ausgewertet. In einem Ausdruck wie

`(A && B)`

wird der Ausdruck B *nicht* ausgewertet, wenn bereits die Auswertung von A das Ergebnis `false` liefert. (Im Abschnitt zu Bedingungsanweisungen finden Sie ein passendes Beispiel.)

3.6.4 Bitoperatoren

Für ganzzahlige Typen gibt es Operatoren, die direkt auf die Bits wirken, aus denen sich die Integer-Werte zusammensetzen. Man kann demnach Maskierungsverfahren einsetzen, um einzelne Bits aus einer Zahl zu erhalten. Die Bitoperatoren lauten:

& für AND

| für OR

^ für XOR

~ für NOT

VB

In Visual Basic bezeichnet der Operator ^ die Potenzierung, in Java dagegen die XOR-Operation.

Diese Operatoren arbeiten auf Bitmustern. Ist zum Beispiel `foo` eine Integer-Variable, dann liefert der Ausdruck

```
int viertesBitVonRechts = (foo & 8) / 8;
```

eine 1, wenn das vierte Bit von rechts in der binären Darstellung von `foo` gleich 1 ist, andernfalls erhält man 0. Mit Hilfe von & und den passenden Potenzen von 2 lassen sich bei Bedarf alle Bits bis auf das gewünschte ausmaskieren.

Die Operatoren >> und << schieben ein Bitmuster nach rechts bzw. links. Die Operatoren bieten sich oft an, wenn man ein Bitmuster zur Maskierung aufbaut:

```
int viertesBitVonRechts = (foo & (1 << 3)) >> 3;
```

Mit diesen Operatoren lassen sich auch Zahlen durch Potenzen von 2 dividieren bzw. mit Potenzen von 2 multiplizieren. Ob das sinnvoll ist, muß jeder selbst entscheiden. Für Außenstehende läßt sich der Quelltext schwerer überblicken. Außerdem sind die meisten Java-Compiler intelligent genug, um Multiplikationen und Divisionen mit 2er-Potenzen in die entsprechenden Schiebeoperationen umzusetzen.

Schließlich gibt es den Operator >>>, der die von links einlaufenden Bits mit 0 auffüllt, während >> das Vorzeichenbit (das ganz links steht) bei der Verschiebung in die höherwertigen Bits kopiert. Ein Operator <<< ist nicht vorhanden.

C++

In C/C++ kann man sich nicht darauf verlassen, ob >> eine arithmetische Verschiebung (mit Erweiterung des Vorzeichenbits) oder eine logische Verschiebung (mit Auffüllen von Nullen) ausführt. Den konkreten Implementierungen bleibt es überlassen, den effizienteren Weg zu wählen. Das bedeutet, daß der Operator >> in C/C++ eigentlich nur für nichtnegative Zahlen genau definiert ist. Java beseitigt diese Zweideutigkeit.

3.6.5 Klammern und Operatorvorrang

Wie in allen Programmiersprachen ist man auch in Java bestens beraten, die gewünschte Reihenfolge bei der Auswertung von Ausdrücken mit Klammern zu kennzeichnen. Allerdings gilt auch in Java eine Hierarchie der Operatoren, wie sie aus Tabelle 3.4 hervorgeht.

Grundlegende Programmstrukturen

Operatoren	Assoziativität
`[]` `.` `()` (Methodenaufruf)	links nach rechts
`!` `~` `++` `--` `+` (unäres) `–` (unäres) `()` (Typumwandlung) `new`	rechts nach links
`*` `/` `%`	links nach rechts
`+` `-`	links nach rechts
`<<` `>>` `>>>`	links nach rechts
`<` `<=` `>` `>=` `instanceof`	links nach rechts
`==` `!=`	links nach rechts
`&`	links nach rechts
`^`	links nach rechts
`|`	links nach rechts
`&&`	links nach rechts
`||`	links nach rechts
`?:`	links nach rechts
`=` `+=` `-=` `*=` `/=` `%=` `!=` `^=` `<<=` `>>=` `>>>=`	rechts nach links

Tabelle 3.4: Operatorrangfolge

Wenn man keine Klammern schreibt, wertet Java die Operationen in der angegebenen hierarchischen Reihenfolge aus. Operatoren auf derselben Ebene werden von links nach rechts ausgeführt, mit Ausnahme derjenigen, die – wie in der Tabelle angegeben – die Assoziativität von rechts nach links besitzen.

C++

Im Gegensatz zu C oder C++ gibt es in Java keinen Kommaoperator. Allerdings kann man für die erste und dritte Komponente einer `for`-Anweisung eine durch Kommas getrennte Liste von Ausdrücken verwenden.

3.7 Strings

Strings sind Folgen von Zeichen wie zum Beispiel `"hello"`. Java kennt keinen vordefinierten String-Typ. Dafür enthält die Java-Bibliothek eine vordefinierte Klasse, die sich naheliegenderweise `String` nennt. Jeder in Anführungszeichen eingeschlossene String ist eine Instanz der Klasse `String`:

```
String e = "";    // ein leerer String
String greeting = "Hello";
```

3.7.1 Verkettung

Java erlaubt es wie die meisten Programmiersprachen, zwei Strings mit dem Pluszeichen (+) zu verknüpfen (zu verketten).

```
String expletive = "Fuellzeichen";
String PG13 = "geloescht";
String message = expletive + PG13;
```

Dieser Code erzeugt den Wert der String-Variablen `message` zu `"Fuellzeichengeloescht"`. (Beachten Sie, daß zwischen beiden Wörtern kein Leerzeichen steht: Das Pluszeichen verknüpft zwei Strings in der angegebenen Reihenfolge und genau mit den Zeichen, die in den Teilstrings enthalten sind – nicht mehr und nicht weniger.)

Wenn man einen String mit einem Wert verkettet, der kein String ist, wird dieser Wert in einen String konvertiert. (Kapitel 5 zeigt, daß sich in Java jedes Objekt in einen String konvertieren läßt.) Beispielsweise setzt

```
String rating = "PG" + 13;
```

den Wert der Variablen `rating` auf den String `"PG13"`.

Dieses Merkmal verwendet man häufig in Ausgabeanweisungen, beispielsweise ist

```
System.out.println("Die Antwort lautet " + antwort);
```

durchaus gültig und gibt den gewünschten Text (mit dem richtigen Zwischenraum durch das Leerzeichen nach dem Wort `lautet`) aus.

VB

Obwohl Java eine Zahl in einen String umwandelt, wenn man sie mit dem Operator + (in Analogie zum &) mit einem anderen String verkettet, steht bei einer positiven Zahl kein Leerzeichen vor der Zahl.

3.7.2 Teilstrings

Aus einem String läßt sich mit der Methode `substring` der Klasse `String` ein Teilstring extrahieren, wie es das folgende Beispiel zeigt:

```
String greeting = "Hello";
String s = greeting.substring(0, 4);
```

Grundlegende Programmstrukturen

Diese Anweisung erzeugt einen String, der die Zeichen "Hell" umfaßt. Java zählt die Zeichen in Strings etwas eigenwillig: Das erste Zeichen in einem String hat die Position 0, genau wie bei C und C++. (In C gab es für die bei 0 beginnende Zählung einen technischen Grund, der aber schon längst überholt ist. Nur die Auswirkungen sind heute noch spürbar.)

Zum Beispiel hat das Zeichen 'H' Im String "Hello" die Position 0 und das Zeichen 'o' die Position 4. Das zweite Argument von substring gibt die erste Position an, die *nicht* zu kopieren ist. Im obigen Beispiel sollen die Zeichen von den Positionen 0, 1, 2 und 3 (von 0 bis einschließlich 3) kopiert werden. Nach der Zählweise von substring bedeutet das von Position 0 inklusive bis Position 4 *exklusive*.

Die Arbeitsweise von substring weist einen Vorzug auf: Man kann die Länge des Teilstrings einfach berechnen. Der String s.substring(a, b) hat immer b - a Zeichen. Beispielsweise hat der Teilstring "Hell" die Länge 4 – 0 = 4.

3.7.3 Strings bearbeiten

Die Länge eines Strings läßt sich mit der Methode length ermitteln. Dazu folgendes Beispiel:

```
String greeting = "Hello";
int n = greeting.length();   // Ergebnis lautet 5.
```

Da char für Unicode-Zeichen steht, bezeichnet String eine Folge von Unicode-Zeichen. Man kann auch einzelne Zeichen eines Strings erhalten. Beispielsweise liefert s.charAt(n) das Unicode-Zeichen an der Position n zurück, wobei n zwischen 0 und s.length() - 1 liegen kann.

Allerdings bietet die Klasse String keine Methoden, mit denen man ein Zeichen in einem vorhandenen String *ändern* kann. Wenn man die Variable greeting in "Help!" ändern möchte, kann man nicht direkt die dritte Position von greeting in ein 'p' und die vierte Position in ein '!' ändern. Als C-Programmierer stehen Sie jetzt vielleicht etwas hilflos da. Wie kann man nun den String modifizieren? In Java ist das ziemlich einfach: Man übernimmt den Teilstring, den man beibehalten möchte, und verkettet ihn dann mit den zu ersetzenden Zeichen.

```
greeting = greeting.substring(0, 3) + "p!";
```

Diese Anweisung ändert den aktuellen Wert der Variablen greeting in "Help!".

Da sich einzelne Zeichen in einem Java-String nicht ändern lassen, spricht die Dokumentation von den Objekten der Klasse String als *unveränderlich*. So wie die Zahl 3 immer 3 ist, enthält der String "Hello" immer die Folge der Zeichen 'H', 'e', 'l', 'l', 'o'. Diese Werte kann man nicht ändern. Wie Sie aber gesehen haben, kann man den Inhalt der String-*Variablen* greeting ändern und ihr einen anderen String zuweisen, genau wie man einer numerischen Variablen, die momentan den Wert 3 enthält, den Wert 4 zuweist.

Eigentlich ist das nicht gerade effizient, oder? Es scheint einfacher zu sein, die Zeichen zu ändern, als einen komplett neuen String aufzubauen. Ja und nein. In der Tat ist es nicht sehr effizient, einen neuen String zu erstellen, der die Verkettung aus "Hel" und "p!" enthält. Allerdings haben unveränderliche Strings einen großen Vorteil: Der Compiler kann diese Strings für eine *gemeinsame Nutzung* einrichten.

Um die Arbeitsweise zu verstehen, stellen wir uns die Strings wie auf einer Halde (Heap) vor. (Nicht-C/C++-Programmierer stellen sich einfach eine bestimmte Stelle im Arbeitsspeicher vor.) String-Variablen zeigen dann auf Heap-Positionen. Beispielsweise ist der Teilstring greeting.substring(0, 3) lediglich ein Zeiger auf den existierenden String "Hello" und gibt dazu den Bereich der Zeichen an, die der Teilstring verwendet. Die Entwickler von Java sind übereingekommen, daß die Effizienz der gemeinsamen String-Nutzung die Nachteile der Unveränderlichkeit überwiegt.

Sehen Sie sich Ihre eigenen Programme an. Wir vermuten, daß Sie Ihre Strings größtenteils gar nicht ändern – sondern sie nur vergleichen. Natürlich gibt es Fälle, bei denen es effektiver ist, die Strings direkt zu manipulieren. (Zum Beispiel wenn man Strings aus einzelnen Zeichen zusammenbaut, die aus einer Datei oder von der Tastatur stammen.) Für derartige Situationen bietet Java eine eigene Klasse StringBuffer, auf die wir in Kapitel 12 eingehen. Wenn es nicht auf die Effizienz der String-Behandlung ankommt (was in vielen Java-Anwendungen ohnehin nicht der Engpaß ist), können Sie StringBuffer links liegen lassen und einfach mit String arbeiten.

C++

C-Programmierer kommen hin und wieder mit Java-Strings nicht auf Anhieb zurecht, da sie sich Strings als Arrays von Zeichen vorstellen:

```
char greeting[] = "Hello";
```

Diese Analogie trifft aber nicht zu. Ein Java-String ist grob mit einem char*-Zeiger vergleichbar.

```
char* greeting = "Hello";
```

Wenn man greeting durch einen anderen String ersetzt, führt der Java-Code in etwa folgendes aus:

```
char* temp = malloc(6);
strncpy(temp, greeting, 3);
strcpy(temp + 3, "p!");
greeting = temp;
```

Natürlich zeigt jetzt greeting auf den String "Help!". Und selbst die hartgesottensten C-Programmierer müssen zugeben, daß die Java-Syntax gefälliger ist als eine Folge von strncpy-Aufrufen. Was ist aber nun, wenn wir eine weitere Zuweisung an greeting vornehmen?

Grundlegende Programmstrukturen

```
greeting = "Howdy";
```

Entsteht hier nicht eine Speicherlücke? Immerhin wurde der ursprüngliche String auf dem Heap reserviert. C- und C++-Programmierer müssen ihre Denkweise ändern, da Java automatisch eine Speicherbereinigung (die sogenannte Garbage Collection – zu deutsch etwa Müllabfuhr) ausführt. Java gibt automatisch unbenutzten Speicher frei. Wenn ein String nicht mehr in Benutzung ist, »recycled« Java den Speicher.

Wenn Sie C++-Programmierer sind und mit der vom ANSI-C++-Standard definierten Klasse `string` arbeiten, sind Sie schon mit dem Typ `String` von Java vertrauter. In C++ nehmen die `string`-Objekte ebenfalls eine automatische Zuweisung und Freigabe von Speicher vor. Die Speicherverwaltung wird explizit von Konstruktoren, Zuweisungsoperatoren und Destruktoren erledigt. Allerdings sind die C++-Strings veränderbar – man kann auch einzelne Zeichen in einem String modifizieren.

3.7.4 Strings auf Gleichheit testen

Mit der Methode `equals` lassen sich zwei Strings auf Gleichheit testen. Der Ausdruck

```
s.equals(t)
```

liefert `true`, wenn die Strings `s` und `t` gleich sind, andernfalls `false`. Für die Methode `equals` können `s` und `t` String-Variablen oder String-Konstanten sein. Zum Beispiel ist die Anweisung

```
"Hello".equals(command)
```

vollkommen legal. Mit der Methode `equalsIgnoreCase` lassen sich zwei Strings auf Gleichheit ohne Unterscheidung der Groß-/Kleinschreibung testen:

```
"Hello".equalsIgnoreCase("hello")
```

Testen Sie auf keinen Fall mit dem Operator == zwei Strings auf Gleichheit. Dieser Operator bestimmt lediglich, ob die Strings an derselben Speicherstelle abgelegt sind. Es liegt auf der Hand, daß zwei Strings gleich sind, wenn sie sich an derselben Speicherstelle befinden. Man kann aber auch mehrere Kopien identischer Strings an unterschiedlichen Stellen speichern.

```
String greeting = "Hello"; // Initialisiert greeting mit einem String
if (greeting == "Hello")       // Möglicherweise true
if (greeting.substring(0, 4) == "Hell")  // Wahrscheinlich false
```

Wenn der Compiler gleiche Strings immer für die gemeinsame Nutzung einrichten würde, könnte man mit == auf Gleichheit testen. Die String-Speicherung ist aber von der Implementierung abhängig. Die Standardimplementierung realisiert die gemeinsame Nutzung nur für String-Konstanten und nicht für Strings, die das Ergebnis von Operationen wie + oder `substring` sind. Verwenden Sie aus diesem Grund niemals den Operator ==, um Strings zu vergleichen. Andernfalls haben Sie sich eine üble Fehlerquelle in Ihr Programm eingebaut – eine, die sich nur zufällig bemerkbar macht.

C++

Wenn Sie mit der `string`-Klasse von C++ gearbeitet haben, müssen Sie besonders beim Testen auf Gleichheit achtgeben. Die C++-Klasse `string` überlädt den Operator ==, um die Inhalte von Strings auf Gleichheit testen zu können. Es ist eigentlich schade, daß Java in dieser Hinsicht eigene Wege geht und Strings das gleiche »Erscheinungsbild« wie numerischen Werten verleiht, beim Testen auf Gleichheit aber für Strings das Verhalten von Zeigern festlegt. Die Sprachentwickler hätten == für Strings redefinieren können, genau wie sie eine spezielle Festlegung für + getroffen haben. Nun gut, jede Sprache hat halt ihre spezifischen Schönheitsfehler.

C-Programmierer vergleichen Strings überhaupt nicht mit ==, sondern mit `strcmp`. Die Java-Methode `compareTo` ist die genaue Entsprechung zu `strcmp`. Die Anweisung

```
if (greeting.compareTo("Help") == 0) ...
```

ist zwar richtig, mit `equals` scheint der Quellcode aber klarer zu sein.

Die Klasse `String` in Java enthält mehr als 50 Methoden. Eine überraschend große Anzahl davon ist hinreichend nützlich und für die tägliche Arbeit von Bedeutung. Der folgende API-Hinweis faßt die – unserer Meinung nach – nützlichsten zusammen.

Hinweis

Diese API-Hinweise finden Sie das ganze Buch hindurch, um die Funktionen des Application Programming Interface (API) von Java näher zu erläutern. Jeder API-Hinweis führt zuerst den Namen einer Klasse auf (wie etwa `java.lang.String` – die Bedeutung des sogenannten Paketnamens `java.lang` erläutert Kapitel 5). Daran schließt sich der Name, Erläuterungen und Parameterbeschreibungen einer oder mehrerer Methoden an. Normalerweise geben wir nicht alle Methoden einer bestimmten Klasse an, sondern wählen nur diejenigen aus, die man am häufigsten einsetzt. Eine vollständige Auflistung finden Sie in der Online-Dokumentation. Kapitel 4 enthält weitere Angaben zur Organisation der Online-Dokumentation.

Grundlegende Programmstrukturen

API

java.lang.String

- char charAt(int index)

  Liefert das Zeichen an der mit index angegebenen Position zurück.

- int compareTo(String other)

  Liefert einen negativen Wert, wenn der String in lexikographischer Reihenfolge vor other kommt, einen positiven Wert, wenn String nach other kommt, oder 0, wenn die Strings gleich sind.

- boolean endsWith(String suffix)

  Liefert true, wenn der String mit suffix endet.

- boolean equals(Object other)

  Liefert true, wenn der String gleich other ist.

- boolean equalsIgnoreCase(String other)

  Liefert true, wenn der String ohne Unterscheidung der Groß-/Kleinschreibung gleich other ist.

- int indexOf(String str)
- int indexOf(String str, int fromIndex)

  Liefert den Beginn des ersten Teilstrings, der gleich str ist, beginnend bei Index 0 bzw. bei fromIndex.

- int lastIndexOf(String str)
- int lastIndexOf(String str, int fromIndex)

  Liefert den Beginn des letzten Teilstrings, der gleich str ist, beginnend bei Index 0 bzw. bei fromIndex.

- int length()

  Gibt die Länge des Strings zurück.

- String replace(char oldChar, char newChar)

  Liefert einen neuen String, in dem alle Zeichen oldChar durch newChar ersetzt sind.

- `booleaan startsWith(String prefix)`

  Liefert `true`, wenn der String mit `prefix` beginnt.

- `String substring(int beginIndex)`
- `String substring(int beginIndex, int endIndex)`

  Liefert einen neuen String, der aus allen Zeichen beginnend bei `beginIndex` bis zum Ende des Strings oder bis (ausschließlich) `endIndex` besteht.

- `String toLowerCase()`

  Liefert einen neuen String, der alle Zeichen des ursprünglichen Strings enthält, wobei alle Großbuchstaben in Kleinbuchstaben umgewandelt wurden.

- `String toUpperCase()`

  Liefert einen neuen String, der alle Zeichen des ursprünglichen Strings enthält, wobei alle Kleinbuchstaben in Großbuchstaben umgewandelt wurden.

- `String trim()`

  Liefert einen neuen String, aus dem alle führenden Leerzeichen des ursprünglichen Strings entfernt wurden.

3.7.5 Eingaben lesen

In reinem Java ist es unglaublich schwierig, Eingaben von der Tastatur zu lesen. Natürlich ist das kein Problem bei Grafikprogrammen, die Benutzereingaben in einem Dialogfeld entgegennehmen. Wenn man aber lediglich ein einfaches Programm schreiben möchte, um die Sprache zu erlernen, ist es schon ein Problem. Sehen wir uns eine übliche Aufgabe an – das Lesen einer Gleitkommazahl, die der Benutzer über die Tastatur eingibt. Das kann zu einem Alptraum ausarten. Bevor Sie sich den Code ansehen, sollten Sie sich entspannen – die Code-Bibliothek für dieses Buch bietet eine einfachere Methode, um diese Aufgabe zu realisieren. Beispiel 3.2 zeigt, was man in reinem Java zu tun hat. Kümmern Sie sich momentan nicht um die Einzelheiten von Streams – Kapitel 12 beschäftigt sich ausführlich damit.

Beispiel 3.2: ReadDoubleTest.java

```
import java.io.*;
import java.text.*;

public class ReadDoubleTest
   // Lesen eines double auf die harte Tour
{  public static void main(String[] args)
   {  System.out.println
```

Grundlegende Programmstrukturen

```
            ("Bitte Zahl eingeben. Ich addiere 2 dazu.");
      double x; // Zu lesende Zahl
      try
      {  InputStreamReader isr
            = new InputStreamReader(System.in);
         BufferedReader br
            = new BufferedReader(isr);
         String s = br.readLine();
         DecimalFormat df = new DecimalFormat();
         Number n = df.parse(s);
         x = n.doubleValue();
      }
      catch(IOException e)
      {  x = 0;
      }
      catch(ParseException e)
      {  x = 0;
      }
      System.out.println(x + 2);
   }
}
```

Das Programm eignet sich wunderbar für alle, die nach Anzahl der Code-Zeilen bezahlt werden. Für den unbedeutenden Rest stellen wir hier eine Klasse namens Console vor. Die Methoden dieser Klasse fordern den Benutzer zur Eingabe auf und wandeln die Benutzereingabe in einen numerischen Wert um, der sich in einem Java-Programm weiterverarbeiten läßt. Wenn Sie mit der Klasse Console arbeiten, können Sie das obige Code-Monster einfach wie folgt neu formulieren:

```
import corejava.*; // Wichtig - importiert Paket corejava

public class ConsoleTest
{  public static void main(String[] args)
   {  double x = Console.readDouble
         ("Bitte Zahl eingeben. Ich addiere 2 dazu.");
      System.out.println(x + 2);
   }
}
```

Benutzeranleitung für die Klasse »Console«

Bevor wir fortfahren (damit wir ein paar Beispiele bieten können, die zumindest einige nichttriviale Fälle demonstrieren), soll Ihnen diese Kolumne zeigen, was für den Einsatz der Klasse Console erforderlich ist, um die verschiedenen Arten der aufgeforderten Tastatureingabe zu programmieren.

Die Klasse `Console` verfügt über drei Methoden, mit denen sich folgende Aufgaben realisieren lassen:

- Eine Ganzzahl von einer Eingabeaufforderung übernehmen.
- Eine Gleitkommazahl mit einer Eingabeaufforderung übernehmen.
- Einen String oder ein Wort von einer Eingabeaufforderung übernehmen.

Die Klasse `Console` finden Sie im Unterverzeichnis `corejava` des Verzeichnisses `CoreJava-Book`, das den Beispielcode von der CD enthält. Um die Klasse `Console` zu nutzen, ist es wichtig, daß Sie die Umgebungsvariable `CLASSPATH` wie in Anhang C beschrieben einrichten.

Fügen Sie die Zeile

```
import corejava.*;
```

über die Klassendefinitionen aller Programme, in denen Sie auf die Klasse `Console` zurückgreifen, hinzu. Hier ein weiteres Beispiel für den Einsatz der Klasse `Console`:

```
import corejava.*;
public class StringPromptSample
{   public static void main(String[] args)
    {   String yourName;
        yourName = Console.readLine
           ("Geben Sie bitte Ihren Namen ein.");
        System.out.println("Hello " + yourName);
    }
}
```

Wenn Sie dieses Programm kompilieren und ausführen, werden Sie sehen, daß die Methode `readLine` den Aufforderungsstring anzeigt und dann den vom Benutzer eingegebenen Text übernimmt, den er bis zum Drücken der [Eingabe]-Taste eingetippt hat.

Neben den Methoden `readLine` und `readDouble`, die Sie bereits kennengelernt haben, stellt die Klasse `Console` eine Methode `readInt` bereit, um eine Ganzzahl zu übernehmen. Die folgende Übersicht bringt die Signaturen aller Methoden in der Klasse `Console` zusammen mit einer kurzen Beschreibung:

`readLine(String prompt)`	Liest einen String (bis zum Zeilenende).
`readInt(String prompt)`	Liest eine Ganzzahl. Wenn der Benutzer keine ganze Zahl eingibt, fordert die Methode erneut zur korrekten Eingabe einer Ganzzahl auf.

Grundlegende Programmstrukturen

readDouble(String prompt)   Liest eine Gleitkommazahl im Bereich double. Gibt der Benutzer keine Gleitkommazahl ein, fordert die Methode erneut dazu auf.

3.7.6 Ausgabe formatieren

Mit der Anweisung System.out.print(x) kann man eine Zahl auf der Konsole (beispielsweise einem DOS-Fenster) ausgeben. Der Befehl gibt x mit der maximalen Zahl der von 0 verschiedenen Dezimalstellen für diesen Typ aus. Zum Beispiel liefert der Code

```
x = 10000.0 / 3.0;
System.out.print(x);
```

die Ausgabe

3333.3333333333335

Diese Ausgabe eignet sich schlecht, wenn man beispielsweise Zahlen in einem Währungsformat darstellen möchte.

Das Anzeigeformat läßt sich steuern, um die Ausgaben übersichtlich darzustellen. Die Klasse NumberFormat im Paket java.text verfügt über drei Methoden, die *Standardformatierer* für

- Zahlen
- Währungsdaten
- Prozentwerte

bereitstellen. Nehmen wir die international üblichen Ländereinstellungen für die USA an. (Eine Ländereinstellung ist eine Gruppe von Spezifikationen für länderspezifische Eigenschaften von Strings und Zahlen, wie etwa die Sortierreihenfolge und das Währungssymbol. Das Konzept der Ländereinstellungen ist vor allem wichtig, wenn man international einsetzbare Anwendungen erstellen möchte – das heißt, Programme, die für Benutzer auf der ganzen Welt akzeptabel sind. Der Internationalisierung widmen wir uns im Band 2.) Der Wert 10000.0 / 3.0 läßt sich dann in den drei Formaten

```
3,333.333
$3,333.33
333,333%
```

ausgegeben. Wie man sieht, fügt der Formatierer die Tausendertrennzeichen (Kommas), die Währungssymbole ($) und Prozentzeichen hinzu.

Ein Formatierer für das beim Benutzer gültige System-Gebietsschema läßt sich mit den folgenden Methoden erhalten:

```
NumberFormat.getNumberInstance()    // für Zahlenwerte
NumberFormat.getCurrencyInstance()  // für Währungen
NumberFormat.getPercentInstance()   // für Prozentzahlen
```

Diese Methoden liefern ein Objekt vom Typ `NumberFormat` zurück. Mit diesem Objekt lassen sich eine oder mehrere Zahlen formatieren. Dann wendet man die Methode format auf das `NumberFormat`-Objekt an, um einen String zu erhalten, der die formatierte Zahl enthält. Nachdem man über den formatierten String verfügt, kann man die neu formatierte Zahl durch Ausgabe des Strings anzeigen:

```
double x = 10000.0 / 3.0;
NumberFormat nf = NumberFormat.getNumberInstance();
String fx = nf.format(x); // Der String "3,333.33"
System.out.println(fx);
```

Die minimale und maximale Anzahl der anzuzeigenden Ziffern für den ganzzahligen und gebrochenen Teil der Zahlen kann man ebenfalls festlegen. Das läßt sich mit den Methoden `setMinimumIntegerDigits` (Mindestzahl der Vorkommastellen), `setMinimumFractionDigits` (Mindestzahl der Nachkommastellen), `setMaximumIntegerDigits` (Maximalzahl der Vorkommastellen) und `setMaximumFractionDigits` (Maximalzahl der Nachkommastellen) der Klasse `NumberFormat` realisieren. Dazu folgendes Beispiel:

```
double x = 10000.0 / 3.0;
NumberFormat nf = NumberFormat.getNumberInstance();
nf.setMaximumFractionDigits(4);
nf.setMinimumIntegerDigits(6);
String fx = nf.format(x); // Der String "003,333.3333"
```

Meistens legt man die Maximalzahl der Nachkommastellen fest. Die letzte angezeigte Stelle wird aufgerundet, wenn die erste verworfene Stelle größer oder gleich 5 ist. Will man nachgestellte Nullen anzeigen, legt man die minimale Anzahl der Nachkommastellen auf denselben Wert wie das Maximum fest. Andernfalls sollte man die Minimalzahl der Nachkommastellen auf dem Standardwert 0 belassen.

Weniger gebräuchlich ist es, die Anzahl der Vorkommastellen festzulegen. Gibt man eine Minimalzahl an, erzwingt man die Ausgabe führender Nullen bei kleineren Werten. Die Angabe eines Maximums ist direkt gefährlich – der angezeigte Wert wird sang und klanglos abgeschnitten, was zwar eine hübsch formatierte Ausgabe, aber leider mit den falschen Ergebnissen liefert.

Man kann auch Zahlenformate erhalten, die für andere Ländereinstellungen passend sind. Sehen wir uns zum Beispiel die Zahlenformate für die Ländereinstellung Deutschland an und verwenden diese für unsere Testausgabe. Es gibt ein vordefiniertes Objekt namens `Locale.GERMANY` eines

Grundlegende Programmstrukturen

neuen Typs namens `Locale`, der die Regeln für deutsche Zahlenformate kennt. Wenn man dieses `Locale`-Objekt an die Methode `getNumberInstance` übergibt, erhält man einen Formatierer, der sich an die deutschen Spielregeln hält.

```
double x = 10000.0 / 3.0;
NumberFormat nf =
NumberFormat.getNumberInstance(Locale.GERMANY);
System.out.println(nf.format(x));
nf = NumberFormat.getCurrencyInstance(Locale.GERMANY);
System.out.println(nf.format(x));
```

Dieser Code gibt die Zahlen

```
3.333,333
3.333,33 DM
```

aus. Beachten Sie, daß im Deutschen genau die entgegengesetzten Konventionen für Kommas und Punkte im Vergleich zur US-Einstellung gelten: Das Komma dient als Dezimaltrennzeichen, der Punkt als Tausendertrennzeichen. Der Formatierer weiß auch, daß das Währungssymbol (DM) *nach* der Zahl zu schreiben ist.

Schließlich kann man auch eigene Formate erzeugen. Beispielsweise kann es erforderlich sein, die Zahl mit sechs Stellen nach dem Dezimalpunkt und ohne Tausendertrennzeichen darzustellen. Zu diesem Zweck muß man ein `DecimalFormat`-Objekt definieren, das das Format für die auszugebende Zahl bezeichnet. Die Formatangaben schreibt man in einen String, der das Aussehen der Zahl vorgibt. Beispielsweise:

```
DecimalFormat df = new DecimalFormat("0.######");
System.out.println(df.format(x));
```

Dieser Code gibt die Zahl im folgenden Format aus:

```
3333.333333
```

Es ist also kein Tausendertrennzeichen mehr sichtbar, und nach dem Dezimalpunkt stehen sechs Ziffern.

Tabelle 3.5 führt die Zeichen auf, die man im Formatstring verwenden kann.

Symbol	Bedeutung
0	Eine Ziffer.
#	Eine Ziffer. Wird nicht angezeigt, wenn es sich um eine führende oder nachgestellte Null handelt.
.	Position des Dezimaltrennzeichens.

,	Position des Gruppentrennzeichens.
;	Trennt die Formate für positive und negative Zahlen.
–	Negatives Vorzeichen.
%	Mit 100 multiplizieren und als Prozentzahl anzeigen.
jedes andere Symbol	Erscheint unverändert im Ausgabestring.

Tabelle 3.5: Formatzeichen für die Klasse DecimalFormat

Tabelle 3.6 zeigt ein paar Beispiele.

Formatstring	Beispielzahl	Erläuterung
,##0.00	1,234.50	Zwei Ziffern nach dem Dezimalpunkt, Anzeige nachgestellter Nullen.
		Tausendergruppen durch Kommas getrennt.
		Bei Zahlen < 1 eine führende 0 ausgeben (zum Beispiel 0.123)
$,##0.00;(,##0.00)	($1,234.50)	Negative Zahlen in Klammern einschließen statt ein Minuszeichen auszugeben. Dollarzeichen vor die Zahl stellen.
0.######	1234.5	Wenn die Zahl zwischen –1 und 1 liegt, eine führende 0 ausgeben (zum Beispiel 0.123).
		Keine nachgestellten Nullen anzeigen.

Tabelle 3.6: Beispiele von Formatstrings für die Klasse DecimalFormat

Mit dem DecimalFormat-Mechanismus lassen sich Zahlen formatieren, die zum Beispiel Währungen darstellen. Allerdings eignet er sich nicht für die wissenschaftliche Notation, Tabellen mit festen Spaltenbreiten oder Zahlen in oktaler oder dezimaler Darstellung. Für derartige Anwendungen können Sie auf die Klasse Format zurückgreifen, die wir im Paket corejava bereitstellen.

API

java.text.NumberFormat

- static NumberFormat getCurrencyInstance()

  Gibt ein NumberFormat-Objekt zurück, um Währungswerte in Strings gemäß den Konventionen der Ländereinstellungen zu konvertieren.

Grundlegende Programmstrukturen

- `static NumberFormat getNumberInstance()`

  Gibt ein `NumberFormat`-Objekt zurück, um Zahlen nach den Konventionen der Ländereinstellungen zu formatieren.

- `static NumberFormat getPercentInstance()`

  Gibt ein `NumberFormat`-Objekt zurück, um Prozentzahlen in Strings umzuwandeln.

- `void setMaximumFractionDigits(int digits)`

  Parameter: `digits`   Anzahl der angezeigten Stellen

  Legt die maximale Anzahl von Stellen nach dem Dezimalpunkt für das Formatobjekt fest. Die letzte angezeigte Stelle wird gerundet.

- `void setMaximumIntegerDigits(int digits)`

  Parameter: `digits`   Anzahl der angezeigten Stellen.

  Legt die maximale Anzahl von Stellen vor dem Dezimalpunkt für das Formatobjekt fest. Setzen Sie diese Methode mit äußerster Vorsicht ein. Wenn Sie zu wenige Stellen angeben, wird die Zahl einfach gekappt und zeigt ein vollkommen falsches Ergebnis an!

- `void setMinimumFractionDigits(int digits)`

  Parameter: `digits`   Anzahl der angezeigten Stellen.

  Legt die minimale Anzahl von Stellen nach dem Dezimalpunkt für das Formatobjekt fest. Wenn die Zahl weniger Nachkommastellen hat als das Minimum, werden nachgestellte Nullen aufgefüllt.

- `void setMinimumIntegerDigits(int digits)`

  Parameter: `digits`   Anzahl der angezeigten Stellen.

  Legt die minimale Anzahl von Stellen vor dem Dezimalpunkt für das Formatobjekt fest. Wenn die Zahl weniger Stellen als das Minimum hat, werden führende Nullen aufgefüllt.

API

`java.text.DecimalFormat`

- `void DecimalFormat(String pattern)`

  Parameter: `pattern`   Formatstring.

  Liefert ein `DecimalFormat`-Objekt gemäß dem in `pattern` angegebenen Muster (siehe Tabelle 3.5) für die Umwandlung von Zahlen in Strings.

Richtlinien zur CoreJava-Klasse »Format«

Wir bieten nicht nur eine Klasse `Console`, mit der sich in einfacher Weise Zahlen von der Tastatur lesen lassen, sondern stellen auch eine Klasse bereit, die Zahlen mit weniger Strapazen als mit der Klasse `NumberFormat` formatieren kann. Statt das Rad neu zu erfinden, haben wir einfach die C-Funktion `printf` neu implementiert, die über einen ausreichenden Satz von Formatoptionen verfügt und sich meist leicht einsetzen läßt. Um zum Beispiel eine Gleitkommazahl mit einer Feldbreite von 10 und zwei Stellen nach dem Dezimalpunkt zu formatieren, verwenden Sie die Anweisung

```
Format.printf("Monatliche Rate %10.2f\n",
   zahlung);
```

An `System.out` wird damit der String

```
"Monatliche Rate     1141.30\n"
```

gesendet. Wenn Sie diesen String lieber in eine String-Variable übernehmen möchten, schreiben Sie

```
String s = new Format
   ("Monatliche Rate %10.2f\n").format(zahlung);
```

Der Ausgabestring enthält alle Zeichen des Formatstrings, außer daß die Formatspezifikation (beginnend mit einem %) durch den formatierten Wert ersetzt ist. Ein tatsächlich auszugebendes Prozentzeichen kennzeichnet man mit der Zeichenfolge %%.

Im Gegensatz zur Anweisung `printf` von C läßt sich nur jeweils ein Wert formatieren. Sind mehrere Werte zu formatieren, muß man die Methode `printf` mehrmals aufrufen.

```
Format.printf("Beim Zins %6.3f", 100 * y);
Format.printf("%%, zahlen Sie monatlich
   %10.2f\n", zahlung);
```

Neben dem Format %m.nf ist %nd das gebräuchlichste Format, um eine Ganzzahl in einem Feld der Breite n auszugeben. Mit diesen beiden Formatcodes dürften Sie in den überwiegenden Fällen auskommen und brauchen wahrscheinlich überhaupt keine anderen Formatcodes zu erlernen.

Der Code eines Formatspezifizierers beginnt mit einem Prozentzeichen und endet mit einem der Buchstaben c, d, e, E, f, g, G, i, o, s, x oder X, die folgende Bedeutung haben:

f   Gleitkommazahl mit festem Format.

e, E   Gleitkommazahl im Exponentialformat (wissenschaftliche Notation). Das E formatiert die Ergebnisse mit dem Großbuchstaben E für den Exponenten (1.14130E+003), das e liefert einen klein geschriebenen Exponenten e.

Grundlegende Programmstrukturen

g, G Gleitkommazahl im Standardformat (festes Format für kleine Zahlen, Exponentialformat für große Zahlen). Nachgestellte Nullen werden unterdrückt. Ein großes G liefert das groß geschriebene Kennzeichen E für den Exponenten (falls vorhanden), ein kleines g entsprechend den klein geschriebenen Exponenten e.

d, i Ganzzahl in Dezimaldarstellung.

x, X Ganzzahl in Hexadezimaldarstellung.

o Ganzzahl in Oktaldarstellung.

s String.

c Zeichen.

Zwischen Prozentzeichen und Formatcode können die folgenden optionalen Felder stehen:

+ Erzwingt die Anzeige des Pluszeichens vor positiven Zahlen.

0 Zeigt führende Nullen an.

Leerzeichen Setzt ein Leerzeichen vor positive Zahlen.

Verwendet »alternatives« Format. Fügt 0 oder 0x für oktale bzw. hexadezimale Zahlen hinzu. Unterdrückt keine nachgestellten Nullen im allgemeinen Gleitkommaformat.

Beachten Sie schließlich, daß Sie die Anweisung `import corejava.*;` am Beginn jeder Datei, die eine Klasse mit Methoden der Klasse `Format` definiert, hinzufügen *müssen*.

3.7.7 Hypothekenberechnung

Als erste halbwegs ernsthafte Anwendung für Java schreiben wir ein Programm, das die Kosten einer Hypothek (englisch Mortage) berechnet. Mit Hilfe der Klasse `Console` fordern wir den Benutzer auf, das Kapital, die Laufzeit in Jahren und den Zinssatz einzugeben. Das Programm zeigt dann die monatliche Hypothek an.

Hinweis

Für die Berechnung der Hypothekenzahlungen kommt die folgende Formel zur Anwendung:

```
                     kapital * monatsZins
zahlung = -------------------------------------
           1 - (1 / (1 + monatsZins))^(jahre * 12)
```

Beispiel 3.3: Mortgage.java

```
import corejava.*;
import java.text.*;

public class Mortgage
{  public static void main(String[] args)
   {  double kapital;
      double jahresZins;
      int jahre;

      kapital = Console.readDouble
         ("Darlehensbetrag (ohne Trennzeichen):");
      jahresZins = Console.readDouble
         ("Zinssatz in % (7.5 schreiben für 7.5%):")/100;
      jahre = Console.readInt("Laufzeit in Jahren:");

      double monatsZins = jahresZins / 12;
      double zahlung = kapital * monatsZins
         / (1 - (Math.pow(1/(1 + monatsZins),
           jahre * 12)));
      System.out.println("Laufende Zahlung ");
      NumberFormat nf = NumberFormat.getCurrencyInstance();
      System.out.println(nf.format(zahlung));
   }
}
```

3.8 Den Programmfluß steuern

Java unterstützt wie jede Programmiersprache sowohl Bedingungsanweisungen als auch Schleifen, um den Programmfluß zu steuern. Wir beginnen mit den Bedingungsanweisungen und wenden uns dann den Schleifen zu. Am Ende folgt die etwas umständliche switch-Anweisung, die man einsetzt, um einen einzigen Ausdruck auf mehrere Werte zu testen.

C++

Die Steuerungsstrukturen von Java entsprechen denen von C und C++. Allerdings gibt es eine Ausnahme. Java kennt keine goto-Anweisung, aber es ist eine »benannte« Version von break verfügbar, mit der man aus einer verschachtelten Schleife austreten kann (wo man in C wahrscheinlich ein goto eingesetzt hätte).

Grundlegende Programmstrukturen

3.8.1 Gültigkeitsbereich eines Blocks

Bevor wir uns den eigentlichen Steuerstrukturen zuwenden, ist zunächst klarzustellen, was man unter einem *Block* versteht.

Ein Block oder eine Verbundanweisung umfaßt eine Anzahl einfacher Java-Anweisungen, die von einem Paar geschweifter Klammern umgeben sind. Blöcke definieren den Gültigkeitsbereich von Variablen. Blöcke lassen sich innerhalb eines anderen Blocks *verschachteln*. Das folgende Codefragment zeigt einen Block, der innerhalb des Blocks der Methode main verschachtelt ist.

```
public static void main(String[] args)
{  int n;
   . . .
   {  int k;
      . . .
   } // k lokal zum Block und nur bis
     // zum Ende des Blocks definiert
}
```

Allerdings ist es nicht möglich, identisch benannte Variablen in zwei verschachtelten Blöcken zu verwenden. Beispielsweise ist das folgende Codefragment fehlerhaft und läßt sich nicht kompilieren:

```
public static void main(String[] args)
{  int n;
   . . .
   {  int k;
      int n; // Fehler — n kann nicht im inneren
             // Block neu definiert werden
      . . .
   }
}
```

C++

In C++ ist es möglich, eine Variable innerhalb eines verschachtelten Blocks neu zu definieren. Die innere Definition verdeckt dann die äußere. Da hier eine mögliche Quelle für Programmierfehler liegt, erlaubt Java keine derartigen Definitionen.

3.8.2 Bedingungsanweisungen

Die einfachste Bedingungsanweisung in Java hat die Form

```
if (Bedingung) Anweisung;
```

Allerdings muß man in Java, wie in den meisten Programmiersprachen, häufig mehrere Anweisungen ausführen, wenn eine einzelne Bedingung erfüllt (true) ist. In diesem Fall nimmt die Bedingungsanweisung folgende Form an:

```
if (Bedingung) {Block}
```

Die Bedingung ist in Klammern zu schreiben. Der hier angegebene »Block« besteht, wie bereits weiter oben erwähnt, aus einer beliebigen Anzahl von Anweisungen, die in ein Paar geschweifte Klammern eingeschlossen sind, wie es folgendes Beispiel zeigt:

```
if (istUmsatz >= sollUmsatz)
{  leistung = "Befriedigend";
   bonus = 100;
}
```

In diesem Code werden alle Anweisungen, die in geschweifte Klammern eingeschlossen sind, ausgeführt, wenn istUmsatz größer oder gleich sollUmsatz ist (siehe dazu Abbildung 3.1).

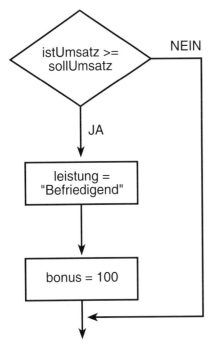

Abbildung 3.1: Flußdiagramm für die if-Anweisung

Grundlegende Programmstrukturen

Hinweis

Ein Block (manchmal auch als Verbundanweisung bezeichnet) erlaubt es, mehrere (einfache) Anweisungen in einer Java-Programmstruktur vorzusehen, wo sonst nur eine einzige (einfache) Anweisung stehen darf.

Die allgemeinere Form der Bedingungsanweisung in Java hat folgendes Aussehen (siehe auch Abbildung 3.2):

```
if (Bedingung) Anweisung1 else Anweisung2;
```

oder

```
if (Bedingung) {Block1} else {Block2}
```

Das folgende Beispiel zeigt den Einsatz einer derartigen Bedingungsanweisung:

```
if (istUmsatz >= sollUmsatz)
{  leistung = "Befriedigend";
   bonus = 100 + 0.01 * (istUmsatz - sollUmsatz);
}
else
{  leistung = "Unbefriedigend";
   bonus = 0;
}
```

Der else-Abschnitt ist immer optional (siehe Abbildung 3.3). Ist er vorhanden, bildet er mit dem nächstliegenden if eine Gruppe, wie es das folgende Beispiel demonstriert:

```
if (istUmsatz >= 2 * sollUmsatz)
{  leistung = "Ausgezeichnet";
   bonus = 1000;
}
else if (istUmsatz >= 1.5 * sollUmsatz)
{  leistung = "Gut";
   bonus = 500;
}
else if (istUmsatz >= sollUmsatz)
{  leistung = "Befriedigend";
   bonus = 100;
}
else
{  System.out.println("Sie sind gefeuert");
}
```

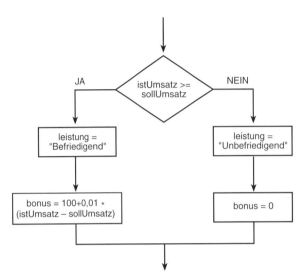

Abbildung 3.2: Flußdiagramm für die if-else-Anweisung

Hinweis

In der Anweisung

`if (x != 0 && 1 / x + y > x) // Keine Division durch 0.`

wird der Ausdruck 1 / x aufgrund der in Java eingebauten Kurzschlußauswertung nicht berechnet, wenn x gleich 0 ist. Somit kann es nicht zu einer Division durch 0 kommen.

Schließlich unterstützt Java den ternären Operator ? (ein Fragezeichen), mit dem sich ein Ausdruck gelegentlich eleganter formulieren läßt. Der Ausdruck

Bedingung ? e1 : e2

wird zu e1 ausgewertet, wenn *Bedingung* gleich true ist, andernfalls zu e2. Beispielsweise liefert (x < y) ? x : y den kleineren Wert von x oder y zurück.

Grundlegende Programmstrukturen

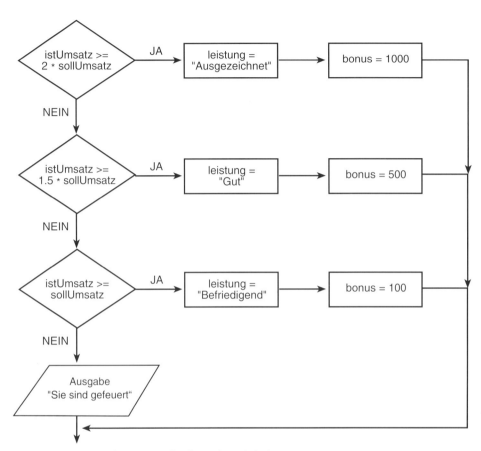

Abbildung 3.3: Flußdiagramm für if-else if (Mehrfachverzweigung)

3.8.3 Unbestimmte Schleifen

Wie in allen Programmiersprachen gibt es auch in Java Steuerungsstrukturen, mit denen sich Anweisungen wiederholt ausführen lassen. Wenn man die Anzahl der Durchläufe nicht von vornherein kennt, kann man auf zwei verschiedene Formen der Schleifen zurückgreifen. (Es handelt sich hierbei um sogenannte »unbestimmte Schleifen«.)

Die erste ist die while-Schleife, die den Rumpf der Schleife nur ausführt, solange (englisch: while) eine Bedingung true ist. Die allgemeine Form lautet:

```
while (Bedingung) { Block }
```

Sollte die Bedingung von Anfang an false sein, kommt die while-Schleife überhaupt nicht zur Ausführung (siehe Abbildung 3.4).

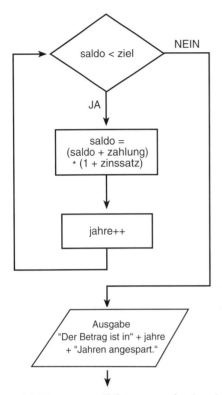

Abbildung 3.4: Flußdiagramm für die while-Anweisung

In Beispiel 3.4 kommt unsere Klasse Console zum Einsatz. Das Programm berechnet, wie lange es dauert, einen bestimmten Geldbetrag anzusparen, wenn man einen bestimmten Zinssatz pro Jahr annimmt und jedes Jahr den gleichen Geldbetrag deponiert.

Beispiel 3.4: Retirement.java

```
import corejava.*;

public class Retirement
{  public static void main(String[] args)
      {  double ziel;
         double zinssatz;
         double zahlung;
         int jahre = 0;
         double saldo = 0;
```

Grundlegende Programmstrukturen

```
    ziel = Console.readDouble
       ("Wieviel wollen Sie ansparen?");
    zahlung = Console.readDouble
       ("Wieviel wollen Sie jedes Jahr einzahlen?");
    zinssatz = Console.readDouble
       ("Zinssatz in % (7.5 schreiben für 7.5%):") / 100;

    while (saldo < ziel)
    {  saldo = (saldo + zahlung) * (1 + zinssatz);
       jahre++;
    }

    System.out.println
       ("Der Betrag ist in " + jahre + " Jahren angespart.");
  }
}
```

Der Code im obigen Beispiel inkrementiert einen Zähler und aktualisiert den momentan aufgelaufenen Betrag im Rumpf der Schleife, bis die Gesamtsumme den angestrebten Betrag überschreitet. (Verlassen Sie sich bei Ihrer persönlichen Ruhestandsplanung nicht auf dieses Programm. Wir haben ein paar Feinheiten wie die Inflation und die Lebenserwartung ausgelassen. Außerdem haben wir angenommen, daß Sie das gesamte Geld am Anfang des Jahres einzahlen und somit den Zinsanteil für das gesamte Jahr erhalten – das machen aber nur wenige.)

Die `while`-Schleife führt den Test am Beginn durch. Demzufolge wird der Block gegebenenfalls überhaupt nicht ausgeführt. Wenn man sicherstellen möchte, daß ein Block wenigstens einmal durchlaufen wird, muß man den Test an das Ende der Schleife verschieben. Das realisiert man mit der `do`-Version der `while`-Schleife. Die Syntax sieht folgendermaßen aus:

`do { Block } while (Bedingung);`

Damit führt das Programm zuerst den Block aus und testet erst danach die Bedingung. Dann wird der Block wiederholt und die Bedingung erneut getestet usw. Der Code in Beispiel 3.5 führt eine Näherungsberechnung der Quadratwurzel für beliebige positive Zahlen durch. Der iterative Prozeß setzt sich so lange fort, bis der Absolutwert zwischen dem Ergebnis des aktuellen und des vorherigen Schleifendurchlaufs sehr nahe beieinanderliegen. Abbildung 3.5 verdeutlicht diesen Algorithmus.

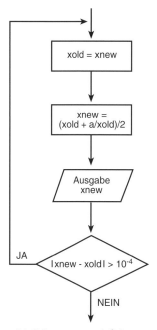

Abbildung 3.5: Flußdiagramm der do-while-Anweisung

Beispiel 3.5: SquareRoot.java

```java
import corejava.*;

public class SquareRoot
{   public static void main(String[] args)
    {   double a = Console.readDouble("Bitte eine Zahl eingeben:");

        double xnew = a / 2;
        double xold;

        do
        {   xold = xnew;
            xnew = (xold + a / xold) / 2;
            System.out.println(xnew);
        }
        while (Math.abs(xnew - xold) > 1E-4);
    }
}
```

Grundlegende Programmstrukturen

Da ein Block beliebige Java-Anweisungen enthalten kann, lassen sich Schleifen auch verschachteln, und zwar in beliebiger Tiefe.

3.8.4 Bestimmte Schleifen

Java unterstützt die Iteration genau wie C++ mit einer sehr allgemeinen Konstruktion. Wie Abbildung 3.6 zeigt, gibt das nachstehende Codefragment die Zahlen von 1 bis 10 auf dem Bildschirm aus.

```
for (int i = 1; i <= 10; i++)
    System.out.println(i);
```

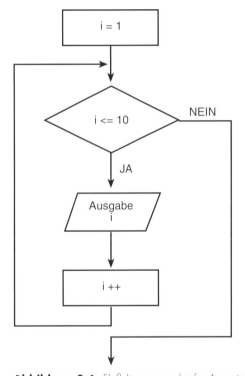

Abbildung 3.6: Flußdiagramm der for-Anweisung

Das erste Element der for-Anweisung nimmt (gewöhnlich) die Initialisierung des Schleifenzählers auf. (Der Zähler wird an dieser Stelle gelegentlich deklariert und initialisiert, wie in diesem Beispiel.) Das zweite Element gibt die Bedingung an, die vor jedem neuen Schleifendurchlauf zu testen ist, und das dritte Element erklärt, wie der Zustand des Zählers zu ändern ist. Auf die Initialisierung kann eine einfache Java-Anweisung oder ein Block folgen. (Folglich sind in Java auch verschachtelte for-Schleifen möglich.)

Obwohl Java, wie auch C++, nahezu jeden Ausdruck in den verschiedenen Elementen einer `for`-Schleife zuläßt, gilt es als ungeschriebenes Gesetz guten Programmierstils, daß die drei Elemente einer `for`-Anweisung eine Zählervariable initialisieren, testen und aktualisieren. Es lassen sich ziemlich obskure Schleifen formulieren, wenn man diese Regel außer acht läßt.

Selbst innerhalb der Grenzen eines guten Stils ist noch vieles möglich. Das hängt damit zusammen, daß man Variablen beliebigen Typs und beliebige Methoden zu deren Aktualisierung verwenden kann. Beispielsweise kann man eine Schleife schreiben, die abwärts zählt:

```
for (int i = 10; i > 0; i--)
   System.out.println("Countdown " + i);
System.out.println("Start!");
```

Oder man kann Schleifen kreieren, in denen die Variablen und Inkremente Gleitkommatypen sind.

Hinweis

Der Test auf Gleichheit in Verbindung mit Gleitkommazahlen ist mit Vorsicht zu genießen. Beispielsweise kann eine Schleife wie

```
for (x = 0; x != 10; x += 0.01)
```

endlos laufen, da der Wert von 10.0 aufgrund von Rundungsfehlern nicht exakt erreicht wird.

Wenn man eine Variable im ersten Element der `for`-Anweisung deklariert, erstreckt sich der Gültigkeitsbereich dieser Variablen bis zum Ende des Rumpfes der `for`-Schleife. Eine derartige Variable läßt sich demnach nicht außerhalb der Schleife verwenden. Wenn Sie etwa den Endwert des Schleifenzählers außerhalb der `for`-Schleife weiterverarbeiten möchten, müssen Sie die entsprechende Variable außerhalb des Schleifenkopfes deklarieren.

Eine `for`-Schleife läßt sich auch durch eine äquivalente `while`-Schleife realisieren. Dabei können Sie sich den jeweils passenden Typ auswählen. Genauer gesagt ist

```
for (Anweisung1; Ausdruck1; Ausdruck2) { Block };
```

vollständig äquivalent zu:

```
{ Anweisung1;
  while (Ausdruck1)
  { Block;
    Ausdruck2;
  }
}
```

Grundlegende Programmstrukturen

Beispiel 3.6 zeigt den sinnvollen Einsatz von Gleitkommazahlen in einer Schleife beim erweiterten Hypothekenprogramm. Das Programm gibt die monatlichen Zahlungen für einen Bereich von Zinssätzen um den eingegebenen Wert herum in Stufen von 0.125% aus. Zu diesem Zweck wurde das vorherige Hypothekenprogramm in eine äußere `for`-Schleife eingeschlossen.

Beispiel 3.6: MortgageLoop.java

```java
import corejava.*;

public class MortgageLoop
{ public static void main(String[] args)
   { double kapital;
      double jahresZins;
      int jahre;

      kapital = Console.readDouble
         ("Darlehensbetrag (ohne Trennzeichen):");
      jahresZins = Console.readDouble
         ("Zinssatz in % (7.5 schreiben für 7.5%):") / 100;
      jahre = Console.readInt
         ("Laufzeit in Jahren:");

      double y;
      for (y = jahresZins - 0.01;
         y <= jahresZins + 0.01; y += 0.00125)
      { double monatsZins = y / 12;
         double zahlung = kapital * monatsZins
            / (1 - (Math.pow(1/(1 + monatsZins),
            jahre * 12)));
         Format.printf("Beim Zins %6.3f", 100 * y);
         Format.printf
            ("%%, zahlen Sie monatlich $%10.2f\n",
            zahlung);
      }
   }
}
```

3.8.5 Mehrfachauswahlen – die »switch«-Anweisung

Die `if-else`-Konstruktion erweist sich als umständlich, wenn man mehrere Auswahlen mit vielen Alternativen hat. Leider ist die einzige in Java verfügbare Alternative fast genauso umständlich – sie ist nicht annähernd so bequem zu handhaben wie die `Select Case`-Anweisung von VB, in der man Bereiche oder Werte in verschiedenen Typen testen kann. Java folgt dem Vorbild von C/C++ und bezeichnet die Einrichtung für die Mehrfachauswahl als `switch`-Anweisung. Leider haben die

Entwickler nicht die `switch`-Anweisung von C/C++ verbessert. Man kann weiterhin nur auf einen `char` oder die Integer-Typen außer `long` testen. Wertebereiche sind nicht möglich.

Wenn man zum Beispiel ein Menüsystem mit vier Alternativen wie in Abbildung 3.7 einrichtet, kann man das mit dem folgenden Code realisieren:

```
int choice = Console.readInt("Eine Option waehlen (1 bis 4)");
// Liest einen Tastendruck
switch(choice)
{   case 1:
       . . .
       break;
    case 2:
       . . .
       break;
    case 3:
       . . .
       break;
    case 4:
       . . .
       break;
    default:
       // Falsche Eingabe
       break;
}
```

Im allgemeinen startet die Programmausführung bei dem `case`-Zweig, für den der Wert der angegebenen Auswahl zutrifft, und setzt sich bis zum nächsten `break` oder dem Ende der `switch`-Anweisung fort. Die `default`-Klausel ist optional.

Achtung

Im Gegensatz zu Sprachen wie VB kann es zur Ausführung mehrerer `case`-Zweige kommen. Das hängt damit zusammen, daß die Programmausführung in den nächsten `case`-Zweig hineinläuft, *solange* nicht ein `break`-Schlüsselwort das Verlassen der gesamten `switch`-Anweisung veranlaßt. (Es ist äußerst ungewöhnlich, eine `switch`-Anweisung ohne das Schlüsselwort `break` in jedem `case`-Zweig zu verwenden. Wenn das »Durchfallen« der Programmausführung tatsächlich beabsichtigt ist, sollte man im Quelltext deutlich darauf hinweisen.)

Grundlegende Programmstrukturen

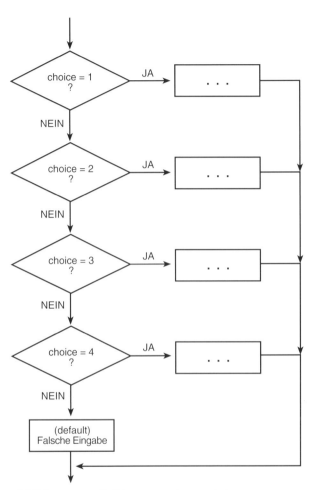

Abbildung 3.7: Flußdiagramm der switch-Anweisung

3.8.6 Benannte Breaks

Obwohl die Entwickler von Java das goto als reserviertes Wort beibehalten haben, gehört es eigentlich nicht zur Sprache. Im allgemeinen betrachtet man goto-Anweisungen als schlechten Programmierstil. Einige Programmierer finden die radikale Verbannung von goto überzogen (siehe dazu beispielsweise den bekannten Artikel von Donald Knuth namens »Structured Programming with goto's«). Sie stimmen zwar darin überein, daß der uneingeschränkte Gebrauch von goto fehlerträchtig ist, daß aber ein gelegentlicher Sprung *aus einer Schleife heraus* durchaus Nutzen bringt. Die Java-Entwickler haben diesen Gedanken aufgegriffen und sogar eine neue Anweisung hinzugefügt, um diese Art der Programmierung zu unterstützen – den benannten break.

Sehen wir uns als erstes die unbenannte break-Anweisung ein. Mit der gleichen break-Anweisung, mit der man eine switch-Konstruktion verläßt, kann man auch eine Schleife verlassen. Dazu folgendes Beispiel:

```
while (jahre <= 100)
   { saldo = (saldo + zahlung) * (1 + zinssatz);
     if (saldo > ziel) break;
     jahre++;
   }
```

Die Schleife wird jetzt verlassen, wenn entweder jahre > 100 am Beginn der Schleife erfüllt ist oder saldo > ziel im Rumpf der Schleife zutrifft. Natürlich könnte man die gleiche Wirkung auch ohne break erreichen. Man braucht dann eine if-else-Konstruktion innerhalb der Schleife und eine andere Abbruchbedingung im Schleifentest.

Im Gegensatz zu C/C++ bietet Java eine *benannte break*-Anweisung, mit der man mehrfach verschachtelte Schleifen verlassen kann. Der Grund dafür ist einfach: gelegentlich passieren unerwartete Dinge innerhalb einer tief verschachtelten Schleife. In diesem Fall sind alle verschachtelten Schleifen zu verlassen. Es ist recht umständlich, wenn man das lediglich mit zusätzlichen Bedingungen in den verschiedenen Schleifentests programmieren muß.

Das folgende Beispiel verdeutlicht die Funktionsweise. Die Zeilenmarke muß vor der äußersten Schleife, aus der man ausbrechen möchte, stehen und mit einem Doppelpunkt enden.

```
int n;
read_data:
while (. . .)
{  . . .
   for (. . .)
   {  n = Console.readInt(. . .);
      if (n < 0) // Unzulässige Eingabe - Abbruch
         break read_data;
      // Die Schleife read_data vorzeitig verlassen
      . . .
   }
}
// Hier prüfen, ob erfolgreiche Ausführung
if (n < 0)
{  // Fehlersituation behandeln
}
else
{  // An diesem Punkt weiter, wenn alles OK
}
```

Grundlegende Programmstrukturen

Bei einer unzulässigen Eingabe geht die benannte `break`-Anweisung hinter das Ende des benannten Blocks. Wie bei jeder `break`-Anweisung muß man dann testen, ob die Schleife auf normalem Weg oder infolge eines `break` verlassen wurde.

3.9 Klassenmethoden (benutzerdefinierte Funktionen)

Wie jede moderne Programmiersprache erlaubt Java, daß der Programmierer komplexe Aufgaben in einfachere Einheiten (in herkömmlicher Manier als *Funktionen* bezeichnet) aufgliedert. Natürlich sind moderne Programmiersprachen stolz darauf, eine neue Terminologie für diese Einheiten einzuführen. Wie bereits erwähnt, bezeichnet man diese Einheiten in Java als *Methoden* statt Funktionen. (Stoßen Sie sich nicht daran, daß auch die Entwickler und Verfasser der Dokumentation in dieser Hinsicht nicht konsequent sind. Gelegentlich schlüpft ihnen die von C/C++ gewohnte Funktionsterminologie heraus.) Wir treten in die Fußstapfen der Java-Entwickler und verwenden den Begriff *Methode* mit einem gelegentlichen Seitensprung, wenn es angebracht scheint. (Im nächsten Kapitel geben wir einen Überblick zu den Grundgedanken der objektorientierten Programmierung, die zur Vielfalt der möglichen Terminologien geführt haben.)

Eine Methodendefinition muß innerhalb einer Klasse auftreten. In der Klasse kann sie an einer beliebigen Stelle stehen, obwohl man üblicherweise alle anderen Methoden einer Klasse vor der Methode `main` plaziert. In Java gibt es viele mögliche Arten von Methoden. In diesem Kapitel verwenden wir aber nur diejenigen, die wie `main` vom Typ `public static` sind. Momentan brauchen Sie sich noch keine großen Gedanken um die Bedeutung dieser Schlüsselwörter zu machen. Es hat damit zu tun, mit welchen anderen Methoden man eine Methode aufrufen kann – wir klären die Terminologie im nächsten Kapitel.

C++

Java kennt keine »globalen« Funktionen. Alle Funktionen müssen innerhalb einer Klasse definiert werden. Die Funktionen, die wir in diesem Kapitel untersuchen, operieren noch nicht auf Objekten und sind demzufolge als `static` definiert. Sieht man von den visuellen Äußerlichkeiten ab, gibt es keinen Unterschied zwischen einer C-Funktion und einer statischen Java-Methode.

Als Beispiel wollen wir ein Programm schreiben, das uns die Gewinnchancen beim Lotto berechnet. Der Spielteilnehmer tippt eine bestimmte Anzahl von Zahlen im Bereich von 1 bis n. Sind beispielsweise sechs Zahlen aus dem Bereich von 1 bis 49 zu treffen, gibt es (49 * 48 * 47 * 46 * 45 * 44) / (1 * 2 * 3 * 4 * 5 * 6) mögliche Kombinationen, so daß man eine Chance von 1 zu 13.983.816 hat, alle sechs Zahlen zu treffen. Viel Glück!

Wenn Sie nun an der Lotterie »5 aus 45« teilnehmen und hier die Gewinnchancen berechnen wollen, brauchen Sie wieder eine Methode. Später bringen wir das Ganze mit einer `main`-Methode zusammen, die nach der Anzahl der zu wählenden Zahlen und dem zur Verfügung stehenden Zahlenbereich fragt.

Die Methode hat folgendes Aussehen:

```
public static long lotteryOdds(int high, int number)
   { long r = 1;
     int i;
     for (i = 1; i <= number; i++)
     { r = r * high / i;
       high--;
     }
     return r;
   }
```

Beachten Sie die Kopfzeile für die Methode `lotteryOdds`:

```
public static long lotteryOdds(int high, int number)
```

Der Header für eine Methode beginnt mit Schlüsselwörtern – im Beispiel `public static` –, die den Gültigkeitsbereich der Methode erklären. Im allgemeinen lassen sich `public`-Methoden von anderen Klassen aufrufen. (Ein Beispiel dafür liefert die Methode `println`, die als `public`-Methode in der Java-Klasse `PrintStream` deklariert ist.)

Als nächstes listet der Header der Methode den Typ des Rückgabewertes auf, im Beispiel ein `long`. Methoden in Java können Werte eines beliebigen Java-Typs zurückgeben. Insbesondere können das Arrays (siehe den nächsten Abschnitt) oder Klassen (siehe nächstes Kapitel) sein. Daran schließt sich der Name der Methode an, und schließlich kommen die Typen und Namen der Argumente. Die Regeln für die Methodennamen entsprechen denen für Klassen und Variablen. Beachten Sie, daß die Methoden in Java Argumente übernehmen können, aber nicht müssen. Bei Methoden, die keine Argumente übernehmen, sind trotzdem die Klammern zu schreiben, wenn man die Methode aufruft. Zum Beispiel übernimmt die Methode `getCurrencyInstance` keine Argumente, der Methodenaufruf enthält dennoch die Klammern:

```
NumberFormat.getCurrencyInstance()
```

An den Header der Methode schließt sich der Code an, der die Methode implementiert. Beachten Sie die Struktur mit geschweiften Klammern im obigen Beispiel: Die äußersten Klammern (die nach dem Header der Methode beginnen) markieren den sogenannten *Rumpf* der Methode. Variablen, die innerhalb der Methode deklariert sind (wie das `int i` für den Schleifenzähler in unserer `lotteryOdds`) sind *lokal* zur Methode. Lokale Variablen sind den anderen Methoden der Klasse nicht zugänglich und haben auch keinen Einfluß auf gleich benannte Variablen, in anderen Methoden. Genauer gesagt initialisiert Java beim Ausführen einer Methode die lokale Variablen der

Grundlegende Programmstrukturen

Methode, wie es in ihrem Rumpf angegeben ist. Innerhalb einer Methode ist der Gültigkeitsbereich einer lokalen Variablen durch den Block, in dem sie deklariert ist, bestimmt. (Beachten Sie, daß man sie initialisieren *muß*: Lokale Variablen in einer Methode erhalten keine Standardwerte.) Beim Verlassen einer Methode gibt Java den für lokale Variablen zugewiesenen Speicher automatisch wieder frei.

Wenn Java eine return-Anweisung verarbeitet, wird die Methode sofort verlassen. Der auf das Schlüsselwort return folgende Ausdruck bestimmt den Rückgabewert der Methode. Muß man keinen Wert zurückgeben, markiert man diese Tatsache im Header mit dem Schlüsselwort void als Rückgabetyp.

VB

Java-Methoden entsprechen den Funktionen, die man in Klassenmodulen definiert. Natürlich hat man seit VB 5 die Wahl, den Rückgabewert einer Funktion zu verwerfen, statt eine Prozedur zu verwenden. Dennoch kommen Sub-Prozeduren wahrscheinlich den Java-Methoden ohne Rückgabewert am nächsten.

Beispiel 3.7 zeigt eine Anwendung, deren Code über zwei Methoden verteilt ist. Beachten Sie, wie die Methode lotteryOdds aus der Methode main über die Zeile

```
long oddsAre = lotteryOdds(topNumber, numbers);
```

aufgerufen wird. Man muß keinen Klassennamen angeben, da sowohl die Methode main als auch die Methode lotteryOdds zur Klasse LotteryOdds gehören. Man kann immer eine andere Methode derselben Klasse aufrufen, indem man einfach den Methodennamen gefolgt von den erforderlichen Parametern bereitstellt. Anders liegt der Fall beim folgenden Methodenaufruf:

```
NumberFormat.getCurrencyInstance();
```

Die Methode getCurrencyInstance ist in der Klasse NumberFormat definiert. Demzufolge muß man den Namen der Klasse spezifizieren.

Die Methoden main, lotteryOdds und getCurrencyInstance operieren nicht auf Objekten. Allerdings erfordern andere Methoden, wie etwa die Methode println, ein Objekt:

```
System.out.println("Hello"); // Operiert auf dem Objekt System.out
```

Im nächsten Kapitel erfahren Sie mehr über derartige *Instanzen-Methoden*.

Wenn Java als nächstes die Anweisung lotteryOdds(topNumber, numbers) verarbeitet, werden die aktuellen Werte der Variablen topNumber und numbers an die Methode lotteryOdds übergeben. In diesem Beispiel wird das Argument high mit dem aktuellen Wert von topNumber und das Argument `number` mit dem aktuellen Wert von `numbers` initialisiert. Beachten Sie, daß Argumentvariablen echte Variablen sind. Beispielsweise modifiziert die Methode `lotteryOdds` den Inhalt von `high` innerhalb der Methode selbst. Aber auch hier bezieht sich die Änderung lediglich auf die Variable `high` innerhalb der Methode und hat keine Auswirkungen auf die Variable `topNumber`, die in der Methode `main` definiert und dann als Parameter an diesen Methodenaufruf übergeben wurde.

Ein weiterer wichtiger Punkt ist, daß *in Java alle Argumente an Methoden als Wert und nicht als Referenz übergeben werden*. Es ist demzufolge nicht möglich, die Variablen mit Hilfe von Methodenaufrufen zu verändern. (Kapitel 4 geht näher darauf ein.) Argumentvariablen (wie etwa `high` und `number` in der Methode `lotteryOdds`) sind einfach lokale Variablen, die mit den beim Aufruf der Methode als Argumente übergebenen Werten initialisiert werden. Die Werte gehen verloren, wenn die Methode terminiert.

Hinweis

Wenn Sie mit dem Konzept eines Zeigers oder einer Referenz vertraut sind, können Sie mit einer Methode auch den *Inhalt* von Arrays oder den Zustand eines Objekts ändern, da Arrays und Objekte in Java von Natur aus Referenzen (Zeiger) sind. Die Methoden können nur nicht die eigentlichen Parameter ändern.

Beispiel 3.7: LotteryOdds.java

```
import corejava.*;

public class LotteryOdds
{   public static long lotteryOdds(int high, int number)
    {   long r = 1;
        int i;
        for (i = 1; i <= number; i++)
        {   r = r * high / i;
            high--;
        }
        return r;
    }

    public static void main(String[] args)
    {   int numbers = Console.readInt
            ("Wie viele Zahlen sind zu tippen?");
        int topNumber = Console.readInt
            ("Aus wie vielen Zahlen kann man waehlen?");
        long oddsAre = lotteryOdds(topNumber, numbers);
```

Grundlegende Programmstrukturen

```
        System.out.println
    ("Die Chancen stehen 1 zu " + oddsAre + ". Viel Glueck!");
   }
}
```

C++

Methoden in Java sind ähnlich, aber nicht identisch mit Funktionen in C++. Beispielsweise gibt es in Java kein Äquivalent zu Funktionsprototypen. Diese sind nicht erforderlich, da man Funktionen nach ihrer Verwendung definieren kann – der Compiler führt mehrere Läufe durch den Code aus. Vor allem aber existieren in Java keine Zeiger- und Referenzargumente: Man kann nicht die Speicherstelle einer Variablen übergeben. Das Überladen von Funktionsnamen ist allerdings genau wie in C++ immer möglich.

3.9.1 Klassenvariablen

Gelegentlich muß man eine Variable deklarieren, die allen Methoden der Klasse zugänglich ist. (Es ist möglich, aber nicht empfehlenswert, eine Variable zu deklarieren, die außerhalb der Klasse sichtbar ist – das heißt, eine echte globale Variable.) Gewöhnlich spricht man hier von *Klassenvariablen*, da der Gültigkeitsbereich einer derartigen Variablen unter Umständen die gesamte Klasse umfaßt. Die Syntax ist ähnlich der von *Klassenkonstanten*, die Sie bereits weiter vorn kennengelernt haben. Klassenvariablen werden einfach außerhalb aller Methoden deklariert, wie es das folgende Beispiel zeigt:

```
public class Employee
{   private static double socialSecurityRate = 7.62;
    public static void main(String[] args)
    { . . .}
}
```

In diesem Fall ist `socialSecurityRate` eine Klassenvariable, die wir mit dem Wert `7.62` initialisiert haben. Beachten Sie, daß Klassenvariablen im Gegensatz zu lokalen Variablen automatisch einen Standardwert erhalten. (Java initialisiert Objekte mit `null`, boolesche Variablen mit `false` und numerische Variablen mit `0`.)

Achtung

Klassenvariablen können von gleichnamigen Variablen, die innerhalb einer Methode der Klasse deklariert sind, überdeckt werden (auch wenn das eine eher ungewöhnliche Programmiertechnik ist).

Obwohl es vollständig gegen die Prämissen der objektorientierten Programmierung verstößt, kann man sich echte globale Variablen schaffen, die allen Methoden in einer Anwendung zugänglich sind. Dazu ersetzt man das Schlüsselwort `private` durch das Schlüsselwort `public`.

C++

Von Äußerlichkeiten abgesehen gibt es zwischen einer globalen Variablen in C/C++ und einer statischen Variablen in Java keinen Unterschied.

3.9.2 Rekursion

Die Rekursion ist ein allgemeines Lösungsverfahren, bei dem man komplexe Probleme auf einfachere Probleme eines ähnlichen Typs zurückführt. Das allgemeine Gerüst einer rekursiven Problemlösung sieht folgendermaßen aus:

```
loese_rekursiv(Problem p)
{ if (triviales Problem) return die offensichtliche Antwort;
  // Das Problem vereinfachen
  p1 = einfacheres Problem (p)
  s1 = loese_rekursiv (p1)
  // Lösung des einfacheren Problems in
  // Lösung des Originalproblems einfließen lassen
  s = loesung des Originalproblems(s1)
  return s;
}
```

Eine rekursive Methode ruft sich wiederholt selbst auf, jedesmal in einer einfacheren Situation, bis sie zum trivialen Fall gelangt und an dieser Stelle anhält. Für den erfahrenen Programmierer ist das rekursive Denken eine einzigartige Sichtweise auf bestimmte Probleme, die oftmals zu eleganten Lösungen und demzufolge zu gleichfalls eleganten Programmen führt. (Beispielsweise sind die meisten der schnellen Sortierroutinen wie etwa QuickSort rekursiv programmiert.)

Eigentlich gibt es zwei mögliche Arten der Rekursion. Bei der ersten ruft das Unterprogramm nur sich selbst auf. Man spricht hier von *direkter Rekursion*. Erwartungsgemäß bezeichnet man den zweiten Typ als *indirekte Rekursion*. Diese tritt beispielsweise auf, wenn eine Methode eine andere aufruft, die ihrerseits die erste aufruft. Beide Arten der Rekursion lassen sich mit Java-Methoden realisieren, und es sind (etwa im Gegensatz zu Pascal) keinerlei Vorkehrungen für die indirekte Situation zu treffen.

Sehen wir uns eine rekursive Lösung zur Berechnung der Lottochancen an. Um eine Zahl aus 49 zu ziehen, hat man 49 Möglichkeiten. Die Chancen stehen also 1 zu 49. Allgemein kann man schreiben

Grundlegende Programmstrukturen

```
public static long lotteryOdds(int high, int number)
{  if (number == 1) return high;
   . . .
}
```

Das war schon ein guter Anfang. Suchen wir nun die Anzahl der Möglichkeiten, um 6 Zahlen aus 49 zu ziehen. Greifen wir einfach eine Zahl heraus. Es gibt 49 Möglichkeiten. Es bleiben noch 5 Zahlen aus 48. Aha! Ein einfacheres Problem. Es gibt `lotteryOdds(48, 5)` Arten, um diese 5 Zahlen zu ziehen. Das ergibt eine Gesamtzahl von `49 * lotteryOdds(48, 5)` Möglichkeiten, um die sechs Zahlen zu ziehen. Wir müssen das Ergebnis aber noch etwas frisieren. Im Lotto spielt es keine Rolle, in welcher Reihenfolge man die Zahlen tippt. Unser Verfahren zählt die Kombinationen aber sechsmal, je nachdem, welche Zahl wir zuerst wählen. Wir teilen also das Ergebnis durch 6.

Ersetzt man die 49 und die 6 durch die verallgemeinerten Parameter `high` und `number`, erhalten wir die rekursive Lösung

```
public static long lotteryOdds(int high, int number)
{  if (number <= 0) return 0; // nur für den Fall
   else if (number == 1) return high;
   else return high
      * lotteryOdds(high - 1, number - 1) / number;
}
```

Beachten Sie, daß das Argument `number` bei jedem rekursiven Aufruf dekrementiert wird und demzufolge am Ende den Wert 1 erreichen muß. Das ist von grundlegender Bedeutung, wenn man eine rekursive Methode schreibt: Man muß sicherstellen, daß die Rekursion endet!

Hinweis

In diesem Fall ist die rekursive Lösung weniger effizient als die Schleife, die wir vorher verwendet haben. Sie zeigt aber deutlich die Syntax des rekursiven Aufrufs (oder besser, das Fehlen spezieller Syntaxelemente). Allgemein ist festzustellen: Rekursive Lösungen erfordern mehr Overhead und sind gewöhnlich langsamer als eine iterative Lösung. Um Niklaus Wirth (dem Erfinder von Pascal) aus seinem Buch *Algorithmen + Datenstrukturen = Programme* zu zitieren: »... die Lehre, die wir daraus ziehen müssen, ist es, die Rekursion zu vermeiden, wenn es eine *offensichtliche* Lösung durch Iteration gibt« (kursiv im Original).

3.10 Arrays

Arrays sind in Java erstklassige Objekte. Denken Sie besser nicht darüber nach, wie Arrays in Java implementiert sind – akzeptieren Sie sie als Objekte, die an und für sich existieren. Beispielsweise kann man ein Array von Integer-Werten einem anderen Array zuweisen, genau wie man eine Integer-Variable einer anderen zuweist. Wenn man ein Array einem anderen zuweist, dann beziehen sich beide Arrays auf denselben Satz von Werten. Jede Änderung in einem Array wirkt auch im anderen.

Nachdem man ein Array erzeugt hat, kann man dessen Größe nicht in einfacher Weise ändern (obwohl man natürlich leicht ein einzelnes Array-Element ändern kann). Will man das Array bei laufendem Programm erweitern, muß man im allgemeinen auf ein anderes Java-Objekt, einen sogenannten *Vektor*, ausweichen. (Kapitel 5 enthält weitere Erläuterungen zu Vektoren und zur Erweiterung von Arrays.)

Bisher haben Sie schon einige Beispiele von Java-Arrays kennengelernt. Das Argument `String[] args` in der Methode `main` kennzeichnet, daß die Methode `main` ein Array von Strings übernimmt, nämlich die Argumente, die in der Befehlszeile spezifiziert sind.

Arrays sind das erste Beispiel für Objekte, die der Programmierer explizit erzeugen muß. Dazu verwendet man in der Regel den Operator `new`. Beispielsweise richtet die Anweisung

```
int[] arrayOfInt = new int[100];
```

ein Array ein, das 100 Ganzzahlen aufnehmen kann. Die Array-Einträge sind von 0 bis 99 (und nicht von 1 bis 100) numeriert. Nachdem man das Array erzeugt hat, kann man die Einträge im Array füllen, zum Beispiel mit Hilfe einer Schleife:

```
int[] arrayOfInt = new int[100];
for (int i = 0; i < 100; i++)
   arrayOfInt[i] = i;   // Füllt das Array mit 0 bis 99
```

Versucht man zum Beispiel, auf das 101te Element eines mit 100 Elementen deklarierten Arrays zuzugreifen, läßt sich zwar der Quellcode ohne Fehler oder Warnungen kompilieren und das Programm auch ausführen, aber das Programm stoppt, sobald der Zugriff auf ein Array-Element außerhalb der für das Array deklarierten Grenzen erfolgen soll.

Java erlaubt ein Kurzverfahren, um ein Array-Objekt zu erzeugen und es gleichzeitig zu initialisieren. Das folgende Beispiel zeigt, wie die Syntax funktioniert:

```
int[] smallPrimes = { 2, 3, 5, 7, 11, 13 };
```

Bei dieser Syntax verwendet man keinen Aufruf von `new`.

Man kann sogar ein *anonymes Array* initialisieren:

```
new int[] { 2, 3, 5, 7, 11, 13 }
```

Dieser Ausdruck weist einem neuen Array Speicher zu und füllt das Array mit den Werten in den geschweiften Klammern. Java zählt die Anzahl der Anfangswerte und legt die Array-Größe ent-

Grundlegende Programmstrukturen

sprechend fest. Verwenden Sie diese Syntax, wenn Sie ein Array an eine Methode übergeben und keine lokale Variable für das Array erzeugen wollen. Zum Beispiel stellt

```
printLabels(new String[] { "Gebiet", "Umsatz" });
```

ein Kurzverfahren für

```
String[] titles = { "Gebiet", "Umsatz" };
printLabels(titles);
```

dar.

Die Anzahl der Elemente eines Arrays läßt sich mit `arrayName.length` ermitteln. Auch hier ein Beispiel:

```
for (int i = 0; i < smallPrimes.length; i++)
   System.out.println(smallPrimes[i]);
```

3.10.1 Arrays kopieren

Man kann eine Array-Variable in eine andere kopieren. Allerdings beziehen sich dann beide Variablen auf dasselbe Array:

```
int[] luckyNumbers = smallPrimes;
luckyNumbers[5] = 12; // smallPrimes[5] ist jetzt ebenfalls 12
```

Abbildung 3.8 zeigt das Ergebnis. Wenn man tatsächlich alle Werte aus einem Array in ein anderes kopieren möchte, muß man auf die Methode `arraycopy` der Klasse `System` zurückgreifen. Die Syntax dafür lautet:

```
System.arraycopy(from, fromIndex, to, toIndex, count);
```

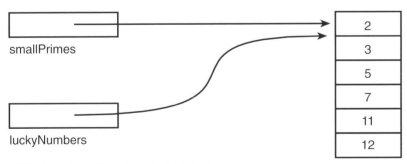

Abbildung 3.8: Eine Array-Variable kopieren

Als Beispiel richtet das folgende Programm, dessen Ergebnis in Abbildung 3.9 zu sehen ist, zwei Arrays ein und kopiert dann die letzten vier Einträge aus dem ersten in das zweite Array. Die Kopie beginnt bei Position 2 im Quellarray und kopiert 4 Einträge, beginnend bei Position 3 des Zielarrays.

```
public class ArrayExample
{   public static void main(String args[])
    {   int[] smallPrimes = {2, 3, 5, 7, 11, 13};
        int[] luckyNumbers =
            {1001, 1002, 1003, 1004, 1005, 1006, 1007};
        System.arraycopy(smallPrimes, 2, luckyNumbers, 3, 4);
        for (int i = 0; i < luckyNumbers.length; i++)
        {   System.out.println(i +
                ". Eintrag nach Kopieren: " + luckyNumbers[i]);
        }
    }
}
```

Die Ausgabe des Programms sieht folgendermaßen aus:

```
0. Eintrag nach Kopieren: 1001
1. Eintrag nach Kopieren: 1002
2. Eintrag nach Kopieren: 1003
3. Eintrag nach Kopieren: 5
4. Eintrag nach Kopieren: 7
5. Eintrag nach Kopieren: 11
6. Eintrag nach Kopieren: 13
```

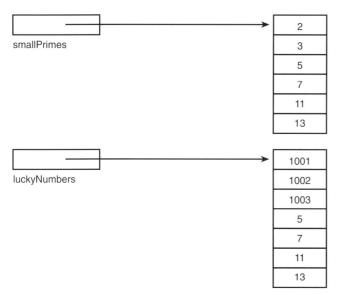

Abbildung 3.9: Werte zwischen Arrays kopieren

Grundlegende Programmstrukturen 125

C++

Man kann eine Array-Variable entweder als `int[] arrayOfInt` oder als `int arrayOfInt[]` definieren. Die meisten Java-Programmierer bevorzugen den ersten Stil, da er sauber den Typ `int[]` (Integer-Array) vom Variablennamen trennt.

Ein Java-Array unterscheidet sich gänzlich von einem C/C++-Array auf dem Stack. Allerdings ist es praktisch das gleiche wie ein Zeiger auf ein Array, das auf dem *Heap* untergebracht ist. Der Operator `[]` ist vordefiniert, um eine *Bereichsprüfung* vorzunehmen. Es gibt keine Zeigerarithmetik – man kann `arrayOfInt` nicht inkrementieren, um auf das zweite Element im Array zu verweisen.

Die Zeigernatur eines Arrays erkennt man daran, daß sich der Inhalt eines Arrays modifizieren läßt, wenn man es an eine Methode übergibt, und daß man Arrays untereinander zuweisen kann.

VB

In einem Java-Array kann man keine Indexbereiche spezifizieren.

3.10.2 Arrays als Argumente

Arrays kann man als Argumente einer benutzerdefinierten Methode in genau der gleichen Weise wie jeden anderen Typ verwenden. Da jedoch Arrays in Java eigentlich versteckte Referenzen sind, kann die Methode die Elemente im Array modifizieren. Beispiel 3.8 zeigt den Shell-Sortieralgorithmus, der beliebige, als Argument übergebene Integer-Arrays sortiert.

Beispiel 3.8: ShellSort.java
```
public class ShellSort
{  public static void sort(int[] a)
   {  int n = a.length;
      int incr = n / 2;
      while (incr >= 1)
      {  for (int i = incr; i < n; i++)
         {  int temp = a[i];
            int j = i;
            while (j >= incr && temp < a[j - incr])
            {  a[j] = a[j - incr];
               j -= incr;
            }
            a[j] = temp;
         }
```

```
            incr /= 2;
        }
    }

    public static void print(int[] a)
    {   for (int i = 0; i < a.length; i++)
            System.out.print(a[i] + " ");
        System.out.println();
    }

    public static void main(String[] args)
    {   // Array für 10 Ganzzahlen erzeugen
        int[] a = new int[10];
        int i;
        // Array mit Zufallszahlen füllen
        for (i = 0; i < a.length; i++)
            a[i] = (int)(Math.random() * 100);
        print(a);
        sort(a);
        print(a);
    }
}
```

ShellSort eignet sich eigentlich nicht besonders gut für das Sortieren großer Arrays (auch wenn er für kleine Arrays gut funktioniert). Wie haben diesen Algorithmus hier nur verwendet, da er leicht zu programmieren ist. Wenn man tatsächlich ein Zahlenarray sortieren will, sollte man auf eine der sort-Methoden in der Klasse Arrays zurückgreifen:

```
int[] a = new int[10000];
...
Arrays.sort(a)
```

Diese Methode bedient sich einer optimierten Version des QuickSort-Algorithmus, der auf den meisten Datenmengen sehr effektiv arbeitet. Die Klasse Arrays stellt verschiedene andere komfortable Methoden für Arrays bereit, auf die die API-Hinweise am Ende dieses Abschnitts näher eingehen.

3.10.3 Arrays als Rückgabewerte

Der Rückgabetyp einer Methode kann auch ein Array sein. Das ist vorteilhaft, wenn man eine Folge von Werten berechnet. Wir schreiben als Beispiel eine Methode, die eine Folge von Zahlen in einer simulierten Lotterie zieht und dann die Folge zurückgibt. Der Header der Methode sieht folgendermaßen aus:

```
public static int[] drawing(int high, int number)
```

Grundlegende Programmstrukturen

Im Beispiel 3.9 erzeugt die Methode zwei Arrays. Ein Array nimmt die Zahlen 1, 2, 3, ..., high auf, aus denen die Glückskombination gezogen wird. Im anderen Array legt die Methode die gezogenen Zahlen ab. Das erste Array wird verworfen, wenn die Methode endet, und fällt schließlich der Speicherbereinigung zum Opfer. Die Methode gibt das zweite Array als Ergebnis zurück.

Beispiel 3.9: LotteryDrawing.java
```java
import java.util.*;
import corejava.*;

public class LotteryDrawing
{  public static int[] drawing(int high, int number)
   {  int i;
      int numbers[] = new int[high];
      int result[] = new int[number];
      // Array mit den Zahlen 1 2 3 . . . high füllen
      for (i = 0; i < high; i++) numbers[i] = i + 1;
      for (i = 0; i < number; i++)
      {  int j = (int)(Math.random() * (high - i));
         result[i] = numbers[j];
         numbers[j] = numbers[high - 1 - i];
      }
      return result;
   }

   public static void main(String[] args)
   {  int numbers = Console.readInt
         ("Wie viele Zahlen sind zu tippen?");
      int topNumber = Console.readInt
         ("Aus wie vielen Zahlen kann man waehlen?");

      int[] a = drawing(topNumber, numbers);
      Arrays.sort(a);
      System.out.println("Tippe die folgende Kombination."
         + "Sie macht dich reich!");
      int i;
      for (i = 0; i < a.length; i++)
         System.out.println(a[i]);
   }
}
```

API

java.lang.System

- static void arraycopy(Object from, int fromIndex, Object to, int toIndex, int count)

Parameter:	from	Array beliebigen Typs (Kapitel 5 erklärt, warum das ein Parameter vom Typ Object ist).
	fromIndex	Anfangsindex, von dem ab Elemente zu kopieren sind.
	to	Array desselben Typs wie from.
	toIndex	Anfangsindex, in den die Elemente zu kopieren sind.
	count	Anzahl der zu kopierenden Elemente.

    Kopiert Elemente vom ersten in das zweite Array.

API

java.util.Arrays

- static void sort(*Xxx*[] a)

Parameter:	a	Array vom Typ int, long, short, char, byte, boolean, float oder double.

    Sortiert das Array mit Hilfe eines optimierten QuickSort-Algorithmus.

- static int binarySearch(*Xxx*[] a, *Xxx* v)

Parameter:	a	*Sortiertes* Array vom Typ int, long, short, char, byte, boolean, float oder double.
	v	Wert des gleichen Typs wie die Elemente von a.

    Verwendet den BinarySearch-Algorithmus, um nach dem Wert v zu suchen. Wird der Wert gefunden, liefert die Methode dessen Index zurück. Andernfalls wird ein negativer Wert r zurückgegeben; −r + 1 ist der Punkt, bei dem v eingefügt werden sollte, damit a sortiert bleibt.

Grundlegende Programmstrukturen

- `static void fill(Xxx[] a, Xxx v)`

  Parameter: a   Array vom Typ `int`, `long`, `short`, `char`, `byte`, `boolean`, `float` oder `double`.

                       v   Wert des gleichen Typs wie die Elemente von a.

  Setzt alle Elemente des Arrays auf v.

- `static boolean equals(Xxx[] a, Object other)`

  Parameter: a   Array vom Typ `int`, `long`, `short`, `char`, `byte`, `boolean`, `float` oder `double`.

                       other   Ein Objekt.

  Liefert `true`, wenn `other` ein Array des gleichen Typs ist, wenn es die gleiche Länge hat und wenn die Elemente in korrespondierenden Indizes übereinstimmen.

3.10.4 Mehrdimensionale Arrays

Nehmen wir an, Sie wollen eine Tabelle erstellen, die das Wachstum einer Anlagesumme von 10.000 DM nach einer bestimmten Laufzeit in Jahren bei verschiedenen Zinssätzen zeigt, wobei die Zinszahlungen monatlich erfolgen und reinvestiert werden. Tabelle 3.7 verdeutlicht dieses Szenario.

Jahre	5.00%	5.50%	6.00%	6.50%	7.00%	7.50%
10	16.470,09	17.310,76	18.193,97	19.121,84	20.096,61	21.120,65
20	27.126,40	29.966,26	33.102,04	36.564,47	40.387,39	44.608,17
30	44.677,44	51.873,88	60.225,75	69.917,98	81.164,97	94.215,34
40	73.584,17	89.797,65	109.574,54	133.696,02	163.114,11	198.988,89
50	121.193,83	155.446,59	199.359,55	255.651,37	327.804,14	420.277,39

Tabelle 3.7: Wachstum einer Anlage

Es liegt auf der Hand, daß man diese Informationen am besten in einem zweidimensionalen Array (oder einer Matrix) speichert. Das Array nennen wir `saldo`.

Eine Matrix läßt sich in Java sehr einfach deklarieren. Zum Beispiel:

```
double[][] saldo;
```

Wie überall in Java kann man ein Objekt (in diesem Fall ein Array) erst dann verwenden, wenn man es durch einen Aufruf von `new` initialisiert hat. In diesem Fall sieht die Initialisierung wie folgt aus:

```
saldo = new double[5][6];
```

Sobald das Array initialisiert ist, kann man auf die einzelnen Elemente zugreifen:

```
saldo[i][j] = zukunftsWert(10000, 10 + 10 * i, 5 + 0.5 * j);
```

Beispiel 3.10 zeigt das vollständige Programm, das die Tabelle berechnet.

Beispiel 3.10: CompoundInterest.java

```
import corejava.*;

public class CompoundInterest
{  public static double zukunftsWert(double anfangsSaldo,
      double nJahre, double p)
   {  return anfangsSaldo * Math.pow(1 + p / 12 / 100,
         12 * nJahre);
   }

   public static void main(String[] args)
   {  double[][] saldo;
      saldo = new double[5][6];
      int i;
      int j;
      for (i = 0; i < 5; i++)
         for (j = 0; j < 6; j++)
            saldo[i][j] = zukunftsWert(10000, 10 + 10 * i,
               5 + 0.5 * j);
      System.out.print("    ");
      for (j = 0; j < 6; j++)
         Format.printf("%9.2f%", 5 + 0.5 * j);
      System.out.println("");
      for (i = 0; i < 5; i++)
      {  Format.printf("%3d", 10 + 10 * i);
         for (j = 0; j < 6; j++)
            Format.printf("%10.2f", saldo[i][j]);
         System.out.println("");
      }
   }
}
```

Was Sie bisher gesehen haben, unterscheidet sich nicht wesentlich von anderen Programmiersprachen. Hinter den Kulissen spielen sich aber bestimmte Dinge ab, die man gegebenenfalls nutzbringend umsetzen kann: Java kennt eigentlich überhaupt keine mehrdimensionalen Felder, sondern nur eindimensionale. Mehrdimensionale Arrays werden als »Arrays von Arrays« nachgebildet.

So ist das Array saldo im obigen Beispiel eigentlich ein Array, das fünf Elemente enthält, die ihrerseits jeweils ein Array von sechs Gleitkommazahlen darstellen (siehe Abbildung 3.10).

Grundlegende Programmstrukturen

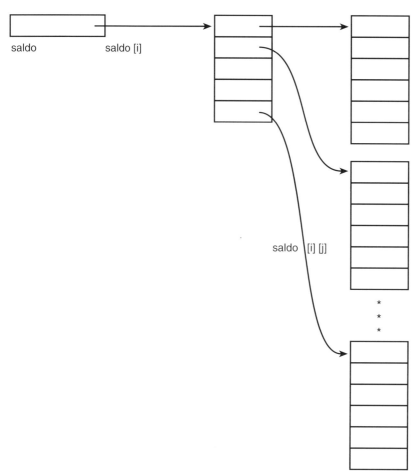

Abbildung 3.10: Ein zweidimensionales Array

Der Ausdruck `saldo[i]` bezieht sich auf das $i$te Unterarray, daß heißt, die $i$te Zeile der Tabelle. Diese ist selbst ein Array, und `saldo[i][j]` bezieht sich auf den $j$ten Eintrag dieses Arrays.

Da die Zeilen von Arrays einzeln zugänglich sind, kann man sie sogar vertauschen!

```
double[] temp = saldo[i];
saldo[i] = saldo[i + 1];
saldo[i + 1] = temp;
```

Als weitere Folge, daß Arrays eigentlich »Arrays von Arrays« sind, ergibt sich, daß man ein verkürztes Konzept für die Initialisierung mehrdimensionaler Arrays ohne den sonst erforderlichen Aufruf von new verwenden kann. Dazu ein Beispiel:

```
int[][] lastTwoYearSales = { {1997, 1998}, {100000, 200000} };
```

Es ist auch einfach, »ausgefranste« Arrays zu erzeugen, das heißt, Arrays, in denen die Zeilen eine unterschiedliche Länge haben. Das folgende Standardbeispiel soll das verdeutlichen. Wir erzeugen ein Array, in dem der Eintrag auf Zeile i und Spalte j gleich der Anzahl von möglichen Ergebnissen einer Lotterie mit »Auswahl von j Zahlen aus i Zahlen« ist.

```
1
1  1
1  2   1
1  3   3   1
1  4   6   4   1
1  5  10  10   5   1
1  6  15  20  15   6   1
```

Da j niemals größer als i sein kann, entsteht eine Dreiecksmatrix. Die *i*te Zeile hat i + 1 Elemente. (Wir lassen die Wahl von 0 Elementen zu. Es gibt eine Möglichkeit, eine derartige Auswahl zu treffen.) Um dieses unregelmäßige Array zu erstellen, reserviert man zuerst das Array, das die Zeilen aufnimmt.

```
int[][] odds = new int[n + 1][];
```

Als nächstes schaffen wir Platz für die Zeilen.

```
for (i = 0; i <= n; i++)
   odds[i] = new int[i + 1];
```

Nachdem der Speicher für das Array zugewiesen ist, können wir auf die Elemente ganz normal zugreifen, vorausgesetzt, daß wir die Bereichsgrenzen nicht überschreiten.

```
for (i = 0; i < odds.length; i++)
   for (j = 0; j < odds[i].length; j++)
      odds[i][j] = lotteryOdds(i, j);
```

Beispiel 3.11 zeigt das vollständige Programm.

C++

Rufen Sie sich noch einmal ins Gedächtnis, daß ein eindimensionales Array in Java in der Tat einem C++-Zeiger auf ein Heap-Array entspricht. Das heißt,

```
int[] numbers = new int[50]; // Java
```

Grundlegende Programmstrukturen

ist nicht dasselbe wie

```
int numbers[50]; // C++
```

sondern

```
int* numbers = new int[50]; // C++
```

Ebenso ist

```
double[][] saldo = new double[5][6]; // Java
```

nicht dasselbe wie

```
double saldo[5][6]; // C++
```

oder auch

```
double (*saldo)[6] = new double[5][6]; // C++
```

Statt dessen wird ein Array von fünf Zeigern reserviert:

```
double** saldo = new double*[5];
```

Dann wird jedes Element im Zeigerarray mit einem Array von sechs Zahlen gefüllt:

```
for (i = 0; i < 5; i++) saldo[i] = new double[6];
```

Zum Glück läuft diese Schleife automatisch ab, wenn man die Anweisung `new double[5][6]` ausführt. Soll das Array unregelmäßig aufgebaut sein, weist man die Zeilenarrays separat zu.

Beispiel 3.11: LotteryArray.java

```
import corejava.*;

public class LotteryArray
{  public static long lotteryOdds(int high, int number)
   {  long r = 1;
      int i;
      for (i = 1; i <= number; i++)
      {  r = r * high / i;
         high--;
      }
      return r;
   }

   public static void main(String[] args)
   {  int i;
      int j;
```

```
      final int MAX_HIGH = 10;

      // Dreiecksarray reservieren
      long[][] odds = new long[MAX_HIGH + 1][];
      for (i = 0; i <= MAX_HIGH; i++)
         odds[i] = new long[i + 1];

      // Dreiecksarray füllen
      for (i = 0; i < odds.length; i++)
         for (j = 0; j < odds[i].length; j++)
            odds[i][j] = lotteryOdds(i, j);

      // Dreiecksarray ausgeben
      for (i = 0; i < odds.length; i++)
      {  for (j = 0; j < odds[i].length; j++)
            Format.printf("%4d", odds[i][j]);
         System.out.println();
      }
   }
}
```

Kapitel 4

Objekte und Klassen

Dieses Kapitel

- führt Sie in die objektorientierte Programmierung (OOP) ein.
- zeigt, wie OOP in Java implementiert ist. Dazu dringen wir tiefer in das Konzept einer *Klasse* ein und zeigen, wie man die von Java oder Drittherstellern bereitgestellten Klassen einsetzt.
- zeigt, wie man eigene *wiederverwendbare* Klassen schreibt, die nichttriviale Aufgaben ausführen können.

Wenn Sie von einer objektbasierten Sprache wie den frühen Versionen von VB oder einer prozeduralen Sprache wie Basic, Cobol oder C kommen, sollten Sie dieses Kapitel eingehend studieren. In diesem Zusammenhang sind auch die einführenden Abschnitte für Sie wichtig. OOP erfordert ein Umdenken gegenüber prozeduralen Sprachen (oder sogar gegenüber objektbasierten Sprachen wie bei den älteren Versionen von VB). Der Übergang ist nicht immer einfach, aber Sie brauchen eine gewisse Vertrautheit mit OOP, um weiter in Java einzusteigen. (Wir setzen allerdings voraus, daß Sie sich in einer prozeduralen Sprache oder VB auskennen.)

Für erfahrene C++-Programmierer bringt dieses wie auch das vorherige Kapitel eine Menge Bekanntes. Allerdings gibt es genügend Unterschiede, wie OOP in Java und in C++ implementiert ist, die Ihre Aufmerksamkeit in den späteren Abschnitten dieses Kapitels fesseln können (konzentrieren Sie sich auf die Anmerkungen zu C++).

Da Sie in der Terminologie sattelfest sein müssen, um die Ziele von OOP zu verstehen, beginnen wir mit einigen Konzepten und Definitionen. Dann zeigen wir die Grundlagen, wie OOP in Java implementiert ist. Allerdings sei darauf hingewiesen, daß es nicht möglich ist, endlos über die Grundgedanken von OOP zu philosophieren. Es gibt zahlreiche Bücher, die sich ausschließlich diesem Thema widmen.

4.1 Einführung in die objektorientierte Programmierung

OOP ist das vorherrschende Programmierparadigma unserer Zeit, das die »strukturierten«, prozedurbasierten Programmiertechniken der 70er Jahre verdrängt hat. Java ist vollkommen objektorientiert, und es ist nicht möglich, ein Programm im prozeduralen Stil zu erstellen, mit dem Sie sich vielleicht am besten auskennen. Wir hoffen, daß Ihnen dieser Abschnitt – insbesondere in Verbindung mit dem Beispielcode im Text und auf der CD – genug Informationen über OOP gibt, um mit Java arbeitsfähig zu werden.

Beginnen wir mit einer Frage, die auf den ersten Blick scheinbar nichts mit der Programmierung zu tun hat: Wie konnten Unternehmen wie Compaq, Dell, Gateway, Micron Technologies und andere große PC-Hersteller in so kurzer Zeit so groß werden? Die meisten Leute werden wahrscheinlich sagen, daß diese Firmen im allgemeinen gute Computer herstellen und sie – in einer Zeit, als der Bedarf an Computern schwindelerregend war – zu äußerst niedrigen Preisen verkauft haben. Um

Objekte und Klassen

aber den Faden weiterzuspinnen – wie waren sie in der Lage, so viele Modelle so schnell und als Reaktion auf die sich ständig ändernden Anforderungen herzustellen?

Das ist nicht zuletzt darauf zurückzuführen, daß diese Unternehmen einen großen Teil Ihrer Arbeit ausgelagert haben. Sie haben Komponenten von renommierten Anbietern gekauft und sie dann zusammengebaut. Oftmals haben sie weder Zeit noch Geld in den Entwurf und den Aufbau der Netzteile, Diskettenlaufwerke, Motherboards und anderer Komponenten investiert. Damit konnten die Unternehmen ein Produkt herstellen und es schnell für wenig Geld ändern, als wenn sie alles selbst konstruiert hätten.

Die Hersteller von Personalcomputern haben praktisch »vorgefertigte Funktionalität« eingekauft. Bei einem Netzteil zum Beispiel haben sie ein Produkt mit bestimmten Eigenschaften (Größe, Form usw.) und einer bestimmten Funktionalität (Ausgangsspannungen, verfügbare Leistung usw.) gekauft. Compaq bietet ein gutes Beispiel dafür, wie effektiv dieses Verfahren ist. Seit Compaq dazu übergegangen ist, alle Teile nicht mehr selbst herzustellen, sondern einen großen Teil einzukaufen, hat die Firma ihr Betriebsergebnis drastisch verbessert.

OOP liegt die gleiche Idee zugrunde. Ein Programm besteht aus Objekten mit bestimmten Eigenschaften und Funktionen, die die Objekte ausführen können. Der aktuelle Zustand kann sich mit der Zeit ändern, aber man hat immer Objekte vor sich, die nicht in undokumentierter Art und Weise zusammenarbeiten. Ob man ein Objekt erstellt oder kauft, hängt vom Budget oder der Zeit ab. Grundsätzlich ist es aber so, daß man sich nicht darum kümmert, wie die Funktionalität implementiert ist, solange das Objekt den Spezifikationen genügt. In der OOP beschäftigt man sich nur damit, was die Objekte *freilegen*. Genauso wie sich Clone-Hersteller nicht um die Interna einer Stromversorgung kümmern, solange diese wie gewünscht funktioniert, kümmern sich die meisten Java-Programmierer nicht darum, wie die in Abbildung 4.1 dargestellte Audioclip-Komponente implementiert ist, solange sie den Anforderungen gerecht wird.

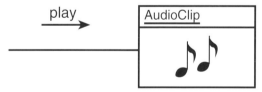

Abbildung 4.1: Ein Audioclip-Objekt

Die herkömmliche strukturierte Programmierung besteht im Entwurf eines Satzes von Funktionen, um ein Problem zu lösen. (Diese Funktionen bezeichnet man auch als *Algorithmen*.) Der nächste Schritt besteht bei diesem Vorgehen darin, die geeigneten Verfahren zu finden, mit denen sich die Daten speichern lassen. Aus diesem Grund hat der Entwickler des originalen Pascal, Niklaus Wirth, sein berühmtes Buch über die Programmierung *Algorithmen + Datenstrukturen = Programme* genannt. Beachten Sie, daß im Titel dieses Buches die Algorithmen an erster Stelle stehen und die Daten erst an zweiter. Das spiegelt die Vorgehensweise der Programmierer zu jener Zeit wider. Zuerst entscheiden sie, wie die Daten zu manipulieren sind, und legen dann fest, welche Struktur die Daten haben sollen, damit sich die Manipulationen einfacher realisieren lassen. OOP kehrt die Reihenfolge um und stellt die Datenstrukturen in den Vordergrund. Dann erst wird nach Algorithmen gesucht, die auf den Daten arbeiten.

Der Schlüssel zur höchsten Produktivität in OOP besteht darin, jedes Objekt für die Ausführung einer Gruppe verwandter Aufgaben verantwortlich zu machen. Wenn sich ein Objekt auf eine Aufgabe stützt, die nicht in seinen Verantwortungsbereich fällt, muß es Zugriff auf ein Objekt haben, zu dessen Verantwortungsbereich diese Aufgabe gehört. Das erste Objekt fordert dann das zweite Objekt auf, die Aufgabe auszuführen. Das realisiert man mit einer verallgemeinerten Version des Funktionsaufrufs, den Sie aus der prozeduralen Programmierung kennen. (Denken Sie daran, daß man in Java diese Funktionen gewöhnlich *Methodenaufrufe* nennt.) Im OOP-Jargon *läßt man Client-Objekte Nachrichten an Server-Objekte schicken.*

Insbesondere sollte ein Objekt niemals direkt die internen Daten eines anderen Objekts manipulieren. Die gesamte Kommunikation sollte über Nachrichten ablaufen, das heißt, Methodenaufrufe. Indem man die Objekte so entwirft, daß sie alle passenden Nachrichten behandeln und ihre Daten intern verarbeiten, maximiert man die Wiederverwendbarkeit, verringert die Datenabhängigkeit und senkt die Zeit für die Fehlersuche.

Genau wie bei Modulen in einer prozeduralen Sprache packt man gewöhnlich nicht *zu viele* Aufgaben in ein einzelnes Objekt. Sowohl der Entwurf als auch die Fehlersuche vereinfachen sich, wenn man kleine Objekte erstellt, die wenige Aufgaben ausführen, statt riesige Objekte mit internen Daten und Hunderten von Funktionen zum Manipulieren der Daten, die extrem komplex sind.

4.1.1 Das Vokabular der objektorientierten Programmierung

Um weitergehen zu können, müssen wir erst einige Begriffe der OOP klären. Der wichtigste ist `class` (Klasse), den Sie bereits im Code von Kapitel 3 gesehen haben. Man kann sich eine Klasse als Vorlage vorstellen, von der das eigentliche Objekt erzeugt wird. Das führt uns zum Vergleich von Klassen mit Plätzchenformen. Objekte sind die Plätzchen an sich. Der »Teig«, in Form von Speicher, muß ebenfalls zugewiesen werden. Java verbirgt bestmöglich den Schritt der »Teigvorbereitung« vor dem Programmierer. Man verwendet einfach das Schlüsselwort `new`, um Speicher zu erhalten, und die integrierte Speicherbereinigung ißt die Plätzchen auf, wenn sie niemand mehr haben will. (Nun gut, kein Vergleich ist perfekt.) Wenn man ein Objekt aus einer Klasse erzeugt, heißt es im Sprachgebrauch der objektorientierten Programmierung: *Man erzeugt eine Instanz* der Klasse. Bei einer Anweisung wie

```
AudioClip meow = new AudioClip();
```

Objekte und Klassen 139

verwendet man den Operator `new`, um eine *neue Instanz* der Klasse `AudioClip` zu erzeugen, wie es Abbildung 4.2 zeigt. (In der Praxis müssen Sie viel tiefer in Java eindringen, um echte Audioclips zu erzeugen. An dieser Stelle wollen wir lediglich die Syntax verdeutlichen.)

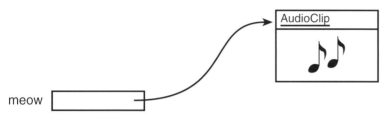

Abbildung 4.2: Ein neues Objekt erzeugen

Wie Sie mittlerweile wissen, ist alles, was Sie in Java schreiben, in Klassen untergebracht. Die Standardbibliothek von Java stellt Tausende von Klassen für diverse Zwecke wie etwa den Entwurf einer Benutzeroberfläche oder die Netzwerkprogrammierung zur Verfügung. Dennoch muß man in Java eigene Klassen erzeugen, um die Objekte der Problembereiche einer Anwendung zu beschreiben und die von der Standardbibliothek bereitgestellten Klassen an die eigenen Zwecke anzupassen.

Wenn man eigene Klassen in Java schreibt, kommt uns ein weiteres Konzept der OOP zu Hilfe: Klassen lassen sich (und werden in Java immer) auf anderen Klassen aufbauen. Man sagt, daß eine Klasse, die auf einer anderen Klasse aufbaut, diese andere Klasse *erweitert*. Java bringt in der Tat eine »kosmische Basisklasse« mit, das heißt, eine Klasse, von der alle anderen Klassen abgeleitet sind. In Java erweitern alle Klassen diese kosmische Basisklasse, die naheliegenderweise `Object` heißt. Mehr über die Basisklasse `Object` erfahren Sie im nächsten Kapitel.

Wenn man eine Basisklasse erweitert, verfügt die neue Klasse von Anfang an über alle Eigenschaften und Methoden ihrer Elternklasse. Man kann wählen, ob man die Methoden der Elternklasse modifiziert oder einfach beibehält, und man kann auch neue Methoden hinzufügen, die nur für die abgeleitete Klasse wirksam sind. Das allgemeine Konzept der Erweiterung einer Basisklasse bezeichnet man als *Vererbung*. Das nächste Kapitel geht näher auf die Vererbung ein.

Ein weiteres Schlüsselkonzept bei der Arbeit mit Objekten ist die *Kapselung* (das Verbergen von Daten). Prinzipiell ist die Kapselung nichts weiter, als daß sie Daten und Verhalten in einem Paket zusammenfaßt und die Implementierung der Daten vor dem Benutzer des Objekts verbirgt. Die Daten in einem Objekt bezeichnet man gewöhnlich als *Instanzenvariablen* oder *Felder* und die Funktionen und Prozeduren in einer Java-Klasse als *Methoden* (siehe Abbildung 4.3). Ein bestimmtes Objekt, das eine Instanz einer Klasse ist, besitzt spezielle Werte für seine Felder, die seinen aktuellen *Zustand* definieren.

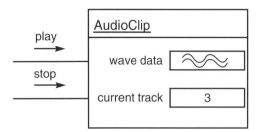

Abbildung 4.3: Kapselung von Daten in einem Objekt

Man kann es nicht genug betonen, daß die Kapselung eigentlich nur zum Tragen kommt, wenn die Programme *niemals* direkt auf Instanzenvariablen (Felder) in einer Klasse zugreifen. Programme sollten mit diesen Daten ausschließlich über die Methoden des Objekts interagieren. Die Kapselung bewirkt, daß sich Objekte wie eine »Black Box« verhalten, was den Schlüssel für die Wiederverwendbarkeit und Zuverlässigkeit darstellt. Das bedeutet, daß man in einem Objekt vollständig die Art und Weise, wie das Objekt seine Daten speichert, ändern kann. Solange man aber weiterhin dieselben Methoden für die Manipulation der Daten verwendet, erfährt kein anderes Objekt von den internen Änderungen und muß sich auch nicht darum kümmern.

4.1.2 Objekte

Um mit OOP zu arbeiten, muß man drei Schlüsselmerkmale von Objekten identifizieren können. Dabei sind drei Fragen zu beantworten:

- Wie verhält sich das Objekt?
- Welchen Zustand hat das Objekt?
- Welche Identität hat das Objekt?

Alle Objekte, die Instanzen derselben Klasse sind, gehören praktisch einer Familie an, indem sie ein ähnliches *Verhalten* unterstützten. Das Verhalten eines Objekts ist definiert durch die Nachrichten, die es akzeptiert.

Weiterhin speichert jedes Objekt Informationen über sein aktuelles Aussehen und über die Art und Weise, wie das aktuelle Aussehen zu erreichen ist. Man spricht hier vom *Zustand* des Objekts. Der Zustand des Objekts kann sich mit der Zeit ändern, jedoch nicht spontan. Eine Änderung im Zustand eines Objekts muß aus einer Folge von Nachrichten resultieren, die an das Objekt geschickt werden (andernfalls bricht man die Kapselung).

Allerdings beschreibt der Zustand ein Objekt nicht vollständig, da jedes Objekt eine bestimmte *Identität* hat. Beispielsweise sind in einem System zur Auftragsbearbeitung zwei Aufträge voneinander verschieden, selbst wenn sie identische Artikel anfordern. Beachten Sie, daß sich die indivi-

Objekte und Klassen

duellen Objekte, die Instanzen einer Klasse sind, *immer* in ihrer Identität und *gewöhnlich* auch in ihrem Zustand unterscheiden.

Diese Schlüsselmerkmale können sich gegenseitig beeinflussen. Beispielsweise kann der Zustand eines Objekts sein Verhalten beeinflussen. (Wenn eine Bestellung »geliefert« oder »bezahlt« ist, kann sie eine Nachricht abweisen, die das Hinzufügen oder Entfernen von Artikeln bewirkt. Wenn umgekehrt eine Bestellung »leer« ist, das heißt noch keine Artikel bestellt wurden, sollte das Objekt von sich aus eine Lieferung verhindern.)

In einem herkömmlichen prozeduralen Programm beginnt man die Verarbeitung am Anfang des Programms mit der Funktion `main`. In einem objektorientierten System gibt es keinen Anfang, und Neueinsteiger in OOP wundern sich oftmals, wo es überhaupt losgeht. Die Antwort lautet: Man muß zuerst Klassen finden und dann die Methoden zu jeder Klasse hinzufügen.

Tip

Eine Faustregel besagt, daß man sich bei der Identifizierung der Klassen auf Substantive in der Problemanalyse stützen sollte. Methoden entsprechen dagegen den Verben.

Zum Beispiel könnten die Substantive in einem Bestellsystem lauten:

- Artikel
- Bestellung
- Lieferadresse
- Zahlung
- Konto

Diese Substantive führen uns zu den Klassen `Artikel`, `Bestellung` usw.

Als nächstes suchen wir nach Verben. Artikel werden in Bestellungen *aufgenommen*. Bestellungen werden *geliefert* oder *storniert*. Bestellungen werden *bezahlt*. Mit jedem Verb, wie »aufnehmen«, »liefern«, »stornieren« und »bezahlen« muß man dasjenige Objekt identifizieren, das die größte Verantwortlichkeit für die Realisierung hat. Wenn zum Beispiel ein neuer Artikel in die Bestellung aufgenommen wird, sollte das Objekt `Bestellung` dafür verantwortlich zeichnen, da es weiß, wie Artikel zu speichern und zu sortieren sind. Das heißt, `aufnehmen` sollte eine Methode der Klasse `Bestellung` sein, die ein `Artikel`-Objekt als Parameter übernimmt.

Natürlich ist die Regel »Substantiv und Verb« nur eine Faustregel, und nur die eigene Erfahrung kann Ihnen dabei helfen, die wichtigsten Substantive und Verben zu finden, wenn Sie Ihre Klassen erstellen.

4.1.3 Beziehungen zwischen Klassen

Die allgemeinsten Beziehungen zwischen Klassen sind:

- Verwendung
- Enthaltensein (»hat ein«)
- Vererbung (»ist ein«)

Die Beziehung *Verwendung* ist die offensichtlichste und auch die allgemeinste. Beispielsweise verwendet die Klasse Bestellung die Klasse Konto, da Bestellung-Objekte auf Konto-Objekte zugreifen müssen, um die Bonität des Kunden zu prüfen. Aber die Klasse Artikel verwendet nicht die Klasse Konto, da sich Artikel-Objekte nicht um die Kundenkonten kümmern müssen. Demzufolge verwendet eine Klasse eine andere Klasse, wenn sie Objekte dieser Klasse manipuliert.

Im allgemeinen verwendet eine Klasse A eine Klasse B, wenn

- eine Methode der Klasse A eine Nachricht an ein Objekt der Klasse B schickt oder
- eine Methode der Klasse A Objekte der Klasse B erzeugt, empfängt oder zurückgibt.

Tip

Sie sollten die Anzahl der Klassen, die einander verwenden, minimieren. Wenn nämlich eine Klasse A erst gar nichts von einer Klasse B weiß, muß sie sich auch nicht darum kümmern, wenn in B Änderungen auftreten! (Und das bedeutet, daß Änderungen an B keine Fehler in A einschleusen.)

Die Beziehung *Enthaltensein* dürfte selbsterklärend sein. Beispielsweise enthält ein Bestellung-Objekt verschiedene Artikel-Objekte. Enthaltensein bedeutet, daß Objekte der Klasse A Objekte der Klasse B enthalten. Natürlich ist das Enthaltensein ein spezieller Fall der Verwendung. Wenn ein A-Objekt ein B-Objekt enthält, dann verwendet zumindest eine Methode der Klasse A dieses Objekt der Klasse B.

Die Beziehung *Vererbung* kennzeichnet Spezialisierung. Beispielsweise erbt eine Klasse Express-Bestellung von einer Klasse Bestellung. Die spezialisierte Klasse ExpressBestellung hat spezielle Methoden für die bevorzugte Behandlung und eine andere Methode für die Berechnung der Frachtkosten. Aber die anderen Methoden, wie etwa das Aufnehmen von Artikeln und die

Objekte und Klassen

Bezahlung, werden von der Klasse Bestellung geerbt. Allgemein gesagt: Wenn Klasse A die Klasse B erweitert, erbt A Methoden von Klasse B, hat aber mehr Fähigkeiten. Auf die Vererbung geht das nächste Kapitel umfassend ein, um dieses bedeutende Konzept erschöpfend zu behandeln. Abbildung 4.4 zeigt als Beispiel ein Klassendiagramm, das die Beziehungen zwischen den Klassen darstellt.

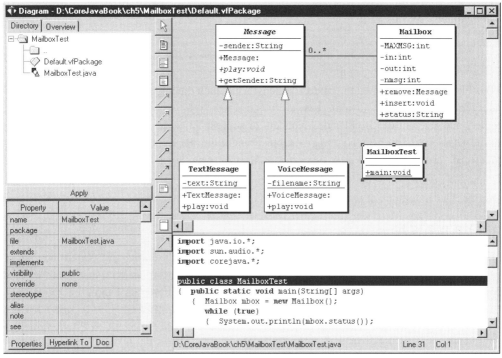

Abbildung 4.4: Ein Klassendiagramm

Hinweis

Diese drei wesentlichen Beziehungen zwischen Klassen bilden die Grundlage des objektorientierten Entwurfs. Klassendiagramme zeigen die Klassen (gewöhnlich gekennzeichnet mit Kästchen oder Wolken) und ihre Beziehungen (gekennzeichnet mit Linien in verschiedenen Auszeichnungen, die sich deutlich von der danebenstehenden Methodik abheben.) Abbildung 4.4 zeigt ein Beispiel, das die UML (Unified Modeling Language) Notation verwendet. Das Diagramm wurde mit der Whiteboard-Edition von Together/J erstellt, einer Java-Anwendung, um Entwurfsdiagramme und Java-Code synchron zu halten. Das Programm finden Sie auf der Begleit-CD zum Buch.

4.1.4 Objektorientierte und prozedurale Programmierung

Abschließen wollen wir diese kurze Einführung in OOP mit einer Gegenüberstellung von OOP und prozeduralem Modell, mit dem Sie vielleicht vertrauter sind. In der prozeduralen Programmierung bestimmt man die auszuführenden Aufgaben und führt dann folgende Schritte aus:

- Durch eine schrittweise Verfeinerung teilt man die auszuführende Aufgabe in Unteraufgaben und diese wiederum in kleinere Unteraufgaben ein, bis die Unteraufgaben hinreichend einfach sind, um direkt implementiert zu werden (das ist das Top-down-Verfahren, von oben nach unten).

- Man schreibt Prozeduren, um einfache Aufgaben zu lösen und sie in komplexere Prozeduren einzubinden, bis man die gewünschte Funktionalität erreicht hat (das ist das Bottom-up-Verfahren, von unten nach oben).

Die meisten Programmierer verwenden natürlich eine Mischung aus Top-down- und Bottom-Up-Strategien, um ein Programmierungsproblem anzugehen. Die Faustregel für das Ermitteln der erforderlichen Prozeduren entspricht der Regel für das Finden von Methoden in der OOP: die Problembeschreibung auf Verben oder Aktionen hin untersuchen. Der wichtige Unterschied besteht darin, daß man in der OOP *zuerst* die Klassen im Projekt isoliert, erst dann sucht man nach den Methoden der Klasse. Und es gibt noch einen wichtigen Unterschied zwischen traditionellen Prozeduren und OOP-Methoden: Jede Methode ist mit der Klasse verbunden, die für die Ausführung der Operation verantwortlich zeichnet.

Bei kleinen Problemen funktioniert die Aufteilung in Prozeduren ziemlich gut. Allerdings bieten Klassen und Methoden bei größeren Problemen zwei Vorteile. Klassen stellen einen komfortablen Gruppierungsmechanismus für Methoden bereit. Ein einfacher Webbrowser kann 2000 Funktionen für seine Implementierung erfordern – oder 100 Klassen mit durchschnittlich 20 Methoden pro Klasse. Die letztere Struktur kann der Programmierer oder ein ganzes Team von Programmierern wesentlich einfacher beherrschen und behandeln. Die in die Klassen eingebaute Kapselung hilft hier ebenfalls weiter: Klassen verbergen ihre Darstellung der Daten gegenüber dem gesamten Code mit Ausnahme ihrer eigenen Methoden. Wenn ein Programm Daten verfälscht, läßt es sich unter 20 Methoden, die Zugriff auf die Daten haben, leichter nach der schuldigen Prozedur suchen als unter 2000 Prozeduren (siehe Abbildung 4.5).

Man könnte meinen, daß das nicht viel anders klingt als *Modularisierung*. Bestimmt haben Sie Programme schon geschrieben, indem Sie das Programm in Module gegliedert haben. Die Module haben untereinander nur über Prozeduraufrufe kommuniziert und nicht durch gemeinsame Nutzung der Daten. Wenn es gut realisiert ist, geht das schon in Richtung der Kapselung. In vielen Programmiersprachen (wie etwa C und VB) genügt allerdings schon die geringste Abweichung von diesem Programmierstil, um an die Daten in einem anderen Modul zu kommen – die Kapselung ist leicht zu schlagen.

Objekte und Klassen

Es gibt noch ein ernsteres Problem: Während Klassen Fabriken für mehrere Objekte mit dem gleichen Verhalten sind, kann man nicht mehrere Kopien eines nützlichen Moduls erstellen. Nehmen wir ein Modul an, das eine Liste von Bestellungen kapselt. In einem weiteren Modul haben Sie einen ausgeklügelten binären Baum realisiert, um schnell auf die Bestellungen zugreifen zu können. Es stellt sich nun heraus, daß man eigentlich *zwei* derartige Listenmodule benötigt, eines für die noch ausstehenden Bestellungen und eines für die realisierten Bestellungen. Das Modul mit dem Bestellungsbaum kann man nicht zweimal verknüpfen. Und man wird auch keine Kopie erzeugen und alle Prozeduren umbenennen wollen, damit der Linker funktioniert!

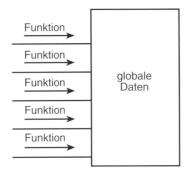

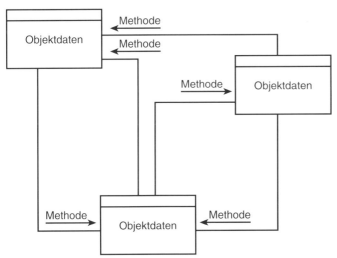

Abbildung 4.5: Prozedurale Programmierung im Vergleich zur objektorientierten Programmierung

Klassen kennen diese Beschränkungen nicht. Nachdem eine Klasse definiert wurde, kann man in einfacher Weise jede Anzahl von Instanzen dieses Klassentyps erzeugen (wohingegen ein Modul nur eine einzige Instanz haben kann).

Wir haben hier nur an der Oberfläche gekratzt. Am Ende dieses Kapitels finden Sie einen kurzen Abschnitt mit Hinweisen zum Klassenentwurf.

Hinweis

Ein empfehlenswertes Buch zum objektorientierten Entwurf nach der Booch-Methodik ist

Object-Oriented Analysis and Design, 2nd Edition, von Grady Booch (Benjamin Cummings, 1994).

Zu UML sind viele Bücher erschienen. Weiterhin bietet die Website von Rational (http://www.rational.com/uml/index.shtml) jede Menge frei zugänglicher Informationen zu diesem Thema. Eine leichtere Version der Methodik, die sowohl auf C++ als auch Java angepaßt wurde, finden Sie im Buch.

Practical Object-Oriented Development in C++ and Java von Cay S. Horstmann (John Wiley & Sons, 1997).

VB

Wenn Sie mit VB vertraut sind und sich in den objektorientierten Entwurf einarbeiten möchten, empfiehlt sich die neueste Ausgabe von *Doing Objects in Microsoft Visual Basic*, von Deborah Kurota (Ziff-Davis Press). Eine kurzgefaßte Behandlung dieses Themas enthält das Buch *Core VB* von Gary Cornell und David Jezak.

4.2 Vorhandene Klassen

Da man in Java nichts ohne Klassen tun kann, haben wir bereits viele Klassen in der Praxis gezeigt. Leider passen viele von ihnen nicht in das übliche Java-Schema. Ein Beispiel dafür liefert unsere Klasse Console. Wie Sie gesehen haben, kann man die Klasse Console verwenden, ohne daß man wissen muß, wie sie implementiert ist – man muß lediglich die Syntax für ihre Methoden kennen. Das ist der Kern der Kapselung; er trifft auf alle Klassen zu. Leider kapselt die Klasse Console *nur* die Funktionalität. Weder braucht noch verbirgt sie Daten. Da es keine Daten gibt, muß man sich auch nicht über das Erstellen von Objekten und die Initialisierung ihrer Instanzen-Felder kümmern – es gibt weder das eine noch das andere.

Objekte und Klassen

4.2.1 Objektvariablen

Für die meisten Klassen in Java erzeugt man Objekte, legt ihren Anfangszustand fest und arbeitet dann mit den Objekten.

Um auf Objekte zuzugreifen, definiert man Objektvariablen. Beispielsweise definiert die Anweisung

```
AudioClip meow; // meow bezieht sich auf kein Objekt
```

eine Objektvariable, `meow`, die auf Objekte vom Typ `AudioClip` verweisen kann. Beachten Sie, daß die Variable `meow` kein Objekt ist und sich nicht einmal auf ein Objekt bezieht. Man kann momentan noch keinerlei Methoden von `AudioClip` auf dieser Variablen aufrufen. Die Anweisung

```
meow.play();   // noch nicht
```

bewirkt einen Laufzeitfehler.

Mit dem Operator `new` erzeugen Sie ein Objekt.

```
meow = new AudioClip();
    // erzeugt eine Instanz von AudioClip
```

Jetzt können Sie die Methoden von `AudioClip` auf `meow` anwenden. (Auch hier ist es in Java ein ganzes Stück komplizierter, einen echten Audioclip zu erhalten. Wir verwenden hier die Audioclips nur, um die typische Objektnotation einzuführen.)

Meistens muß man mehrere Instanzen einer einzelnen Klasse erzeugen.

```
AudioClip chirp = new AudioClip();
```

Nun gibt es zwei Objekte vom Typ `AudioClip`, eines, das mit der Objektvariablen `meow`, und eines, das mit der Objektvariablen `chirp` verbunden ist.

Wenn man eine Variable mit dem Zuweisungsoperator an eine andere Variable zuweist,

```
AudioClip wakeUp = meow;
```

dann beziehen sich beide Variablen auf *dasselbe* Objekt. Das kann zu unbeabsichtigtem Verhalten eines Programms führen, wenn man hier nicht umsichtig zu Werke geht. Ruft man zum Beispiel

```
meow.play();
wakeUp.stop();
```

auf, gibt das `Audioclip`-Objekt den Audioclip wieder und stoppt dann, da derselbe Audioclip sowohl von der Variablen `wakeUp` als auch von `meow` referenziert wird (siehe Abbildung 4.6).

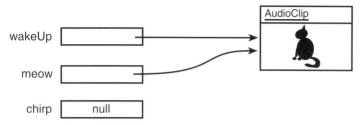

Abbildung 4.6: Objektvariablen

Nehmen wir aber nun an, daß meow und wakeUp auf verschiedene Objekte verweisen sollen, so daß man sie ändern kann, ohne das jeweils andere zu beeinflussen. Wie sich zeigt, gibt es keine Methode, um Audioclips zu ändern, und es gibt keine Methode, um eine Kopie eines Audioclips zu erstellen.

Hinweis

Viele Klassen haben eine Methode namens clone, mit der sich echte Kopien erstellen lassen. Wenn man ein vorhandenes Objekt klont, erhält man eine Kopie, die den aktuellen Zustand des Objekts widerspiegelt. Die beiden Objekte existieren unabhängig voneinander, so daß ihre Zustände mit der Zeit auseinanderlaufen. Auf die Methode clone gehen wir im nächsten Kapitel näher ein.

Man kann eine Objektvariable explizit auf null setzen, um anzuzeigen, daß sie momentan auf keine Objekte verweist.

```
chirp = null;
...
if (chirp != null) chirp.play();
```

Wenn man eine Methode über eine null-Variable aufruft, tritt ein Laufzeitfehler auf.

Lokale Objektvariablen werden nicht automatisch mit null initialisiert. Man muß sie eigenverantwortlich initialisieren – indem man entweder new aufruft oder sie explizit auf null setzt.

C++

Hin und wieder trifft man auf die falsche Ansicht, daß sich Java-Objektvariablen wie C++-Referenzen verhalten. Aber in C++ gibt es keine null-Referenzen, und Referenzen lassen sich nicht zuweisen. Man sollte sich die Objektvariablen von Java als Analogie zu Objektzeigern in C++ vorstellen. Beispielsweise ist

Objekte und Klassen

```
AudioClip meow;    // Java
```

in der Tat das gleiche wie

```
AudioClip* meow;   // C++
```

Nachdem Sie dies gedanklich durchdrungen haben, wird alles klarer. Natürlich wird ein `AudioClip*`-Zeiger nicht initialisiert, bis man ihn mit einem Aufruf von `new` initialisiert. Die Syntax ist in C++ und Java fast die gleiche.

```
AudioClip* meow = new AudioClip();   // C++
```

Wenn man eine Variable in eine andere kopiert, dann beziehen sich beide Variablen auf denselben Audioclip – sie sind Zeiger auf dasselbe Objekt. Das Äquivalent des `null`-Objekts in Java ist der `NULL`-Zeiger in C++.

Alle Java-Objekte sind auf dem Heap angesiedelt. Wenn ein Objekt eine andere Objektvariable speichert, enthält diese Variable lediglich einen Zeiger auf noch ein anderes Heap-Objekt.

In C++ stiften Zeiger manchmal Verwirrung, da sie so fehlerträchtig sind. Man kann leicht falsche Zeiger erzeugen oder die Speicherverwaltung durcheinanderbringen. In Java sind diese Probleme Schnee von gestern. Wenn man einen nichtinitialisierten Zeiger verwendet, generiert das Java-Laufzeitsystem mit Sicherheit einen Laufzeitfehler, statt zufällige Ergebnisse zu liefern. Man braucht sich nicht um die Speicherverwaltung zu kümmern, da Java die Speicherbereinigung selbst in die Hand nimmt.

C++ zeigt mit der Unterstützung für Kopierkonstruktoren und Zuweisungsoperatoren bestimmte Ansätze, um die Implementierung von Objekten zu erlauben, die sich selbst automatisch kopieren. Beispielsweise liefert die Kopie einer verketteten Liste eine neue verkettete Liste mit dem gleichen Inhalt, aber mit einem anderen Satz von Verknüpfungen. Damit lassen sich Klassen mit dem gleichen Kopierverhalten wie die vordefinierten Typen entwerfen. In Java muß man die Methode `clone` verwenden, um eine vollständige Kopie eines Objekts zu erhalten.

VB

Objektvariablen in VB kommen den Objektvariablen in Java ziemlich nahe – beide haben die Fähigkeit, auf Objekte zu zeigen (zu verweisen). Man hat sogar die analoge Verwendung von `new`. Der Unterschied besteht natürlich darin, daß man in VB `set` anstelle des Gleichheitszeichens verwendet, um eine Objektvariable auf ein anderes Objekt zeigen zu lassen, und man muß den Speicher selbst freigeben, indem man die Objektvariable auf `Nothing` setzt.

4.2.2 Die Klasse GregorianCalendar der Java-Bibliothek

Es ist an der Zeit, tiefer in die Arbeitsweise der Klassen von Java und von Drittherstellern einzusteigen, die typischer sind als unsere Klasse `Console`. Beginnen wir mit einer Klasse, die Datumswerte wie etwa den 31. Dezember 1999 darstellt. Zum Lieferumfang von Java gehört die Klasse `Date`. Eine Instanz der Klasse `Date` hat einen bestimmten Zustand, *nämlich einen bestimmten Zeitpunkt*, der sowohl in positiver als auch in negativer Richtung die Millisekunden von einem Festpunkt, der sogenannten *Epoche*, zählt. Dieser feste Zeitpunkt ist mit dem 1. Januar 1970, 00:00:00 GMT festgelegt (`Time` wäre vielleicht ein besserer Name für diese Klasse gewesen.) Wie sich zeigt, ist aber die Klasse `Date` nicht besonders geeignet, um Datumswerte zu manipulieren. Java vertritt den Standpunkt, daß eine Beschreibung eines Zeitpunktes wie etwa »31. Dezember 1999, 23:59:59« eine willkürliche Konvention ist, die von einem Kalender, in diesem Fall dem in den meisten Ländern verwendeten Gregorianischen Kalender mit 365 Tagen (und dem eingefügten Schaltjahr), bestimmt wird. Derselbe Zeitpunkt würde in den chinesischen oder hebräischen Mondkalendern vollkommen anders beschrieben, ganz zu schweigen von unseren Kunden vom Mars.

Um Daten im Gregorianischen Kalender zu manipulieren, kann man in Java auf die Klasse `GregorianCalendar` zurückgreifen. Beispielsweise bewirkt die Anweisung

```
GregorianCalendar todaysDate = new GregorianCalendar();
```

folgendes:

1. Sie initialisiert eine neue Instanz der Klasse `GregorianCalendar` namens `todaysDate`.
2. Gleichzeitig initialisiert sie den Zustand des Objekts `todaysDate` mit dem aktuellen Datum (wie es das Betriebssystem des Hosts verwaltet).

Man kann auch eine Instanz der Klasse `GregorianCalendar` mit einem bestimmten Datum erzeugen:

```
GregorianCalendar preMillenium = new GregorianCalendar(1999, 11, 31);
```

Diese Anweisung erzeugt eine Instanz von `GregorianCalendar` namens `preMillenium` mit dem Anfangszustand 31. Dezember 1999. Es ist etwas ungewöhnlich, daß die Zählung der Monate bei 0 beginnt. Die 11 in der obigen Anweisung bezeichnet also den Dezember. Man kann auch auf Konstanten wie `Calendar.DECEMBER` zurückgreifen.

Beachten Sie, daß die Klasse `GregorianCalendar` eigentlich eine `Date/Time`-Klasse ist, so daß man auch die Zeit setzen kann. (Wenn man sie nicht festlegt, gilt als Standardwert Mitternacht 24:00:00 Uhr. Diese Zeit »gehört« bereits zum neuen Tag.) Beispielsweise liefert

```
GregorianCalendar preMillenium
   = new GregorianCalendar(1999, Calendar.DECEMBER, 31, 23, 59, 59);
```

Objekte und Klassen

ein `GregorianCalendar`-Objekt, dessen Instanzen-Felder auf eine Sekunde vor Mitternacht nach dem 31. Dezember 1999 gesetzt sind. (Wenn man `GregorianCalendar()` aufruft, erhält man eine Datumsinstanz, bei der die Zeit auf die Systemzeit des Computers gesetzt ist.)

Vielleicht taucht bei Ihnen die Frage auf, warum man zur Darstellung von Datumswerten Klassen verwendet, statt – wie in einigen anderen Sprachen – vordefinierte Typen. Der Grund ist einfach: Die Sprachentwickler hassen es, zu viele Basistypen vorzusehen. Nehmen wir zum Beispiel an, daß Java eine Notation wie `#6/1/1995#` hätte, mit der man in VB einen Wert des Typs `Date` kennzeichnet. Da die Anordnung von Jahr, Monat und Tag von der jeweiligen Ländereinstellung abhängt, wollten die *Sprachentwickler* nicht alle Punkte in bezug auf die Internationalisierung berücksichtigen. Wären sie die Sache nur halbherzig angegangen, wäre die Sprache ein unbefriedigendes Sammelsurium geworden. Der unzufriedene Programmierer hätte nichts dagegen machen können. Indem `GregorianCalendar` als Klasse realisiert wurde, geht die Entwurfsarbeit an den Bibliotheksentwickler über. Wenn die Klasse nicht perfekt ist, können andere Programmierer leicht ihre eigene Klasse schreiben. (In der Tat werden wir das im nächsten Abschnitt tun.)

Im Gegensatz zu unserer Klasse `Console` muß die Klasse `GregorianCalendar` über gekapselte Daten (Instanzen-Felder) verfügen, um das eingestellte Datum zu verwalten. Ohne daß man sich den Quellcode ansieht, kann man unmöglich die von diesen Klassen intern verwendete Darstellung kennen. Natürlich spielt dieser Punkt überhaupt keine Rolle, und genau aus diesem Grund läßt sich die Klasse `GregorianCalendar` in einer systemneutralen Art und Weise einsetzen.

Von Bedeutung sind aber die Methoden, die eine Klasse freilegt. Wenn Sie sich die Dokumentation für die Klasse `GregorianCalendar` ansehen, finden Sie 28 öffentliche Methoden, von denen die meisten nicht von allgemeinem Interesse sind.

In diesem Buch präsentieren wir eine Methode im nachstehend gezeigten Format, das im wesentlichen mit der Online-Dokumentation übereinstimmt.

Die nützlichsten und ein paar weniger wichtige Methoden der Klasse `GregorianCalendar` sind in der folgenden Übersicht erläutert.

API

`java.util.GregorianCalendar`

- `GregorianCalendar()`

    Konstruiert ein Kalenderobjekt, das die aktuelle Uhrzeit in der Standardzeitzone mit der Standardländereinstellung repräsentiert.

- `GregorianCalendar(int year, int month, int date)`

  Konstruiert einen Gregorianischen Kalender mit dem übergebenen Datum.

Parameter:	year	Jahr des Datums.
	month	Monat des Datums. Die Zählung beginnt bei 0, das heißt 0 steht für Januar.
	date	Tag des Monats.

- `GregorianCalendar(int year, int month, int date, int hour, int minutes, int seconds)`

  Konstruiert einen Gregorianischen Kalender mit dem angegebenen Datum und der Uhrzeit.

Parameter:	year	Jahr des Datums.
	month	Monat des Datums. Der Wert ist 0-basiert. 0 steht für Januar.
	date	Tag des Monats.
	hour	Stunde (zwischen 0 und 23).
	minutes	Minuten (zwischen 0 und 59).
	seconds	Sekunden (zwischen 0 und 59)

- `boolean equals(Object when)`

  Vergleicht dieses Kalenderobjekt mit `when` und liefert `true`, wenn das Objekt denselben Zeitpunkt darstellt.

- `boolean before(Object when)`

  Vergleicht dieses Kalenderobjekt mit `when` und liefert `true`, wenn der Zeitpunkt vor `when` liegt.

- `boolean after(Object when)`

  Vergleicht dieses Kalenderobjekt mit `when` und liefert `true`, wenn der Zeitpunkt nach `when` liegt.

- `int get(int field)`

  Holt den Wert eines bestimmten Feldes.

Parameter:	field	Eine der Konstanten.
	Calendar.ERA	
	Calendar.YEAR	
	Calendar.MONTH	

Objekte und Klassen

```
            Calendar.WEEK_OF_YEAR
            Calendar.WEEK_OF_MONTH
            Calendar.DATE
            Calendar.DAY_OF_MONTH
            Calendar.DAY_OF_YEAR
            Calendar.DAY_OF_WEEK
            Calendar.DAY_OF_WEEK_IN_MONTH
            Calendar.AM_PM
            Calendar.HOUR
            Calendar.HOUR_OF_DAY
            Calendar.MINUTE
            Calendar.SECOND
            Calendar.MILLISECOND
            Calendar.ZONE_OFFSET
            Calendar.DST_OFFSET
```

- `void set(int field, int value)`

    Setzt den Wert eines bestimmten Feldes. Verwenden Sie diese Methode mit Vorsicht – es lassen sich auch ungültige Datumswerte erzeugen.

Parameter:	field	Eine der von `get` akzeptierten Konstanten.
	value	Neuer Wert.

- `void set(int year, int month, int date)`

    Setzt die Datumsfelder auf ein neues Datum.

Parameter:	year	Jahr des Datums.
	month	Monat des Datums. Der Wert ist 0-basiert. 0 steht für Januar.
	date	Tag des Monats.

- `void set(int year, int month, int date, int hour, int minutes, int seconds)`

    Setzt die Felder für Datum und Uhrzeit auf die neuen Werte.

Parameter:	year	Jahr des Datums.

month	Monat des Datums. Der Wert ist 0-basiert. 0 steht für Januar.
date	Tag des Monats.
hour	Stunde (zwischen 0 und 23).
minutes	Minuten (zwischen 0 und 59).
seconds	Sekunden (zwischen 0 und 59).

- `void add(int field, int amount)`

  Eine Arithmetikfunktion für Datumswerte. Addiert den angegebenen Zeitbetrag auf das angegebene Zeitfeld. Um zum Beispiel 7 Tage zum aktuellen Kalendertag zu addieren, ruft man `c.add(Calendar.DATE, 7)` auf.

  Parameter:
  field — Zu modifizierendes Feld (eine der Konstanten, die unter der Methode `get` dokumentiert sind).
  amount — Betrag, um den sich das Feld ändern soll (kann auch negativ sein).

- `void setGregorianChange(Date date)`

  Legt das Datum fest, bei dem der Julianische Kalender endet und der Gregorianische Kalender (mit einer genaueren Korrektur durch Schaltjahre) beginnt. Der Standardwert ist der 15. Oktober 1582, 00:00:00 Ortszeit.

  Parameter:
  date — Gewünschtes Datum, bei dem der Wechsel zum Gregorianischen Kalender erfolgt.

- `Date getGregorianChange()`

  Holt das Datum, bei dem der Kalender vom Julianischen zum Gregorianischen Kalender umschaltet.

4.2.3 Mutator- und Accessor-Methoden

Vielleicht stellen Sie sich jetzt die Frage: Wie erhalte ich den aktuellen Tag, den Monat oder das Jahr für das in einem bestimmten `GregorianCalendar`-Objekt verkapselte Datum? Und wie ändere ich die Werte bei Bedarf? Sehen Sie sich dazu die API-Referenz des vorherigen Abschnitts an.

Die Klasse `GregorianCalendar` realisiert eine ziemlich atypische Art für den Zugriff auf die Informationen, die in einem Kalenderobjekt gespeichert sind. Die meisten Klassen würden Methoden wie `getYear` oder `getMonth` bereitstellen, mit denen man auf den Objektzustand zugreifen kann. Allerdings gibt es in der Klasse `GregorianCalendar` eine allumfassende `get`-Methode, mit der sich der Zustand einer ganzen Reihe von Einstellungen abfragen läßt, nicht nur für das Jahr oder

Objekte und Klassen

den Monat, sondern auch für Informationen wie den Wochentag. Um das abzurufende Element auszuwählen, übergibt man eine Konstante, die in der Klasse `Calendar` definiert ist, beispielsweise `Calendar.MONTH` oder `Calendar.DAY_OF_WEEK`:

```
GregorianCalendar todaysDate = new GregorianCalendar();
System.out.println(todaysDate.get(Calendar.MONTH));
System.out.println(todaysDate.get(Calendar.DAY_OF_WEEK));
```

Ein Datum kann man mit einer der `set`-Methoden oder mit der Methode `add` ändern. Zum Beispiel:

```
dueDate.set(1999, 11, 31);
```

Es gibt einen konzeptuellen Unterschied zwischen der `get`-Methode einerseits und den Methoden `set` bzw. `add` andererseits. Die Methode `get` sucht nur nach dem Zustand des Objekts und meldet ihn. Die Methoden `set` und `add` modifizieren den Zustand des Objekts. Methoden, die Instanzen-Felder ändern, bezeichnet man als *Mutatormethoden*. Methoden, die lediglich auf Instanzen-Felder zugreifen, ohne diese zu ändern, heißen *Zugriffsmethoden (Accessor-Methoden)*. In Java ist es üblich, das klein geschriebene Präfix `get` für Zugriffsmethoden und `set` für Mutatormethoden zu verwenden. Beispielsweise hat die Klasse `GregorianCalendar` die Methoden `getGregorianChange` und `setGregorianChange`. Wie bereits angedeutet, ist die Klasse `GregorianCalendar` eigentlich etwas seltsam – um auf die Felder für Jahr, Monat, Tag, Stunde, Minute und Sekunde zuzugreifen, verwendet man keine eigenständigen `get`-Methoden, sondern eine einzige `get`-Methode. Die Methoden `getGregorianChange` und `setGregorianChange` sind charakteristischer für typische Java-Methoden, auch wenn sie außer für Kalender-Freaks kaum von praktischem Interesse sind. Im nächsten Abschnitt führen wir eine Klasse `Day` ein, die einfacher zu verstehen ist als die Klasse `GregorianCalendar` und deren Methoden den typischen Java-Klassen ähnlicher sind.

C++

In C++ ist es wichtig, eine formale Trennung zwischen Mutatoroperationen, die ein Objekt ändern, und Zugriffsmethoden, die lediglich Datenfelder lesen, vorzunehmen. Die letzteren müssen als `const`-Operationen deklariert werden, was in Java nicht erforderlich ist.

VB

Die analoge Situation (in VB4 oder VB5) ist, daß Mutatormethoden einer Prozedur Property Let oder Property Set entsprechen, während Zugriffsmethoden einer Property Get-Prozedur vergleichbar sind.

4.2.4 Die Klasse »Day«

Selbst wenn man sich *alle* Methoden in der Klasse GregorianCalendar anschaut, um die Quintessenz für unsere Belange zu ermitteln, entdeckt man schnell, daß diese Klasse nicht nur nicht intuitiv einzusetzen ist, sondern ihr auch bestimmte Arten der Funktionalität fehlen. Es ist durchaus üblich, die Differenz zwischen zwei Datumswerten zu bestimmen. Beispielsweise muß eine Rentenberechnung die Differenz zwischen dem heutigen Datum und dem Rentendatum des Benutzers ermitteln können. Es stellt sich die Frage, wie sich diese Funktionalität in die Klasse Gregorian-Calendar am besten einbauen läßt. Können wir auf der Klasse GregorianCalendar aufbauen (das heißt, mit *Vererbung* arbeiten, wie es das nächste Kapitel beschreibt)?

Beim Ausprobieren dieser Lösung haben wir festgestellt, daß die Klasse GregorianCalendar keinen einfachen Zugriff auf die Informationen erlaubt, die wir für die Datumsberechnungen brauchen. Man kann zwar mit einer Methode bestimmen, ob das aktuelle Datum vor dem Rentendatum liegt. Das bringt uns aber kaum einen Nutzen – wir wissen, daß wir die Rente noch nicht erreicht haben. Die Methode sagt uns nicht, wie viele Tage noch bis zu unserem wohlverdienten Ruhestand vergehen. Aus reiner Neugierde haben wir den Quellcode der Klasse GregorianCalendar untersucht und entdeckt, daß wir im Prinzip mit der Methode getTimeinMillis die Anzahl der Millisekunden erhalten, die seit dem 1. Januar 1970 verstrichen sind. Wir können dann die Differenz durch 1000*60*60*24 = 86.400.000 dividieren, um die Anzahl der Tage seit dem 1. Januar 1970 zu berechnen. Dieses Verfahren ist aber recht umständlich.

Hinweis

Die CD enthält den Quellcode für alle öffentlich zugänglichen Teile von Java. Wenn Sie mehr Erfahrung mit Java haben, werden Sie den Quellcode sehr hilfreich finden, um ein paar Ideen und gelegentlich auch Einblicke in die Java-Programmierung zu gewinnen.

Aus diesem Grund haben wir uns entschieden, eine eigene Klasse Day zu schreiben, die ein besseres Beispiel einer Klasse mit klar entworfenen Zugriffs- und Mutatorfunktionen liefert. Der etwa 150 Zeilen umfassende Quellcode wurde im Paket corejava im Verzeichnis \CoreJavaBook auf der Festplatte bei der in Kapitel 2 beschriebenen Installation untergebracht. Wenn Sie das vorlie-

Objekte und Klassen

gende Kapitel abgeschlossen haben, sollten Sie den Quellcode überblicksmäßig durchgehen, um sich die grundlegenden Konzepte anzusehen. Es sei aber gewarnt: Ein ganzer Teil des Codes ist ziemlich verworren, da ein Jahr etwas mehr als 365 Tage hat und die Algorithmen diesen Umstand berücksichtigen müssen.

Eine Instanz der Klasse Day läßt sich auf zwei Arten erzeugen, ähnlich den beiden Methoden für die Klasse Date von Java:

```
Day todaysDate = new Day();
Day preMillenium = new Day(1999, 12, 31);
```

Im Gegensatz zur Klasse GregorianCalendar von Java kümmert sich unsere Klasse überhaupt nicht um die Tageszeit und verhindert auch, daß man ungültige Daten erzeugt. Weiterhin legen wir fest, daß die Zählung der Monate in der gewohnten Weise bei 1 für Januar beginnt und bis 12 für Dezember läuft.

Um ein Objekt der Klasse Day zu erzeugen, muß Java wissen, wo sich die Klasse Day befindet. Dazu legt man den Pfad entsprechend fest, um das Verzeichnis CoreJavaBook einzubinden, wie es Kapitel 2 erläutert hat. Da die Klasse Day in einem Paket namens corejava enthalten ist, muß man auch die Anweisung import corejava.* am Beginn der Quelldatei vorsehen. Damit sei folgendes betont: Nachdem man eine Instanz der Klasse Day erzeugen kann, genügen allein die Erläuterungen in der folgenden Liste, damit man mit den Methoden der Klasse Day den aktuellen Zustand einer Instanz dieser Klasse verändern und die Klasse in der Praxis einsetzen kann.

API

corejava.Day

- void advance(int n)

  Setzt das momentan eingestellte Datum um die angegebene Anzahl von Tagen weiter. Beispielsweise ändert d.advance(100) den Zustand von d auf das Datum 100 Tage nach dem aktuell eingestellten.

- int getDay(), int getMonth(), int getYear()

  Liefert Tag, Monat und Jahr dieses day-Objekts zurück. Die Tage liegen zwischen 1 und 31, die Monate zwischen 1 und 12, die Jahre können einen beliebigen Wert annehmen (etwa 1999 oder –333). Die Klasse weiß, daß im Jahr 1582 ein Wechsel vom Julianischen zum Gregorianischen Kalender stattgefunden hat.

- `int weekday()`

  Liefert eine Ganzzahl zwischen `Day.SUNDAY` (Sonntag) und `Day.SATURDAY` (Samstag) entsprechend dem Wochentag zurück.

- `int daysBetween(Day b)`

  Diese Methode ist einer der Hauptgründe, warum wir die Klasse `Day` entworfen haben. Sie berechnet die Anzahl der Tage zwischen der aktuellen Instanz der Klasse `Day` und der Instanz `b` der Klasse `Day`.

Beachten Sie, daß unsere Klasse `Day` außer der Methode `advance` keine weiteren Methoden hat, um das Datum zu ändern.

Der folgende Code kombiniert die Klasse `Console` mit unserer Klasse `Day`, um die Anzahl der Tage seit einem Geburtsdatum (das der Benutzer eingibt) zu berechnen:

```java
import corejava.*;
public class DaysAlive
{  public static void main(String[] args)
   {  int year;
      int month;
      int day;

      month = Console.readInt
         ("Bitte Ihren Geburtsmonat eingeben, 1 für Januar usw.");
      day = Console.readInt
         ("Bitte den Tag Ihrer Geburt eingeben.");
      year = Console.readInt
            ("Bitte Ihr Geburtsjahr eingeben. " +
            "(Beginnend mit 19..)");

      Day birthday = new Day(year, month, day);
      Day today = new Day();
      System.out.println("Seit Ihrer Geburt sind "
         + today.daysBetween(birthday) + " Tage vergangen.");
   }
}
```

Hinweis

Wenn Sie versuchen, ungültige Daten einzugeben, hört das Programm auf, mit einer Ausnahme (Exception). Kapitel 11 geht näher auf Ausnahmen ein.

Objekte und Klassen

Ein Kalenderprogramm

Der folgende Code bringt das Ganze in einem sinnvollen Beispiel zusammen. Die Anwendung gibt einen Kalender aus, wobei man den Monat und das Jahr auf der Befehlszeile spezifiziert. Wenn Sie die Klasse kompilieren (und dabei natürlich sicherstellen, daß die Klasse Day verfügbar ist) und dann mit dem Befehl

```
java Calendar 12 1999
```

ausführen, erhalten Sie einen Kalender für Dezember 1999. Beachten Sie die günstige (!) Lage der Weihnachtsfeiertage.

```
12      1999
So      Mo      Di      Mi      Do      Fr      Sa
                                 1       2       3       4
 5       6       7       8       9      10      11
12      13      14      15      16      17      18
19      20      21      22      23      24      25
26      27      28      29      30      31
```

Um derartige Kalenderprogramme zu schreiben, muß man zwei Punkte kennen: Man muß den Wochentag für den ersten Tag des Monats ermitteln, und man muß wissen, wie viele Tage der Monat hat. Das zweite Problem umgehen wir mit folgendem Trick: Wir erzeugen ein Day-Objekt, das mit dem ersten Tag des Monats beginnt.

```
Day d = new Day(y, m, 1); // Erster Tag des Monats
```

Nach der Ausgabe eines Tages setzen wir d um einen Tag weiter:

```
d.advance(1);
```

In Beispiel 4.1 holen wir den Monat mit d.getMonth() und prüfen, ob er noch gleich m ist. Wenn nicht, ist die Ausgabe des Monats beendet.

Beispiel 4.1: Calendar.java
```
import corejava.*;

public class Calendar
{   public static void main(String[] args)
    {   int m;
        int y;
        if (args.length == 2)
        {   m = Integer.parseInt(args[0]);
            y = Integer.parseInt(args[1]);
        }
```

```
    else
    {   Day today = new Day(); // Heutiges Datum
        m = today.getMonth();
        y = today.getYear();
    }

    Day d = new Day(y, m, 1); // Erster Tag des Monats

    System.out.println(m + " " + y);
    System.out.println("So  Mo  Di  Mi  Do  Fr  Sa ");
    for (int i = Day.SUNDAY; i < d.weekday(); i++ )
        System.out.print("    ");
    while (d.getMonth() == m)
    {   if (d.getDay() < 10) System.out.print(" ");
        System.out.print(d.getDay());
        if (d.weekday() == Day.SATURDAY)
            System.out.println();
        else
            System.out.print("  ");
        d.advance(1);
    }
    if (d.weekday() != Day.SUNDAY) System.out.println();
    }
}
```

4.2.5 Objekte als Funktionsargumente

Programmierer, die mit Sprachen gearbeitet haben, die sowohl die Übergabe als Wert als auch als Referenz bieten, nehmen gewöhnlich an, daß Objekte als Referenz übergeben werden, weil Objekte Referenzen sind. Leider trifft das in Java nicht zu.

Versuchen wir zuerst, eine Methode zum Tausch zweier Tage zu schreiben. Da Sie sich den Aufwand sparen wollen, jedesmal die drei erforderlichen Codezeilen zu schreiben, entscheiden Sie sich dafür, das Ganze ein für allemal zu erledigen:

```
static void swapDays(Day a, Day b)
{   Day temp = b;
    b = a;
    a = temp;
}
```

Leider bewirkt swapDays(foo, bar) im Gegensatz zu den ursprünglichen drei Codezeilen gar nichts; foo und bar verweisen immer noch auf das, was vor dem Aufruf gültig war – *weil* sie als Wert an die Methode swapDays übergeben werden (siehe Abbildung 4.7).

Objekte und Klassen

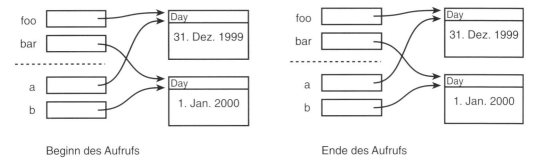

Beginn des Aufrufs   Ende des Aufrufs

Abbildung 4.7: Parameter der Methode swapDays

Als weiteres Beispiel dieses Phänomens sehen wir uns die folgende Methode an, die *versucht*, das Lieferdatum für ein Softwareprodukt zu ändern:

```
static void changeDeliveryDay(Day d, int yearsDelayed)
// Funktioniert nicht
{   int month = d.getMonth();
    int day = d.getDay();
    int year = d.getYear();
    d = new Day(year + yearsDelayed, month, day);
}
```

Nehmen wir an, daß Sie die Funktion folgendermaßen aufrufen:

```
target = new Day(1996, 10, 15);
changeDeliveryDay(target, 2);
```

um das Lieferdatum auf zwei Jahre später einzustellen. Hat target nun den korrekten Zustand?

Auf den ersten Blick scheint alles logisch zu sein. Es *scheint*, daß das Objekt target innerhalb der Methode geändert wird und nun auf ein neues Day-Objekt verweist, da der Parameter sicherlich auf ein neues day-Objekt geändert wird. Allerdings *funktioniert dieser Code ebenfalls nicht*. Der Grund dafür ist, daß Java niemals Methodenparameter als Referenz übergibt. Die Variable d in der Methode changeDeliveryDay ist eine *Kopie* der Variablen target. Nun ist es klar, daß beide Variablen Referenzen sind und beide auf dasselbe Day-Objekt unmittelbar nach dem Aufruf der Methode verweisen. Es stimmt auch, daß die Zuweisung

```
d = new Day(year + yearsDelayed, month, day);
```

den Wert der Objektvariablen d innerhalb der Methode ändert. Sie bezieht sich nun auf ein neues Day-Objekt (verweist darauf). Die ursprüngliche Variable target hat sich allerdings nicht geändert. Sie bezieht sich *weiterhin* auf das originale Day-Objekt (siehe Abbildung 4.8). Folglich ändert der Methodenaufruf überhaupt nicht, auf was sich das Ziel bezieht. (Die Objektvariable d wird verworfen, wenn Java die Ausführung der Methode beendet, und der dafür reservierte Speicher fällt schließlich der Speicherbereinigung zum Opfer.)

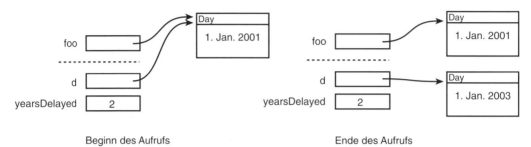

Abbildung 4.8: Parameter der inkorrekten Methode changeDeliveryDay

Fassen wir zusammen: *In Java können Methoden niemals die Werte ihrer Parameter ändern.* Sowohl Objektreferenzen als auch Basistypen wie Zahlen werden immer als Wert übergeben.

Wie Sie andererseits mehrfach gesehen haben, können Methoden den *Zustand* eines als Parameter verwendeten Objekts ändern. Das ist möglich, weil sie Zugriff auf die Mutatormethoden und die Daten des Objekts haben, auf das der Parameter verweist. Das folgende Beispiel zeigt die funktionsfähige Version einer Methode, um das Lieferdatum zu ändern:

```
static void changeDeliveryDay(Day d, int yearsDelayed)
// Funktioniert
{    int ndays = 365 * yearsDelayed;
     d.advance(ndays);
}
```

Diese Methode ändert den Zustand von d mit der Methode advance der Klasse Day und versucht nicht, ein anderes Objekt an d zuzuweisen. Hier wird einfach die Tatsache genutzt, daß die Methode die Daten von d über die Mutatormethoden dieses Objekts ändern kann. Wenn man diese Methode mit einem Parameter gleich target aufruft, aktualisiert die Methode advance die Variable target, wenn sie mit der Zeile d.advance(ndays) aufgerufen wird. Das ändert den Zustand des Objekts target, wie wir es beabsichtigt haben.

4.3 Eigene Klassen

In Kapitel 3 haben Sie gesehen, wie man einfache Klassen schreibt. Im vorliegenden Kapitel werden Klassen als eigenständige Programme entworfen. Diese beziehen sich nur auf die in Java integrierten Klassen und unsere kleine Klasse Console. Wenn man zum Beispiel

```
java Mortgage
```

Objekte und Klassen

ausführt, sucht der Java-Interpreter nach der Methode `main` in der Klasse `Mortgage` und führt die Methode aus. Die Methode `main` ruft ihrerseits andere Methoden der Klasse bei Bedarf auf. Obwohl Sie mehr über Methoden wie `main` später in diesem Kapitel erfahren, ist diese Klasse nicht das, um was es in diesem Kapitel gehen soll. In komplizierteren Java-Programmen hat die Klasse, die Sie über den Interpreter ausführen, gewöhnlich nur eine geringe Funktionalität und erzeugt höchstens die verschiedenen Objekte, die die eigentliche Knochenarbeit des Programms realisieren.

Im Rest dieses Kapitels (und im nächsten) wollen wir nun zeigen, wie man diese Art von »Arbeitspferd-Klassen« schreibt, die für kompliziertere Anwendungen erforderlich sind. Diese Klassen stehen nicht allein (und können es oftmals auch nicht): Es sind Bausteine für die *Konstruktion* von eigenständigen Programmen.

Die einfachste Syntax für eine Klasse in Java lautet:

```
ZugriffsSpezifizierer class NameDerKlasse
{   // Definitionen für die Merkmale der Klasse
    // Methoden und Instanzen-Felder
}
```

Das äußerste Klammernpaar (der Block) definiert den Code, aus dem die Klasse besteht. Weitere Informationen zu den verschiedenen Zugriffsspezifizierern finden Sie weiter hinten in diesem Kapitel. Es hat sich eingebürgert, für die Klassennamen große Anfangsbuchstaben zu verwenden (und wir schließen uns dieser Konvention an). Genau wie bei den Klassen aus Kapitel 3 definieren individuelle Methodendefinitionen die Operationen der Klasse. Im Unterschied dazu wollen wir anderen Klassen die Nutzung unserer Klassen erlauben und dennoch die Kapselung der Daten aufrechterhalten. Das bedeutet, daß wir jetzt (gekapselte) Instanzen-Felder in Betracht ziehen, die die privaten Daten dieser Klassen aufnehmen.

Hinweis

Wir haben die Konvention übernommen, daß die Methoden für die Klasse an erster Stelle und die Instanzenvariablen an letzter stehen. (Vielleicht ist das ein kleiner Beitrag dazu, die Instanzen-Felder in Ruhe zu lassen.)

4.3.1 Eine Klasse »Employee«

Sehen wir uns die folgende sehr vereinfachte Version einer Klasse `Employee` (Mitarbeiter) an, die vielleicht in einem Unternehmen für ein Gehaltsprogramm eingesetzt wird.

```
class Employee
{   public Employee(String n, double s, Day d)
    {   name = n;
```

```
        salary = s;
        hireDay = d;
    }

    public String getName()
    {   return name;
    }

    public void print()
    {   System.out.println(name + " " + salary + " "
            + hireYear());
    }

    public void raiseSalary(double byPercent)
    {   salary *= 1 + byPercent / 100;
    }

    public int hireYear()
    {   return hireDay.getYear();
    }

    private String name;
    private double salary;
    private Day hireDay;
}
```

In den folgenden Abschnitten untersuchen wir die einzelnen Teile des Codes ausführlicher. Beispiel 4.2 zeigt vorher noch Code, der den Einsatz der Klasse Employee demonstriert. Auf der Begleit-CD sind beide Klassen in einer einzigen Datei enthalten. Diese Datei enthält den Code für *zwei* Klassen: die Klasse Employee und eine Klasse EmployeeTest mit dem Zugriffsspezifizierer public. Diese Datei ist unter dem Namen EmployeeTest.java zu speichern, da der Name der Datei mit dem Namen der öffentlichen Klasse übereinstimmen muß. Wenn Sie dann diesen Quellcode kompilieren, erzeugt Java zwei Klassen im Verzeichnis: EmployeeTest.class und Employee.class. Wenn Sie diesen Code über

```
java EmployeeTest
```

ausführen, startet der Java-Bytecode-Interpreter die Ausführung des Codes in der Methode main der Klasse EmployeeTest. Dieser Code wiederum erzeugt einige neue Employee-Objekte und zeigt deren Zustand an.

Beispiel 4.2: EmployeeTest.java
```
import java.util.*;
import corejava.*;
```

Objekte und Klassen

```
public class EmployeeTest
{  public static void main(String[] args)
   {  Employee[] staff = new Employee[3];

      staff[0] = new Employee("Harry Hacker", 35000,
         new Day(1989,10,1));
      staff[1] = new Employee("Carl Cracker", 75000,
         new Day(1987,12,15));
      staff[2] = new Employee("Tony Tester", 38000,
         new Day(1990,3,15));
      int i;
      for (i = 0; i < 3; i++) staff[i].raiseSalary(5);
      for (i = 0; i < 3; i++) staff[i].print();
   }

   public String getName()
   {  return name;
   }
}
```

C++

In Java sind alle Funktionen innerhalb der Klasse selbst definiert. Das macht sie nicht automatisch zu Inline-Funktionen. Es gibt in dieser Hinsicht keine Analogie zur C++-Syntax:

```
class Employee
{  //...
};
void Employee::raiseSalary(double byPercent) // C++, nicht Java
{  salary *= 1 + byPercent / 100;
}
```

4.3.2 Die Klasse »Employee« im Detail

In den folgenden Abschnitten sezieren wir die Klasse Employee. Beginnen wir mit den Methoden dieser Klasse. Wie Sie dem Quellcode entnehmen können, verfügt die Klasse über vier Methoden, deren Header folgendermaßen aussehen:

```
public Employee(String n, double s, Day d)
public void print()
public void raiseSalary(double byPercent)
public int hireYear()
```

Wie Sie sehen, kann man auch Zugriffsmodifizierer in Verbindung mit Methoden verwenden. In Java beschreiben Zugriffsmodifizierer, wer die Methode oder die Klasse verwenden kann, wenn ein

Modifizierer im Namen der Klasse erscheint. Das Schlüsselwort `public` bedeutet, daß alle Methoden in allen Klassen, die Zugriff auf eine Instanz der Klasse `Employee` haben, die Methode aufrufen können. (Es gibt vier mögliche Zugriffsebenen, auf die wir noch in diesem und im nächsten Kapitel eingehen.)

Als nächstes sind drei Instanzen-Felder vorgesehen. Diese nehmen innerhalb einer Instanz der Klasse `Employee` die Daten auf, die wir manipulieren wollen.

```
private String name;
private double salary;
private Day hireDay;
```

Das Schlüsselwort `private` stellt sicher, daß kein äußerer Eindringling auf die Instanzen-Felder zugreifen kann, ausgenommen die Methoden Ihrer Klasse. In diesem Buch werden die Instanzen-Felder immer privat sein. (Ausnahmen gibt es nur, wenn wir sehr eng miteinander zusammenarbeitende Klassen haben, beispielsweise eine Klasse `List` und eine Klasse `Link` in einer Datenstruktur, die als verkettete Liste realisiert ist.)

Hinweis

Für die Instanzenvariablen ist es auch möglich, das Schlüsselwort `public` zu verwenden, was sich aber nicht empfiehlt. Bei öffentlichen Datenfeldern kann jeder beliebige Teil des Programms die Instanzenvariablen lesen und modifizieren. Das ruiniert die Kapselung völlig und – auch wenn wir uns mehrfach wiederholen – wir lehnen es strikt ab, öffentliche Instanzen-Felder zu verwenden.

Beachten Sie schließlich, daß wir ein Instanzen-Feld verwenden, das selbst eine Instanz unserer Klasse `Day` ist. Das ist durchaus üblich: Klassen enthalten oft Instanzen-Felder, die ihrerseits Klasseninstanzen sind.

Hinweis

Sehen Sie sich den Abschnitt zu Paketen weiter hinten in diesem Kapitel an, wenn Sie alle unsere Klassen in der einfachsten Art und Weise verwenden wollen, ohne sich über den Standort der Quelldateien zu kümmern. Außerdem erfahren Sie dort mehr über Zugriffsspezifizierer für Klassen.

Objekte und Klassen

4.3.3 Erste Schritte mit Konstruktoren

Sehen wir uns die erste Methode an, die in der Klasse `Employee` aufgeführt ist:

```
public Employee(String n, double s, Day d)
{  name = n;
   salary = s;
   hireDay = d;
}
```

Es handelt sich hier um ein Beispiel einer *Konstruktormethode*. Damit initialisiert man Objekte einer Klasse – und gibt den Instanzenvariablen den gewünschten Anfangszustand. In Kapitel 3 haben Sie keinerlei derartige Methoden kennengelernt, da wir dort keine Objekte initialisiert haben.

Wenn Sie beispielsweise eine Instanz der Klasse `Employee` mit dem folgenden Code erzeugen:

```
hireDate = new Day(1950, 1, 1);
Employee number007 = new Employee
   ("James Bond", 100000, hireDate);
```

müssen Sie die Instanzen-Felder wie folgt setzen:

```
name = "James Bond";
salary = 100000;
hireDay = January 1, 1950 // Ein Day-Objekt mit diesen
                          // verkapselten Daten
```

Die Methode `new` wird immer zusammen mit einem Konstruktor verwendet, um ein Objekt der Klasse zu erzeugen. Das zwingt Sie dazu, den anfänglichen Zustand Ihrer Objekte festzulegen. In Java kann man keine Instanz einer Klasse erzeugen, ohne die Instanzenvariablen (entweder explizit oder implizit) zu initialisieren. Der Grund für dieses Entwurfskonzept ist einfach: Ein Objekt, das ohne eine korrekte Initialisierung erzeugt wird, ist immer nutzlos und gelegentlich gefährlich. In vielen Sprachen wie Delphi kann man nichtinitialisierte Objekte erzeugen. Das Ergebnis ist fast immer – je nach Plattform – eine allgemeine Schutzverletzung (GPF – General Protection Fault) oder Segmentverletzung. Das heißt nichts anderes, als daß der Speicherinhalt zerstört wird.

Obwohl wir weiter hinten in diesem Kapitel noch näher auf Konstruktormethoden eingehen, sollten Sie sich fürs erste folgendes merken:

1. Ein Konstruktor hat den gleichen Namen wie die Klasse.

2. Ein Konstruktor kann (wie in diesem Beispiel) einen oder mehrere (oder auch gar keinen) Parameter übernehmen.

3. Ein Konstruktor wird immer mit dem Schlüsselwort `new` aufgerufen.

4. Ein Konstruktor hat keinen Rückgabewert.

Beachten Sie auch den folgenden wichtigen Unterschied zwischen Konstruktoren und anderen Methoden:

- Ein Konstruktor läßt sich nur mit new aufrufen. Man kann keinen Konstruktor auf ein existierendes Objekt anwenden, um die Instanzen-Felder zurückzusetzen. Beispielsweise liefert d.Day(1950, 1, 1) einen Fehler.

Wenn natürlich das Zurücksetzen aller Felder einer Klasse eine wichtige und laufend vorkommende Operation ist, kann der Entwickler der Klasse eine Mutatormethode wie zum Beispiel empty oder reset für diesen Zweck vorsehen. Wir möchten betonen, daß man nur mit den bereitgestellten Mutatormethoden den Zustand der Instanzenvariablen in einer bereits konstruierten Klasse überarbeiten kann (vorausgesetzt natürlich, daß alle Daten privat sind).

Eine Klasse kann auch über mehrere Konstruktoren verfügen. Das haben Sie bereits in der Klasse GregorianCalendar von Java und in unserer Klasse Day gesehen. (Es waren zwei der drei in GregorianCalendar verfügbaren Konstruktoren und alle beiden Konstruktoren der Klasse Day zu sehen.)

C++

Konstruktoren funktionieren in Java in der gleichen Weise wie in C++. Denken Sie aber daran, daß alle Java-Objekte auf dem Heap konstruiert werden und daß ein Konstruktor zusammen mit new aufzurufen ist. Es ist ein häufiger Fehler, der C++-Programmierern unterläuft, den new-Operator zu vergessen:

```
Employee number007("James Bond", 100000, hireDate);
   // C++, nicht Java
```

Das funktioniert zwar in C++, jedoch nicht in Java.

Achtung

Achten Sie darauf, keine lokalen Variablen mit den gleichen Namen wie die Instanzen-Felder einzuführen. Beispielsweise setzt der folgende Konstruktor nicht das Gehalt (salary):

```
public Employee(String n, double s, Day d)
{  name = n;
   hireDay = d;
   double salary = s; // FEHLER
}
```

Objekte und Klassen

Die letzte Zeile deklariert eine lokale Variable `salary`, die nur innerhalb des Konstruktors zugänglich ist und die das Instanzen-Feld `salary` *überdeckt*. Das ist ein häßlicher Fehler, der sich schwer auffinden läßt. Bei allen Ihren Methoden sollten Sie genau darauf achten, daß Sie keine Variablennamen verwenden, die den Namen von Instanzen-Feldern entsprechen.

4.3.4 Die Methoden der Klasse »Employee«

Die ersten drei Methoden in unserer Klasse `Employee` sollten keine Probleme bereiten. Diese Methoden ähneln denjenigen, die Sie bereits im vorherigen Kapitel kennengelernt haben. Beachten Sie aber, daß diese Methoden die privaten Instanzen-Felder nach dem Namen ansprechen können. Das ist ein wesentlicher Punkt: Instanzen-Felder sind immer durch die Methoden ihrer eigenen Klasse zugänglich.

Zum Beispiel setzt

```
public void raiseSalary(double byPercent)
{   salary *= 1 + byPercent / 100;
}
```

einen neuen Wert für das Instanzen-Feld `salary` im Objekt, das diese Methode ausführt. (Die hier gezeigte Methode liefert keinen Rückgabewert.) Zum Beispiel erhöht der Aufruf von

```
number007.raiseSalary(5);
```

das Gehalt von `number007`, indem der Wert der Variablen `number007.salary` um 5% vergrößert wird.

Die Methode `raiseSalary` ist eine Funktion mit zwei Argumenten. Das erste Argument, ein sogenanntes *implizites* Argument, ist das Objekt vom Typ `Employee`, das vor dem Methodennamen steht. Das zweite Argument, die Zahl innerhalb der Klammern nach dem Methodennamen, ist ein *explizites* Argument. Man erkennt, daß die expliziten Argumente in der Funktionsdeklaration aufgeführt sind. Beispielsweise ist `double byPercent` explizit genannt. Der implizite Parameter erscheint nicht in der Funktionsdeklaration.

Von den verbleibenden Methoden in dieser Klasse ist vor allem die Methode interessant, die das Einstellungsjahr (`hireYear`) zurückgibt. Die Methode sei noch einmal dargestellt:

```
public int hireYear()
{   return hireDay.getYear();
}
```

Diese Methode liefert einen Integer-Wert zurück. Das wird über die Anwendung einer Methode auf die Instanzenvariable `hireDay` erreicht. Das ist vollkommen richtig, da `hireDay` eine Instanz unserer Klasse `Day` ist, die tatsächlich über eine Methode `getYear` verfügt.

Abschließend werfen wir einen kurzen Blick auf die ziemlich einfache Methode `getName`.

```
public String getName()
{  return name;
}
```

Es handelt sich hier um ein typisches Beispiel einer Zugriffsmethode. Da sie direkt mit einem Feld in der Klasse arbeitet, bezeichnet man sie manchmal auch als Feld-Zugriffsmethode. Sie gibt einfach den aktuellen Zustand des Feldes name zurück.

Für den Programmierer, der die Klasse implementiert, ist es sicherlich mehr Aufwand, sowohl ein privates Feld als auch eine öffentliche Zugriffsmethode vorzusehen, statt einfach ein öffentliches Datenfeld bereitzustellen. Die Programmierer, die die Klasse einsetzen, haben dagegen kaum einen Nachteil – wenn number007 der Name der Instanz der Klasse Employee ist, schreiben sie einfach number007.getName() anstelle von number007.name.

Für die Welt außerhalb ist das Feld name gewissermaßen zu einem Element mit dem Zugriffsstatus »Nur-Lesen« geworden. Nur Operationen der Klasse können es modifizieren. Vor allem aber braucht man nur die Klassenoperationen auf Fehler zu untersuchen, sollte der Wert einmal falsch sein.

Nebenbei gesagt heißt die Funktion getName(), weil name() zu Verwechslungen führen könnte – diesen Namen nimmt bereits die Instanzenvariable für sich in Anspruch, und es wäre unübersichtlich, eine Variable und eine Methode mit dem gleichen Namen zu haben. In jedem Fall besteht in Java die Konvention, daß die Zugriffsmethoden mit einem klein geschriebenen get beginnen.

Da nun die Geheimagenten kommen und gehen, möchte man die Klasse zu einem späteren Zeitpunkt modifizieren, um einen Feld-Mutator zu berücksichtigen, der den Namen des aktuellen »007« zurücksetzt. Das erledigen die Verwalter der Klasse, sobald Bedarf besteht.

In diesem Zusammenhang ist zu beachten, daß private Felder in den meisten Fällen eher technischer Natur sind und außer dem Programmierer der Operationen niemanden interessieren. Wenn der Benutzer einer Klasse berechtigtes Interesse sowohl am Lesen als auch am Setzen eines Feldes hat, muß der Programmierer der Klasse *drei* Elemente bereitstellen:

- ein privates Datenfeld
- eine öffentliche Zugriffsmethode
- eine öffentliche Mutatormethode

Diese Lösung ist zwar wesentlich aufwendiger als ein einzelnes öffentliches Datenfeld, bietet aber beträchtliche Vorteile:

1. Die interne Implementierung kann sich ändern, ohne den Code außerhalb der Klasse zu beeinflussen.

Objekte und Klassen

Natürlich müssen Zugriffs- und Mutatormethoden gegebenenfalls eine Menge Arbeit leisten – insbesondere, wenn sich die Datendarstellung der Instanzen-Felder ändert. Das führt uns aber zum zweiten Vorteil:

2. Mutatormethoden können Fehlerprüfungen ausführen, während der Code, der einfach auf ein Feld zugreift, nicht dazu in der Lage ist.

Unsere Klasse Day ist ein gutes Beispiel für eine Klasse, die *keine* Mutatoren für jedes Feld haben sollte. Nehmen wir Methoden namens setDay, setMonth und setYear an, die Tag, Monat bzw. Jahr setzen. Nehmen wir weiterhin an, daß d eine Instanz unserer Klasse Day ist. Sehen Sie sich nun den folgenden Code an:

```
d.setDay(31);
d.setMonth(3);
d.setYear(1996);
```

Wenn das in d gekapselte Datum der 1. Februar ist, dann bewirkt die oben beschriebene Operation setDay, daß das ungültige Datum 31. Februar gesetzt wird. Was sollte setDay in einem solchen Fall tun? Auf den ersten Blick scheint das nur etwas ärgerlich zu sein, wenn man das aber gründlich durchdenkt, findet man keine wirklich befriedigende Antwort.

Sollte ein ungültiges setDay das Programm abbrechen? Gut, wie würde man dann auf sichere Weise das Datum vom 1. Februar auf den 31. März setzen? Natürlich könnte man zuerst den Monat setzen:

```
d.setMonth(3);
d.setDay(31);
```

Das funktioniert. Wie ändert man das aber zurück in den 1. Februar? Jetzt kann man den Monat nicht zuerst festlegen. Es wäre eine Strapaze, mit diesen Funktionen zu arbeiten.

Vielleicht sollte setDay das Datum einfach stillschweigend anpassen? Wenn man das Datum auf den 31. Februar setzt, kann es sein, daß das Datum auf den 2. oder 3. März zu korrigieren ist, je nachdem, ob es sich um ein Schaltjahr handelt oder nicht. Die Klasse GregorianCalendar von Java tut genau das, wenn das Flag »nachsichtig« eingeschaltet ist. Wir halten das für eine schlechte Lösung. Kommen wir noch einmal auf unsere Bemühungen zurück, das Datum vom 1. Februar auf den 31. März einzustellen.

```
d.setDay(31);   // jetzt ist März 2 oder 3
d.setMonth(3);  // März ist immer noch 2 oder 3
```

Vielleicht sollte setDay auch vorübergehend ein ungültiges Datum zulassen und darauf vertrauen, daß der Programmierer schon nicht vergißt, den Monat anzupassen. Dann verlieren wir einen wesentlichen Vorteil der Kapselung: die Garantie, daß der Objektzustand niemals beschädigt wird.

Wir hoffen, daß wir Sie überzeugen konnten, daß ein Mutator, der nur das Feld `day` setzt, nicht den ganzen Aufwand wert ist. Es ist offensichtlich besser, eine einzige Funktion `setDate(int, int, int)` vorzusehen, die die erforderliche Fehlerprüfung ausführt. (Das entspricht auch der gedanklichen Vorstellung besser – immerhin legt man ein Datum und nicht einen Tag, einen Monat und ein Jahr fest.)

Achtung

Achten Sie darauf, keine Zugriffsmethoden zu schreiben, die Referenzen auf veränderbare Objekte zurückgeben. Sehen Sie sich das folgende Beispiel an:

```
class Employee
{ . . .
   public String getName() { return name; }
   public Day getHireDay() { return hireDay; }
   private String name;
   private double salary;
   private Day hireDay;
}
```

Das durchbricht die Kapselung! Sehen Sie sich den folgenden trickreichen Code an:

```
Employee harry = . . .;
Day d = harry.getHireDay();
d.advance(-3650);
// Geben wir Harry zusätzliche 10 Jahre Betriebszugehörigkeit
```

Der Grund ist diffizil. Sowohl `d` als auch `harry.hireDay` beziehen sich auf dasselbe Objekt (siehe Abbildung 4.9). Die automatische Änderung von `d` ändert den Zustand des `Employee`-Objekts!

Warum weist die Methode `getName` nicht das gleiche Problem auf? Könnte nicht jemand den Namen holen und ihn ändern? Nein. Der Name ist ein String, und Strings sind *unveränderlich*. Es gibt keine Methode, die einen String ändern kann. Im Gegensatz dazu sind `Day`-Objekte veränderbar. Es gibt genau einen Mutator, nämlich `advance`.

Der Ausweg besteht darin, das Feld `hireDay` zu *klonen*, bevor man es in der Zugriffsmethode zurückgibt. Ein Klon ist eine exakte Kopie eines Objekts, die an einer neuen Speicherstelle abgelegt wird. Auf das Klonen gehen wir detailliert in Kapitel 5 ein. Der korrigierte Code sieht folgendermaßen aus:

```
class Employee
{ . . .
   public Day getHireDay() { return (Day)hireDay.clone(); }
}
```

Objekte und Klassen

Als Faustregel gilt, daß man `clone` immer dann einsetzt, wenn man eine Kopie eines veränderbaren Datenfelds zurückgeben muß.

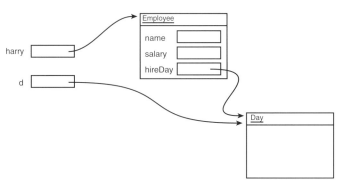

Abbildung 4.9: Eine Referenz auf ein veränderbares Datenfeld zurückgeben

4.3.5 Methodenzugriff auf private Daten

Wie Sie wissen, kann eine Methode auf die privaten Daten des Objekts, auf dem sie aufgerufen wird, zugreifen. Für viele ist es überraschend, daß eine Methode auf die privaten Daten *aller Objekte ihrer Klasse zugreifen kann*. Sehen wir uns beispielsweise eine Methode `equals` an, die zwei Datumswerte vergleicht.

```
class Day
{  . . .
   boolean equals(Day b)
   {  return year == b.year && month == b.month
         && day == b.day;
   }
}
```

Ein typischer Aufruf ist

```
if (hireday.equals(d)) . . .
```

Diese Methode greift auf die privaten Felder von `hireday` zu, was nicht weiter verwundert. Sie greift auch auf die privaten Felder von `d` zu. Das ist zulässig, da `d` ein Objekt vom Typ `Day` ist, und einer Methode der Klasse `Day` ist der Zugriff auf die privaten Felder *jedes* Objekts vom Typ `Day` erlaubt.

C++

In C++ finden wir die gleiche Regel. Eine Member-Funktion kann auf die privaten Merkmale jedes Objekts ihrer Klasse zugreifen und nicht nur das implizite Argument.

4.3.6 Private Methoden

Wenn man eine Klasse implementiert, deklariert man alle Datenfelder als privat, da öffentliche (`public`) Daten gefährlich sind. Wie steht es aber mit den Methoden? Obwohl die meisten Methoden `public` sind, trifft man auch private Methoden ziemlich häufig an. Diese Methoden lassen sich nur von anderen Methoden derselben Klasse aufrufen. Der Grund ist einfach: Um Operationen zu implementieren, teilt man den Code in mehrere separate Methoden auf. Viele dieser Methoden haben für die Öffentlichkeit keine weitere Bedeutung. (Beispielsweise sind sie zu nahe an der eigentlichen Implementierung, erfordern ein spezielles Protokoll oder eine bestimmte Aufrufreihenfolge.) Derartige Methoden implementiert man am besten als `private` Operationen.

Um in Java eine private Methode zu implementieren, ändert man einfach das Schlüsselwort `public` in `private`.

Als Beispiel sehen wir uns die Klasse `Day` an, die eine Methode nötig hätte, um das Jahr auf ein Schaltjahr hin zu überprüfen. Indem man die Methode privat macht, entzieht man sich der Verpflichtung, die Methode verfügbar zu halten, wenn man sich für eine gänzlich andere Implementierung entscheidet. Die Methode kann *schwieriger* zu implementieren sein oder wird *überflüssig*, wenn sich die Datendarstellung ändert: das ist ohne Belang. Solange die Operation privat ist, kann der Entwickler der Klasse sicher sein, daß sie niemals außerhalb der anderen Klassenoperationen verwendet wird, und kann sie gegebenenfalls löschen. Bei einer öffentlichen Methode müßte man etwas Äquivalentes reimplementieren, falls sich die Darstellung ändert, da sich anderer Code vielleicht auf die Methode gestützt hat.

Private Methoden verwendet man demnach

- für Methoden, die für den Benutzer der Klasse nicht relevant sind.
- für Methoden, die sich nicht ohne weiteres unterstützen lassen, wenn man die Klassenimplementierung ändern muß.

4.3.7 Mehr zur Objektkonstruktion

Sie wissen jetzt, wie man einfache Konstruktoren schreibt, die den Anfangszustand der Objekte definieren. Da die Objektkonstruktion jedoch so wichtig ist, bietet Java eine ganze Palette von Mechanismen, um Konstruktoren zu erstellen. Die nächsten Abschnitte beschäftigen sich damit.

Überladen

Sowohl die Java-Klasse `GregorianCalendar` als auch unsere Klasse `Day` hatten mehrere Konstruktoren. Wir konnten

```
Day today = new Day();
```

oder

```
Day preMillenium = new Day(1999,12,31);
```

Objekte und Klassen

aufrufen. Diese Möglichkeit bezeichnet man als *Überladen*. Der Mechanismus tritt in Kraft, wenn mehrere Methoden den gleichen Namen (in diesem Fall die Konstruktormethode von `Day`), aber verschiedenartige Argumente haben. Der Java-Interpreter muß herausfinden, welche Methode aufzurufen ist. (Man spricht gewöhnlich vom *Auflösen der Überladung*.) Er wählt die richtige Methode aus, indem er die Argumenttypen in den Headern der verschiedenen Methoden mit den Typen der Werte, die in einem bestimmten Methodenaufruf verwendet werden, vergleicht. (Selbst wenn es keine Argumente gibt, muß man die leeren Klammern schreiben.) Wenn der Compiler die Argumente nicht zuordnen kann oder wenn mehrere Möglichkeiten zutreffen, erhält man eine Fehlermeldung zur Kompilierzeit.

Hinweis

Java erlaubt das Überladen beliebiger Methoden – nicht nur der Konstruktormethoden.

Instanzen-Felder initialisieren

Da man die Konstruktormethoden in einer Klasse überladen kann, läßt sich offensichtlich der Anfangszustand der Instanzen-Felder der Klasse auf verschiedene Weise festlegen. Unabhängig vom konkreten Konstruktoraufruf sollte man immer sicherstellen, daß alle Instanzen-Felder einen sinnvollen Anfangswert erhalten. Java setzt zwar alle Instanzen-Felder auf einen Standardwert (Zahlen auf 0, Objekte auf `null`, boolesche Werte auf `false`), wenn man sie nicht explizit setzt. Es gilt aber als schlechter Programmierstil, sich einfach darauf zu verlassen. Außenstehende kommen mit Ihrem Code sicherlich schwerer zurecht, wenn Sie Variablen auf unsichtbare Weise initialisieren.

Hinweis

In dieser Beziehung unterscheiden sich Instanzenvariablen von lokalen Variablen in einer Methode. Lokale Variablen müssen explizit initialisiert werden.

Wenn unsere Klasse `Day` zum Beispiel keinerlei Konstruktoren hätte, würden die Felder für Tag, Monat und Jahr mit 0 initialisiert, sobald man ein neues `Day`-Objekt anlegt. (Das wäre keine gute Lösung. Im Julianischen/Gregorianischen Kalender gibt es kein Jahr 0 – auf das Jahr 1 v. Chr. folgt unmittelbar 1 n. Chr. Aus diesem Grund stellen wir explizite Konstruktoren bereit.) Wenn alle Konstruktoren einer Klasse eine bestimmte Instanzenvariable auf denselben Wert setzen, gibt es eine bequeme Syntax für die Initialisierung. Man weist dem Feld bereits in der Klassendefinition einen Anfangswert zu. Initialisiert man zum Beispiel ein `Customer`-Objekt (für einen Kunden), kann man die Instanzenvariable `nextOrder` für die nächste Bestellung immer auf 1 setzen. Das läßt sich mit dem folgenden Code realisieren:

```
class Customer
{ public Customer(String n)
    { name = n;
      accountNumber = Account.getNewNumber();
    }
  public Customer(String n, int a)
    { name = n;
      accountNumber = a;
    }
    . . .
  private String name;
  private int accountNumber = 1;
  private int nextOrder = 1;
}
```

Jetzt wird das Feld `nextOrder` in allen `Customer`-Objekten immer auf 1 gesetzt.

Wir empfehlen, daß Sie diese komfortable Syntax verwenden, wann immer Sie ein Feld auf denselben konstanten Wert in allen Konstruktoren setzen wollen. Allerdings ist die Notation nicht so ohne weiteres zu überblicken, wenn der Initialisierungsausdruck keine Konstante ist. Sehen Sie sich zum Beispiel die folgende Version der Klasse `Customer` an:

```
class Customer
{ public Customer(String n)
    { name = n;
    }
    . . .
  private String name;
  private int accountNumber = Account.getNewNumber();
}
```

Jedes `Customer`-Objekt wird mit einem separaten Aufruf von `Account.getNewNumber()` initialisiert. In diesen Fällen schlagen wir vor, die Initialisierung *innerhalb* des Konstruktors vorzunehmen.

Standardkonstruktoren

Ein *Standardkonstruktor* ist ein Konstruktor ohne Argumente. Wenn Sie den Code für Ihre Klasse ohne irgendwelche Konstruktoren schreiben, stellt Java automatisch einen Standardkonstruktor bereit. Dieser setzt *alle* Instanzvariablen auf ihre Standardwerte. Damit erhalten alle numerischen Daten, die in Instanzen-Feldern enthalten sind, den Wert 0, alle Objektvariablen zeigen auf `null`, und alle booleschen Werte sind `false`.

Objekte und Klassen

Achtung

Denken Sie daran, daß Java einen Standardkonstruktor nur dann erzeugt, wenn die Klasse keine anderen Konstruktoren aufweist. Wenn Sie eine Klasse auch mit nur einem einzigen eigenen Konstruktor schreiben und den Benutzern der Klasse die Möglichkeit bieten wollen, eine Instanz über einen Aufruf von

```
new ClassName()
```

zu erzeugen, dann besteht Java darauf, daß Sie einen Standardkonstruktor (ohne Argumente) bereitstellen.

Beispielsweise sind in der Klasse Customer keine Konstruktoren definiert, die keine Argumente übernehmen. Damit ist es dem Benutzer der Klasse nicht erlaubt, die Anweisung

```
c = new Customer();   // FEHLER - kein Standardkonstruktor
```

zu verwenden.

C++

In C++ kann man Datenelemente einer Klasse nicht direkt initialisieren. Alle Daten müssen in einem Konstruktor gesetzt werden.

Java kennt keinen analogen Mechanismus zur C++-Syntax der Initialisierungslisten, wie etwa:

```
Customer::Customer(String n)
:  name(n),
   accountNumber(Account::getNewNumber())
   {}
```

C++ verwendet diese spezielle Syntax, um den Konstruktor für Elementobjekte aufzurufen. In Java gibt es keinen Bedarf dafür, weil Objekte keine Elementobjekte, sondern lediglich Zeiger auf andere Objekte enthalten.

Die Objektreferenz »this«

Gelegentlich möchte man auf das aktuelle Objekt in seiner Gesamtheit und nicht nur auf eine bestimmte Instanzenvariable zugreifen. Java bietet dafür ein Kurzverfahren – das Schlüsselwort this. In einer Methode verweist das Schlüsselwort this auf das Objekt, auf dem die Methode operiert.

Beispielsweise haben viele Java-Klassen eine Methode namens toString(), die einen String mit einer Beschreibung des Objekts zurückliefert. (Beispielsweise verfügt die Java-Klasse Date über diese Methode.) Wenn man ein Objekt an die Methode System.out.println übergibt, ruft diese Methode die Methode toString auf und gibt den resultierenden String aus. Demzufolge kann man den aktuellen Zustand des impliziten Arguments einer beliebigen Methode als

System.out.println(this);

ausgeben.

Diese Strategie eignet sich hervorragend für die Fehlersuche. Später zeigen wir noch andere Anwendungen für die Objektreferenz this.

Für das Schlüsselwort this gibt es noch eine zweite Bedeutung. *Wenn die erste Anweisung eines Konstruktors die Form this(...) hat, dann ruft der Konstruktor einen anderen Konstruktor derselben Klasse auf.* Hierfür ein typisches Beispiel:

```
class Customer
{  public Customer(String n)
   {  this(n, Account.getNewNumber());
   }
   public Customer(String n, int a)
   {  name = n;
      accountNumber = a;
   }
   . . .
}
```

Ruft man new Customer("James Bond") auf, dann ruft der Konstruktor Customer(String) den Konstruktor Customer(String, int) auf.

Das Schlüsselwort this gestattet es damit, gemeinsamen Code zwischen Konstruktoren auszuklammern (zusammenzufassen).

Wie Sie gesehen haben, sind Konstruktoren in Java eine etwas komplizierte Angelegenheit. Vor dem Aufruf eines Konstruktors werden alle Instanzen-Felder initialisiert, und zwar entweder mit den in der Klasse spezifizierten Werten oder mit den Standardwerten (0 für Zahlen, null bei Objekten und false bei booleschen Werten). Die erste Anweisung eines Konstruktors kann einen anderen Konstruktor aufrufen.

C++

Das Objekt this in Java ist mit dem Zeiger this in C++ identisch. Allerdings ist es in C++ nicht möglich, daß ein Konstruktor einen anderen aufruft. Wenn man gemeinsamen Initialisierungscode in C++ ausklammern möchte, muß man eine separate Member-Funktion schreiben.

Objekte und Klassen

Initialisierungsblöcke

Bisher haben Sie zwei Möglichkeiten kennengelernt, um ein Datenfeld zu initialisieren:

1. durch das Setzen eines Wertes in einem Konstruktor

2. durch die Zuweisung eines Wertes in der Deklaration

Es gibt eigentlich noch einen *dritten* Mechanismus in Java, den sogenannten *Initialisierungsblock*. Klassendeklarationen können beliebige Codeblöcke enthalten. Diese Blöcke werden ausgeführt, wann immer man ein Objekt dieser Klasse konstruiert. Das folgende Beispiel zeigt einen derartigen Initialisierungsblock:

```
class Customer
{  public Customer(String n)
   {  name = n;
   }
   // Ein Initialisierungsblock
   {  accountNumber = Account.getNewNumber();
   }
   . . .
}
```

Im allgemeinen ist dieser Mechanismus nicht erforderlich und auch nicht üblich. Es ist übersichtlicher, den Initialisierungscode in einem Konstruktor unterzubringen. Für die Initialisierung von statischen Variablen kann allerdings ein Initialisierungsblock nützlich sein, wie Sie in der Klasse RandomIntGenerator etwas später in diesem Kapitel sehen werden.

Bei so vielen Möglichkeiten für die Initialisierung von Datenfeldern kann es ziemlich verwirrend sein, alle möglichen Abläufe für den Konstruktionsprozeß anzugeben. Beim Aufruf eines Konstruktors passiert im einzelnen folgendes:

1. Alle Datenfelder werden in der Reihenfolge, in der sie deklariert sind, initialisiert. Die Felder erhalten entweder die Standardwerte (0, `false` oder `null`) oder die spezifizierten Anfangswerte.

2. Alle Initialisierungsblöcke werden in der Reihenfolge, in der sie in der Klassendeklaration erscheinen, ausgeführt.

3. Wenn die erste Zeile des Konstruktors einen anderen Konstruktor aufruft, dann wird dieser Konstruktor ausgeführt.

4. Der Rumpf des Konstruktors wird ausgeführt.

Den Initialisierungscode sollte man übersichtlich organisieren, damit er leicht verständlich ist, ohne daß man ein Sprachgenie sein muß. Beispielsweise ist es recht eigenwillig und fehlerträchtig, wenn die Konstruktoren einer Klasse von der Reihenfolge abhängen, in der die Datenfelder deklariert sind.

Objektzerstörung und die Methode »finalize()«

Viele Sprachen wie C++ und Delphi verfügen über explizite Destruktormethoden, die den gegebenenfalls erforderlichen Code zum Aufräumen enthalten. Der Destruktor hat in der Regel die Aufgabe, den für das Objekt reservierten Speicher freizugeben. Da Java automatisch eine Speicherbereinigung ausführt, ist die manuelle Speicherbereinigung nicht erforderlich, und Java unterstützt somit keine Destruktoren.

Hinweis

Java führt keine Speicherbereinigung für ein Objekt aus, solange mindestens noch ein Verweis auf das Objekt besteht. Es gibt aber auch Situationen, in denen bestimmte Objekte erhalten bleiben sollen, falls genügend Speicher vorhanden ist, deren Speicher aber unverzüglich freigegeben wird, wenn ihn Java für wichtigere Objekte braucht. Ein Cache (Zwischenspeicher) ist eine typische Anwendung. Es handelt sich hierbei um einen speziellen Mechanismus, auf den wir nicht im Detail eingehen. Weitere Informationen hierzu finden Sie in der Dokumentation des Pakets java.lang.ref.

Natürlich nutzen manche Objekte außer Speicher auch andere Ressourcen, wie etwa eine Datei oder ein Handle auf ein anderes Objekt, das Systemressourcen verbraucht. In diesem Fall ist es wichtig, daß man die Ressource freigibt, sobald sie nicht mehr benötigt wird.

In Java kann man in jeder Klasse eine Methode finalize() vorsehen. Diese Methode wird aufgerufen, bevor die Speicherbereinigung die Objekte endgültig verwirft. In der Praxis sollten Sie sich *nicht auf die Methode* finalize *verlassen*, um knappe Ressourcen freizugeben – es steht nicht genau fest, wann diese Methode aufgerufen wird.

Hinweis

Es gibt eine Methode System.runFinalizersOnExit(true), um zu garantieren, daß die finalize-Methoden aufgerufen werden, bevor Java herunterfährt. Allerdings ist diese Methode unsicher und wurde in Java 2 verworfen.

Wenn eine Ressource so schnell wie möglich nach ihrer Verwendung freizugeben ist, muß man das selbst in die Hand nehmen. Fügen Sie eine dispose-Methode hinzu, die *Sie selbst* aufrufen und in

Objekte und Klassen

der Sie die erforderlichen Aufräumarbeiten erledigen. Falls Sie mit einer vorhandenen Klasse arbeiten, die über eine dispose-Methode verfügt, ist es genauso wichtig, diese dispose-Methode aufzurufen. Damit geben Sie die Ressourcen frei, die den Entwicklern der Klasse wichtig scheinen. Wenn zu einem Instanzen-Feld Ihrer Klasse eine dispose-Methode gehört, dann sollten Sie auf jeden Fall eine dispose-Methode bereitstellen, in der Sie dispose für das Instanzen-Feld aufrufen.

4.3.8 Statische Methoden und Felder

Als letzten Methodenmodifizierer wollen wir in diesem Kapitel den Modifizierer static besprechen. Diesen Modifizierer haben Sie bereits in Kapitel 3 verwendet, um Klassenkonstanten zu erzeugen. Klassen können sowohl statische Felder als auch statische Methoden haben. Statische Felder bleiben von einer Instanz einer Klasse zu einer anderen unverändert, so daß man sie sich als zu einer Klasse gehörend vorstellen kann. In gleicher Weise gehören statische Methoden zu einer Klasse und operieren nicht auf jeder Instanz einer Klasse. Das bedeutet, daß man sie aufrufen kann, ohne eine Instanz einer Klasse zu erzeugen. Beispielsweise sind alle Methoden in der Klasse Console statische Methoden wie auch alle Methoden in der Klasse Math, die in Java integriert ist.

```
double x = Console.readDouble();
double x = Math.pow(3, 0.1);
```

Weiterhin haben Sie die Verwendung statischer Felder kennengelernt, wie zum Beispiel

```
Math.PI
System.out
```

Hierbei handelt es sich um statische Felder in den Klassen Math bzw. System.

Eine Klasse kann sowohl statische als auch nichtstatische Felder und Methoden enthalten.

Die allgemeine Syntax für den Aufruf einer statischen Methode einer Klasse lautet:

```
KlassenName.statischeMethode(Parameter);
```

Die allgemeine Syntax für den Aufruf eines statischen Feldes lautet:

```
KlassenName.statischesFeldName;
```

Hinweis

Da statische Methoden nicht mit einer Instanz der Klasse arbeiten, können sie nur auf statische Felder zugreifen. Mit anderen Worten verfügen statische Methoden nicht über ein this-Argument. Wenn eine Methode auf ein nichtstatisches Instanzen-Feld eines Objekts zugreifen muß, darf es keine statische Methode sein.

Ein statisches Feld initialisiert man entweder durch Bereitstellen eines Anfangswertes oder mit Hilfe eines statischen Initialisierungsblocks. Den ersten Mechanismus kennen Sie bereits:

```
public static final double CM_PER_INCH = 2.54;
```

Den zweiten Mechanismus setzt man ein, wenn die Initialisierung nicht in einen Ausdruck paßt. Den Initialisierungscode bringt man in einem Block unter und versieht ihn mit dem Schlüsselwort `static`. Weiter hinten in diesem Abschnitt lernen Sie als Beispiel einen Generator für Zufallszahlen kennen, der einen statischen Puffer mit Zufallszahlen initialisiert:

```
static double[] buffer = new double[BUFFER_SIZE];
static
{  int i;
   for (i = 0; i < buffer.length; i++)
      buffer[i] = java.lang.Math.random();
}
```

Die `for`-Schleife paßt nicht in einen Initialisierungsausdruck. Folglich greifen wir auf einen Initialisierungsblock zurück. Genau wie statische Methoden können natürlich statische Initialisierungsblöcke nur auf die statischen Variablen und Methoden der Klasse und nicht auf die Instanzenvariablen und Methoden zugreifen.

Die statische Initialisierung erfolgt beim erstmaligen Laden der Klasse. Zuerst initialisiert die Klasse alle statischen Variablen in der Reihenfolge, in der sie deklariert sind. Dann werden alle statischen Initialisierungsblöcke in der Reihenfolge, in der sie in der Klassendeklaration auftreten, ausgeführt.

Hinweis

Das folgende Beispiel zeigt eine ungewöhnliche Java-Konstruktion, mit der Sie Ihre Programmierkollegen verblüffen können: In Java läßt sich ein »Hello World«-Programm schreiben, das überhaupt keine `main`-Funktion enthält.

```
public class Hello
{  static
   {  System.out.println("Hello, World");
   }
}
```

Wenn Sie die Klasse mit `java Hello` aufrufen, wird die Klasse geladen, der statische Initialisierungsblock gibt "Hello, World" aus – und dann erst erhalten Sie die unvermeidliche Fehlermeldung, daß `main` nicht definiert ist.

Objekte und Klassen

C++

Statische Variablen und Methoden in Java entsprechen den statischen Datenelementen und Member-Funktionen in C++. Allerdings unterscheidet sich die Syntax etwas. In C++ verwendet man den Operator ::, um auf eine statische Variable oder Methode außerhalb ihres Gültigkeitsbereichs zuzugreifen, beispielsweise Math::Pi.

Der Begriff »statisch« macht in C++ oder Java keinen Sinn, wenn man ihn auf Klassenvariablen und Klassenmethoden anwendet. Die ursprüngliche Absicht von static in C/C++ war es, lokale Variablen zu kennzeichnen, die ihren Wert nicht verlieren, wenn das Programm den lokalen Gültigkeitsbereich verläßt. In diesem Zusammenhang bezeichnet der Begriff »static«, daß die Variable erhalten bleibt und vorhanden ist, wenn das Programm erneut in den Block eintritt. Dann hat static in C/C++ eine zweite Bedeutung erhalten: Im Gültigkeitsbereich auf Dateiebene kennzeichnet das Schlüsselwort static Funktionen und globale Variablen, die nicht aus anderen Dateien heraus zugänglich sind. Schließlich verwendet C++ das Schlüsselwort erneut für eine dritte, nicht verwandte Interpretation, nämlich für Variablen und Funktionen, die zu einer Klasse gehören, aber nicht zu einem bestimmten Objekt der Klasse. Das ist die gleiche Bedeutung, die das Schlüsselwort in Java hat.

Natürlich kennt C++ keine statischen Initialisierungsblöcke.

Als weiteres Beispiel sehen wir uns den Header für die Methode main in einer Klasse an:

```
public static void main(String[] args)
```

Da die main-Methode statisch ist, braucht man keine Instanz der Klasse zu erzeugen, um sie aufzurufen – und der Java-Interpreter tut es ebenfalls nicht. Wenn Ihre main-Methode zum Beispiel in der Klasse Mortgage enthalten ist und Sie den Java-Interpreter mit

```
java Mortgage
```

aufrufen, dann startet der Interpreter einfach die Methode main, ohne ein Objekt der Klasse Mortgage zu erzeugen. Aus diesem Grund kann main nur auf statische Felder in der Klasse zugreifen. Es ist eigentlich nicht ungewöhnlich, daß main ein Objekt seiner eigenen Klasse in einer Art »Bootstrap-Prozeß« erzeugt.

```
public class Application
{  . . .
   public static void main(String[] args)
   {  Application a = new Application();
      // Kann nun Methoden a.foo() etc. aufrufen
   }
}
```

Beim Start des Programms wird die Methode `main` ausgeführt. Diese erzeugt ein Objekt vom Typ `Application`. Die Methode `main` ruft dann Instanzen-Methoden auf diesem Objekt auf.

Ein ernsthafteres Beispiel einer Klasse, die sowohl statische als auch Instanzen-Methoden kombiniert, liefert die folgende Klasse. Sie realisiert einen Zufallszahlengenerator, der eine wesentliche Verbesserung gegenüber dem zu Java gehörenden darstellt. (Java verwendet einen einfachen »linearen Kongruenzgenerator«, der in bestimmen Situationen nicht zufällig arbeitet und unerwünschte Regelmäßigkeiten zeigt. Das ist insbesondere bei Simulationen abträglich, wo es auf eine Gleichverteilung der Zufallszahlen ankommt.) Der Gedanke für die Verbesserung ist einfach (er geht auf das Buch *Seminumerical Algorithms* von Donald E. Knuth zurück, den 2. Band seiner Trilogie *The Art of Computer Programming* [Addison-Wesley, 1981]). Statt eine Zufallszahl zu verwenden, die durch einen Aufruf von

`java.lang.Math.random();`

geliefert wird, erzeugen wir eine Klasse mit folgenden Merkmalen:

1. Es lassen sich zufällige Ganzzahlen für einen festzulegenden Bereich generieren.
2. Die Zahlenfolge ist »zufälliger« als die von Java gelieferte. (Es dauert allerdings doppelt so lange, um eine Zufallszahl zu generieren.)

Die Klasse arbeitet folgendermaßen:

1. Sie füllt ein kleines Array mit Zufallszahlen und verwendet dabei den integrierten Zufallszahlengenerator. Die Größe des Arrays und das Array selbst sind als `static final` deklariert. Auf diese Weise können alle Instanzen der Klasse `RandomIntGenerator` diese Informationen gemeinsam nutzen. (Das ist offensichtlich effizienter, als einen separaten Satz von Zahlen für jede Instanz der Zufallszahlengeneratorklasse zu speichern.)
2. Sie hat eine öffentliche Methode namens `draw` für das Ziehen einer zufälligen Ganzzahl im spezifizierten Bereich. (Um diese Methode zu verwenden, muß man eine Instanz der Klasse `RandomIntGenerator` erzeugen.)
3. Die Methode `draw` verwendet ihrerseits eine statische Methode namens `nextRandom`, die den eigentlichen Algrorithmus nach *Seminumerical Algorithms*, Seite 32, von Knuth implementiert. Die Methode ruft den integrierten Zufallszahlengenerator zweimal auf: Das Ergebnis des ersten Aufrufs besagt, welches zufällige Array-Element zu verwenden ist, und beim zweiten Aufruf verwenden wir die gelieferte Zufallszahl, um das »aufgebrauchte« Element im Array zu ersetzen. Die Methode `nextRandom` ist statisch, da sie nur mit statischen Daten arbeitet. Die Methode `draw` ist dagegen nichtstatisch, da sie auf die Instanzenvariablen `low` und `high` zugreift.
4. Wir verwenden statische Initialisierungsblöcke, da die Klasse `RandomIntGenerator` die Puf-

Objekte und Klassen

fereinträge initialisieren muß, bevor man die Methode `nextRandom` zum ersten Mal aufrufen kann. Um das Puffer-Array zu initialisieren, braucht man eine Schleife, und eine Schleife läßt sich nicht mit einem einfachen Initialisierer kodieren.

5. Der Klassenkonstruktor definiert den Bereich der Ganzzahlen.

Beispiel 4.3 zeigt den Programmcode. Beachten Sie, daß das Testprogramm einfach als Methode `main` in die Klasse `RandomIntGenerator` eingebunden ist.

Beispiel 4.3: RandomIntGenerator.java

```
public class RandomIntGenerator
{ /**
   * Konstruiert die Klasse, die die zufällige Ganzzahl kapselt
   * @param l kleinste Ganzzahl im Bereich
   * @param h größte Ganzzahl im Bereich
   */

  public RandomIntGenerator(int l, int h)
  { low = l;
    high = h;
  }

  /**
   * Gibt eine zufällige Ganzzahl im konstruierten Bereich zurück
   */

  public int draw()
  { int r = low
        + (int)((high - low + 1) * nextRandom());
    return r;
  }

  /**
   * Stub-Routine zum Testen der Klasse
   */

  public static void main(String[] args)
  { RandomIntGenerator r1
        = new RandomIntGenerator(1, 10);
    RandomIntGenerator r2
        = new RandomIntGenerator(0, 1);
    int i;
    for (i = 1; i <= 100; i++)
        System.out.println(r1.draw() + " " + r2.draw());
  }
```

```
    private static double nextRandom()
{   int pos =
        (int)(java.lang.Math.random() * BUFFER_SIZE);
    double r = buffer[pos];
    buffer[pos] = java.lang.Math.random();
    return r;
}

    private static final int BUFFER_SIZE = 101;
    private static double[] buffer
        = new double[BUFFER_SIZE];
    static
    {   int i;
        for (i = 0; i < BUFFER_SIZE; i++)
            buffer[i] = java.lang.Math.random();
    }

    private int low;
    private int high;
}
```

Hinweis

Wenn Sie sich den Code der Klasse `RandomIntGenerator` im Verzeichnis `corejava` ansehen, erkennen Sie, daß wir den Testcode als Teil der Methode `main` realisiert haben. Das ist eine übliche Vorgehensweise, um Klassen zu testen.

4.3.9 Eine Klasse »CardDeck«

Um alle Informationen dieses Kapitels unter einen Hut zu bringen, zeigen wir den Code, der für das einfachste Kartenspiel überhaupt erforderlich ist. Das Programm wählt zufällig zwei Karten aus, eine für Sie und eine für den Computer. Die höhere gewinnt.

Dem Beispiel liegt folgende Objektstruktur zugrunde: Eine Klasse namens `Card` (Karte) erstellt eine Klasse namens `CardDeck` (Kartenstapel). Eine Karte speichert ihren Wert (eine Zahl zwischen 1 und 13, um die Karten As, 2, ..., 10, Joker, Dame und König zu bezeichnen) und ihre Farbe (eine Zahl zwischen 1 und 4 zur Kennzeichnung von Kreuz, Pique, Rot und Karo.)

```
class Card
{   public static final int ACE = 1;
    public static final int JACK = 11;
    public static final int QUEEN = 12;
```

Objekte und Klassen

```
   public static final int KING    = 13;
   public static final int CLUBS   = 1;
   public static final int DIAMONDS = 2;
   public static final int HEARTS  = 3;
   public static final int SPADES  = 4;

   . . .

   private int value;
   private int suit;
}
```

Der Konstruktor für das Card-Objekt übernimmt zwei Ganzzahlen, eine für den Wert und eine für die Farbe:

```
public Card(int v, int s)
{  value = v;
   suit = s;
}
```

Der Kartenstapel speichert ein Array von Karten.

```
class CardDeck
{  . . .
   private Card[] deck;
   private int cards;
}
```

Das Feld cards zählt, wie viele Karten sich noch im Stapel befinden. Zu Beginn sind es 52 Karten. Wenn wir eine Karte vom Stapel nehmen, zählt das Feld abwärts.

Der Konstruktor für die Klasse CardDeck ist wie folgt kodiert:

```
public CardDeck()
{  deck = new Card[52];
   fill();
   shuffle();
}
```

Beachten Sie, daß dieser Konstruktor das Array der Card-Objekte initialisiert. Nachdem das Array der Karten im Speicher reserviert ist, wird es automatisch mit den Karten gefüllt und gemischt. Die Methode fill füllt den Kartenstapel mit 52 Karten.

Zum Mischen der Karten wählt die Methode shuffle eine zufällige Karte, die dann zur letzten wird. Die Methode tauscht dann die letzte Karte mit der gewählten Karte und wiederholt den ganzen Vorgang mit dem Rest des Stapels.

Beispiel 4.4 zeigt den vollständigen Code für die Klasse `CardDeck`. Beachten Sie den Code für das Spiel in der Methode `play` und die Art und Weise, wie die Methode `main` ein neues CardDeck-Objekt erzeugt.

Beispiel 4.4: CardDeck.java

```
import corejava.*;

public class CardDeck
{  public CardDeck()
   {  deck = new Card[52];
      fill();
      shuffle();
   }

   public void fill()
   {  int i;
      int j;

      for (i = 1; i <= 13; i++)
         for (j = 1; j <= 4; j++)
            deck[4 * (i - 1) + j - 1] = new Card(i, j);
      cards = 52;
   }

   public void shuffle()
   {  int next;
      for (next = 0; next < cards - 1; next++)
      {  int r = new
            RandomIntGenerator(next, cards - 1).draw();
         Card temp = deck[next];
         deck[next] = deck[r];
         deck[r] = temp;
      }
   }

   public Card draw()
   {  if (cards == 0) return null;
      cards--;
      return deck[cards];
   }

   public void play(int rounds)
   {  int i;
      int wins = 0;
```

Objekte und Klassen

```
      for (i = 1; i <= rounds; i++)
      {  Card yours = draw();
         System.out.print("Sie ziehen: " + yours + " ");
         Card mine = draw();
         System.out.print("Ich ziehe: " + mine + " ");
         if (yours.rank() > mine.rank())
         {  System.out.println("Sie haben gewonnen.");
            wins++;
         }
         else
            System.out.println("Ich haben gewonnen.");
      }
      System.out.println("Ihre Gewinne: " + wins
         + " Meine Gewinne: " + (rounds - wins));
   }

   public static void main(String[] args)
   {  CardDeck d = new CardDeck();
      d.play(10); // Zehn Runden spielen
   }

   private Card[] deck;
   private int cards;
}
```

Beispiel 4.5 liefert den vollständigen Code für die Klasse Card. Die Ganzzahlen, die den Wert und die Farbe der Karte repräsentieren, sind gekapselt und lassen sich nur lesen. Weiterhin ist zu beachten, daß sich der Inhalt eines Card-Objekts nicht mehr ändert, nachdem es konstruiert wurde.

Beispiel 4.5: Card.java

```
public class Card
{  public static final int ACE = 1;
   public static final int JACK = 11;
   public static final int QUEEN = 12;
   public static final int KING = 13;
   public static final int CLUBS = 1;
   public static final int DIAMONDS = 2;
   public static final int HEARTS = 3;
   public static final int SPADES = 4;

   public Card(int v, int s)
   {  value = v;
      suit = s;
   }
```

```
    public int getValue()
    {   return value;
    }

    public int getSuit()
    {   return suit;
    }

    public int rank()
    {   if (value == ACE)
            return 4 * 13 + suit;
        else
            return 4 * (value - 1) + suit;
    }

    public String toString()
    {   String v;
        String s;
        if (value == ACE) v = "Ace";
        else if (value == JACK) v = "Jack";
        else if (value == QUEEN) v = "Queen";
        else if (value == KING) v = "King";
        else v = String.valueOf(value);
        if (suit == DIAMONDS) s = "Diamonds";
        else if (suit == HEARTS) s = "Hearts";
        else if (suit == SPADES) s = "Spades";
        else /* suit == CLUBS */ s = "Clubs";
        return v + " of " + s;
    }

    private int value;
    private int suit;
}
```

Dieses Beispielprogramm ist das erste, das auf zwei Quelldateien aufgeteilt ist, wie Sie dem Verzeichnis zu Kapitel 4 entnehmen können. Das Programm können Sie auf zweierlei Arten kompilieren:

1. Sie rufen den Java-Compiler mit einem Platzhalter auf:

    `javac Card*.java`

    Alle Quelldateien werden dann in Klassendateien kompiliert.

2. Sie tippen einfach

    `javac CardDeck.java`

    ein.

Objekte und Klassen

Vielleicht überrascht es Sie, daß die zweite Methode funktioniert, obwohl die Datei `Card.java` überhaupt nicht explizit kompiliert wird. Wenn der Java-Compiler feststellt, daß die Klasse `Card` innerhalb von `CardDeck.java` verwendet wird, sucht er nach einer Datei `Card.class`. Kann er diese Datei nicht finden, sucht er automatisch nach `Card.java` (unter Verwendung des Klassenpfades, der die möglichen Quellverzeichnisse bestimmt) und kompiliert diese Datei. Es passiert sogar noch mehr: Wenn die gefundene Version von `Card.java` neuer ist als die existierende Datei `Card.class`, kompiliert der Java-Compiler *automatisch* die Datei erneut.

Im allgemeinen kompiliert der Java-Compiler die Klassendateien der Klassen, die für die Übersetzung der auf der Befehlszeile angegebenen Quelldateien erforderlich sind.

Hinweis

Wenn Sie mit dem Dienstprogramm `make` von Unix (oder einem der Windows-Pendants wie `nmake`) vertraut sind, können Sie sich den Java-Compiler als Werkzeug mit bereits eingebauter `make`-Funktionalität vorstellen.

4.4 Pakete

In Java lassen sich Klassen in einer Sammlung namens *Package* (Paket) gruppieren. Pakete eignen sich hervorragend, um die Programme zu organisieren und Code-Bibliotheken von Drittherstellern von den eigenen getrennt zu halten.

Beispielsweise bieten wir Ihnen eine Reihe von – nach unserer Meinung – nützlichen Klassen in einem Paket namens `corejava`. Die Standardbibliothek von Java umfaßt eine Reihe von Paketen, zu denen `java.lang`, `java.util`, `java.net` usw. gehören. Die Standardpakete von Java sind Beispiele eines hierarchischen Pakets. Genau wie man Unterverzeichnisse auf der Festplatte verschachtelt, kann man Pakete auf verschiedenen Verschachtelungsebenen organisieren. Alle Standardpakete von Java sind in der Pakethierarchie `java` enthalten.

Ein Grund für das Verschachteln von Paketen ist es, die Eindeutigkeit der Paketnamen zu garantieren. Wenn wir mehr Hilfsklassen mit unseren Paketen bereitgestellt hätten, könnten wir sie in einem Paket namens `corejava.util` unterbringen. Das ist besser, als das Paket einfach `util` zu nennen – vielleicht hat jemand anderes den gleichen Gedankenblitz, was zu Konflikten führt. Die Anzahl der Verschachtelungsebenen ist nicht beschränkt. In der Tat empfiehlt Sun, daß man den Internet-Domänennamen der Firma (der eindeutig ist) in umgekehrter Reihenfolge als Präfix für das Paket verwenden soll, um einen absolut eindeutigen Paketnamen zu garantieren. Beispielsweise ist `corebooks.com` eine von uns registrierte Domäne, so daß wir das Paket `corejava` als

`com.corebooks.corejava`

hätten bezeichnen können. Wenn man ein Paket schreibt, muß man den Namen des Pakets an die Spitze des Quelldateinamens setzen, *vor* den Code, der die Klassen im Paket definiert. Wenn Sie zum Beispiel einen Blick in die Datei `GregorianCalendar.java` der Java-Bibliothek werfen, finden Sie folgende Zeile:

`package java.util;`

Das bedeutet, daß die Datei `GregorianCalendar.java` Teil des Pakets `java.util` ist. Die Anweisung `package` muß als erste Anweisung in der Datei nach eventuellen Kommentaren stehen.

Folglich beginnen die Dateien in unserem Paket `corejava` mit

`package corejava;`

Wenn Sie keine `package`-Anweisung in der Quellcodedatei vorsehen, dann fügt Java die Klassen in dieser Datei in ein sogenanntes *Standardpaket* ein. Das Standardpaket hat keinen Paketpfad. Wenn aber das aktuelle Verzeichnis (.) Teil des Klassenpfades ist, dann werden die Klassen ohne Paketdeklaration im aktuellen Verzeichnis automatisch Teil des Standardpakets. Schließt man die Dateien im Paket `corejava` aus, kommen unsere Beispielprogramme immer in das Standardpaket, da sie keine `package`-Anweisung enthalten. Um sie erfolgreich einsetzen zu können, muß man demnach sicherstellen, daß im Klassenpfad "." angegeben ist. Bei komplexeren Projekten sollte man also mit Paketen arbeiten, um den Code übersichtlicher zu organisieren.

4.4.1 Pakete im Einsatz

Die öffentlichen Klassen in einem Paket können Sie auf zweierlei Arten nutzen. Erstens geben Sie einfach den vollständigen Namen des Pakets an, beispielsweise:

```
int i = corejava.Console.readInt();
java.util.GregorianCalendar today
   = new java.util.GregorianCalendar();
```

Das ist offensichtlich recht umständlich. Die einfachere und gebräuchlichere Lösung ist, das Schlüsselwort `import` zu verwenden, das wir mit unserem Paket `corejava` in vielen der bereits gezeigten Beispiele verwendet haben. Die Anweisung `import` ist einfach eine Abkürzung für den Verweis auf die Klassen im Paket. Wenn eine entsprechende `import`-Anweisung vorhanden ist, braucht man die Klassen nicht mehr mit ihren vollständigen Namen zu bezeichnen.

Man kann eine bestimmte Klasse oder das gesamte Paket importieren. Wie Sie in den Beispielen, die mit unserem `corejava`-Paket arbeiten, gesehen haben, plaziert man die `import`-Anweisung vor dem Quellcode der Klasse, die das Paket verwendet. Zum Beispiel:

```
import corejava.*;   // Importiert alle Klassen im
                     // Paket corejava.
import java.util.*;  // Importiert alle Klassen im
                     // Utility-Paket von Java.
```

Objekte und Klassen

Dann kann man schreiben:

```
int i = Console.readInt();
GregorianCalendar today = new GregorianCalendar();
```

Man kann auch eine bestimmte Klasse aus einem Paket importieren. Dazu paßt man die `import`-Anweisung wie im folgenden Beispiel an:

```
import corejava.Console; // Importiert nur die Klasse Console.
import java.util.GregorianCalendar;
```

Normalerweise ist es einfacher, alle Klassen eines Pakets zu importieren. Das hat keine negativen Auswirkungen auf die Kompilierzeit oder die Codegröße, so daß es im allgemeinen keinen Grund gibt, anders zu verfahren. Wenn allerdings zwei Pakete gleichnamige Klassen enthalten, kann man sie nicht beide importieren.

Schließlich kann man das Sternchen (*) nur verwenden, um ein einzelnes Paket zu importieren. Es ist nicht möglich, `import java.*` oder `import java.*.*` zu schreiben, um alle Pakete mit dem Präfix `java` zu importieren.

Wie der Compiler Pakete lokalisiert

Wie die Entwickler eines Compilers oder einer integrierten Benutzeroberfläche den Quellcode organisieren, liegt leider vollständig in der Hand des Produktentwicklers. Es gibt in dieser Hinsicht keine Standards. Einige Produkte (wie die VisualAge-Familie von IBM) stellen alle Dateien in eine ziemlich ausgeklügelte Datenbank. Der JDK-Compiler und die meisten anderen Java-Compiler speichern allerdings die Pakete in Unterverzeichnissen des Dateisystems oder innerhalb von Archiven wie ZIP- oder JAR-Dateien. Beachten Sie, daß alle Dateien in einem Paket in einem Unterverzeichnis unterzubringen sind, das den vollständigen Paketnamen trägt. Zum Beispiel müssen sich alle Dateien in unserem Paket `corejava` im Unterverzeichnis namens `corejava` befinden. Alle Dateien im Paket `java.util` sind in einem Unterverzeichnis `java\util` (unter Unix in `java/util`) untergebracht.

Diese Unterverzeichnisse müssen nicht direkt vom Stammverzeichnis aus verzweigen, sondern können bei einem beliebigen Verzeichnis beginnen, das im Klassenpfad genannt ist. Wenn Sie mit dem JDK unter Windows oder Unix arbeiten, wird der Klassenpfad mit der Umgebungsvariablen `CLASSPATH` eingestellt. Nehmen wir an, daß Ihr Windows-`CLASSPATH` wie folgt lautet:

```
CLASSPATH=c:\jdk\lib\classes.zip;c:\CoreJavaBook;.
```

Weiterhin nehmen wir an, daß Ihr Code die Zeilen

```
import java.util.*;
import corejava.*;
```

enthält. Weiterhin soll die Quelldatei, die auf die Klasse `Console` zurückgreift, keine `package`-Deklaration enthalten, so daß sie sich im Standardpaket befindet. Wenn dann Ihr Code die Klasse `Console` verwendet, sucht der Compiler innerhalb *aller* Dateien im Standardpaket nach einer Klasse namens `Console`. Die Dateistandorte für das Standardpaket sind durch den Klassenpfad vorgegeben. Damit gibt es in unserem Beispiel drei Verzeichnisse, die zu durchsuchen sind. Der Java-Compiler sucht mithin

   alle Dateien in `C:\CoreJavaBook`

   alle Dateien im aktuellen Verzeichnis (`.`)

Der Compiler hat damit die Suche durch die Klassen im aktuellen Paket (dem Standardpaket) abgeschlossen. Wenn er keine Klasse namens `Console` gefunden hat, dann sucht der Compiler nach einer Datei namens `Console.class` in einem der importierten Pakete, das heißt nach den folgenden Dateien:

```
java\util\Console.class innerhalb von c:\jdk\jre\lib\rt.jar
corejava\Console.class innerhalb von c:\jdk\jre\lib\rt.jar
c:\CoreJavaBook\java\util\Console.class
c:\CoreJavaBook\corejava\Console.class
.\java\util\Console.class
.\corejava\Console.class
```

Mit anderen Worten verkettet der Compiler alle möglichen Unterverzeichnisse, die im Klassenpfad aufgeführt sind, mit dem Dateinamen `Console.class`. Wenn er eine passende Datei findet, prüft er, ob der Paketname dem Pfad entspricht und ob die Datei eine öffentliche Klasse namens `Console` enthält.

Schließlich sucht der Compiler immer im Paket `java.lang`. Dieses Paket brauchen Sie weder zu spezifizieren noch zu importieren.

Wenn Sie ein Paket erzeugen, liegt es in Ihrer Verantwortlichkeit, die Objektdateien in das richtige Unterverzeichnis zu stellen. Wenn Sie zum Beispiel eine Datei kompilieren, die mit der Zeile

```
package acme.util;
```

beginnt, müssen Sie die resultierende Klassendatei in das Unterverzeichnis `acme\util` stellen. Der Compiler nimmt Ihnen diese Arbeit nicht ab.

C++

C++-Programmierer verwechseln gewöhnlich `import` mit `#include`. Beide Anweisungen haben nichts gemein. In C++ muß man mit `#include` arbeiten, um die Deklarationen der externen Merkmale einzubinden, weil der C++-Compiler nicht alle Dateien durchsucht, sondern nur diejenigen,

Objekte und Klassen

die er kompiliert, und die explizit eingebundenen Header-Dateien. Der Java-Compiler sucht unbekümmert auch in anderen Dateien, vorausgesetzt, daß Sie angegeben haben, wo zu suchen ist.

In Java kann man den import-Mechanismus komplett vermeiden, indem man explizit alle Pakete benennt, wie zum Beispiel java.util.GregorianCalendar. In C++ lassen sich die #include-Direktiven nicht umgehen.

Der einzige Nutzen der import-Anweisung ist die Bequemlichkeit. Bei einem Klassennamen muß man dann nicht den vollständigen Paketnamen angeben. Beispielsweise kann man nach einer import-Anweisung wie java.util.* (oder import java.util.GregorianCalendar) auf die Klasse java.util.GregorianCalendar einfach als GregorianCalendar verweisen.

Die analoge Einrichtung zum Paketmechanismus stellt in C++ der Namensbereich dar. Stellen Sie sich die Schlüsselwörter package und import von Java als Äquivalente zu den Direktiven namespace und using von C++ vor.

Gültigkeitsbereich von Paketen

Wir haben bereits die Zugriffsmodifizierer public und private kennengelernt. Merkmale, die als public gekennzeichnet sind, können von jeder beliebigen Klasse verwendet werden. Auf private Elemente können nur die Klassen zugreifen, die sie definiert haben. Wenn man weder public noch private spezifiziert, dann ist das Element (das heißt, die Klasse, Methode oder Variable) allen Methoden im selben *Paket* zugänglich.

Hinweis

Jede Quelldatei kann höchstens eine öffentliche Klasse enthalten, die den gleichen Namen wie die Datei haben muß.

Wenn zum Beispiel die Klasse Card im weiter oben gezeigten Beispiel CardDeck nicht als öffentliche Klasse definiert ist, dann können nur andere Klassen im selben Paket - in diesem Fall im Standardpaket - wie etwa CardDeck darauf zugreifen. Bei Klassen ist das eine vernünftige Voreinstellung. Dagegen ist dieses Standardverhalten bei Variablen keine glückliche Wahl. Variablen müssen explizit als privat markiert sein, oder sie sind per Vorgabe im gesamten Paket sichtbar. Das sprengt natürlich die Kapselung. Wenn Sie Instanzen-Felder nicht per Vorgabe privat machen, muß man das Schlüsselwort private immer schreiben – und das hat man schnell einmal vergessen. Hier ist ein Beispiel aus der Klasse Window im Paket java.awt, das Teil des vom JDK bereitgestellten Quellcodes ist:

```
public class Window extends Container
{  String warningString;
   . . .
   private FocusManager focusMgr;
   private static int nameCounter = 0;
   . . .
}
```

Obwohl an dieser Datei zwei Programmierer gearbeitet haben, fehlt im Quellcode immer noch der Modifizierer `private` für die Variable `warningString`. Damit können Methoden aller Klassen im Paket `java.awt` auf diese Variable zugreifen und auf einen beliebigen Wert setzen (wie etwa `"Vertraue mir!"`). Eigentlich befinden sich die einzigen Methoden, die auf diese Variable zugreifen, in der Klasse `Window`, so daß es durchaus angebracht ist, die Variable privat zu machen. Wir vermuten, daß die Programmierer den Code unter Zeitdruck eingetippt und einfach den Modifizierer `private` vergessen haben.

Stellt das ein ernsthaftes Problem dar? Da keine andere Klasse im Paket das Privileg nutzt, auf die Variable `warningString` zuzugreifen, ist das nicht weiter gefährlich. In Java sind aber Pakete keine in sich abgeschlossenen Einheiten. Jeder kann einem beliebigen Paket etwas hinzufügen. Ein Klasse `SetWarning` kann man in einer Datei erstellen, die mit

```
package java.awt;
```

beginnt. Diese Klasse kann auf alle Elemente im Paket `java.awt` zugreifen, die im Gültigkeitsbereich des Pakets liegen. Insbesondere kann man eine statische Methode

```
public class SetWarning
{  public static void trustMe(Window w)
   {  w.warningString = "Vertraue mir!";
   }
}
```

schreiben. Stellen Sie die Datei `SetWarning.class` in ein Unterverzeichnis `java\awt` irgendwo im Klassenpfad, und Sie haben Zugriff auf die Interna des Pakets `java.awt`. Damit können Sie problemlos eine Meldung im Warnungsrahmen ausgeben (siehe Abbildung 4.10).

Eigentlich achtet der Sicherheitsmanager auf Neuzugänge in den Systempaketen (wie etwa `java.awt`). Wenn Sie das beschriebene Verfahren also in einem Applet ausprobieren, das aus dem Internet heruntergeladen wird, weigert sich der Sicherheitsmanager, die Klasse zu laden. Aber Ihre eigenen Pakete genießen nicht den gleichen Schutz durch den Sicherheitsmanager, so daß Sie Variablen mit Sichtbarkeit auf Paketebene in Ihrem Code tunlichst vermeiden sollten.

Objekte und Klassen

Abbildung 4.10: Den Warnstring in einem Applet-Fenster verändern

4.5 Tips zum Entwurf von Klassen

Ohne Anspruch auf Vollständigkeit und ohne zu weit auszuholen, wollen wir dieses Kapitel mit einigen Hinweisen abschließen, die Ihren Klassen gutes Benehmen für die OOP-Gesellschaft beibringt.

1. *Halten Sie Daten privat.*

   Zuallererst: alles andere verstößt gegen die Kapselung. Vielleicht müssen Sie eine Zugriffs- oder Mutatormethode schreiben, aber es ist in jedem Fall besser, die Instanzen-Felder privat zu halten. Bittere Erfahrung hat gezeigt, daß sich zwar die Darstellung der Daten gelegentlich ändert, daß aber die Art und Weise ihrer Verwendung weniger häufigen Änderungen unterliegt. Wenn man Daten privat hält, beeinflussen Änderungen in ihrer Darstellung nicht den Benutzer der Klasse, und Fehler sind leichter aufzudecken.

2. *Initialisieren Sie immer Ihre Daten.*

   Java initialisiert keine lokalen Variablen, aber Instanzenvariablen von Objekten. Verlassen Sie sich nicht auf die Vorgaben, sondern initialisieren Sie die Variablen explizit, entweder durch Bereitstellen eines Standardwertes oder durch Setzen von Standardwerten in allen Konstruktoren.

3. *Verwenden Sie nicht zu viele Basistypen in einer Klasse.*

   Man sollten mehrere *verwandte* Basistypen durch andere Klassen ersetzen. Damit bleiben die Klassen verständlicher und lassen sich leichter ändern. Ersetzen Sie zum Beispiel die folgenden Instanzen-Felder in einer Kunden-Klasse

   ```
   private String strasse;
   private String stadt;
   private String staat;
   private int plz;
   ```

durch eine neue Klasse namens `Adresse`. Auf diese Weise können Sie Änderungen an Adressen leicht bewältigen, wenn Sie zum Beispiel internationale Adressen berücksichtigen müssen.

4. *Nicht alle Felder brauchen individuelle Zugriffs- und Mutatormethoden.*

    Das Gehalt eines Mitarbeiters ändert sich hin und wieder, man muß es also lesen und setzen können. Das Einstellungsdatum ändert sich aber nicht mehr, nachdem das Objekt konstruiert ist. Und ziemlich häufig haben Objekte Instanzenvariablen, die man den Benutzern der Klasse nicht zugänglich machen will, zum Beispiel das Array der Karten im Kartenstapel.

5. *Verwenden Sie ein Standardformat für Klassendefinitionen.*

    Wir listen den Inhalt von Klassen immer in der folgenden Reihenfolge auf:

    öffentliche Merkmale

    Merkmale im Gültigkeitsbereich des Pakets

    private Merkmale

    Innerhalb jedes Abschnitts führen wir die Elemente in der folgenden Reihenfolge auf:

    Konstanten

    Konstruktoren

    Methoden

    Statische Methoden

    Instanzenvariablen

    Statische Variablen

    Immerhin sind die Benutzer Ihrer Klasse mehr an der öffentlichen Schnittstelle interessiert als an den Details der privaten Implementierung. Und mehr noch sind sie an den Methoden als an den Daten interessiert.

    Ob Sie diese Reihenfolge übernehmen oder nicht, wichtig ist vor allem, einheitlich zu bleiben.

6. *Teilen Sie Klassen mit zu vielen Verantwortlichkeiten auf.*

    Dieser Hinweis ist natürlich etwas unscharf: »Zu viele« hängt offensichtlich vom Standpunkt des Betrachters ab. Wenn es jedoch einen naheliegenden Weg gibt, um eine komplizierte Klasse in zwei Klassen, die konzeptionell einfacher sind, aufzuteilen, sollten Sie die Gelegenheit beim Schopfe packen. (Schlagen Sie andererseits nicht über die Stränge. Zehn Klassen mit nur einer einzigen Methode sind gewöhnlich des Guten zuviel.)

    Das folgende Beispiel zeigt einen schlechten Entwurf. In unserem Kartenspiel könnten wir ohne

Objekte und Klassen

die Klasse Card den Kartenstapel in zwei Arrays speichern: eines für die Farben und eines für die Werte. Damit ließe sich eine Karte nur schwer ziehen und zurückgeben, so daß wir die Klasse mit Funktionen spicken müßten, die wir nach den Eigenschaften der obersten Karte im Stapel sehen könnten.

```
class CardDeck // Schlechter Entwurf
{   public CardDeck() { . . . }
    public void shuffle() { . . . }
    public int getTopValue() { . . . }
    public int getTopSuit() { . . . }
    public int topRank() { . . . }
    public void draw() { . . . }

    private int[] value;
    private int[] suit;
    private int cards;
}
```

Wie man sieht, läßt sich das zwar implementieren, es ist aber ungeschickt. Sinnvoller ist es, die Klasse Card einzuführen, da die Karten in diesem Kontext bedeutungsvolle Objekte sind.

7. *Wählen Sie für Ihre Klassen und Methoden Namen, die deren Verantwortlichkeiten widerspiegeln.*

Genau wie die Aufgaben von Variablen aus dem Namen ersichtlich sein sollen, gilt das auch für Klassen. (Die Standardbibliothek enthält sicherlich einige zweifelhafte Beispiele, wie etwa die Klasse Date, die die Zeit beschreibt.)

Als Klassenname verwenden Sie zum Beispiel ein einzelnes Substantiv (Bestellung) oder eine Zusammensetzung (ExpressBestellung). Bei Methoden folgen Sie der Standardkonvention, daß Zugriffsmethoden mit einem klein geschriebenen get (wie in getDay) und Mutatormethoden mit einem klein geschriebenen set (wie in setSalary) beginnen. Die Programmierer von Java 1.1 haben in der Tat eine konzertierte Aktion gestartet, um die Methodennamen von Java 1.0 zu verbessern, so daß nun die meisten Zugriffsmethoden mit get und die meisten Mutatormethoden mit set beginnen.

Kapitel 5

Vererbung

Das letzte Kapitel hat eine Einführung in die objektorientierte Programmierung (OOP) gebracht. Jetzt erklären wir den größten Teil der restlichen OOP-Konzepte, die Sie kennen müssen. Insbesondere konzentrieren wir uns in diesem Kapitel auf die erforderlichen Verfahren, um neue Klassen von vorhandenen Klassen abzuleiten. Dieses Konzept, das im letzten Kapitel eingeführt wurde, bezeichnet man als *Vererbung*.

Wie Sie bereits wissen, ist das Grundprizip der Vererbung, daß man sowohl die Methoden vorhandener Klassen wiederverwenden oder ändern als auch neue Methoden hinzufügen kann, um die Klassen an neue Gegebenheiten anzupassen. Dieses Verfahren ist für die Java-Programmierung bestimmend. Wie Sie zum Beispiel in Kapitel 7 sehen, kann man nicht einmal Text oder Grafiken in einem Fenster anzeigen, ohne mit Vererbung zu arbeiten.

Wenn Sie von einer prozeduralen Sprache wie C oder Cobol kommen, sollten Sie dieses (wie auch das vorherige Kapitel) sorgfältig studieren. Das gleiche gilt für *alle* Benutzer von VB (selbst diejenigen, die die neueste Version von VB verwenden – das eingeschränkte Objektmodell von VB kennt keine Vererbung).

Erfahrenen C++-Programmierern oder denjenigen, die von einer anderen objektorientierten Sprache wie SmallTalk kommen, sollte das Kapitel vertraut vorkommen, aber es gibt *viele* Unterschiede zwischen der Vererbung in Java und in C++ oder anderen objektorientierten Sprachen. Zumindest sollten Sie sich die hinteren Abschnitte dieses Kapitels eingehend durchlesen.

5.1 Erste Schritte mit Vererbung

Kehren wir zu unserer Klasse `Employee` (Mitarbeiter) zurück, die wir im letzten Kapitel behandelt haben. Nehmen wir an, daß Sie für eine Firma arbeiten, die die Führungskräfte grundsätzlich anders als andere Mitarbeiter behandelt. Ihre Gehälter werden unterschiedlich berechnet, sie haben eine Sekretärin zur Seite usw. Eine derartige Situation schreit förmlich nach OOP. Warum? Nun, man muß eine neue Klasse – `Manager` – definieren und Funktionalität hinzufügen. Aber man kann einen Teil dessen, was man in der Klasse `Employee` programmiert hat, beibehalten und *alle* Instanzen-Felder der Originalklasse übernehmen. Abstrakter ausgedrückt, gibt es offensichtlich eine »Ist ein«-Beziehung zwischen `Manager` und `Employee`. Jeder Manager *ist ein* Mitarbeiter: Diese »Ist ein«-Beziehung ist das Kennzeichen der Vererbung.

Die Klasse `Employee` läßt sich zum Beispiel mit dem folgenden Code zu einer Klasse `Manager` erweitern:

```
class Manager extends Employee
{  public Manager(String n, double s, Day d)
   {  super(n, s, d);
      secretaryName = "";
   }
```

Vererbung

```
    public void raiseSalary(double byPercent)
    {   // 1/2% Bonus für jedes Dienstjahr
        Day today = new Day();
        double bonus = 0.5 * (today.getYear() - hireYear());
        super.raiseSalary(byPercent + bonus);
    }

    public String getSecretaryName()
    {   return secretaryName;
    }

    public void setSecretaryName(String name)
    {   secretaryName = name;
    }

    private String secretaryName;
}
```

Gehen wir die neuen Merkmale der Klasse zeilenweise durch. Zuerst ist festzustellen, daß der Header für diese Klasse einen Unterschied zu den bisherigen zeigt:

```
class Manager extends Employee
```

Das Schlüsselwort `extends` gibt an, daß man eine neue Klasse erzeugt, die sich von einer vorhandenen Klasse ableitet. Die vorhandene Klasse heißt *Superklasse*, *Basisklasse* oder *übergeordnete Klasse*. Die neue Klasse heißt *Unterklasse*, *Subklasse*, *abgeleitete Klasse* oder *untergeordnete Klasse*. Am gebräuchlichsten bei Java-Programmierern sind die Begriffe Superklasse und Subklasse.

Die Klasse `Employee` ist eine Superklasse, aber nicht, weil sie in der Hierarchie über ihrer Subklasse kommt oder mehr Funktionalität enthält. *Tatsächlich ist das Gegenteil der Fall*: Subklassen verfügen über mehr Funktionalität als ihre Superklassen. Wie Sie zum Beispiel sehen, wenn wir den übrigen Code der Klasse `Manager` durchgehen, kapselt die Klasse `Manager` mehr Daten ab und hat mehr Funktionalität als ihre Superklasse `Employee`. Wenn wir die Programmierung von Benutzeroberflächen in Java behandeln, lernen Sie als weiteres Beispiel die Superklasse `JComponent` kennen, die in viele Subklassen erweitert ist, wie etwa die Klasse `JDialog`, mit der sich Dialogfelder erstellen lassen, oder die Klasse `JTextField` für Eingabefelder.

Hinweis

Die lateinischen Präfixe *super* (über, oberhalb) und *sub* (unter, unterhalb) entstammen dem Sprachgebrauch der in der theoretischen Computerwissenschaft und der Mathematik verwendeten Mengenlehre. Die Menge aller Mitarbeiter *enthält* die Menge aller Manager, und das beschreibt man, indem man sagt, es ist eine *Obermenge* der Menge der Manager. In gleicher Weise ist die Menge aller Dialogfelder in der Menge aller Fenster *enthalten*, so daß sie eine *Untermenge* der Menge aller Fenster ist.

Als nächstes sehen wir uns den Konstruktor für die Klasse Manager an:

```
public Manager(String n, double s, Day d)
{  super(n, s, d);
   secretaryName = "";
}
```

Das Schlüsselwort super bezieht sich immer auf die Superklasse (in diesem Fall Employee). Damit ist die Zeile

```
super(n, s, d);
```

eine Kurzschreibweise für »rufe den Konstruktor der Klasse Employee mit n, s und d als Parameter auf«. Der Grund für diese Zeile besteht darin, daß jeder Konstruktor einer Subklasse auch einen Konstruktor für die Datenfelder der Superklasse aufrufen muß. Wenn der Konstruktor der Subklasse nicht den Konstruktor einer Superklasse explizit aufruft, dann verwendet die Superklasse ihren Standardkonstruktor (ohne Argumente). Wenn die Superklasse keinen Standardkonstruktor hat und der Subklassen-Konstruktor keinen anderen Superklassen-Konstruktor explizit aufruft, meldet der Java-Compiler einen Fehler. Wenn der Subklassen-Konstruktor nicht mit dem Standardkonstruktor der Superklasse zufrieden ist, muß er explizit das Schlüsselwort super mit den passenden Parametern verwenden, um den gewünschten Konstruktor aufzurufen. Schließlich besteht der Java-Compiler darauf, daß der Aufruf mit super als erste Anweisung im Konstruktor für die Subklasse stehen muß.

Wie dieses Beispiel als nächstes zeigt, können Subklassen mehr Instanzen-Felder als die übergeordnete Klasse haben. Gemäß guter Programmiertechniken setzen wir das Instanzen-Feld secretaryName auf den leeren String, um es zu initialisieren. (Per Vorgabe wäre es mit null initialisiert worden.)

Wenn Sie die Klasse Manager mit der Klasse Employee vergleichen, erkennen Sie, daß sich viele der Methoden in der Klasse Employee nicht in der Klasse Manager wiederholen. Das hängt damit zusammen, daß eine Subklasse immer die Methoden der Superklasse verwendet, solange nichts anderweitiges spezifiziert ist. Wenn man die Subklasse durch Vererbung von der Superklasse erstellt, muß man nur die *Unterschiede* zwischen der Subklasse und der Superklasse angeben. Die Fähigkeit zur Wiederverwendung von Methoden in der Superklasse ist automatisch gegeben. In unserem Beispiel brauchen wir der Methode getName keine neue Definition zu geben, da die Methode in der Superklasse vollkommen unseren Ansprüchen genügt. Dieses *Ausklammern*

Vererbung

gemeinsamer Funktionalität durch Verschieben in eine Superklasse ist wesentlich für die richtige Verwendung der Vererbung in der objektorientierten Programmierung.

Die Methode `raiseSalary` (Gehaltserhöhung) erhält jedoch eine neue Definition:

```
public void raiseSalary(double byPercent)
{   // 1/2% Bonus für jedes Dienstjahr
    Day today = new Day();
    double bonus = 0.5 * (today.getYear() - hireYear());
    super.raiseSalary(byPercent + bonus);
}
```

Das ist erforderlich, da diese Methode, wie bereits weiter oben erwähnt, für Manager und (gewöhnliche) Mitarbeiter unterschiedlich arbeiten soll.

Das erforderliche Redefinieren von Methoden ist einer der Hauptgründe, mit Vererbung zu arbeiten, wie es das Beispiel deutlich zeigt. Wie das Leben so spielt, werden die Gehälter für Manager anders berechnet als für normale Mitarbeiter. Im vorliegenden Beispiel gehen wir davon aus, daß es eine firmenweite Gehaltserhöhung von fünf Prozent geben soll. Bei Managern führt die Methode `raiseSalary` allerdings folgendes aus:

1. Die Methode rechnet einen Bonus für die prozentuale Gehaltserhöhung auf der Basis der Dienstjahre ein.

2. Dann sucht die Methode aufgrund des `super` in der Zeile

    `super.raiseSalary(byPercent + bonus);`

    nach der Methode `raiseSalary` der Superklasse und übergibt ihr einen Parameter, der den ursprünglichen Parameter und einen Bonus von einem halben Prozent für jedes Jahr der Firmenzugehörigkeit des Managers, gerechnet ab Einstellungsdatum, addiert.

Beachten Sie als nächstes, daß die Methode `raiseSalary` der Klasse Manager *keinen direkten Zugriff auf die privaten Instanzen-Felder der Superklasse hat*. Das bedeutet, daß die Methode `raiseSalary` der Klasse `Manager` nicht direkt das Feld `salary` ändern kann, auch wenn jedes `Manager`-Objekt über ein `salary`-Feld verfügt. Nur die Methoden der Klasse `Employee` haben Zugriff auf die privaten Instanzen-Felder. Wenn die `Manager`-Methoden auf diese privaten Instanzen-Felder zugreifen wollen, müssen sie genau wie jede andere Methode handeln – die öffentliche Schnittstelle der Superklasse verwenden, in diesem Fall die öffentliche Methode `raiseSalary` der Klasse `Employee`.

Indem wir die Methode `raiseSalary` für `Manager`-Objekte auf diese Weise redefinieren, erhalten alle Manager *automatisch* eine größere Gehaltserhöhung, wenn man allen Mitarbeitern die Gehaltserhöhung von fünf Prozent gewährt.

Ein Beispiel soll die Funktionsweise verdeutlichen: Wir erzeugen einen neuen Manager und legen den Namen seines Sekretärs fest:

```
Manager boss = new Manager("Carl Cracker", 75000,
   new Day(1987,12,15));
boss.setSecretaryName("Harry Hacker");
```

Wir erzeugen ein Array von drei Mitarbeitern:

```
Employee[] staff = new Employee[3];
```

Wir füllen das Array mit einer Mixtur aus Mitarbeitern und Managern:

```
staff[0] = boss;
staff[1] = new Employee("Harry Hacker", 35000,
   new Day(1989,10,1));
staff[2] = new Employee("Tony Tester", 38000,
   new Day(1990,3,15));
```

Wir erhöhen das Gehalt aller um fünf Prozent:

```
for (i = 0; i < 3; i++) staff[i].raiseSalary(5);
```

Jetzt haben sowohl `staff[1]` als auch `staff[2]` eine Erhöhung von fünf Prozent erhalten, da es sich um `Employee`-Objekte handelt. Dagegen ist `staff[0]` ein `Manager`-Objekt und erhält damit eine größere Erhöhung. Schließlich geben wir die Datensätze der Mitarbeiter und den Namen des Sekretärs aus:

```
for (i = 0; i < 3; i++) staff[i].print();
System.out.println("Der Sekretär der Abteilung heißt "
   + boss.getSecretaryName());
```

Da wir keine spezielle `print`-Methode für Manager definiert haben, werden alle drei Objekte mit der Methode `print` der Klasse `Employee` ausgegeben. (Wir hätten die Methode `print` in der Klasse `Manager` ändern können, um den aktuellen Namen des Sekretärs auszugeben.) Beispiel 5.1 zeigt, wie man Objekte der Subklasse `Manager` anstelle von Objekten der Superklasse `Employee` verwenden kann.

Beispiel 5.1: ManagerTest.java

```
import java.util.*;
import corejava.*;

public class ManagerTest
{  public static void main(String[] args)
   {  Manager boss = new Manager("Carl Cracker", 75000,
         new Day(1987,12,15));
      boss.setSecretaryName("Harry Hacker");
```

Vererbung

```java
        Employee[] staff = new Employee[3];

        staff[0] = boss;
        staff[1] = new Employee("Harry Hacker", 35000,
            new Day(1989,10,1));
        staff[2] = new Employee("Tony Tester", 38000,
            new Day(1990,3,15));

        int i;
        for (i = 0; i < 3; i++) staff[i].raiseSalary(5);
        for (i = 0; i < 3; i++) staff[i].print();
        System.out.println("Der Sekretär der Abteilung heißt "
            + boss.getSecretaryName());
    }
}

class Employee
{   public Employee(String n, double s, Day d)
    {   name = n;
        salary = s;
        hireDay = d;
    }

    public void print()
    {   System.out.println(name + " " + salary + " "
            + hireYear());
    }

    public void raiseSalary(double byPercent)
    {   salary *= 1 + byPercent / 100;
    }

    public int hireYear()
    {   return hireDay.getYear();
    }

    private String name;
    private double salary;
    private Day hireDay;
}

class Manager extends Employee
{   public Manager(String n, double s, Day d)
    {   super(n, s, d);
        secretaryName = "";
    }
```

```
   public void raiseSalary(double byPercent)
   {  // 1/2% Bonus für jedes Dienstjahr
      Day today = new Day();
      double bonus = 0.5 * (today.getYear() - hireYear());
      super.raiseSalary(byPercent + bonus);
   }

   public void setSecretaryName(String n)
   {  secretaryName = n;
   }

   public String getSecretaryName()
   {  return secretaryName;
   }

   private String secretaryName;
}
```

C++

Die Vererbung in Java und C++ ist ähnlich. Java verwendet das Schlüsselwort `extends` anstelle des Tokens »:«. In Java ist die gesamte Vererbung öffentlich. Es gibt kein Äquivalent zum C++-Mechanismus der privaten und geschützten (protected) Vererbung.

Java bezieht sich mit dem Schlüsselwort `super` auf die Basisklasse. In C++ verwendet man statt dessen den Namen der Basisklasse mit dem Operator `::` (Bereichsauflösungsoperator). Die Funktion `raiseSalary` der Klasse `Manager` würde zum Beispiel `Employee::raiseSalary` statt `super.raiseSalary` aufrufen. In einem C++-Konstruktor ruft man nicht `super` auf, sondern verwendet die Syntax der Initialisierungsliste, um die Basisklasse zu konstruieren. Der `Manager`-Konstruktor hat in C++ folgendes Aussehen:

```
Manager::Manager(String n, double s, Day d) // C++
: Employee(n, s, d)
{
}
```

5.1.1 Vererbungshierarchien

Die Vererbung muß nicht beim Ableiten einer Schicht von Klassen aufhören. Wir könnten zum Beispiel eine Klasse `Executive` (Leitung, Führung) erzeugen, die sich von `Manager` ableitet. Die Sammlung aller Klassen, die von einer gemeinsamen Basisklasse abstammen, bezeichnet man als *Vererbungshierarchie*, wie es Abbildung 5.1 darstellt. Der Pfad von einer bestimmten Klasse zu ihren Vorgängern in der Vererbungshierarchie ist die *Vererbungskette*.

Vererbung

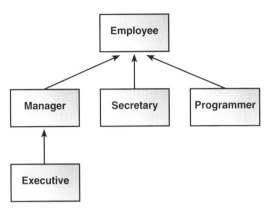

Abbildung 5.1: Die Vererbungshierarchie von Employee

Gewöhnlich gibt es mehrere Nachfolgerketten, die von einer entfernten Vorgängerklasse wegführen. Beispielsweise könnte man von der Klasse Employee eine Klasse Programmer oder eine Klasse Secretary ableiten, und beide Klassen hätten nichts mit der Klasse Manager (oder jeder anderen) zu tun. Dieser Prozeß läßt sich bei Bedarf beliebig fortsetzen.

5.1.2 Subklassen

Um zu ermitteln, ob sich die Vererbung für ein Programm eignet, sollte man in Betracht ziehen, daß jedes Objekt, das eine Instanz einer Subklasse ist, anstelle eines Objekts, das eine Instanz der Superklasse ist, einsetzbar sein muß. Wenn das nicht zutrifft, verzichten Sie auf Vererbung. (Das ist eine praxisgerechte Umschreibung der »Ist ein«-Beziehung, die das Kennzeichen der Vererbung ist.) Insbesondere sind Subklassen-Objekte in jedem Code nutzbar, der die Superklasse verwendet.

Zum Beispiel kann man ein Subklassen-Objekt einer Superklassen-Variablen zuweisen:

```
Employee[] staff = new Employee[3];
Manager boss = new Manager("Carl Cracker", 75000,
   new Day(1987,12,15));
staff[0] = boss;
```

In diesem Fall verweisen die Variablen staff[0] und boss auf denselben Speicherbereich. Allerdings betrachtet der Compiler staff[0] nur als Employee-Objekt.

In gleicher Weise kann man ein Subklassen-Objekt als Argument an jede Methode übergeben, die einen Superklassen-Parameter erwartet.

Das Umgekehrte gilt im allgemeinen nicht: Ein Superklassen-Objekt läßt sich gewöhnlich nicht einem Subklassen-Objekt zuweisen. Beispielsweise ist die folgende Anweisung nicht zulässig:

```
boss = staff[i];   // FEHLER
```

Der Grund ist einleuchtend: Das Subklassen-Objekt kann mehr Felder als das Superklassen-Objekt (wie es auch hier der Fall ist) enthalten, und die Subklassen-Methoden müssen auf diese Felder zugreifen können. Wenn die Felder nicht zugänglich sind, treten Laufzeitfehler auf. Da sich bei der Vererbung nur Felder hinzufügen und nicht entfernen lassen, verfügen Subklassen-Objekte zumindest über genauso viele Felder wie Superklassen-Objekte.

C++

Java unterstützt keine Mehrfachvererbung. (Das nächste Kapitel zeigt im Abschnitt zu Schnittstellen Wege auf, wie man einen Großteil dieser Funktionalität wiederbeleben kann.)

5.1.3 Objekte kennen ihre Bestimmung: Polymorphismus

Man muß die Abläufe kennen, wenn ein Methodenaufruf auf Objekte der verschiedenen Typen in einer Vererbungshierarchie angewandt wird. Denken Sie daran, daß man in OOP Nachrichten an Objekte sendet und sie damit zur Ausführung der Aktionen veranlaßt. Schickt man eine Nachricht, die eine Subklasse auffordert, eine Methode unter Verwendung bestimmter Parameter aufzurufen, passiert folgendes:

- Die Subklasse prüft, ob sie über eine Methode mit diesem Namen und mit *genau* den gleichen Parametern verfügt. Ist das der Fall, ruft sie die Methode auf.

Wenn nicht, dann

- geht die Verantwortlichkeit zur Behandlung der Nachricht an die übergeordnete Klasse weiter. Diese sucht nach einer Methode mit diesem Namen und diesen Parametern. Ist eine derartige Methode vorhanden, wird sie von der Klasse aufgerufen.

Auf diese Weise läuft die Nachrichtenbehandlung in der Vererbungskette gegebenenfalls weiter nach oben, wobei die übergeordneten Klassen die beschriebenen Prüfungen vornehmen. Das setzt sich fort, bis das Ende der Vererbungskette erreicht ist oder eine übereinstimmende Methode gefunden wird. (Gibt es an keiner Stelle der Vererbungskette eine passende Methode, entsteht ein Laufzeitfehler.) Beachten Sie, daß Methoden mit dem gleichen Namen auf verschiedenen Ebenen der Kette existieren können. Das führt zu einer der grundlegenden Regeln der Vererbung:

- Eine Methode, die in einer Subklasse mit dem gleichen Namen und der gleichen Parameterliste wie eine Methode in einer ihrer Vorgängerklassen definiert ist, verdeckt die Methode der Vorgängerklasse gegenüber der Subklasse.

Zum Beispiel wird die Methode `raiseSalary` der Klasse `Manager` aufgerufen und nicht die Methode `raiseSalary` der Klasse `Employee`, wenn man eine `raiseSalary`-Nachricht an ein `Manager`-Objekt schickt.

Vererbung

Hinweis

Den Namen und die Parameterliste einer Methode bezeichnet man als *Signatur*. Beispielsweise sind `raiseSalary(double)` und `raiseSalary(boolean)` zwei Methoden mit dem gleichen Namen, aber mit verschiedenen Signaturen. Der Rückgabetyp gehört allerdings nicht zur Signatur. Wenn innerhalb ein und derselben Klasse oder in einer Superklasse und einer Subklasse Methoden mit der gleichen Signatur, aber unterschiedlichen Rückgabetypen stehen, erzeugt Java einen Compiler-Fehler. Beispielsweise kann man keine Methode `void raiseSalary(double)` in der Klasse `Employee` und eine Methode `int raiseSalary(double)` in der Klasse `Manager` deklarieren.

Die Fähigkeit eines Objekts, zu entscheiden, welche Methode auf sich selbst anzuwenden ist, abhängig davon, wo das Objekt in der Vererbungshierarchie steht, bezeichnet man als *Polymorphismus*. Der Polymorphismus verfolgt das Konzept, daß Objekte bei gleichen Nachrichten unterschiedlich reagieren können. Polymorphismus läßt sich auf jede Methode anwenden, die von einer Superklasse abgeleitet ist.

Der Schlüssel zur Arbeitsweise des Polymorphismus heißt *späte Bindung*. Das bedeutet, daß der Compiler nicht zur Kompilierzeit den Code zum Aufruf der Methode erzeugt, sondern bei jeder Anwendung einer Methode auf ein Objekt anhand der Typinformationen des Objekts speziellen Code erzeugt, der die tatsächlich aufzurufende Methode bestimmt. (Diesen Vorgang nennt man auch *dynamische Bindung* oder *dynamische Verteilung*.) Der herkömmliche Mechanismus des Methodenaufrufs heißt *statische Bindung*, da die auszuführende Operation bereits zur Kompilierzeit endgültig festgelegt wird. Statische Bindung hängt allein vom Typ der Objektvariablen ab, während dynamische Bindung vom Typ des eigentlichen Objekts zur Laufzeit abhängig ist.

Hinweis

Viele Java-Benutzer folgen der C++-Terminologie und sprechen bei dynamisch gebundenen Funktionen von virtuellen Funktionen.

C++

In Java muß man eine Methode nicht als virtuell deklarieren. Es ist das Standardverhalten. Wenn eine Funktion dagegen *nicht* virtuell sein soll, kennzeichnet man sie als `final`. Wir kommen im nächsten Abschnitt darauf zurück.

Alles in allem erlauben Vererbung und Polymorphismus einer Anwendung, den allgemeinen Ablauf des Programms zu entziffern. Die individuellen Klassen in der Vererbungshierarchie sind für die Ausführung der Einzelheiten verantwortlich – wobei mit Hilfe des Polymorphismus die aufzurufende Methode ermittelt wird. Polymorphismus in einer Vererbungshierarchie bezeichnet man auch als *echten Polymorphismus*. Damit unterscheidet man ihn von der eingeschränkteren Variante des Polymorphismus, bei dem man den Namen überlädt, der aber nicht dynamisch, sondern statisch zur Kompilierzeit aufgelöst wird.

5.1.4 Vererbung verhindern: finale Klassen und Methoden

Gelegentlich möchte man verhindern, daß jemand eine Klasse von einer der eigenen Klassen ableitet. Klassen, die nicht als Basisklassen dienen können, bezeichnet man als finale Klassen. In der Definition der Klasse kennzeichnet man diesen Umstand mit dem Modifizierer `final`. Als Beispiel wollen wir verhindern, daß andere Programmierer von unserer Klasse `Card` aus dem letzten Kapitel Unterklassen ableiten. Wir deklarieren dann einfach die Klasse mit dem Modifizierer `final` wie folgt:

```
final class Card
{ . . .
}
```

In einer Klasse kann man auch eine bestimmte Methode als `final` kennzeichnen. In diesem Fall kann keine Unterklasse diese Methode überschreiben. (In einer finalen Klasse sind auch alle Methoden automatisch final.) Eine Klasse oder Methode macht man aus einem der folgenden Gründe final:

1. Effizienz

    Dynamisches Binden erfordert mehr Overhead als statisches Binden – folglich sind virtuelle Methoden langsamer. Der Mechanismus zur dynamischen Verteilung ist nicht so effizient wie ein direkter Prozeduraufruf. Noch wichtiger ist, daß der Compiler eine triviale Methode nicht durch Inline-Code ersetzen kann, da es möglich ist, daß eine abgeleitete Klasse den trivialen Code überschreibt. Finale Methoden kann der Compiler inline erzeugen. Ist zum Beispiel `e.getName()` als `final` deklariert, kann der Compiler die Methode durch `e.name` ersetzen. (Damit erhalten Sie alle Vorteile des direkten Zugriffs auf Instanzen-Felder *ohne gegen die Prinzipien der Kapselung zu verstoßen*.)

    Da Mikroprozessoren bereits die nächsten Anweisungen aus dem Speicher holen, während sie die aktuelle Anweisung verarbeiten, wirken sich Prozeduraufrufe ungünstig auf die Verarbeitungszeit aus. Der Prozessor muß die im voraus gelesenen Befehle verwerfen und die für die Prozedur zutreffenden Befehle einlesen. Ersetzt man Aufrufe trivialer Prozeduren durch Inline-Code, hat man viel gewonnen. Das ist für einen echten Compiler wichtiger als für einen Byte-

Vererbung

code-Interpreter, aber Just-In-Time-Compiler können das ausnutzen, und echte Java-Compiler für alle Plattformen sind in Arbeit.

2. Sicherheit

   Die Flexibilität des dynamischen Verteilmechanismus bedeutet, daß man keine Kontrolle darüber hat, was beim Aufruf einer Methode passiert. Wenn man eine Nachricht wie etwa `e.getName()` sendet, kann es sein, daß `e` ein Objekt einer abgeleiteten Klasse ist, die die Methode `getName` redefiniert hat, um einen gänzlich anderen String zurückzugeben. Indem man die Methode `final` macht, vermeidet man diese mögliche Zweideutigkeit.

Da man davon ausgehen kann, daß niemand eine neue Klasse von der Klasse `Card` ableiten will, ist es sinnvoll, sie aus Gründen der Effizienz als `final` zu deklarieren. Die Klasse `String` in der Java-Bibliothek ist wahrscheinlich aus den gleichen Gründen `final`.

C++

In C++ ist eine Member-Funktion nicht per Voreinstellung virtuell, und man kann sie als inline kennzeichnen, um Funktionsaufrufe durch den Quellcode der Funktion ersetzen zu lassen. Allerdings gibt es keinen Mechanismus, der verhindert, daß eine abgeleitete Klasse eine Member-Funktion überschreibt. In C++ kann man zwar Klassen schreiben, von der sich keine andere Klasse ableiten läßt, aber das erfordert verzwickte Kunstgriffe, und es gibt kaum Gründe, so vorzugehen.

5.2 Typumwandlung

Kapitel 3 hat bereits erwähnt, daß man die Konvertierung von einem Basistyp in einen andern als Typumwandlung (oder Casting) bezeichnet und Java eine spezielle Notation für Typumwandlungen verwendet. Beispielsweise konvertiert

```
double x = 3.405;
int nx = (int)x;
```

den Wert des Ausdrucks `x` in einen Integer-Wert und verwirft dabei den gebrochenen Anteil.

Genau wie man gelegentlich eine Gleitkommazahl in einen Integer umwandelt, muß man auch eine Objektreferenz von einer Klasse in eine andere konvertieren. Wie bei der Konvertierung von Basistypen spricht man auch hier von *Typumwandlung*. Die Syntax für eine Typumwandlung ist der zwischen Variablen der Basistypen ähnlich. Man schreibt den Zieltyp in Klammern vor die umzuwandelnde Objektreferenz, wie im folgenden Beispiel:

```
Manager boss = (Manager)staff[0];
```

Es gibt nur einen Grund, warum man eine Typumwandlung durchführt – um ein Objekt in seiner vollen Kapazität zu verwenden, nachdem sein eigentlicher Typ heruntergespielt wurde. In der Klasse `Manager` zum Beispiel mußte das Array `staff` ein Array von `Employee`-Objekten sein, da *einige* seiner Einträge normale Mitarbeiter sind. Wir müßten die auf Manager bezogenen Elemente im Array zurück in `Manager` umwandeln, um auf neue Felder der Klasse zugreifen zu können. (Beachten Sie, daß im Beispielcode für den ersten Abschnitt eine besondere Anstrengung unternommen wurde, um die Typumwandlung zu vermeiden. Wir haben die Variable `boss` mit einem `Manager`-Objekt initialisiert, bevor wir das Array gespeichert haben. Der entsprechende Typ war erforderlich, um den Sekretär des Managers festlegen zu können.)

Wie Sie wissen, hat in Java jede Objektvariable einen Typ. Der Typ beschreibt die Art und die Möglichkeiten des Objekts, auf die sich die Variable bezieht. Zum Beispiel bezieht sich `staff[i]` auf ein `Employee`-Objekt (und kann somit auch auf ein `Manager`-Objekt verweisen).

In Ihrem Code verlassen Sie sich auf diese Beschreibungen, und der Compiler prüft, ob Sie nicht zu viel versprochen haben, wenn Sie eine Variable beschreiben. Wenn Sie ein Subklassen-Objekt einer Superklassen-Variablen zuweisen, versprechen Sie weniger, und der Compiler läßt Sie gewähren. Wenn Sie dagegen ein Superklassen-Objekt an eine Subklassen-Variable zuweisen, versprechen Sie mehr, und Sie müssen Ihren Willen bekräftigen, indem Sie das dem Compiler mit der Notation `(Subclass)` zur Typumwandlung mitteilen.

Was passiert eigentlich, wenn man versucht, eine Typumwandlung in der Vererbungskette nach unten durchzuführen und dabei falsche Tatsachen in bezug auf den Inhalt eines Objekt vorspiegelt?

```
Manager boss = (Manager)staff[1];   // FEHLER
```

Wenn das Programm läuft, bemerkt das Java-Laufzeitsystem das gebrochene Versprechen, generiert eine Ausnahme (siehe Kolumne weiter hinten in diesem Kapitel und Kapitel 11), und das Programm stürzt gewöhnlich ab. Es gehört zum guten Programmierstil, bereits im Vorfeld zu ermitteln, ob das betreffende Objekt eine Instanz einer anderen Klasse ist, bevor man eine Typumwandlung ausführt. Das läßt sich mit dem Operator `instanceof` wie im folgenden Beispiel realisieren:

```
if (staff[1] instanceof Manager)
{  boss = (Manager)staff[1];
   . . .
}
```

Schließlich erlaubt Ihnen der Compiler keine Typumwandlung, wenn er keine Möglichkeit für eine erfolgreiche Umwandlung sieht. Beispielsweise führt die Typumwandlung

```
Window w = (Window)staff[i];
```

zu einem Compiler-Fehler, da `Window` keine Subklasse von `Employee` ist.

Vererbung

Fassen wir zusammen:

- Man kann Typumwandlungen nur innerhalb einer Vererbungshierarchie durchführen.
- Mit `instanceof` prüft man eine Hierarchie, bevor man die Typumwandlung von einer übergeordneten zu einer untergeordneten Klasse ausführt.

Prinzipiell empfiehlt es sich nicht, den Typ eines Objekts mittels einer Typumwandlung zu konvertieren. In unserem Beispiel ist es für die meisten Fälle nicht erforderlich, ein `Employee`-Objekt in ein `Manager`-Objekt umzuwandeln. Die Methode `raiseSalary` funktioniert auf beiden Typen korrekt, da die dynamische Bindung dank des Polymorphismus die korrekte Methode automatisch lokalisiert.

Der einzige Grund für eine Typumwandlung wäre beispielsweise eine Methode, die ausschließlich auf Manager zutrifft, wie etwa `getSecretaryName` (Name des Sekretärs lesen). Wenn es wichtig ist, den Namen eines Sekretärs für ein Objekt vom Typ `Employee` zu erhalten, könnte man diese Klasse neu entwerfen und eine Methode `getSecretaryName` hinzufügen, die einen leeren String zurückgibt. Das ist sinnvoller, als sich die von den einzelnen Array-Positionen gespeicherten Typen zu merken oder lästige Typabfragen auszuführen. Denken Sie daran, daß eine falsche Typumwandlung genügt, um das Programm zu beenden. Im allgemeinen ist es am besten, den Operator `instanceof` möglichst selten zu bemühen.

Typumwandlungen verwendet man vor allem bei Containern wie etwa der Klasse `Vector`, die wir später in diesem Kapitel einführen. Wenn man einen Wert aus einem Container abruft, ist sein Typ nur als generischer Typ `Object` bekannt, und man muß den Wert mittels einer Typumwandlung in den Objekttyp konvertieren, den man in den Container eingefügt hat.

C++

Java übernimmt die Syntax der Typumwandlung aus den »guten alten Tagen« von C, arbeitet aber wie die sichere `dynamic_cast`-Operation von C++. Beispielsweise ist

```
Manager boss = (Manager)staff[1];   // Java
```

das gleiche wie

```
Manager* boss = dynamic_cast<Manager*>(staff[1][);   // C++
```

Allerdings gibt es einen wichtigen Unterschied. Wenn die Typumwandlung scheitert, liefert sie kein `null`-Objekt zurück, sondern löst eine Ausnahme aus. In diesem Sinne verhält sie sich wie eine C++-Typumwandlung von *Referenzen*. Das ist schlichtweg lästig. In C++ kann man den Typtest und die Typumwandlung in einer Operation erledigen.

```
Manager* boss = dynamic_cast<Manager*>(staff[1]); // C++
if (boss != NULL) . . .
```

In Java verwendet man eine Kombination des Operators `instanceof` und eine Typumwandlung.

```
if (staff[1] instanceof Manager)
{  Manager boss = (Manager)staff[1];
   . . .
}
```

5.3 Abstrakte Klassen

Geht man die Instanzenhierarchie nach oben, werden die Klassen allgemeiner und wahrscheinlich auch abstrakter. An einem bestimmten Punkt ist die Vorgängerklasse *so* allgemein, daß man sie sich eher als Gerüst für andere Klassen vorstellen kann als eine Klasse mit bestimmten Instanzen, die man tatsächlich einsetzt. Sehen wir uns zum Beispiel ein E-Mail-System an, das E-Mail, Faxe und Voice-Mail unter einen Hut bringt. Das System muß in der Lage sein, Textnachrichten, Faxübertragungen und Voice-Nachrichten zu behandeln.

Gemäß den Prinzipien der OOP erstellt man das Programm mit Klassen namens `TextMessage`, `VoiceMessage` und `FaxMessage`. Eine Mailbox muß natürlich eine Mischung dieser Nachrichtentypen speichern, so daß sie darauf über Referenzen auf die gemeinsame Basisklasse `Message` zugreift. Die Vererbungshierarchie zeigt Abbildung 5.2.

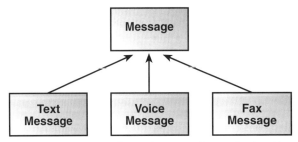

Abbildung 5.2: Vererbungsdiagramm für Nachrichtenklassen

Warum sollte man die Abstraktion so weit treiben? Die Antwort ist, daß sich der Entwurf der Klassen sauberer gestalten läßt. (Zumindest dann, nachdem Sie sich mit OOP auskennen.) Um die Prinzipien der OOP anzuwenden, muß man schließlich wissen, wie man gemeinsame Operationen auf eine höhere Ebene in der Vererbungshierarchie auslagern kann. In unserem Fall haben alle Nachrichten eine gemeinsame Methode, nämlich `play()`. Man kann sich leicht vorstellen, wie eine Voice-Nachricht wiederzugeben ist – man schickt sie an den Lautsprecher. Eine Textnachricht schreibt man in ein Textfenster, und eine Faxnachricht zeigt man in einem Grafikfenster an. Aber wie implementiert man `play()` in der Basisklasse `Message`?

Vererbung

Die Antwort ist einfach: Man kann sie dort nicht implementieren. In Java verwendet man das Schlüsselwort `abstract`, um anzuzeigen, daß sich eine Methode nicht in dieser Klasse spezifizieren läßt. Um es deutlicher zu machen, muß eine Klasse mit mindestens einer abstrakten Methode selbst als abstrakt deklariert sein.

```
public abstract class Message
{   . . .
    public abstract void play();
}
```

Außer abstrakten Methoden können abstrakte Klassen auch konkrete Daten und Methoden enthalten. Beispielsweise kann die Klasse Message den Absender der Mail-Nachricht speichern und über eine konkrete Methode den Namen des Absenders zurückgeben.

```
abstract class Message
{   public Message(String from) { sender = from; }

    public abstract void play();
    public String getSender() { return sender; }

    private String sender;
}
```

Eine abstrakte Methode verspricht, daß alle nichtabstrakten Nachfolger dieser abstrakten Klasse diese abstrakte Methode implementieren. Abstrakte Methoden wirken als Platzhaltermethoden, die in den Subklassen implementiert werden.

Eine Klasse kann sogar als `abstract` deklariert sein, selbst wenn sie keine abstrakten Methoden hat.

Von abstrakten Klassen lassen sich keine Instanzen erzeugen. Das heißt, wenn eine Klasse als `abstract` deklariert ist, kann man keine Objekte dieser Klasse erzeugen. Man muß diese Klasse erweitern, um eine Instanz der Klasse erzeugen zu können. Beachten Sie, daß man trotzdem *Objektvariablen* einer abstrakten Klasse erzeugen kann, aber diese Variablen müssen auf ein Objekt einer nichtabstrakten Subklasse verweisen. Dazu folgendes Beispiel:

```
Message msg = new VoiceMessage("greeeting.au");
```

Hier ist msg eine Variable des abstrakten Typs Message, die sich auf eine Instanz der nichtabstrakten Subklasse VoiceMessage bezieht.

Tip

Oftmals besteht die Meinung, daß abstrakte Klassen nur abstrakte Methoden haben sollten. Das ist aber nicht richtig. Es ist immer sinnvoll, soviel Funktionalität wie möglich in einer Superklasse unterzubringen, ob sie nun abstrakt ist oder nicht. Insbesondere sollte man allgemeine Instanzen-Felder und *nichtabstrakte* Operationen in die abstrakte Superklasse verschieben. Nur jene Operationen, die sich nicht in der Superklasse implementieren lassen, sollte man an die Subklasse delegieren. Beispielsweise haben die Entwickler vieler GUI-Klassen in Java diese Technik eingesetzt.

C++

In C++ bezeichnet man eine abstrakte Methode auch als *rein virtuelle Funktion* und kennzeichnet sie durch ein nachgestelltes = 0, wie zum Beispiel:

```
class Message // C++
{ public:virtual void play() = 0;
    . . .
}
```

Eine C++-Klasse ist abstrakt, wenn sie zumindest eine rein virtuelle Funktion enthält. In C++ gibt es kein spezielles Schlüsselwort, um abstrakte Klassen zu kennzeichnen.

Um eine konkrete Realisierung dieser abstrakten Klasse und auch der Methode play zu sehen, sollten Sie den folgenden Code für die Klasse TextMessage ausprobieren:

```
class TextMessage extends Message
{ public TextMessage(String from, String t)
    { super(from); text = t; }

    public void play() { System.out.println(text); }

    private String text;
}
```

Beachten Sie, daß wir nur eine konkrete Definition der abstrakten Methode play in der Klasse TextMessage angeben müssen.

Der Code für das Nachrichtenprogramm ist in Beispiel 5.2 dargestellt. Den Code zur Wiedergabe der Wave-Datei können Sie in diesem Beispiel ruhig erst einmal links liegen lassen. Er verwendet ein paar Sprachmerkmale wie Ausnahmen und Streams, auf die wir in den Kapiteln 11 und 12 zu sprechen kommen. Da es sich hier um ein Lehrbeispiel handelt, haben wir die Benutzeroberfläche so spartanisch wie möglich gehalten, damit Sie sich auf die OOP-Aspekte konzentrieren können und nicht durch den Code für die Benutzeroberfläche abgelenkt sind. Wenn Sie das Programm ausführen, können Sie eine Textnachricht hinterlassen, indem Sie sie eintippen, oder eine Voice-Nachricht, indem Sie den Namen einer Audiodatei eingeben. Auf der CD finden Sie zwei Audiodateien

Vererbung

als Beispiel, aber Sie können auch Ihre eigenen verwenden. Die Dateien müssen im .au-Format vorliegen. Beispiel 5.2 zeigt den Code.

Beispiel 5.2: MailboxTest.java

```java
import java.net.*;
import java.applet.*;
import corejava.*;

public class MailboxTest
{  public static void main(String[] args)
   {  Mailbox mbox = new Mailbox();
      while (true)
      {  System.out.println(mbox.status());
         String cmd = Console.readLine
            ("play, text, voice, quit> ");
         if (cmd.equals("play"))
         {  Message m = mbox.remove();
            if (m != null)
            {  System.out.println("From: " + m.getSender());
               m.play();
            }
         }
         else if (cmd.equals("text"))
         {  String from = Console.readLine("Ihr Name: ");
            boolean more = true;
            String msg = "";
            System.out.println
               ("Nachricht eingeben, 'exit', wenn fertig");

            while (more)
            {  String line = Console.readLine();
               if (line.equals("exit"))
                  more = false;
               else msg = msg + line + "\n";
            }
            mbox.insert(new TextMessage(from, msg));
         }
         else if (cmd.equals("voice"))
         {  String from = Console.readLine("Ihr Name: ");
            String msg
               = Console.readLine("Name der Audio-Datei: ");
            mbox.insert(new VoiceMessage(from, msg));
         }
```

```java
         else if (cmd.equals("quit"))
            System.exit(0);
      }
   }
}


abstract class Message
{  public Message(String from) { sender = from; }

   public abstract void play();
   public String getSender() { return sender; }

   private String sender;
}

class TextMessage extends Message
{  public TextMessage(String from, String t)
   { super(from); text = t; }

   public void play() { System.out.println(text); }

   private String text;
}

class VoiceMessage extends Message
{  public VoiceMessage(String from, String f)
   { super(from); filename = f; }

   public void play()
   {  try
      {  URL u = new URL("file", "localhost", filename);
         AudioClip clip = Applet.newAudioClip(u);
         clip.play();
      }
      catch(Exception e)
      {
         System.out.println("Kann Datei " + filename + " nicht oeffnen");
      }
   }

   private String filename;
}
```

Vererbung

```
class Mailbox
{  public Message remove()
   {  if (nmsg == 0) return null;
      Message r = messages[out];
      nmsg--;
      out = (out + 1) % MAXMSG;
      return r;
   }

   public void insert(Message m)
   {  if (nmsg == MAXMSG) return;
      messages[in] = m;
      nmsg++;
      in = (in + 1) % MAXMSG;
   }

   public String status()
   {  if (nmsg == 0) return "Mailbox leer";
      else if (nmsg == 1) return "1 Nachricht";
      else if (nmsg < MAXMSG) return nmsg + " Nachrichten";
      else return "Mailbox voll";
   }

   private static final int MAXMSG = 10;
   private int in = 0;
   private int out = 0;
   private int nmsg = 0;
   private Message[] messages = new Message[MAXMSG];
}
```

Ausnahmen abfangen

Auf die Ausnahmebehandlung gehen wir ausführlich in Kapitel 11 ein. In Kürze haben wir es aber mit Code zu tun, in dem Ausnahmen vorkommen. Deshalb an dieser Stelle eine knappe Einführung, was Ausnahmen sind und wie man sie behandelt.

Wenn zur Laufzeit ein Fehler auftritt, kann ein Java-Programm eine »Ausnahme auslösen«. Zum Beispiel kann Code, der eine Datei zu öffnen versucht, eine Ausnahme auslösen, wenn sich die Datei nicht wie erwartet öffnen läßt. Auf jeden Fall ist dieser Weg dem abrupten Beenden des Programms vorzuziehen, da man die Möglichkeit hat, die Ausnahme »abzufangen« und in geeigneter Weise auf den Fehler zu reagieren.

Wenn eine Ausnahme an keiner Stelle aufgefangen wird, beendet Java das Programm, und es erscheint auf der Konsole eine Meldung, die den Typ der Ausnahme angibt.

Ohne hier zu sehr ins Detail zu gehen, wollen wir wenigstens die grundlegende Syntax darstellen. Um Code auszuführen, der eine Ausnahme auslösen könnte, plaziert man ihn in einem »try-Block«. Dann muß man eine Rettungsroutine bereitstellen, die auf die Ausnahme reagiert – für den unwahrscheinlichen Fall, daß tatsächlich eine Ausnahme auftritt.

```
try
{   Code, der Ausnahmen
    auslösen könnte
}   catch(ExceptionType e)
{   Rettungsaktion
}
```

Diesen Mechanismus haben wir im Code eingesetzt, der einen Audioclip wiedergibt.

```
try
{   URL u = new URL("file", "localhost", filename);
    AudioClip clip = Applet.newAudioClip(u);
    clip.play();
}
catch(Exception e)
{
    System.out.println("Kann Datei " + filename + " nicht oeffnen");
}
```

Das obige Codefragment sagt praktisch folgendes aus: »Beende das Programm nicht, wenn du auf eine Fehlerbedingung triffst – zeige einfach eine Fehlermeldung an und spiele den Clip nicht ab.«

Der Compiler ist etwas wählerisch, wie man Ausnahmen behandeln *muß* (siehe Kapitel 12). Wenn man zum Beispiel auf ein Array zugreift oder eine Typumwandlung ausführt, braucht man keine Ausnahmebehandlungsroutine (einen Exception-Handler) bereitzustellen, auch wenn der Array-Index oder die Typumwandlung fehlerhaft ist und der Code zu einer Ausnahme führt. Bei anderen Operationen allerdings, wie etwa Eingabe und Ausgabe, muß man angeben, was bei einem Problem passieren soll.

C++

Die Ausnahmemechanismen von Java und C++ sind sich ähnlich. Kapitel 11 erläutert die Unterschiede.

Vererbung

5.4 Geschützter Zugriff

Wie Sie wissen, kennzeichnet man Instanzen-Felder in einer Klasse am besten als `private` und Methoden gewöhnlich als `public`. Alle als `private` deklarierten Elemente sind für andere Klassen nicht sichtbar. Wie wir zu Beginn dieses Kapitels erläutert haben, gilt das auch für Subklassen: Eine Subklasse hat keinen Zugriff auf die privaten Datenelemente ihrer Superklasse.

Allerdings ist es manchmal erforderlich, daß eine Subklasse auf eine Methode oder Datenelement ihrer Basisklasse zugreifen kann. In diesem Fall deklariert man das entsprechende Element als `protected` (geschützt). Wenn zum Beispiel die Basisklasse `Employee` das Objekt `hireDay` als `protected` statt als `private` deklariert, dann können die Methoden von `Manager` direkt darauf zugreifen.

In der Praxis sollte man das Attribut `protected` mit Vorsicht verwenden. Nehmen wir an, daß andere Programmierer auf Ihre Klasse zugreifen und Sie die Klasse mit geschützten Daten entworfen haben. Von Ihnen unbemerkt können andere Programmierer von Ihrer Klasse ableiten und dann auf Ihre geschützten Instanzen-Felder zugreifen. In diesem Fall können Sie die Implementierung Ihrer Klasse nicht mehr ändern, ohne die anderen Programmierer durcheinanderzubringen. Das widerspricht dem Geist der OOP, der die Kapselung von Daten fördert.

Geschützte Methoden ergeben mehr Sinn. Eine Klasse kann eine Methode als `protected` deklarieren, wenn sie nur trickreich zu verwenden ist. Das kennzeichnet, daß man den Subklassen (die vermutlich ihre Vorgänger gut kennen) zutraut, die Methode korrekt zu verwenden, während das bei anderen Klassen nicht der Fall ist. Ein gutes Beispiel für eine derartige Methode finden Sie im Abschnitt zum Klonen in Kapitel 6.

C++

In Java sind `protected` Elemente für alle Subklassen sowie alle anderen Klassen im selben Paket sichtbar. Das unterscheidet sich etwas von der Bedeutung des Schlüsselwortes `protected` in C++.

Die folgende Zusammenfassung bringt die vier Zugriffsmodifizierer, die in Java die Sichtbarkeit steuern:

1. Sichtbar nur für die Klasse (`private`)
2. Sichtbar für alle (`public`)
3. Sichtbar für das Paket und alle Subklassen (`protected`)
4. Sichtbar für das Paket (Standardverhalten – kein Modifizierer erforderlich)

5.5 Object: Die kosmische Superklasse

Die Klasse Object ist die ultimative Basisklasse – jede Klasse in Java wird ausgehend von Object erweitert. Allerdings ist es nicht erforderlich, eine Anweisung wie

```
class Employee extends Object
```

vorzusehen, da die ultimative Basisklasse Object als gegeben hingenommen wird, wenn man keine andere Basisklasse explizit erwähnt. Da *jede* Klasse in Java von Object abgeleitet ist, sollte man auf jeden Fall die Dienste kennen, die die Klasse Object bereitstellt. In diesem Kapitel behandeln wir die grundsätzlichen Elemente und verweisen auf spätere Kapitel oder die Online-Dokumentation für die hier nicht besprochenen. (Verschiedene Methoden von Object kommen nur ins Spiel, wenn man mit Threads zu tun hat – Band 2 befaßt sich mit diesem Thema.)

Mit einer Variablen vom Typ Object kann man sich auf Objekte beliebigen Typs beziehen:

```
Object obj = new Employee("Harry Hacker", 35000);
```

Natürlich ist eine Variable vom Typ Object nur als generischer Container für willkürliche Werte sinnvoll. Um etwas Bestimmtes mit dem Wert anzustellen, muß man etwas über den originalen Typ wissen und dann eine Typumwandlung ausführen:

```
Employee e = (Employee)obj;
```

C++

In C++ gibt es keine derartige kosmische Wurzelklasse. Natürlich läßt sich in C++ jeder Zeiger in einen void* Zeiger konvertieren. Java-Programmierer verwenden oftmals Object-Referenzen für die generische Programmierung, um Datenstrukturen und Algorithmen zu implementieren, die eine Vielzahl von Datentypen unterstützen. In C++ setzt man für die generische Programmierung üblicherweise Vorlagen (Templates) ein. Da aber Java keineVorlagen kennt, müssen Java-Programmierer oftmals auf die Typisierung zur Kompilierzeit verzichten und mit Code auskommen, der Object-Referenzen manipuliert.

Die Methode equals in Object testet, ob ein Objekt gleich einem anderen ist. Die in der Basisklasse Object implementierte Methode equals bestimmt, ob zwei Objekte auf denselben Speicherbereich zeigen. Dieser Test ist nicht besonders nutzbringend. Wenn man Objekte auf Gleichheit untersuchen will, muß man equals überschreiben, um einen aussagefähigen Vergleich zu realisieren. Dazu folgendes Beispiel:

```
class Employee
{  // . . .
   public boolean equals(Object obj)
```

Vererbung

```
{  if (!(obj instanceof Employee))
      return false;
   Employee b = (Employee)obj;
   return name.equals(b.name)
      && salary == b.salary
      && hireDay.equals(b.hireDay);
   }
}
```

Eine weitere wichtige Methode in `Object` ist die Methode `toString`. Sie gibt einen String zurück, der den Wert dieses Objekts repräsentiert. Fast jede Klasse wird diese Methode überschreiben, um eine gedruckte Darstellung des aktuellen Objektzustands zu bieten. Beispielsweise liefert die Methode `toString` der Klasse Day eine String-Darstellung des Datums.

Die Methode `toString` ist aus einem triftigen Grund allgegenwärtig: Wann immer ein Objekt mit einem String unter Verwendung des Operators »+« verkettet wird, ruft der Java-Compiler automatisch die Methode `toString` auf, um eine String-Darstellung des Objekts zu erhalten. Das folgende Beispiel zeigt das:

```
Day d = new Day(1999, 12, 31);
String last = "Der letzte Tag des Jahrhunderts ist " + d;
   // Ruft automatisch d.toString() auf
```

Tip

Statt `x.toString()` kann man auch `""  + x` schreiben. Damit verkettet man einen leeren String mit der String-Darstellung von x, die genau gleich `x.toString()` ist.

Schließlich lassen sich alle Werte von jedem Klassentyp in Variablen vom Typ `Object` speichern. Insbesondere sind `String`-Werte Objekte:

```
Object obj = "Hello"; // OK
```

Allerdings sind Zahlen, Zeichen und boolesche Werte *keine* Objekte.

```
obj = 5;      // FEHLER
obj = false;  // FEHLER
```

Später in diesem Kapitel erfahren Sie, wie man diese Typen mit Hilfe sogenannter *Wrapper-Klassen* wie `Integer` und `Boolean` in Objekte umwandeln kann.

Darüber hinaus sind alle Array-Typen Klassentypen, die sich von Object ableiten.

```
Employee[] staff = new Employee[10];
Object arr = staff; // OK
arr = new int[10]; // OK
```

Ein Array von Objekten des Klassentyps läßt sich in ein Array von Objekten umwandeln. Beispielsweise kann man ein Employee[]-Array an eine Funktion übergeben, die ein Object[]-Array erwartet. Diese Umwandlung ist hilfreich für die *generische Programmierung*.

Das folgende einfache Beispiel verdeutlicht das Konzept der generischen Programmierung. Nehmen wir an, Sie wollen den Index eines Array-Elements ermitteln. Dieses Problem ist allgemeiner – generischer – Natur. Indem Sie den Code für Objekte schreiben, können Sie ihn für Mitarbeiter, Datumswerte oder was auch immer wiederverwenden.

```
static int find(Object[] a, Object key)
{  int i;
   for (i = 0; i < a.length; i++)
      if (a[i].equals(key)) return i;
   return -1; // Nicht gefunden
}
```

Zum Beispiel:

```
Employee[] staff = new Employee[10];
Employee harry;
. . .
int n = find(staff, harry);
```

Beachten Sie, daß man nur ein Array von Objekten in ein Object[]-Array konvertieren kann. Ein int[]-Array läßt sich nicht in ein Object[]-Array überführen. Wie bereits weiter oben angedeutet, lassen sich beide jedoch in Object umwandeln.

Wenn man ein Array von Objekten in ein Object[]-Array konvertiert, merkt sich das generische Array weiterhin seinen ursprünglichen Typ zur Laufzeit. Man kann kein Fremdobjekt im Array speichern.

```
Employee[] staff = new Employee[10];
Object[] arr = staff;
arr[0] = new AudioClip();
   // Nicht zulässig, sondern nur mal angenommen
for (i = 0; i < n; i++) arr[i].raiseSalary(3);
   // Wow, der Audioclip bekommt jetzt eine Gehaltserhöhung!
```

Natürlich muß man das zur Laufzeit prüfen. Der obige Code läßt sich ohne Fehler kompilieren – es ist zulässig, einen AudioClip-Wert in arr[0] zu speichern, das den Typ Object hat. Wenn man aber den Code ausführt, erinnert sich das Array an seinen ursprünglichen Typ und überwacht den

Vererbung

Typ aller Objekte, die im Array gespeichert werden. Wenn man einen inkompatiblen Typ in das Array schreibt, tritt eine Ausnahme auf.

C++

C++-Programmierer mag es überraschen, daß die Typumwandlung von Employee[] in Object[] legal ist. Selbst wenn es sich in C++ bei Object um eine Basisklasse von Employee handeln würde, wäre die äquivalente Typumwandlung von Employee** in Object** nicht zulässig. (Natürlich kann man in C++ eine Typumwandlung von Employee* nach Object* durchführen.)

Für diese Einschränkung ist ein Sicherheitsaspekt verantwortlich. Wäre die Typumwandlung »Abgeleitet** -> Basis**« erlaubt, könnte man den Inhalt eines Arrays zerstören. Sehen Sie sich folgenden Code an:

```
Employee** staff; // C++
Object** arr = staff;
   // Nicht zulässig, sondern nur mal angenommen
arr[0] = new AudioClip();
   // Legal, AudioClip erbt auch von Object
for (i = 0; i < n; i++) arr[i].raiseSalary(3);
   // Wow, der Audioclip bekommt jetzt eine Gehaltserhöhung!
```

Java wendet dieses Problem von vornherein ab, da sich das Objekt zur Laufzeit den ursprünglichen Typ aller Arrays merkt und alle im Array gespeicherten Werte hinsichtlich ihrer Typkompatiblität überwacht.

API

java.lang.Object

- Class getClass()

  Liefert ein Class-Objekt, das Informationen über das Objekt enthält. Wie Sie später in diesem Kapitel erfahren, verfügt Java über eine Laufzeitrepräsentation für Klassen, die in der Klasse Class gekapselt ist und die man häufig nutzen kann.

- boolean equals(Object obj)

  Vergleicht zwei Objekte auf Gleichheit. Liefert true, wenn die Objekte auf denselben Speicherbereich zeigen, andernfalls false.

- `Object clone()`

    Erzeugt einen Klon des Objekts. Das Laufzeitsystem von Java reserviert Speicher für die neue Instanz und kopiert den für das aktuelle Objekt reservierten Speicher.

Hinweis

Das Klonen eines Objekts ist eine wichtige Operation, die sich aber als ziemlich diffizil herausstellt und eine Reihe von Fallstricken für den Unvorsichtigen bereithält. Mehr zur Methode `clone` erfahren Sie in Kapitel 6.

- `String toString()`

    Liefert einen String, der den Wert dieses Objekts repräsentiert.

5.5.1 Vektoren

In vielen Programmiersprachen – insbesondere in C – ist die Größe aller Arrays bereits zur Kompilierzeit festzuschreiben. Programmierer hassen diese Einrichtung, da sie zu unvorteilhaften Kompromissen zwingt. Wie viele Artikel bestellt der Kunde auf einmal? Sicherlich nicht mehr als 10. Was aber, wenn es dem Kunden gefällt, 15 Artikel zu ordern? Schleppen wir 14 Einträge unnütz mit, weil die Mehrheit der Kunden sowieso nur einen Artikel bestellt?

In Java ist die Lage wesentlich besser. Man kann die Größe eines Arrays zur Laufzeit festlegen.

```
int n;
...
Item[] itemsOrdered = new Item[n + 1];
```

Natürlich löst dieser Code nicht komplett das Problem der dynamischen Modifizierung von Arrays zur Laufzeit. Nachdem man die Array-Größe festgelegt hat, kann man sie nicht so ohne weiteres ändern. Statt dessen ist es in Java bei dieser häufigen Situation am besten, ein anderes Java-Objekt zu verwenden, das fast wie ein Array arbeitet und automatisch schrumpft und wächst. Es handelt sich hierbei um das Objekt `Vector`. In Java sind Vektoren arrayähnliche Objekte, die automatisch schrumpfen und wachsen können, ohne daß man zu diesem Zweck irgendwelchen Code schreiben müßte.

Vererbung

Hinweis

Der Name »Vektor« ist etwas irreführend. Vektoren in Java haben nichts mit den Vektoren, die man aus der Mathematik oder Physik kennt, gemein. (Dort sind Vektoren Arrays von Gleitkommazahlen, wobei aber die Dimensionen der Vektoren festliegen.)

VB

Java-Vektoren kann man sich wie VB-Auflistungsklassen (Collection-Klassen) ohne Schlüssel vorstellen. Sowohl die Auflistungen in VB als auch die Vektoren in Java speichern Variant-Variablen.

Zwischen einem Vektor und einem Array besteht ein wichtiger Unterschied. Arrays gehören zum Sprachumfang von Java, und es gibt einen Array-Typ T[] für jeden Elementtyp T. Dagegen ist die Klasse Vector eine Bibliotheksklasse, die im Paket java.util definiert ist, und es existiert nur ein einziger Typ Vector »für alle Größen«, der Elemente vom Typ Object aufnimmt. Insbesondere ist eine Typumwandlung erforderlich, wenn man ein Element aus einem Vektor holen möchte.

Einen neuen Vektor erzeugt man, indem man seine anfängliche *Kapazität* im Vector-Konstruktor spezifiziert:

```
Vector itemsOrdered = new Vector(3);
   // Anfänglichen Platz für einen Artikel sowie zwei
   // Einträge für Steuern und Frachtkosten reservieren
```

Zwischen der Kapazität eines Vektors und der Größe eines Arrays besteht ein wesentlicher Unterschied. Wenn man ein Array mit drei Einträgen reserviert, dann verfügt das Array über drei einsatzbereite Elemente. Ein Vektor mit einer Kapazität von drei Elementen bietet zunächst einmal das Potential für die Aufnahme von drei Elementen (und in der Tat für mehr als drei). Zu Beginn aber, selbst nach der anfänglichen Konstruktion, enthält ein Vektor überhaupt keine Elemente.

Mit der Methode add fügt man neue Elemente in den Vektor ein. Nehmen wir zum Beispiel an, daß Sie eine Klasse Item haben und mit dem folgenden Code drei Item-Objekte erzeugen:

```
Item nextItem = new Item(...);
Item stateTax = new Item(...);
Item shipping = new Item(...);
```

Dann fügen Sie mit dem nachstehenden Code diese Elemente in einen Vektor itemsOrdered ein (der am Anfang eine Kapazität von drei Objekten hat, wie es im obigen Code angezeigt ist):

```
itemsOrdered.add(nextItem);
itemsOrdered.add(stateTax);
itemsOrdered.add(shipping);
```

Nehmen wir an, daß Sie den Vektor mit einer anfänglichen Kapazität von drei Elementen erzeugt haben. Wenn Sie nun ein weiteres Element einfügen, dann haben Sie die Kapazität des Vektors in unserem Beispiel überschritten. Hier spielen Vektoren ihren großen Trumpf aus: Der Vektor *verschiebt sich und ändert seine Größe* automatisch selbst. Der Vektor sucht sich einen größeren Speicherbereich und kopiert automatisch alle Objekte, die er momentan gespeichert hat, in diesen neuen Bereich.

Wieviel Platz wird nun im Speicher reserviert? Per Voreinstellung verdoppelt sich der reservierte Speicher mit jeder Verschiebung des Vektors. Aufgrund des exponentiellen Wachstums kommt es bei großen Vektoren zu einer massiven Speicherreservierung, so daß Sie sich wahrscheinlich nicht auf diesen Mechanismus stützen möchten. Statt dessen können Sie einen Kapazitätszuwachs als zweites Argument im Konstruktor festlegen, wenn Sie den Vektor erzeugen:

```
Vector itemsOrdered = new Vector(3, 10);
```

Jetzt wächst der Vektor bei der Neuzuweisung von Speicher in Inkrementen von 10.

Allerdings verlangsamt sich das Programm, wenn Java den Speicherbereich für den Vektor häufig neu reservieren muß. Deshalb sollte man sorgfältig die anfängliche Kapazität und die Zunahme abschätzen – in diesem Sinne ist der Wert 10 für ein Inkrement zu klein.

Hinweis

Bei kleinen Programmen lohnt es sich oft nicht, die Kapazität und das Wachstum der Vektoren eigenverantwortlich zu steuern. Wenn Sie mit dem Standardkonstruktor

```
Vector itemsOrdered = new Vector();
```

arbeiten, erhält der Vektor eine anfängliche Kapazität von 10 und verdoppelt die Größe bei jeder Überschreitung der Kapazität. Das genügt für die Fälle, in denen nur wenige Elemente zu behandeln sind, und Sie sparen sich den – wenn auch geringen – Aufwand, die Reservierung der Vektoren zu verwalten.

Vererbung

C++

Die Java-Klasse `Vector` unterscheidet sich in verschiedenen wichtigen Punkten von der C++-Vorlage `vector`. Vor allem weil `vector` eine Vorlage ist, lassen sich nur Elemente des richtigen Typs einfügen, und für das Abrufen von Elementen aus dem Vektor ist keine Typumwandlung erforderlich. Beispielsweise weigert sich der Compiler einfach, ein `Rectangle`-Objekt in einen `vector<Employee>` einzufügen. Die C++-Vorlage `vector` überlädt den Operator `[]`, um den Zugriff auf Elemente zu erleichtern. Da Java das Überladen von Operatoren nicht kennt, sind explizite Methodenaufrufe erforderlich. C++-Vektoren werden als Wert kopiert. Wenn `a` und `b` zwei Vektoren sind, dann bringt die Anweisung `a = b;` den Vektor `a` in einen neuen Vektor mit der gleichen Länge wie `b`, und alle Elemente werden von `b` nach `a` kopiert. Die gleiche Zuweisung in Java bewirkt aber, daß sowohl `a` als auch `b` auf denselben Vektor verweisen.

VB

Wenn Sie sich nicht vor der zusätzlichen Syntax scheuen und gelegentlich einen Basistyp in seine Wrapper-Klasse konvertieren (und die abgerufenen Objekte einer Typumwandlung unterziehen), bieten Ihnen Vektoren in Java die gesamte Bequemlichkeit der Anweisung `Redim Preserve` (und sogar noch etwas mehr).

Mit Vektoren arbeiten

Die Methode `size` gibt die aktuelle Anzahl von Elementen im Vektor zurück. Demnach ist

`v.size()`

das Vektor-Äquivalent zu

`a.length`

für ein Array `a`. Natürlich ist die Größe eines Vektors immer kleiner oder gleich seiner Kapazität.

Wenn Sie sicher sind, daß der Vektor seine permanente Größe erreicht hat, können Sie die Methode `trimToSize` aufrufen. Diese Methode paßt die Größe des Speicherblocks genau an den Platz an, der für die Aufnahme der aktuellen Anzahl von Elementen erforderlich ist. Die Speicherbereinigung gibt den überflüssigen Speicher frei.

Hinweis

Nachdem Sie die Größe eines Vektors mit `trimToSize` abgeschnitten haben, verschiebt sich der Block erneut, wenn Sie neue Elemente hinzufügen. Das kostet Zeit. Daher sollten Sie die Methode `trimToSize` nur dann einsetzen, wenn Sie hundertprozentig wissen, daß dem Vektor keine Elemente mehr hinzuzufügen sind.

API

`java.util.Vector`

- `Vector()`

    Konstruiert einen leeren Vektor (mit der anfänglichen Kapazität von 10, wobei sich die Kapazität mit jeder Erweiterung verdoppelt).

- `Vector(int initialCapacity)`

    Konstruiert einen leeren Vektor mit der angegebenen Kapazität.

    Parameter: `initialCapacity`   Anfängliche Speicherkapazität des Vektors.

- `Vector(int initialCapacity, int capacityIncrement)`

    Konstruiert einen leeren Vektor mit der angegebenen Kapazität und dem angegebenen Speicherzuwachs (Inkrement).

    Parameter: `initialCapacity`   Anfängliche Speicherkapazität des Vektors.

    `capacityIncrement`   Größe, um die sich die Kapazität erhöht, wenn der Vektor seine momentane Kapazität überschreitet.

- `boolean add(Object obj)`

    Fügt ein Element am Ende des Vektors an, das damit zum letzten Element des Vektors wird. Rückgabewert ist immer `true`.

    Parameter: `obj`   Hinzuzufügendes Element.

- `int size()`

    Liefert die Größe der momentan im Vektor gespeicherten Elemente. (Unterscheidet sich normalerweise von der Kapazität des Vektors und ist nie größer als die Kapazität.)

Vererbung

- `void setSize(int n)`

    Setzt die Größe des Vektors auf genau n Elemente. Wenn n größer als die aktuelle Größe ist, werden am Ende des Vektors `null`-Elemente hinzugefügt. Ist n kleiner als die aktuelle Größe, werden alle Elemente beginnend bei Index n entfernt.

    Parameter: n Neue Größe des Vektors.

- `void trimToSize()`

    Verringert die Kapazität des Vektors auf seine tatsächliche Größe.

Auf Vektorelemente zugreifen

Leider ist nichts umsonst zu haben. Die zusätzliche Bequemlichkeit, die Vektoren bieten, erfordern, eine kompliziertere Syntax, um auf die Elemente des Vektors zuzugreifen. Der Grund dafür ist, daß die Klasse `Vector` nicht zum Sprachumfang von Java gehört. Es handelt sich um eine Hilfsklasse, die von Dritten programmiert und in der Standardbibliothek bereitgestellt wurde.

Hinweis

Vektoren sind wie Arrays nullbasiert.

Die beiden wichtigsten Unterschiede beim Arbeiten mit Vektoren – im Vergleich zu Arrays – sind:

1. Statt mit der einfacheren Syntax `[]` auf Elemente eines Arrays zuzugreifen oder die Elemente zu ändern, muß man mit `get`- und `set`-Methoden arbeiten.

Arrays   **Vector**
`x = a[i]`   `x = v.elementAt(i);` oder
                      `x = v.get(i);`
`a[i] = x;`   `v.setElementAt(x, i);` oder
                      `v.set(i, x);`

Hinweis

Die komfortablen `get`- und `set`-Methoden wurden mit der Version 2 eingeführt.

Tip

Mit dem folgenden Trick kann man das Beste aus beiden Welten übernehmen – flexibles Wachstum und bequemen Elementzugriff. Erzeugen Sie als erstes einen Vektor, und fügen Sie alle Elemente hinzu.

```
Vector v = new Vector();
   while (. . .)
   {  String s = . . .
      v.add(s);
   }
```

Danach erstellen Sie ein Array und kopieren alle Elemente in das Array. Für diesen Zweck gibt es sogar die spezielle Methode copyInto.

```
String[] a = new String[v.size()];
   v.copyInto(a);
```

Achtung

Rufen Sie nicht v.setElementAt(x, i) auf, solange nicht die *Größe* des Vektors größer als i ist. Beispielsweise liefert der folgende Code einen Fehler:

```
Vector v = new Vector(10); // Kapazität 10, Größe 0
v.set(0, x);               // Noch kein Element 0
```

Es gibt zwei Auswege. Man kann mit addElement statt setElementAt arbeiten, oder man ruft setSize auf, nachdem der Vektor erzeugt wurde.

```
Vector v = new Vector(10);
v.setSize(10);
```

2. Wie wir bereits weiter vorn gesagt haben, gibt es eine einzige Vector-Klasse, die alle Elemente aller Typen aufnimmt: Ein Vektor speichert eine Folge von *Objekten.*

   Das ist kein Problem, wenn man einem Vektor Elemente hinzufügt – alle Klassen erben implizit von Object. (Wenn man einen Vektor von Zahlen aufbauen will, gibt es doch ein Problem. Dann muß man eine Wrapper-Klasse wie Integer oder Double verwenden – siehe dazu den nächsten Abschnitt.) Da aber die Elemente als Objekte gespeichert sind, ist es nicht ohne weiteres möglich, Daten aus einem Vektor abzurufen.

Vererbung

Sehen Sie sich zum Beispiel das folgende Codefragment an:

```
Item nextItem = new Item();
itemsOrdered.set(n, nextItem);
```

Die Variable `nextItem` wird automatisch vom Typ `Item` in den Typ `Object` umgewandelt, wenn man sie in den Vektor einfügt. *Liest* man aber ein Element aus dem Vektor, erhält man ein `Object`, das man erst wieder in den ursprünglichen Typ umwandeln muß, mit dem man eigentlich arbeitet.

```
Item currentItem = (Item)itemsOrdered.get(n);
```

Wenn man die Typumwandlung `(Item)` vergißt, erzeugt der Compiler eine Fehlermeldung.

Vektoren sind von Natur aus etwas *unsicher*. Es ist möglich, daß man versehentlich ein Element des falschen Typs in einen Vektor einfügt:

```
Rectangle r = new Rectangle();
itemsOrdered.set(n, r);
```

Der Compiler beschwert sich nicht. Er konvertiert anstandslos ein `Rectangle` in ein `Object`. Wenn man später aber das versehentlich hinzugefügte Rechteck aus dem Vektor-Container abruft, wird es wahrscheinlich in den Typ `Item` umgewandelt. Das ist eine unzulässige Typumwandlung, die das Programm zum Absturz bringt. Und das *ist* ein Problem! Und zwar deshalb, weil Vektoren Werte vom Typ `Object` speichern. Wäre `itemsOrdered` ein Array von `Item`-Werten, läßt es der Compiler von vornherein nicht zu, daß man ein Rechteck in diesem Array speichert.

```
Rectangle r = new Rectangle();
itemsOrdered [] = r;    // FEHLER
```

Wie ernst ist dieses Problem? Das läßt sich nicht global beantworten. In der Praxis kann man oftmals garantieren, daß die in einen Vektor eingefügten Elemente vom korrekten Typ sind, weil es meist nur ein oder zwei Stellen im Code gibt, wo das Einfügen in den Vektor stattfindet. Mit entsprechendem Code kann man dann den Typ überprüfen, bevor man das Element im Vektor speichert.

Sehen wir uns das Beispiel einer Klasse `PurchaseOrder` an:

```
class PurchaseOrder
{    . . .
    public void add(Item i)
    {   itemsOrdered.add(i);
    }
    . . .
    private Vector itemsOrdered;
}
```

Der Vektor `itemsOrdered` ist ein privates Feld der Klasse `PurchaseOrder`.

Die einzige Methode, die Objekte diesem Vektor hinzufügt, ist `PurchaseOrder.add`. Schon allein deshalb, weil das Argument von `PurchaseOrder.add` ein `Item` (Artikel) ist, lassen sich nur Artikel zum Vektor hinzufügen. Der Compiler kann den Typ auf dieser Stufe testen – ein Aufruf von `order.add(new Rectangle())` liefert eine Fehlermeldung. Somit können wir gefahrlos Elemente aus diesem Vektor entfernen und sie in Objekte vom Typ `Item` umwandeln.

In sehr seltenen Fällen sind Vektoren für *heterogene Kollektionen* nützlich. In den Vektor fügt man dann bewußt Objekte von gänzlich nicht verwandten Klassen ein. Ruft man einen Vektoreintrag ab, muß man immer den Typ des abgerufenen Objekts testen, wie es der folgende Code zeigt:

```
Vector purchaseOrder;
purchaseOrder.add(new Name(...));
purchaseOrder.add(new Address(...));
purchaseOrder.add(new Item(...));
...
Object obj = purchaseOrder.get(n);
if (obj instanceof Item)
{  Item i = (Item)obj;   sum += i.price();
}
```

Eigentlich ist das ein holpriger Weg, um Code zu schreiben. Es ist keine gute Idee, Typinformationen aufgeben und sie später mühsam wieder abzurufen.

VB

Vielleicht fragen Sie sich, wie das Ganze bei Arrays mit Elementen vom Typ Variant aussieht. Wir sind der Meinung, daß es – außer bei OLE-Automatisierung oder wo man auf die speziellen Eigenschaften dieses Typs nicht verzichten kann – ein ebenso holpriger Weg ist, Code zu schreiben. Beispielsweise lassen sich Arrays schneller kopieren, wenn man sie in Variant-Typen umwandelt. Dafür eignen sie sich also hervorragend. Bei Zahlen dagegen hat man einen todsicheren Weg gefunden, um das Programm zu bremsen.

API

java.util.Vector

- `void set(int index, Object obj)`

    Stellt einen Wert an der angegebenen Indexposition in den Vektor und überschreibt dabei den vorherigen Inhalt.

Vererbung

Parameter:	index	Position (muß zwischen 0 und size() - 1 liegen).
	obj	Neuer Wert.

- `Object get(int index)`

  Holt den Wert, der an der angegebenen Indexposition gespeichert ist.

Parameter:	index	Index des zu holenden Elements (zwischen 0 und size() - 1).

Elemente mitten im Vektor einfügen und entfernen

Elemente muß man nicht unbedingt am Ende des Vektors anfügen, sondern kann sie auch in der Mitte einfügen.

```
int n = itemsOrdered.size() - 2;
itemsOrdered.add(n, nextItem);
```

Die Elemente ab der Position n werden verschoben, um Platz für den neuen Eintrag zu schaffen. Wenn die Größe des Vektors nach dem Einfügen die aktuelle Kapazität des Vektors überschreitet, weist Java dem Vektor einen neuen Speicherbereich zu.

In gleicher Weise kann man ein Element aus der Mitte eines Vektors entfernen.

```
Item i = (Item)itemsOrdered.remove(n);
```

Die auf das zu entfernende Element folgenden Elemente werden nach unten kopiert. Die Größe des Vektors verringert sich damit um 1. Das Einfügen und Entfernen von Elementen ist nicht gerade effizient. Bei kleinen Vektoren spielt das keine wesentliche Rolle. Wenn man aber viele Elemente speichert und häufig in der Mitte der Folge einfügt und entfernt, sollte man eher auf eine verkettete Liste zurückgreifen. Wie man verkettete Listen programmiert, erläutern wir in Band 2.

API

java.util.Vector

- `void add(int index, Object obj)`

  Schiebt die Elemente ab der Indexposition nach hinten, um ein neues Element einzufügen.

Parameter:	index	Einfügepunkt (muß zwischen 0 und size() liegen).
	obj	Neues Element.

- `void remove(int index)`

    Entfernt ein Element und schiebt alle darauffolgenden Elemente nach unten.

    Parameter: `index`   Position des zu entfernenden Elements (zwischen 0 und `size() - 1`).

Ein Vektor-Benchmark

Aufgrund des dynamischen Wachstums lassen sich Vektoren in vielen Fällen bequemer einsetzen als Arrays. Es stellt sich die Frage, ob diese Bequemlichkeit zu Lasten der Effizienz geht. Um diese Frage zu beantworten, führen wir zwei Benchmarktests aus und messen die Zeit für die Neuzuweisung von Arrays und Vektoren sowie die Zeit für den Zugriff auf Array- und Vektorelemente. Ein Benchmarktest (gemäß Beispiel 5.3) auf einem 200-MHz-Pentium mit 96 Mbyte Hauptspeicher unter Windows 95 hat folgende Ergebnisse gebracht:

```
Vektorelemente zuweisen: 17910 Millisekunden
Array-Elemente zuweisen: 4220 Millisekunden
Zugriff auf Vektorelemente: 18130 Millisekunden
Zugriff auf Array-Elemente: 10110 Millisekunden
```

Wie Sie sich überzeugen können, arbeiten Vektoren wesentlich langsamer als echte Arrays. Dafür gibt es zwei Gründe. Es dauert länger, um eine Methode aufzurufen, als ein Array direkt anzusprechen. Außerdem sind die Vektormethoden *synchronisiert*. Wenn zwei Threads auf denselben Vektor zugreifen, gelangen die Methodenaufrufe in eine Warteschlange, so daß nur ein Thread den Vektor zu einem bestimmten Zeitpunkt aktualisieren kann. Diese Synchronisierung wirkt als Leistungsbremse. (Auf Threads und synchronisierte Methoden gehen wir im Kapitel zum Multithreading in Band 2 ein.)

Vektoren sind zweifellos komfortabel. Sie wachsen dynamisch und verwalten den Unterschied zwischen Größe und Kapazität automatisch, aber der Elementzugriff ist sowohl umständlich als auch langsam. Wir ziehen Vektoren den Arrays vor, um kleine Datenmengen von variabler Größe zu sammeln. Auch in Multithreading-Programmen sind sie von Vorteil. Ansonsten ist es sinnvoller, reine Arrays zu verwenden.

Beispiel 5.3: VectorBenchmark.java

```java
import java.util.*;

class VectorBenchmark
{ public static void main(String[] args)
  { Vector v = new Vector();

    long start = new Date().getTime();
    for (int i = 0; i < MAXSIZE; i++)
      v.add(new Integer(i));
```

Vererbung

```java
        long end = new Date().getTime();
        System.out.println("Vektorelemente zuweisen: "
            + (end - start) + " Millisekunden");

        Integer[] a = new Integer[1];
        start = new Date().getTime();
        for (int i = 0; i < MAXSIZE; i++)
        {   if (i >= a.length)
            {   Integer[] b = new Integer[i * 2];
                System.arraycopy(a, 0, b, 0, a.length);
                a = b;
            }
            a[i] = new Integer(i);
        }
        end = new Date().getTime();
        System.out.println("Array-Elemente zuweisen: "
            + (end - start) + " Millisekunden");

        start = new Date().getTime();
        for (int j = 0; j < NTRIES; j++)
            for (int i = 0; i < MAXSIZE; i++)
            {   Integer r = (Integer)v.get(i);
                v.set(i, new Integer(r.intValue() + 1));
            }
        end = new Date().getTime();
        System.out.println("Zugriff auf Vektorelemente: "
            + (end - start) + " Millisekunden");

        start = new Date().getTime();
        for (int j = 0; j < NTRIES; j++)
            for (int i = 0; i < MAXSIZE; i++)
            {   Integer r = a[i];
                a[i] = new Integer(r.intValue() + 1);
            }
        end = new Date().getTime();
        System.out.println("Zugriff auf Array-Elemente: "
            + (end - start) + " Millisekunden");
    }

    public static final int MAXSIZE = 100000;
    public static final int NTRIES = 10;
}
```

5.6 Objekt-Wrapper

Gelegentlich muß man einen Basistyp wie `int` in ein Objekt konvertieren. Alle Basistypen haben Klassenentsprechungen. Beispielsweise gibt es eine Klasse `Integer`, die mit dem Basistyp `int` korrespondiert. Diese Arten von Klassen bezeichnet man als *Objekt-Wrapper*. Die Namen der Wrapper-Klassen sind selbsterklärend: `Integer`, `Long`, `Float`, `Double`, `Short`, `Byte`, `Character`, `Void` und `Boolean`. (Die ersten sechs erben von der gemeinsamen übergeordneten Wrapper-Klasse `Number`.) Die Wrapper-Klassen sind `final`. (Damit kann man die Methode `toString` in `Integer` leider nicht überschreiben, um Zahlen als römische Zahlzeichen anzuzeigen.) Weiterhin kann man keine Werte ändern, die im Objekt-Wrapper gespeichert sind.

Angenommen, wir benötigen einen Vektor aus Gleitkommazahlen. Wie bereits erwähnt, funktioniert das einfache Hinzufügen von Zahlen nicht.

```
Vector v = new Vector();
v.add(3.14); // FEHLER
```

Die Gleitkommazahl 3.14 ist kein `Object`. Hier kommt die Wrapper-Klasse `Double` ins Spiel. Eine Instanz von `Double` ist ein Objekt, das den Typ `double` in ein korrespondierendes Objekt überführt.

```
v.add(new Double(3.14));
```

Um eine Zahl aus einem Vektor von `Double`-Objekten abzurufen, muß man natürlich den eigentlichen Wert aus dem Wrapper mittels der Methode `doubleValue()` in `Double` extrahieren.

```
double x = ((Double)v.get(n)).doubleValue();
```

Das ist nicht gerade übersichtlich. Hier zahlt es sich wirklich aus, wenn man eine Klasse `DoubleVector` definiert, die diese Widerwärtigkeiten ein für allemal versteckt.

```
class DoubleVector
{ public void set(int n, double x)
   { v.set(n, new Double(x));
   }

   public void add(double x)
   { v.add(new Double(x));
   }

   public double get(int n)
   { return ((Double)v.get(n)).doubleValue();
   }
```

Vererbung

```
    public int size()
    {   return v.size();
    }

    private Vector v = new Vector();
}
```

Achtung

Es besteht die Meinung, daß sich mit Wrapper-Klassen Methoden implementieren lassen, die numerische Argumente modifizieren können. Allerdings ist das nicht richtig. Wie Sie noch aus Kapitel 4 wissen, ist es nicht möglich, eine Java-Funktion zu schreiben, die einen Integer inkrementiert, da Argumente an Java-Methoden immer als Wert übergeben werden.

```
static void increment(int x) // Funktioniert nicht
{   x++; // Inkrementiert lokale Kopie
}
static void main(String[] args)
{   int a = 3;
    increment(a);
    . . .
}
```

Die Änderung von x hat keinen Einfluß auf a. Könnten wir das umgehen, indem wir eine Integer-Klasse anstelle eines int-Typs verwenden?

```
static void increment(Integer x) // Funktioniert nicht
{   . . .
}

static void main(String[] args)
{   Integer a = new Integer(3);
    increment(a);
    . . .
}
```

Mithin sind jetzt a und x Referenzen auf dasselbe Objekt. Wenn wir es schaffen würden, x zu aktualisieren, dann würde a ebenfalls aktualisiert. Das Problem ist, daß Integer-Objekte *unveränderlich* sind: Die im Wrapper-Objekt enthaltenen Informationen lassen sich nicht ändern. Insbesondere gibt es für Integer-Objekte keine Entsprechung zur Anweisung x++. Demzufolge kann man mit diesen Wrapper-Klassen keine Methode erzeugen, die numerische Argumente modifiziert.

Hinweis

Wenn Sie eine Methode schreiben möchten, die numerische Argumente ändert, können Sie einen der *Holder*-Typen verwenden, die im Paket `org.omg.CORBA` definiert sind. Hier sind Typen wie `IntHolder`, `BooleanHolder` usw. vorhanden. Jeder Holder-Typ hat ein öffentliches (!) Datenfeld `value`, über das man auf den gespeicherten Wert zugreifen kann.

```
static void increment(IntHolder x)
{  x.value++;
}

static void main(String[] args)
{  IntHolder a = new IntHolder(3);
   increment(a);
   int result = a.value;
   . . .
}
```

Zahlen-Wrapper findet man häufig aus einem anderen Grund. Die Entwickler von Java haben mit den Wrapper-Klassen einen geeigneten Platz gefunden, um hier bestimmte Basismethoden – beispielsweise für die Umwandlung von Ziffernstrings in Zahlen – unterzubringen. Der Ort ist zwar geeignet, was man von der Funktionalität leider nicht behaupten kann.

Um einen String in eine Ganzzahl umzuwandeln, muß man die folgende Anweisung verwenden:

```
int x = Integer.parseInt(s);
```

Das hat nichts mit `Integer`-Objekten zu tun – `parseInt` ist eine statische Methode. Aber die `Integer`-Klasse war ein guter Platz, um die Methode hier unterzubringen. Bis zur Version 1.2 gab es keine korrespondierende Methode `parseDouble` in der Klasse `Double`. Statt dessen mußte man eine umständliche Anweisung wie

```
double x = new Double(s).doubleValue();
```

formulieren.

Diese Anweisung funktioniert folgendermaßen:

1. Es wird ein Konstruktor in der Klasse `Double` aufgerufen. Dieser übernimmt einen Ziffernstring im Format eines `double`-Wertes und gibt ein `Double`-Objekt zurück.

2. Die Methode `doubleValue` in der Klasse `Double` gibt den eigentlichen `double` zurück.

(VB-Benutzer sehnen sich wahrscheinlich nach einer einfachen `CDbl`-Funktion.)

Vererbung

In der Praxis sieht eigentlich alles noch schlimmer aus: Man muß damit klarkommen, daß der String führende oder nachgestellte Leerzeichen, vielleicht sogar andere Zeichen als nur Ziffern enthält. Eine korrekte Version würde damit folgendermaßen aussehen:

```
x = new Double(s.trim()).doubleValue();
```

Derart langatmigen Code findet man in vielen Java-Programmen.

Für die Analyse (das sogenannte Parsen) von Zahlen gibt es eine weitere Methode, die allerdings auch nicht einfacher ist. Man kann die Methode parse der Klasse DecimalFormat verwenden. Wenn s ein String und df ein Objekt vom Typ DecimalFormat ist, dann liefert der Methodenaufruf df.parse(s) ein Objekt vom Typ Number zurück.

```
DecimalFormat df = new DecimalFormat(); // Verwendet Standardländereinstellung
Number n = df.parse(s);
```

Eigentlich ist Number eine abstrakte Klasse, und das zurückgegebene Objekt hat entweder den Typ Long oder Double, je nach dem Inhalt des Strings s. Mit Hilfe des Operators instanceof läßt sich der Rückgabetyp des Objekts ermitteln:

```
if (n instanceof Double) Double d = (Double)n;
```

In der Praxis braucht man sich gewöhnlich nicht um den Rückgabetyp zu kümmern. Die Methode doubleValue ist für die Klasse Number definiert, und sie liefert das Gleitkommaäquivalent des number-Objekts zurück, ob es nun ein Long oder ein Double ist. Das heißt, man kann mit folgendem Code arbeiten:

```
try
{   x = new DecimalFormat().parse(s.trim()).doubleValue();
}
catch(ParseException e)
{   x = 0;
}
```

Die Methode DecimalFormat bietet den Vorteil, daß der String Tausendertrennzeichen enthalten kann, wie zum Beispiel "12,301.4".

Die API-Anmerkungen zeigen einige der bedeutenden Methoden der Klasse Integer. Die anderen Zahlenklassen implementieren korrespondierende Methoden.

API

java.lang.Integer

- `int intValue()`

  Liefert den Wert dieses `Integer`-Objekts als `int` (überschreibt die Methode `intValue` in der Klasse `Number`).

- `static String toString(int i)`

  Liefert ein neues `String`-Objekt, das die angegebene Ganzzahl zur Basis 10 darstellt.

- `static String toString(int i, int radix)`

  Gibt eine Darstellung der Zahl `i` zu der im Parameter `radix` bezeichneten Basis zurück.

- `static int parseInt(String s)`

  Gibt den Wert der Ganzzahl zurück, vorausgesetzt, daß der übergebene String eine Ganzzahl zur Basis 10 darstellt.

- `static int parseInt(String s, int radix)`

  Liefert den Wert der Ganzzahl zurück, vorausgesetzt, daß der übergebene String eine Ganzzahl zu der im Parameter `radix` spezifizierten Basis darstellt.

- `static Integer valueOf(String s)`

  Liefert ein neues `Integer`-Objekt zurück, das mit dem Wert der Ganzzahl initialisiert ist, vorausgesetzt, daß der übergebene String eine Ganzzahl zur Basis 10 darstellt.

- `static Integer valueOf(String s, int radix)`

  Liefert ein neues `Integer`-Objekt zurück, das mit dem Wert der Ganzzahl initialisiert ist, vorausgesetzt, daß der übergebene String eine Ganzzahl zu der im Parameter `radix` spezifizierten Basis darstellt.

API

java.text.NumberFormat

- `Number parse(String s)`

  Liefert den numerischen Wert zurück, vorausgesetzt, daß der übergebene String eine Zahl darstellt.

Vererbung

5.6.1 Große Zahlen

Wenn die Präzision (das heißt, die Anzahl der signifikanten Stellen) der grundlegenden Ganzzahl- und Gleitkommatypen nicht ausreichend ist, kann man auf zwei praktische Klassen des Paketes `java.math` zurückgreifen: `BigInteger` und `BigDecimal`. Diese Klassen sind für die Manipulation von Zahlen mit einer beliebigen Anzahl von Ziffernstellen vorgesehen. Die Klasse `BigInteger` implementiert eine beliebig präzise Integer-Arithmetik, während `BigDecimal` das gleiche für Gleitkommazahlen realisiert. Die großen Zahlen erzeugt man in der Regel aus Strings heraus, indem man einen der Konstruktoren von `BigInteger` oder `BigDecimal` aufruft, der einen String übernimmt:

```
BigInteger b = new BigInteger("123456789012345678901234567890123456789 0");
```

Es gibt keine Konstruktoren, die normale Zahlen übernehmen. Man kann aber die statische Methode `valueOf` verwenden:

```
BigInteger a = BigInteger.valueOf(100);
```

Leider kann man die großen Zahlen nicht mit den vertrauten arithmetischen Operatoren wie + und * verknüpfen. Statt dessen muß man mit den passenden Methoden in der entsprechenden `Big`-Klasse arbeiten:

```
BigInteger c = a.add(b); // c = a + b
BigInteger d = c.multiply(b.add(BigInteger.valueOf(2)));
  // d = c * (b + 2)
```

C++

Im Gegensatz zu C++ kennt Java kein programmierbares Überladen von Operatoren. Es gab keine Möglichkeit für die Programmierer der Klasse `BigInteger`, die Operatoren + und * zu redefinieren, um die Operationen `add` und `multiply` der Klasse `BigInteger` bereitzustellen. Die Sprachentwickler haben den Operator + überladen, um die Verkettung von Strings bezeichnen zu können. Andere Operatoren haben sie nicht für das Überladen vorgesehen, und sie bieten dem Java-Programmierer auch kein Mittel, die Operatoren in eigener Regie überladen zu können.

Beispiel 5.4 zeigt eine Version des Lotteriechancen-Programms, das wir in Kapitel 3 eingeführt haben. Es ist jetzt auf große Zahlen zugeschnitten. Wenn man zum Beispiel an einer Lotterie teilnimmt, bei der man 60 Zahlen aus 490 möglichen Zahlen auswählen soll, dann sagt Ihnen das Programm, daß Ihre Chancen 1 zu 716395843461995557415116222540092933411717612789263493 493351013459481104668848 stehen. Viel Glück!

Beispiel 5.4: BigIntegerTest.java

```java
import corejava.*;
import java.math.*;

public class BigIntegerTest
{  public static BigInteger lotteryOdds(int high, int number)
   {  BigInteger r = new BigInteger("1");
      int i;
      for (i = 1; i <= number; i++)
      {  r = r.multiply(BigInteger.valueOf(high))
            .divide(BigInteger.valueOf(i));
         high--;
      }
      return r;
   }

   public static void main(String[] args)
   {  int numbers = Console.readInt
         ("Wie viele Zahlen sind zu tippen?");
      int topNumber = Console.readInt
         ("Aus wie vielen Zahlen kann man waehlen?");
      BigInteger oddsAre = lotteryOdds(topNumber, numbers);

      System.out.println("Die Chancen stehen 1 zu " + oddsAre +
         ". Viel Glueck!");
   }
}
```

5.6.2 Die JDK-Dokumentation im HTML-Format

Mittlerweile haben Sie alle grundlegenden Begriffe kennengelernt, mit denen Java seine Methoden, Klassen und Schnittstellen beschreibt. Nachdem Sie mit diesen Informationen vertraut sind, werden Sie häufig die API-Dokumentation konsultieren. Diese gehört zum Lieferumfang des JDK und liegt im HTML-Format vor. Gehen Sie mit Ihrem Webbrowser auf die Site \jdk\docs\api\index.html. Die Abbildungen 5.3 bis 5.6 zeigen die Seiten der API-Dokumentation für die Klasse Double. Die API-Dokumentation ist durchgehend einheitlich aufgebaut:

1. Der Bildschirm gliedert sich in drei Fenster. Ein kleines Fenster oben links zeigt alle verfügbaren Pakete. Klicken Sie auf ein Paket, und alle Klassen in diesem Fenster werden im kleinen Fenster darunter angezeigt. Klicken Sie auf einen Klassennamen, erscheint die API-Dokumentation für die Klasse im großen Fenster auf der rechten Seite (siehe Abbildung 5.3).

2. Der obere Teil der Dokumentationsseite jeder Klasse zeigt den Namen der Klasse und deren Vererbungskette (beginnend bei java.lang.Object), gefolgt von einer (mehr oder weniger nützlichen) Beschreibung der Klasse (gelegentlich findet man hier auch Beispielcode).

Vererbung

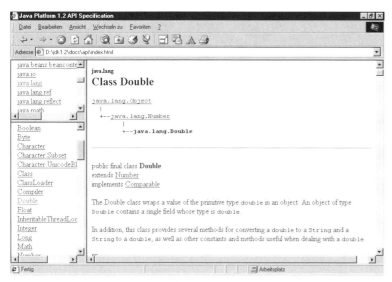

Abbildung 5.3: Die drei Fensterbereiche der API-Dokumentation

3. Es schließt sich eine Übersicht aller öffentlichen und geschützten Felder, Konstruktoren und Methoden an (siehe Abbildung 5.4).

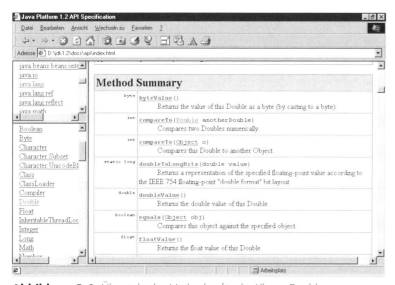

Abbildung 5.4: Übersicht der Methoden für die Klasse Double

4. Klicken Sie auf ein Feld oder einen Methodennamen, um eine detaillierte Beschreibung zu erhalten (siehe Abbildung 5.5).

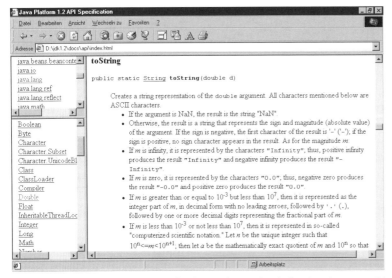

Abbildung 5.5: Detaillierte Beschreibung der Methode für die Klasse Double

5. Am oberen Rand jeder Seite ist eine Gruppe komfortabler Links untergebracht. Klicken Sie auf »Tree«, um eine Baumansicht aller Klassen in diesem Paket zu erhalten (siehe Abbildung 5.6). Klicken Sie wieder auf »All packages«, um die riesige Baumansicht aller Klassen in der Bibliothek zu betrachten.

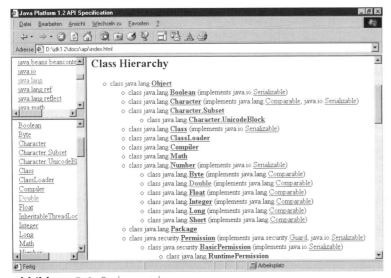

Abbildung 5.6: Strukturansicht

5.7 Die Klasse »Class« (Identifizierung des Laufzeittyps)

Während Ihr Programm läuft, verwaltet das Laufzeitsystem von Java immer eine sogenannte Laufzeit-Typenidentifizierung für alle Objekte. Diese Informationen verfolgen die Klasse, zu der jedes Objekt gehört. Java verwendet Laufzeit-Typinformationen, um die richtige zur Laufzeit auszuführende Methode auszuwählen.

Mit einer speziellen Java-Klasse kann man auch auf diese Informationen zugreifen. Die Klasse, die diese Informationen enthält, heißt etwas irreführend `Class`. Die Methode `getClass()` in der Klasse `Object` gibt eine Instanz vom Typ `Class` zurück.

```
Employee e ;
...
Class cl = e.getClass();
```

Die vielleicht am häufigsten genutzte Methode von `Class`, `getName`, liefert den Namen der Klasse zurück. Die Methode kann man in einem einfachen `println` einsetzen, wie zum Beispiel im Code:

```
System.out.println(e.getClass().getName() + " " + e.getName());
```

Diese Anweisung liefert die Ausgabe

```
Employee Harry Hacker
```

wenn `e` ein Mitarbeiter ist, und

```
Manager Harry Hacker
```

wenn `e` ein Manager ist.

Ein `Class`-Objekt läßt sich nach zwei Verfahren erhalten: indem man ein Objekt nach seinem korrespondierenden Klassenobjekt abfragt oder indem man das Klassenobjekt, das einem String entspricht, mittels der Methode `forName` abruft.

```
String className = "Manager";
Class cl = Class.forName(className);
```

Diese Methode verwendet man, wenn der Klassenname in einem String gespeichert ist, der sich zur Laufzeit ändert. Das funktioniert, wenn `className` der Name einer Klasse oder Schnittstelle ist. Andernfalls wird eine Ausnahme ausgelöst.

Eine dritte Methode für das Erhalten eines Objekts vom Typ `Class` ist ein komfortables Kurzverfahren. Wenn `T` einen beliebigen Java-Typ kennzeichnet, dann ist `T.class` das entsprechende Klassenobjekt. Zum Beispiel:

```
Class cl1 = Manager.class;
Class cl2 = int.class;
Class cl3 = Double[].class;
```

Beachten Sie, daß Class tatsächlich einen *Typ* beschreibt, was nicht unbedingt eine Klasse sein muß.

Hinweis

Aus historischen Gründen gibt die Methode getName etwas seltsame Namen für Array-Typen zurück:

```
System.out.println(Double[].class.getName());
   // Gibt [Ljava.lang.Double; aus
System.out.println(int[].class.getName());
   // Gibt [I aus
```

Eine weitere praktische Methode ist newInstance(), mit der man eine Instanz einer Klasse nebenbei erzeugen kann. Wenn man zum Beispiel noch etwas Code schreibt, um Ausnahmen aufzufangen, dann läßt sich mit

```
e.getClass().newInstance();
```

eine neue Instanz des gleichen Klassentyps wie e erzeugen. Die Methode newInstance ruft den Standardkonstruktor (denjenigen ohne Argumente) auf, um das neu erzeugte Objekt zu initialisieren.

Mit einer Kombination von forName und newInstance kann man ein Objekt aus einem Klassennamen erzeugen, der in einem String gespeichert ist:

```
String s = "Manager";
Object m = Class.forName(s).newInstance();
```

Hinweis

Wenn für den Konstruktor der auf diese Weise zu erzeugenden Klasse Parameter bereitzustellen sind, kann man derartige Anweisungen nicht verwenden. Statt dessen muß man die Methode newInstance in der Klasse Constructor aufrufen. (Es handelt sich hier um eine der Klassen im Paket java.lang.reflect. Den Reflection-Mechanismus behandeln wir im nächsten Abschnitt.)

C++

Die Methode newInstance entspricht dem Idiom eines virtuellen Konstruktors in C++. Allerdings sind virtuelle Konstruktoren in C++ kein Merkmal der Sprache, sondern einfach ein Idiom, das auf die Unterstützung einer spezialisierten Bibliothek angewiesen ist. Die Klasse Class ist vergleich-

Vererbung

bar mit der Klasse type_info in C++, und die Methode getClass hat ihr Pendant im C++-Operator typeid. Dennoch ist die Java-Klasse Class etwas universeller als type_info. Die C++-Klasse type_info kann nur einen String mit dem Namen des Typs liefern und keine neuen Objekte dieses Typs erzeugen.

API

java.lang.Class

- String getName()

  Liefert den Namen dieser Klasse zurück.

- Class getSuperclass()

  Liefert die Superklasse dieser Klasse als Class-Objekt zurück.

- Class[] getInterface()

  Liefert ein Array von Class-Objekten mit der Beschreibung der Schnittstellen, die diese Klasse implementiert. Das Array hat die Länge 0, wenn die Klasse keine Schnittstellen implementiert. Die Schnittstellenbeschreibungen werden – etwas ungewöhnlich – ebenso in Class-Objekten gespeichert. Auf Schnittstellen geht Kapitel 6 näher ein.

- boolean isInterface()

  Liefert true, wenn die Klasse eine Schnittstelle ist, andernfalls false.

- String toString()

  Liefert den Namen dieser Klasse oder dieser Schnittstelle. Bei einer Klasse steht das Wort class vor dem Namen, bei einer Schnittstelle das Wort interface. Die Methode überschreibt die Methode toString in Object.

- static Class forName(String className)

  Liefert das Class-Objekt, das die Klasse mit dem Namen className repräsentiert.

- Object newInstance()

  Gibt eine neue Instanz dieser Klasse zurück.

API

java.lang.reflect.Constructor

- `Object newInstance(Object[] args)`

    Konstruiert eine neue Instanz der Klasse, die den Konstruktor deklariert.

    Parameter: `args`   Die an den Konstruktor zu übergebenden Parameter.

5.8 Reflection

Die Klasse `Class` bietet einen sehr umfangreichen und ausgeklügelten Werkzeugsatz, um Programme zu schreiben, die Java-Code dynamisch manipulieren. Von diesem Merkmal macht JavaBeans, die Komponentenarchitektur für Java (siehe dazu mehr in Band 2), ausgiebig Gebrauch. Mittels Reflection kann Java Werkzeuge bereitstellen, an die sich Benutzer von Visual Basic oder Delphi schon längst gewöhnt haben. Vor allem wenn neue Klassen zur Entwurfs- oder Laufzeit hinzugefügt werden, müssen schnelle Werkzeuge zur Anwendungsentwicklung, die JavaBeans-fähig sind, in der Lage sein, sich über die Fähigkeiten der hinzugefügten Klassen (Beans – zu deutsch: Bohnen) zu erkundigen. (Das ist vergleichbar mit den Vorgängen, die beim Hinzufügen von Steuerelementen in der Visual Basic Toolbox ablaufen.)

Ein Programm, das die Fähigkeiten der Klassen analysieren kann, bezeichnet man als *reflektierend*. Das Paket, das diese Funktionalität in Java einbringt, heißt naheliegend `java.lang.reflect`. Der Reflection-Mechanismus ist sehr leistungsfähig. Wie die nächsten vier Abschnitte zeigen, kann man ihn einsetzen, um ...

- die Fähigkeiten der Klassen zur Laufzeit zu analysieren.
- Objekte zur Laufzeit zu inspizieren, beispielsweise, um eine einzelne `toString`-Methode zu schreiben, die für *alle* Klassen arbeitet.
- generischen Code zur Manipulation von Arrays zu implementieren.
- `Method`-Objekte zu nutzen, die wie Funktionszeiger in Sprachen wie C++ arbeiten.

(Beachten Sie bitte, daß der Abschnitt zu JavaBeans in Band 2 die Teile des Reflection-Mechanismus behandelt, die sich auf JavaBeans beziehen.)

Die Fähigkeiten einer Klasse per Reflection analysieren

Dieser Abschnitt bringt einen kurzen Überblick zu den wichtigsten Bestandteilen des Reflection-Mechanismus, mit dem sich die Struktur einer Klasse untersuchen läßt.

Die drei Klassen `Field`, `Method` und `Constructor` im Paket `java.lang.reflect` beschreiben die Datenfelder, die Operationen bzw. die Konstruktoren einer Klasse. Alle drei Klassen verfügen über eine Methode `getName`, die den Namen des Elements zurückgibt. Die Klasse `Field` hat eine Methode `getType`, die ein Objekt – wiederum vom Typ `Class` – mit einer Beschreibung des Feldtyps zurückgibt. Die Klassen `Method` und `Constructor` haben Methoden, die den Rückgabetyp und die für diese Funktionen verwendeten Parametertypen melden. Alle drei Klassen enthalten

Vererbung

auch eine Methode getModifiers. Diese Methode liefert eine Ganzzahl, in der verschiedene Bits ein-/ausgeschaltet sind und die die Modifizierer wie public und static beschreiben. Man kann dann mit den statischen Methoden in der Klasse Modifier des Pakets java.lang.reflect die von der Methode getModifiers zurückgegebene Ganzzahl analysieren. Zum Beispiel kann man mit Methoden wie isPublic, isPrivate oder isFinal der Klasse Modifier ermitteln, ob eine Methode oder ein Konstruktor public, private bzw. final ist. Dazu muß man lediglich die entsprechende Methode in der Klasse Modifier auf die von getModifier zurückgegebene Ganzzahl anwenden. Mit der Methode Modifier.toString lassen sich die Modifizierer auch ausgeben.

Die Methoden getFields(), getMethods() und getConstructors() der Klasse Class liefern Arrays der von der Klasse unterstützten *öffentlichen* Felder, Operationen bzw. Konstruktoren als Arrays von Objekten der passenden Klasse aus java.lang.reflect zurück. Die Methoden getDeclareFields(), getDeclareMethods() und getDeclareConstructors() der Klasse Class geben Arrays zurück, die aus allen Feldern, Operationen bzw. Konstruktoren in der Klasse bestehen.

Beispiel 5.5 zeigt, wie man alle Informationen über eine Klasse ausgeben kann. Das Programm fragt den Benutzer nach dem Namen einer Klasse und schreibt dann die Signaturen aller Methoden und Konstruktoren sowie die Namen aller Datenfelder einer Klasse aus. Gibt man zum Beispiel

```
java.lang.Double
```

ein, bringt das Programm nach Beispiel 5.5 die Ausgabe

```
class java.lang.Double extends java.lang.Number
{
public java.lang.Double(double);
public java.lang.Double(java.lang.String);

public byte byteValue();
public int compareTo(java.lang.Double);
public int compareTo(java.lang.Object);
public static native long doubleToLongBits(double);
public double doubleValue();
public boolean equals(java.lang.Object);
public float floatValue();
public int hashCode();
public int intValue();
public boolean isInfinite();
public static boolean isInfinite(double);
public boolean isNaN();
public static boolean isNaN(double);
public static native double longBitsToDouble(long);
```

```
public long longValue();
public short shortValue();
public java.lang.String toString();
public static java.lang.String toString(double);
public static java.lang.Double valueOf(java.lang.String);
static native double valueOf0(java.lang.String);

public static final double POSITIVE_INFINITY;
public static final double NEGATIVE_INFINITY;
public static final double NaN;
public static final double MAX_VALUE;
public static final double MIN_VALUE;
public static final java.lang.Class TYPE;
private double value;
private static final long serialVersionUID;
}
```
auf den Bildschirm.

Beispiel 5.5: ReflectionTest.java
```
import java.lang.reflect.*;
import corejava.*;

public class ReflectionTest
{   public static void main(String[] args)
    {   String name = Console.readLine
            ("Bitte einen Klassennamen eingeben (z.B. java.util.Date): ");
        try
        {   Class cl = Class.forName(name);
            Class supercl = cl.getSuperclass();
            System.out.print("class " + name);
            if (supercl != null && !supercl.equals(Object.class))
                System.out.print(" extends " + supercl.getName());
            System.out.print("\n{\n");
            printConstructors(cl);
            System.out.println();
            printMethods(cl);
            System.out.println();
```

Vererbung

```
      printFields(cl);
      System.out.println("}");
   }
   catch(ClassNotFoundException e)
   {  System.out.println("Klasse nicht gefunden.");
   }
}


public static void printConstructors(Class cl)
{  Constructor[] constructors = cl.getDeclaredConstructors();

   for (int i = 0; i < constructors.length; i++)
   {  Constructor c = constructors[i];
      Class[] paramTypes = c.getParameterTypes();
      String name = c.getName();
      System.out.print(Modifier.toString(c.getModifiers()));
      System.out.print(" " + name + "(");
      for (int j = 0; j < paramTypes.length; j++)
      {  if (j > 0) System.out.print(", ");
         System.out.print(paramTypes[j].getName());
      }
      System.out.println(");");
   }
}

public static void printMethods(Class cl)
{  Method[] methods = cl.getDeclaredMethods();

   for (int i = 0; i < methods.length; i++)
   {  Method m = methods[i];
      Class retType = m.getReturnType();
      Class[] paramTypes = m.getParameterTypes();
      String name = m.getName();
      System.out.print(Modifier.toString(m.getModifiers()));
      System.out.print(" " + retType.getName() + " " + name
         + "(");
      for (int j = 0; j < paramTypes.length; j++)
      {  if (j > 0) System.out.print(", ");
         System.out.print(paramTypes[j].getName());
      }
      System.out.println(");");
   }
}
```

```
public static void printFields(Class cl)
{  Field[] fields = cl.getDeclaredFields();

   for (int i = 0; i < fields.length; i++)
   {  Field f = fields[i];
      Class type = f.getType();
      String name = f.getName();
      System.out.print(Modifier.toString(f.getModifiers()));
      System.out.println(" " + type.getName() + " " + name
         + ";");
   }
  }
}
```

An diesem Programm ist bemerkenswert, daß sich jede beliebige Klasse, die der Java-Interpreter laden kann, analysieren läßt – nicht nur die Klassen, die beim Kompilieren des Programms verfügbar sind. Mit diesem Programm werfen wir im nächsten Kapitel einen Blick in die neuen inneren Klassen, die der Java-Compiler automatisch generiert.

API

java.lang.Class

- Field[] getFields()
- Field[] getDeclaredFields[]

  Die Methode getFields gibt ein Array zurück, das Field-Objekte für die öffentlichen Felder enthält. Die Methode getDeclaredField liefert ein Array von Field-Objekten für alle Felder zurück. Die Länge eines zurückgegebenen Arrays ist 0, wenn es keine derartigen Felder gibt oder das Class-Objekt einen einfachen oder Array-Typ repräsentiert.

- Method[] getMethods()
- Method[] getDeclareMethods()

  Liefert ein Array mit Method-Objekten, die alle öffentlichen Methoden (bei getMethods) oder alle Methoden (bei getDeclareMethods) der Klasse oder Schnittstelle angeben. Dazu gehören auch diejenigen, die von Klassen oder Schnittstellen der darüberliegenden Ebenen der Vererbungskette abgeleitet sind.

- Constructor[] getConstructors()

Vererbung

- `Constructor[] getDeclaredConstructors()`

  Liefert ein Array mit `Constructor`-Objekten, die alle öffentlichen Konstruktoren (bei `getConstructors`) oder alle Konstruktoren (bei `getDeclaredConstructors`) der durch dieses `Class`-Objekt repräsentierten Klasse angeben.

API

java.lang.reflect.Field

API

java.lang.reflect.Method

API

java.lang.reflect.Constructor

- `Class getDeclaringClass()`

  Gibt das `Class`-Objekt für die Klasse, die diesen Konstruktor, diese Methode oder dieses Feld definiert, zurück.

- `Class[] getExceptionTypes()`

  (In `Constructor`- und `Method`-Klassen). Liefert ein Array von `Class`-Objekten, die die Typen der durch die Methode ausgelösten Ausnahmen repräsentieren.

- `int getModifiers()`

  Liefert eine Ganzzahl, die die Modifizierer dieses Konstruktors, dieser Methode oder dieses Felds beschreibt. Mit den Methoden der Klasse `Modifier` läßt sich der Rückgabewert untersuchen.

- `String getName()`

  Liefert einen String mit dem Namen des Konstruktors, der Methode oder des Felds.

- `Class[] getParameterTypes()`

  (In `Constructor`- und `Method`-Klassen). Liefert ein Array von `Class`-Objekten, die die Typen der Parameter repräsentieren.

Objekte zur Laufzeit per Reflection analysieren

Im vorherigen Abschnitt haben wir gezeigt, wie man die *Namen* und *Typen* von Datenfeldern eines Objekts herausfinden kann:

- Das korrespondierende `Class`-Objekt holen.
- Die Methode `getDeclaredFields` auf dem `Class`-Objekt aufrufen.

In diesem Abschnitt gehen wir einen Schritt weiter und sehen uns den eigentlichen Inhalt der Datenfelder an. Natürlich ist es einfach, den Inhalt eines bestimmten Felds eines Objekts anzuzeigen, dessen Name und Typ beim Schreiben eines Programms bekannt sind. Der Reflection-Mechanismus erlaubt es uns aber, Felder von Objekten zu betrachten, die zur Kompilierzeit noch nicht bekannt sind.

Die Schlüsselmethode hierzu ist die Methode `get` in der Klasse `Field`. Wenn `f` ein Objekt vom Typ `Field` (beispielsweise von `getDeclaredFields` zurückgegeben) und `obj` ein Objekt der Klasse, zu der `f` als Feld gehört, ist, dann liefert `f.get(obj)` ein Objekt, das den aktuellen Wert des Felds von `obj` darstellt. Diese abstrakte Erläuterung soll ein Beispiel verdeutlichen:

```
Employee harry = new Employee("Harry Hacker", 35000,
   new Day(10, 1, 1989));
Class cl = harry.getClass();
   // Klassenobjekt, das Employee repräsentiert
Field f = cl.getField("name");
   // Das Feld name der Klasse Employee
Object v = f.get(harry);
   // Wert des Feldes name des Objekts harry,
   // d. h. das String-Objekt "Harry Hacker"
```

Eigentlich gibt es bei diesem Code ein Problem. Da das Feld `name` ein privates Feld ist, löst die Methode `get` die Ausnahme `IllegalAccessException` aus. Mit der Methode `get` kann man nur die Werte von zugänglichen Feldern holen. Der Sicherheitsmechanismus von Java erlaubt es, die Felder eines Objekts zu ermitteln, aber nicht die Werte der Felder zu lesen, sofern man nicht über Zugriffsberechtigungen verfügt.

Das Standardverhalten des Reflection-Mechanismus respektiert die Zugriffskontrolle von Java. Wenn allerdings ein Java-Programm nicht von einem Sicherheitsmanager überwacht wird, der das unterbindet, kann man die Zugriffskontrolle überschreiben. Dazu ruft man die Methode `setAccessible` auf einem `Field`-, `Method`- oder `Constructor`-Objekt wie im folgenden Beispiel auf:

```
f.setAccessible(true);
   // Der Aufruf von f.get(harry); ist jetzt OK.
```

Die Methode `setAccessible` gehört zur Klasse `AccessibleObject`, die allgemeine Superklasse von `Field`, `Method` und `Constructor`. Diese Funktion ist für Debugger, persistente Spei-

Vererbung

cherung und ähnliche Mechanismen vorgesehen. Wir setzen sie für eine generische toString-Methode weiter hinten in diesem Abschnitt ein.

Bei der Methode get gibt es einen weiteren Punkt zu beachten. Das Feld name ist ein String, und somit ist es kein Problem, den Wert als ein Object zurückzugeben. Nehmen wir aber an, daß Sie sich das Feld salary ansehen möchten. Das ist ein double, und in Java sind numerische Typen keine Objekte. Um das zu behandeln, kann man entweder die Methode getDouble der Klasse Field aufrufen oder mit get arbeiten, wo der Reflection-Mechanismus von Java den Feldwert automatisch in die passende Wrapper-Klasse – in diesem Fall Double – überträgt.

Natürlich kann man die Werte, die sich abrufen lassen, auch setzen. Der Aufruf f.set(obj, value) setzt das Feld, das durch f des Objekts obj repräsentiert wird, auf den neuen Wert.

Weiter unten zeigt Beispiel 5.6, wie man eine generische toString-Methode schreibt, die für eine *beliebige* Klasse funktioniert. Das Programm ruft mit getDeclaredFields alle Datenfelder ab. Dann verwendet es die komfortable Methode setAccessible, um alle Felder zugänglich zu machen. Für jedes Feld werden dann Name und Wert abgerufen. Jeder Wert wird durch Aufruf *seiner* toString-Methode in einen String umgewandelt.

```
class ObjectAnalyzer
{  public static String toString(Object obj)
   {  Class cl = obj.getClass();
      String r;
      . . .
      Field[] fields = cl.getDeclaredFields();
      AccessibleObject.setAccessible(fields, true);
      for (int i = 0; i < fields.length; i++)
      {  Field f = fields[i];
         r += f.getName() + "=";
         Object val = f.get(obj);
         r += val.toString();
         . . .
      }
      return r;
   }
}
```

Mit dieser toString-Methode können Sie einen Blick in jedes beliebige Objekt werfen. Beispielsweise erhalten Sie folgende Angaben, wenn Sie das Objekt System.out untersuchen:

```
java.io.PrintStream[classjava.io.FilterOutputStream,autoFlush=true,troubl
e=false,textOut=java.io.BufferedWriter@115c2454,charOut=java.io.OutputSt-
reamWriter@33902454,closing=false]
```

Im Beispiel 5.6 kommt die generische Methode `toString` zum Einsatz, um die Methode `toString` der Klasse `Employee` zu implementieren:

```
public String toString()
{   return ObjectAnalyzer.toString(this);
}
```

Das ist ein einfaches Verfahren, um eine `toString`-Methode bereitzustellen, und es empfiehlt sich insbesondere zur Fehlersuche. Mit der gleichen rekursiven Lösung läßt sich auch eine generische `equals`-Methode definieren. Sehen Sie sich dazu den Code im Beispielprogramm an.

Beispiel 5.6: ObjectAnalyzerTest.java
```
import java.lang.reflect.*;
import corejava.*;

public class ObjectAnalyzerTest
{   public static void main(String[] args)
    {   Employee harry  = new Employee("Harry Hacker", 35000,
            new Day(1996,12, 1));
        System.out.println(harry);
        Employee coder  = new Employee("Harry Hacker", 35000,
            new Day(1996,12, 1));
        System.out.println(harry.equals(coder));
        harry.raiseSalary(5);
        System.out.println(harry.equals(coder));

        System.out.println(ObjectAnalyzer.toString(System.out));
    }
}

class ObjectAnalyzer
{   public static String toString(Object obj)
    {   Class cl = obj.getClass();
        String r = cl.getName() + "[";
        Class sc = cl.getSuperclass();
        if (!sc.equals(Object.class)) r += sc + ",";
        Field[] fields = cl.getDeclaredFields();
        try
        {   AccessibleObject.setAccessible(fields, true);
        }
        catch(SecurityException e) {}
        for (int i = 0; i < fields.length; i++)
        {   Field f = fields[i];
            r += f.getName() + "=";
```

Vererbung

```
         try
         {  Object val = f.get(obj);
            r += val.toString();
         } catch (IllegalAccessException e)
         {  r += "???";
         }
         if (i < fields.length - 1)
            r += ",";
         else
            r += "]";
      }
      return r;
   }

   public static boolean equals(Object a, Object b)
   {  Class cl = a.getClass();
      if (!cl.equals(b.getClass())) return false;
      Field[] fields = cl.getDeclaredFields();
      AccessibleObject.setAccessible(fields, true);
      for (int i = 0; i < fields.length; i++)
      {  Field f = fields[i];
         try
         {  if (!f.get(a).equals(f.get(b)))
               return false;
         }
         catch(IllegalAccessException e)
         {  return false;
         }
      }
      return true;
   }
}

class Employee
{  public Employee(String n, double s, Day d)
   {  name = n;
      salary = s;
      hireDay = d;
   }

   public String toString()
   {  return ObjectAnalyzer.toString(this);
   }
```

```
    public boolean equals(Object b)
    {   return ObjectAnalyzer.equals(this, b);
    }

    public void print()
    {   System.out.println(name + " " + salary + " "
            + hireYear());
    }

    public void raiseSalary(double byPercent)
    {   salary *= 1 + byPercent / 100;
    }

    public int hireYear()
    {   return hireDay.getYear();
    }

    private String name;
    private double salary;
    private Day hireDay;
}
```

API

java.lang.reflect.AccessibleObject

- void setAccessible(boolean flag)

  Setzt das Zugriffsattribut (flag) für dieses Reflection-Objekt. Der Wert true gibt an, daß die Zugriffsprüfung durch Java unterdrückt wird und sich die privaten Eigenschaften des Objekts abrufen und setzen lassen.

- boolean isAccessible()

  Gibt den Wert des Zugriffsattributs für dieses Reflection-Objekt zurück.

- static void setAccessible(AccessibleObject[] array, boolean flag)

  Eine bequeme Methode, um das Zugriffsattribut für ein Array von Objekten zu setzen.

Reflection für generischen Array-Code

Die Klasse Array in java.lang.reflect erlaubt es, Arrays dynamisch zu erzeugen. Wenn man zum Beispiel dieses Merkmal mit der Methode arrayCopy aus Kapitel 3 einsetzt, kann man ein vorhandenes Array dynamisch erweitern, wobei der aktuelle Inhalt erhalten bleibt.

Vererbung

VB

Dieses Verfahren ist zwar nicht so komfortabel wie `Redim Preserve`, kommt aber VB-Programmierern sicherlich wie gerufen, da sie bisher auf die gewohnten Annehmlichkeiten wie bei `Redim Preserve` verzichten mußten.

Das Problem, das wir hier lösen wollen, ist ziemlich typisch. Nehmen wir an, Sie haben ein Array eines bestimmten Typs. Das Array hat sich gefüllt, und Sie wollen es erweitern. Weiterhin nehmen wir an, daß Sie den Code für das Wachsen und Kopieren nicht manuell erstellen wollen. Es soll eine generische Methode sein, die sich um das Wachstum eines Arrays kümmert.

```
Employee[] a = new Employee[100];
. . .
// Array ist voll.
a = (Employee[])arrayGrow(a);
```

Wie kann man eine derartige generische Methode schreiben? Uns kommt zu Hilfe, daß sich ein `Employee[]`-Array in ein `Object[]`-Array umwandeln läßt. Das klingt vielversprechend. Das folgende Beispiel zeigt einen ersten Versuch, um eine generische Methode zu schreiben. Wir erhöhen das Array einfach um 10 Prozent plus 10 Elemente (da 10 Prozent Zuwachs bei kleinen Arrays nicht ausreichend ist).

```
static Object[] arrayGrow(Object[] a) // Nicht brauchbar
{  int newLength = a.length * 11 / 10 + 10;
   Object[] newArray = new Object[newLength];
   System.arraycopy(a, 0, newArray, 0, a.length);
   return newArray;
}
```

Allerdings gibt es ein Problem, wenn man das resultierende Array tatsächlich *verwenden* will. Der Typ des Arrays, den dieser Code zurückgibt, ist ein Array von *Objekten* (`Object[]`), da wir das Array mit der folgenden Codezeile erzeugt haben:

```
new Object[newLength]
```

Ein Array von Objekten läßt *keine* Typumwandlung in ein Array von Mitarbeitern (`Employee[]`) zu. Java würde die Ausnahme `ClassCast` zur Laufzeit erzeugen. Wie wir bereits erwähnt haben, merkt sich Java den Typ der Einträge, daß heißt, den Elementtyp, der im `new`-Ausdruck zum Erstellen des Arrays verwendet wurde. Es ist zulässig, ein `Employee[]`- vorübergehend in ein `Object[]`-Array und dann wieder zurück zu konvertieren, aber ein Array, das als `Object[]`-Array »auf die Welt kommt«, läßt sich niemals mehr in ein `Employee[]`-Array zurückverwandeln. Um diese Art von generischem Code zu schreiben, müssen wir in der Lage sein, ein neues Array *desselben* Typs wie das Orginal-Array zu erzeugen. Dazu brauchen wir die Methoden der Klasse `Array` im Paket `java.lang.reflect`. Der Schlüssel ist die statische Methode `newInstance` der Klasse `Array`, die ein neues Array konstruiert. An diese Methode sind der Typ für die Einträge und die gewünschte Länge als Parameter zu übergeben.

```
Object newArray = Array.newInstance(componentType, newLength);
```

Um diese Anweisung tatsächlich auszuführen, müssen wir die Länge und den Komponententyp des neuen Arrays ermitteln.

Die Länge erhält man durch einen Aufruf von `Array.getLength(a)`. Die statische Methode `getLength` der Klasse `Array` liefert die Länge eines beliebigen Arrays zurück. Um den Komponententyp des neuen Arrays zu ermitteln,

- holt man zuerst ein Klassenobjekt von `a`,
- prüft, ob es sich tatsächlich um ein Array handelt und
- ruft dann die Methode `getComponentType` der Klasse `Class` (die nur für Klassenobjekte, die Arrays repräsentieren, definiert ist) auf, um den richtigen Typ für das Array zu ermitteln.

Warum ist `getLength` eine Methode von `Array`, aber `getComponentType` eine Methode von `Class`? Wir wissen es nicht – die Verteilung der Reflection-Methoden scheint manchmal etwas willkürlich zu sein.

Der Code sieht folgendermaßen aus:

```
static Object arrayGrow(Object a) // Brauchbar
{  Class cl = a.getClass();
   if (!cl.isArray()) return null;
   Class componentType = a.getClass().getComponentType();
   int length = Array.getLength(a);
   int newLength = length * 11 / 10 + 10;

   Object newArray = Array.newInstance(componentType,
      newLength);
   System.arraycopy(a, 0, newArray, 0, length);
   return newArray;
}
```

Mit dieser Methode `arrayGrow` lassen sich Arrays beliebigen Typs und nicht nur Arrays von Objekten erweitern.

```
int[] ia = { 1, 2, 3, 4 };
ia = (int[])arrayGrow(ia);
```

Um dies zu ermöglichen, ist der Parameter von `arrayGrow` vom Typ `Object` und *nicht als Array von Objekten* (`Object[]`) deklariert. Der ganzzahlige Array-Typ `int[]` läßt sich in ein `Object` konvertieren, nicht jedoch in ein Array von Objekten!

Vererbung

Beispiel 5.7 zeigt beide Erweiterungsmethoden für Arrays in der Praxis. Beachten Sie, daß die Typumwandlung des Rückgabewerts von badArrayGrow eine Ausnahme auslöst.

Beispiel 5.7: ArrayGrowTest.java

```
import java.lang.reflect.*;
import corejava.*;

public class ArrayGrowTest
{   public static void main(String[] args)
    {   int[] a = { 1, 2, 3 };
        Day[] b = { new Day(1996, 1, 1), new Day(1997, 3, 26) };
        a = (int[])goodArrayGrow(a);
        arrayPrint(a);
        b = (Day[])goodArrayGrow(b);
        arrayPrint(b);
        System.out.println
            ("Die folgende Typumwandlung loest eine Ausnahme aus.");
        b = (Day[])badArrayGrow(b);
    }

    static Object[] badArrayGrow(Object[] a)
    {   int newLength = a.length * 11 / 10 + 10;
        Object[] newArray = new Object[newLength];
        System.arraycopy(a, 0, newArray, 0, a.length);
        return newArray;
    }

    static Object goodArrayGrow(Object a)
    {   Class cl = a.getClass();
        if (!cl.isArray()) return null;
        Class componentType = a.getClass().getComponentType();
        int length = Array.getLength(a);
        int newLength = length * 11 / 10 + 10;

        Object newArray = Array.newInstance(componentType,
            newLength);
        System.arraycopy(a, 0, newArray, 0, length);
        return newArray;
    }

    static void arrayPrint(Object a)
    {   Class cl = a.getClass();
        if (!cl.isArray()) return;
        Class componentType = a.getClass().getComponentType();
        int length = Array.getLength(a);
```

```
        System.out.println(componentType.getName()
           + "[" + length + "]");
        for (int i = 0; i < Array.getLength(a); i++)
           System.out.println(Array.get(a, i));
   }
}
```

Methodenzeiger

Nach außen hin hat Java keine Methodenzeiger – d. h. Möglichkeiten, die Speicherstelle einer Methode an eine andere Methode zu übergeben, damit sie die zweite Methode später aufrufen kann. In der Tat haben die Java-Entwickler entschieden, daß Methodenzeiger gefährlich und fehleranfällig sind und daß Java-*Schnittstellen* (siehe nächstes Kapitel) eine überlegenere Lösung darstellen. Allerdings zeigt sich, daß Java über Methodenzeiger verfügt, und zwar als (vielleicht zufälliges) Nebenprodukt des Reflection-Pakets.

Hinweis

Einige Anbieter von Java-Tools bieten vom Standard abweichende Spracherweiterungen, die behaupten, Methodenzeiger in einer effizienteren oder bequemeren Art und Weise zu implementieren. Wir empfehlen derartige Spracherweiterungen nicht, außer wenn Sie unbedingt eine bestimmte Funktion eines solchen Werkzeugs brauchen, das anderweitig nicht verfügbar ist. Verwenden Sie besser die in diesem Abschnitt beschriebenen Methodenzeiger oder innere Klassen, auf die Kapitel 6 eingeht.

Um sich die Arbeitsweise von Methodenzeigern vor Augen zu führen, rufen Sie sich noch einmal ins Gedächtnis zurück, daß man ein Feld eines Objekts mit der Methode get der Klasse Field inspizieren kann. Analog dazu hat die Klasse Method eine Methode invoke, mit der man die Methode aufrufen kann, die in das aktuelle Method-Objekt überführt wurde. Die Signatur für die Methode invoke lautet:

```
Object invoke(Object obj, Object[] args)
```

Der erste Parameter ist der implizite Parameter, und das Array der Objekte liefert die expliziten Parameter. Bei einer statischen Methode wird der erste Parameter ignoriert – man kann ihn auf null setzen. Hat die Methode keine expliziten Parameter, übergibt man null für den Parameter args. Wenn zum Beispiel m1 die Methode getName der Klasse Employee repräsentiert, zeigt der folgende Code, wie man die Methode aufrufen kann:

```
String n = (String)m1.invoke(harry, null);
```

Vererbung

Wie bei den `get`- und `set`-Methoden des Typs `Field` gibt es ein Problem, wenn der Parameter oder der Rückgabetyp keine Klasse, sondern ein Basistyp ist. Man muß die Basistypen in ihre korrespondierenden Wrapper-Objekte überführen, bevor man sie in das `args`-Array einfügt. Umgekehrt liefert die Methode `invoke` den überführten Typ (der Wrapper-Klasse) und nicht den Basistyp zurück. Nehmen wir zum Beispiel an, daß `m2` die Methode `raiseSalary` der Klasse `Employee` repräsentiert. Dann muß man den `double`-Parameter in ein `Double`-Objekt überführen.

```
Object[] args = { new Double(5.5) };
m2.invoke(harry, args);
```

Wie erhält man ein `Method`-Objekt? Man kann natürlich die Methode `getDeclareMethods` aufrufen und das zurückgegebene Array von `Method`-Objekten durchsuchen, bis man die gewünschte Methode findet. Man kann aber auch die Methode `getMethod` der Klasse `Class` aufrufen. Das ist vergleichbar mit der Methode `getField(String)`, die einen String mit dem Feldnamen übernimmt und ein `Field`-Objekt zurückgibt. Allerdings existieren verschiedene Methoden mit dem gleichen Namen, so daß man darauf achten muß, daß man die richtige Methode erhält. Aus diesem Grund muß man auch ein Array bereitstellen, das die korrekten Parametertypen übergibt. Das folgende Beispiel zeigt, wie man Methodenzeiger auf die Methoden `getName` und `raiseSalary` der Klasse `Employee` erhalten kann:

```
Method m1 = Employee.class.getMethod("getName", null);
Method m2 = Employee.class.getMethod("raiseSalary",
   new Class[] { double.class } );
```

Der zweite Parameter der Methode `getMethod` ist ein Array von `Class`-Objekten. Da die Methode `raiseSalary` ein Argument vom Typ `double` hat, muß man ein Array mit einem einzigen Element, `double.class`, bereitstellen. Es ist gewöhnlich am einfachsten, dieses Array im Vorübergehen zu erzeugen, wie es im obigen Beispiel zu sehen ist. Der Ausdruck

```
new Class[] ( double.class )
```

bezeichnet ein Array von `Class`-Objekten, das mit einem Element, nämlich dem Klassenobjekt `double.class`, gefüllt ist.

Nachdem Sie nun die Syntax der `Method`-Objekte kennen, wollen wir sie in der Praxis einsetzen. Das Programm in Beispiel 5.8 gibt eine Wertetabelle für eine Funktion wie etwa `Math.sqrt` oder `Math.sin` aus. Die Ergebnisse sehen wie folgt aus:

```
public static native double java.lang.Math.sqrt(double)
      1.0000 |   1.0000
      2.0000 |   1.4142
      3.0000 |   1.7321
      4.0000 |   2.0000
      5.0000 |   2.2361
      6.0000 |   2.4495
```

```
    7.0000 |    2.6458
    8.0000 |    2.8284
    9.0000 |    3.0000
   10.0000 |    3.1623
```

Der Code für die Ausgabe einer Tabelle ist natürlich unabhängig von der eigentlichen Funktion, deren Wertetabelle anzuzeigen ist.

```
double dx = (to - from) / (n - 1);
for (double x = from; x <= to; x += dx)
{  double y = f(x); // f ist die zu tabellarisierende Funktion
   Format.printf("%12.4f |", x);
   Format.printf("%12.4f\n", y);
}
```

Wir wollen eine generische Methode `printTable` schreiben, die jede beliebige Funktion in Form einer Wertetabelle ausgeben kann. Dazu übergeben wir die Funktion als Parameter des Typs `Method`.

```
static void printTable(double from, double to, int n, Method f)
```

Natürlich ist f keine wirkliche Funktion, so daß wir nicht einfach `f(x)` schreiben können, um sie auszuwerten. Statt dessen muß man x im Parameter-Array (das passend in einen `Double` überführt wird) bereitstellen, die Methode `invoke` aufrufen und den Rückgabewert wieder zurückverwandeln.

```
Object[] args = { new Double(x) };
Double d = (Double)f.invoke(null, args);
double y = d.doubleValue();
```

Der erste Parameter von `invoke` ist `null`, da wir eine statische Funktion aufrufen.

Das nächste Beispiel zeigt einen Aufruf von der Methode `printTable`, die eine Wertetabelle der Funktion `Math.sqrt` liefert.

```
printTable(1, 10, 10,
   java.lang.Math.class.getMethod("sqrt",
   new Class[] { double.class }));
```

Der schwierigste Teil ist es, das Methodenobjekt zu erhalten. Hier holen wir die Methode der Klasse `java.lang.Math`, die den Namen `sqrt` hat und deren Parameterliste lediglich einen Typ, `double`, enthält.

Beispiel 5.8 zeigt den vollständigen Code der Methode `printTable` und einige Testfunktionen.

Vererbung

Beispiel 5.8: MethodPointerTest
```
import java.lang.reflect.*;
import corejava.*;

public class MethodPointerTest
{ public static void main(String[] args) throws Exception
   { printTable(1, 10, 10,
        MethodPointerTest.class.getMethod("square",
           new Class[] { double.class }));
      printTable(1, 10, 10, java.lang.Math.class.getMethod("sqrt",
        new Class[] { double.class }));
   }

   public static double square(double x) { return x * x; }

   public static void printTable(double from, double to,
      int n, Method f)
   { System.out.println(f);
      double dx = (to - from) / (n - 1);
      for (double x = from; x <= to; x += dx)
      { Format.printf("%12.4f |", x);
         try
         { Object[] args = { new Double(x) };
            Double d = (Double)f.invoke(null, args);
            double y = d.doubleValue();
            Format.printf("%12.4f\n", y);
         } catch (Exception e)
         { System.out.println("???");
         }
      }
   }
}
```

Wie dieses Beispiel deutlich zeigt, kann man mit Method-Objekten alles das realisieren, was mit Funktionszeigern in C möglich ist. Genau wie in C ist diese Art der Programmierung gewöhnlich relativ unbequem und immer fehleranfällig. Was passiert, wenn man eine Methode mit den falschen Parametern aufruft? Die Methode invoke löst eine Ausnahme aus.

Außerdem sind die Parameter und Rückgabewerte von invoke notwendigerweise vom Typ Object. Das bedeutet, daß man jede Menge Typumwandlungen in beiden Richtungen auszuführen hat. Letztendlich entzieht man dem Compiler die Möglichkeit, den Code zu prüfen. Das bedeutet, daß sich Fehler nur beim Testen zeigen, wenn sie mühevoller zu finden und zu beseitigen sind. Darüber hinaus ist Code, der per Reflection auf Methodenzeiger zugreift, beträchtlich langsamer als direkte Methodenaufrufe.

Aus diesem Grund schlagen wir vor, daß Sie Method-Objekte in Ihren eigenen Programmen nur dann verwenden, wenn es absolut notwendig ist. Schnittstellen und innere Klassen (das Thema des nächsten Kapitels) stellen immer eine bessere Lösung dar. Insbesondere stimmen wir mit den Entwicklern von Java überein und raten vom Einsatz der Method-Objekte für Callback-Funktionen ab. Schnittstellen für die Callback-Funktionen (siehe nächstes Kapitel) führen zu Code, der schneller läuft und sich besser warten läßt.

5.9 Tips für den Entwurf der Vererbung

Wir wollen das Kapitel mit einigen – unserer Meinung nach nützlichen – Hinweisen zur Vererbung abschließen.

1. *Bringen Sie gemeinsame Operationen und Felder in der Superklasse unter.*

   Aus diesem Grund haben wir das Feld sender in der Klasse Message vorgesehen, statt es in TextMessage und VoiceMessage zu replizieren.

2. *Bilden Sie perVererbung die »Ist ein«-Beziehung nach.*

   Mit Vererbung läßt sich bequem Code sparen, und manchmal wird sie überstrapaziert. Nehmen wir zum Beispiel eine Klasse Contractor (für vertraglich gebundene Lieferanten oder »freie« Mitarbeiter) an. Diese Mitarbeiter haben Namen und Einstellungsdaten, bekommen aber keine Gehälter. Statt dessen werden sie nach Stunden bezahlt, und sie bleiben nicht lange genug, um eine Erhöhung zu bekommen. Es besteht die Versuchung, Contractor von Employee abzuleiten und ein Feld hourlyWage hinzuzufügen.

```
class Contractor extends Employee
{   public Contractor(String name, double wage, Day hireDay)
    {   super(name, 0, hireDay);
        hourlyWage = wage;
    }
    private double hourlyWage;
}
```

Diese Lösung empfiehlt sich nicht, da jedes Contractor-Objekt über Instanzenvariablen sowohl für Gehalt als auch für Stundenlohn verfügt. Es kostet Sie unsägliche Mühe, wenn Sie Methoden für das Ausfüllen von Gehaltsschecks oder Steuerformularen implementieren. Am Ende schreiben Sie mehr Code, als Sie ohne Vererbung gebraucht hätten.

Die Beziehung Contractor/Employee besteht den Test »Ist ein« nicht. Ein Contractor ist kein spezieller Fall eines Mitarbeiters (obwohl das Finanzamt uns das glauben machen will – Stichwort: Scheinselbständigkeit).

Vererbung

3. *Verwenden Sie keine Vererbung, solange nicht alle vererbten Methoden sinnvoll sind.*

   Nehmen wir an, daß Sie eine Klasse `Holiday` (Feiertag) schreiben wollen. Sicherlich ist jeder Feiertag ein Tag, so daß wir Vererbung einsetzen können.

   ```
   class Holiday extends Day {...}
   ```

   Leider ist das etwas diffizil. Wenn wir sagen, daß `Holiday` die Klasse `Day` erweitert, müssen wir in Betracht ziehen, daß wir über die *Klasse* `Day` sprechen, wie sie durch ihre öffentlichen Methoden spezifiziert wird. Eine der öffentlichen Methoden von `Day` ist `advance`. Und `advance` kann Feiertage in Nichtfeiertage umwandeln, so daß es keine geeignete Operation für Feiertage ist.

   ```
   Holiday xmas;
   xmas.advance(10);
   ```

   In diesem Sinne ist Feiertag ein Tag, *aber* nicht ein `Day`.

4. *Verwenden Sie Polymorphismus, keine Typinformationen.*

   Immer wenn Sie Code in Form von

   ```
   if (x ist vom Typ 1)
      Aktion1(x);
   else if (x ist vom Typ 2)
      Aktion2(x);
   ```

   finden, sollten Sie über Polymorphismus nachdenken.

   Repräsentieren *Aktion1* und *Aktion2* ein gemeinsames Konzept? Wenn ja, machen Sie das Konzept zu einer Methode einer gemeinsamen Basisklasse oder Schnittstelle beider Typen.

   Dann können Sie einfach

   ```
   x.Aktion();
   ```

   aufrufen und den dynamischen Verteilmechanismus, der dem Polymorphismus innewohnt, die korrekte Aktion starten lassen.

   Wesentlich ist, daß Code, der polymorphe Methoden oder Schnittstellenimplementierungen verwendet, einfacher zu warten und zu erweitern ist als Code, der mehrfache Typprüfungen ausführt.

Kapitel 6

Schnittstellen und innere Klassen

Sie haben nun alle grundlegenden Instrumente für die objektorientierte Programmierung in Java kennengelernt. Dieses Kapitel zeigt zwei erweiterte Verfahren, die etwas komplizierter sind. Auch wenn diese nicht so ohne weiteres zu verstehen sind, müssen Sie sie beherrschen, um Ihr Java-Instrumentarium zu vervollständigen.

Das erste ist eine sogenannte *Schnittstelle*. Damit stellt sich Java der häufigen Situation, daß eine Klasse das Verhalten von zwei (oder sogar mehr) übergeordneten Klassen widerspiegeln soll. (Man spricht hier auch von Mehrfachvererbung.) Nachdem wir Schnittstellen behandelt haben, wenden wir uns dem Klonen eines Objekts (manchmal auch als tiefes Kopieren bezeichnet) zu, was im letzten Kapitel bereits kurz angerissen wurde. Schließlich kommen wir zum Mechanismus der *inneren Klassen*. Diese dienen eher dem Komfort als der Notwendigkeit. Oftmals gibt es andere Wege, wenn Ihnen die inneren Klassen nicht zusagen. Allerdings zeigen wir in diesem Kapitel auch, daß in bestimmten Situationen keine bequemen Alternativen verfügbar sind, so daß man in diesen speziellen Fällen üblicherweise auf innere Klassen zurückgreift. Insbesondere sind innere Klassen von Bedeutung, wenn man knappen, professionellen Code schreiben will, um Ereignisse der grafischen Benutzeroberfläche zu behandeln.

6.1 Schnittstellen

6.1.1 Abstrakte Superklassen

Nehmen wir an, daß Sie eine allgemeine Sortierroutine schreiben wollen, die für viele unterschiedliche Arten von Java-Objekten funktioniert. Mittlerweile wissen Sie, wie man das in einem objektorientierten Ansatz organisiert. Man beginnt etwa mit einer abstrakten Klasse Sortable mit einer Methode compareTo, die bestimmt, ob ein sortierbares Objekt kleiner als, gleich oder größer als ein anderes ist.

Man kann nun einen generischen Sortieralgorithmus implementieren. Der folgende Code zeigt eine Implementierung des Shell-Algorithmus für das Sortieren eines Arrays von Sortable-Objekten. Um die inneren Abläufe dieses Algorithmus brauchen Sie sich an dieser Stelle keine Gedanken zu machen. Die Wahl ist auf diesen Algorithmus gefallen, da er einfach zu implementieren ist. Beobachten Sie nur, daß der Algorithmus Array-Elemente aufsucht, sie mit der Methode compareTo vergleicht und gegebenenfalls umordnet.

```
abstract class Sortable
{   public abstract int compareTo(Sortable b);
}

class ArrayAlg
{   public static void shellSort(Sortable[] a)
    {   int n = a.length;
        int incr = n / 2;
        while (incr >= 1)
```

Schnittstellen und innere Klassen

```
   {  for (int i = incr; i < n; i++)
      {  Sortable temp = a[i];
         int j = i;
         while (j >= incr
            && temp.compareTo(a[j - incr]) < 0)
         {  a[j] = a[j - incr];
            j -= incr;
         }
         a[j] = temp;
      }
      incr /= 2;
   }
}
}
```

Diese Sortierroutine können Sie mit allen Subklassen der abstrakten Klasse Sortable einsetzen (indem Sie die Methode compareTo in der Subklasse überschreiben).

Um zum Beispiel ein Array von Mitarbeitern – die aus den vorherigen Kapiteln bekannten Employee-Objekte – zu sortieren (natürlich nach ihrem Gehalt), sind folgende Schritte auszuführen:

1. Employee von Sortable ableiten.
2. Die Methode compareTo für Mitarbeiter implementieren.
3. ArrayAlg.shellSort auf dem Mitarbeiter-Array aufrufen.

Das folgende Beispiel zeigt den zusätzlichen Code, der zu diesem Zweck in unserer Klasse Employee erforderlich ist:

```
class Employee extends Sortable
{  . . .
   public int compareTo(Sortable b)
   {  Employee eb = (Employee)b;
      if (salary < eb.salary) return -1;
      if (salary > eb.salary) return 1;
      return 0;
   }

   public static void main(String[] args)
   {  Employee[] staff = new Employee[3];
      . . .
      ArrayAlg.shellSort(staff);
      . . .
   }
}
```

Beispiel 6.1 zeigt den vollständigen Code für den generischen Sortieralgorithmus und das Sortieren des Mitarbeiter-Arrays.

Beispiel 6.1: EmployeeSortTest.java

```java
import java.util.*;
import corejava.*;

public class EmployeeSortTest
{  public static void main(String[] args)
   {  Employee[] staff = new Employee[3];

      staff[0] = new Employee("Harry Hacker", 35000,
         new Day(1989,10,1));
      staff[1] = new Employee("Carl Cracker", 75000,
         new Day(1987,12,15));
      staff[2] = new Employee("Tony Tester", 38000,
         new Day(1990,3,15));

      ArrayAlg.shellSort(staff);

      int i;
      for (i = 0; i < staff.length; i++)
         System.out.println(staff[i]);

   }
}

abstract class Sortable
{  public abstract int compareTo(Sortable b);
}

class ArrayAlg
{  public static void shellSort(Sortable[] a)
   {  int n = a.length;
      int incr = n / 2;
      while (incr >= 1)
      {  for (int i = incr; i < n; i++)
         {  Sortable temp = a[i];
            int j = i;
            while (j >= incr
               && temp.compareTo(a[j - incr]) < 0)
            {  a[j] = a[j - incr];
               j -= incr;
            }
```

Schnittstellen und innere Klassen

```
            a[j] = temp;
         }
         incr /= 2;
      }
   }
}

class Employee extends Sortable
{  public Employee(String n, double s, Day d)
   {  name = n;
      salary = s;
      hireDate = d;
   }

   public void raiseSalary(double byPercent)
   {  salary *= 1 + byPercent / 100;
   }

   public String getName() { return name; }

   public double getSalary() { return salary; }

   public String toString()
   {  return name + " " + salary + " " + hireYear();
   }

   public int hireYear()
   {  return hireDate.getYear();
   }

   public int compareTo(Sortable b)
   {  Employee eb = (Employee)b;
      if (salary < eb.salary) return -1;
      if (salary > eb.salary) return 1;
      return 0;
   }

   private String name;
   private double salary;
   private Day hireDate;
}
```

6.1.2 Schnittstellen verwenden

Leider gibt es ein wesentliches Problem, wenn man mittels einer abstrakten Basisklasse eine generische Eigenschaft ausdrücken will. Das folgende Beispiel soll den Grund für dieses Problem erläutern: Betrachten Sie eine Klasse `Tile`, die nebeneinanderliegende Fenster auf einem Desktop nachbildet. Nebeneinanderliegende (englisch: tiled) Fenster sind Rechtecke mit einer sogenannten »Z-Reihenfolge«. Als Z-Reihenfolge bezeichnet man die visuelle Anordnung von Steuerelementen entlang der Z-Achse (Tiefe). Fenster mit größeren Werten in der Z-Reihenfolge werden vor denjenigen mit kleineren Werten angezeigt. Um Code wiederzuverwenden, erben wir `Tile` von `Rectangle`, einer Klasse, die bereits im Paket `java.awt` definiert ist.

```
class Tile extends Rectangle
{   public Tile(int x, int y, int w, int h, int zz)
    {   super(x, y, w, h);
        z = zz;
    }

    private int z;
}
```

Nun würden wir gern ein Array von nebeneinanderliegenden Fenstern sortieren, indem wir die Werte der Z-Reihenfolge vergleichen. Wenn wir versuchen, die Prozedur anzuwenden, um die Fenster sortierbar zu machen, bleiben wir bereits bei Schritt 1 hängen. Wir können `Tile` nicht von `Sortable` ableiten – die Klasse `Tile` ist bereits von `Rectangle` abgeleitet!

Das Problem ist, daß eine Klasse in Java nur eine *einzige* Superklasse haben kann. In anderen Programmiersprachen, allen voran C++, kann es zu einer Klasse mehrere Superklassen geben. Man bezeichnet das als *Mehrfachvererbung*.

Statt dessen führt Java das Konzept der *Schnittstellen* ein, um einen Großteil der von der Mehrfachvererbung gebotenen Funktionalität wiederzuerlangen. Die Entwickler von Java haben diesen Weg gewählt, da die Mehrfachvererbung entweder zu sehr komplexen Compilern (wie in C++) oder zu wenig effizienten Compilern (wie in Eiffel) führt. Schnittstellen sind auch die bevorzugte Methode, mit der Java sogenannte »Callback-Funktionen« implementiert – diesem interessanten Thema widmet sich ein Abschnitt zu Callbacks weiter hinten in diesem Kapitel.

Was ist also eine Schnittstelle? Im wesentlichen ist es ein Versprechen, daß eine Klasse bestimmte Methoden mit bestimmten Signaturen implementieren wird. Mit dem Schlüsselwort `implements` zeigt man sogar an, daß eine Klasse dieses Versprechen hält. Natürlich obliegt es der Klasse, auf welche Art und Weise sie diese Methoden implementiert. In bezug auf den Compiler ist es wichtig, daß die Methoden über die richtige Signatur verfügen.

Schnittstellen und innere Klassen

Beispielsweise definiert die Standardbibliothek eine Schnittstelle namens Comparable, auf die jede Klasse zurückgreifen kann, deren Elemente zu vergleichen sind. Der Code für die Schnittstelle Comparable sieht folgendermaßen aus:

```
public interface Comparable
{   public int compareTo(Object b);
}
```

Dieser Code verspricht, daß jede Klasse, die die Schnittstelle Comparable implementiert, eine Methode compareTo hat. Natürlich ist die Art und Weise, nach der die Methode compareTo in einer spezifischen Klasse funktioniert (oder sogar, ob sie wie erwartet funktioniert oder nicht), von der Klasse abhängig, die die Schnittstelle Comparable implementiert. Der wesentliche Punkt ist, daß jede Klasse versprechen kann, Comparable zu implementieren – unabhängig davon, ob ihre Superklasse das gleiche verspricht oder nicht. Alle Nachfolger einer derartigen Klasse implementieren automatisch Comparable, da sie alle auf eine Methode compareTo mit der richtigen Signatur zugreifen würden.

Um Java mitzuteilen, daß eine Klasse Comparable implementiert, definiert man sie folgendermaßen:

```
class Tile extends Rectangle implements Comparable
```

Dann braucht man nur noch eine Methode compareTo in dieser Klasse zu implementieren:

```
class Tile extends Rectangle implements Comparable
{   public int compareTo(Object b)
    {   Tile tb = (Tile)b;
        return z - tb.z;
    }
    . . .
    private int z;
}
```

Hinweis

Wenn die übergeordnete Klasse bereits eine Schnittstelle implementiert, muß in den zugehörigen Subklassen nicht explizit das Schlüsselwort implements auftauchen.

Die Java-Klasse Arrays stellt bereits einen Sortieralgorithmus für ein Array von Comparable-Objekten bereit. Wir können darauf zurückgreifen, um ein Array von nebeneinanderliegenden Fenstern zu sortieren:

```
Tile[] a = new Tile[20];
. . .
Arrays.sort(a);
```

Beispiel 6.2 zeigt den vollständigen Code für das Beispiel mit nebeneinanderliegenden Fenstern.

Beispiel 6.2: TileTest.java
```
import java.awt.*;
import java.util.*;

public class TileTest
{  public static void main(String[] args)
   {  Tile[] a = new Tile[20];

      int i;
      for (i = 0; i < a.length; i++)
         a[i] = new Tile(i, i, 10, 20,
            (int)(100 * Math.random()));

      Arrays.sort(a);

      for (i = 0; i < a.length; i++)
         System.out.println(a[i]);
   }
}

class Tile extends Rectangle implements Comparable
{  public Tile(int x, int y, int w, int h, int zz)
   {  super(x, y, w, h);
      z = zz;
   }

   public int compareTo(Object b)
   {  Tile tb = (Tile)b;
      return z - tb.z;
   }

   public String toString()
   {  return super.toString() + "[z=" + z + "]";
   }

   private int z;
}
```

Schnittstellen und innere Klassen

C++

C++ kennt die Mehrfachvererbung und alle damit verbundenen Komplikationen, wie etwa virtuelle Basisklassen, Dominanzregeln und durchlaufende Typumwandlungen von Zeigern. Nur wenige C++-Programmierer setzen die Mehrfachvererbung ein, einige behaupten sogar, daß man generell darauf verzichten sollte. Andere Programmierer empfehlen die Mehrfachvererbung nur für Vererbung in »gemischter Form«. Dabei beschreibt eine primäre Basisklasse das Elternobjekt, während zusätzliche Basisklassen (die sogenannten Mixins) Hilfscharakteristika bereitstellen können. Dieser Stil ähnelt einer Java-Klasse mit einer einzelnen Basisklasse und zusätzlichen Schnittstellen. Allerdings erlauben die C++-Mixins das Hinzufügen eines Standardverhaltens, was mit den Java-Schnittstellen nicht möglich ist.

VB

Die Schnittstellenkonzepte von Java und VB (ab VB5 aufwärts) sind im wesentlichen äquivalent.

Hinweis

Microsoft war lange Zeit ein Verfechter der Verwendung von Schnittstellen statt Mehrfachvererbung. Im Ergebnis ist ironischerweise das Java-Konzept einer Schnittstelle äquivalent dazu, wie Microsoft auf Schnittstellen in der Definition der COM/OLE-Spezifikation zurückgreift. Im Ergebnis dieser unwahrscheinlichen Konvergenz von Gedanken ist es relativ leicht, mit Hilfe von Java COM/OLE-Objekte wie etwa ActiveX-Steuerelemente zu erstellen. Das wird zum Beispiel im Produkt J++ von Microsoft (ziemlich transparent für den Programmierer) realisiert und stellt ebenfalls die Basis für die JavaBeans-zu-ActiveX-Brücke von Sun dar.

API

javax.lang.Comparable

- int compareTo(Object b)

    Vergleicht dieses Objekt mit b und gibt 0 zurück, wenn die Objekte identisch sind, eine negative Ganzzahl, wenn dieses Objekt kleiner als b ist, und andernfalls eine positive Ganzzahl.

API

java.util.Arrays

- static void sort(Object[] a)

  Sortiert die Elemente im Array a mit einem optimierten Mergesort-Algorithmus. Alle Elemente im Array müssen die Schnittstelle Comparable implementieren, und sie müssen alle untereinander vergleichbar sein.

6.1.3 Eigenschaften von Schnittstellen

Obwohl Schnittstellen nicht mit new instantiiert werden, haben sie bestimmte Eigenschaften mit normalen Klassen gemein. Hat man eine Schnittstelle einmal eingerichtet, kann man zum Beispiel eine Objektvariable von diesem Schnittstellentyp deklarieren.

```
Comparable x = new Tile(. . .);
Tile y = new Tile(. . .);

if (x.compareTo(y) < 0) . . .
```

Wie man sieht, kann man immer eine Objektvariable eines Typs, der eine Schnittstelle implementiert, einer Objektvariablen zuweisen, die für diesen Schnittstellentyp deklariert ist.

Als nächstes kann man mit instanceof prüfen, ob ein Objekt eine Schnittstelle implementiert, genau wie man mit instanceof testet, ob ein Objekt zu einer bestimmten Klasse gehört:

```
if (anObject instanceof Comparable) { . . . }
```

Außerdem verhindert niemand, daß man eine Schnittstelle erweitert, um eine andere zu erzeugen. Damit sind Mehrfachketten von Schnittstellen möglich, die von einer größeren Verallgemeinerung bis zu einer tieferen Spezialisierung reichen. Nehmen wir als Beispiel eine Schnittstelle Moveable an:

```
public interface Moveable
{   public void move(double x, double y);
}
```

Dann kann man sich eine Schnittstelle namens Powered vorstellen, die die Schnittstelle Moveable erweitert:

```
public interface Powered extends Moveable
{   public String powerSource();
}
```

Schnittstellen und innere Klassen

Hinweis

Leider bezieht sich die Java-Dokumentation oftmals auf *Klassen*, wenn sie *Klassen* oder *Schnittstellen* meint. Man muß anhand des Kontextes entscheiden, ob sich die Referenz nur auf Klassen oder sowohl auf Klassen als auch auf Schnittstellen bezieht.

Obwohl sich Instanzenfelder oder statische Methoden nicht in eine Schnittstelle einbauen lassen, kann man Konstanten in ihnen bereitstellen. Zum Beispiel:

```
public interface Powered extends Moveable
{   public String powerSource(PoweredVehicle);
    public static final int SPEED_LIMIT = 95;
}
```

Klassen können mehrere Schnittstellen implementieren. Damit hat man die höchste Flexibilität, wenn man das Verhalten einer Klasse definiert. Beispielsweise ist in Java die wichtige Schnittstelle Cloneable integriert. (Auf diese Schnittstelle kommen wir im nächsten Abschnitt zu sprechen.) Wenn eine Klasse die Schnittstelle Cloneable implementiert, erstellt die Methode clone in der Klasse Object eine bitweise Kopie der Objekte der Klasse. Wenn Sie demzufolge die Fähigkeiten zum Klonen und Vergleichen brauchen, implementieren Sie einfach beide Schnittstellen:

```
class Tile extends Rectangle implements Cloneable, Comparable
```

Die Schnittstellen, die die bereitzustellenden Charakteristika beschreiben, sind durch Kommas zu trennen.

6.1.4 Die Schnittstelle »Cloneable«

Wenn man eine Kopie einer Variablen erstellt, sind das Original und die Kopie Referenzen auf dasselbe Objekt (siehe Abbildung 6.1). Das bedeutet, daß eine Änderung an der einen Variablen auch auf die andere wirkt.

```
Day bday = new Day(1959, 6, 16);
Day d = bday;
d.advance(100); // Oha - Geburtstag ebenfalls geändert
```

Wenn man ein neues Objekt d erzeugen möchte, das sein Leben identisch mit bday beginnen soll, aber dessen Zustand sich mit der Zeit davon entfernen kann, dann verwendet man die Methode clone().

```
Day bday = new Day(1959, 6, 16);
Day d = (Day)bday.clone();
    // Typumwandlung erforderlich - clone gibt ein Objekt zurück
d.advance(100); // OK - Geburtstag unverändert
```

Aber es ist nicht ganz so einfach. Die Methode `clone` ist eine `protected` (geschützte) Methode von `Object`. Demzufolge kann Ihr Code die Methode nicht einfach aufrufen. Nur die Klasse `Day` kann `Day`-Objekte klonen. Dafür gibt es gute Gründe. Vergegenwärtigen Sie sich die Art und Weise, in der die Klasse `Object` die Methode `clone` implementieren kann. Die Klasse weiß überhaupt nichts über das Objekt und kann deshalb nur eine bitweise Kopie erstellen. Wenn alle Datenfelder im Objekt Zahlen oder andere Grundtypen sind, funktioniert eine bitweise Kopie ausgezeichnet. Es ist dann einfach ein anderes Objekt mit den gleichen Basistypen und Feldern. Wenn aber das Objekt in einem oder mehreren Instanzenfeldern Referenzen auf andere Objekte enthält, dann stehen im bitweise kopierten Objekt exakte Kopien der referenzierten Felder, so daß das originale und das geklonte Objekt weiterhin auf dieselben Informationen zugreifen. Diesen Sachverhalt verdeutlicht Abbildung 6.2.

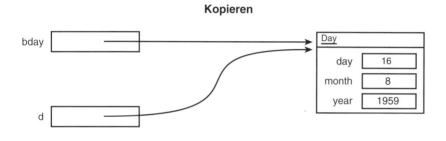

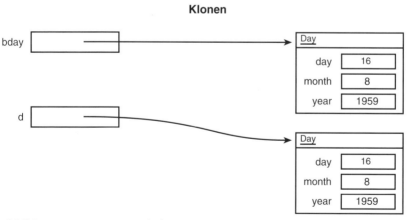

Abbildung 6.1: Kopieren und Klonen

Schnittstellen und innere Klassen   285

Es fällt in die Verantwortlichkeit des Klassenentwicklers, darüber zu befinden, ob

- die Standardmethode clone genügt,
- sich die Standardmethode clone durch Aufruf von clone auf den Variablen der Objektinstanzen »aufbessern« läßt,
- die Situation hoffnungslos ist und man auf clone verzichten sollte.

Die dritte Option ist eigentlich der Standardfall. Um die erste oder zweite Möglichkeit zu wählen, muß eine Klasse

- die *Schnittstelle* Cloneable implementieren und
- die Methode clone mit dem öffentlichen Zugriffsmodifizierer redefinieren.

In diesem Fall hat die Erscheinung der Schnittstelle Cloneable nichts mit der normalen Verwendung von Schnittstellen zu tun. Die Schnittstellen dienen lediglich als Kennzeichen (Tag), daß der Klassenentwickler den Klonprozeß verstanden hat. Objekte reagieren so empfindlich auf das Klonen, daß sie eine Laufzeitausnahme generieren, wenn ein Objekt das Klonen anfordert, aber diese Schnittstelle nicht implementiert.

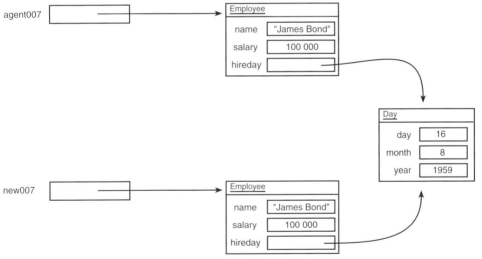

Abbildung 6.2: Original- und Klonobjekte nutzen Informationen gemeinsam

Hinweis

Die Schnittstelle Cloneable gehört zur kleinen Gruppe der von Java bereitgestellten *Kennzeichenschnittstellen* (Tagging Interfaces). Wie Sie wissen, soll eine Schnittstelle wie Comparable normalerweise sicherstellen, daß eine Klasse eine bestimmte Methode oder einen Satz von Methoden implementiert. Eine Kennzeichenschnittstelle hat keine Methoden; die Schnittstelle soll lediglich ermöglichen, daß man `instanceof` in einer Typabfrage verwenden kann:

```
if (obj instanceof Cloneable) ...
```

Die Klasse Day muß folgende Klimmzüge absolvieren, um `clone` zu redefinieren:

```
public class Day implements Cloneable
{  . . .
   public Object clone()
   {  try
      {  return super.clone(); // Ruft Object.clone() auf
      }  catch (CloneNotSupportedException e)
      {  // Sollte nicht passieren, da wir Cloneable sind
         return null;
      }
   }
}
```

Und das ist noch der einfache Fall!

Um Employee zu klonen, müssen wir ...

- die Methode `clone` in `Object` aufrufen, um eine bitweise Kopie zu erstellen,
- den Typ des Ergebnisses in `Employee` umwandeln, damit wir das Instanzenfeld `hireDay` dieser Klasse in einen Klon des ursprünglichen `Day`-Objekts ändern können,
- dann das Ergebnis zurückgeben.

Der Code sieht folgendermaßen aus:

```
public class Employee implements Cloneable
{  . . .
   public Object clone()
   {  try
      {  Employee e = (Employee)super.clone();
         e.hireDay = (Day)hireDay.clone();
         return e;
      }  catch (CloneNotSupportedException e)
      {  // Sollte nicht passieren, da wir Cloneable sind
         return null;
      }
   }
}
```

Schnittstellen und innere Klassen

Wie man sieht, ist Klonen ein diffiziler Vorgang, und es ist sinnvoll, daß er als `protected` in der Klasse `Object` definiert ist. (Kapitel 12 zeigt eine elegantere Methode für das Klonen von Objekten. Diese bedient sich der Serialisierungsmechanismen von Java.)

6.1.5 Schnittstellen und Callbacks

Nehmen wir an, daß Sie eine Klasse `Timer` in Java implementieren und die Klasse so programmieren möchten, daß sie

- den Timer startet,
- den Timer eine bestimmte Zeitspanne messen läßt,
- dann irgendeine Aktion ausführt, wenn die entsprechende Zeitspanne abgelaufen ist.

Dazu muß die Klasse `Timer` auf irgendeine Weise mit der aufrufenden Klasse kommunizieren können. Das wird über sogenannte *Callback-Funktionen* (Rückruffunktionen) realisiert. Schnittstellen sind die bevorzugte Art, um Callback-Funktionen in Java zu implementieren. Warum das so ist, läßt sich durch einen genauen Blick in die Klasse `Timer` erkennen.

```
class Timer extends Thread
{  . . .
   public void run()
   {  while (true)
      {  sleep(delay);
         // Was nun?
      }
   }
}
```

(Stoßen Sie sich nicht an der Tatsache, daß diese Klasse die in Java integrierte Klasse `Thread` erweitern muß. Threads kommen an vielen Stellen ins Spiel – zu den einfachsten Anwendungsfällen gehört es, zu warten, bis eine bestimmte Zeit abgelaufen ist. Band 2 geht im Kapitel zum Multithreading näher auf Threads ein.)

Das Objekt, das ein `Timer`-Objekt konstruiert, muß dem Timer irgendwie mitteilen, was nach Ablauf der eingestellten Zeitspanne zu tun ist. In C++ erhält der Timer durch den erzeugenden Code einen Zeiger auf eine Funktion, und der Timer ruft diese Funktion am Ende jedes Intervalls auf. Java kennt keine Funktionszeiger, sondern verwendet statt dessen Schnittstellen. Somit wird der Kommentar `// Was nun?` im obigen Code durch den Aufruf einer Methode ersetzt, die man in einer Schnittstelle deklariert hat.

Neben der `Timer`-Klasse brauchen wir folglich noch die Schnittstelle `TimerListener` (Hörer auf Timer-Ereignisse). Diese hat eine einzelne Methode namens `timeElapsed` (verstrichene Zeit).

```
interface TimerListener
{ public void timeElapsed(Timer t);
}
```

Alle Klassen, die ein Timer aufrufen soll, müssen diese Schnittstelle implementieren. Dem Konstruktor des Timer-Objekts übergibt man eine Referenz auf ein Objekt, das die Schnittstelle TimerListener implementiert. Dieses Objekt wird über seine Methode timeElapsed benachrichtigt, sobald die Zeit bis zum nächsten Intervall fortgeschritten ist.

Im folgenden Beispiel konstruiert eine Klasse AlarmClock ein Timer-Objekt und implementiert auch die Schnittstelle TimerListener. Im Konstruktor des Timer-Objekts übergibt sie die Referenz this, eine Referenz auf sich selbst, um bei jedem »Gong« des Timers benachrichtigt zu werden. Die Methode timeElapsed prüft einfach, ob es an der Zeit ist, den Audioclip wakeUp abzuspielen.

```
class AlarmClock implements TimerListener
{ AlarmClock()
    { Timer t = new Timer(this);
      t.setDelay(1000); // 1000 Millisekunden
    }

    public void timeElapsed(Timer t)
    { if(t.getTime() >= wakeUpTime)
        wakeUp.play();
    }
}
```

Der Code für die Klasse Timer ist nachstehend wiedergegeben. Beachten Sie, wie der Konstruktor der Klasse Timer die Referenz auf das zu benachrichtigende Objekt empfängt und sie in der Variablen listener speichert. Immer wenn das Zeitintervall abgelaufen ist, wird ihre Methode timeElapsed() aufgerufen. Da das listener-Objekt die Schnittstelle TimerListener implementiert, weiß der Compiler, daß sie eine Methode timeElapsed unterstützt.

```
class Timer extends Thread
{ Timer(TimerListener t) { listener = t; }
    . . .
    public void run()
    { while (true)
        { sleep(interval);
          listener.timeElapsed(this);
        }
    }
    TimerListener listener;
}
```

Schnittstellen und innere Klassen

Hinweis

Wir sind hier nur auf den Teil des Codes eingegangen, der zeigt, wie man mit einer Schnittstelle den Benachrichtigungsmechanismus realisiert und damit Callback-Funktionen erlaubt. Die Java-Bibliothek hat im Paket `javax.swing` eine Klasse `Timer`, die fast wie die hier skizzierte `Timer`-Klasse arbeitet. Anstelle der Schnittstelle `TimerListener` und der Methode `timeElapsed` muß allerdings eine Klasse, die an Timer-Nachrichten interessiert ist, die Schnittstelle `ActionListener` und deren Methode `actionPerformed` implementieren. Das ist eine Schnittstelle, die alle Ereignisse auffängt und ebenso für Schaltflächenklicks und Listenauswahlen zuständig ist.

C++

Wie Kapitel 5 gezeigt hat, verfügt Java über ein Äquivalent zu Funktionszeigern, nämlich `Method`-Objekte. Allerdings sind diese schwierig einzusetzen, bremsen das Programm und können nicht zur Laufzeit auf Typsicherheit überprüft werden. Wo man in C++ einen Funktionszeiger verwenden würde, sollte man in Java auf den Polymorphismus zurückgreifen – entweder durch Ableiten von einer Basisklasse oder durch Implementierung einer Schnittstelle. Man darf zwar nur von *einer* Basisklasse ableiten, aber man kann eine ganze Reihe von Schnittstellen implementieren. Es ist in Java durchaus üblich, triviale Schnittstellen für Callback-Protokolle vorzusehen.

6.2 Innere Klassen

Eine *innere Klasse* ist eine Klasse, die innerhalb einer anderen Klasse definiert ist. Für diese Vorgehensweise gibt es vier Gründe:

- Ein Objekt einer inneren Klasse kann auf die Implementierung des Objekts zugreifen, das diese innere Klasse erzeugt hat – einschließlich der Daten, die ansonsten privat sind.
- Innere Klassen lassen sich vor anderen Klassen desselben Pakets verbergen.
- *Anonyme* innere Klassen bieten sich an, wenn man Callbacks im Vorübergehen definieren will.
- Innere Klassen sind komfortabel, wenn man ereignisgesteuerte Programme schreibt.

In Kürze lernen Sie Beispiele kennen, die die ersten drei Vorteile demonstrieren. (Nähere Informationen zum Ereignismodell liefert Kapitel 8.)

C++

C++ kennt *verschachtelte Klassen*. Dabei ist eine Klasse im Gültigkeitsbereich der umschließenden Klasse enthalten. Das folgende Codefragment zeigt ein typisches Beispiel: Eine Klasse für eine verkettete Liste definiert eine Klasse, die die Verweise aufnimmt, und eine Klasse, die eine Iteratorposition definiert.

```
class LinkedList
{
public:
   class Iterator
   {
   public:
      void insert(int x);
      int erase();
      ...
   };
   ...
private:
   class Link
   {
   public:
      Link* next;
      int data;
   };
   ...
};
```

Die Verschachtelung ist eine Beziehung zwischen *Klassen* und nicht zwischen *Objekten*. Ein `LinkedList`-Objekt hat keine Unterobjekte vom Typ `Iterator` oder `Link`.

Das hat zwei Vorteile: *Namenskontrolle* und *Zugriffskontrolle*. Da der Name `Iterator` innerhalb der Klasse `LinkedList` verschachtelt ist, ist er extern als `LinkedList::Iterator` bekannt und kann nicht mit einer anderen Klasse namens `Iterator` in Konflikt kommen. In Java ist dieser Vorteil nicht so wichtig, da die Java-*Pakete* die gleiche Art der Namenskontrolle bieten. Beachten Sie, daß die Klasse `Link` im *privaten* Abschnitt der Klasse `LinkedList` enthalten ist. Damit ist sie gegenüber dem gesamten übrigen Code vollständig unsichtbar. Aus diesem Grund ist es sicher, wenn man ihre Datenfelder öffentlich deklariert. Man kann durch Methoden der Klasse `LinkedList` auf sie zugreifen (die ein legitimes Recht hat, auf sie zuzugreifen), und sie sind ansonsten nicht sichtbar. In Java ist diese Art der Kontrolle erst mit der Einführung von inneren Klassen möglich.

Allerdings bieten die inneren Java-Klassen ein zusätzliches Merkmal, das sie bereichert und deshalb vielleicht nützlicher macht als verschachtelte Klassen in C++. Ein Objekt, das aus einer inne-

Schnittstellen und innere Klassen

ren Klasse kommt, hat eine implizite Referenz auf das Objekt der äußeren Klasse, das es instantiiert hat. Über diesen Zeiger erhält es Zugriff auf den gesamten Zustand des äußeren Objekts. Die Einzelheiten des Java-Mechanismus lernen Sie weiter hinten in diesem Kapitel kennen.

Nur statische innere Klassen verfügen nicht über diesen zusätzlichen Zeiger. Das sind die exakten Java-Analogien zu verschachtelten Klassen in C++.

6.2.1 Eine »Property«-Schnittstelle

Wir entwickeln nun ein realistischeres Beispiel, um zu zeigen, wo innere Klassen sinnvoll einzusetzen sind – einen *Eigenschaftseditor*. Das ist ein Blatt, das die Eigenschaften (Properties) verschiedener Objekte anzeigt und deren Änderung gestattet. Was ist eine Eigenschaft? Es ist ein Element mit einem Namen, einem Wert und der Möglichkeit, einen neuen Wert festzulegen. Am Beginn dieses Kapitels haben Sie gelernt, daß sich eine derartige Sammlung von Methoden als *Schnittstelle* formulieren läßt:

```
interface Property
{   public String get();
    public void set(String s);
    public String name();
}
```

Da wir noch nicht darauf eingegangen sind, wie man ein Grafikprogramm schreibt, implementieren wir unseren Eigenschaftseditor in einer eher hausbackenen Art und Weise. Unser Editor zeigt einfach die Eigenschaften auf dem Bildschirm an, numeriert sie und fragt den Benutzer, welche Eigenschaft er modifizieren will. Dann fordert der Editor den neuen Wert der Eigenschaft ab. Hier ein Beispieldialog:

```
1:Harry Hackers Gehalt=35000.0
2:Carl Crackers Gehalt=75000.0
3:Carl Crackers Dienstjahre=9
Welche Eigenschaft aendern? (0 = Beenden) 2
Neuer Wert: 94000
```

Nachstehend finden Sie den Code für die Klasse `PropertyEditor`. Beachten Sie, daß der Eigenschaftseditor überhaupt nichts über die Eigenschaften wissen muß, außer daß er sie lesen und setzen kann.

```
class PropertyEditor
{   public PropertyEditor(Property[] p)
    {   properties = p;
    }

    public void editProperties()
```

```
   { while (true)
      { for (int i = 0; i < properties.length; i++)
           System.out.println((i + 1) + ":"
              + properties[i].name()
              + "=" + properties[i].get());
        int n = Console.readInt
           ("Welche Eigenschaft aendern? (0 = Beenden)");
        if (n == 0) return;
        if (0 < n && n <= properties.length)
        { String value
             = Console.readString("Neuer Wert:");
          properties[n - 1].set(value);
        }
      }
   }

   private Property[] properties;
}
```

Die »Property«-Schnittstelle mit einer inneren Klasse implementieren

In die Klasse Employee fügen wir nun eine Eigenschaft ein, damit die Klasse als Beispiel für unseren Eigenschaftseditor dienen kann. Ein Mitarbeiterobjekt legt nun ein SalaryProperty-Objekt frei, das an einen Eigenschaftseditor übergeben werden kann.

```
Employee carl = new Employee("Carl Cracker",
   75000, new Day(1987, 12, 15));

Property carlsSalary = carl.getSalaryProperty();
```

Natürlich ist Property lediglich eine Schnittstelle. Das von der Methode getSalaryProperty zurückgegebene Objekt muß ein Objekt einer Klasse, die diese Schnittstelle implementiert, sein. In unserem Beispiel ist es tatsächlich eine Instanz der Klasse SalaryProperty – die eine innere Klasse innerhalb von Employee ist, die die Schnittstelle Property implementiert.

```
class Employee
{  . . .

   private class SalaryProperty implements Property
   {  public String get() { . . . }
      public void set(String s) { . . . }
      public String name() { . . . }
   }
```

Schnittstellen und innere Klassen

```
    public Property getSalaryProperty()
    {  return new SalaryProperty();
    }
}
```

Die Klasse `SalaryProperty` ist eine private innere Klasse innerhalb von `Employee`. Das stellt einen Sicherheitsmechanismus dar – da nur `Employee`-Methoden `SalaryProperty`-Objekte generieren können, brauchen wir uns um die Verletzung der Kapselung keine Sorgen zu machen. Beachten Sie, daß nur innere Klassen privat sein können. Normale Klassen sind immer auf Paketebene oder öffentlich sichtbar.

Als nächstes implementieren wir die `get`-Methode. Dazu muß das `SalaryProperty`-Objekt das *Gehalt (salary) des Mitarbeiters (employee), der das Objekt instantiiert hat*, melden. Zum Beispiel muß die Methode `get` im Code

```
Property carlsSalary = carl.getSalaryProperty();
String s = carlsSalary.get();
```

das Gehalt von Carl zurückgeben.

In Java kann ein Objekt, das von einer inneren Klasse erzeugt wurde, automatisch auf *alle* Datenfelder *des Objekts, das das innere Objekt erzeugt hat*, zugreifen. Damit gestaltet sich der Code für die Methode `get` extrem einfach:

```
private class SalaryProperty implements Property
{  public String get()
    {  return "" + salary;
    }
    . . .
}
```

Der Name `salary` im obigen Code bezieht sich auf das Feld `salary` des äußeren Klassenobjekts, das diese `SalaryProperty` erzeugt hat. Das ist ziemlich innovativ. In herkömmlicher Manier könnte eine Methode auf die Datenfelder des Objekts, das die Methode aufruft, zugreifen. Die Methode einer inneren Klasse erhält *sowohl* auf ihre eigenen Datenfelder *als auch* auf diejenigen des äußeren Objekts, das sie erzeugt hat, Zugriff.

Damit das funktioniert, erhält ein Objekt einer inneren Klasse selbstverständlich eine implizite Referenz auf sein erzeugendes Objekt (siehe Abbildung 6.3).

Im Java-Code ist diese Referenz unsichtbar – sie ist ein Detail der Implementierung der inneren Klasse.

Als nächstes sehen wir uns ein Beispiel einer inneren Klassenmethode an, die sowohl auf ihre eigenen Datenfelder als auch die Datenfelder des äußeren Objekts zugreift. Wir definieren die `set`-Methode im Objekt `SalaryProperty`, damit sie das Gehalt des Mitarbeiters ändern kann, das aber nur *einmal*. Wenn man das Gehalt zweimal ändern will, muß man zwei `SalaryProperty`-Objekte holen. Der Code für die Methode sieht folgendermaßen aus:

```
private class SalaryProperty implements Property
{   . . .
   public void set(String s)
   {  if (isSet) return; // Setzen nur einmal möglich
      double sal = Double.parseDouble(s);
      if (sal > 0)
      {  salary = sal;
         isSet = true;
      }
   }
   private boolean isSet = false;
}
```

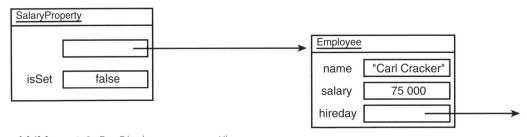

Abbildung 6.3: Ein Objekt einer inneren Klasse

Der Name isSet bezieht sich auf das Feld isSet des inneren Objekts, der Name `salary` auf das Feld salary des äußeren Objekt.

Nehmen wir an, daß die Referenz auf das äußere Objekt `outer` heißt. (Tatsächlich wird sie intern etwas anders genannt.) Dann läßt sich der Code der Methode `set` wie folgt darstellen:

```
public void set(String s)
   {  if (this.isSet) return; // Kann einmalig gesetzt werden
      double sal = Double.parseDouble(s);
      if (sal > 0)
      {  outer.salary = sal;
         this.isSet = true;
      }
   }
```

Die Referenz `outer` wird im Konstruktor gesetzt.

Schnittstellen und innere Klassen

```
private class SalaryProperty implements Property
{  SalaryProperty(Employee o) { outer = o; }

   private Employee outer; // Das passiert intern
}
```

Beachten Sie auch hier, daß `outer` kein Java-Schlüsselwort ist. Wir kennzeichnen hier nur den Mechanismus, der eine innere Klasse betrifft.

Die richtige Syntax für das äußere Objekt ist `Employee.this`. Beispielsweise kann man die `set`-Methode der inneren Klasse `SalaryProperty` folgendermaßen schreiben:

```
public void set(String s)
{  if (this.isSet) return; // Kann einmalig gesetzt werden
   double sal = Double.parseDouble(s);
   if (sal > 0)
   {  Employee.this.salary = sal;
      this.isSet = true;
   }
}
```

In unserem Beispiel wird das Objekt der inneren Klasse immer in einer Methode der äußeren Klasse generiert:

```
public Property getSalaryProperty()
{  return new SalaryProperty();
}
```

Hier wird die äußere Klassenreferenz auf die Referenz `this` der Methode gesetzt, die das Objekt der inneren Klasse erzeugt. Das ist der übliche Fall. Allerdings ist es ebenso möglich, die äußere Klassenreferenz auf ein anderes Objekt zu setzen, indem man es explizit benennt. Zum Beispiel erzeugt der folgende Ausdruck ein `SalaryProperty`-Objekt, das die äußere Klassenreferenz auf das `Employee`-Objekt `harry` setzt:

```
Property p = harry.new SalaryProperty();
```

Beispiel 6.3 zeigt das vollständige Programm, das innere Klassen testet, die die Schnittstelle `Property` implementieren. Es gibt zwei Instanzen von `SalaryProperty` für dasselbe Mitarbeiterobjekt, was uns erlaubt, das Gehalt zweimal zu ändern. Außerdem haben wir eine zweite Eigenschaft `SeniorityProperty` aufgenommen, die darüber Auskunft gibt, wie viele Jahre ein Mitarbeiter in der Firma arbeitet. Die Methode `set` dieser Eigenschaft bewirkt nichts – man kann zwar ein Gehalt aktualisieren, aber nicht die Geschichte ändern. Der `PropertyEditor` behandelt diese Klasse einfach wie jede andere Eigenschaft.

Beispiel 6.3: PropertyTest.java
```
import corejava.*;

public class PropertyTest
{  public static void main(String[] args)
   {  Employee harry = new Employee("Harry Hacker",
         35000, new Day(1989, 10, 1));
      Employee carl = new Employee("Carl Cracker",
         75000, new Day(1987, 12, 15));

      PropertyEditor editor = new PropertyEditor(
         new Property[]
         {  harry.getSalaryProperty(),
            harry.getSalaryProperty(),
            carl.getSalaryProperty(),
            carl.getSeniorityProperty()
         });

      System.out.println("Vorher:");
      harry.print();
      carl.print();
      System.out.println("Eigenschaften bearbeiten:");
      editor.editProperties();
      System.out.println("Nachher:");
      harry.print();
      carl.print();
   }
}

interface Property
{  public String get();
   public void set(String s);
   public String name();
}

class PropertyEditor
{  public PropertyEditor(Property[] p)
   {  properties = p;
   }

   public void editProperties()
   {  while (true)
      {  for (int i = 0; i < properties.length; i++)
            System.out.println((i + 1) + ":"
               + properties[i].name());
```

Schnittstellen und innere Klassen

```
                         + "=" + properties[i].get());
            int n = Console.readInt
               ("Welche Eigenschaft aendern? (0 = Beenden)");
            if (n == 0) return;
            if (0 < n && n <= properties.length)
            {  String value
                  = Console.readLine("Neuer Wert:");
               properties[n - 1].set(value);
            }
         }
      }
   }

   private Property[] properties;
}

class Employee
{  public Employee(String n, double s, Day d)
   {  name = n;
      salary = s;
      hireDay = d;
   }
   public void print()
   {  System.out.println(name + " " + salary + " "
         + hireYear());
   }
   public void raiseSalary(double byPercent)
   {  salary *= 1 + byPercent / 100;
   }
   public int hireYear()
   {  return hireDay.getYear();
   }

   private class SalaryProperty implements Property
   {  public String name()
      {  return name + "s Gehalt";
      }
      public String get()
      {  return "" + salary;
      }

      public void set(String s)
      {  if (isSet) return; // Kann einmalig gesetzt werden
         double sal = Double.parseDouble(s);
         if (sal > 0)
```

```
        {   salary = sal;
            isSet = true;
        }
    }
    private boolean isSet = false;
}

public Property getSalaryProperty()
{   return new SalaryProperty();
}

private class SeniorityProperty implements Property
{   public String name()
    {   return name + "s Dienstjahre";
    }
    public String get()
    {   Day today = new Day();
        int years = today.daysBetween(hireDay) / 365;
        return "" + years;
    }
    public void set(String s)
    {} // Die Betriebszugehörigkeit kann man nicht setzen
}

public Property getSeniorityProperty()
{   return new SeniorityProperty();
}

private String name;
private double salary;
private Day hireDay;
}
```

Innere Klassen – nützlich, notwendig, sicher?

Innere Klassen sind eine wesentliche Erweiterung der Sprache. Java verfolgte von Anfang an das Ziel, einfacher als C++ zu sein. Innere Klassen sind aber alles andere als einfach. Die Syntax ist kompliziert. (Richtig kompliziert wird es, wenn wir weiter hinten in diesem Kapitel auf anonyme innere Klassen zu sprechen kommen.) Es ist nicht offensichtlich, wie innere Klassen mit anderen Merkmalen der Sprache in Wechselwirkung treten, wie etwa Zugriffssteuerung und Sicherheit.

Hat sich Java damit auf den Leidensweg begeben, der so vielen anderen Sprachen beschieden war, indem ein zwar elegantes und interessantes, aber eigentlich nicht erforderliches Merkmal hinzugefügt wurde?

Schnittstellen und innere Klassen

Wir versuchen hier nicht, diese Frage vollständig zu beantworten. Es sei aber angemerkt, daß innere Klassen ein Phänomen des *Compilers* und nicht der virtuellen Maschine sind. Innere Klassen werden in normale Klassen (mit Dollarzeichen, die die Namen äußerer und innerer Klassen voneinander abgrenzen) übersetzt, und die virtuelle Maschine braucht kein spezielles Wissen über sie.

Beispielsweise wird die Klasse SalarayProperty innerhalb der Klasse Employee in eine Klasse Employee$SalarayProperty.class übersetzt. Von der Arbeitsweise können Sie sich folgendermaßen überzeugen: Starten Sie das Programm ReflectionTest aus Kapitel 5, und bieten Sie ihm die Klasse Employee$SalaryProperty zur Reflexion an. Sie erhalten die folgende Ausgabe:

```
class Employee$SalaryProperty
{
Employee$SalaryProperty(Employee);

public java.lang.String name();
public java.lang.String get();
public void set(java.lang.String);

private final Employee this$0;
private boolean isSet;
}
```

Man kann unschwer erkennen, daß der Compiler ein zusätzliches Datenfeld this$0 für die Referenz auf die äußere Klasse generiert hat. (Den Namen this$0 setzt der Compiler zusammen – man kann sich im Code nicht darauf beziehen.)

Wenn der Compiler diese Transformation ausführen kann, ließe sich der gleiche Mechanismus nicht manuell erledigen? Probieren wir es aus. Wir würden SalaryProperty zu einer normalen Klasse außerhalb der Klasse Employee machen. Wenn wir ein SalaryProperty-Objekt konstruieren, übergeben wir ihm die Referenz this des Objekts, das es erzeugt.

```
class Employee
{  . . .

   public Property getSalaryProperty()
   {  return new SalaryProperty(this);
   }
}

class SalaryProperty implements Property
{  String get() { . . . }
   public void set(String s) { . . . }
   public String name() { . . . }
```

```
    SalaryProperty(Employee o) { outer = o; }

    private Employee outer;
}
```

Sehen wir uns jetzt die get-Methode an. Diese muß outer.salary zurückgeben.

```
class SalaryProperty implements Property
{   public String get()
    {   return "" + outer.salary; // FEHLER
    }
    . . .
}
```

Hier stoßen wir auf ein Problem. Die innere Klasse kann auf die privaten Daten der äußeren Klasse zugreifen, aber unsere externe Klasse SalaryProperty kann das nicht. In diesem Fall können wir eine öffentliche Zugriffsmethode getSalary() verwenden. Sehen wir uns aber die Methode set an. Wir müssen das Gehalt setzen können, und die Klasse Employee hat keinen setSalaray-Mutator. Es kann sein, daß wir keinen hinzufügen wollen. Immerhin hat das SalaryProperty-Objekt einen integrierten Schutz: Das Gehalt läßt sich nur vom Empfänger des Eigenschaftsobjekts setzen, und das nur *einmal*. Ein öffentlicher setSalary-Mutator würde keiner derartigen Einschränkung unterliegen.

Folglich sind innere Klassen wirklich leistungsfähiger als normale Klassen, da sie über mehr Zugriffsprivilegien verfügen.

Vielleicht fragen Sie sich, wie es innere Klassen schaffen, diese zusätzlichen Zugriffsprivilegien zu erlangen, da innere Klassen in normale Klassen mit kuriosen Namen übersetzt werden – die virtuelle Maschine weiß überhaupt nichts über sie. Um dieses Geheimnis zu lüften, verwenden wir erneut das Programm ReflectionTest, um die Version der Klasse Employee, die eine innere Klasse hat, auszuspionieren:

```
class Employee
{
public Employee(java.lang.String, double, corejava.Day);

static java.lang.String access$0(Employee);
static double access$1(Employee);
static void access$2(Employee, double);
static corejava.Day access$3(Employee);
public Property getSalaryProperty();
public Property getSeniorityProperty();
public int hireYear();
public void print();
public void raiseSalary(double);
```

Schnittstellen und innere Klassen

```
private java.lang.String name;
private double salary;
private corejava.Day hireDay;
}
```

Beachten Sie die statischen Methoden `access$0` bis `access$3`, die der Compiler zur äußeren Klasse hinzugefügt hat. Die Methoden der inneren Klasse rufen diese Methoden auf. Beispielsweise führt die Methode `get` von `SalaryProperty` praktisch den folgenden Aufruf aus:

```
public String get()
{  return "" + access$1(this$0);
}
```

Stellt das nicht ein Sicherheitsrisiko dar? Sie haben es erraten. Jeder x-beliebige kann problemlos die Methode `access$1` aufrufen, um das private Gehaltsfeld zu lesen, oder noch schlimmer, es über die Methode `access$2` zu setzen. Der Java-Sprachstandard reserviert Dollarzeichen ($) in Namen von Variablen und Methoden für Systembezeichner. Für diejenigen Hacker, die mit der Struktur von Klassendateien vertraut sind, ist es jedoch eine leichte (wenn auch langwierige) Sache, eine Klassendatei mit virtuellen Maschinenanweisungen zu erzeugen, um diese Methode aufzurufen. Natürlich muß man eine derartige Klassendatei manuell erzeugen (beispielsweise mit einem Hex-Editor) und sie im selben Paket wie die anzugreifende Klasse unterbringen.

Fassen wir zusammen: Wenn eine innere Klasse auf ein privates Datenfeld zugreift, dann ist es möglich, auf dieses Datenfeld über andere Klassen zuzugreifen, die man dem Paket der äußeren Klasse hinzufügt. Allerdings erfordert das gewisse Fertigkeiten und Entschlossenheit. Ein Programmierer kann nicht unabsichtlich Zugriff erhalten, sondern muß bewußt eine Klassendatei für diesen Zweck erstellen oder modifizieren.

Können wir nicht auf die innere Klasse ganz verzichten und einfach die `Property`-Schnittstelle von `Employee` implementieren lassen? Leider funktioniert das ebenfalls nicht. Es gibt zwei separate Eigenschaften, die die Klasse `Employee` hervorbringt: `SalaryProperty` und `Seniority-Property`. Wenn `Employee` einfach die Methoden `get` und `set` selbst implementiert hätte, statt sie an andere Klassen zu delegieren, könnte sie nur das eine oder andere Verhalten implementiert haben. Und selbst, wenn nur ein einziges Verhalten zu implementieren wäre, brauchen die Eigenschaftsobjekte ihren eigenen unabhängigen *Zustand*. Jedes `SalaryProperty`-Objekt hat ein separates Flag, um zu kennzeichnen, daß es bereits seine Gelegenheit genutzt hat, das Gehalt zu setzen. Wenn `Employee` die Methoden `get` und `set` selbst implementiert hätte, gäbe es keinen separaten Zustand.

Alles in allem sind innere Klassen bei den folgenden Gegebenheiten sinnvoll:

- Ein Hilfsobjekt muß die private Implementierung einer Klasse steuern, man will aber keinen anderen Objekten den Zugriff gewähren.
- Eine Klasse muß Hilfsobjekte mit dem gleichen Protokoll, aber verschiedenen Implementierungen des Protokolls hervorbringen.
- Eine Klasse muß Hilfsobjekte hervorbringen, die ihren eigenen Zustand besitzen.

Lokale und anonyme innere Klassen

Wenn Sie sich den Code des Beispiels PropertyTest genauer ansehen, stellen Sie fest, daß Sie den Namen der Typen SalaryProperty und SeniorityProperty nur einmal brauchen: wenn Sie ein Objekt dieser Typen in den Methoden getSalaryProperty und getSeniorityProperty erzeugen.

In einer derartigen Situation kann man in Java die Klassen *lokal in einer einzigen Methode* definieren. Sehen wir uns die Methode getSeniorityProperty an, um dieses Konzept zu verdeutlichen:

```
public Property getSeniorityProperty()
{   class SeniorityProperty implements Property
    {   public String name()
        {   return name + "s Dienstjahre";
        }
        public String get()
        {   Day today = new Day();
            int years = today.daysBetween(hireDay) / 365;
            return "" + years;
        }
        public void set(String s)
        {} // Die Betriebszugehörigkeit kann man nicht setzen
    }

    return new SeniorityProperty();
}
```

Lokale Klassen bieten einen großen Vorteil – sie sind vollständig vor der äußeren Welt verborgen; nicht einmal anderer Code in der Klasse Employee kann auf sie zugreifen. Keine Methode außer getSeniorityProperty hat Kenntnis von der Klasse SeniorityProperty.

Man kann sogar noch einen Schritt weiter gehen. Da man nur ein einziges Objekt dieser Klasse erstellen will, muß man ihm nicht einmal einen Namen geben. Man kann ein Objekt innerhalb der Methode zurückgeben, das ohne Namen ist – daher der Begriff *anonyme innere Klasse*.

Schnittstellen und innere Klassen

```
public Property getSeniorityProperty()
{  return new Property()
   {  public String name()
      {  return name + "s Dienstjahre";
      }
      public String get()
      {  Day today = new Day();
         int years = today.daysBetween(hireDay) / 365;
         return "" + years;
      }
      public void set(String s)
      {} // Die Betriebszugehörigkeit kann man nicht setzen.
   }
}
```

Das ist in der Tat eine sehr kryptische Syntax. Sie bedeutet folgendes:

Erzeuge ein neues Objekt einer Klasse, die die Schnittstelle Property implementiert, wo die erforderlichen drei Methoden name, get und set nur innerhalb der geschweiften Klammern { } definiert sind. Die für die Konstruktion des Objekts verwendeten Parameter werden innerhalb der geschweiften Klammern angegeben, worauf der Name des Supertyps folgt. Die Syntax lautet allgemein:

```
new SuperType(Konstruktionsparameter)
{  Methoden und Daten der inneren Klasse
}
```

Hierin kann *SuperType* eine Schnittstelle wie etwa Property sein. Dann *implementiert* die innere Klasse diese Schnittstelle. Ist *SuperType* eine Klasse, *erweitert* die innere Klasse diese Klasse.

Eine anonyme innere Klasse kann keine Konstruktoren haben, da der Name eines Konstruktors mit dem Namen einer Klasse identisch sein muß, und die Klasse hat keinen Namen. Statt dessen werden die Konstruktionsparameter an den Konstruktor der *Superklasse* übergeben. Insbesondere gilt, daß eine innere Klasse keine Konstruktionsparameter haben kann, wenn sie eine Schnittstelle implementiert. Dennoch muß man einen Satz von Klammern angeben:

```
new InterfaceType() { Methoden und Daten }
```

Man muß schon genau hinsehen, um den Unterschied zwischen der Konstruktion eines neuen Objekts einer Klasse und der Konstruktion eines Objekts einer anonymen inneren Klasse, die diese Klasse erweitert, zu erkennen. Wenn der schließenden Klammer der Liste für die Konstruktionsparameter eine öffnende geschweifte Klammer folgt, dann wird eine anonyme innere Klasse definiert.

```
Button b = new Button("Ok");
   // Ein Button-Objekt
```

```
Button b = new Button("Help") { ... };
    // Objekt einer inneren Klasse, die Button erweitert
```

Sind anonyme innere Klassen eine großartige Sache, oder eignen sie sich nur hervorragend, um verwirrenden Code zu schreiben? Vielleicht von beidem etwas. Wenn der Code für eine innere Klasse kurz ist, nur ein paar Zeilen mit einfachem Code enthält, dann kann das Ganze Zeit zur Eingabe sparen. Aber es ist genau dieses Bestreben zur Zeitersparnis, mit der man sich für den »Wettbewerb des unverständlichsten Java-Codes« qualifiziert.

Es ist bedauerlich, daß die Java-Entwickler nicht versucht haben, die Syntax von anonymen Klassen zu verbessern, da die Java-Syntax im allgemeinen eine große Verbesserung gegenüber C++ darstellt. Die Entwickler des Konzepts der inneren Klassen hätten Otto-Normal-Verbraucher mit einer Syntax wie

```
Button b = new class extends Button("Help") { ... };
    // Nicht die tatsächliche Java-Syntax
```

entgegenkommen können. Sind sie aber nicht. Wir empfehlen große Zurückhaltung, wenn man an die Verwendung anonymer innerer Klassen denkt.

6.2.2 Lokale Klassen, die auf lokale Variablen zugreifen

Lokale Klassen zeigen noch ein paar Merkwürdigkeiten. Beispielsweise können sie nicht nur auf die Felder ihrer äußeren Klassen zugreifen, sondern sogar auf lokale Variablen! Das folgende Szenario beschreibt diese Fähigkeit. Statt der SalaryProperty eine einzige Möglichkeit einzuräumen, das Gehalt zu ändern, geben wir der Klasse einen Zähler setCount mit, der mit jeder Änderung des Gehalts inkrementiert wird. Nachdem der Zähler den Maximalwert maxSetCount erreicht hat, läßt sich das Gehalt nicht mehr ändern. Allerdings ist maxSetCount eine *lokale* Variable der Methode getSalaryProperty, und zwar eine Parametervariable.

```
public Property getSalaryProperty(final int maxSetCount)
{   class SalaryProperty implements Property
    {   public String name()
        {   return name + "s Gehalt";
        }
        public String get()
        {   return "" + salary;
        }
        public void set(String s)
        {   if (setCount >= maxSetCount) return;
            double sal = Double.parseDouble(s);
            if (sal > 0)
            {   salary = sal;
```

Schnittstellen und innere Klassen

```
            setCount++;
        }
    }
    private int setCount = 0;
}
Property p = new SalaryProperty();
return p;
}
```

Vielleicht ist das nicht so überraschend. Die Zeile

`if (setCount >= maxSetCount) return;`

steht schließlich innerhalb der Methode `getSalaryProperty`. Warum also sollte sie keinen Zugriff auf den Wert der Variablen `maxSetCount` haben?

Um das diffizile Problem hier aufzuzeigen, betrachten wir den Programmablauf etwas genauer.

- Die Methode `getSalaryProperty` wird aufgerufen.
- Die Objektvariable `p` vom Typ `SalaryProperty` wird über einen Aufruf des Konstruktors der inneren Klasse `SalaryProperty` initialisiert.
- Die Methode gibt `p` als ihren Wert zurück und terminiert dann. Zu diesem Zeitpunkt hört die Variable `maxSetCount` auf zu existieren.
- Viel später ruft irgendein anderer Codeabschnitt `p.set(value)` auf.

Damit der Code in der Methode `set` funktioniert, muß die Klasse `SalaryProperty` eine Kopie des Feldes `maxSetCount` besitzen, bevor sie sich als lokale Variable der Methode `getSalaryProperty` »aus dem Staub macht«. Und genau das ist passiert. Beispielsweise hat der Compiler den Namen `Employee$1$SalaryProperty` für die lokale innere Klasse zusammengesetzt. Wenn man mit dem Programm `ReflectionTest` erneut die Klasse `Employee$1$SalaryProperty` untersucht, erhält man folgende Ausgabe:

```
class Employee$1$SalaryProperty
{
Employee$1$SalaryProperty(int, Employee);

public java.lang.String name();
public java.lang.String get();
public void set(java.lang.String);

private final int val$maxSetCount;
private final Employee this$0;
int setCount;
}
```

Beachten Sie den zusätzlichen `int`-Parameter an den Konstruktor und das Datenfeld `val$max-SetCount`. Beim Erzeugen eines Objekts wird der Wert `maxSetCount` an den Konstruktor übergeben und im Feld `val$maxSetCount` gespeichert. Das klingt wie eine Menge unnötiger Arbeit für den Compilerbauer. Der Compiler muß den Zugriff auf lokale Variablen erkennen, für jede von ihnen übereinstimmende Datenfelder erzeugen und die lokalen Variablen in den Konstruktor kopieren, damit sich die Datenfelder als Kopien der lokalen Variablen initialisieren lassen.

Die Methoden einer lokalen Klasse können sich nur auf lokale Variablen beziehen, die als `final` deklariert sind. Aus diesem Grund ist der Parameter `maxSetCount` in unserem ersten Beispiel als `final` deklariert. Eine lokale Variable, die als `final` deklariert ist, läßt sich nicht modifizieren. Folglich ist garantiert, daß die lokale Variable und die Kopie, die innerhalb der lokalen Klasse erzeugt wird, immer denselben Wert haben.

Hinweis

Als `final` deklarierte Variablen haben Sie bereits bei Konstanten der Art

```
public static final double SPEED_LIMIT = 55;
```
kennengelernt. Das Schlüsselwort `final` läßt sich auf lokale Variablen, Instanzenvariablen und statische Variablen anwenden. In allen Fällen bedeutet es das gleiche: Man kann dieser Variablen nur ein *einziges* Mal einen Wert zuweisen. Danach läßt sich der Wert nicht mehr ändern – er ist final.

Allerdings muß man eine finale Variable nicht gleich bei ihrer Definition initialisieren. Beispielsweise wird die finale Parametervariable `max` erst initialisiert, wenn die Methode `getSalaryProperty` aufgerufen wird. Die Instanzenvariable `val$maxSetCount`, die Sie in der inneren Klasse `Employee$1$SalaryProperty` finden, wird einmalig im Konstruktor der inneren Klasse gesetzt. Eine finale Variable, die bei ihrer Definition nicht initialisiert wird, nennt man auch *leere finale Variable*.

Warum beschäftigen wir uns mit diesem Verwirrspiel? Ist es nicht genauso einfach, wenn man ein Datenfeld in der Klasse `SalaryProperty` definiert und es im Konstruktor setzt?

```
public Property getSalaryProperty(final int max)
   {  class SalaryProperty implements Property
      {  public SalaryProperty(int max)
         {  maxSetCount = max;
         }
         public String name()
         {  return name + "s Gehalt";
         }
         public String get()
```

Schnittstellen und innere Klassen

```
         { return "" + salary;
         }
         public void set(String s)
         {  if (setCount >= maxSetCount) return;
            double sal = Double.parseDouble(s);
            if (sal > 0)
            {  salary = sal;
               setCount++;
            }
         }
         private int maxSetCount;
         private int setCount = 0;
      }
      Property p = new SalaryProperty(max);
      return p;
   }
```

In der Tat wäre das leichter zu verstehen, aber es gibt eine Situation, in der man nicht so vorgehen kann. *Anonyme* innere Klassen können keine Konstruktionsparameter haben, die die Datenfelder der Klasse setzen.

```
public Property getSalaryProperty(final int maxSetCount)
   { return new Property()
   // Kann keine Konstruktionsparameter bereitstellen
      {  public String name()
         {  return name + "s Gehalt";
         }
         public String get()
         {  return "" + salary;
         }
         public void set(String s)
         {  if (setCount >= maxSetCount) return;
            double sal = Double.parseDouble(s);
            if (sal > 0)
            {  salary = sal;
               setCount++;
            }
         }

         private int setCount = 0;
      }
   }
```

6.2.3 Statische innere Klassen

Gelegentlich will man eine innere Klasse einfach nur deshalb verwenden, um eine Klasse innerhalb einer anderen zu verbergen. In diesem Fall kann man darauf verzichten, daß die innere Klasse eine Referenz auf das äußere Klassenobjekt hat. Das Erzeugen dieser Referenz läßt sich unterdrücken, indem man die innere Klasse als `static` deklariert.

Der folgende Code zeigt ein typisches Beispiel, wo man in dieser Art vorgeht. Nehmen wir an, daß wir den minimalen und maximalen Wert eines Arrays berechnen wollen. Natürlich schreibt man eine Funktion, um das Minimum zu ermitteln, und eine andere Funktion, um das Maximum zu berechnen. Ruft man beide Funktionen auf, wird das Array zweimal durchlaufen. Es wäre effizienter, das Array nur einmal durchzugehen und dabei sowohl Minimum als auch Maximum gleichzeitig zu berechnen.

```
double min = d[0];
double max = d[0];
for (int i = 1; i < d.length; i++)
{  if (min > d[i]) min = d[i];
   if (max < d[i]) max = d[i];
}
```

Allerdings muß die Funktion zwei Zahlen zurückgeben. Das läßt sich erreichen, indem man eine Klasse `Pair` definiert, die zwei Werte aufnimmt:

```
class Pair
{  public Pair(double f, double s)
   {  first = f;
      second = s;
   }
   public double getFirst()
   {  return first;
   }
   public double getSecond()
   {  return second;
   }

   private double first;
   private double second;
}
```

Die Funktion `minmax` kann dann ein Objekt vom Typ `Pair` zurückgeben.

```
class ArrayAlg
{  public static Pair minmax(double[] d)
   {  . . .
```

Schnittstellen und innere Klassen

```
      return new Pair(min, max);
   }
}
```

Der Aufrufer der Funktion ruft dann die Antworten mit den Funktionen getFirst und getSecond ab:

```
Pair p = ArrayAlg.minmax(d);
System.out.println("min = " + p.getFirst());
System.out.println("max = " + p.getSecond());
```

Natürlich ist Pair ein überaus gebräuchlicher Name, und bei einem großen Projekt ist es durchaus möglich, daß ein anderer Programmierer auf die glänzende Idee kommt, ebenfalls diesen Namen zu vergeben. Allerdings erstellt dieser zweite Programmierer vielleicht eine Klasse Pair, die ein Paar Strings enthält. Dieser mögliche Namenskonflikt läßt sich lösen, indem man Pair als öffentliche innere Klasse innerhalb von ArrayAlg erzeugt. Dann ist die Klasse für die Öffentlichkeit als ArrayAlg.Pair bekannt:

```
ArrayAlg.Pair p = ArrayAlg.minmax(d);
```

Im Gegensatz zu den inneren Klassen der vorherigen Beispiele brauchen wir jetzt allerdings keine Referenz auf irgendein anderes Objekt innerhalb eines Pair-Objekts. Diese Referenz läßt sich unterdrücken, indem man die innere Klasse als static deklariert:

```
class ArrayAlg
{  public static class Pair
   {  . . .
   }
   . . .
}
```

Natürlich lassen sich nur innere Klassen als statisch deklarieren. Eine statische innere Klasse entspricht völlig jeder anderen inneren Klasse, außer daß ein Objekt einer statischen inneren Klasse keine Referenz auf das äußere Klassenobjekt, das das innere Objekt generiert hat, besitzt. In unserem Beispiel müssen wir eine statische innere Klasse verwenden, da das innere Klassenobjekt innerhalb einer statischen Methode konstruiert wird:

```
public static Pair minmax(double[] d)
{  . . .
   return new Pair(min, max);
}
```

Wäre die Klasse Pair nicht als static deklariert, hätte sich der Compiler beschwert, daß kein implizites Objekt vom Typ ArrayAlg verfügbar ist, um das innere Klassenobjekt zu initialisieren.

Hinweis

Wenn die innere Klasse keinen Zugriff auf ein äußeres Klassenobjekt braucht, verwendet man eine statische innere Klasse. Manche Programmierer sprechen auch von *verschachtelten* Klassen, um statische innere Klassen zu beschreiben.

Beispiel 6.4 enthält den vollständigen Quellcode der Klasse `ArrayAlg` und der verschachtelten Klasse `Pair`.

Beispiel 6.4: StaticInnerClassTest.java

```java
public class StaticInnerClassTest
{  public static void main(String[] args)
   {  double[] d = new double[20];
      for (int i = 0; i < d.length; i++)
         d[i] = 100 * Math.random();
      ArrayAlg.Pair p = ArrayAlg.minmax(d);
      System.out.println("min = " + p.getFirst());
      System.out.println("max = " + p.getSecond());
   }
}

class ArrayAlg
{  public static class Pair
   {  public Pair(double f, double s)
      {  first = f;
         second = s;
      }
      public double getFirst()
      {  return first;
      }
      public double getSecond()
      {  return second;
      }

      private double first;
      private double second;
   }

   public static Pair minmax(double[] d)
   {  if (d.length == 0) return new Pair(0, 0);
      double min = d[0];
      double max = d[0];
```

Schnittstellen und innere Klassen

```
      for (int i = 1; i < d.length; i++)
      {  if (min > d[i]) min = d[i];
         if (max < d[i]) max = d[i];
      }
      return new Pair(min, max);
   }
}
```

Kapitel 7

Grafikprogrammierung

Bis jetzt haben Sie nur Programme kennengelernt, die Eingaben über die Tastatur entgegennehmen, diese Eingaben verarbeiten und dann die Ergebnisse auf einem Konsolenbildschirm anzeigen. Die meisten Benutzer sind damit aber nicht zufrieden. Weder die modernen Anwendungen noch Webseiten präsentieren sich auf diese Weise. Dieses Kapitel führt Sie in Java-Programme ein, die mit einer grafischen Benutzeroberfläche arbeiten (GUI – Graphical User Interface). Insbesondere erfahren Sie, wie man Programme schreibt, die zum Beispiel Fenster auf dem Bildschirm in Größe und Position festlegen, Text in mehreren Schriften innerhalb eines Fensters ausgeben oder Bilder anzeigen. Die beiden anschließenden Kapitel widmen sich der Verarbeitung von Ereignissen (wie sie etwa von Tastatur und Maus ausgelöst werden) und den Elementen der Benutzeroberfläche (unter anderem Menüs und Schaltflächen) in einer Anwendung.

Nach Abschluß dieser drei Kapitel beherrschen Sie die Grundlagen, um *eigenständige* Grafikanwendungen zu erstellen. Kapitel 10 zeigt dann, wie man Applets mit diesen Elementen programmiert und in Webseiten einbindet. Für kompliziertere Verfahren der Grafikprogrammierung verweisen wir auf Band 2.

7.1 Einführung

Zu Java 1.0 gehört die von Sun als Abstract Window Toolkit (AWT) bezeichnete Klassenbibliothek für die grundlegende GUI-Programmierung. Das AWT delegiert die Aufgaben, um Elemente der grafischen Benutzeroberfläche zu erzeugen und deren Verhalten festzulegen, an das native GUI-Toolkit der jeweiligen Plattform (z.B. Windows, Solaris, Mac). Wenn Sie beispielsweise mit dem originalen AWT ein Textfeld in ein Java-Fenster gestellt haben, sind die Texteingaben eigentlich von einem darunterliegenden und im Hintergrund arbeitenden »Peer«-Textfeld bearbeitet worden. Derartigen AWT-Programmen liegt das Konzept zugrunde, daß der Java-Programmierer in einfacher Weise die Position und das Verhalten von Elementen der Benutzeroberfläche festlegen kann und Java die Peers erzeugt.

Das resultierende Programm könnte dann theoretisch auf allen diesen Plattformen laufen und dabei das »Look and Feel« (Erscheinungsbild) der Zielplattform annehmen – daher der Slogan von Sun »einmal schreiben – überall ausführen«.

Die peerbasierte Lösung funktionierte zwar bei einfachen Anwendungen, es stellte sich aber bald heraus, daß es sehr schwierig war, eine hochqualitative portable Grafikbibliothek zu schreiben, die auf nativen Elementen der Benutzeroberfläche aufbaut. Menüs, Bildlaufleisten und Textfelder können feine Unterschiede im Verhalten auf verschiedenen Plattformen haben. Demzufolge war es schwierig, dem Benutzer eine einheitliche und intuitive Bedienung mit dieser Lösung zu bieten. Darüber hinaus hatten bestimmte grafische Umgebungen (wie X11/Motif) keine solch umfassende Auswahl an Komponenten der Benutzeroberfläche, wie man es von Windows oder dem Mac kennt.

Grafikprogrammierung

Das wiederum schränkt eine portable Bibliothek, die auf Peers basiert, auf die Lösung des »kleinsten gemeinsamen Nenners« ein. Im Ergebnis sahen GUI-Anwendungen, die mit dem AWT erstellt wurden, einfach nicht so ansprechend wie Windows- oder Macintosh-Anwendungen aus und ließen auch einen ganzen Teil der Funktionalität vermissen, die Benutzer der genannten Plattformen erwarteten. Noch frustrierender waren *unterschiedliche* Bugs der AWT-UI-Bibliothek auf verschiedenen Plattformen. Die Entwickler beschwerten sich, daß sie ihre Anwendungen auf jeder Plattform testen mußten, was in Abwandlung des obigen Slogans zu »einmal schreiben – überall Fehler suchen« führte.

Im Jahre 1996 erstellte Netscape eine GUI-Bibliothek namens IFC (Internet Foundation Classes), die einen komplett anderen Ansatz wählte. Die Elemente der Benutzeroberfläche wie Schaltflächen, Menüs usw. wurden auf leere Fenster *gezeichnet*. Die Peer-Funktionalität reduzierte sich jetzt darauf, Fenster zu öffnen und darauf zu zeichnen. Somit verhielten sich die IFC-Elemente von Netscape überall gleich, unabhängig von der Plattform, auf der das Programm lief. Sun arbeitete mit Netscape zusammen, um diese Lösung zu vervollkommnen. Herausgekommen ist eine Bibliothek für die Benutzeroberfläche mit dem Codenamen »Swing« (oft auch als »Swing-Set« bezeichnet.)

Eingedenk der Worte von Duke Ellington »It Don't Mean a Thing If It Ain't Got That Swing« ist Swing nun zum offiziellen Namen für das nicht peerbasierte GUI-Toolkit geworden, das Teil der Java Foundation Classes (JFC) ist.

Die vollständigen JFC sind sehr umfangreich und bieten weit mehr als das Swing-GUI-Toolkit. Die JFC-Merkmale schließen nicht nur die Swing-Komponenten ein, sondern auch ein Accessibility-API (für sogenannte Eingabehilfen wie Spracherkennung und Braille-Terminals), ein 2D-API und ein Drag&Drop-API.

Hinweis

Swing ist kein vollständiger Ersatz für das AWT, sondern bietet einfach leistungsfähigere Komponenten der Benutzeroberfläche. Die grundlegende Architektur des ATW, insbesondere die Ereignisbehandlung, ist die gleiche wie in Java 1.1 geblieben. (Dic AWT-Ereignisbehandlung hat zwischen Java 1.0 und Java 1.1 einen bedeutenden Wandel durchgemacht.) Swing verwendet das Ereignismodell von Java 1.1, und man kann sogar eine Version von Swing für Java 1.1-Programme von der Sun-Website herunterladen. Daher dürften Sie auch die nächsten drei Kapitel interessieren, auch wenn Sie nicht mit Java 2 arbeiten. Und obwohl die peerbasierten ATW-Komponenten der Benutzeroberfläche noch verfügbar sind, werden Sie wenig, wenn überhaupt, darauf zurückgreifen. Ab jetzt sprechen wir von »Swing«, wenn wir die abgespeckten Klassen der Benutzeroberfläche meinen, und von »AWT«, wenn wir von den zugrundeliegenden Mechanismen des Fenster-Toolkits – etwa bei der Ereignisbehandlung – reden.

Natürlich erscheinen Swing-basierte Elemente der Benutzeroberfläche etwas langsamer auf dem Bildschirm des Benutzers als die peerbasierten Komponenten des AWT. Die Erfahrung zeigt aber, daß bei einem halbwegs modernen Computer der Geschwindigkeitsunterschied kein Problem darstellt. Andererseits sprechen triftige Gründe für die Wahl von Swing:

- Swing verfügt über einen wesentlich umfangreicheren und komfortableren Satz von Elementen der Benutzeroberfläche.
- Swing ist weit weniger von der zugrundeliegenden Plattform abhängig und demzufolge auch weniger anfällig gegenüber plattformspezifischen Bugs.
- Swing liefert dem Benutzer ein einheitliches Erscheinungsbild über alle Plattformen hinweg.

Alles in allem hat Swing die Fähigkeit, das Versprechen im Slogan von Sun »einmal schreiben – überall ausführen« zu erfüllen.

Trotzdem kann das dritte Plus auch ein Nachteil sein. Denn wenn die Elemente der Benutzeroberfläche auf allen Plattformen gleich aussehen, *unterscheiden* sich die Swing-Komponenten zumindest auf einigen Plattformen von den nativen Steuerelementen, und der Benutzer muß sich an ein neues Erscheinungsbild gewöhnen.

Swing löst dieses Problem in einer eleganten Weise. Programmierer, die Swing-Programme schreiben, können dem Programm ein bestimmtes »Erscheinungsbild« verleihen. Die Abbildungen 7.1 und 7.2 zeigen zum Beispiel das gleiche Programm mit dem Erscheinungsbild von Windows und Motif.

Hinweis

Vermutlich aus Copyright-Gründen ist das Windows-Erscheinungsbild nur für Java-Programme, die auf Windows-Plattformen laufen, verfügbar.

Grafikprogrammierung

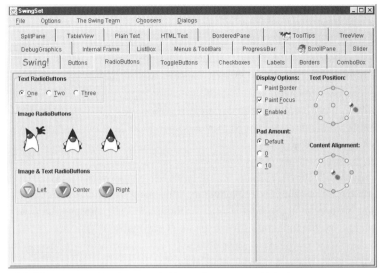

Abbildung 7.1: Erscheinungsbild von Swing unter Windows

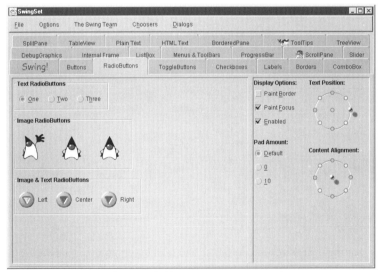

Abbildung 7.2: Erscheinungsbild von Swing unter Motif

Hinweis

Auch wenn wir in diesem Buch aus Platzgründen nicht darauf eingehen können: ein Java-Programmierer kann ein vorhandenes Erscheinungsbild erweitern oder sogar ein komplett neues Erscheinungsbild gestalten. Es ist ein ziemlich mühsamer Prozeß, in dem man festlegen muß, wie die verschiedenen Swing-Komponenten zu zeichnen sind. Allerdings haben es verschiedene Entwickler schon realisiert, insbesondere beim Portieren von Java auf nicht traditionelle Plattformen wie etwa Kiosk-Terminals oder Handhelds. Mehr dazu finden Sie unter »Swing Connection« auf der Seite http://java.sun.com/products/jfc/tsc/.

Darüber hinaus hat Sun ein plattformunabhängiges Erscheinungsbild namens »Metal« entwickelt, das unserer Meinung nach sehr ansprechend aussieht (siehe Abbildung 7.3). In diesem Buch verwenden wir Swing mit dem Metal-Erscheinungsbild für alle unsere Grafikprogramme.

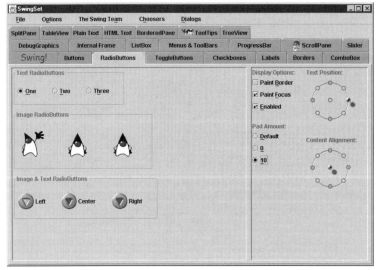

Abbildung 7.3: Erscheinungsbild von Swing namens Metal

Insgesamt ist Swing robuster, hat mehr Features, ist portabler und leichter einzusetzen als die Komponenten der peerbasierten Benutzeroberfläche des AWT. Es ist anzunehmen, daß Swing die Zukunft der UI-Programmierung in Java ist, und Sie werden es wahrscheinlich für alle Ihre neuen Java-Programmierprojekte verwenden.

Abschließend noch eine Warnung: Wenn Sie Anwendungen für Microsoft Windows mit VB, Delphi oder Visual C++ programmiert haben, sind Sie mit den Annehmlichkeiten der grafischen Werkzeuge und Ressourcen-Editoren dieser Produkte vertraut. Mit diesen Werkzeugen kann man die

Grafikprogrammierung

visuelle Erscheinung einer Anwendung entwerfen, und diese Werkzeuge generieren dann automatisch einen großen Teil (manchmal sogar den gesamten) GUI-Code.

Obwohl für die Java-Programmierung mittlerweile einige GUI-Builder zur Verfügung stehen, sind diese Produkte nicht so ausgereift wie die entsprechenden Tools für Windows. Um allerdings die Programmierung grafischer Benutzeroberflächen komplett zu verstehen (oder auch diese Tools effektiv einzusetzen), muß man eine Benutzeroberfläche auch manuell erstellen können. Natürlich ist dazu oft eine *ganze Menge Code* zu schreiben.

7.2 Ein schließbarer Rahmen

Ein Fenster auf oberster Ebene (das heißt, ein Fenster, das nicht innerhalb eines anderen Fensters enthalten ist) heißt in Java *Rahmen* (Frame). Die AWT-Bibliothek enthält eine peerbasierte Klasse namens Frame für diese oberste Ebene. Die Swing-Version dieser Klasse heißt JFrame. Diese Klasse erweitert Frame und ist eine der wenigen Swing-Komponenten, die nicht auf eine Leinwand gezeichnet werden. Für die Darstellung der Dekorationen (Schaltflächen, Titelleiste, Symbole usw.) ist damit das Betriebssystem des Benutzers und nicht Swing zuständig.

Tip

Für Benutzer, die von einer früheren Version von Java kommen: Die meisten AWT-Komponenten haben Swing-Äquivalente, vor deren Klassennamen einfach ein »J« steht, beispielsweise JButton oder JPanel. Zu den wenigen Komponenten, die in Swing peerbasiert sind, gehört JFrame.

Rahmen sind Beispiele für *Container*. Das bedeutet, daß ein Rahmen andere Komponenten der Benutzeroberfläche wie Schaltflächen und Textfelder enthalten kann. In diesem Abschnitt wenden wir uns den gebräuchlichsten Methoden für das Arbeiten mit einem JFrame von Swing zu.

Beispiel 7.1 zeigt ein einfaches Beispielprogramm, das einen leeren Rahmen auf dem Bildschirm anzeigt, wie es in Abbildung 7.4 zu sehen ist.

Abbildung 7.4: Einfachster sichtbarer Rahmen

Beispiel 7.1: FirstTest.java
```
import javax.swing.*;

class FirstFrame extends JFrame
{ public FirstFrame()
   { setTitle("FirstFrame");
     setSize(300, 200);
   }
}

public class FirstTest
{ public static void main(String[] args)
   { JFrame frame = new FirstFrame();
     frame.show();
   }
}
```

Gehen wir dieses Programm Zeile für Zeile durch.

Die Swing-Klassen sind im Paket javax.swing untergebracht. Der Paketname javax weist darauf hin, daß es sich um ein Erweiterungspakt und nicht das Kernpaket von Java handelt. Die Swing-Klassen sind tatsächlich eine Erweiterung zu Java-1.1. Da die Swing-Klassen nicht als Teil der Kernhierarchie eingebunden wurden, lassen sie sich in einen Java-1.1-kompatiblen Browser laden. (Der Sicherheitsmanager des Browsers erlaubt kein Hinzufügen von Paketen, die mit »java.« beginnen.) In Java 2 ist das Swing-Paket keine Erweiterung mehr, sondern gehört zur Kernhierarchie. Jede Java-Implementierung, die mit Java 2 kompatibel ist, muß die Swing-Klassen bereitstellen. Dennoch bleibt aus Kompatibilitätsgründen zu Java 1.1-Code der Name javax erhalten. (Eigentlich hieß das Swing-Paket zuerst com.sun.java.swing, während der frühen 1.2-Betaversionen java.awt.swing und in den späten 1.2-Betaversionen wieder com.sun.java.swing. Nach massivem Protest von Java-Programmierern hat es mit javax.swing seinen endgültigen Platz gefunden.)

In unserem Programm definieren wir eine Klasse FirstFrame, die sich genau wie die Klasse JFrame im Paket javax.swing verhält, allerdings zwei Ausnahmen aufweist. Der Konstruktor von FirstFrame setzt die Titelleiste auf den String "FirstFrame" und die Größe des Rahmens auf 300 mal 200 Pixel. (Per Vorgabe haben Breite und Höhe eines Rahmens den Wert 0.) In diesem einfachen Beispiel hat unsere Klasse FirstFrame keine weiteren Methoden. In echten Anwendungen müssen die Rahmen natürlich zusätzliche Methoden enthalten, um das gewünschte Verhalten zu realisieren.

Die Methode main zeigt den Rahmen an und terminiert. Damit wird nicht das Programm beendet, sondern nur der Hauptthread. Die Anzeige des Fensters aktiviert einen Thread der Benutzeroberfläche, der das Programm »am Leben« erhält.

Grafikprogrammierung

Um einen Rahmen anzuzeigen, sind folgende Schritte auszuführen:

- Das Rahmenobjekt durch Aufruf von new erzeugen.
- Optional den Rahmen mit der Methode setLocation auf dem Bildschirm des Benutzers positionieren. (In der Standardeinstellung kommt der Rahmen in die obere linke Ecke.)
- Die Methode show aufrufen, um den Rahmen sichtbar zu machen und ihn nach vorn zu bringen, falls er hinter einem anderen Fenster liegt.

Hinweis

Die Klasse JFrame erbt die Methode show von der Superklasse Window. Die Klasse Window hat eine Superklasse Component, die ebenfalls eine Methode show enthält. Die Methode Component.show wird zurückgewiesen, und man muß statt dessen setVisible(true) aufrufen. Allerdings wird die Methode Window.show *nicht* abgelehnt, und bei Fenstern und Rahmen ist es sinnvoll, show und nicht setVisible aufzurufen, da show das Fenster sichtbar macht *und* es nach vorn bringt.

Die Schlüsselzeile in der Methode main von Beispiel 7.1 lautet:

```
JFrame frame = new FirstFrame();
```

Diese Zeile erzeugt einen neuen FirstFrame, indem alle erforderlichen Informationen für das zugrundeliegende Fenstersystem zur Anzeige eines Fensters bereitgestellt werden. Der Aufruf von new zeigt noch nicht den Rahmen an. Wie bereits erwähnt, muß man entweder die Methode show oder die Methode setVisible aufrufen, damit der Rahmen tatsächlich auf dem Bildschirm erscheint.

Allerdings ist es damit noch nicht getan. In der Voreinstellung haben sichtbare Rahmen eine Größe von 0 mal 0 Pixel. Bevor man überhaupt einen Rahmen sehen kann, muß man demnach auch seine Größe festlegen. Der Code in Beispiel 7.1 setzt mit der Methode setSize im Konstruktor des Rahmens die Breite auf 300 Pixel und die Höhe auf 200 Pixel. Schließlich erscheint der Rahmen in der oberen linken Ecke, da wir die Position nicht mit der Methode setLocation neu bestimmt haben. (Wenn man sowohl die Größe als auch die Lage in einem Fenster festlegen will, kann man sich mit der Methode setBounds anstelle von separaten Aufrufen der beiden Methoden setSize und setLoacation etwas Tipparbeit ersparen – siehe dazu die API-Hinweise.) Abbildung 7.4 zeigt das laufende Programm, das ein zugegebenermaßen eintöniges Fenster auf oberster Ebene anzeigt.

Hinweis

Im obigen Beispiel haben wir zwei Klassen geschrieben. Eine Klasse definiert den Rahmen, eine zweite Klasse erzeugt den Rahmen und zeigt ihn dann an. Häufig begegnet man Programmen, in denen der Code für das Erzeugen und die Anzeige des Rahmens in der Methode main der Klasse selbst steht. Das folgende Beispiel zeigt, wie dieser Code für unsere Klasse FirstFrame aussehen würde:

```
public class FirstFrame extends JFrame
{ public FirstFrame()
   { setTitle("FirstFrame");
     setSize(300, 200);
   }

   public static void main(String[] args)
   { JFrame frame = new FirstFrame();
     frame.show();
   }
}
```

In gewissem Sinne ist es einfacher, wenn man in der Methode main der Rahmenklasse den Rahmen sowohl instantiiert als auch anzeigt, da man für diesen Zweck keine Hilfsklasse bemühen muß. Manche Programmierer finden diese Programmierweise etwas verwirrend und ziehen es vor, die Klasse, die das Programm startet, aus der Klasse, die das Aussehen und Verhalten des Rahmens steuert, herauszuziehen. Wir schließen uns dieser Meinung an und verwenden in diesem Buch separate Klassen.

7.3 Grafikprogramme beenden

Leider gibt es beim Programm FirstFrame ein Problem. Es läßt sich nämlich nicht ohne weiteres beenden, wenn man es einmal gestartet hat. Wie aus Abbildung 7.4 ersichtlich ist, weist das Fenster in der oberen rechten Ecke ein SCHLIEßEN-Feld auf. Klickt man auf dieses Feld, *verbirgt* man lediglich das Fenster, *schließt aber nicht die Anwendung*. Beim Klicken in die obere linke Ecke erscheint ein Menü (siehe Abbildung 7.5), bei dem aber der Befehl SCHLIEßEN ebenfalls nicht wie erwartet funktioniert. (Unter Solaris können Sie das Programm durch Wahl von DESTROY aus dem Systemmenü beenden, unter Windows steht diese Option nicht zurVerfügung.)

Dieses Verhalten läßt sich mit der Methode setDefaultCloseOperation ändern. Allerdings haben Sie nur die folgenden drei Wahlmöglichkeiten: nichts tun, den Rahmen verbergen (der Standardfall) oder den Rahmen zerstören. Es gibt keine Möglichkeit, das Programm zu beenden.

Grafikprogrammierung 323

Abbildung 7.5: Systemmenü eines Java-Programms unter Windows 95/98

Auf Anhieb ist nichts zu erkennen, was die Anwendung beendet, obwohl das Fenster schon längst passé ist. In Kürze erfahren Sie, wie man Swing-Programme schreibt, die sich ordnungsgemäß beenden lassen, momentan aber brauchen wir einen Weg, um eine eigensinnige Java-Fensteranwendung zur Strecke zu bringen.

Wenn Sie das Programm aus einem Konsolenfenster durch Eingabe von

```
java FirstTest
```

gestartet haben, können Sie ohne weiteres erkennen, daß das Programm noch läuft – es gibt keine Aufforderung der Shell (d. h. ein String wie `C:\CoreJavaBook\ch7\FirstTest>` unter Windows). Das Java-Programm können Sie mit der Tastenkombination `Strg`+`C` oder durch Klicken auf die Schaltfläche SCHLIEßEN in der oberen rechten Ecke des Shell-Fensters beenden. Unter Windows 95/98 steht als Alternative noch die Tastenkombination `Strg`+ `Alt`+`Entf` zur Verfügung.

Aber Vorsicht mit dieser Tastenkombination! Wenn Sie diese Kombination zweimal hintereinander betätigen (weil sich nach dem erstenmal scheinbar nichts getan hat), führt der Computer sofort einen Neustart aus, und Sie verlieren alle noch nicht gespeicherten Daten in allen geöffneten Anwendungen. Haben Sie die Nerven behalten und die Kombination nur einmal gedrückt, erscheint ein Dialogfeld wie in Abbildung 7.6 dargestellt. Hier sind alle laufenden Programme aufgelistet. Markieren Sie das Java-Programm, das Sie herunterfahren möchten, und klicken Sie auf die Schaltfläche TASK BEENDEN. Wenn ein Dialogfeld erscheint und Sie warnt, daß das Programm nicht reagiert, bestätigen Sie, daß Sie es beenden wollen.

Es steht außer Frage, daß man einem Benutzer den sogenannten »Affengriff« (die Tastenkombination `Strg`+`Alt`+`Entf`) oder die Kombination `Strg`+`C` nicht als normalen Weg zum Beenden eines Programmes verkaufen kann. Allerdings ist es das normale Verhalten von Java, einen Rahmen einfach zu verbergen, wenn ihn der Benutzer schließt. Darüber hinaus weiß der Rahmen nichts von dem Programm, das ihn gestartet hat, und teilt daher dem Programm auch nicht mit, daß es ebenfalls enden soll.

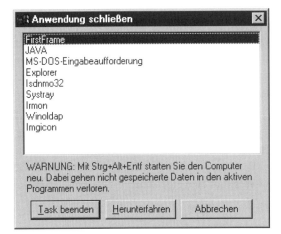

Abbildung 7.6: Das Windows-Dialogfeld »Anwendung schließen«

Wir brauchen etwas, das das Schließen des Rahmens meldet. Im allgemeinen ist es die Aufgabe des Java-AWT-Ereignismodells, eine Meldung zu schicken, wenn irgend etwas Interessantes passiert. Kapitel 8 beschäftigt sich näher mit dem AWT-Ereignismodell. Hier und jetzt sehen wir uns nur an, wie man eine Benachrichtigung erhält, wenn ein Fenster geschlossen wird. Leider zeigt sich, daß dieses Ereignis relativ schwierig zu behandeln ist.

Im AWT-Ereignismodell muß man dem Rahmen sagen: »Hier ist ein Objekt, das wissen will, wann du geschlossen wirst.« Das Objekt muß eine Instanz einer Klasse sein, die die Schnittstelle WindowListener implementiert. Zu diesem Zweck erstellen wir eine Klasse Terminator, die diese Schnittstelle implementiert. Dann müssen wir ein Objekt dieser Klasse in den Rahmen als *FensterListener* hinzufügen:

```
class MyFrame extends JFrame
{  public MyFrame()
   {  WindowListener exitOnClose = new Terminator();
      addWindowListener(exitOnClose);
      . . .
   }
   . . .
}
```

Um die Schnittstelle WindowListener zu implementieren, muß eine Klasse allerdings sieben (!) Methoden implementieren, nämlich:

```
public void windowActivated(WindowEvent e)
public void windowClosed(WindowEvent e)
public void windowClosing(WindowEvent e)
public void windowDeactivated(WindowEvent e)
```

Grafikprogrammierung

```
public void windowDeiconified(WindowEvent e)
public void windowIconified(WindowEvent e)
public void windowOpened(WindowEvent e)
```

Sechs dieser Ereignisse lassen wir links liegen, so daß wir für sechs der Methoden nichts unternehmen. Beim Aufruf von `windowClosing` jedoch beenden wir das Programm und fahren die Java Virtual Machine herunter.

Es ist ziemlich müßig, sechs Methoden zu kodieren, die nichts bewirken. Das AWT stellt eine Klasse `WindowAdapter` bereit, die alle sieben Methoden der Schnittstelle `WindowListener` ohne irgendeine Funktionalität implementiert. Wenn wir diese Klasse einsetzen, brauchen wir nur eine Methode zu überschreiben:

```
class Terminator extends WindowAdapter
{   public void windowClosing(WindowEvent e) { System.exit(0); }
}
```

Um das Programm weiter zu vereinfachen, nutzen wir die Tatsache aus, daß man dem `Terminator`-Objekt keinen Namen geben muß. Also löschen wir die Variable `exitOnClose` aus dem Rahmenkonstruktor:

```
addWindowListener(new Terminator());
```

Und mit Hilfe der magischen anonymen Klassen können wir sogar vermeiden, der Klasse `Terminator` einen Namen zu geben:

```
addWindowListener(new WindowAdapter()
    {   public void windowClosing(WindowEvent e)
        {   System.exit(0);
        }
    } );
```

Wenn Sie den komplizierten Mechanismen der anonymen inneren Klassen in Kapitel 6 nicht folgen konnten, nehmen Sie diesen Abgesang am besten als gegeben hin, und zwar als einfachste Möglichkeit, einen Rahmen davon zu überzeugen, eine Anwendung zu beenden, wenn der Rahmen geschlossen wird. (Im nächsten Kapitel finden Sie nähere Informationen zum AWT-Ereignismodell.)

Beispiel 7.2 zeigt den vollständigen Code für ein Programm, das einen leeren Rahmen anzeigt und ordnungsgemäß terminiert, wenn der Benutzer den Rahmen schließt.

Beispiel 7.2: CloseableTest.java

```
import java.awt.event.*;
import javax.swing.*;
```

```
class CloseableFrame extends JFrame
{  public CloseableFrame()
   {  setTitle("CloseableFrame");
      setSize(300, 200);
      addWindowListener(new WindowAdapter()
         {  public void windowClosing(WindowEvent e)
            {  System.exit(0);
            }
         } );
   }
}

public class CloseableTest
{  public static void main(String[] args)
   {  JFrame frame = new CloseableFrame();
      frame.show();
   }
}
```

7.4 Rahmenlayout

Die Klasse JFrame selbst hat nur wenige Methoden, mit denen sich das Aussehen von Rahmen ändern läßt. Natürlich kommen die meisten Methoden für die Änderung der Größe und Position eines Rahmens über den Vererbungsmechanismus aus den verschiedenen Superklassen von JFrame. Zu den wahrscheinlich wichtigsten Methoden, die JFrame von Frame erbt, gehören:

- Die Methode dispose schließt das Fenster und gibt alle Systemressourcen frei, die für das Erstellen des Fensters verwendet wurden.

- Die Methode setIconImage übernimmt ein Image-Objekt, das als Symbol des minimierten Fensters dient. Unter Windows erscheint dieses Symbol auch als Symbol des Steuerungsfeldes.

- Mit der Methode setTitle ändert man den Text in der Titelleiste.

- Die Methode setResizable übernimmt einen booleschen Wert, der festlegt, ob der Benutzer die Größe des Rahmens ändern kann.

Abbildung 7.7 zeigt die Vererbungskette für die Klasse JFrame.

Grafikprogrammierung

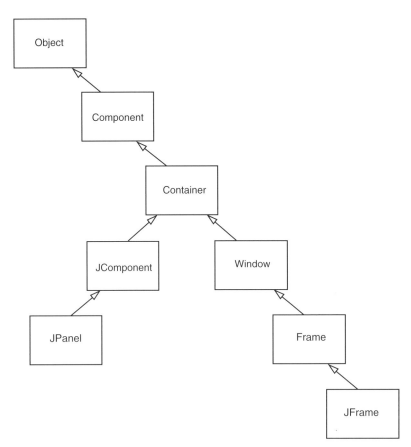

Abbildung 7.7: Vererbungshierarchie für die Klassen JFrame und JPanel

Die Anmerkungen zum API weisen darauf hin, daß man üblicherweise in der Klasse Component (die der Vorgänger aller GUI-Objekte ist) und der Klasse Window (die übergeordnete Klasse von Frame) nach Methoden zum Ändern der Größe und der Form des Rahmens suchen sollte. Beispielsweise gibt es in der Klasse Window die Methode show, mit der man die Komponente anzeigt. Als weiteres Beispiel ist die Methode setLocation in der Klasse Component enthalten und bietet eine Möglichkeit, eine Komponente neu zu positionieren. Mit dem Aufruf

```
setLocation(int x, int y)
```

wird die obere linke Ecke um x Pixel nach rechts und y Pixel nach unten verschoben, wobei (0, 0) die Koordinaten der oberen linken Ecke sind. In gleicher Weise erlaubt die Methode setBounds in Component, daß man die Größe und die Position einer Komponente (insbesondere eines JFrame) in einem Schritt ändern kann. Beachten Sie, daß die Koordinaten für einen Rahmen relativ zum gesamten Bildschirm gelten. (Wie Sie im nächsten Kapitel erfahren, zählen die Koordinaten für andere Komponenten innerhalb eines Containers relativ zum Container.)

Hinweis

Mit der Methode `setBounds` kann man genau wie mit der Methode `Move` eine Komponente verschieben und in der Größe ändern, wobei jedoch bei `setBounds` nur die Maßeinheit Pixel als Skalierungsmodus zur Verfügung steht.

Wie Sie bereits wissen, haben alle Rahmen die Standardgröße 0 mal 0 Pixel, wenn man die Größe eines Rahmens nicht explizit festlegt. Um unsere Beispielprogramme einfach zu halten, wählen wir eine Größe, die für die meisten Anzeigen akzeptabel sein sollte. In einer professionellen Anwendung dagegen empfiehlt es sich, die auf dem Computer des Benutzers eingestellte Bildschirmauflösung zu ermitteln und mit entsprechendem Code die Rahmen in geeigneter Weise anzupassen: Ein Fester, das auf einem Laptop ganz gut aussieht, ähnelt bei einem hochauflösenden Bildschirm einer Briefmarke. Wie Sie bald sehen werden, kann man die Bildschirmabmessungen in Pixeln auf dem System des Benutzers ermitteln. Mit diesen Angaben läßt sich die optimale Fenstergröße für das Programm berechnen.

Tip

Die API-Hinweise für diesen Abschnitt geben die nach unserer Meinung wichtigsten Methoden an, mit denen sich ein passendes Erscheinungsbild der Rahmen erreichen läßt. Einige dieser Methoden sind in der Klasse `JFrame` definiert. Andere stammen aus verschiedenen übergeordneten Klassen von `JFrame`. Gegebenenfalls müssen Sie sich in die API-Dokumentationen vertiefen, um weitere Methoden für spezielle Zwecke zu suchen. Leider ist das mit der JDK-Dokumentation ein etwas mühsamer Weg. Bei Subklassen erläutern die API-Dokumentationen nur die überschriebenen Methoden. Beispielsweise ist `show` auf Objekte vom Typ `JFrame` anwendbar, da diese Methode aber einfach von der Klasse `Window` geerbt ist, geht die Dokumentation zu `JFrame` nicht weiter darauf ein. Wenn Sie glauben, daß es eine Methode für einen bestimmten Zweck gibt, aber diese Methode nicht in der Dokumentation für die Klasse, mit der Sie arbeiten, erläutert ist, sollten Sie sich in den API-Dokumentationen für die Methoden der Superklassen dieser Klasse umsehen. Am Beginn jeder API-Seite stehen Hyperlinks zu den Superklassen, und dort gibt es unter der Methodenzusammenfassung für die neuen und überschriebenen Methoden eine Liste von vererbten Methoden.

Grafikprogrammierung

Um eine Vorstellung zu erhalten, was man mit einem Fenster bewerkstelligen kann, beenden wir diesen Abschnitt mit einem Beispielprogramm, das einen unserer schließbaren Rahmen neu positioniert, so daß

- seine Fläche ein Viertel des gesamten Bildschirms einnimmt und
- er in der Mitte des Bildschirms angeordnet ist.

Zum Beispiel brauchen wir bei einer Bildschirmauflösung von 800 mal 600 Pixel einen Rahmen, der eine Größe von 400 mal 300 Pixel hat, und dieser Rahmen ist zu verschieben, damit die obere linke Ecke bei (200, 150) liegt.

Zunächst brauchen wir eine Methode, um die Bildschirmauflösung zu ermitteln. Diese Methode erfordert offensichtlich eine Interaktion mit dem zugrundeliegenden Betriebssystem, da wahrscheinlich diese Informationen nur hier zur Verfügung stehen. In Java erhält man systemabhängige Informationen normalerweise über ein sogenanntes *Toolkit*. Die Klasse `Toolkit` hat eine Methode `getScreenSize`, die die Bildschirmgröße als `Dimension`-Objekt zurückgibt. (Ein `Dimension`-Objekt `d` speichert gleichzeitig eine Höhe und eine Breite in öffentlichen (!) Instanzenvariablen `d.height` und `d.width`.)

Das folgende Codefragment zeigt, wie man die Bildschirmgröße ermittelt:

```
Toolkit tk = Toolkit.getDefaultToolkit();
Dimension d = tk.getScreenSize();
int screenHeight = d.height;
int screenWidth = d.width;
```

Wir stellen auch ein Symbol bereit. Da die Darstellung von Bildern ebenfalls systemabhängig ist, brauchen wir wieder das Toolkit, um ein Bild zu laden. Dann legen wir das Bild als Symbol für den Rahmen fest.

```
Image img = tk.getImage("icon.gif");
setIconImage(img);
```

Je nach Betriebssystem erscheint das Symbol an verschiedenen Stellen. In Windows wird das Symbol zum Beispiel in der oberen linken Ecke des Fensters angezeigt, und es taucht in der Liste der aktiven Tasks auf, wenn man die Tastenkombination [Alt]+[Tab] verwendet.

Beispiel 7.3 zeigt das vollständige Programm.

Beispiel 7.3: CenteredTest.java

```
import java.awt.*;
import java.awt.event.*;
import javax.swing.*;
```

```
class CenteredFrame extends JFrame
{  public CenteredFrame()
   {  setTitle("CenteredFrame");
      addWindowListener(new WindowAdapter()
         {  public void windowClosing(WindowEvent e)
            {  System.exit(0);
            }
         } );
      Toolkit tk = Toolkit.getDefaultToolkit();
      Dimension d = tk.getScreenSize();
      int screenHeight = d.height;
      int screenWidth = d.width;
      setSize(screenWidth / 2, screenHeight / 2);
      setLocation(screenWidth / 4, screenHeight / 4);
      Image img = tk.getImage("icon.gif");
      setIconImage(img);
   }
}

public class CenteredTest
{  public static void main(String[] args)
   {  JFrame frame = new CenteredFrame();
      frame.show();
   }
}
```

API

java.awt.Component

- boolean isVisible ()

  Prüft, ob diese Komponente auf »sichtbar« gesetzt ist. Komponenten sind anfänglich sichtbar, außer bei Komponenten der obersten Ebene wie zum Beispiel JFrame.

- void setVisible(boolean b)

  Zeigt die Komponente bei b gleich true an und blendet sie bei false aus.

- boolean isShowing ()

  Testet, ob diese Komponente auf dem Bildschirm angezeigt wird. Dazu muß sie sichtbar und in einem angezeigten Container enthalten sein.

Grafikprogrammierung

- `boolean isEnabled ()`

  Testet, ob diese Komponente aktiviert ist. Eine aktivierte Komponente kann Tastatureingaben empfangen. Komponenten sind anfänglich aktiviert.

- `void setEnabled (boolean b)`

  Aktiviert oder deaktiviert eine Komponente.

- `Point getLocation()`

  Gibt die Position der oberen linken Ecke dieser Komponenten zurück. Die Koordinaten des Punktes sind relativ zur oberen linken Ecke des umgebenden Containers. (Ein `Point`-Objekt p kapselt eine X- und Y-Koordinate, die über `p.x` und `p.y` zugänglich sind.)

- `Point getLocationOnScreen ()`

  Gibt die Position der oberen linken Ecke dieser Komponente zurück. Verwendet werden die Bildschirmkoordinaten.

- `void setBounds (int x, int y, int width, int height)`

  Verschiebt die Komponente und ändert ihre Größe. Die Position der oberen linken Ecke ist durch `x` und `y` gegeben, die neue Größe durch die Parameter `width` (Breite) und `height` (Höhe).

- `void setLocation(int x, int y)`
- `void setLocation (Point p)`

  Verschiebt die Komponente auf eine neue Position. Die Koordinaten `x` und `y` (oder `p.x` und `p.y`) verwenden die Koordinaten des Containers, wenn die Komponente nicht zur obersten Ebene gehört, oder die Koordinaten des Bildschirms, wenn die Komponente auf der obersten Ebene liegt (beispielsweise bei einem `JFrame`).

- `Dimension getSize ()`

  Holt die aktuelle Größe dieser Komponente.

- `void setSize (int width, int height)`
- `void setSize(Dimension d)`

  Ändert die Größe der Komponente in die angegebene Breite und Höhe.

API

java.awt.Window

- void toFront ()

  Zeigt dieses Fenster über allen anderen Fenstern an.

- void toBack ()

  Verschiebt dieses Fenster im Stapel der Fenster auf dem Desktop nach hinten und ordnet alle anderen sichtbaren Fenster entsprechend neu an.

API

java.awt.Frame

- void setResizable (boolean b)

  Bestimmt, ob der Benutzer den Rahmen in der Größe ändern kann.

- void setTitle (String s)

  Legt den Text für die Titelleiste des Rahmens auf den String s fest.

- void setIconImage (Image image)

  Parameter: mage   Bild, das als Symbol für den Rahmen erscheinen soll.

API

java.awt.Toolkit

- Dimension getScreenSize ()

  Holt die Größe des Benutzerbildschirms.

- Image getImage (String filename)

  Lädt ein Bild aus der Datei mit dem Dateinamen filename.

7.5 Informationen in einem Rahmen anzeigen

In diesem Abschnitt zeigen wir, wie man Informationen in einem Rahmen ausgibt. Statt zum Beispiel »Not a Hello, World program« im Textmodus in einem Konsolenfenster auszugeben, wie es in Kapitel 3 geschehen ist, zeigen wir die Meldung in einem Rahmen gemäß Abbildung 7.8 an.

Abbildung 7.8: Ein einfaches grafisches Programm

Man könnte den Meldungsstring direkt in den Rahmen zeichnen, das gehört aber nicht zum guten Programmierstil. In Java dienen Rahmen eigentlich als Container für Komponenten wie Menüleisten und andere Elemente der Benutzeroberfläche. Normalerweise zeichnet man auf einer anderen Komponente, einer *Grundfläche* (Panel), die man in den Rahmen einfügt.

Die Struktur eines JFrame ist überraschend komplex. Abbildung 7.9 zeigt den Aufbau. In einem JFrame liegen vier Bereiche übereinander. Der Wurzelbereich (JRoot), der Schichtbereich (JLayeredPane) und der Sichtbereich sind für uns nicht von Interesse. Diese Bereiche dienen dazu, die Menüleiste und den Inhaltsbereich zu organisieren, um das Erscheinungsbild zu implementieren. Swing-Programmierer haben vor allem mit dem *Inhaltsbereich* zu tun. Wenn man einen Rahmen entwirft, fügt man Komponenten in den Inhaltsbereich ein. Das geschieht etwa mit folgendem Code:

```
Container contentPane = frame.getContentPane();
Component c = . . .;
contentPane.add(c);
```

Hinweis

Wenn Sie mit der AWT-Programmierung vertraut sind, wissen Sie, daß man gewöhnlich die Methode add aufruft, um Komponenten direkt in einen AWT-Rahmen einzufügen. In Swing ist das nicht möglich. Man muß alle Komponenten in den Inhaltsbereich einfügen.

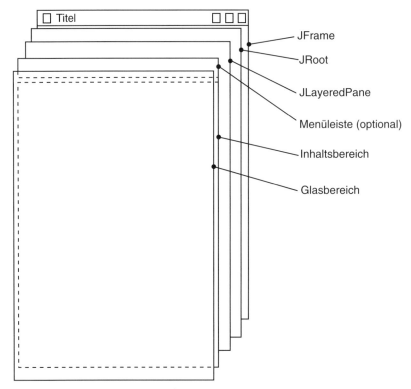

Abbildung 7.9: Die interne Struktur eines JFrame

In unserem Fall wollen wir eine einzelne *Grundfläche* in den Inhaltsbereich einfügen und darauf unsere Meldung zeichnen. Grundflächen werden durch die Klasse JPanel implementiert. Diese Elemente der Benutzeroberfläche

- haben eine Oberfläche, auf der man zeichnen kann.
- sind selbst Container.

Demzufolge können sie andere Komponenten der Benutzeroberfläche wie zum Beispiel Schaltflächen oder Schieberegler aufnehmen.

Der vollständige Code, um eine Grundfläche in einen Rahmen einzufügen, sieht folgendermaßen aus:

```
Container contentPane = frame.getContentPane();
JPanel p = new JPanel();
contentPane.add(p);
```

Grafikprogrammierung

API

javax.swing.JFrame

- `Container getContentPane()`
  Gibt das Objekt des Inhaltsbereichs für diesen `JFrame` zurück.

7.6 Grafikobjekte und die Methode »paintComponent«

Braucht man eine UI-Komponente, die einer der grundlegenden Swing-Komponenten ähnlich ist, erzeugt man mittels Vererbung eine neue Klasse und realisiert die gewünschte zusätzliche Funktionalität, indem man Methoden überschreibt oder hinzufügt. Beispielsweise erben unsere Klassen `FirstFrame` und `CloseableFrame` von der Swing-Klasse `JFrame`.

Um auf eine Grundfläche zu zeichnen, muß man

- eine Klasse definieren, die `JPanel` erweitert,
- die Methode `paintComponent` in dieser Klasse überschreiben.

Eigentlich gehört die Methode `paintComponent` zu `JComponent` – der übergeordneten Klasse für alle Swing-Komponenten, die sich nicht direkt auf Fenster beziehen. Die Methode übernimmt einen Parameter vom Typ `Graphics`. Der Parameter `Graphics` ist mit einem Gerätekontext in Windows oder einem Grafikkontext in der X11-Programmierung vergleichbar und verfügt über Methoden, um Muster, Bilder und Text zu zeichnen. Eine Grundfläche, auf der sich zeichnen läßt, erzeugt man wie folgt:

```
class MyPanel extends JPanel
{   public void paintComponent(Graphics g)
    {   ... // Hier steht der Code zum Zeichnen
    }
}
```

Wenn man eine Textmeldung oder Grafik auf einer Grundfläche ausgeben will, muß man im allgemeinen eine neue Klasse definieren und die Methode `paintComponent` überschreiben.

VB

VB-Programmierer brauchen nur selten einen Gerätekontext, das Prinzip ist aber hier genau das gleiche. Stellen Sie sich fürs erste ein `Graphics`-Objekt wie ein Bildfeld vor, das das Formular ausfüllt (das eigentlich einen Grafikkontext verkapselt). In einem `Graphics`-Objekt hat man genau wie bei einem Bildfeld bestimmte Methoden für das Zeichnen, das Ändern der Farben, Schriftarten und Stiftstile. Außerdem gibt es in Java keine Möglichkeit, Grafiken persistent zu machen, indem man eine Eigenschaft wie `AutoRedraw` festlegt. Man muß immer den Code, zum Beispiel in der Methode `paintComponent`, schreiben, um das Neuzeichnen zu realisieren (genau wie in den Behandlungsroutinen `Paint` und `Resize`, wenn `AutoRedraw` ausgeschaltet ist).

Sobald ein Fenster, gleich aus welchen Gründen, neu zu zeichnen ist, benachrichtigt der Java-Ereignishandler das Fenster. Das bewirkt, daß die `paintComponent`-Methoden aller Komponenten ausgeführt werden.

Rufen Sie die Methode `paintComponent` niemals selbst auf. Java ruft diese Methode automatisch auf, wenn ein Teil der Anwendung neu zu zeichnen ist. Und in diesen automatischen Prozeß sollten Sie nicht eingreifen.

Welche Arten von Aktionen lösen diese automatische Reaktion aus? Beispielsweise tritt das Zeichnen auf, weil der Benutzer das Fenster vergrößert oder das Fenster minimiert und dann wiederhergestellt hat. Öffnet der Benutzer ein anderes Fenster, das ein vorhandenes Fenster überdeckt, und verschiebt dann das überlagernde Fenster in den Hintergrund, ist das bisher überdeckte Anwendungsfenster zerstört und muß neu gezeichnet werden. (Das Grafiksystem in Java speichert nicht die darunterliegenden Pixel.) Und selbstverständlich muß der Code, der festlegt, wie (und wo) die anfänglichen Elemente zu zeichnen sind, beim erstmaligen Anzeigen des Fensters ausgeführt werden.

Tip

Wenn man das Neuzeichnen auf dem Bildschirm erzwingen muß, ruft man die Methode `repaint` statt `paintComponent` auf. Die Methode `repaint` bewirkt den Aufruf der Methode `paintComponent` für alle Komponenten, und zwar mit passend konfigurierten `Graphics`-Argumenten.

Wie Sie im obigen Codegerüst gesehen haben, übernimmt die Methode `paintComponent` einen einzelnen Parameter vom Typ `Graphics`. Ein `Graphics`-Objekt merkt sich eine Sammlung von Einstellungen für das Zeichnen von Bildern und Text, beispielsweise die festgelegte Schriftart oder die aktuelle Farbe. Alle Zeichenoperationen sind in Java über ein `Graphics`-Objekt abzuwickeln. Die Maßeinheiten auf einem `Graphics`-Objekt für die Bildschirmanzeige sind Pixel. Die Koordinate (0, 0) bezeichnet die obere linke Ecke der Komponente, auf deren Oberfläche man zeichnet.

Grafikprogrammierung

Hinweis

Eigentlich ist das Argument von paintComponent ein Objekt vom Typ Graphics2D, einer Subklasse der Klasse Graphics. Die Klasse Graphics2D hat zusätzliche Methoden für komplexere Zeichenoperationen. Auf diese Methoden gehen wir in Band 2 ein. Die konzeptionell einfachere Klasse Graphics ist für einfache Linienzeichnungen ausreichend.

Die Anzeige von Text (gewöhnlich als *Textwiedergabe* bezeichnet) stellt eine spezielle Form des Zeichnens dar. Beispielsweise hat ein Graphics-Objekt eine Methode drawString mit der folgenden Syntax:

g.drawString(text, xCoord, yCoord)

Im Beispiel wollen wir den String »Not a Hello, World program« in das originale Fenster ausgeben, und zwar etwa ein Viertel nach rechts und die Hälfte nach unten. Obwohl wir noch nicht wissen, wie die Größe des Strings gemessen wird, beginnen wir den String bei den Koordinaten (75, 100). Das bedeutet, daß das erste Zeichen im String auf die Position 75 Pixel nach rechts und 100 Pixel nach unten kommt. (Genaugenommen liegt die *Grundlinie* für den Text 100 Pixel weiter unten – mehr zur Messung von Text später.) Unsere Methode paintComponent sieht demnach wie folgt aus:

```
class NotHelloWorldPanel extends JPanel
{  public void paintComponent(Graphics g)
   {  . . . // Routinecode – siehe weiter unten
      g.drawString("Not a Hello, World program", 75, 100);
   }
}
```

Allerdings ist die Methode paintComponent noch nicht vollständig. Die Klasse NotHelloWorldPanel erweitert die Klasse JPanel, die ihre eigenen Vorstellungen davon hat, wie die Grundfläche zu zeichnen ist – nämlich die Grundfläche mit der Hintergrundfarbe zu füllen. Um sicherzustellen, daß die Superklasse ihren Job erledigt, muß man super.paintComponent aufrufen, bevor man die eigenen Zeichenaufgaben ausführt.

```
class NotHelloWorldPanel extends JPanel
{  public void paintComponent(Graphics g)
   {  super.paintComponent(g);

      g.drawString("Not a Hello, World program", 75, 100);
   }
}
```

Hinweis

Wenn Sie mit dem alten AWT programmiert haben, sind Ihnen sicherlich ein paar Unterschiede aufgefallen. Im alten AWT hat man auf eine Canvas (Leinwand) gezeichnet, eine nur für das Zeichnen vorgesehene Subklasse von Component. In Swing gibt es keine spezielle Leinwandklasse. Man kann auf jede beliebige Swing-Komponente zeichnen. Wenn man aber einen Zeichenbereich vom Rest der Benutzeroberfläche abtrennen möchte, sollte man ihn einfach auf der Oberfläche einer JPanel wiedergeben.

Vor allem aber zeichnet man nicht mehr mit der Methode paint. Es ist sogar so, daß das Programm nicht mehr korrekt funktioniert, wenn man die Methode paint überschreibt. Es treten dann Konflikte mit der Methode JComponent.paint auf, die eine Reihe komplexer Aktionen ausführt, beispielsweise das Einrichten des Grafikkontextes und die Bildpufferung. In Swing sollte man immer mit der Methode paintComponent arbeiten.

Im alten AWT haben Sie vielleicht die Methode update definiert, um paint ohne das Löschen des Fensters aufzurufen und damit das Flackern des Bildschirms zu vermeiden. Das ist in Swing nicht mehr nötig. Die Swing-Komponenten arbeiten mit Pufferung, um flimmerfreies Zeichnen zu realisieren.

Beispiel 7.4 zeigt den vollständigen Code.

Beispiel 7.4: NotHelloWorld1.java

```
import java.awt.*;
import java.awt.event.*;
import javax.swing.*;

class NotHelloWorldPanel extends JPanel
{  public void paintComponent(Graphics g)
   {  super.paintComponent(g);
      g.drawString("Not a Hello, World program", 75, 100);
   }
}

class NotHelloWorldFrame extends JFrame
{  public NotHelloWorldFrame()
   {  setTitle("NotHelloWorld1");
      setSize(300, 200);
      addWindowListener(new WindowAdapter()
         {  public void windowClosing(WindowEvent e)
            {  System.exit(0);
            }
```

Grafikprogrammierung

```
      } );
   Container contentPane = getContentPane();
   contentPane.add(new NotHelloWorldPanel());
   }
}
public class NotHelloWorld1
{  public static void main(String[] args)
   {  JFrame frame = new NotHelloWorldFrame();
      frame.show();
   }
}
```

API

java.awt.Component

- void repaint()

  Zeichnet die Komponente durch Aufruf von update »so bald als möglich« neu.

- public void repaint(int x, int y, int width, int height)

  Zeichnet einen Teil der Komponente durch Aufruf von update »so bald als möglich« neu.

Parameter:	x	X-Koordinate der oberen linken Ecke des neu zu zeichnenden Bereichs.
	y	Y-Koordinate der oberen linken Ecke des neu zu zeichnenden Bereichs.
	width	Breite des neu zu zeichnenden Bereichs.
	height	Höhe des neu zu zeichnenden Bereichs.

API

javax.swing.JComponent

- void paintComponent(Graphics g)

  Überschreiben Sie diese Methode, um zu beschreiben, wie Ihre Komponente neu zu zeichnen ist.

7.7 Text und Schriften

Um Text anzuzeigen, muß man zuerst eine Schrift auswählen. Dazu ist ein Objekt der Klasse Font zu erzeugen. Eine Schrift legt man durch ihren *Schriftartnamen* (oder kurz Schriftname bzw. Schriftart) und ihre Punktgröße fest. Ein Schriftname besteht aus dem Namen einer *Schriftfamilie* wie zum Beispiel »Helvetica« und einem optionalen Suffix wie »Bold« (Fett) oder »Italic« (Kursiv). Mit anderen Worten gehören »Helvetica«, »Helvetica Bold«, »Helvetica Italic« und »Helvetica Ultra Condensed« zur Schriftfamilie Helvetica.

Ein Font-Objekt konstruiert man folgendermaßen:

```
Font helvb14 = new Font("Helvetica", Font.BOLD, 14)
```

Das dritte Argument bezeichnet die Punktgröße.

Um die auf einem bestimmten Computer verfügbaren Schriften zu ermitteln, ruft man die Methode getAvailableFontFamilyNames der Klasse GraphicsEnvironment auf. Die Methode gibt ein Array von Strings mit den Namen aller verfügbaren Schriften zurück. Eine Instanz der Klasse GraphicsEnvironment, die die grafische Umgebung des Benutzersystems beschreibt, erhält man mit der statischen Methode getLocalGraphicsEnvironment. Der folgende Aufruf liefert folglich ein Array mit den Namen aller Schriften, die auf dem System des Benutzers vorhanden sind:

```
String[] fontNames = GraphicsEnvironment
    .getLocalGraphicsEnvironment()
    .getAvailableFontFamilyNames();
```

Leider kann man die auf einem bestimmten Benutzersystem installierten Schriften nicht immer hundertprozentig ermitteln. Bestimmte Schriftentwürfe sind per Copyright geschützt, und ihr Vertrieb erfordert gewöhnlich Lizenzgebühren an den Inhaber des Copyrights. Wie es preisgünstige Imitationen berühmter Parfüms gibt, so sind auch ähnlich aussehende Schriften bekannter Namen verfügbar. Da die Namen der Schriften selbst (wie etwa Helvetica) oftmals das Warenzeichen einer »Schriftenschmiede« sind, haben die Doppelgänger oftmals andere Namen. Beispielsweise heißen die Nachbildungen von Helvetica und Times Roman, die zum Lieferumfang von Windows gehören, Arial und Times New Roman.

Um einen gemeinsamen Nenner zu finden, definiert das AWT fünf *logische* Schriftnamen:

- SansSerif
- Serif
- Monospaced

Grafikprogrammierung

- Dialog
- DialogInput

Diese Schriftnamen werden immer auf Schriftarten abgebildet, die tatsächlich auf dem Client-Computer existieren. Beispielsweise wird SansSerif auf einem Windows-System in Arial abgebildet. Im Konstruktor von Font kann man einen logischen Schriftnamen anstelle eines realen Schriftnamens angeben. Dann legt man den Stil (normal, fett, kursiv oder fett kursiv) mit dem zweiten Argument des Font-Konstruktors auf einen der folgenden Werte fest:

```
Font.PLAIN                (normal)
Font.BOLD                 (fett)
Font.ITALIC               (kursiv)
Font.BOLD + Font.ITALIC   (fett kursiv)
```

Dazu ein Beispiel:

```
Font sansb14 = new Font("SansSerif", Font.BOLD, 14)
```

Hinweis

Frühere Java-Versionen verwendeten die Namen Helvetica, TimesRoman, Courier und ZapfDingbats als logische Schriftnamen. Aus Gründen der Rückwärtskompatibilität werden diese Schriftnamen weiterhin als logische Schriftnamen behandelt, auch wenn Helvetica eigentlich eine Schriftart ist, während TimesRoman und ZapfDingbats überhaupt keine Schriftnamen darstellen – die wirklichen Namen dieser Schriften lauten »Times Roman« und »Zapf Dingbats«.

Die Java-Schriften enthalten sowohl die üblichen ASCII-Zeichen als auch Symbole. Wenn man zum Beispiel das Zeichen '\u2297' in der Dialog-Schrift ausgibt, erhält man das Zeichen ⊗. (Die Kolumne am Ende dieses Abschnitts bringt weitere Informationen zu verfügbaren Symbolen und dem Hinzufügen von Schriften.)

Der Code zur Anzeige des Strings »Not a Hello, World program« in der Standardschriftart SansSerif auf Ihrem System mit dem Schriftgrad 14 Punkt und dem Schriftstil Fett sieht folgendermaßen aus:

```
Font f = new Font("SansSerif", Font.BOLD, 14);
g.setFont(f);
g.drawString("Not a Hello, World program", 75, 100);
```

Da wir nun über die Freiheit verfügen, Schriften und Schriftstile zu wählen, zeigen wir den Text in einer Mischung aus geraden und kursiven Zeichen an:

Not a *Hello, World* program

Wir brauchen zwei Schriften, die Grundschrift f und ihre kursive Version:

```
Font f = new Font("SansSerif", Font.BOLD, 14);
Font fi = new Font("SansSerif", Font.BOLD + Font.ITALIC, 14);
```

Nun taucht ein Problem auf. Wir benötigen die – *in Pixeln auf dem Benutzercomputer* gemessene – Länge des Strings »Not a« in Sans Serif, fett, 14 Punkt, damit wir den String »Hello, World« an der richtigen Position unmittelbar danach anfügen können.

Um einen String in einer bestimmten Schrift zu messen, verwendet man die Klasse FontMetrics. Diese Klasse kapselt Informationen über eine Schrift, beispielsweise die globalen Größeneigenschaften der Schrift. Außerdem hat die Klasse Methoden, mit denen man die Größen der in der Schrift wiedergegebenen Strings messen kann. Zum Beispiel übernimmt die Methode stringWidth der Klasse FontMetrics einen String und liefert die tatsächliche Breite in Pixeln zurück.

VB

Auf einer Grundfläche kann man keine Mixtur von Schriften zeichnen, ohne die Strings in eigener Regie sorgfältig zu positionieren. Ein Konzept für den letzten Referenzpunkt, auf den man mit Methoden wie CurrentX und CurrentY zugreifen kann, ist in Java nicht vorhanden. Die Methode stringWidth in der Klasse FontMetrics arbeitet dagegen eher wie GetTextWidth.

Damit man die Klasse FontMetrics in Java richtig einsetzen kann, muß man die grundlegende Terminologie des Schriftsatzes kennen (siehe Abbildung 7.10). Viele Eigenschaften des Schriftsatzes entsprechen Methoden der Klasse FontMetrics.

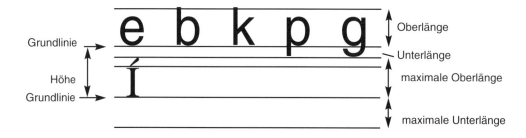

Abbildung 7.10: Begriffe im Schriftsatz

Die in Abbildung 7.10 angegebenen Begriffe bedeuten folgendes: Die *Grundlinie* oder Schriftlinie ist eine gedachte Linie, auf der normale Zeichen wie ein kleines »e« aufsitzen. Die *Oberlänge* (ascent) gibt den Abstand von der Grundlinie zum oberen Rand eines Schriftzeichens mit Ober-

Grafikprogrammierung

länge an, d. h. dem oberen Teil eines Buchstabens wie »b« oder »k« oder eines Großbuchstabens. Die *Unterlänge* (descent) ist der Abstand von der Grundlinie zum unteren Rand eines Schriftzeichens mit Unterlänge, beispielsweise dem unteren Teil eines Buchstabens wie »p« oder »g«. Die entsprechenden Methoden der Klasse FontMetrics heißen getAscent bzw. getDescent.

Weiterhin benötigt man die Methoden getLeading und getHeight der Klasse FontMetrics. Diese Methoden entsprechen dem sogenannten *Durchschuß* bzw. der *Höhe*. Der Durchschuß bezeichnet den Leerraum zwischen der Unterlänge der einen Zeile und der Oberlänge der nächsten Zeile. (Der englische Begriff *leading* hat seinen Ursprung in den Bleistreifen (strips of lead), mit denen ein Setzer die Zeilen trennt.) Die Höhe einer Schrift ist der Abstand zwischen aufeinanderfolgenden Grundlinien oder die Summe aus Oberlänge + Unterlänge + Durchschuß.

Bestimmte Zeichen, typischerweise solche mit diakritischen Zeichen wie beim »Í«, gehen über die normale Oberlänge hinaus. (Es besteht die – wenn auch geringe – Chance, daß sich derartige Zeichen mit den Unterlängen der vorherigen Zeile überlappen.) Die *maximale Oberlänge* bezeichnet die größte Höhe eines derartigen Zeichens. Analog dazu gibt die *maximale Unterlänge* die größte Tiefe eines Zeichens mit Unterlänge an. Die Maße für Oberlänge und Unterlänge verwendet man für den Zeilenabstand, während man mit der maximalen Oberlänge und Unterlänge rechnet, um den von einer Schrift maximal belegten Bildschirmbereich zu bestimmen.

Die vertikalen Maße sind Eigenschaften der Schrift als Ganzes. Im Gegensatz dazu stehen die horizontalen Maße für die Eigenschaften eines einzelnen Zeichens. In einer Proportionalschrift wie Serif oder SansSerif haben die verschiedenen Zeichen unterschiedliche Zeichenbreiten. Beispielsweise ist ein »w« wesentlich breiter als ein »l«. Die Länge eines Wortes ist auch nicht immer die Summe der Zeichenbreiten, da in verschiedenen Schriftarten bestimmte Zeichenpaare enger zusammenrücken. (Diesen Vorgang nennt man *Kerning*.) Das trifft beispielsweise für die Kombination »ft« zu. Die Methode stringWidth des Objekts FontMetrics berechnet die Breite eines Strings und berücksichtigt dabei auch das Kerning.

Der folgende Code bedient sich dieser Informationen, um den Text »Not a Hello, World program« mit gemischten Schriften anzuzeigen. Über die Klasse FontMetric werden die Positionen der verschiedenen Textteile korrekt gesetzt:

```
public void paintComponent(Graphics g)
{   super.paintComponent(g);
    Font f = new Font("SansSerif", Font.BOLD, 14);
    Font fi = new Font("SansSerif", Font.BOLD + Font.ITALIC, 14);
    FontMetrics fm = g.getFontMetrics(f);
    FontMetrics fim = g.getFontMetrics(fi);
    String s1 = "Not a ";
    String s2 = "Hello, World";
    String s3 = " Program";
    int cx = 75;
```

```
        int cy = 100;
        g.setFont(f);
        g.drawString(s1, cx, cy);
        cx += fm.stringWidth(s1);
        g.setFont(fi);
        g.drawString(s2, cx, cy);
        cx += fim.stringWidth(s2);
        g.setFont(f);
        g.drawString(s3, cx, cy);
}
```

Eigentlich ist dieser Code unrealistisch, da die Reservierung von Schriften und Schriftmaßen sehr zeitaufwendig ist. Normalerweise ist es am besten, die Reservierung nur einmal vorzunehmen. Im Beispiel 7.5 wird das folgendermaßen realisiert:

- Die Schriften und Schriftmaße schreiben wir in Variablen unserer frame-Klasse.
- Die Einstellungen werden einmalig in einer setFonts-Methode vorgenommen.

Dann rufen wir die Methode setFonts in der Methode paintComponent auf. (Es wäre logischer gewesen, die Schriften im Konstruktor für die Grundfläche festzulegen. Das ist aber nicht möglich, da der Grafikkontext noch nicht existiert, wenn man die Grundfläche konstruiert.)

Abbildung 7.11 zeigt die Bildschirmanzeige, Beispiel 7.5 das Programmlisting.

Abbildung 7.11: Verschiedene Schriften

Beispiel 7.5: NotHelloWorld2.java

```
import java.awt.*;
import java.awt.event.*;
import javax.swing.*;

class NotHelloWorld2Panel extends JPanel
{   public void setFonts(Graphics g)
    {   if (f != null) return;
        f = new Font("SansSerif", Font.BOLD, 14);
```

Grafikprogrammierung

```
      fi = new Font("SansSerif",
         Font.BOLD + Font.ITALIC, 14);
      fm = g.getFontMetrics(f);
      fim = g.getFontMetrics(fi);
   }

   public void paintComponent(Graphics g)
   {  super.paintComponent(g);

      setFonts(g);
      String s1 = "Not a ";
      String s2 = "Hello, World";
      String s3 = " Program";
      int w1 = fm.stringWidth(s1);
      int w2 = fim.stringWidth(s2);
      int w3 = fm.stringWidth(s3);

      Dimension d = getSize();
      int cx = (d.width - w1 - w2 - w3) / 2;
      int cy = (d.height - fm.getHeight()) / 2
         + fm.getAscent();

      g.setFont(f);
      g.drawString(s1, cx, cy);
      cx += w1;
      g.setFont(fi);
      g.drawString(s2, cx, cy);
      cx += w2;
      g.setFont(f);
      g.drawString(s3, cx, cy);
   }

   private Font f;
   private Font fi;
   private FontMetrics fm;
   private FontMetrics fim;
}

class NotHelloWorld2Frame extends JFrame
{  public NotHelloWorld2Frame()
   {  setTitle("NotHelloWorld2");
      setSize(300, 200);
      addWindowListener(new WindowAdapter()
         {  public void windowClosing(WindowEvent e)
```

```
            {   System.exit(0);
            }
        } );
    Container contentPane = getContentPane();
    contentPane.add(new NotHelloWorld2Panel());
    }
}
public class NotHelloWorld2
{   public static void main(String[] args)
    {   JFrame frame = new NotHelloWorld2Frame();
        frame.show();
    }
}
```

API

java.awt.Font

- Font(String name, int style, int size)

    Erzeugt ein neues Schriftobjekt.

Parameter:	name	Name der Schrift. Das ist entweder ein Schriftartname (wie »Helvetica Bold«) oder eine logischer Schriftname (wie »Serif«, »SansSerif«)
	style	Schriftstil (Font.PLAIN, Font.BOLD, Font.ITALIC oder Font.BOLD + Font.ITALIC).
	size	Punktgröße (zum Beispiel 12).

- String getFontName()

    Ermittelt den Namen der Schriftart (wie etwa »Helvetica Bold«).

- String getFamily()

    Ermittelt den Namen der Schriftfamilie (wie etwa »Helvetica«).

- String getName()

    Ermittelt den logischen Namen (wie etwa »SansSerif«), wenn die Schrift mit einem logischen Schriftnamen erzeugt wurde. Liefert andernfalls den Schriftartnamen.

Grafikprogrammierung

API

java.awt.FontMetrics

- `int getAscent()`

    Liefert die Oberlänge der Schrift – den Abstand von der Grundlinie zum oberen Rand von Großbuchstaben.

- `int getDescent()`

    Liefert die Unterlänge der Schrift – den Abstand zwischen der Grundlinie zum unteren Rand von Zeichen mit Unterlängen.

- `int getLeading()`

    Liefert den Durchschuß – den Raum zwischen dem unteren Rand einer Textzeile und dem oberen Rand der nächsten Zeile.

- `int getHeight()`

    Liefert die Gesamthöhe der Schrift – den Abstand zwischen den beiden Grundlinien des Textes (Unterlänge + Durchschuß + Oberlänge).

- `int getMaxAscent()`

    Liefert die maximale Höhe aller Zeichen in dieser Schrift.

- `int getMaxDescent()`

    Liefert die maximale Unterlänge aller Zeichen in dieser Schrift.

- `int stringWidth(String str)`

    Berechnet die Breite eines Strings.

    Parameter: str   Zu messender String.

API

java.awt.Graphics

- `void setFont(Font font)`

    Wählt eine Schrift für den Grafikkontext aus. Diese Schrift wird für darauffolgende Textzeichenoperationen verwendet.

    Parameter: font   Die gewünschte Schrift.

- FontMetrics getFontMetrics()

  Liefert die Maße der aktuellen Schrift.

- void drawString(String str, int x, int y)

  Zeichnet einen String in der aktuellen Schrift und der aktuellen Farbe.

  Parameter: str   Zu zeichnender String.

  x   X-Koordinate für den Beginn des Strings.

  y   Y-Koordinate der Grundlinie des Strings.

Schriften und die Datei »font.properties«

Die Laufzeitumgebung von Suns Java sucht nach der Datei font.properties im Verzeichnis \jdk\jre\lib, um zu ermitteln, welche logischen Schriften verfügbar und welche Symbolsätze in einer bestimmten Schrift enthalten sind. Ein typischer Eintrag in dieser Datei sieht folgendermaßen aus:

```
serif.0=Times New Roman,ANSI_CHARSET
serif.1=WingDings,SYMBOL_CHARSET,NEED_CONVERTED
serif.2=Symbol,SYMBOL_CHARSET,NEED_CONVERTED
exclusion.serif.0=0100-ffff
fontcharset.serif.1=sun.awt.windows.CharToByteWingDings
fontcharset.serif.2=sun.awt.CharToByteSymbol
```

Das bedeutet: Um ein Zeichen in der Schrift serif wiederzugeben, wird zuerst geprüft, ob es im Bereich »0« liegt. Das heißt, es ist nicht im ausgeschlossenen Bereich 0100–FFFF. Wenn es nicht ausgeschlossen ist, wird zur Wiedergabe die Schrift Times New Roman verwendet. Als nächstes wird geprüft, ob die Klasse sun.awt.windows.CharToByteWingDings das Zeichen akzeptiert. Diese (undokumentierte) Klasse erweitert die (ebenfalls undokumentierte) Klasse sun.io.CharToByteConverter. In diesen Klassen gibt es zwei Schlüsselmethoden, mit denen wir arbeiten. Der Methodenaufruf

boolean canConvert(char)

testet, ob Java ein Zeichen konvertieren kann. Um die eigentliche Umwandlung auszuführen, muß man zwei Arrays bereitstellen: eines für die Zeichenquelle und eines für die Zielbytes. Dann ruft man

int convert(char[] input, int inStart, int inPastEnd,
    byte[] output, int outStart, int outPastEnd)

auf. Diese Methode konvertiert die Zeichen inPastEnd – inStart im Array input, beginnend bei inStart, und plaziert sie im Bytearray output, beginnend bei outStart. Es werden höch-

Grafikprogrammierung

stens `outPastEnd - outStart` Bytes gefüllt. (Vielleicht fragen Sie sich, warum die Methode `convert` mit Arrays arbeitet, statt einfach ein Zeichen in ein Byte umzuwandeln. Der Grund dafür ist, daß Kodierungsschematas wie zum Beispiel der japanische JIS-Code bestimmte Zeichen als einzelnes Byte, andere als mehrere Bytes darstellen, wobei Steuerungscodes zwischen den Zeichensätzen umschalten.)

Wenn die Methode `canConvert` den Wert `true` liefert, dann gibt Java das Zeichen in der Schrift `WingDings` wieder. Andernfalls probiert Java die Schrift `Symbol`. Wenn auch das scheitert, gibt Java das Zeichen als Fragezeichen '?' wieder.

Beachten Sie, daß die Schriftbeschreibungen vom Betriebssystem abhängig sind. Die Zeilen in diesen Beispielen beschreiben Schriften für Windows. In anderen Betriebssystemen lauten die Schriftbeschreibungen anders. Beispielsweise sieht die Beschreibung der Schrift Times in Solaris folgendermaßen aus:

```
serif.plain.0=
  -linotype-times-medium-r-normal-*-%d-*-*-p-*-iso8859-1
```

In die Datei `font.properties` kann man eigene Schriften aufnehmen. Wenn Sie Java unter Windows ausführen, können Sie zum Beispiel die folgenden Zeilen eintragen:

```
oldstyle.0=Bookman Old Style,ANSI_CHARSET
exclusion.oldstyle.0=0100-ffff
```

Dann können Sie eine Schrift erzeugen:

```
new Font("Oldstyle", Font.PLAIN, 12)
```

Sie können sogar ihre eigenen Schriftabbildungen hinzufügen. Sehen wir uns den gebräuchlichsten Fall an, wenn Zeichen in der Schrift durch einzelne Bytes beschrieben werden. Folgende Schritte sind erforderlich, um eine eigene Schriftabbildung hinzuzufügen:

- Erweitern der (undokumentierten und verworren benannten) Klasse `sun.io.CharTo Byte8859_1`. (ISO 8859-1 ist der 8-Bit-Zeichensatz Latin-1, einer der zehn 8-Bit-Zeichensätze im Standard ISO 8859. Diese Java-Klasse kann als Basisklasse für beliebige Umwandlungen von Unicode in 8-Bit-Code verwendet werden, nicht nur für Latin-1.)
- Überschreiben der beiden Methoden `canConvert`, die `true` für alle Zeichen, die Teil der Schrift sind, zurückgibt, und `convert`, die ein Zeichenarray in die äquivalenten Bytearrays konvertiert.

Als praktisches Beispiel nehmen wir eine kyrillische Schrift im Format ISO 8859-5 an. Läßt man ein paar technische Ausnahmen weg, stellt sich die Abbildung von Unicode auf ISO 8859-5 einfach dar:

```
'\u0021'...'\u007E': ch -> ch
'\u0401'...'\u045F': ch -> ch - 0x0360
```

Diese Umwandlung läßt sich mit der folgenden Klasse bewerkstelligen:

```
public class CharToByteRussian extends sun.io.CharToByte8859_1
{ public boolean canConvert(char ch)
  { return 0x0021 <= ch && ch <= 0x007E
    || 0x0401 <= ch && ch <= 0x45F;
  }

  public int convert(char[] input, int inStart, int inPastEnd,
     byte[] output, int outStart, int outPastEnd)

  throws ConversionBufferFullException;
  { int outIndex = outStart;
    for (int i = inStart; i < inPastEnd; i++)
    { char ch = input[i];
      byte b = 0;
      if (0x0021 <= ch && ch <= 0x007E)
        b = (byte)ch;
      if (0x0401 <= ch && ch <= 0x45F)
        b = (byte)(ch - 0x0360);
      if (b != 0)
      { if (outIndex >= outPastEnd)
        throw new ConversionBufferFullException();
        output[outIndex] = b;
        outIndex++;
      }
    }
    return outIndex - outStart;
  }
}
```

Um die kyrillische Schrift in Java hinzuzufügen, muß man die Klasse `CharToByteRussian` an einer beliebigen Stelle im Klassenpfad unterbringen. Dann fügt man die folgenden Zeilen in font.properties ein:

```
russian.0=RUSSIAN,SYMBOL_CHARSET,NEED_CONVERTED
fontcharset.russian.0=CharToByteRussian
```

7.8 Farben

Über die Methode `setColor` der Klasse `java.awt.Graphics` kann man eine Farbe auswählen, die für alle darauffolgenden Zeichenoperationen im Grafikkontext oder der Komponente gilt. Um in mehreren Farben zu zeichnen, wählt man eine Farbe aus, zeichnet, wählt dann eine andere Farbe und zeichnet erneut.

Grafikprogrammierung

Die Methode setColor übernimmt einen Parameter vom Typ Color. Die Klasse java.awt.Color bietet vordefinierte Konstanten für die in Tabelle 7.1 aufgelisteten 13 Standardfarben. Alternativ kann man eine Farbe spezifizieren, indem man ein Color-Objekt mit seinen roten, grünen und blauen Komponenten erzeugt. Der allgemeine Color-Konstruktor mit den Parametern redness, greenness und blueness für die roten, grünen und blauen Werte im Bereich von jeweils 0 bis 255 (das heißt 1 Byte) sieht folgendermaßen aus:

Color(int redness, int greenness, int blueness)

Hier einige Beispiele für das Festlegen von Farben:

```
g.setColor(Color.pink);
g.drawString("Hello", 75, 100);
g.setColor(new Color(0, 128, 128)); // ein mattes Blaugrün
g.drawString("World", 75, 125);
```

black (schwarz)	green (grün)	red (rot)
blue (blau)	lightGray (hellgrau)	white (weiß)
cyan (cyan)	magenta (magenta)	yellow (gelb)
darkGray (dunkelgrau)	orange (orange)	
gray (grau)	pink (pink)	

Tabelle 7.1: Standardfarben

Um die *Hintergrundfarbe* festzulegen, verwendet man die Methode setBackground der Klasse Component, ein Vorgänger von JPanel. Die Hintergrundfarbe sollte man festlegen, bevor man den Rahmen das erste Mal anzeigt.

```
MyPanel p = new MyPanel();
p.setBackground(Color.white);
contentPane.add(p, "Center");
```

Analog dazu legt man mit der Methode setForeground die Farbe fest, die Java für Text in einem Rahmen verwendet.

Tip

Gelegentlich nützliche und auffallende Spezialeffekte lassen sich mit den Methoden brighter() und darker() der Klasse Color erzielen. Diese Methoden liefern hellere bzw. dunklere Versionen der aktuellen Farbe zurück. Mit der Methode brighter lassen sich auch Elemente hervorheben. Da der einmalige Aufruf von brighter nur eine *etwas* hellere Farbe liefert, ruft man die Methode dreimal auf, um eine Farbe wirklich hervortreten zu lassen:

```
c.brighter().brighter().brighter()
```

In der Klasse `SystemColor` stellt Java vordefinierte Namen für viele Farben bereit. Die Konstanten in dieser Klasse kapseln die Farben, die für die verschiedenen Elemente auf dem System des Benutzers verwendet werden. Zum Beispiel setzt

```
f.setBackground(SystemColor.window)
```

die Hintergrundfarbe des Rahmens `f` auf die von allen Fenstern des Benutzerdesktops verwendete Standardfarbe. (Der Hintergrund wird beim Neuzeichnen des Fensters gefüllt.) Die Farben in der Klasse `SystemColor` eignen sich vor allem zum Zeichnen von Elementen der Benutzeroberfläche, damit die Farben mit denen übereinstimmen, die der Desktop des Benutzers bereits verwendet. Tabelle 7.2 listet die Namen der Systemfarben und ihre Bedeutung auf.

Farbe	Bedeutung
desktop	Hintergrundfarbe des Desktops
activeCaption	Hintergrundfarbe für aktive Titelleiste
activeCaptionText	Textfarbe für aktive Titelleiste
activeCaptionBorder	Rahmenfarbe für aktive Titelleiste
inactiveCaption	Hintergrundfarbe für inaktive Titelleiste
inactiveCaptionText	Textfarbe für inaktive Titelleiste
inactiveCaptionBorder	Rahmenfarbe für inaktive Titelleiste
window	Hintergrundfarbe für Fenster
windowBorder	Farbe des Fensterrahmens
windowText	Textfarbe im Fenster
menu	Hintergrundfarbe für Menüs
menuText	Textfarbe für Menüs
text	Hintergrundfarbe für Text
textText	Textfarbe für Text
textHighlight	Hintergrundfarbe für hervorgehobenen Text
textHighlightText	Textfarbe für hervorgehobenen Text
control	Hintergrundfarbe für Steuerelemente
controlText	Textfarbe für Steuerelemente
controlLtHighlight	Helle Farbe für hervorgehobene Steuerelemente
controlHighlight	Farbe für hervorgehobene Steuerelemente
controlShadow	Schattenfarbe für Steuerelemente
controlDkShadow	Dunkle Schattenfarbe für Steuerelemente
inactiveControlText	Textfarbe für inaktive Steuerelemente

Grafikprogrammierung

scrollbar	Hintergrundfarbe für Bildlaufleisten
info	Hintergrundfarbe für Direkthilfe
infoText	Textfarbe für Direkthilfe

Tabelle 7.2: Systemfarben

API

java.awt.Color

- Color(int r, int g, int b)
  Erzeugt ein Farbenobjekt.

  Parameter: r Wert für Rot (0 bis 255).

  g Wert für Grün (0 bis 255).

  b Wert für Blau (0 bis 255).

API

java.awt.Graphics

- void setColor(Color c)
  Ändert die aktuelle Farbe. Alle darauffolgenden Grafikoperationen verwenden die neue Farbe.

  Parameter: c Neue Farbe.

API

java.awt.Component

- void setBackground(Color c)
  Legt die Hintergrundfarbe fest.

  Parameter: c Neue Hintergrundfarbe.

- void setForeground(Color c)
  Legt die Vordergrundfarbe (Textfarbe) fest.

  Parameter: c Neue Vordergrundfarbe.

7.9 Figuren aus Linien zusammensetzen

Mit den Methoden drawLine, drawArc, drawPolyline und drawPolygon in java.awt.Graphics lassen sich gerade und gebogene Linien auf einem Grafikobjekt zeichnen. Beispielsweise ist in Java ein *Polygon* eine geschlossene Folge von Liniensegmenten. Am einfachsten läßt sich in Java ein Polygon wie folgt erzeugen:

- ein Polygonobjekt erzeugen und
- Punkte in das Objekt einfügen.

Dann zeichnet man das Polygon mit der Methode drawPolygon. Ein Dreieck entsteht beispielsweise wie folgt:

```
Polygon p = new Polygon();
p.addPoint(10, 10);
p.addPoint(10, 30);
p.addPoint(20, 20);
g.drawPolygon(p);
```

Es gibt eine weitere Version der Methode drawPolygon, die zwei Arrays übernimmt, je eines für die X- und Y-Koordinaten der Endpunkte von Liniensegmenten. Diese Methode läßt sich aber nicht so bequem einsetzen.

Wenn man eine nicht geschlossene Folge von Liniensegmenten zeichnen möchte (das heißt, der erste und letzte Punkt werden nicht automatisch verbunden), nimmt man dafür die Methode drawPolyline.

Tip

Polygone mit sehr eng beieinanderliegenden Punkten eignen sich, um gebogene Formen wiederzugeben. Genauere Kurvenzeichnungen lassen sich über die Klassen QuadCurve2D und CubicCurve2D erhalten – siehe dazu das Kapitel zu zweidimensionalen Grafiken in Band 2.

Zeichnen wir nun diese Figuren. In Abbildung 7.12 sind die Form des berühmten Pac Man (der aus einem Kreisbogen und zwei Liniensegmenten besteht), ein Fünfeck und eine Spirale (ein Polygon mit vielen eng gesetzten Punkten) zu sehen. Beispiel 7.6 zeigt den Code für das Zeichnen der Figuren.

Grafikprogrammierung

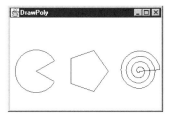

Abbildung 7.12: Kreisbögen und Polygone

Beispiel 7.6: DrawPoly.java

```java
import java.awt.*;
import java.awt.event.*;
import javax.swing.*;

class DrawPolyPanel extends JPanel
{ public void paintComponent(Graphics g)
   { super.paintComponent(g);

     int r = 40;  // Radius für Kreis des PacMan(R)
     int cx = 50; // Mittelpunkt dieses Kreises
     int cy = 100;
     int angle = 30; // Öffnungswinkel des Maules

     int dx = (int)(r * Math.cos(angle * Math.PI / 180));
     int dy = (int)(r * Math.sin(angle * Math.PI / 180));

     g.drawLine(cx, cy, cx + dx, cy + dy); // Unterkiefer
     g.drawLine(cx, cy, cx + dx, cy - dy); // Oberkiefer
     g.drawArc(cx - r, cy - r, 2 * r, 2 * r, angle,
        360 - 2 * angle);

     Polygon p = new Polygon();
     cx = 150;
     int i;
     for (i = 0; i < 5; i++)
        p.addPoint(
           (int)(cx + r * Math.cos(i * 2 * Math.PI / 5)),
           (int)(cy + r * Math.sin(i * 2 * Math.PI / 5)));

     g.drawPolygon(p);

     Polygon s = new Polygon();
     cx = 250;
     for (i = 0; i < 360; i++)
```

```
      { double t = i / 360.0;
        s.addPoint(
           (int)(cx + r * t * Math.cos(8 * t * Math.PI)),
           (int)(cy + r * t * Math.sin(8 * t * Math.PI)));
      }
      g.drawPolygon(s);
   }
}

class DrawPolyFrame extends JFrame
{  public DrawPolyFrame()
   {  setTitle("DrawPoly");
      setSize(300, 200);
      addWindowListener(new WindowAdapter()
         {  public void windowClosing(WindowEvent e)
            {  System.exit(0);
            }
         } );
      Container contentPane = getContentPane();
      contentPane.add(new DrawPolyPanel());
   }
}

public class DrawPoly
{  public static void main(String[] args)
   {  JFrame frame = new DrawPolyFrame();
      frame.show();
   }
}
```

API

java.awt.Graphics

- void drawLine(int x1, int y1, int x2, int y2)

    Zeichnet eine Linie zwischen den Punkten mit den Koordinaten (x1, y1) und (x2, y2).

    | *Parameter*: | x1 | X-Koordinate des ersten Punktes. |
    | | y1 | Y-Koordinate des ersten Punktes. |
    | | x2 | X-Koordinate des zweiten Punktes. |
    | | y2 | Y-Koordinate des zweiten Punktes. |

Grafikprogrammierung

- `void drawArc(int x, int y, int width, int height, int startAngle, int arcAngle)`

  Zeichnet einen Bogen, der vom gedachten Rechteck mit der oberen linken Ecke (x, y) und der gegebenen Breite und Höhe umschlossen wird. Der Bogen beginnt bei `startAngle` und weitet sich um `arcAngle`. (Das heißt, der Endwinkel beträgt `startAngle + arcAngle`.) Die Winkel werden in Grad gemessen und folgen den üblichen mathematischen Konventionen: 0 Grad bezeichnet die Position 3 Uhr, positive Winkel laufen entgegen dem Uhrzeigersinn. Die Pac-Man-Figur in Abbildung 7.12 zeigt, wie man diese Parameter einsetzt.

Parameter:	x	X-Koordinate der oberen linken Ecke.
	y	Y-Koordinate der oberen linken Ecke.
	width	Breite des umgebenden Rechtecks.
	height	Höhe des umgebenden Rechtecks.
	startAngle	Anfangswinkel.
	arcAngle	Öffnungswinkel (relativ zu `startAngle`).

- `void drawPolygon(Polygon p)`

  Zeichnet einen Pfad, der die Punkte im `Polygon`-Objekt verbindet.

Parameter:	p	Ein Polygon.

- `void drawPolygon(int[] xPoints, int[] yPoints, int nPoints)`

  Zeichnet ein Polygon, das die in den Arrays enthaltene Punktfolge verbindet.

Parameter:	xPoints	Ein Array mit X-Koordinaten der Eckpunkte.
	yPoints	Ein Array mit Y-Koordinaten der Eckpunkte.
	nPoints	Anzahl der Eckpunkte.

- `void drawPolyline(int[] xPoints, int[] yPoints, int nPoints)`

  Zeichnet einen Pfad, der eine Punktfolge verbindet. Der Pfad wird nicht geschlossen, außer wenn erster und letzter Punkt identisch sind.

Parameter:	xPoints	Ein Array mit X-Koordinaten der Eckpunkte.
	yPoints	Ein Array mit Y-Koordinaten der Eckpunkte.
	nPoints	Anzahl der Eckpunkte.

- `void translate(int x, int y)`

  Setzt den Punkt (x, y) in den üblichen Koordinaten – das heißt mit (0, 0) oben links – als neuen Ursprung.

7.10 Rechtecke und Ellipsen

Die Funktionen drawRect, drawRoundRect, draw3DRect und drawOval geben die Umrisse von Rechtecken und Ellipsen wieder (im AWT als Oval bezeichnet). Abbildung 7.13 zeigt die verschiedenen Rechteckstile und die Ellipse. Beispiel 7.7 enthält den Code, mit dem Abbildung 7.13 entstanden ist. Der 3D-Effekt von draw3DRect ist nicht einfach zu erkennen, da der 3D-Rahmen nur ein Pixel dick ist. Einen besseren Effekt erzielt man mit einem dickeren Rahmen, indem man mehrere 3D-Rechtecke zeichnet:

```
for (int i = 0; i < thickness; i++)
   g.draw3DRect(x - i, y - i,
      width + 2 * i - 1, height + 2 * i - 1, true);
```

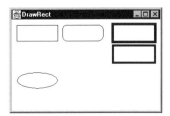

Abbildung 7.13: Rechtecke und Ellipsen

Beispiel 7.7: DrawRect.java
```
import java.awt.*;
import java.awt.event.*;
import javax.swing.*;

class DrawRectPanel extends JPanel
{  public void paintComponent(Graphics g)
   {  super.paintComponent(g);
      g.setColor(Color.blue);
      g.drawRect(10, 10, 80, 30);
      g.drawRoundRect(100, 10, 80, 30, 15, 15);

      int thickness = 4;

      for (int i = 0; i <= thickness; i++)
         g.draw3DRect(200 - i, 10 - i,
            80 + 2 * i, 30 + 2 * i, true);
      for (int i = 0; i < thickness; i++)
         g.draw3DRect(200 - i, 50 - i,
            80 + 2 * i, 30 + 2 * i, false);
```

Grafikprogrammierung

```
      g.drawOval(10, 100, 80, 30);
   }
}

class DrawRectFrame extends JFrame
{  public DrawRectFrame()
   {  setTitle("DrawRect");
      setSize(300, 200);
      addWindowListener(new WindowAdapter()
         {  public void windowClosing(WindowEvent e)
            {  System.exit(0);
            }
         } );
      Container contentPane = getContentPane();
      contentPane.add(new DrawRectPanel());
   }
}

public class DrawRect
{  public static void main(String[] args)
   {  JFrame frame = new DrawRectFrame();
      frame.show();
   }
}
```

API

java.awt.Graphics

- void drawRect(int x, int y, int width, int height)

    Zeichnet den Umriß des Rechtecks. Beachten Sie, daß die dritten und vierten Parameter *nicht* den gegenüberliegenden Eckpunkt bezeichnen.

Parameter:	x	X-Koordinate der oberen linken Ecke.
	y	Y-Koordinate der oberen linken Ecke.
	width	Breite des Rechtecks.
	height	Höhe des Rechtecks.

- `void drawRoundRect(int x, int y, int width, int height, int arcWidth, int arcHeight)`

  Zeichnet den Umriß eines Rechtecks mit abgerundeten Ecken.

Parameter:	x	X-Koordinate der oberen linken Ecke.
	y	Y-Koordinate der oberen linken Ecke.
	width	Breite des Rechtecks.
	arcWidth	Horizontaler Durchmesser der Eckbögen.
	arcHeight	Vertikaler Durchmesser der Eckbögen.

- `void draw3Drect(int x, int y, int width, int height, boolean raised)`

  Zeichnet den Umriß eines erhabenen (3D) Rechtecks. Beachten Sie, daß die dritten und vierten Parameter *nicht* den gegenüberliegenden Eckpunkt bezeichnen.

Parameter:	x	X-Koordinate der oberen linken Ecke.
	y	Y-Koordinate der oberen linken Ecke.
	width	Breite des Rechtecks.
	height	Höhe des Rechtecks.
	raised	`true`, wenn das Rechteck über dem Fenster erscheinen, `false`, wenn es »eingedrückt« aussehen soll.

- `void drawOval(int x, int y, int width, int height)`

  Zeichnet den Umriß einer Ellipse. Die Parameter spezifizieren das gedachte umgebende Rechteck.

Parameter:	x	X-Koordinate der oberen linken Ecke des umschließenden Rechtecks.
	y	Y-Koordinate der oberen linken Ecke des umschließenden Rechtecks.
	width	Breite des umschließenden Rechtecks.
	height	Höhe des umschließenden Rechtecks.

7.11 Figuren ausfüllen

Man kann das AWT anweisen, die Innenbereiche von geschlossenen Figuren (Rechtecke, Ellipsen, Polygone und Kreissegmente) mit einer Farbe auszufüllen. Die Methodenaufrufe ähneln den `draw`-Aufrufen des vorherigen Abschnitts, außer daß man `draw` durch `fill` ersetzt.

Grafikprogrammierung

- void fillRect(int x, int y, int width, int height)
- void fillRoundRect(int x, int y, int width, int height, int arcWidth, int arcHeight)
- void fill3DRect(int x, int y, int width, int height, boolean raised)
- void fillOval(int x, int y, int width, int height)
- void fillArc(int x, int y, int width, int height, int startAngle, int arcAngle)
- void fillPolygon(Polygon p)
- void fillPolygon(int[]xPoints, int[]yPoints, int nPoints)

Unter *Füllen* von Rechtecken und Ellipsen ist einfach das Einfärben des Innenbereichs mit der aktuellen Farbe zu verstehen. Allerdings gibt es einen winzigen Punkt zu beachten, wie Abbildung 7.14 verdeutlicht: Wenn man ein Rechteck (mit fill-Methoden) *füllt*, erhält man auf der rechten und der unteren Seite des Rechtecks einen Punkt weniger, als wenn man es (mit draw-Methoden) *zeichnen* würde. Wenn Sie sich die Ausgabe des Testprogramms von Beispiel 7.8 genau ansehen, fällt auf, daß die oberen und linken Linienabschnitte des gezeichneten Rechtecks von den darauffolgenden Füllungen überdeckt werden, während das bei den rechten und unteren Linienabschnitten nicht der Fall ist. Dieses Verhalten unterscheidet sich vom Windows-API, wo die Endpunkte der Linien und Rechtecke weder gezeichnet noch gefüllt werden.

Der 3D-Effekt des Aufrufs fill3DRect ist nicht deutlich zu erkennen, da der 3D-Rahmen nur ein Pixel breit ist. Einen besseren Effekt erzielt man mit dickeren Rahmen, indem man draw3DRect mehrfach – wie im letzten Abschnitt beschrieben – aufruft.

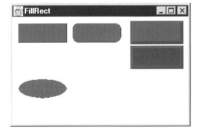

Abbildung 7.14: Gefüllte Rechtecke und Ellipsen

Beispiel 7.8: FillRect.java
```
import java.awt.*;
import java.awt.event.*;
import javax.swing.*;
```

```
class FillRectPanel extends JPanel
{ public void paintComponent(Graphics g)
   { super.paintComponent(g);
      g.drawRect(10, 10, 80, 30);
      g.drawRoundRect(100, 10, 80, 30, 15, 15);
      g.drawOval(10, 100, 80, 30);
      g.setColor(Color.red);
      g.fillRect(10, 10, 80, 30);
      g.fillRoundRect(100, 10, 80, 30, 15, 15);

      int thickness = 4;

      g.fill3DRect(200, 10, 80, 30, true);
      for (int i = 1; i <= thickness; i++)
         g.draw3DRect(200 - i, 10 - i,
            80 + 2 * i - 1, 30 + 2 * i - 1, true);

      g.fill3DRect(200, 50, 80, 30, false);
      for (int i = 1; i <= thickness; i++)
         g.draw3DRect(200 - i, 50 - i,
            80 + 2 * i - 1, 30 + 2 * i - 1, true);

      g.fillOval(10, 100, 80, 30);
   }
}

class FillRectFrame extends JFrame
{ public FillRectFrame()
   { setTitle("FillRect");
      setSize(300, 200);
      addWindowListener(new WindowAdapter()
         { public void windowClosing(WindowEvent e)
            { System.exit(0);
            }
         } );
      Container contentPane = getContentPane();
      contentPane.add(new FillRectPanel());
   }
}

public class FillRect
{ public static void main(String[] args)
   { JFrame frame = new FillRectFrame();
      frame.show();
   }
}
```

Grafikprogrammierung

Das Füllen von Bögen und Polygonen unterscheidet sich grundsätzlich vom Zeichnen dieser Figuren. Bögen werden als Kreissegmente gefüllt, indem der Mittelpunkt des umschließenden Rechtecks mit den beiden Endpunkten des Bogens verbunden und der Innenbereich ausgefüllt wird. Sehen Sie sich dazu den gefüllten Pac Man in Abbildung 7.15 an.

Polygone werden dagegen nach der »alternierenden« Regel gefüllt. Nach dieser Regel befindet sich ein Punkt innerhalb, wenn auf dem Weg eines unendlichen Strahls mit dem Punkt als Ursprung eine ungerade Anzahl von Kreuzungspunkten liegt. Dieser Effekt zeigt sich deutlich in der gefüllten Spirale von Beispiel 7.9.

Abbildung 7.15: Gefüllte Formen

Beispiel 7.9: FillPoly.java

```
import java.awt.*;
import java.awt.event.*;
import javax.swing.*;

class FillPolyPanel extends JPanel
{ public void paintComponent(Graphics g)
    { super.paintComponent(g);
      int r = 40; // Radius für Kreis des PacMan(R)
      int cx = 50; // Mittelpunkt dieses Kreises
      int cy = 100;
      int angle = 30; // Öffnungswinkel des Mauls

      g.fillArc(cx - r, cy - r, 2 * r, 2 * r, angle,
          360 - 2 * angle);

      Polygon p = new Polygon();
      cx = 150;
      int i;
```

```
        for (i = 0; i < 5; i++)
           p.addPoint(
              (int)(cx + r * Math.cos(i * 2 * Math.PI / 5)),
              (int)(cy + r * Math.sin(i * 2 * Math.PI / 5)));

        g.fillPolygon(p);

        Polygon s = new Polygon();
        cx = 250;
        for (i = 0; i < 360; i++)
        {  double t = i / 360.0;
           s.addPoint(
              (int)(cx + r * t * Math.cos(8 * t * Math.PI)),
              (int)(cy + r * t * Math.sin(8 * t * Math.PI)));
        }
        g.fillPolygon(s);
    }
}

class FillPolyFrame extends JFrame
{  public FillPolyFrame()
   {  setTitle("FillPoly");
      setSize(300, 200);
      addWindowListener(new WindowAdapter()
         {  public void windowClosing(WindowEvent e)
            {  System.exit(0);
            }
         } );
      Container contentPane = getContentPane();
      contentPane.add(new FillPolyPanel());
   }
}

public class FillPoly
{  public static void main(String[] args)
   {  JFrame frame = new FillPolyFrame();
      frame.show();
   }
}
```

7.12 Zeichenmodi

Wenn man Figuren übereinanderzeichnet, legt das AWT die zuletzt gezeichnete Figur über alle anderen darunter befindlichen. Neben diesem Überschreiben-Modus hat das AWT auch eine zweite

Grafikprogrammierung

Methode, um neue Figuren mit dem alten Fensterinhalt zu kombinieren. Dieses Verfahren ist der sogenannte *XOR*-Modus. Den XOR-Modus wählt man mit dem Aufruf

```
g.setXORMode(xorColor);
```

aus. In diesem Zeichenmodus hebt man bestimmte Abschnitte des Bildschirms hervor. Nehmen wir an, daß Sie ein gefülltes Rechteck über einen Teil des Bildschirms zeichnen wollen. Wenn Sie über Pixel zeichnen, die gerade die aktuelle Farbe haben, ändert sie das AWT in die Farbe, die im Aufruf von setXORMode spezifiziert ist. Zeichnet man auf Pixel in der Farbe des Parameters von setXOR-Mode, ändert sie das AWT in die aktuelle Farbe. Auch alle anderen Farben, die sich unter dem hervorgehobenen Bereich befinden, werden durch das AWT in bestimmter Weise geändert. Der wesentliche Punkt ist, daß XOR als *Umschalter* wirkt. Wenn man dieselbe Figur zweimal im XOR-Modus zeichnet, löscht die zweite Zeichnung die erste, und der Bildschirm sieht genau wie zu Beginn aus. Beispiel 7.10 zeigt dazu entsprechenden Code.

Normalerweise verwendet man die Hintergrundfarbe (wie in Abbildung 7.16) als Argument an setXORMode.

Beispiel 7.10: XOR.java

```java
import java.awt.*;
import java.awt.event.*;
import javax.swing.*;

class XORPanel extends JPanel
{  XORPanel()
   {  setBackground(Color.black);
   }

   public void paintComponent(Graphics g)
   {  super.paintComponent(g);
      g.setColor(Color.red);
      g.fillRect(10, 10, 80, 30);
      g.setColor(Color.green);
      g.fillRect(50, 20, 80, 30);
      g.setColor(Color.blue);
      g.fillRect(130, 40, 80, 30);
      g.setXORMode(Color.green);
      g.fillRect(90, 30, 80, 30);
   }
}

class XORFrame extends JFrame
{  public XORFrame()
   {  setTitle("XOR");
```

```
        setSize(300, 200);
        addWindowListener(new WindowAdapter()
            {   public void windowClosing(WindowEvent e)
                {   System.exit(0);
                }
            } );
        Container contentPane = getContentPane();
        contentPane.add(new XORPanel());
    }
}

public class XOR
{   public static void main(String[] args)
    {   JFrame frame = new XORFrame();
        frame.show();
    }
}
```

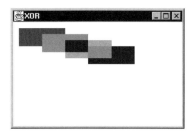

Abbildung 7.16: Farben im XOR-Modus kombinieren

API

java.awt.Graphics

- void setPaintMode()

    Setzt den Grafikkontext für den Zeichenmodus, bei dem neue Pixel die alten ersetzen.

- void setXORMode(Color xorColor)

    Setzt den Grafikkontext auf den XOR-Modus. Die Farbe eines Pixels ergibt sich als oldColor ^ newColor ^ xorColor. Wenn man dieselbe Figur zweimal zeichnet, wird sie gelöscht und der Bildschirm auf sein ursprüngliches Aussehen zurückgesetzt.

    | Parameter: | xorColor | Die Farbe, in die sich die aktuelle Farbe beim Zeichnen ändern soll. |

Grafikprogrammierung

7.13 Bilder

Sie haben bereits gesehen, wie man einfache Bilder aus Linien und Figuren zusammensetzt. Komplexe Bilder wie Fotos werden in der Regel extern erzeugt, beispielsweise mit einem Scanner oder speziellen Bildbearbeitungsprogrammen. (Band 2 zeigt, wie sich auch ein Bild Pixel für Pixel erstellen und das Ergebnis in einem Java-Array speichern läßt. Dieses Verfahren ist beispielsweise bei Fraktalen üblich.)

Nachdem die Bilder in lokalen Dateien oder an einer Stelle im Netz gespeichert sind, kann man sie in eine Java-Anwendung lesen und in `Graphics`-Objekten anzeigen. Eine Grafikdatei liest man über ein `Toolkit`-Objekt ein. Ein `Toolkit`-Objekt kann GIF- und JPEG-Dateien lesen.

Tip

Die meisten Bildbearbeitungsprogramme können Bildformate (etwa Bitmap- oder Symboldateien von Windows) in eines der von Java verstandenen Formate konvertieren. Diese Umwandlung ist zum Beispiel erforderlich, wenn man Standardsymbole von Windows in der Methode `setIconImage` übergeben will, um das Symbol für die Rahmen festzulegen.

Um ein `Toolkit`-Objekt zu erhalten, verwendet man die statische Methode `getDefaultToolkit` der Klasse `Toolkit`. Der folgende Code zeigt, wie man eine lokale Bilddatei vom aktuellen Benutzerverzeichnis holt (wenn sich die Bilddatei nicht im aktuellen Benutzerverzeichnis befindet, ist ein vollständiger Pfadname anzugeben):

```
String name = "blue-ball.gif";
Image image = Toolkit.getDefaultToolkit().getImage(name);
```

Um eine Bilddatei aus dem Netz zu beziehen, muß man den URL bereitstellen. Dazu ein Beispiel:

```
URL u = new URL("http://www.someplace.com/anImage.gif");
Image image = Toolkit.getDefaultToolkit().getImage(u);
```

Die Variable `image` enthält jetzt eine Referenz auf ein Objekt, das die GIF-Bilddatei kapselt. Mit der Methode `drawImage` der Klasse `Graphics` läßt sich das Bild anzeigen.

```
public void paintComponent(Graphics g)
{  . . .
   g.drawImage(image, x, y, null);
}
```

Beispiel 7.11 geht etwas weiter und *kachelt* das Fenster mit kleinen Grafiken. Das Ergebnis ist in Abbildung 7.17 dargestellt. Das Kacheln wird in der Methode `paintComponent` erledigt. Zuerst zeichnen wir eine Kopie des Bildes in die obere linke Ecke und rufen dann copyArea auf, um das Bild über das gesamte Fenster zu kopieren.

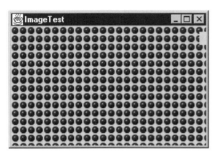

Abbildung 7.17: Fenster mit kachelartig angeordneten Bildern

Allerdings hat die Sache einen Haken. Das AWT wurde in der Annahme geschrieben, daß ein Bild langsam über eine Netzwerkverbindung eintreffen kann. Der erste Aufruf der Funktion drawImage erkennt, daß die GIF-Datei noch nicht geladen wurde. Statt das Bild zu laden und zum Aufrufer zurückzukehren, wenn der Ladevorgang tatsächlich abgeschlossen ist, spannt Java einen neuen Ausführungsthread auf, um das Bild zu laden, und kehrt dann zum Aufrufer zurück, ohne eigentlich die Task ausgeführt zu haben. (Band 2 geht näher auf Threads ein.)

Zumindest ist das überraschend, wenn man daran gewöhnt ist, daß eine Funktion erst dann zurückkehrt, wenn sie ihren Job getan hat. Hier aber arbeitet der Multithread-Aspekt von Java gegen unsere Annahmen. Letztendlich läuft der Code in unserem Programm parallel zum Code, der das Bild lädt. Schließlich ist das Bild geladen und verfügbar. In der Zwischenzeit hat unser Code natürlich den gesamten Puffer mit Kopien eines leeren Bildes gekachelt.

Der Anforderungsprozeß eines Bildes läßt sich mit einem speziellen Mechanismus überwachen. Man erhält jeweils eine Benachrichtigung, wenn die Größe des Bildes bekannt ist, wenn ein Block des Bildes (ein sogenannter Chunk) bereitsteht und schließlich wenn das gesamte Bild komplett angekommen ist. Wenn Sie sich mit einem Internet-Browser eine Webseite mit Grafiken ansehen, können Sie verfolgen, wie diese Benachrichtigungen in Aktionen umgesetzt werden. Ein Internet-Browser stellt das Layout einer Webseite dar, sobald die Größen der Bilder auf der Seite bekannt sind. Dann füllt er allmählich die Bilder, sobald mehr Detailinformationen verfügbar werden. Der vierte Parameter im Aufruf von drawImage, den wir auf null gesetzt haben, kann optional auf ein ImageObserver-Objekt zeigen, das diese Meldungen empfängt.

Wir sind allerdings nicht an einer inkrementellen Wiedergabe interessiert und wollen nur wissen, wann das GIF-Bild vollständig geladen ist, um *dann* den Puffer mit dem Kachelmuster zu füllen. Eine spezielle Klasse namens MediaTracker erleichtert es, diese Verzögerung zu programmieren. Damit läßt sich die Anforderung von einem oder mehreren Bildern verfolgen. (Die Bezeichnung »Media« läßt vermuten, daß die Klasse auch Audiodateien oder andere Medien verfolgen kann.

Grafikprogrammierung

Eine derartige Erweiterung ist vermutlich für die Zukunft geplant, die momentane Implementierung verfolgt allerdings nur Bilder.)

Ein Bild fügt man einem Tracker-Objekt mit dem folgenden Befehl hinzu:

```
MediaTracker tracker = new MediaTracker();
Image img = Toolkit.getDefaultToolkit().getImage(name);
int id = 1; // ID zum Verfolgen des Bildladevorganges
tracker.addImage(img, id);
```

In ein und denselben Media Tracker kann man eine beliebige Anzahl von Bildern aufnehmen. Jedes Bild muß eine andere ID-Nummer haben, aber man kann eine beliebige, für den jeweiligen Zweck am besten geeignete Numerierung wählen. Um auf das vollständige Laden eines Bildes zu warten, verwendet man zum Beispiel folgenden Code:

```
try { tracker.waitForID(id); }
catch (InterruptedException e) {}
```

Die try/catch-Anweisungen sind aus einem technischen Grund erforderlich. Auf das Thema der Ereignisbehandlung kommen wir in Kapitel 12 und dem Abschnitt zur InterruptedException im Multithreading-Kapitel von Band 2 zurück. In unserem Beispielprogramm fügen wir einfach diesen Code in den Konstruktor ein:

```
public ImagePanel()
{  image = Toolkit.getDefaultToolkit().getImage
      ("blue-ball.gif");
   MediaTracker tracker = new MediaTracker(this);
   tracker.addImage(image, 0);
   try { tracker.waitForID(0); }
   catch (InterruptedException e) {}
}
```

Dieser Code realisiert das Warten, bis das Bild vollständig geladen ist, bevor weiterer Code verarbeitet wird.

Wenn man mehrere Bilder anfordern möchte, kann man sie alle dem MediaTracker-Objekt hinzufügen und warten, bis alle Bilder geladen sind. Das erreicht man mit dem folgenden Code:

```
try { tracker.waitForAll(); }
catch (InterruptedException e) {}
```

Hinweis

Bei Programmen, die mit dem grundlegenden AWT arbeiten, lassen sich flackerfreie Bilder etwas schwerer erzeugen: Man muß auf die *Pufferung* zurückgreifen. Dagegen wendet Swing die Pufferung per Vorgabe automatisch an. (Man kann sie zwar ausschalten, aber es gibt gar keinen Grund dafür.) Wenn man ein Bild für eine AWT-Komponente anfordern muß, baut man zuerst die Zeichnung in einem Hintergrundbild zusammen und zeichnet dann das Hintergrundbild.

```
Image buffered_image = createImage(client_width,
   client_height);
Graphics bg = buffered_image.getGraphics();
// Alle Zeichenbefehle, die bg verwenden, füllen das buffered_image
// ...
// Schließlich den Puffer zeichnen
g.drawImage(buffered_image, 0, 0, null);
bg.dispose();
buffered_image.flush();
```

Beispiel 7.11 zeigt den vollständigen Quellcode für das Programm zur Bildanzeige. Damit schließen wir die Einführung in die Java-Grafikprogrammierung ab. Mit weiterführenden Techniken beschäftigen sich die Kapitel zu 2D-Grafiken und zur Bildmanipulation in Band 2.

Beispiel 7.11: ImageTest.java

```
import java.awt.*;
import java.awt.event.*;
import javax.swing.*;

class ImagePanel extends JPanel
{  public ImagePanel()
   {  image = Toolkit.getDefaultToolkit().getImage
         ("blue-ball.gif");
      MediaTracker tracker = new MediaTracker(this);
      tracker.addImage(image, 0);
      try { tracker.waitForID(0); }
      catch (InterruptedException e) {}
   }

   public void paintComponent(Graphics g)
   {  super.paintComponent(g);
      Dimension d = getSize();
      int clientWidth = d.width;
      int clientHeight = d.height;
```

Grafikprogrammierung

```
      int imageWidth = image.getWidth(this);
      int imageHeight = image.getHeight(this);

      g.drawImage(image, 0, 0, this);
      for (int i = 0; i * imageWidth <= clientWidth; i++)
        for (int j = 0;
             j * imageHeight <= clientHeight; j++)
          if (i + j > 0)
            g.copyArea(0, 0, imageWidth, imageHeight,
               i * imageWidth, j * imageHeight);
   }

   private Image image;
}

class ImageFrame extends JFrame
{  public ImageFrame()
   {  setTitle("ImageTest");
      setSize(300, 200);
      addWindowListener(new WindowAdapter()
         {  public void windowClosing(WindowEvent e)
            {  System.exit(0);
            }
         } );
      Container contentPane = getContentPane();
      contentPane.add(new ImagePanel());
   }
}

public class ImageTest
{  public static void main(String[] args)
   {  JFrame frame = new ImageFrame();
      frame.show();
   }
}
```

API

java.awt.Toolkit

- Toolkit getDefaultToolkit()
  Liefert das Standard-Toolkit zurück.

- `Image getImage(String filename)`

    Liefert ein Bild zurück, für das die Pixeldaten aus einer Datei gelesen werden.

    Parameter: `filename`   Datei mit dem Bild (zum Beispiel eine GIF- oder JPEG-Datei).

API

`java.awt.Graphics`

- `boolean drawImage(Image img, int x, int y, ImageObserver observer)`

    Zeichnet ein skaliertes Bild. Achtung: Dieser Aufruf kann zurückkehren, bevor das Bild vollständig gezeichnet ist.

    Parameter:
    - `img`   Zu zeichnendes Bild.
    - `x`   X-Koordinate der oberen linken Ecke.
    - `y`   Y-Koordinate der oberen linken Ecke.
    - `observer`   Objekt, dem der Fortschritt der Bildwiedergabe zu melden ist (kann `null` sein).

- `boolean drawImage(Image img, int x, int y, int width, int height, ImageObserver observer)`

    Zeichnet ein skaliertes Bild. Das System paßt das Bild an einen Bereich mit der gegebenen Breite und Höhe an. Achtung: Dieser Aufruf kann zurückkehren, bevor das Bild vollständig gezeichnet ist.

    Parameter:
    - `img`   Zu zeichnendes Bild.
    - `x`   X-Koordinate der oberen linken Ecke.
    - `y`   Y-Koordinate der oberen linken Ecke.
    - `width`   Gewünschte Breite des Bildes.
    - `height`   Gewünschte Höhe des Bildes.
    - `observer`   Objekt, dem der Fortschritt der Bildwiedergabe zu melden ist (kann `null` sein).

Grafikprogrammierung

- `void copyArea(int x, int y, int width, int height, int dx, int dy)`

  Kopiert einen Bildschirmbereich.

Parameter:	x	X-Koordinate der oberen linken Ecke des Quellbereichs.
	y	Y-Koordinate der oberen linken Ecke des Quellbereichs.
	width	Breite des Quellbereichs.
	height	Höhe des Quellbereichs.
	dx	Horizontaler Abstand vom Quellbereich zum Zielbereich.
	dy	Vertikaler Abstand vom Quellbereich zum Zielbereich.

- `void dispose()`

  Verwirft diesen Grafikkontext und gibt die Betriebssystemressourcen frei. Man sollte immer die Grafikkontexte, die man von Methodenaufrufen wie `Image.getGraphics` erhält, freigeben, jedoch keine Kontexte, die man per `paintComponent` erhält.

API

`java.awt.Component`

- `Image createImage(int width, int height)`

  Erzeugt einen außerhalb des Bildschirmbereichs liegenden Bildpuffer für doppelte Pufferung.

Parameter:	width	Breite des Bildes.
	height	Höhe des Bildes.

API

`java.awt.Image`

- `Graphics getGraphics()`

  Holt einen Grafikkontext, um in diesen Bildspeicher zu zeichnen.

- `void flush()`

  Gibt alle Ressourcen frei, die dieses Bildobjekt belegt.

API

`java.awt.MediaTracker`

- `void addImage(Image image, int id)`

  Fügt ein Bild in die Liste der zu verfolgenden Bilder ein. Damit beginnt gleichzeitig der Ladevorgang für das Bild.

Parameter:	image	Zu verfolgendes Bild.
	id	Bezeichner, über den man sich später auf das Bild beziehen kann.

- `boolean waitForID(int id)`

  Wartet, bis alle Bilder mit der angegebenen ID geladen sind.

- `void waitForAll()`

  Wartet, bis alle verfolgten Bilder geladen sind.

Kapitel 8

Ereignisbehandlung

Für Programme mit einer grafischen Benutzeroberfläche stellt die Ereignisbehandlung ein zentrales Element dar. Wenn man über die bisher gezeigten »spielzeugartigen« und konsolenbasierten Programme hinausgehen will, muß man die Ereignisbehandlung durch Java beherrschen. Dieses Kapitel erläutert, wie das Ereignismodell des Java-AWT funktioniert. Außerdem erfahren Sie, wie man die einfachsten Elemente der Benutzeroberfläche – beispielsweise Schaltflächen – einsetzt. Insbesondere geht das Kapitel darauf ein, wie man mit den von diesen Komponenten erzeugten grundlegenden Ereignissen umgeht. Das nächste Kapitel beschreibt die gebräuchlichsten Swing-Komponenten sowie die von ihnen generierten Ereignisse.

Das aktuelle Java-Ereignismodell unterscheidet sich von dem in Java 1.0. Wenn Sie bereits mit Java 1.0 vertraut sind, müssen Sie sich mit einem neuen Ansatz der Programmierung beschäftigen und die bisher gewohnten Wege verlassen. Sun versichert zwar, daß der für das ältere Ereignismodell geschriebene Code in späteren Versionen von Java weiterhin funktioniert, stellt aber auch fest, daß der Übergang zum neuen Ereignismodell sowohl Leistungsverbesserungen als auch ein größeres Maß an Flexibilität mit sich bringt. Auf das ältere Modell gehen wir in diesem Kapitel nur kurz ein. Man kann den Compiler anweisen, alle Zeilen mit Methoden des älteren Ereignismodells zu kennzeichnen, indem man den Quellcode mit dem Schalter -deprecation kompiliert. (Im Laufe der Zeit können dennoch Probleme auftreten. Schließlich wird Sun das ältere Ereignismodell nicht auf ewige Zeit unterstützen. Außerdem müssen Sie ohnehin auf das neue Ereignismodell zurückgreifen, wenn Sie mit Swing-Komponenten arbeiten.)

Hinweis

Wenn Ihre Applets auch in älteren Browsern laufen sollen, die wie Netscape Navigator 2 oder 3 oder Internet Explorer vor der Version 4 noch mit Java 1.0 arbeiten, dann müssen Sie das Ereignismodell von Java 1.0 einsetzen.

8.1 Grundlagen der Ereignisbehandlung

Jedes Betriebssystem, das eine grafische Benutzeroberfläche unterstützt, muß ständig die Umgebung auf Ereignisse wie Tastenbetätigungen oder Mausklicks überwachen. Das Betriebssystem meldet diese Ereignisse an die laufenden Programme. Jedes Programm entscheidet dann, ob überhaupt und wie auf die Ereignisse zu reagieren ist. In Sprachen wie Visual Basic ist die Zuordnung zwischen Ereignissen und Code offensichtlich. Man schreibt Code für jedes spezielle Ereignis, das für ein Programm in Frage kommt, und plaziert den Code in einer sogenannten *Ereignisprozedur* oder *Behandlungsroutine*. Beispielsweise verfügt eine `HelpButton`-Schaltfläche in Visual Basic über eine Ereignisprozedur namens `HelpButton_Click`, die der Schaltfläche zugeordnet ist. Wenn der Benutzer auf die Schaltfläche klickt, aktiviert VB daraufhin den Code in dieser Prozedur. Jede Visual Basic-Komponente (sprich Element der grafischen Benutzeroberfläche) reagiert auf

Ereignisbehandlung

einen festgelegten Satz von Ereignissen. Es ist nicht möglich, die Ereignisse zu verändern, auf die Visual-Basic-Komponenten reagieren.

Wenn man andererseits mit Sprachen wie reinem C ereignisgesteuerte Programme erstellt, muß man Code schreiben, der die Ereigniswarteschlange ständig auf eingetragene Nachrichten durch das Betriebssystem hin überprüft. (Gewöhnlich baut man den entsprechenden Code in ein Schleifenungetüm mit einer massiven `switch`-Anweisung ein.) Diese Technik ist offensichtlich sehr umständlich und in jedem Fall wesentlich schwieriger zu kodieren. Der Vorteil ist, daß man bei der Reaktion auf Ereignisse nicht – wie etwa in Visual Basic, das die Ereigniswarteschlange größtenteils vor dem Benutzer verbirgt – eingeschränkt ist.

In bezug auf Leistungsfähigkeit und resultierende Komplexität des Codes schlägt Java einen Mittelweg zwischen dem Ansatz von Visual Basic und reinem C ein. Innerhalb der Grenzen von Ereignissen, die das AWT kennt, kann man vollständig steuern, wie Ereignisse von *Ereignisquellen* (wie etwa Schaltflächen oder Bildlaufleisten) zu *Ereignis-Listenern* (oder Ereignisbehandlungsroutinen) übertragen werden. Es läßt sich *jedes beliebige* Objekt als Ereignis-Listener kennzeichnen – in der Praxis wählt man ein Objekt, mit dem sich die gewünschte Reaktion auf das Ereignis komfortabel realisieren läßt. Dieses *Ereignisdelegierungsmodell* bietet wesentlich mehr Flexibilität als die Ereignisbehandlung in Visual Basic, wo der Listener vorbestimmt ist, erfordert aber mehr Code und ist schwieriger zu entwirren (zumindest bis man damit vertraut ist).

Ereignisquellen haben Methoden, über die man Ereignis-Listener für die Ereignisse registrieren kann. Wenn ein Ereignis an der Quelle auftritt, sendet die Quelle eine Benachrichtigung über dieses Ereignis an alle Listener-Objekte, die für das betreffende Ereignis registriert sind. Wie man in einer objektorientierten Sprache wie Java erwartet, werden die Informationen über das Ereignis in einem *Ereignisobjekt* verkapselt. In Java leiten sich alle Ereignisobjekte letztendlich von der Klasse `java.util.EventObject` ab. Natürlich gibt es für jeden Ereignistyp Subklassen wie `ActionEvent` und `WindowEvent`.

Die verschiedenartigen Ereignisquellen können unterschiedliche Arten von Ereignissen generieren. Beispielsweise kann eine Schaltfläche `ActionEvent`-Objekte senden, während ein Fenster `WindowEvent`-Objekte schickt.

Die folgende Übersicht faßt die Funktionsweise der Ereignisbehandlung im AWT zusammen:

- Ein Listener-Objekt ist eine Instanz einer Klasse, die eine spezielle Schnittstelle, die sogenannte *Listener-Schnittstelle*, implementiert.

- Eine Ereignisquelle ist ein Objekt, das Listener-Objekte registrieren und ihnen Ereignisobjekte senden kann.

- Die Ereignisquelle sendet Ereignisobjekte an alle registrierten Listener, wenn das Ereignis auftritt.
- Die Listener-Objekte verwenden dann die Informationen im Ereignisobjekt, um ihre Reaktion auf das Ereignis festzulegen.

Das Modell für die Registrierung des Listener-Objekts mit dem Quellobjekt sieht folgendermaßen aus:

```
eventSourceObject.addEventListener(eventListenerObject);
```

Dazu ein Codebeispiel:

```
MyPanel panel = new MyPanel();
JButton button = new JButton("Clear");
button.addActionListener(panel);
```

Das `panel`-Objekt wird mithin benachrichtigt, sobald ein »Aktionsereignis« in der Schaltfläche auftritt. Bei Schaltflächen ist ein Aktionsereignis erwartungsgemäß ein Klick auf die Schaltfläche.

In Code wie dem obigen ist es erforderlich, daß die Klasse, zu der das `panel`-Listener-Objekt gehört, die passende Schnittstelle implementiert (die in diesem Fall `ActionListener` heißt). Wie bei allen Schnittstellen in Java bedeutet das Implementieren einer Schnittstelle, daß man Methoden mit den richtigen Signaturen bereitstellt. Um die Schnittstelle `ActionListener` zu implementieren, muß der Listener über eine Methode (namens `actionPerformed`) verfügen, die ein `ActionEvent`-Objekt als Parameter empfängt.

```
public class MyPanel extends JPanel
    implements ActionListener
{  . . .
   public void actionPerformed(ActionEvent evt)
   {  // Hier Code für Reaktion auf Schaltflächenklick
      . . .
   }
}
```

Immer wenn der Benutzer auf die Schaltfläche klickt, erzeugt das `JButton`-Objekt ein `ActionEvent`-Objekt und ruft `panel.actionPerformed` auf, wobei dieses Ereignisobjekt übergeben wird. Es ist auch möglich, außer `panel` noch andere Listener für die Schaltfläche zu registrieren. In diesem Fall wird deren `actionPerformed`-Methode ebenfalls aufgerufen.

Ereignisbehandlung

8.2 Beispiel: Welche Schaltfläche wurde angeklickt?

Um das Ereignisdelegierungsmodell etwas näher zu beleuchten, gehen wir alle Details durch, die im einfachen Beispiel der Reaktion auf einen Schaltflächenklick erforderlich sind. Das Beispiel soll folgendes realisieren:

- Eine Grundfläche mit Schaltflächen.
- Ein Listener-Objekt (nämlich die Grundfläche selbst), das sich selbst bei den Schaltflächen registriert, so daß es die Schaltflächenereignisse verfolgen kann.

In diesem Szenario empfängt die Grundfläche (das Listener-Objekt) ein `ActionEvent`, das einen Schaltflächenklick kennzeichnet, wenn der Benutzer auf eine der Schaltflächen in der Grundfläche klickt. Da ein und dasselbe Grundflächenobjekt der Listener für mehrere Schaltflächen ist, müssen wir ermitteln, welche Schaltfläche der Benutzer angeklickt hat.

Bevor wir das Programm zeigen können, das auf Schaltflächenklicks reagiert, müssen wir erst erläutern, wie man Schaltflächen erzeugt und sie in eine Grundfläche einfügt. (Kapitel 9 geht umfassend auf Elemente der Benutzeroberfläche ein.)

Eine Schaltfläche erzeugt man, indem man einen Bezeichnungsstring, ein Symbol oder beides im Konstruktor der Schaltfläche spezifiziert. Dazu zwei Beispiele:

```
JButton yellowButton = new JButton("Gelb");
JButton blueButton = new JButton(new ImageIcon("blue-ball.gif"));
```

Eine Schaltfläche fügt man der Grundfläche mit der Methode `add` hinzu. Die Methode `add` übernimmt als Parameter die jeweils in den Container einzufügende Komponente, wie es folgendes Beispiel zeigt:

```
class ButtonPanel extends JPanel
{ public ButtonPanel()
   { yellowButton = new JButton("Gelb");
      blueButton = new JButton("Blau");
      redButton = new JButton("Rot");

      add(yellowButton);
      add(blueButton);
      add(redButton);
   }

   private JButton yellowButton;
   private JButton blueButton;
   private JButton redButton;
}
```

Abbildung 8.1 zeigt das Ergebnis.

Abbildung 8.1: Eine Grundfläche (Panel) mit Schaltflächen

Nachdem Sie nun wissen, wie man Schaltflächen in eine Grundfläche aufnimmt, müssen Sie den Code schreiben, durch den die Grundfläche auf die Schaltflächen reagieren kann. Dazu muß die Grundfläche die Schnittstelle ActionListener implementieren, deren bereits erwähnte Methode actionPerformed folgende Signatur hat:

```
public void actionPerformed(ActionEvent evt)
```

Prinzipiell gibt es zwei Möglichkeiten, um die angeklickte Schaltfläche herauszufinden. Die Methode getSource der Klasse EventObject, die Superklasse aller anderen Ereignisklassen, teilt die *Quelle* (Source) eines jeden Ereignisses mit. Die Ereignisquelle ist das Objekt, das das Ereignis generiert hat und den Listener benachrichtigt:

```
Object source = evt.getSource();
```

Welche Schaltfläche die Quelle war, läßt sich wie folgt testen:

```
if (source == yellowButton) . . .
else if (source == blueButton) . . .
else if (source == redButton ) . . .
```

Natürlich erfordert es diese Lösung, daß wir Referenzen auf die Schaltflächen als Instanzenfelder in der umgebenden Grundfläche aufbewahren.

Die andere Lösung bedient sich nicht der Methode getSource, sondern greift auf eine Methode getActionCommand zurück, die spezifisch zur Klasse ActionEvent ist. Diese Methode liefert einen *Befehlsstring*, der mit der jeweiligen Aktion verbunden ist. Bei Schaltflächen gibt der Befehlsstring per Voreinstellung die Beschriftung der Schaltfläche zurück. Bei dieser Lösung sieht der Code der Methode actionPerformed für das Programm ButtonTest.java folgendermaßen aus:

```
String command = evt.getActionCommand();
if (command.equals("Gelb")) . . .;
else if (command.equals("Blau")) . . .;
else if (command.equals("Rot")) . . .;
```

Ereignisbehandlung

Es ist natürlich etwas gefährlich, wenn man sich auf Schaltflächenstrings verläßt. Leicht schleicht sich ein Fehler ein, indem man die Schaltfläche zum Beispiel mit »Grün« beschriftet und im Test eine etwas anders geschriebene Bezeichnung verwendet:

```
if (command.equals("Gruen")) . . .
```

Schaltflächenstrings bringen auch Probleme mit sich, wenn man eine Anwendung für das internationale Parkett fit machen will. Hat man in der deutschen Version die Schaltflächen mit »Gelb«, »Blau« und »Rot« beschriftet, muß man beispielsweise für die englische Version *sowohl* die Schaltflächenbeschriftungen *als auch* die Strings in der Methode actionPerformed ändern. Um dieses Problem zu umgehen, kann man mit der Methode setActionCommand der Superklasse AbstractButton der Klasse JButton einen Aktionsbefehlsstring separat von der Beschriftung erstellen:

```
yellowButton = new JButton("Gelb");
yellowButton.setActionCommand("Yellow");
```

Mit welcher Lösung sollte man nun Ereignisquellen identifizieren? Die Verwendung von Objektreferenzen ist immer sicherer und deshalb auch zu empfehlen. Allerdings ist dazu erforderlich, daß der Ereignis-Listener Zugriff auf Instanzenvariablen hat, die auf die Quellobjekte verweisen. Befehlsstrings sind zwar flexibler, man muß aber genau auf die Schreibweise achten und hat mehr Aufwand, wenn eine Anwendung zu internationalisieren ist.

Hinweis

Die im Schaltflächenbeispiel verwendete Schnittstelle ActionListener ist nicht auf Schaltflächenklicks beschränkt, sondern läßt sich zum Beispiel auch einsetzen, wenn

- ein Element aus einem Listenfeld mit einem Doppelklick ausgewählt wird
- ein Menübefehl ausgewählt wird
- die Eingabe -Taste in einem Textfeld betätigt wird
- eine bestimmte Zeitspanne für eine Timer-Komponente verstrichen ist

Dieses und das nächste Kapitel bringen weitere Einzelheiten hierzu.

Die Schnittstelle ActionListener wird in allen Fällen in der gleichen Weise verwendet: Die Methode actionPerformed (die einzige Methode in ActionListener) übernimmt ein Objekt vom Typ ActionEvent als Parameter. Dieses Ereignisobjekt liefert die Informationen über das stattgefundene Ereignis.

Es ist nun geklärt, wie man die Aktionsereignisse analysiert. Jetzt müssen wir noch bestimmen, *welches Objekt* diese Analyse durchführen soll. Das AWT-Ereignismodell läßt uns in dieser Hinsicht vollkommen freie Hand. Man kann die Methode `actionPerformed` in ein passendes Objekt einfügen und dann dieses Objekt an die `addActionListener`-Methoden der Schaltflächen übergeben. Im Beispiel wollen wir die Hintergrundfarbe der Grundfläche, die die Schaltflächen enthält, ändern. Daher bietet es sich an, die Methode `actionPerformed` in die Klasse einzubringen, die die Grundfläche implementiert. Diese Grundflächenklasse muß also die Schnittstelle `ActionListener` implementieren:

```
class ButtonPanel extends JPanel
    implements ActionListener
{  public ButtonPanel()
   {  . . .
   }

   public void actionPerformed(ActionEvent evt)
   {  Object source = evt.getSource();
      if (source == yellowButton) . . .
      else if (source == blueButton) . . .
      else if (source == redButton ) . . .
   }

   private JButton yellowButton;
   private JButton blueButton;
   private JButton redButton;
}
```

Wir haben nun festgelegt, daß die Grundfläche, die die Schaltflächen enthält, die Ereignisse behandelt. Nun müssen wir noch den Schaltflächen mitteilen, daß sie Ereignisse an diese Grundfläche senden sollen. Für jede Schaltfläche ruft man die Methode `addActionListener` mit einer Referenz auf diese Grundfläche auf. Diese Aufrufe scheinen am besten im Konstruktor der Grundfläche selbst untergebracht zu sein, wo die Schaltflächen erzeugt und in die Grundfläche aufgenommen werden. Innerhalb dieser Methode greift man auf die Grundfläche über den Zeiger `this` zu. Der Code für das Hinzufügen der Grundfläche als Aktions-Listener für die Schaltflächen sieht demnach wie folgt aus:

```
public ButtonPanel()
{  yellowButton = new JButton("Gelb");
   blueButton = new JButton("Blau");
   redButton = new JButton("Rot");
```

Ereignisbehandlung

```
add(yellowButton);
add(blueButton);
add(redButton);

yellowButton.addActionListener(this);

blueButton.addActionListener(this);

redButton.addActionListener(this);
}
```

Es ist durchaus üblich, daß der Ereignis-Listener einer UI-Komponente der Container der Komponente ist. Allerdings sei betont, daß man auch jedes andere Objekt als Listener einsetzen kann.

Abbildung 8.2 zeigt die Wechselwirkung zwischen der Ereignisquelle, dem Ereignis-Listener und dem Ereignisobjekt.

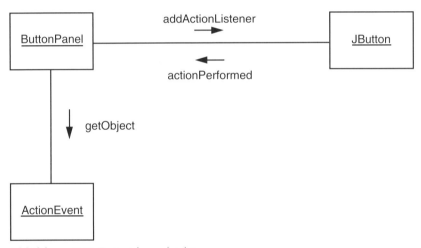

Abbildung 8.2: Ereignisbenachrichtigung

Das einfache Programm in Beispiel 8.1 erweitert den obigen Code, indem die Hintergrundfarbe geändert wird, wenn der Benutzer auf eine Schaltfläche klickt. Diese Änderung erfordert einen Aufruf der Methode setBackground und einen anschließenden Aufruf von repaint, um die Farbe der Grundfläche tatsächlich zu ändern.

Beispiel 8.1: ButtonTest.java

```
import java.awt.*;
import java.awt.event.*;
import javax.swing.*;
```

```
class ButtonPanel extends JPanel
   implements ActionListener
{  public ButtonPanel()
   {  yellowButton = new JButton("Gelb");
      blueButton = new JButton("Blau");
      redButton = new JButton("Rot");

      add(yellowButton);
      add(blueButton);
      add(redButton);

      yellowButton.addActionListener(this);
      blueButton.addActionListener(this);
      redButton.addActionListener(this);
   }

   public void actionPerformed(ActionEvent evt)
   {  Object source = evt.getSource();
      Color color = getBackground();
      if (source == yellowButton) color = Color.yellow;
      else if (source == blueButton) color = Color.blue;
      else if (source == redButton) color = Color.red;
      setBackground(color);
      repaint();
   }

   private JButton yellowButton;
   private JButton blueButton;
   private JButton redButton;
}


class ButtonFrame extends JFrame
{  public ButtonFrame()
   {  setTitle("ButtonTest");
      setSize(300, 200);
      addWindowListener(new WindowAdapter()
         {  public void windowClosing(WindowEvent e)
            {  System.exit(0);
            }
         } );

      Container contentPane = getContentPane();
      contentPane.add(new ButtonPanel());
   }
}
```

Ereignisbehandlung

```
public class ButtonTest
{  public static void main(String[] args)
   {  JFrame frame = new ButtonFrame();
      frame.show();
   }
}
```

Hinweis

Wenn Sie in Java 1.0 grafische Benutzeroberflächen programmiert haben, sind Sie wahrscheinlich nach dem Studium dieses Kapitels etwas verwirrt. In Java 1.0 war das Leben einfach: Man brauchte sich um Listener nicht zu kümmern. Statt dessen hat man den Code über Methoden wie action und handleEvent in die Klassen aufgenommen, die die Elemente der Benutzeroberfläche enthielten. Das Testen eines Schaltflächenklicks sieht dann zum Beispiel folgendermaßen aus:

```
public boolean action(Event evt, Object arg)
{  Color color = getBackground();
   if (arg.equals("Gelb")) color = Color.yellow;
   else if (arg.equals("Blau")) color = Color.blue;
   else if (arg.equals("Rot")) color = Color.red;
   setBackground(color);
   repaint();
   return true;
}
```

Es gibt zwei wichtige Unterschiede zwischen dem neuen und dem älteren Ereignismodell:

1. In Java 1.0 wird ein Schaltflächenklick *immer* von dem Objekt empfangen, das die Schaltfläche enthält. Nun werden Informationen über den Schaltflächenklick nur an Objekte verschickt, die als actionListener für die Schaltfläche hinzugefügt wurden.

2. In Java 1.0 werden alle Ereignisse in Methoden action und handleEvent aufgefangen. Jetzt gibt es viele separate Methoden (wie zum Beispiel actionPerformed und windowClosing), die auf Ereignisse reagieren können.

Bei einfachen Programmen ist das ältere Ereignismodell leichter zu programmieren (auch wenn es auf einem ganz anderen Blatt steht, ob es konzeptionell genauso einfach ist). In komplizierteren Programmen weist das ältere Ereignismodell gravierende Einschränkungen auf. Das neue Modell ist zwar anfangs etwas komplizierter, dafür aber weitaus flexibler und sicherlich auch schneller, da Ereignisse nur zu den Listenern gesendet werden, die tatsächlich daran interessiert sind.

API

java.util.EventObject

- Object getSource()

    Liefert eine Referenz auf das Objekt zurück, wo das Ereignis ursprünglich aufgetreten ist.

API

java.awt.event.ActionEvent

- String getActionCommand()

    Gibt den Befehlsstring zurück, der mit diesem Aktionsereignis verbunden ist. Wenn das Aktionsereignis von einer Schaltfläche stammt, ist der Befehlsstring gleich der Beschriftung der Schaltfläche, außer wenn man ihn mit der Methode setActionCommand geändert hat.

API

javax.swing.AbstractButton

- void setActionCommand(String s)

    Setzt den Befehlsstring des Aktionsbefehls, der beim Anklicken der Schaltfläche geniert wird, auf den String s.

API

javax.swing.JButton

- JButton(String label)

    Konstruiert eine Schaltfläche.

    Parameter: label   Text, der auf der Schaltfläche erscheinen soll.

- JButton (Icon icon)

    Konstruiert eine Schaltfläche.

    Parameter: icon   Symbol, das auf der Schaltfläche erscheinen soll.

Ereignisbehandlung

- `JButton(String label, Icon icon)`

    Konstruiert eine Schaltfläche.

Parameter:	label	Text, der auf der Schaltfläche erscheinen soll.
	icon	Symbol, das auf der Schaltfläche erscheinen soll.

API

`java.awt.Container`

- `void add(Component c)`

    Fügt eine Komponente in diesen Container ein.

API

`javax.swing.ImageIcon`

- `ImageIcon(String filename)`

    Konstruiert ein Symbol, dessen Bild in einer Datei gespeichert wird. Das Bild wird automatisch mit einem Medien-Tracker geladen (siehe Kapitel 7).

Erscheinungsbild ändern

Per Vorgabe verwenden die Swing-Programme das Erscheinungsbild Metal. Ein anderes Erscheinungsbild kann man nach zwei Verfahren einstellen. Man kann eine Datei `swing.properties` im Verzeichnis `jdk\jre\lib` bereitstellen und darin die Eigenschaft `swing.defaultlaf` auf den Klassennamen mit dem gewünschten Erscheinungsbild setzen:

`swing.defaultlaf=com.sun.java.swing.plaf.motif.MotifLookAndFeel`

Das Erscheinungsbild Metal ist im Paket `javax.swing` untergebracht. Die anderen Pakete für Erscheinungsbilder befinden sich im Paket `com.sun.java` und brauchen nicht in jeder Java-Implementierung vorhanden zu sein. Momentan werden die Erscheinungsbilder für Windows und Mac aus Copyright-Gründen nur mit den Windows- bzw. Mac-Versionen des JDK geliefert.

Hier ein Tip zum Testen. Da Zeilen, die mit einem Nummernzeichen (#) beginnen, in Eigenschaftsdateien ignoriert werden, kann man mehrere Auswahlen für Erscheinungsbilder in der Datei swing.properties bereitstellen und die Nummernzeichen so schreiben, daß jeweils nur ein Erscheinungsbild ausgewählt ist:

```
#swing.defaultlaf=javax.swing.plaf.metal.MetalLookAndFeel
swing.defaultlaf=com.sun.java.swing.plaf.motif.MotifLookAndFeel
#swing.defaultlaf=com.sun.java.swing.plaf.windows.WindowsLookAndFeel
```

Um das Erscheinungsbild auf diese Weise umzuschalten, muß man das Programm neu starten. Ein Swing-Programm liest die Datei swing.properties nur einmal beim Startvorgang.

Das Erscheinungsbild läßt sich auch dynamisch einstellen. Rufen Sie dazu die statische Methode UIManager.setLookAndFeel auf, und übergeben Sie ihr den Namen des gewünschten Erscheinungsbildes. Der Aufruf der statischen Methode SwingUtilities.updateComponentTreeUI aktualisiert den gesamten Satz der Komponenten. An diese Methode muß man eine Komponente übergeben, die anderen findet die Methode selbst. Die Methode UIManager.setLookAndFeel kann eine Reihe von Ausnahmen auslösen, wenn sie nicht das angeforderte Erscheinungsbild finden kann oder wenn ein Ladefehler auftritt. Den Code zur Ausnahmebehandlung können Sie momentan links liegen lassen. Kapitel 11 bringt eine ausführliche Erklärung der Ausnahmebehandlung.

Das folgende Beispiel zeigt, wie man von einem Programm aus in das Erscheinungsbild Motif umschaltet:

```
String plaf = "com.sun.java.swing.plaf.motif.MotifLookAndFeel";
 try
 {  UIManager.setLookAndFeel(plaf);
    SwingUtilities.updateComponentTreeUI(contentPane);
 }
 catch(Exception e) {}
```

Beispiel 8.2 zeigt ein vollständiges Programm. Es demonstriert, wie man das Erscheinungsbild umschaltet (siehe Abbildung 8.3). Das Programm ist Beispiel 8.1 sehr ähnlich. Allerdings hat sich die Methode actionPerformed geändert, so daß sich beim Klicken auf die Schaltflächen das Erscheinungsbild und nicht die Hintergrundfarbe ändert. Beachten Sie, daß die Schaltfläche »Windows« nur unter Windows funktioniert, da Sun das Erscheinungsbild für Windows nicht auf anderen Plattformen bereitstellt.

Ereignisbehandlung

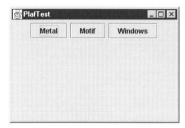

Abbildung 8.3: Das Erscheinungsbild umschalten

Beispiel 8.2: PlafTest.java

```java
import java.awt.*;
import java.awt.event.*;
import javax.swing.*;

class PlafPanel extends JPanel
    implements ActionListener
{   public PlafPanel()
    {   metalButton = new JButton("Metal");
        motifButton = new JButton("Motif");
        windowsButton = new JButton("Windows");

        add(metalButton);
        add(motifButton);
        add(windowsButton);

        metalButton.addActionListener(this);
        motifButton.addActionListener(this);
        windowsButton.addActionListener(this);
    }

    public void actionPerformed(ActionEvent evt)
    {   Object source = evt.getSource();
        String plaf = "";
        if (source == metalButton)
            plaf = "javax.swing.plaf.metal.MetalLookAndFeel";
        else if (source == motifButton)
            plaf = "com.sun.java.swing.plaf.motif.MotifLookAndFeel";
        else if (source == windowsButton)
            plaf = "com.sun.java.swing.plaf.windows.WindowsLookAndFeel";
        try
        {   UIManager.setLookAndFeel(plaf);
            SwingUtilities.updateComponentTreeUI(this);
        }
```

```
      catch(Exception e) {}
   }

   private JButton metalButton;
   private JButton motifButton;
   private JButton windowsButton;
}


class PlafFrame extends JFrame
{  public PlafFrame()
   {  setTitle("PlafTest");
      setSize(300, 200);
      addWindowListener(new WindowAdapter()
         {  public void windowClosing(WindowEvent e)
            {  System.exit(0);
            }
         } );

      Container contentPane = getContentPane();
      contentPane.add(new PlafPanel());
   }
}

public class PlafTest
{  public static void main(String[] args)
   {  JFrame frame = new PlafFrame();
      frame.show();
   }
}
```

8.2.1 Beispiel: Fensterereignisse auffangen

Nicht alle Ereignisse sind so einfach zu behandeln wie Klicks auf Schaltflächen. Sehen wir uns das Problem am Anfang von Kapitel 7 an. Wir wollen wissen, wann der Benutzer das Rahmenfenster schließt, damit wir die Anwendung beenden können. Wenn der Benutzer versucht, das Fenster zu schließen, erzeugt die Klasse JFrame, die das Fenster repräsentiert, ein WindowEvent. Jetzt brauchen wir ein passendes Listener-Objekt, das wir in die Liste der Listener einfügen.

```
class MyFrame extends JFrame
{  public MyFrame()
   {  addWindowListener(x); // Was ist x?
      . . .
   }
   . . .
}
```

Ereignisbehandlung

Der Fenster-Listener x muß ein Objekt einer Klasse sein, die die Schnittstelle WindowListener implementiert. Zur Schnittstelle gehören eigentlich sieben Methoden. Der Rahmen ruft sie als Reaktion auf sieben unterschiedliche Ereignisse auf, die in einem Fenster auftreten können. Die Namen sind selbsterklärend, außer daß »iconified« unter Windows gewöhnlich »minimized« heißt. Die Signaturen für diese Methoden sehen wie folgt aus:

```
public void windowClosed(WindowEvent e)
public void windowIconified(WindowEvent e)
public void windowOpened(WindowEvent e)
public void windowClosing(WindowEvent e)
public void windowDeiconified(WindowEvent e)
public void windowActivated(WindowEvent e)
public void windowDeactivated(WindowEvent e)
```

Wie immer in Java muß jede Klasse, die eine Schnittstelle implementiert, auch alle ihre Methoden implementieren. In diesem Fall bedeutet das *sieben* Methoden. Eigentlich sind wir aber nur an einem der sieben Ereignisse interessiert: wenn der Benutzer das Fenster schließt. Dann nämlich wollen wir das Programm beenden. In die Methode windowClosing können wir somit einen Aufruf von System.exit(0) einfügen und für die anderen sechs Methoden der Schnittstelle Window-Listener nichts bewirkende Funktionen schreiben:

```
class Terminator implements WindowListener
{   public void windowClosing(WindowEvent e){System.exit(0);}
    public void windowClosed(WindowEvent e){}
    public void windowIconified(WindowEvent e){}
    public void windowOpened(WindowEvent e){}
    public void windowDeiconified(WindowEvent e){}
    public void windowActivated(WindowEvent e){}
    public void windowDeactivated(WindowEvent e){}
}
```

8.2.2 Adapterklassen

Den Code für sechs Methoden zu schreiben, die überhaupt nichts bewirken, ist reine Beschäftigungstherapie. Um diese Aufgabe zu vereinfachen, verfügen alle Listener-Schnittstellen des AWT mit mehreren Methoden über begleitende *Adapterklassen*, die alle Methoden der Schnittstelle implementieren, aber nichts weiter mit ihnen unternehmen. Beispielsweise hat die Klasse Window-Adapter sieben Methoden ohne Funktionalität. Das bedeutet, daß die Adapterklasse automatisch die technischen Anforderungen erfüllt, die Java an die Implementierung der zugehörigen Listener-Schnittstelle stellt. Man kann die Adapterklasse erweitern, um gewünschte Reaktionen bei bestimmten – nicht bei allen – Ereignistypen in der Schnittstelle zu spezifizieren. (Eine Schnittstelle wie ActionListener, die nur eine einzige Methode hat, braucht keine Adapterklasse.)

Machen wir uns also den Fensteradapter zunutze. Wir können die Klasse `WindowAdapter` erweitern, sechs der Methoden ohne Funktionalität erben und die Methode `windowClosing` überschreiben:

```
class Terminator extends WindowAdapter
{  public void windowClosing(WindowEvent e)
      {  System.exit(0);
      }
}
```

Hinweis

Man kann nicht `MyFrame` in einer Subklasse von `WindowAdapter` erzeugen, da `MyFrame` bereits `JFrame` erweitert. Demzufolge kann man nicht einfach den Fenster-Listener auf `this` setzen und muß letztendlich eine neue Klasse erstellen.

Jetzt können wir ein Objekt vom Typ `Terminator` als Ereignis-Listener registrieren:

```
class MyFrame extends JFrame
{  public MyFrame()
      {  Terminator x = new Terminator();
         addWindowListener(x);
         . . .
      }
   . . .
}
```

Wenn nun der Rahmen ein Fensterereignis generiert, übergibt er es durch Aufruf einer seiner sieben Methoden (siehe Abbildung 8.4) an das Objekt x. Sechs dieser Methoden bewirken nichts, die Methode `windowClosing` ruft `System.exit(0)` auf und beendet damit die Anwendung.

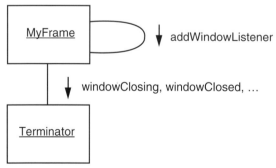

Abbildung 8.4: Ein Fenster-Listener

Ereignisbehandlung

Wenn man eine Listener-Klasse erzeugt, die `WindowAdapter` erweitert, ist das schon eine Verbesserung. Man kann aber noch einen Schritt weiter gehen. Es ist nämlich nicht erforderlich, dem Objekt x einen Namen zu geben. Man schreibt einfach:

```
class MyFrame extends JFrame
{  public MyFrame()
   {  addWindowListener(new Terminator());
      . . .
   }
   . . .
}
```

Aber warum sollten wir hier aufhören? Wir können die Listener-Klasse zu einer *anonymen inneren Klasse* des Rahmens machen, indem wir uns der Verfahren aus Kapitel 6 bedienen. Der Code, den Sie in allen Beispielen der Grafikprogramme gesehen haben, sieht folgendermaßen aus:

```
class MyFrame extends JFrame
{  public MyFrame()
   {  addWindowListener(new WindowAdapter()
         {   public void windowClosing(WindowEvent e)
             {  System.exit(0); }
         } );
      . . .
   }
   . . .
}
```

Dieser Code

- definiert eine Klasse ohne Namen, die die Klasse `WindowAdapter` erweitert.
- fügt eine Methode `windowClosing` in diese anonyme Klasse ein. (Wie gehabt, schließt diese Methode das Fenster und beendet das Programm.)
- erbt die übrigen sechs Methoden ohne Funktionalität von `WindowAdapter`.
- erzeugt ein Objekt dieser Klasse. Dieses Objekt hat ebenfalls keinen Namen.
- übergibt dieses Objekt an die Methode `addWindowListener`.

Natürlich ist die Syntax beim Einsatz von anonymen inneren Klassen für Ereignis-Listener etwas gewöhnungsbedürftig. Unterm Strich bleibt aber der Code so kurz wie möglich.

Hinweis

Es sei betont, daß die Verwendung einer anonymen inneren Adapterklasse eine rein technische Angelegenheit ist. Statt der Verwendung einer anonymen inneren Klasse kann man immer eine normale Klasse mit einem Namen definieren und dann ein Objekt dieser benannten Klasse erzeugen.

8.3 Die AWT-Ereignishierarchie

Nachdem Sie einen ersten Eindruck von der Funktionsweise der Ereignisbehandlung gewonnen haben, wenden wir uns nun einer allgemeineren Besprechung der Java-Ereignisbehandlung zu. Wie bereits kurz erwähnt, ist die Ereignisbehandlung in Java objektorientiert, wobei sich alle Ereignisse von der Klasse `EventObject` im Paket `java.util` ableiten. (Die gemeinsame Superklasse heißt nicht `Event`, da das der Name der Ereignisklasse im alten Ereignismodell ist. Obwohl das alte Modell jetzt verworfen wird, gehören seine Klassen weiterhin zum aktuellen AWT.)

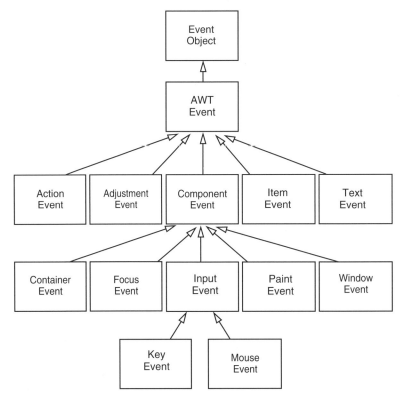

Abbildung 8.5: Vererbungshierarchie der AWT-Ereignisklassen

Ereignisbehandlung

Die Klasse `EventObject` hat eine Subklasse `AWTEvent`, die als übergeordnete Klasse aller AWT-Ereignisklassen fungiert. Abbildung 8.5 zeigt die Vererbungshierarchie der AWT-Ereignisse.

Verschiedene Swing-Komponenten generieren Ereignisobjekte von sogar noch mehr Ereignistypen. Diese erweitern direkt `EventObject` und nicht `AWTEvent`.

Man kann auch eigene benutzerdefinierte Ereignisse hinzufügen, indem man von `EventObject` oder einer der anderen Ereignisklassen ableitet. Darauf kommen wir am Ende dieses Kapitels zu sprechen.

Die Ereignisobjekte kapseln Informationen über das Ereignis, das die Ereignisquelle an ihre Listener schickt. Bei Bedarf kann man dann die Ereignisobjekte analysieren, die an das Listener-Objekt geschickt wurden, wie wir es im Schaltflächenbeispiel mit den Methoden `getSource` und `getActionCommand` realisiert haben.

Einige der AWT-Ereignisklassen sind für den Java-Programmierer nicht von praktischer Bedeutung. Beispielsweise fügt das AWT `PaintEvent`-Objekte in die Ereigniswarteschlange ein, aber diese Objekte werden nicht an Listener geliefert. Java-Programmierer sollten die Methode `paintComponent` überschreiben, um das Neuzeichnen zu steuern. Die folgende Übersicht zeigt die AWT-Ereignistypen, die tatsächlich an Listener übergeben werden.

```
ActionEvent              ItemEvent
AdjustmentEvent          KeyEvent
ComponentEvent           MouseEvent
ContainerEvent           TextEvent
FocusEvent               WindowEvent
```

Beispiele für alle diese Ereignistypen finden Sie in diesem und dem nächsten Kapitel.

Das Paket `javax.swing.event` enthält zusätzliche Ereignisse, die sich speziell auf Swing-Komponenten beziehen. Einige davon kommen im nächsten Kapitel zur Sprache.

Insgesamt sind im Paket `java.awt.event` elf Listener-Schnittstellen enthalten:

```
ActionListener           KeyListener
AdjustmentListener       MouseListener
ComponentListener        MouseMotionListener
ContainerListener        TextListener
FocusListener            WindowListener
ItemListener
```

Die Schnittstellen `ActionListener` und `WindowListener` haben Sie bereits kennengelernt.

Auch wenn das Paket `javax.swing.event` viele weitere Listener-Schnittstellen enthält, die speziell zu den Komponenten der Benutzeroberfläche von Swing gehören, greift es dennoch ausgiebig auf die Listener-Schnittstellen des AWT für die allgemeine Ereignisverarbeitung zurück.

Zu sieben der Listener-Schnittstellen des AWT, nämlich denjenigen, die mehr als eine Methode haben, gehören begleitende Adapterklassen, die alle Methoden in der Schnittstelle ohne Funktionalität implementieren. (Die restlichen vier Schnittstellen haben jeweils nur eine einzige Methode, so daß Adapterklassen für diese Schnittstellen nicht sinnvoll sind.)

Die Namen dieser Schnittstellen lauten:

```
ComponentAdapter        MouseAdapter
ContainerAdapter        MouseMotionAdapter
FocusAdapter            WindowAdapter
KeyAdapter
```

Offensichtlich gibt es jede Menge Klassen und Schnittstellen, die man verfolgen muß – das kann erdrückend sein. Zum Glück ist das Prinzip einfach. Eine Klasse, die Ereignisse empfangen will, muß eine Listener-Schnittstelle implementieren. Sie registriert sich selbst bei der Ereignisquelle. Dann holt sie die Ereignisse, für die sie vorgesehen ist, und verarbeitet sie über die Methoden der Listener-Schnittstelle.

Hinweis

Programmierer, die von C/C++ kommen, fragen sich vielleicht, warum die Fortpflanzung von Objekten, Methoden und Schnittstellen für die Ereignisbehandlung erforderlich ist. Man ist daran gewöhnt, die Umgebung von grafischen Benutzeroberflächen mit Callbacks und generischen Zeigern oder Handles zu programmieren. Das funktioniert aber nicht in Java. Das Java-Ereignismodell ist *streng typisiert*: Der Compiler achtet genau darauf, daß Ereignisse nur zu Objekten gelangen, die sie auch behandeln können.

8.4 Semantische und systemnahe Ereignisse im AWT

Das AWT trifft eine sinnvolle Unterscheidung zwischen *systemnahen* und *semantischen* Ereignissen. Ein semantisches Ereignis drückt aus, was der Benutzer unternimmt, beispielsweise »auf diese Schaltfläche klicken«. Folglich gehört ein `ActionEvent` zu den semantischen Ereignissen. Systemnahe Ereignisse ermöglichen das Ganze. Bei einem Schaltflächenklick ist das ein Drücken der Maustaste, eine Folge von Mausbewegungen und ein Loslassen der Maustaste (aber nur, wenn das Loslassen der Maustaste innerhalb des Schaltflächenbereichs stattfindet). Es kann auch ein Tastendruck sein, der auftritt, wenn der Benutzer die Schaltfläche mit der Tab -Taste auswählt und die Schaltfläche dann mit der Leertaste aktiviert. In gleicher Weise ist die Änderung einer Bildlaufleiste ein semantisches Ereignis, während das Ziehen der Maus ein systemnahes Ereignis darstellt.

Ereignisbehandlung

Im Paket `java.awt.event` sind vier semantische Ereignisklassen realisiert.

- `ActionEvent` – Für Schaltflächenklick, Menüauswahl, Auswahl eines Listeneintrags, Drücken der ⌊Eingabe⌋-Taste in einem Textfeld.
- `AdjustmentEvent` – Der Benutzer ändert die Bildlaufleiste.
- `ItemEvent` – Der Benutzer trifft eine Auswahl aus einer Gruppe von Kontrollkästchen oder Listenelementen.
- `TextEvent` – Der Inhalt eines Textfeldes oder Textbereichs wurde geändert.

Es gibt die folgenden sechs systemnahen Ereignisklassen:

- `ComponentEvent` – Die Komponente wurde in der Größe geändert, verschoben, angezeigt oder ausgeblendet; gleichzeitig Basisklasse für alle systemnahen Ereignisse.
- `KeyEvent` – Eine Taste wurde gedrückt oder losgelassen.
- `MouseEvent` – Maustaste wurde gedrückt oder losgelassen, die Maus bewegt oder gezogen.
- `FocusEvent` – Eine Komponente hat den Fokus erhalten oder verloren.
- `WindowEvent` – Fenster wurde aktiviert, deaktiviert, minimiert, wiederhergestellt oder geschlossen.
- `ContainerEvent` – Eine Komponente wurde hinzugefügt oder entfernt.

8.5 Zusammenfassung zur Ereignisbehandlung

Tabelle 8.1 zeigt alle Listener-Schnittstellen, Ereignisse und Ereignisquellen des AWT. Beachten Sie, daß diese Tabelle eine Reihe von Ereignissen zeigt, die den *Fokus* von Komponenten und die *Aktivierung* von Fenstern verfolgen – auf diese Konzepte gehen wir in den folgenden Abschnitten ein.

Gehen wir noch einmal den Ereignisdelegierungsmechanismus durch, um sicherzustellen, daß Sie die Beziehung zwischen Ereignisklassen, Listener-Schnittstellen und Adapterklassen verstanden haben.

Ereignis*quellen* sind Komponenten der Benutzeroberfläche, Fenster und Menüs. Das Betriebssystem benachrichtigt eine Ereignisquelle über interessierende Aktivitäten wie Mausbewegungen und Tastenbetätigungen. Die Ereignisquelle beschreibt den Ursprung des Ereignisses in einem *Ereignisobjekt*. Außerdem verwaltet sie eine Gruppe von *Listenern* – Objekten, die aufzurufen sind, wenn das Ereignis eingetreten ist (siehe Abbildung 8.6). Die Ereignisquelle ruft dann die passende Methode der *Listener-Schnittstelle* auf, um Informationen über das Ereignis an die verschiedenen Listener zu schicken. Die Quelle realisiert das, indem sie das passende Ereignisobjekt an die Methode in der Listener-Klasse übergibt. Der Listener analysiert das Ereignisobjekt, um mehr über das Ereignis in Erfahrung zu bringen. Beispielsweise kann man mit der Methode getSource die Quelle herausfinden oder mit den Methoden getX/getY der Klasse MouseEvent die aktuelle Position der Maus ermitteln.

Schnittstelle	Methoden	Parameter/ Zugriffsmethoden	Ereignis wird ausgelöst von
ActionListener	actionPerformed	ActionEvent getActionCommand getModifiers	Button List MenuItem TextField
AdjustmentListener	adjustmentValueChanged	AdjustmentEvent getAdjustable getAdjustmentType getValue	Scrollbar
ItemListener	itemStateChanged	ItemEvent getItem getItemSelectable getStateChange	CheckBox CheckBoxMenuItem Choice List
TextListener	textValueChanged	TextEvent	TextComponent
ComponentListener	componentMoved componentHidden componentResized componentShown	ComponentEvent getComponent	Component
ContainerListener	componentAdded componentRemoved	ContainerEvent getChild getContainer	Container
FocusListener	focusGained focusLost	FocusEvent isTemporary	Component
KeyListener	keyPressed keyReleased keyTyped	KeyEvent getKeyChar getKeyCode getKeyModifiersText getKeyText isActionKey	Component

Ereignisbehandlung

MouseListener	mousePressed mouseReleased mouseEntered mouseExited mouseClicked	MouseEvent getClickCount getX getY getPoint translatePoint isPopupTrigger	Component
MouseMotionListener	mouseDragged mouseMoved	MouseEvent	Component
WindowListener	windowClosing windowOpened windowIconified windowDeiconified windowClosed windowActivated windowDeactivated	WindowEvent getWindow	Window

Tabelle 8.1: Übersicht zur Ereignisbehandlung

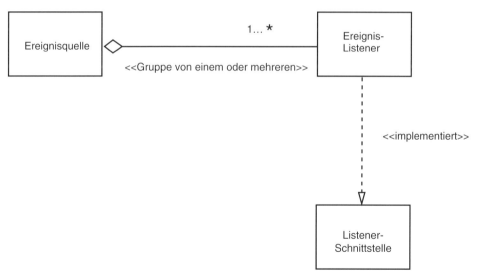

Abbildung 8.6: Beziehungen zwischen Ereignisquellen und Listenern

Mit einer Ausnahme entspricht jeder AWT-Ereignistyp einer Listener-Schnittstelle. Die Ausnahme bilden `MouseListener` und `MouseMotionListener` – beide empfangen `MouseEvent`-Objekte. Das geschieht aus Gründen der Effizienz – wenn der Benutzer mit der Maus arbeitet, entstehen Unmengen von Mausereignissen, und ein Listener, der sich lediglich um Maus*klicks* kümmert, wird nicht durch unerwünschte Maus*bewegungen* gestört.

Weiterhin stellt Java eine korrespondierende *Adapter*klasse für alle AWT-Listener-Schnittstellen mit mehr als einer Methode bereit. Die Adapterklasse definiert alle Methoden der Schnittstelle als Methoden ohne Funktionalität. Adapterklassen setzt man ein, um Zeit zu sparen, wenn man nur wenige Methoden der Listener-Schnittstelle überschreiben muß.

Hinweis

Im Ereignismechanismus des AWT 1.0 entstehen Ereignisse in einer bestimmten Komponente und werden dann an alle Container der Komponente weitergeleitet. Mit Einführung des AWT 1.1 werden Ereignisse nur noch an Listener gesendet, die ihr Interesse am Empfang angemeldet (registriert) haben.

Die semantischen Ereignisse der höheren Ebene kommen der Programmierung von Benutzeroberflächen entgegen – sie entsprechen den Benutzereingaben. Um die semantischen Ereignisse in Tabelle 8.1 besser zu verstehen, müssen wir zunächst ein paar grundlegende Begriffe wiederholen.

- Eine *Komponente* ist ein Element der Benutzeroberfläche wie etwa eine Schaltfläche, ein Textfeld oder eine Bildlaufleiste.
- Ein *Container* ist ein Bildschirmbereich oder eine Komponente, die Komponenten enthalten können, beispielsweise ein Fenster oder eine Grundfläche.

Alle systemnahen Ereignisse erben von `ComponentEvent`. Die Methode `getComponent` dieser Klasse meldet die Komponente, die das Ereignis ausgelöst hat. Statt `getComponent` kann man auch `getSource` verwenden. Die Methode `getComponent` gibt den gleichen Wert wie `getSource` zurück, hat ihn aber bereits in den Typ `Component` umgewandelt. Wird zum Beispiel ein Tastaturereignis aufgrund einer Benutzereingabe in ein Textfeld ausgelöst, dann liefert `getComponent` eine Referenz auf dieses Textfeld.

Ein `ContainerEvent` entsteht, wenn eine Komponente hinzugefügt oder entfernt wird. Das unterscheidet sich grundsätzlich von den bisher behandelten Ereignissen. Schaltflächenklicks und Tastenbetätigungen kommen vom Benutzer in zufälliger Art, während das Hinzufügen oder Entfernen von Komponenten eine Folge der Programmierung ist. Demzufolge braucht man keinen Mechanismus zur Ereignisbenachrichtigung – man könnte die Benachrichtigung gleich selbst programmieren. Dieses Ereignis wurde aber vorgesehen, damit sich Editoren für die Benutzeroberflä-

Ereignisbehandlung

che einfacher programmieren lassen. Solange man nicht die Benutzeroberfläche dynamisch ändern muß, kann man diese Ereignisse links liegen lassen.

API

`java.awt.event.ComponentEvent`

- `Component getComponent()`
  Gibt eine Referenz auf die Komponente zurück, die die Quelle für das Ereignis bildet. Das ist das gleiche wie `(Component)getSource()`.

8.6 Individuelle Ereignisse

In den folgenden Abschnitten gehen wir näher auf Fokus- und Fensterereignisse ein, die wir bereits kurz angerissen haben. Danach wenden wir uns den Ereignissen zu, die nicht mit einer bestimmten Komponente der Benutzeroberfläche verbunden sind, insbesondere Ereignissen, die sich auf Tastenbetätigungen und Mausaktivitäten beziehen. Im nächsten Kapitel finden Sie eine ausführliche Besprechung der Ereignisse, die von Elementen der Benutzeroberfläche generiert werden, zum Beispiel Schaltflächenklicks, Listenauswahlen und Änderungen der Bildlaufleisten.

8.6.1 Fokusereignisse

In Java hat eine Komponente den *Fokus*, wenn sie Tastatureingaben empfangen kann. Beispielsweise hat ein Textfeld den Fokus, wenn die Cursormarke (das Caret) sichtbar ist. An dieser Stelle kann der Benutzer Text in das Textfeld eingeben. Wenn eine Schaltfläche den Fokus hat, kann man mit der `Leertaste` darauf »klicken«. Zu einem bestimmten Zeitpunkt kann nur eine einzige Komponente den Fokus haben. Eine Komponente verliert den Fokus, wenn der Benutzer eine andere Komponente auswählt, die den Fokus erhält. Eine Komponente erhält den Fokus, wenn der Benutzer mit der Maus in deren Bereich klickt. Der Benutzer kann auch mit der `Tab`-Taste den Fokus nacheinander von einer Komponente zur nächsten weitergeben. Damit lassen sich alle Komponenten, die den Eingabefokus erhalten können, durchlaufen. In bestimmten fensterorientierten Systemen verschiebt sich bereits der Fokus auf eine Komponente, wenn man lediglich die Maus darüber bewegt. Einige Komponenten, beispielsweise Bezeichnungsfelder, erhalten per Vorgabe keinen Fokus. Bei Swing-Komponenten läuft die Standardreihenfolge der im umgebenden Container angezeigten Elemente von links nach rechts und dann von oben nach unten. Der nächste Abschnitt erläutert, wie sich die Tabulatorreihenfolge für den Fokus ändern läßt.

Schließlich kann man zur Laufzeit mit der Methode `requestFocus` den Fokus gezielt auf eine bestimmte sichtbare Komponente setzen oder mit der Methode `transferFocus` den Fokus auf die nächste Komponente in der Tabulatorreihenfolge weitergeben.

Tip

Man kann verhindern, daß eine Swing-Komponente den Fokus erhält, indem man die Methode `isFocusTraversable` überschreibt und `false` zurückgibt.

Die meisten Swing-Komponenten liefern einen visuellen Anhaltspunkt, wenn sie momentan den Fokus haben. Zum Beispiel zeigt ein Textfeld ein blinkendes Caret, und eine Schaltfläche ist mit einem gefärbten Rechteck um die Beschriftung gekennzeichnet. Die meisten Komponenten können den Fokus erhalten. Bei bestimmten Komponenten wie Bezeichnungsfeldern und Grundflächen ist diese Fähigkeit normalerweise deaktiviert.

VB

In Visual Basic sind die Konzepte »Fokus« und »kann Tastatureingaben empfangen« nicht identisch. Ein Steuerelement kann zwar den Fokus haben, wenn man aber die Eigenschaft `KeyPreview` des Formulars auf `true` setzt, gelangen die Tastatureingaben zum Formular.

Ein Fokus-Listener muß zwei Methoden implementieren, `focusGained` und `focusLost`. Diese Methoden werden ausgelöst, wenn die Ereignis*quelle* den Fokus erhält bzw. verliert. Beide Methoden haben einen Parameter `FocusEvent`. Für diese Klasse gibt es zwei nützliche Methoden. Die Methode `getComponent` meldet die Komponente, die den Fokus erhalten oder verloren hat, und die Methode `isTemporary` gibt `true` zurück, wenn der Fokuswechsel nur *temporär* ist. (Ein temporärer Fokuswechsel tritt auf, wenn eine Komponente die Steuerung vorübergehend verliert, aber automatisch zurückerhält. Das passiert zum Beispiel, wenn der Benutzer ein anderes aktives Fenster wählt. Sobald der Benutzer das aktuelle Fenster wieder aktiviert, erhält das Steuerelement den Fokus zurück.)

Ein Einsatzfall für das Auffangen von Fokusereignissen ist die Fehlerprüfung oder Gültigkeitsprüfung von Daten. Nehmen wir ein Textfeld an, das eine Kreditkartennummer aufnimmt. Wenn der Benutzer die Eingabe abgeschlossen hat und zu einem anderen Feld weitergeht, fängt man das Ereignis »Fokus verloren« auf. Wenn das Format der Kreditkartennummer nicht den Vorschriften entspricht, ruft man `requestFocus()` auf, um den Fokus auf das Textfeld zur erneuten Eingabe der Kreditkartennummer zu übertragen.

```
public void focusLost(FocusEvent evt)
{   if (evt.getComponent() == ccField && !evt.isTemporary())
    {   if (!checkFormat(ccField.getText()))
            ccField.requestFocus();
    }
}
```

Ereignisbehandlung

API

java.awt.Component

- void requestFocus()

    Setzt den Fokus auf diese Komponente. Damit das funktioniert, muß die Komponente sichtbar sein.

- void transferFocus()

    Überträgt den Fokus entsprechend der Tabulatorreihenfolge auf die nächste Komponente.

- boolean isFocusTraversable()

    Gibt darüber Auskunft, ob sich eine Komponente mittels Tab oder Umschalt+Tab erreichen läßt. Überschreiben Sie diese Methode, um false zurückzugeben, wenn die Komponente nicht über diese Tastenkombinationen erreichbar sein soll. (Den Fokus kann man weiterhin explizit mit der Methode requestFocus setzen.)

8.6.2 Fensterereignisse

Ein Fenster (auf oberster Ebene) ist *aktiv*, wenn es momentan Tastatureingaben vom Betriebssystem empfangen kann. Das aktive Fenster ist in der Regel durch eine hervorgehobene Titelleiste gekennzeichnet. Zu einem Zeitpunkt kann jeweils nur ein Fenster aktiv sein. Wie bereits dargestellt, gibt es Benachrichtigungen, wenn folgende Ereignisse in einem Fenster auftreten:

- Das Fenster wurde geöffnet.
- Das Fenster wurde geschlossen.
- Das Fenster wird aktiviert.
- Das Fenster wird deaktiviert.
- Das Fenster wird minimiert (als Symbol dargestellt).
- Das Fenster wird wiederhergestellt.
- Der Benutzer will das Fenster schließen.

Zum Beispiel hat unsere weiter vorn eingeführte Klasse Frame eine Behandlungsroutine, die die Anwendung schließt, wenn der Benutzer den Rahmen schließt. Dieses Schließen erfordert das Auffangen des Ereignisses »Fenster schließen«.

Das folgende Szenario zeigt, wo man einige der anderen Fensterereignisse auffangen würde. Nehmen wir an, daß eine Anwendung eine Animation anzeigt. Man kann die Animation anhalten, wenn das Fenster nicht aktiv oder minimiert ist. Die Animation startet man nur, wenn das Fenster wieder aktiv oder sichtbar wird.

8.6.3 Tastaturereignisse

Wenn der Benutzer eine Taste drückt, wird das `KeyEvent`-Ereignis `KEY_PRESSED` generiert. Läßt der Benutzer die Taste los, entsteht das `KeyEvent`-Ereignis `KEY_RELEASE`. Diese Ereignisse fängt man in den Methoden `keyPressed` und `keyReleased` einer beliebigen Klasse ab, die die Schnittstelle `KeyListener` implementiert. Diese Methoden fangen unbearbeitete Tastenbetätigungen auf. Eine dritte Methode, `keyTyped`, stellt eine Kombination der beiden ersten dar: Sie meldet die Zeichen, die der Benutzer durch die Tastenbetätigungen erzeugt hat.

Die Abläufe lassen sich am besten an einem Beispiel demonstrieren. Vorher müssen wir aber noch einige Begriffe klären. Java unterscheidet zwischen *Zeichen* und *virtuellen Tastencodes*. Die virtuellen Tastencodes sind durch das Präfix `VK_` wie bei `VK_A` für die Buchstabentaste »A« oder `VK_SHIFT` für die `Umschalt`-Taste gekennzeichnet. Virtuelle Tastencodes entsprechen den Tasten auf der Tastatur, so daß es auch keine separaten Codes für Kleinbuchstaben gibt.

Hinweis

Virtuelle Tastencodes sind den sogenannten Scancodes einer PC-Tastatur ähnlich (und stehen damit in Beziehung).

Nehmen wir an, daß der Benutzer den Großbuchstaben »A« wie gewohnt durch Drücken der `Umschalt`-Taste und der Buchstabentaste `A` getippt hat. Als Reaktion auf diese Benutzereingabe meldet Java *fünf* Ereignisse:

1. `Umschalt`-Taste gedrückt (`keyPressed` für `VK_SHIFT` aufgerufen)

2. `A`-Taste gedrückt (`keyPressed` für `VK_A` aufgerufen)

3. »A« eingetippt (`keyTyped` für ein »A« aufgerufen)

4. `A`-Taste losgelassen (`keyReleased` für `VK_A` aufgerufen)

5. `Umschalt`-Taste losgelassen (`keyReleased` für `VK_SHIFT` aufgerufen)

Wenn der Benutzer dagegen den Kleinbuchstaben »a« eingibt, indem er einfach die `A`-Taste drückt, gibt es nur drei Ereignisse:

1. `A`-Taste gedrückt (`keyPressed` für `VK_A` aufgerufen)

2. »a« eingetippt (`keyTyped` für ein »a« aufgerufen)

3. `A`-Taste losgelassen (`keyReleased` für `VK_A` aufgerufen)

Ereignisbehandlung

Somit meldet die Prozedur `keyTyped` das eingetippte *Zeichen* (»A«oder »a«), während die Methoden `keyPressed` und `keyReleased` die eigentlichen *Tasten* melden, die der Benutzer betätigt hat.

Um mit den Methoden `keyPressed` und `keyReleased` zu arbeiten, testet man zuerst den *Tastencode*.

```
public void keyPressed(KeyEvent evt)
{   int keyCode = evt.getKeyCode();
    . . .
}
```

Der Tastencode entspricht einer der folgenden (leidlich mnemonischen) Konstanten. Diese sind in der Klasse `KeyEvent` definiert.

```
VK_A . . . VK_Z
VK_0 . . . VK_9
VK_COMMA, VK_PERIOD, VK_SLASH, VK_SEMICOLON, VK_EQUALS VK_OPEN_BRACKET,
VK_BACK_SLASH, VK_CLOSE_BRACKET
VK_BACK_QUOTE, VK_QUOTE
VK_GREATER, VK_LESS, VK_UNDERSCORE, VK_MINUS
VK_AMPERSAND, VK_ASTERISK, VK_AT, VK_BRACELEFT, VK_BRACERIGHT
VK_LEFT_PARENTHESIS, VK_RIGHT_PARENTHESIS
VK_CIRCUMFLEX, VK_COLON, VK_NUMBER_SIGN, VK_QUOTEDBL
VK_EXCLAMATION_MARK, VK_INVERTED_EXCLAMATION_MARK
VK_DEAD_ABOVEDOT, VK_DEAD_ABOVERING, VK_DEAD_ACUTE
VK_DEAD_BREVE
VK_DEAD_CARON, VK_DEAD_CEDILLA, VK_DEAD_CIRCUMFLEX VK_DEAD_DIAERESIS
VK_DEAD_DOUBLEACUTE, VK_DEAD_GRAVE, VK_DEAD_IOTA, VK_DEAD_MACRON
VK_DEAD_OGONEK, VK_DEAD_SEMIVOICED_SOUND, VK_DEAD_TILDE
VK_DEAD_VOICED_SOUND
VK_DOLLAR, VK_EURO_SIGN
VK_SPACE, VK_ENTER, VK_BACK_SPACE, VK_TAB, VK_ESCAPE
VK_SHIFT, VK_CONTROL, VK_ALT, VK_ALT_GRAPH, VK_META
VK_NUM_LOCK, VK_SCROLL_LOCK, VK_CAPS_LOCK
VK_PAUSE, VK_PRINTSCREEN
VK_PAGE_UP, VK_PAGE_DOWN, VK_END, VK_HOME, VK_LEFT, VK_UP VK_RIGHT VK_DOWN
VK_F1 . . .VK_F24
VK_NUMPAD0 . . . VK_NUMPAD9
VK_KP_DOWN, VK_KP_LEFT, VK_KP_RIGHT, VK_KP_UP
VK_MULTIPLY, VK_ADD, VK_SEPARATER [sic], VK_SUBTRACT, VK_DECIMAL VK_DIVIDE
VK_DELETE, VK_INSERT
VK_HELP, VK_CANCEL, VK_CLEAR, VK_FINAL
VK_CONVERT, VK_NONCONVERT, VK_ACCEPT, VK_MODECHANGE
VK_AGAIN, VK_ALPHANUMERIC, VK_CODE_INPUT, VK_COMPOSE, VK_PROPS VK_STOP
VK_ALL_CANDIDATES, VK_PREVIOUS_CANDIDATE
VK_COPY, VK_CUT, VK_PASTE, VK_UNDO
```

```
VK_FULL_WIDTH, VK_HALF_WIDTH
VK_HIRAGANA, VK_KATAKANA, VK_ROMAN_CHARACTERS
VK_KANA, VK_KANJI
VK_JAPANESE_HIRAGANA, VK_JAPANESE_KATAKANA, VK_JAPANESE_ROMAN
VK_UNDEFINED
```

Um den aktuellen Zustand der Tasten `Umschalt`, `Strg`, `Alt` und der auf Windows-Tastaturen zu findenden Anwendungstaste zu ermitteln, kann man natürlich die Tasten `VK_SHIFT`, `VK_CONTROL`, `VK_ALT` und `VK_META` verfolgen. Allerdings ist das recht umständlich. Einfacher ist es, wenn man statt dessen mit den Methoden `isShiftDown`, `isControlDown`, `isAltDown` und `isMetaDown` arbeitet.

Zum Beispiel testet der folgende Code, ob der Benutzer die Tastenkombination `Umschalt`+`Nach rechts` gedrückt hat:

```
public void keyPressed(KeyEvent evt)
{   int keyCode = evt.getKeyCode();
    if (keyCode == keyEvent.VK_RIGHT && evt.isShiftDown())
    {   . . .
    }
}
```

In der Methode `keyTyped` ruft man die Methode `getKeyChar` auf, um das eigentliche eingetippte Zeichen zu erhalten.

Hinweis

Nicht alle Tastenbetätigungen resultieren in einem Aufruf von `keyTyped`. Nur die Tastenbetätigungen, die ein Unicode-Zeichen generieren, lassen sich in der Methode `keyTyped` auffangen. Cursortasten und andere Befehlstasten muß man mit der Methode `keyPressed` ermitteln.

Beispiel 8.3 zeigt, wie man Tastenbetätigungen behandelt. Das Programm ist eine einfache Implementierung des in Abbildung 8.7 wiedergegebenen Spiels Etch-A-Sketch (TM). Der Benutzer führt hier einen Stift mit den Cursortasten nach oben, unten, links und rechts. Hält man die `Umschalt`-Taste nieder, bewegt sich der Stift in größeren Schritten. Wenn Sie mit dem Editor vi vertraut sind, können Sie die Cursortasten auch umgehen und zum Beispiel die Tasten `H`, `J`, `K` und `L` für die Stiftbewegung festlegen. Die Großbuchstaben H, J, K und L bewegen den Stift dann mit der großen Schrittweite. Wir fangen die Cursortasten in der Methode `keyPressed` ab und die Zeichen mit der Methode `keyTyped`.

Ereignisbehandlung

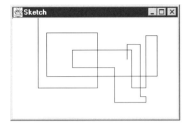

Abbildung 8.7: Ein Zeichenprogramm

Es gibt noch eine Formsache zu erledigen: Normalerweise kann eine Grundfläche keinen Tastaturfokus erhalten und demzufolge auch keine Tastenereignisse empfangen. Damit das dennoch möglich ist, überschreiben wir die Methode isFocusTraversable der Klasse SketchPanel, um true zurückzugeben. Wenn der Fokusmanager entscheidet, welche Komponente den Fokus erhalten soll, findet er genau eine Komponente, die den Fokus akzeptiert, nämlich SketchPanel. Damit gelangen alle Tastenereignisse zu dieser Grundfläche.

Beispiel 8.3: Sketch.java
```
import java.awt.*;
import java.awt.event.*;
import javax.swing.*;

class SketchPanel extends JPanel
   implements KeyListener
{  public SketchPanel()
   {  addKeyListener(this);
   }

   public void keyPressed(KeyEvent evt)
   {  int keyCode = evt.getKeyCode();
         int d;
      if ((evt.isShiftDown())

         d = 5;
      else
         d = 1;
      if (keyCode == KeyEvent.VK_LEFT) add(-d, 0);
      else if (keyCode == KeyEvent.VK_RIGHT) add(d, 0);
      else if (keyCode == KeyEvent.VK_UP) add(0, -d);
      else if (keyCode == KeyEvent.VK_DOWN) add(0, d);
   }
```

```
   public void keyReleased(KeyEvent evt)
   { }

   public void keyTyped(KeyEvent evt)
   {  char keyChar = evt.getKeyChar();
      int d;
      if (Character.isUpperCase(keyChar))
      {  d = 5;
         keyChar = Character.toLowerCase(keyChar);
      }
      else
         d = 1;
      if (keyChar == 'h') add(-d, 0);
      else if (keyChar == 'l') add(d, 0);
      else if (keyChar == 'k') add(0, -d);
      else if (keyChar == 'j') add(0, d);
   }

   public boolean isFocusTraversable() { return true; }

   public void add(int dx, int dy)
   {  end.x += dx;
      end.y += dy;
      Graphics g = getGraphics();
      g.drawLine(start.x, start.y, end.x, end.y);
      g.dispose();
      start.x = end.x;
      start.y = end.y;
   }

   private Point start = new Point(0, 0);
   private Point end = new Point(0, 0);
}

class SketchFrame extends JFrame
{  public SketchFrame()
   {  setTitle("Sketch");
      setSize(300, 200);
      addWindowListener(new WindowAdapter()
         {  public void windowClosing(WindowEvent e)
            {  System.exit(0);
            }
         } );
```

Ereignisbehandlung

```
        Container contentPane = getContentPane();
        contentPane.add(new SketchPanel());
   }
}

public class Sketch
{  public static void main(String[] args)
   {  JFrame frame = new SketchFrame();
      frame.show();
   }
}
```

API

java.awt.event.KeyEvent

- char getKeyChar()

  Liefert das Zeichen, das der Benutzer eingetippt hat.

- int getKeyCode()

  Liefert den virtuellen Tastencode dieses Tastaturereignisses.

- boolean isActionKey()

  Gibt true zurück, wenn die Taste in diesem Ereignis eine »Aktionstaste« ist. Dazu gehören folgende Tasten: Pos 1, Bild auf, Bild ab, Nach oben, Nach unten, Nach links, Nach rechts, F1 ... F24, Druck, Rollen, Feststell, Num, Pause, Einfg, Entf, Eingabe, Rücktaste und Tab.

- static String getKeyText(int keyCode)

  Gibt einen String zurück, der den Tastencode beschreibt. Beispielsweise liefert getKeyText(KeyEvent.VK_END) den String »End«.

- static String getKeyModifiersText(int modifiers)

  Gibt einen String zurück, der die Modifizierertasten wie Umschalt oder Strg+Umschalt beschreibt.

  Parameter: modifiers   Modifiziererzustand wie ihn getModifiers meldet.

API

java.awt.event.InputEvent

- `int getModifiers()`

  Gibt eine Ganzzahl zurück, deren Bits den Zustand der Modifizierer Umschalt, Strg, Alt und Anwendung beschreiben. Diese Methode bezieht sich sowohl auf Tastatur- als auch auf Mausereignisse. Um zu prüfen, ob ein Bit gesetzt ist, testet man den Rückgabewert gegen eine der Bitmasken `SHIFT_MASK`, `CONTROL_MASK`, `ALT_MASK`, `META_MASK` oder verwendet eine der folgenden Methoden.

- `boolean isAltDown()` für Alt-Taste
- `boolean isControlDown()` für Strg-Taste
- `boolean isMetaDown()` für Anwendung-Taste
- `boolean isShiftDown()` für Umschalt-Taste

  Die Methoden geben `true` zurück, wenn die Modifizierertaste beim Generieren dieses Ereignisses niedergehalten wurde.

8.6.4 Mausereignisse

Wenn der Benutzer lediglich auf eine Schaltfläche oder ein Menü klicken soll, braucht man Mausereignisse nicht explizit zu behandeln. Diese Operationen werden intern von den verschiedenen Komponenten in der grafischen Benutzeroberfläche behandelt und dann in das passende semantische Ereignis übersetzt. Man kann auf dieses Ereignis in einer Methode `actionPerformed` oder `itemStateChanged` reagieren. Wenn man jedoch dem Benutzer die Möglichkeit einräumen will, mit der Maus zu zeichnen, muß man die Ereignisse für Bewegung, Klicken und Ziehen mit der Maus auffangen.

Dieser Abschnitt stellt einen einfachen Grafikeditor vor, bei dem der Benutzer kleine Quadrate auf einer Leinwand plazieren, verschieben und löschen kann (siehe Abbildung 8.8).

Abbildung 8.8: Ein Testprogramm für die Maus

Ereignisbehandlung

Wenn der Benutzer mit einer Maustaste klickt, werden drei Listener-Methoden aufgerufen: `mousePressed` beim Niederdrücken der Taste, `mouseReleased` beim Loslassen der Taste und schließlich `mouseClicked`. Wenn man nur an vollständigen Klicks interessiert ist, kann man die beiden ersten Methoden ignorieren. Indem man die Methoden `getX` und `getY` auf das `MouseEvent`-Argument anwendet, erhält man die X- und Y-Koordinaten des Mauszeigers, als die Maus geklickt wurde. Mit der Methode `getClickCount` kann man zwischen Einzel- und Doppelklicks unterscheiden.

Man kann sogar Dreifachklicks erhalten. Allerdings wird Sie der Benutzer hassen, wenn Sie ihn zu derartigen Fingerübungen zwingen. Das gleiche kann der Fall sein, wenn Sie auf Kombinationen von Tasten und Mausklicks bestehen, wie etwa Strg+Umschalt+Klick. Wenn Sie den Zustand der Tasten Umschalt, Strg, Alt und Anwendung testen möchten, gehen Sie genau wie bei Tastenereignissen vor: Verwenden Sie die Methoden `isShiftDown`, `isControlDown`, `isAltDown` und `isMetaDown`.

Der folgende Beispielcode zeigt eine Behandlungsroutine für die Kombination Strg+Umschalt+Dreifachklick:

```
public void mouseClicked(MouseEvent evt)
{  int x = evt.getX();
   int y = evt.getY();

   int clickCount = evt.getClickCount();
   if (evt.isShiftDown() && evt.isControlDown()
      && clickCount >= 3)
   {  Graphics g = getGraphics();
      g.drawString("Yikes", x, y);
      g.dispose();
   }
}
```

Hinweis

Das Beispiel verwendet die Methode `Component.getGraphics`, um sofort zu zeichnen, wenn die Maus geklickt wird, statt auf den nächsten Aufruf von `paintComponent` zu warten. Demzufolge ist `g.dispose()` aufzurufen, um die von einem `Graphics`-Objekt beanspruchten Ressourcen wieder freizugeben. Bei `Graphics`-Objekten, die Sie selbst erzeugen, müssen Sie `dispose` immer verwenden, dagegen nie, wenn Sie Grafikobjekte als Argumente von Zeichenmethoden erhalten.

Die Maustasten können Sie auseinanderhalten, indem Sie den Rückgabewert von `getModifiers` gegen die Werte `BUTTON1_MASK`, `BUTTON2_MASK` bzw. `BUTTON3_MASK` testen. Beachten Sie, daß

BUTTON3_MASK für die rechte (nicht primäre) Maustaste unter Windows gilt. Beispielsweise läßt sich mit dem folgenden Code ermitteln, ob die rechte Maustaste gedrückt ist:

```
if ((evt.getModifiers() & InputEvent.BUTTON3_MASK) != 0)
    // Code für Klick mit rechter Maustaste
```

Unser Beispielprogramm stellt sowohl eine Methode mousePressed als auch mouseClicked bereit. Wenn man auf ein Pixel klickt, das nicht innerhalb der bereits gezeichneten Quadrate liegt, wird ein neues Quadrat hinzugefügt. Das ist in der Methode mousePressed realisiert, damit der Benutzer eine unmittelbare Rückmeldung erhält und nicht darauf warten muß, bis er die Maustaste losgelassen hat. Wenn der Benutzer in ein vorhandenes Quadrat doppelklickt, wird das Quadrat entfernt. Diese Reaktion ist in der Methode mouseClicked realisiert, da wir den Klickzähler brauchen.

```
public void mousePressed(MouseEvent evt)
{  int x = evt.getX();
   int y = evt.getY();
   current = find(x, y);
   if (current < 0) // Nicht in einem Quadrat
      add(x, y);
}

public void mouseClicked(MouseEvent evt)
{  int x = evt.getX();
   int y = evt.getY();
   current = find(x, y);
   if (evt.clickCount >= 2)
        remove(current);
}
```

Wenn man die Maus über ein Fenster führt, empfängt das Fenster einen stetigen Strom von Mausbewegungsereignissen. Die meisten Anwendungen ignorieren diese Ereignisse. Unsere Testanwendung fängt sie dagegen auf, um den Cursor in eine andere Form (ein Fadenkreuz) zu verwandeln, wenn sich der Mauszeiger über einem Quadrat befindet. Das erledigen wir mit der Methode getPredefinedCursor der Klasse Cursor. Tabelle 8.2 listet die Konstanten auf, die man für diese Methode verwenden kann, und zeigt die zugehörigen Cursorbilder für das Betriebssystem Windows. (Beachten Sie, daß mehrere Cursorbilder gleich aussehen; man sollte das aber für die konkrete Plattform untersuchen.)

```
public void mouseMoved(MouseEvent evt)
{  int x = evt.getX();
   int y = evt.getY();
```

Ereignisbehandlung

```
   if (find(x, y) >= 0)
      setCursor(Cursor.getPredefinedCursor(
         Cursor.CROSSHAIR_CURSOR));
   else
      setCursor(Cursor.getDefaultCursor());
}
```

Symbol	Konstante
Cur001.TIF	DEFAULT_CURSOR
Cur002.TIF	CROSSHAIR_CURSOR
Cur003.TIF	HAND_CURSOR
Cur004.TIF	MOVE_CURSOR
Cur005.TIF	TEXT_CURSOR
Cur006.TIF	WAIT_CURSOR
Cur007.TIF	N_RESIZE_CURSOR
Cur008.TIF	NE_RESIZE_CURSOR
Cur009.TIF	E_RESIZE_CURSOR
Cur010.TIF	SE_RESIZE_CURSOR
Cur007.TIF	S_RESIZE_CURSOR
Cur008.TIF	SW_RESIZE_CURSOR
Cur009.TIF	W_RESIZE_CURSOR
Cur010.TIF	NW_RESIZE_CURSOR

Tabelle 8.2: Cursorformen in Java unter Windows

Hinweis

Über die Methode createCustomCursor der Klasse Toolkit kann man auch eigene Cursortypen definieren:

```
Toolkit tk = Toolkit.getDefaultToolkit();
Image img = tk.getImage("dynamite.gif");
Cursor dynamiteCursor = tk.createCustomCursor(img,
   new Point(10, 10), "dynamite stick");
```

Der erste Parameter an createCustomCursor zeigt auf das Cursorbild. Der zweite Parameter gibt den Offset für den »Hot Spot« des Cursors an. Das ist der Punkt, den der Benutzer mit der Zeigeaktion des Cursors assoziiert. Hat der Cursor beispielsweise die Form einer Hand, dann würde der Hot Spot die Spitze des Zeigefingers sein. Bei einem Vergößerungsglas liegt der Hot Spot in der Mitte der Linse. Der dritte Parameter ist ein String, der den Cursor beschreibt. Diesen String kann man beispielsweise als Eingabehilfe verwenden, um Benutzern mit beeinträchtigtem Sehvermögen die Cursorform als Text auszugeben.

Wenn der Benutzer eine Maustaste drückt und die Maus dabei zieht, werden Aufrufe von `mouseDragged` anstelle von `mouseClicked` generiert. In der Testanwendung läßt sich das Quadrat unter dem Cursor ziehen. Vor der Verschiebung des Quadrats löschen wir die alte Position, indem wir das gleiche Quadrat im XOR-Modus darüberzeichnen. Dann setzen wir die neue Position für das Quadrat und zeichnen noch einmal.

```
public void mouseDragged(MouseEvent evt)
{  int x = evt.getX();
   int y = evt.getY();
   current = find(x, y);
   if (current >= 0)
   {  Graphics g = getGraphics();
      g.setXORMode(getBackground());
      draw(g, current);
      squares[current].x = x;
      squares[current].y = y;
      draw(g, current);
      g.dispose();
   }
}
```

Es gibt noch zwei andere Methoden für Mausereignisse: `mouseEntered` und `mouseExited`. Diese Methoden werden aufgerufen, wenn die Maus eine Komponente erreicht bzw. verläßt.

Schließlich müssen wir erklären, wie man Mausereignisse verfolgt. Mausklicks werden über die Prozedur `mouseClicked` gemeldet, die Teil der Schnittstelle `MouseListener` ist. Da viele Anwendungen nur an Mausklicks und nicht an Mausbewegungen interessiert sind und Mausbewegungsereignisse sehr häufig auftreten, sind die Ereignisse zur Mausbewegung und zum Ziehen in einer separaten Schnittstelle namens `MouseMotionListener` untergebracht.

Wir fangen Mausbewegungsereignisse ab, indem wir einfach die Klasse `MousePanel` die Schnittstelle `MouseMotionListener` implementieren und sich selbst als Listener auf die eigenen Mausbewegungsereignisse registrieren lassen.

```
public class MousePanel extends JPanel
   implements MouseMotionListener
{  public MousePanel()
   {  addMouseMotionListener(this);
      . . .
   }
```

Ereignisbehandlung

```
    public void mouseMoved(MouseEvent evt)
    {   . . .
    }
    public void mouseDragged(MouseEvent evt)
    {   . . .
    }
    . . .
}
```

Hinweis

Die Methode `mouseMoved` wird nur aufgerufen, solange die Maus innerhalb der Komponente bleibt. Allerdings setzen sich die Aufrufe von `mouseDragged`-Methoden fort, selbst wenn man die Maus aus der Komponente heraus bewegt.

Bei den Methoden `mousePressed` und `mouseClicked` liegt der Fall nicht so einfach. Die Schnittstelle `MouseListener` hat fünf Methoden: `mouseClicked`, `mousePressed`, `mouseReleased`, `mouseEntered` und `mouseExited`. Drei davon interessieren uns nicht. Demzufolge setzen wir die Klasse `MouseAdapter` ein, die alle Methoden ohne Funktionalität definiert, und wir erstellen eine innere Klasse, die die Methoden `mousePressed` und `mouseClicked` überschreibt. Beachten Sie, daß die äußere Klasse *nicht* die Schnittstelle `MouseListener` implementiert.

```
public class MousePanel extends JPanel
    implements MouseMotionListener
{   public MousePanel()
    {   addMouseListener(new MouseAdapter()
            {   public void mousePressed(MouseEvent evt)
                {   . . .
                }
                public void mouseClicked(MouseEvent evt)
                {   . . .
                }
            });
        . . .
    }
    public void mouseMoved(MouseEvent evt) {...}
    . . .
}
```

Beispiel 8.4 zeigt das Programmlisting.

Beispiel 8.4: MouseTest.java
```
import java.awt.*;
import java.awt.event.*;
import javax.swing.*;

class MousePanel extends JPanel
   implements MouseMotionListener
{  public MousePanel()
   {  addMouseListener(new MouseAdapter()
         {  public void mousePressed(MouseEvent evt)
            {  int x = evt.getX();
               int y = evt.getY();
               current = find(x, y);
               if (current < 0) // Nicht in einem Quadrat
                  add(x, y);
            }

            public void mouseClicked(MouseEvent evt)
            {  int x = evt.getX();
               int y = evt.getY();
               current = find(x, y);
               if (evt.getClickCount() >= 2)
               {  remove(current);

               }
            }
         });
      addMouseMotionListener(this);
   }

   public void paintComponent(Graphics g)
   {  super.paintComponent(g);
      for (int i = 0; i < nsquares; i++)
         draw(g, i);
   }

   public int find(int x, int y)
   {  for (int i = 0; i < nsquares; i++)
         if (squares[i].x - SQUARELENGTH / 2 <= x &&
               x <= squares[i].x + SQUARELENGTH / 2
               && squares[i].y - SQUARELENGTH / 2 <= y
               && y <= squares[i].y + SQUARELENGTH / 2)
            return i;
      return -1;
   }
```

Ereignisbehandlung

```
public void draw(Graphics g, int i)
{   g.drawRect(squares[i].x - SQUARELENGTH / 2,
        squares[i].y - SQUARELENGTH / 2,
        SQUARELENGTH,
        SQUARELENGTH);
}

public void add(int x, int y)
{   if (nsquares < MAXNSQUARES)
    {   squares[nsquares] = new Point(x, y);
        current = nsquares;
        nsquares++;
        repaint();
    }
}

public void remove(int n)
{   if (n < 0 || n >= nsquares) return;
    nsquares--;
    squares[n] = squares[nsquares];
    if (current == n) current = -1;
    repaint();
}

public void mouseMoved(MouseEvent evt)
{   int x = evt.getX();
    int y = evt.getY();

    if (find(x, y) >= 0)
        setCursor(Cursor.getPredefinedCursor
            (Cursor.CROSSHAIR_CURSOR));
    else
        setCursor(Cursor.getDefaultCursor());
}

public void mouseDragged(MouseEvent evt)
{   int x = evt.getX();
    int y = evt.getY();

    if (current >= 0)
    {   Graphics g = getGraphics();
        g.setXORMode(getBackground());
        draw(g, current);
        squares[current].x = x;
        squares[current].y = y;
```

```
            draw(g, current);
            g.dispose();
        }
    }

    private static final int SQUARELENGTH = 10;
    private static final int MAXNSQUARES = 100;
    private Point[] squares = new Point[MAXNSQUARES];
    private int nsquares = 0;
    private int current = -1;
}

class MouseFrame extends JFrame
{   public MouseFrame()
    {   setTitle("MouseTest");
        setSize(300, 200);
        addWindowListener(new WindowAdapter()
            {   public void windowClosing(WindowEvent e)
                {   System.exit(0);
                }
            } );

        Container contentPane = getContentPane();
        contentPane.add(new MousePanel());
    }
}

public class MouseTest
{   public static void main(String[] args)
    {   JFrame frame = new MouseFrame();
        frame.show();
    }
}
```

API

java.awt.event.MouseEvent

- int getX()
- int getY()
- Point getPoint()

Ereignisbehandlung

Liefert die X- (horizontale), Y- (vertikale) Komponente bzw. den Punkt zurück, wo das Ereignis stattfindet. Es wird das Koordinatensystem der Quelle verwendet.

- `void translatePoint(int x, int y)`

    Übersetzt die Koordinaten des Ereignisses durch Verschieben um x Einheiten in horizontaler und y Einheiten in vertikaler Richtung.

- `int getClickCount()`

    Liefert die Anzahl der aufeinanderfolgenden Mausklicks, die mit diesem Ereignis verbunden sind. (Das Zeitintervall, in dem Mausklicks als »aufeinanderfolgend« angesehen werden, ist systemabhängig.)

API

java.awt.Toolkit

- `public Cursor createCustomCursor(Image image, Point hotSpot, String name)`

    Erzeugt ein neues benutzerdefiniertes Cursor-Objekt.

Parameter:	image	Bei aktivem Cursor anzuzeigendes Bild.
	hotSpot	Hot Spot des Cursors (beispielsweise die Spitze eines Pfeils oder der Kreuzungspunkt bei einem Fadenkreuz)
	name	Beschreibung des Cursors, um Eingabehilfen zu unterstützen.

API

java.awt.Component

- `public void setCursor(Cursor cursor)`

    Setzt das Cursorbild auf einen vordefinierten Cursor, der im Parameter cursor spezifiziert ist.

8.7 Code für Benutzeroberfläche und Anwendung trennen

Bis jetzt haben wir eigentlich noch nicht die vom Java-Ereignismodell gebotene Möglichkeit genutzt, einen beliebigen Listener für Ereignisse zu verwenden – wir haben allgemein `this` als Listener gewählt, das heißt die Grundfläche, auf der die Komponenten der Benutzeroberfläche untergebracht sind. Bei einfachen Programmen wie den Demoprogrammen in diesem Kapitel, genügt dieses Vorgehen vollauf. Allerdings ist es bei größeren Programmen sinnvoller, die Benutzereingaben und die Befehlsausführung voneinander zu *trennen*, da sich ein und derselbe Befehl häufig auf mehrere Arten aktivieren läßt. Der Benutzer kann eine bestimmte Funktion über ein Menü, eine Zugriffstaste oder eine Schaltfläche auf der Symbolleiste wählen.

Den Code für die Benutzeroberfläche und den Anwendungscode trennen wir nach der folgenden Strategie:

- Für jeden Befehl ein Objekt erstellen.
- Jedes Befehlsobjekt zu einem Listener für die Ereignisse machen, die den Befehl auslösen.

Nehmen wir zum Beispiel an, daß wir mehrere Bedienmöglichkeiten in die Anwendung zur Farbauswahl einbauen wollen. Um die Hintergrundfarbe zu ändern, kann der Benutzer

- auf eine der Schaltflächen klicken,
- eine Farbe aus dem Menü wählen,
- eine Taste drücken (B = Blau, G = Gelb, R = Rot).

Jeder Befehl zur Farbenänderung soll einheitlich behandelt werden, unabhängig davon, ob er durch einen Schaltflächenklick, eine Menüauswahl oder einen Tastendruck ausgelöst wurde.

Das Swing-Paket stellt einen sehr nützlichen Mechanismus bereit, um Befehle zu kapseln und sie mit mehreren Ereignisquellen zu verbinden: die `Action`-Schnittstelle. Eine *Aktion* ist ein Objekt, das folgendes kapselt:

- Eine Beschreibung des Befehls (als Textstring und als optionales Symbol).
- Parameter, die für die Ausführung des Befehls erforderlich sind (in unserem Beispiel etwa die angeforderte Farbe).

Die `Action`-Schnittstelle hat folgende Methoden:

```
void actionPerformed(ActionEvent evt)
void setEnabled(boolean b)
boolean isEnabled()
void putValue(String key, Object value)
Object getValue(String key)
void addPropertyChangeListener(PropertyChangeListener listener)
void removePropertyChangeListener(PropertyChangeListener listener)
```

Die erste Methode ist uns bereits aus der Schnittstelle `ActionListener` bekannt: In der Tat erweitert die `Action`-Schnittstelle die Schnittstelle `ActionListener`. Demzufolge kann man ein `Action`-Objekt verwenden, wenn ein `ActionListener`-Objekt erwartet wird.

Ereignisbehandlung

Mit den beiden nächsten Methoden kann man die Aktion aktivieren/deaktivieren und prüfen, ob die Aktion momentan aktiviert ist. Wenn eine Aktion mit einem Menü oder einer Symbolleiste verbunden und die Aktion deaktiviert ist, wird der Befehl in Grau dargestellt.

Die Methoden `putValue` und `getValue` erlauben es, Name-Wert-Paare im Aktionsobjekt zu speichern bzw. abzurufen. Es gibt wichtige vordefinierte Strings, nämlich `Action.NAME` und `Action.SMALL_ICON` für das Speichern von Aktionsnamen und Symbolen in einem Aktionsobjekt:

```
action.putValue(Action.NAME, "Blau");
action.putValue(Action.SMALL_ICON,
   new ImageIcon("blue-ball.gif"));
```

Wenn man das Aktionsobjekt in ein Menü oder eine Symbolleiste einbindet, dann werden der Name und das Symbol automatisch abgerufen und im Menübefehl bzw. auf der Symbolleistenschaltfläche angezeigt.

Mit den beiden letzten Methoden der `Action`-Schnittstelle kann man andere Objekte – vor allem Menüs oder Symbolleisten, die die Aktion auslösen – benachrichtigen, wenn sich die Eigenschaften des Aktionsobjekts ändern. Wenn zum Beispiel ein Menü als Listener auf Eigenschaftsänderungen eines Aktionsobjekts hinzugefügt und das Aktionsobjekt später deaktiviert wird, dann wird das Menü aufgerufen und kann den Aktionsnamen in Grau darstellen. Eigenschafts-Listener sind ein gebräuchliches Konstrukt, das Teil des Komponentenmodells »Java Beans« ist. Mehr über Java Beans und deren Eigenschaften finden Sie in Band 2.

Beachten Sie, daß `Action` eine *Schnittstelle* und keine Klasse ist. Jede Klasse, die diese Schnittstelle implementiert, muß die bereits behandelten sieben Methoden implementieren. Zum Glück ist das einfach, da ein wohlgesonnener Programmierer alle außer der ersten Methode in einer Klasse `AbstractAction` implementiert hat. Diese Klasse kümmert sich um das Speichern aller Name-Wert-Paare und verwaltet die Eigenschafts-Listener. Man muß lediglich eine `actionPerformed`-Methode hinzufügen.

Wir erstellen nun ein Aktionsobjekt, das Befehle zur Farbenänderung ausführen kann. Wir speichern den Namen des Befehls, ein Symbol, die gewünschte Farbe und die Komponente, deren Farbe zu ändern ist. Nur um zu zeigen, was möglich ist, speichern wir die Farbe in der Tabelle der Name-Wert-Paare, die die Klasse `AbstractAction` bereitstellt, und wir legen die Zielkomponente als Instanzenvariable der Subklasse ab. Im nachstehenden Code für die Klasse `ColorAction` setzt der Konstruktor die Name-Wert-Paare, und die Methode `actionPerformed` nimmt die Farbänderung vor.

```
class ColorAction extends AbstractAction
{  public ColorAction(String name, Icon icon,
      Color c, Component comp)
```

```
  { putValue(Action.NAME, name);
    putValue(Action.SMALL_ICON, icon);
    putValue("Farbe", c);
    target = comp;
  }

  public void actionPerformed(ActionEvent evt)
  { Color c = (Color)getValue("Farbe");
    target.setBackground(c);
    target.repaint();
  }

  private Component target;
}
```

Unser Testprogramm erzeugt drei Objekte dieser Klasse, zum Beispiel:

```
Action blueAction = new ColorAction("Blau",
    new ImageIcon("blue-ball.gif"),
    Color.blue, panel);
```

Als nächstes verbinden wir diese Aktion mit einer Schaltfläche. Das läßt sich leicht realisieren, da ein Aktionsobjekt die Schnittstelle ActionListener implementiert. Demzufolge kann man einfach das Aktionsobjekt an die Methode addActionListener der Schaltfläche übergeben.

```
JButton blueButton = new JButton("Blau");
blueButton.addActionListener(blueAction);
```

Es ist eigentlich eleganter, eine neue Schaltflächenklasse abzuleiten, die eine Schaltfläche mit einer Aktion verbindet und die Beschriftung der Schaltfläche aus dem Aktionsobjekt abruft. Und da wir einmal dabei sind, legen wir das Schaltflächensymbol gleich mit fest.

```
class ActionButton extends Jbutton
{ public ActionButton(Action a)
  { setText((String)a.getValue(Action.NAME));
    Icon icon = (Icon)a.getValue(Action.SMALL_ICON);
    if (icon != null)
       setIcon(icon);
    addActionListener(a);
  }
}
```

Jetzt können wir Schaltflächen einfach aus Aktionsobjekten heraus konstruieren.

```
blueButton = new ActionButton(blueAction);
```

Jede Schaltfläche erhält dann automatisch eine Beschriftung und sendet genauso automatisch ihre Aktionsereignisse an das Aktionsobjekt.

Ereignisbehandlung

Als nächstes fügen wir dieselben Aktionsobjekte in ein Menü ein. Noch haben wir zwar nicht behandelt, wie man Menüs erstellt, es ist aber sehr einfach, Aktionen in Menüs aufzunehmen. Die Methode add(Action a) der Klasse JMenu fügt einen Menübefehl in ein Menü ein. Diese Methode ruft den Namen und optional ein Symbol aus dem Action-Objekt ab und macht das Action-Objekt zum Aktions-Listener für die Auswahl eines Menübefehls. Der folgende Code sollte selbsterklärend sein:

```
JMenu m = new JMenu("Farbe");
m.add(yellowAction);
m.add(blueAction);
m.add(redAction);
```

Als nächstes fügen wir das Menü in die Menüleiste ein.

```
JMenuBar mbar = new JMenuBar();
mbar.add(m);
setJMenuBar(mbar);
```

Führen Sie das Beispielprogramm aus, und sehen Sie sich das Menü an (siehe Abbildung 8.9). Beachten Sie, daß die Klasse JMenu automatisch den Namen und das Symbol des Action-Objekts extrahiert hat, genau wie wir es in unserer eigenen ActionButton-Klasse realisiert hatten.

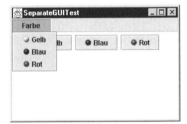

Abbildung 8.9: Menübefehle, die mit Aktionsobjekten korrespondieren

Schließlich verbinden wir die Aktionsobjekte mit Tastenbetätigungen – eine technisch komplexe Angelegenheit. Tastenbetätigungen gelangen zu der Komponente, die den Fokus hat. Unsere Beispielanwendung besteht aus verschiedenen Komponenten, nämlich drei Schaltflächen auf einer Grundfläche. Demzufolge kann eine der drei Schaltflächen jederzeit den Fokus haben. *Alle* Schaltflächen müßten Tastenereignisse behandeln und die Tasten G, B und R verfolgen. Zum Glück gibt es einen einfacheren Weg. Mit der Methode registerKeyboardAction kann man Tastenanschläge verfolgen, unabhängig davon, in welcher Komponente sie auftreten.

Um Aktionen mit Tastenanschlägen zu verbinden, muß man Objekte der Klasse KeyStroke generieren. Das ist eine Komfortklasse, die die Beschreibung einer Taste kapselt. Um ein KeyStroke-Objekt zu generieren, ruft man keinen Konstruktor auf, sondern die statische Methode getKey-

Stroke der Klasse `KeyStroke`. Die folgende Anweisung legt den virtuellen Tastencode und die Flags (bei Tastenkombinationen mit Umschalt und Strg) fest:

```
KeyStroke bKey = KeyStroke.getKeyStroke(VK_B, 0);
```

Die Methode `registerKeyboardAction` übernimmt drei Befehle: ein `ActionListener`-Objekt, ein `KeyStroke`-Objekt und ein Flag, um die Bedingung zu kennzeichnen, die zum Aufruf der Aktion führt. Die drei möglichen Werte für die Flags sind in Tabelle 8.3 aufgeführt.

Flag	Aktion aufrufen, wenn Tastendruck auftritt
WHEN_FOCUSED	in dieser Komponente.
WHEN_IN_FOCUSED_WINDOW	an beliebiger Stelle im Fenster, das diese Komponente enthält.
WHEN_ANCESTOR_OF_FOCUSED_COMPONENT	an beliebiger Stelle in einer Subkomponente, die in dieser Komponente enthalten ist.

Tabelle 8.3: Flags, die die Aktion kennzeichnen

Zum Beispiel

```
panel.registerKeyboardAction(blueAction, bKey,
   JComponent.WHEN_IN_FOCUSED_WINDOW);
```

Jetzt ist `blueAction` mit einer dritten Aktion der Benutzeroberfläche verbunden, nämlich mit dem Drücken der Taste B. Die anderen Tastenzuweisungen behandeln Sie in der gleichen Weise. Beispiel 8.5 zeigt den vollständigen Code.

Beispiel 8.5: SeparateGUITest.java

```
import java.awt.*;
import java.awt.event.*;
import javax.swing.*;

class ColorAction extends AbstractAction
{  public ColorAction(String name, Icon icon,
      Color c, Component comp)
   {  putValue(Action.NAME, name);
      putValue(Action.SMALL_ICON, icon);
      putValue("Farbe", c);
      target = comp;
   }

   public void actionPerformed(ActionEvent evt)
   {  Color c = (Color)getValue("Farbe");
```

Ereignisbehandlung

```
         target.setBackground(c);
         target.repaint();
      }

      private Component target;
}

class ActionButton extends JButton
{  public ActionButton(Action a)
   {  setText((String)a.getValue(Action.NAME));
      Icon icon = (Icon)a.getValue(Action.SMALL_ICON);
      if (icon != null)
         setIcon(icon);
      addActionListener(a);
   }
}

class SeparateGUIFrame extends JFrame
{  public SeparateGUIFrame()
   {  setTitle("SeparateGUITest");
      setSize(300, 200);
      addWindowListener(new WindowAdapter()
            {  public void windowClosing(WindowEvent e)
               {  System.exit(0);
               }
            } );


      JPanel panel = new JPanel();

      Action blueAction = new ColorAction("Blau",
         new ImageIcon("blue-ball.gif"),
         Color.blue, panel);
      Action yellowAction = new ColorAction("Gelb",
         new ImageIcon("yellow-ball.gif"),
         Color.yellow, panel);
      Action redAction = new ColorAction("Rot",
         new ImageIcon("red-ball.gif"),
         Color.red, panel);

      panel.add(new ActionButton(yellowAction));
      panel.add(new ActionButton(blueAction));
      panel.add(new ActionButton(redAction));
```

```
        panel.registerKeyboardAction(yellowAction,
            KeyStroke.getKeyStroke(KeyEvent.VK_G, 0),
            JComponent.WHEN_IN_FOCUSED_WINDOW);
        panel.registerKeyboardAction(blueAction,
            KeyStroke.getKeyStroke(KeyEvent.VK_B, 0),
            JComponent.WHEN_IN_FOCUSED_WINDOW);
        panel.registerKeyboardAction(redAction,
            KeyStroke.getKeyStroke(KeyEvent.VK_R, 0),
            JComponent.WHEN_IN_FOCUSED_WINDOW);

        Container contentPane = getContentPane();
        contentPane.add(panel);

        JMenu m = new JMenu("Farbe");
        m.add(yellowAction);
        m.add(blueAction);
        m.add(redAction);
        JMenuBar mbar = new JMenuBar();
        mbar.add(m);
        setJMenuBar(mbar);
    }
}

public class SeparateGUITest
{   public static void main(String[] args)
    {   JFrame frame = new SeparateGUIFrame();
        frame.show();
    }
}
```

API

javax.swing.Action

- void setEnabled(boolean b)

    Aktiviert oder deaktiviert diese Aktion. Elemente der Benutzeroberfläche können diesen Status abfragen und sich selbst deaktivieren, wenn die zugehörige Aktion deaktiviert ist.

- boolean isEnabled()

    Liefert true, wenn diese Aktion aktiviert ist.

Ereignisbehandlung

- `void putValue(String key, Object value)`

  Stellt ein Name-Wert-Paar in das Aktionsobjekt.

  Parameter: key   Der Name des mit dem Aktionsobjekt zu speichernden Merkmals. Das kann ein String sein, wobei vier Namen vordefinierte Bedeutungen haben (siehe Tabelle 8.4)

Name	Wert
`Action.NAME`	Der Aktionsname, der in Komponenten der Benutzeroberfläche anzuzeigen ist.
`Action.SMALL_ICON`	Das Aktionssymbol, das in Komponenten der Benutzeroberfläche anzuzeigen ist.
`Action.SHORT_DESCRIPTION`	Eine kurze Beschreibung, beispielsweise für eine QuickInfo.
`Action.LONG_DESCRIPTION`	Eine längere Beschreibung für die Online-Hilfe.

Tabelle 8.4: Vordefinierte Namen für den Parameter key

- `Object getValue(String key)`

  Liefert den Wert eines gespeicherten Name-Wert-Paares.

API

`javax.swing.JMenu`

- `JMenuItem add(Action a)`

  Fügt dem Menü einen Menübefehl hinzu, der die Aktion a aufruft, wenn ihn der Benutzer wählt. Gibt den hinzugefügten Menübefehl zurück.

API

`javax.swing.KeyStroke`

- `static KeyStroke getKeyStroke(int keyCode, int modifiers)`

- `static KeyStroke getKeyStroke(int keyCode, int modifiers, boolean onRelease)`

  Erzeugt ein `KeyStroke`-Objekt, das eine Tastenbetätigung kapselt.

Parameter:	keyCode	Virtueller Tastencode.
	modifiers	Beliebige Kombination aus `InputEvent.SHIFT_MASK`, `InputEvent.CONTROL_MASK`, `InputEvent.ALT_MASK`, `InputEvent.META_MASK`.
	onRelease	true, wenn der Tastenanschlag beim Loslassen der Taste erkannt wird.

API

`javax.swing.JComponent`

- `void registerKeyboardAction(ActionListener a, KeyStroke k, int flag)`

  Bewirkt das Aufrufen einer Aktion, wenn eine Tastenbetätigung stattfindet.

Parameter:	a	Aufzurufende Aktion.
	k	Tastenanschlag, der die Aktion bewirkt.
	flag	Eine Bedingung für den Tastaturfokus, um die Aktion auszulösen (siehe Tabelle 8.5).

Flag	**Aktion aufrufen, wenn Tastendruck auftritt**
WHEN_FOCUSED	in dieser Komponente.
WHEN_IN_FOCUSED_WINDOW	an beliebiger Stelle im Fenster, das diese Komponente enthält.
WHEN_ANCESTOR_OF_FOCUSED_COMPONENT	an beliebiger Stelle in einer Subkomponente, die in dieser Komponente enthalten ist.

Tabelle 8.5: Flags, die die Aktion kennzeichnen

Ereignisbehandlung

8.8 Multicasting

Im letzten Abschnitt haben wir mehrere Ereignisquellen an denselben Ereignis-Listener melden lassen. In diesem Abschnitt gehen wir genau andersherum vor. Alle AWT-Ereignisquellen unterstützen ein *Multicast*-Modell für Listener. Das bedeutet, daß dasselbe Ereignis an mehrere Listener-Objekte geschickt werden kann. Multicasting bietet sich an, wenn ein Ereignis *möglicherweise* für viele Teilnehmer von Interesse ist. Man fügt einfach mehrere Listener zu einer Ereignisquelle hinzu, um allen registrierten Listenern die Möglichkeit zu geben, auf die Ereignisse zu reagieren.

Achtung

Laut Aussage von Sun »garantiert das API keine Reihenfolge, in der die Ereignisse an eine Gruppe von registrierten Listenern für ein bestimmtes Ereignis von einer bestimmten Quelle geliefert werden«. Insbesondere darf ein Listener nicht das Ereignis »verschlucken« – das Konsumieren ist bedeutungslos, wenn die Lieferreihenfolge willkürlich ist. (Siehe dazu den Abschnitt zum Konsumieren von Ereignissen weiter hinten in diesem Kapitel.)

Das nächste Beispiel zeigt eine einfache Anwendung des Multicasting. Es gibt einen Rahmen, der mehrere Fenster über die Schaltfläche NEU hervorbringen kann. Und über die Schaltfläche ALLE SCHLIEßEN lassen sich alle Fenster auf einmal schließen – siehe Abbildung 8.10.

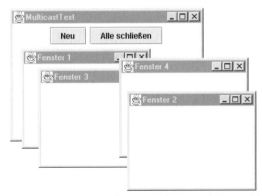

Abbildung 8.10: Alle Fenster hören auf den Befehl »Alle schließen«

Der Listener für die Schaltfläche NEU ist die Grundfläche, die die Schaltflächen enthält – er erzeugt neue, untergeordnete Fenster. Zum Menübefehl ALLE SCHLIEßEN gehören aber mehrere Listener – jedes untergeordnete Fenster wird der Gruppe der Listener hinzugefügt. Wenn der Benutzer auf diese Schaltfläche klickt, erhalten alle Fenster eine Benachrichtigung und schließen sich selbst. Beispiel 8.6 zeigt den Quellcode.

Beispiel 8.6: MulticastTest.java
```java
import java.awt.*;
import java.awt.event.*;
import javax.swing.*;

class MulticastPanel extends JPanel
    implements ActionListener
{   public MulticastPanel()
    {   JButton newButton = new JButton("Neu");
        add(newButton);
        newButton.addActionListener(this);

        closeAllButton = new JButton("Alle schließen");
        add(closeAllButton);
    }

    public void actionPerformed(ActionEvent evt)
    {   // Behandelt die Schaltfläche 'Neu'
        SimpleFrame f = new SimpleFrame();
        counter++;
        f.setTitle("Fenster " + counter);
        f.setSize(200, 150);
        f.setLocation(30 * counter, 30 * counter);
        f.show();
        closeAllButton.addActionListener(f);
    }

    private int counter = 0;
    private JButton closeAllButton;
}

class MulticastFrame extends JFrame
{   public MulticastFrame()
    {   setTitle("MulticastTest");
        setSize(300, 200);
        addWindowListener(new WindowAdapter()
            {   public void windowClosing(WindowEvent e)
                {   System.exit(0);
                }
            } );

        Container contentPane = getContentPane();
        contentPane.add(new MulticastPanel());
    }
}
```

Ereignisbehandlung

```
public class MulticastTest
{  public static void main(String[] args)
   {  JFrame frame = new MulticastFrame();
      frame.show();
   }
}

class SimpleFrame extends JFrame
   implements ActionListener
{  public void actionPerformed(ActionEvent evt)
   {  // Behandelt die Schaltfläche 'Alle schließen'
      dispose();
   }
}
```

8.9 Erweiterte Ereignisbehandlung

Dieser Abschnitt zeigt verschiedene erweiterte Verfahren, die den normalen Mechanismus zur Ereignisbehandlung umgehen oder verbessern. Insbesondere geht es um folgende Techniken:

- Ereignisse konsumieren
- Sekundäre Ereignisschleifen implementieren
- Benutzerdefinierte Ereignisse hinzufügen

Denken Sie daran, daß es sich um erweiterte Verfahren handelt, bei denen etwas Vorsicht geboten ist, wenn Sie sie in Ihrem eigenen Code einsetzen – Konflikte mit dem Standardmechanismus zur Ereignisbereitstellung können zu diffizilen Problemen in Ihrer Anwendung führen.

8.9.1 Ereignisse konsumieren

Gelegentlich will man ein Ereignis auffangen, so daß es nicht an eine Komponente der Benutzeroberfläche weitergeleitet wird. Das folgende Beispiel beschreibt ein typisches Szenario. Nehmen wir an, Sie wollen ein Textfeld erstellen, das ausschließlich Zahlenwerte akzeptiert. Wir beginnen mit einem normalen Textfeld. (Kapitel 9 geht ausführlich auf Textfelder ein.) Man hört einfach auf alle Tastaturereignisse und *konsumiert* – das heißt, unterdrückt – alle Ereignisse, die keiner Zifferntaste entsprechen.

```
textField.addKeyListener(new KeyAdapter()
   {  public void keyTyped(KeyEvent evt)
      {  char ch = evt.getKeyChar();
         if (ch < '0' || ch > '9') // Keine Ziffer
            evt.consume();
      }
   });
```

Im Ergebnis bekommt das Textfeld überhaupt nicht mehr mit, daß das Ereignis »Taste gedrückt« aufgetreten ist, wenn der Benutzer eine falsche Taste betätigt hat.

Nur Eingabeereignisse (das heißt, Maus- und Tastaturereignisse) lassen sich konsumieren.

Hinweis

In der Praxis ist etwas mehr Aufwand zu treiben, um ein Textfeld zu erstellen, das sich ausschließlich auf die Bearbeitung von Zahlen bezieht. Kapitel 9 bringt dazu nähere Informationen.

API

java.awt.event.InputEvent

- void consume()

    Konsumiert ein systemnahes Ereignis und verhindert damit, daß es an eine Komponente der Benutzeroberfläche weitergeschickt wird.

- boolean isConsumed()

    Liefert true, wenn das Ereignis konsumiert wurde.

8.9.2 Ereigniswarteschlange

Wenn das Betriebssystem ein Ereignis als Reaktion auf eine Benutzeraktion wie einen Mausklick generiert, empfängt der Teil des AWT, der mit dem Betriebssystem kommuniziert, das systemnahe Ereignis und wandelt es in ein AWT-Ereignis um. Das AWT stellt dann das Ereignis in eine *Ereigniswarteschlange*. Der Teil des AWT, der Ereignisse an Listener verteilt,

- holt Ereignisse aus der Ereigniswarteschlange,
- lokalisiert das Listener-Objekt für dieses Ereignis,
- ruft die passende Listener-Prozedur für dieses Ereignis auf.

Eine Ereigniswarteschlange ist aus Leistungsgründen von Bedeutung. Ereignisse, die häufig auftreten (wie etwa Mausbewegungen) oder die langsam umgesetzt werden (etwa Zeichenbefehle) lassen sich in der Warteschlange *zusammenfassen*. Wenn das Programm die noch anstehenden Ereignisse von Mausbewegungen oder Zeichenbefehlen noch nicht abgearbeitet hat und ein neues Ereignis eingefügt wird, dann kann das AWT dieses Ereignis mit dem vorhandenen Ereignis zu einem einzigen neuen Ereignis kombinieren. Beispielsweise kann man mit der neuen Mausposition die alte

Ereignisbehandlung

aktualisieren, oder ein neues Zeichenereignis kann eine Anforderung enthalten, die zusammengefaßten Bereiche der alten Zeichenereignisse neu zu zeichnen.

Gelegentlich ist es sinnvoll, die Ereigniswarteschlange direkt zu manipulieren. Beispielsweise kann man Ereignisse aus der Schlange entfernen und dabei den normalen Mechanismus der Ereignisbereitstellung umgehen. Man kann auch neue Ereignisse in die Warteschlange stellen und damit eine Ereignisbehandlung realisieren, die über das grundlegende Java-Ereignismodell hinausgeht. Das Beispielprogramm EventQueueTest in diesem Abschnitt demonstriert, wie man Ereignisse aus der Warteschlange entfernt, um den normalen Fluß der Ereignisse zu umgehen. Der darauffolgende Abschnitt zu benutzerdefinierten Ereignissen erläutert, wie man benutzerdefinierte Ereignisobjekte in die Warteschlange stellt. Diese Ereignisse werden dann in der üblichen Weise geliefert, ohne daß dazu weitere Arbeiten erforderlich wären.

Hinweis

Das Einfügen und Entfernen von Ereignissen gehört zu den komplizierteren Verfahren. Wenn man unvorschriftsmäßig oder fehlerhaft arbeitet, kann das zum Absturz einer Anwendung führen. Aus diesem Grund ist es bei Applets – d. h. Java-Anwendungen, die man von fremden Computern herunterlädt und in einem Browser ausführt – nicht zulässig, auf die Ereigniswarteschlange des Systems zuzugreifen.

Ein Objekt, das die Ereigniswarteschlange repräsentiert, erhält man durch folgenden Methodenaufruf:

```
EventQueue evtq
   = Toolkit.getDefaultToolkit().getSystemEventQueue();
```

Um ein neues Ereignis in die Ereigniswarteschlange zu stellen, ruft man die Methode postEvent auf:

```
evtq.postEvent(new ActionEvent(this,
   ActionEvent.ACTION_PERFORMED, "Blau"));
```

Mit der Methode getNextEvent entfernt man ein Ereignis. Die Methode peekEvent liefert das nächste Ereignis aus der Warteschlange zurück, entfernt es aber nicht.

Um die Manipulation der Ereigniswarteschlange in die Tat umzusetzen, implementieren wir eine *sekundäre Ereigniswarteschlange*. In einer sekundären Ereigniswarteschlange ist man nur an einem besonderen Ereignis interessiert und muß manuell alle Ereignisse entfernen, bis man das eine gewünschte gefunden hat.

Mittels einer sekundären Ereigniswarteschlange kann man den Benutzer zwingen, bestimmte Aktionen nacheinander auszuführen. Nehmen wir zum Beispiel ein Zeichenprogramm an, wo der Benutzer nacheinander auf zwei Punkte klickt, um eine Linie zu zeichnen. Eine sekundäre Ereigniswarteschlange bringt dann folgenden Vorteil: Hat der Benutzer den ersten Punkt mit der Maus angeklickt, kann er nicht mehr »entkommen« und vielleicht Bildlaufleisten oder Menüs anklicken, da sich alle Mausaktivitäten, die nichts mit dem Anklicken des zweiten Punktes zu tun haben, verwerfen lassen.

Es stellt sich als schwierig heraus, das Ganze in einem ereignisgesteuerten Stil zu implementieren. In einem reinen ereignisgesteuerten Programm könnte man in einer Methode den Benutzer auffordern, auf den ersten Punkt zu klicken. Mit jedem Mausklick würde eine separate Methode, nämlich der Maus-Listener, aktiviert. Der Listener müßte verfolgen, ob das Ereignis, das er verarbeitet, zur Folge der Linienzeichnung gehört oder nicht. Wenn klar ist, daß das Ereignis zur Linienzeichnung gehört, muß er entscheiden, ob es der erste oder der zweite Klick war. Das ist alles recht mühsam. Statt dessen schreiben wir eine Methode `getClick`, die auf einen Mausklick vom Benutzer wartet und den angeklickten Punkt zurückgibt. Mit einer derartigen Methode ist es unkompliziert, den Benutzer aufzufordern, eine Linie zu spezifizieren:

```
displayPrompt("Bitte auf einen Punkt klicken");
Point p = getClick();
displayPrompt("Bitte auf einen anderen Punkt klicken");
Point q = getClick();
g.drawLine(p.x, p.y, q.x, q.y);
```

Die Methode `getClick` erfordert den Einsatz einer sekundären Ereignisschleife. Diese Schleife greift Ereignisse heraus, bis sie einen Mausklick findet.

Beachten Sie, daß die Mauskoordinaten relativ zum *Rahmen* und nicht zur Grundfläche zählen. Um sie in Koordinaten der Grundfläche zu übersetzen, müssen wir die Lage der Grundfläche innerhalb des Rahmens finden. Die Methode `getLocation` der Klasse `Component` gibt die Position der oberen linken Ecke einer Komponente innerhalb des übergeordneten Containers zurück. Allerdings ist das übergeordnete Element unserer Grundfläche noch nicht der Rahmen, sondern der Inhaltsbereich, der selbst in einer weiteren Grundfläche, nämlich dem Wurzelbereich, liegt. Diese Grundfläche ist schließlich im Rahmen enthalten. Folglich müssen wir die Mauskoordinaten nach der Lage des Wurzelbereichs innerhalb seines übergeordneten Elements anpassen.

Das nachstehende Codefragment zeigt die Ereignisschleife zusammen mit dem Code zur Anpassung der Mauskoordinaten:

```
while (true)
{   AWTEvent evt = eq.getNextEvent();
    if (evt.getID() == MouseEvent.MOUSE_CLICKED)
    {   MouseEvent mevt = (MouseEvent)evt;
```

Ereignisbehandlung 435

```
            Point p = mevt.getPoint();
            Point top = getRootPane().getLocation();
            p.x -= top.x;
            p.y -= top.y;
            return p;
        }
    }
}
```

Beispiel 8.7 gibt den vollständigen Quellcode für diese Anwendung wieder.

Beispiel 8.7: EventQueueTest.java

```java
import java.awt.*;
import java.awt.event.*;
import javax.swing.*;

class EventQueuePanel extends JPanel
    implements ActionListener
{   EventQueuePanel()
    {   JButton button = new JButton("Linie zeichnen");
        add(button);
        button.addActionListener(this);
    }

    public void actionPerformed(ActionEvent evt)
    {   Graphics g = getGraphics();

        displayPrompt(g, "Bitte auf einen Punkt klicken");
        Point p = getClick();
        g.drawOval(p.x - 2, p.y - 2, 4, 4);
        displayPrompt(g, "Bitte auf einen anderen Punkt klikken");
        Point q = getClick();
        g.drawOval(q.x - 2, q.y - 2, 4, 4);
        g.drawLine(p.x, p.y, q.x, q.y);
        displayPrompt(g, "Fertig!");
        g.dispose();
    }

    public void displayPrompt(Graphics g, String s)
    {   y += 20;
        g.drawString(s, 0, y);
    }

    public Point getClick()
    {   EventQueue eq
            = Toolkit.getDefaultToolkit()
```

```
                 .getSystemEventQueue();
      while (true)
      {  try
         {  AWTEvent evt = eq.getNextEvent();
            if (evt.getID() == MouseEvent.MOUSE_PRESSED)
            {  MouseEvent mevt = (MouseEvent)evt;
               Point p = mevt.getPoint();
               Point top = getRootPane().getLocation();
               p.x -= top.x;
               p.y -= top.y;
               return p;
            }
         }
         catch(InterruptedException e)
         {}
      }
   }

   private int y = 60;
}

class EventQueueFrame extends JFrame
{  public EventQueueFrame()
   {  setTitle("EventQueueTest");
      setSize(300, 200);
      addWindowListener(new WindowAdapter()
         {  public void windowClosing(WindowEvent e)
            {  System.exit(0);
            }
         } );

      Container contentPane = getContentPane();
      contentPane.add(new EventQueuePanel());
   }
}

public class EventQueueTest
{  public static void main(String[] args)
   {  Frame frame = new EventQueueFrame();
      frame.show();
   }
}
```

Ereignisbehandlung

API

java.awt.EventQueue

- AWTEvent peekEvent()

    Liefert eine Referenz auf das AWTEvent-Objekt, das das nächste Ereignis beschreibt.

- AWTEvent getNextEvent()

    Gibt eine Referenz auf das AWTEvent-Objekt zurück, das das nächste Ereignis beschreibt, und entfernt es aus der Warteschlange.

- void postEvent(AWTEvent anEvent)

    Stellt das Ereignis in die Ereigniswarteschlange.

    Parameter: anEvent   Ereignis, das in die Warteschlange zu stellen ist.

8.9.3 Benutzerdefinierte Ereignisse aufnehmen

Im letzten Abschnitt dieses Kapitels wenden wir uns einem ziemlich komplizierten Thema der Programmierung zu. Wir wollen zeigen, wie man einen *benutzerdefinierten Ereignistyp* erstellt, den man in die AWT-Ereigniswarteschlange einfügen und genau wie ein normales AWT-Ereignis an einen Listener weiterleiten lassen kann. Für das Beispiel in diesem Abschnitt implementieren wir einen Timer (Zeitgeber). Der Timer sendet ein Ereignis an seinen Listener, wenn eine bestimmte Zeitspanne verstrichen ist. Die Funktion des Timers richtet man folgendermaßen ein:

```
public class CustomEventPanel extends JPanel
   implements TimerListener
{  public CustomEventPanel()
   {  Timer t = new Timer(1000);
         // Timer-Klicks alle 1000 Millisekunden liefern
      t.addTimerListener(this);
         // timeElapsed-Methode dieser Klasse benachrichtigen
   }

   public void timeElapsed(TimerEvent evt)
   {  . . .
         // Code, der alle 1000 Millisekunden ausgeführt wird
   }
   . . .
}
```

Dieser Timer ähnelt im Erscheinungsbild den anderen AWT-Ereignissen. Insbesondere werden Windows-Programmierer mit dieser Lösung vertraut sein, da Windows die Timer-Nachrichten über die Ereigniswarteschlange bereitstellt.

Hinweis

Das Paket Swing verfügt über eine eigene Timer-Klasse, die sich unwesentlich von unserer unterscheidet. Der Swing-Timer führt keinen neuen Ereignistyp ein, sondern sendet Aktionsereignisse an den Listener. Vor allem aber schmuggelt der Swing-Timer seine Ereignisse nicht in die AWT-Warteschlange ein, sondern realisiert eine eigene Warteschlange für Timer-Ereignisse. Mit unserer Implementierung der Klasse wollen wir zeigen, wie man neue Ereignistypen in das AWT einfügt, und nicht, wie man einen besseren Timer erstellt. Wenn Sie einen Timer in Ihrem Code benötigen, greifen Sie einfach auf den Swing-Timer und nicht auf den hier vorgestellten zurück.

Sehen wir uns nun an, wie man ein benutzerdefiniertes Ereignis implementiert. Wir beginnen mit der erforderlichen Listener-Schnittstelle.

```
public interface TimerListener extends EventListener
{   public void timeElapsed(TimerEvent evt);
}
```

Jede Klasse, die unsere Timer-Ereignisse für Timer-Benachrichtigungen verwendet, muß diese Schnittstelle implementieren. Die Klasse TimerEvent ist relativ einfach:

- Sie erweitert die Superklasse AWTEvent, da alle Ereignisse in der AWT-Ereigniswarteschlange vom Typ AWTEvent sein müssen.
- Der Konstruktor für das Timer-Ereignis empfängt das Objekt, das die Ereignisquelle darstellt (das heißt, das Timer-Objekt).

Wir müssen der Superklasse auch eine Ereignis-ID zuweisen. Dabei spielt es keine Rolle, welche positive Ganzzahl wir wählen, solange sie außerhalb des Bereichs liegt, den das AWT für eigene Ereignisse beansprucht.

Wie läßt sich eine unbenutzte ID finden? Um mit Sun zu sprechen: »Programme sollten Ereignis-IDs wählen, die größer als die Integer-Konstante java.awt.AWTEvent.RESERVED_ID_MAX sind.«

```
class TimerEvent extends AWTEvent
{   public TimerEvent(Timer t) { super(t, TIMER_EVENT); }
    public static final int TIMER_EVENT =
        AWTEvent.RESERVED_ID_MAX + 5555;
}
```

Ereignisbehandlung

Schließlich müssen wir die Klasse Timer selbst implementieren. Der AWT-Ereignismechanismus erfordert es, daß Ereignisquellen die Klasse Component erweitern. Normalerweise sind Komponenten Elemente der Benutzeroberfläche, die in einem Fenster plaziert werden. Wir sehen hier einfach den Timer als unsichtbare Komponente an, wie es zum Beispiel in Visual Basic der Fall ist.

Um den Code zu schreiben, der das Intervall für den »Herzschlag« des Timers konstruiert, müssen wir auf Threads zurückgreifen. (Band 2 geht umfassend auf Threads ein. Nehmen Sie momentan also die Thread-Routinen als gegeben hin.) Sobald die angegebene Zeitspanne abgelaufen ist, erzeugen wir ein neues Timer-Ereignis und fügen es in die Ereigniswarteschlange ein. Im nachstehenden Code sind die erforderlichen Teile, um das Ereignis in die Warteschlange zu stellen, fett gedruckt:

```
class Timer extends Component implements Runnable
{   public Timer(int i)
    {   interval = i;
        Thread t = new Thread(this);
        t.start();
    }

    public void run()
    {   while (true)
        {   try { Thread.sleep(interval); }
            catch(InterruptedException e) {}

            EventQueue evtq
                = Toolkit.getDefaultToolkit().getSystemEventQueue();
            TimerEvent te = new TimerEvent(this);

            evtq.postEvent(te);

        }
    }
    . . .
    private int interval;
}
```

Nach der Abarbeitung dieses Codes wissen wir, daß Java unsere benutzerdefinierten Timer-Ereignisse in die Warteschlange gestellt hat. Allerdings geschieht die Ereignisbereitstellung nicht automatisch, so daß ohne zusätzlichen Code niemand von unserem Timer-Ereignis erfährt.

Wie kann man sicherstellen, daß das benutzerdefinierte Ereignis an die interessierten Parteien geschickt wird? Die Antwort lautet, daß es zur Verantwortlichkeit der *Komponente* gehört,

- die Listener für die Ereignisse, die die Komponente generiert, zu verwalten,
- die Ereignisse an die für die Komponente registrierten Listener zu verteilen.

Für dieses Beispiel implementieren wir nur einen einzigen Listener. Die Methode `addTimerListener` merkt sich das Objekt, das die Timer-Ereignisse verfolgen soll. Java ruft die Methode `processEvent` auf, wenn das AWT ein Ereignis, dessen Quelle der Timer ist, aus der Warteschlange entfernt. Wenn das Ereignis ein Timer-Ereignis ist, für das wir einen Listener hinzugefügt haben, dann ruft Java seine Methode `timeElapsed` auf.

```
class Timer extends Component implements Runnable
{  . . .
   public void addTimerListener(TimerListener l)
   {  listener = l;
   }

   public void processEvent(AWTEvent evt)
   {  if (evt instanceof TimerEvent)
      {  if (listener != null)
            listener.timeElapsed((TimerEvent)evt);
      }
      else super.processEvent(evt);
   }

   private TimerListener listener;
}
```

Hinweis

Bei einer industrietauglichen Timer-Komponente muß man sowohl Multicasting als auch das Entfernen von Listenern unterstützen. Die Klasse `Timer` im Paket `javax.swing` unterstützt diese Operationen. Im obigen Beispiel haben wir aber aus Gründen der Einfachheit darauf verzichtet.

Wie sich zeigt, gibt es noch ein (undokumentiertes) Problem. Der AWT-Code, der Ereignisse aus der Warteschlange entfernt und sie an die Ereignisquelle verteilt, liefert sie nur, wenn er davon überzeugt ist, daß der Container das neue Ereignismodell unterstützt. Ein Weg, um ihn davon zu überzeugen, ist der Aufruf der Methode `enableEvents` in der Klasse `Component`. Die Methode übernimmt einen Parameter mit einer Maske für die AWT-Ereignisse, die für diese Komponente zu aktivieren sind. Um die AWT-Ereignisse kümmern wir uns überhaupt nicht, da wir nur an unserem benutzerdefinierten Timer-Ereignis interessiert sind. Deshalb übergeben wir 0 als Maske. Das findet im Konstruktor des `Timer`-Objekts statt.

Ereignisbehandlung

Beispiel 8.8 zeigt den vollständigen Quellcode eines Beispielprogramms, das ein Rechteck mit einer alle 1000 Millisekunden wachsenden Größe zeichnet (siehe Abbildung 8.11). Es ist festzustellen, daß man benutzerdefinierte Ereignisse in den AWT-Mechanismus mit relativ wenig Code einfügen kann.

Abbildung 8.11: Wachsende Rechtecke mit Hilfe eines benutzerdefinierten Timer-Ereignisses zeichnen

Beispiel 8.8: CustomEventTest.java
```java
import java.awt.*;
import java.util.*;
import java.awt.event.*;
import javax.swing.*;

class CustomEventPanel extends JPanel
   implements TimerListener
{  public CustomEventPanel()
   {  Timer t = new Timer(1000);
      t.addTimerListener(this);
   }

   public void timeElapsed(TimerEvent evt)
   {  Graphics g = getGraphics();
      g.fillRect(0, 0, ticks, 10);
      ticks++;
      g.dispose();
   }

   private int ticks = 0;
}

interface TimerListener extends EventListener
{  public void timeElapsed(TimerEvent evt);
}

class Timer extends Component implements Runnable
{  public Timer(int i)
   {  interval = i;
      Thread t = new Thread(this);
      t.start();
      evtq = Toolkit.getDefaultToolkit()
```

```
            .getSystemEventQueue();
         enableEvents(0);
      }

      public void addTimerListener(TimerListener l)
      {  listener = l;
      }

      public void run()
      {  while (true)
         {  try { Thread.sleep(interval); }
            catch(InterruptedException e) {}
            TimerEvent te = new TimerEvent(this);
            evtq.postEvent(te);
         }
      }

      public void processEvent(AWTEvent evt)
      {  if (evt instanceof TimerEvent)
         {  if (listener != null)
               listener.timeElapsed((TimerEvent)evt);
         }
         else super.processEvent(evt);
      }

      private int interval;
      private TimerListener listener;
      private static EventQueue evtq;
   }

   class TimerEvent extends AWTEvent
   {  public TimerEvent(Timer t) { super(t, TIMER_EVENT); }
      public static final int TIMER_EVENT
         = AWTEvent.RESERVED_ID_MAX + 5555;
   }

   class CustomEventFrame extends JFrame
   {  public CustomEventFrame()
      {  setTitle("CustomEventTest");
         setSize(300, 50);
         addWindowListener(new WindowAdapter()
            {  public void windowClosing(WindowEvent e)
               {  System.exit(0);
               }
            } );
```

Ereignisbehandlung

```
      Container contentPane = getContentPane();
      contentPane.add(new CustomEventPanel());
   }
}

public class CustomEventTest
{  public static void main(String[] args)
   {  JFrame frame = new CustomEventFrame();
      frame.show();
   }
}
```

API

java.awt.Component

- void enableEvents(long maskForEvents)

    Aktiviert die Komponente, um Ereignisse in die Ereigniswarteschlange einzufügen, wenn es keinen Listener für einen bestimmten Ereignistyp gibt.

    | *Parameter*: | maskForEvents | Eine Maske von zu aktivierenden Ereignistypen, bestehend aus Konstanten wie ACTION_EVENT_MASK, die in der Klasse AWTEvent definiert sind. |

Kapitel 9

Benutzeroberflächen mit Swing

Im letzten Kapitel ging es hauptsächlich um das Ereignismodell in Java. Dabei haben Sie erste Schritte unternommen, um eine grafische Benutzeroberfläche aufzubauen. Dieses Kapitel zeigt nun die wichtigsten Werkzeuge, mit denen sich voll ausgestattete grafische Benutzeroberflächen erstellen lassen.

Als erstes nehmen wir die architektonische Basis von Swing unter die Lupe. Wenn man die Abläufe hinter den Kulissen kennt, kann man bestimmte komplexere Komponenten effizienter nutzen. Wir zeigen dann, wie man die gebräuchlichsten Komponenten der Benutzeroberfläche in Swing verwendet, beispielsweise Textfelder, Listenfelder, Menüs und Dialogfelder. Als nächstes lernen Sie die diversen Feinheiten des Layout-Managers von Java kennen, um diese Komponenten in einem Fenster anzuordnen, unabhängig vom Erscheinungsbild einer bestimmten Benutzeroberfläche. Schließlich wird dargestellt, wie man Menüs und Dialogfelder in Swing implementiert.

Dieses Kapitel behandelt alle Swing-Komponenten, die eine Entsprechung im AWT haben. Dabei handelt es sich um die wesentlichen Komponenten der Benutzeroberfläche, die Sie am häufigsten einsetzen werden. Die erweiterten Swing-Komponenten kommen im Band 2 zur Sprache.

9.1 Modell – Ansicht – Steuerung

Wie versprochen, beginnen wir dieses Kapitel mit einem Abschnitt, der die Architektur der Swing-Komponenten beschreibt. Bevor wir erläutern, was der Titel dieses Abschnitts bedeutet, gehen wir etwas zurück und vergegenwärtigen uns, aus welchen Teilen eine Komponente der Benutzeroberfläche, wie etwa eine Schaltfläche, ein Kontrollkästchen, ein Textfeld oder ein komplexes Strukturelement besteht. Jede Komponente hat drei Chrakteristika:

- *Inhalt*, beispielsweise der Zustand einer Schaltfläche (gedruckt oder nicht) oder der Text in einem Textfeld
- *Visuelle Erscheinung* (Farbe, Größe usw.)
- *Verhalten* (Reaktion auf Ereignisse)

Selbst eine scheinbar einfache Komponente wie eine Schaltfläche legt eine relativ komplexe Interaktion zwischen diesen Charakteristika an den Tag. Offensichtlich hängt die visuelle Erscheinung einer Schaltfläche vom Erscheinungsbild – dem sogenanntnen »Look and Feel« – ab. Eine Metal-Schaltfläche unterscheidet sich von einer Windows-Schaltfläche und einer Motif-Schaltfläche. Und die Erscheinung hängt vom Zustand der Schaltfläche ab: Wenn eine Schaltfläche gedrückt wird, ist sie neu zu zeichnen, um das andere Aussehen anzunehmen. Der Zustand hängt von den Ereignissen ab, die die Schaltfläche empfängt. Wenn der Benutzer die Maustaste auf einer Schaltfläche betätigt, wird die Schaltfläche heruntergedrückt.

Wenn man eine Schaltfläche in einem Programm einsetzt, betrachtet man sie natürlich einfach als Schaltfläche und macht sich kaum Gedanken über ihre innere Arbeitsweise und Charakteristika.

Benutzeroberflächen mit Swing

Das ist immerhin der Job des Programmierers, der die Schaltfläche implementiert hat. Und gerade der Programmierer muß sich intensiv damit beschäftigen. Schließlich muß er Schaltflächen und alle anderen Komponenten der Benutzeroberfläche implementieren, damit sie unabhängig vom jeweils installierten Erscheinungsbild wie erwartet funktionieren.

Zu diesem Zweck haben sich die Gestalter von Swing einem wohlbekannten *Entwurfsmuster* zugewandt: *Modell – Ansicht – Steuerung*. Dieses Muster geht wie viele andere Entwurfsmuster auf eines der Prinzipien des objektorientierten Entwurfs zurück, das wir bereits in Kapitel 5 behandelt haben: Mache ein Objekt nicht für zu viel verantwortlich. Lasse nicht eine einzige Schaltflächenklasse zu viel erledigen. Statt dessen soll man das Erscheinungsbild der Komponente mit dem einen Objekt verbinden und den Inhalt in einem *anderen* Objekt speichern. Das Entwurfsmuster Modell – Ansicht – Steuerung lehrt, wie man das erreicht. Implementieren Sie drei separate Klassen:

- Das *Modell*, das den Inhalt speichert
- Die *Ansicht*, die den Inhalt anzeigt
- Die *Steuerung*, die die Benutzereingaben behandelt

Das Muster spezifiziert genau, wie die drei Objekte interagieren. Das Modell speichert den Inhalt und hat *keine Benutzeroberfläche*. Bei einer Schaltfläche ist der Inhalt ziemlich trivial – es ist einfach eine kleine Gruppe von Attributen, die beispielsweise darüber Auskunft geben, ob die Schaltfläche momentan gedrückt oder aktiviert ist. Bei einem Textfeld ist der Inhalt etwas interessanter. Es ist ein Stringobjekt, das den aktuellen Text aufnimmt. Das ist *nicht das gleiche* wie die Ansicht des Inhalts – wenn der Inhalt größer ist als das Textfeld, sieht der Benutzer nur einen Teil des Textes (siehe Abbildung 9.1).

Modell   "Franz jagt im komplett verwahrlosten Taxi quer durch Bayern"

Ansicht | jagt | im komplett |

Abbildung 9.1: Modell und Ansicht in einem Textfeld

Das Modell muß Methoden implementieren, um den Inhalt zu ändern und freizulegen. Beispielsweise hat ein Textmodell Methoden, um dem aktuellen Text Zeichen hinzuzufügen oder daraus zu entfernen und ihn als String zurückzugeben. Es ist auch zu beachten, daß das Modell vollkommen abstrakt ist. Es hat keine visuelle Repräsentation. Es ist die Aufgabe der Ansicht, die im Modell gespeicherten Daten zu zeichnen.

Hinweis

Der Begriff »Modell« ist vielleicht etwas unglücklich gewählt, da man sich ein Modell oftmals als Repräsentation eines abstrakten Konzepts vorstellt. Auto- und Flugzeugkonstrukteure bauen Modelle, um reale Autos und Flugzeuge zu simulieren. Aber diese Analogie führt etwas in die Irre, wenn man sich das Muster Modell – Ansicht – Steuerung vorstellt. In diesem Entwurfsschema speichert das Modell den kompletten Inhalt, und die Ansicht gibt eine (vollständige oder teilweise) visuelle Repräsentation des Inhalts. Ein besserer Vergleich wäre eine Person, die dem Künstler Modell steht. Der Künstler betrachtet das Modell und erzeugt eine Ansicht. Je nach Künstler kann diese Ansicht ein formelles Porträt, ein impressionistisches Porträt oder eine kubistische Zeichnung sein, die die Glieder in seltsamen Verzerrungen zeigt.

Einer der Vorteile des Entwurfsschemas Modell – Ansicht – Steuerung ist, daß ein Modell mehrere Ansichten haben kann, die einen unterschiedlichen Teil oder Aspekt des vollen Inhalts anzeigen. Beispielsweise kann ein HTML-Editor zwei *simultane* Ansichten desselben Inhalts zeigen: eine WYSIWYG-Ansicht und eine »nackte Tag«-Ansicht (siehe Abbildung 9.2). Wenn die Steuerung einer der beiden Ansichten das Modell aktualisiert, teilt sie beiden zugeordneten Ansichten die Änderung mit. Wenn die Ansichten benachrichtigt werden, aktualisieren sie sich automatisch. Natürlich braucht man bei einer einfachen Komponente der Benutzeroberfläche wie etwa einer Schaltfläche nicht mehrere Ansichten desselben Modells.

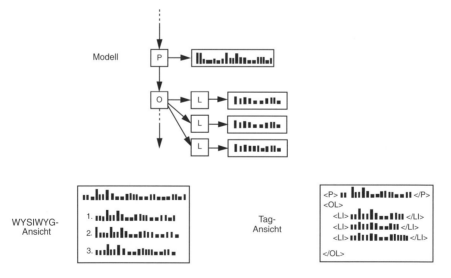

Abbildung 9.2: Zwei separate Ansichten desselben Modells

Benutzeroberflächen mit Swing

Die Steuerung behandelt die Ereignisse der Benutzereingaben wie Mausklicks und Tastenbetätigungen. Dann entscheidet sie, ob diese Ereignisse in Änderungen des Modells oder der Ansicht zu übersetzen sind. Wenn der Benutzer zum Beispiel eine Taste in einem Textfeld drückt, ruft die Steuerung den Befehl »Zeichen einfügen« des Modells auf. Das Modell weist dann die Ansicht an, sich selbst zu aktualisieren. Der Ansicht ist überhaupt nicht bekannt, warum sich der Text geändert hat. Wenn aber der Benutzer eine Pfeiltaste drückt, dann kann die Steuerung die Ansicht anweisen, einen Bildlauf auszuführen. Der Bildlauf der Ansicht hat keinen Einfluß auf den zugrundeliegenden Text, so daß das Modell niemals erfährt, daß dieses Ereignis stattgefunden hat.

Abbildung 9.3 zeigt die Wechselwirkungen zwischen Modell-, Ansichts- und Steuerungsobjekten.

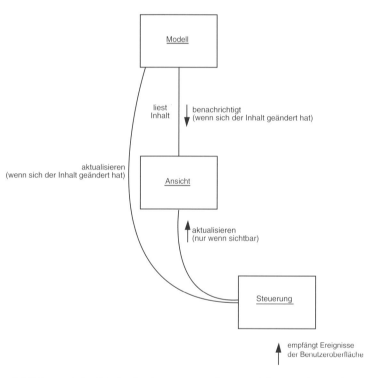

Abbildung 9.3: Wechselwirkungen zwischen Modell-, Ansichts- und Steuerungsobjekten

Entwurfsmuster

Wenn man ein Problem löst, erfindet man nicht das Rad neu. Statt dessen greift man auf seine Erfahrungen zurück oder fragt andere Experten um Rat, mit welchen Mitteln sie gearbeitet haben. Entwurfsmuster sind eine Methode, um diese Expertise in einer strukturierten Art darzustellen.

In den vergangenen Jahren haben die Software-Ingenieure begonnen, Kataloge derartiger Schematas zusammenzustellen. Die Pioniere in diesem Bereich wurden von den Entwurfsmustern des Architekten Christopher Alexander inspiriert. In seinem Buch *The Timeless Way of Building* (Oxford University Press 1979) legt Alexander einen Katalog von Mustern für den Entwurf von öffentlichen und privaten Lebensräumen vor. Hier ein typisches Beispiel:

Fensterplatz

Jedermann liebt Fensterplätze, Erkerfenster und große Fenster mit niedriger Brüstung und bequemen Sitzmöbeln, die sich harmonisch einfügen. In einem Zimmer, das keinen derartigen Platz hat, wird man sich kaum wohlfühlen.

Wenn das Zimmer kein Fenster enthält, das ein »Platz« ist, wird eine Person im Raum zwischen zwei Kräften zerrissen:

Sie will sich setzen und behaglich fühlen.

Sie wird zum Licht hingezogen.

Wenn die behaglichen Plätze – diejenigen im Zimmer, wo Sie am liebsten sitzen – von den Fenstern entfernt sind, gibt es keine Möglichkeit, diesem Konflikt zu entkommen.

Daraus folgt: In jedem Raum, wo man sich längere Zeit während des Tages aufhält, sollte man zumindest ein Fenster zu einem »Fensterplatz« machen.

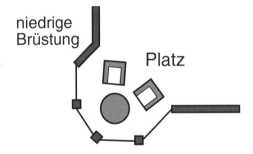

Abbildung 9.4: Ein Fensterplatz

Sowohl jedes Muster in Alexanders Katalog als auch diejenigen in den Katalogen von Software-Mustern folgen einem bestimmten Format. Zuerst beschreibt das Muster einen *Kontext*, eine Situation, die zu einem Gestaltungsproblem führt. Dann wird das *Problem* erklärt, gewöhnlich als Gruppe von gegensätzlichen *Kräften*. Schließlich zeigt die *Lösung* eine Konfiguration, die diese Kräfte ins Gleichgewicht bringt.

Benutzeroberflächen mit Swing

Im Schema des »Fensterplatzes« ist der Kontext ein Raum, in dem man sich tagsüber eine nicht unerhebliche Zeit aufhält. Die gegensätzlichen Kräfte drücken sich darin aus, daß man sich setzen und behaglich fühlen will, aber gleichzeitig zum Licht hingezogen wird. Die Lösung besteht darin, einen »Fensterplatz« zu schaffen.

Im Schema Modell – Ansicht – Steuerung ist der Kontext das System einer Benutzeroberfläche, das Informationen präsentiert und Benutzereingaben entgegennimmt. Es gibt verschiedene Kräfte. Es können mehrere visuelle Darstellungen derselben Daten sein, die zusammen aktualisiert werden müssen. Die visuelle Darstellung kann sich zum Beispiel ändern, um sich verschiedenartigen Standards für Erscheinungsbilder anzupassen. Die Interaktionsmechanismen können sich ändern, beispielsweise um Befehle per Spracheingabe zu unterstützen. Die Lösung besteht darin, die Aufgabengebiete auf drei separate und miteinander in Wechselwirkung stehende Komponenten aufzuteilen: das Modell, die Ansicht und die Steuerung.

Natürlich ist das Schema Modell – Ansicht – Steuerung etwas komplexer als das Muster »Fensterplatz«, und man muß sich im Detail damit beschäftigen, wie diese Verteilung der Verantwortlichkeiten funktioniert.

Eine formelle Beschreibung des Musters Modell – Ansicht – Steuerung sowie zahlreiche andere nützliche Software-Muster finden Sie in dem lesenswerten Handbuch *Entwurfsmuster. Elemente wiederverwendbarer objektorientierter Software* von Erich Gamma u. a., Addison-Wesley 1996. Wir empfehlen Ihnen auch das mit dem »Software Productivity Award« ausgezeichnete Buch *Ein Pattern-System* von Frank Buschmann u. a., Addison-Wesley 1998, das wir weniger futuristisch und eher praxisbezogen finden.

Das Muster Modell – Ansicht – Steuerung ist nicht das einzige Muster, das beim Entwurf von Java herangezogen wurde. Beispielsweise folgt der AWT-Mechanismus der Ereignisbehandlung dem »Listener«-Muster.

Ein wichtiger Aspekt der Entwurfsmuster ist, daß sie Teil der Kultur werden. Programmierer auf der ganzen Welt wissen, was gemeint ist, wenn man über das Muster Modell – Ansicht – Steuerung oder das Muster »Listener« spricht. Folglich sind Muster eine effiziente Möglichkeit, um sich über Entwurfsprobleme zu unterhalten.

Als Programmierer, der mit Swing-Komponenten arbeitet, brauchen Sie im allgemeinen nicht über die Architektur Modell – Ansicht – Steuerung nachzudenken. Jede Benutzeroberfläche hat eine Wrapper-Klasse (wie `JButton` oder `JTextField`), die das Modell und die Ansicht speichert. Wenn man den Inhalt abrufen möchte (beispielsweise den Text in einem Textfeld), fragt die Wrapper-Klasse das Modell ab und liefert die Antwort zurück. Wenn man die Ansicht ändern möchte (beispielsweise die Position des Carets in einem Textfeld verschieben), leitet die Wrapper-Klasse diese Anforderung an die Ansicht weiter. Allerdings gibt es Fälle, wo die Wrapper-Klasse die Befehle nicht in ausreichendem Maße weiterleitet. Dann muß man sie auffordern, das Modell abzurufen, und direkt mit dem Modell arbeiten. (Mit der Ansicht braucht man nicht direkt zu arbeiten – das ist die Aufgabe des Codes für das Erscheinungsbild.)

Für die Swing-Entwickler war das Muster Modell – Ansicht – Steuerung nicht nur die Bestätigung, »auf dem richtigen Weg zu sein«, sondern auch attraktiv, weil es ihnen erlaubte, das Erscheinungsbild austauschbar zu gestalten. Das Modell einer Schaltfläche oder eines Textfeldes ist unabhängig vom Erscheinungsbild. Aber die visuelle Repräsentation ist natürlich komplett vom Entwurf der Benutzeroberfläche abhängig. Und auch die Steuerung kann variieren. In einem sprachgesteuerten Gerät zum Beispiel muß die Steuerung mit einem gänzlich anderen Satz von Ereignissen Schritt halten, als in einem Standardcomputer mit Tastatur und Maus. Indem sie das zugrundelegende Modell von der Benutzeroberfläche getrennt haben, waren die Swing-Designer in der Lage, den Code für die Modelle wiederzuverwenden und sogar die Benutzeroberflächen in einem laufenden Programm umzuschalten.

Natürlich sind die Muster nur als Richtlinie gedacht und nicht als Dogma. Nicht jedes Muster ist auf alle Situationen anwendbar. Zum Beispiel kann es schwierig sein, sich an das Muster »Fensterplätze« zu halten, um das Schlafzimmer neu zu arrangieren (siehe die Kolumne zu Entwurfsmustern). Ebenso haben die Swing-Entwickler festgestellt, daß die rauhe Wirklichkeit der auswechselbaren Implementierung des Erscheinungsbildes nicht immer eine saubere Umsetzung des Musters Modell – Ansicht – Steuerung erlaubt. Modelle sind leicht zu trennen, und jede Komponente der Benutzeroberfläche hat eine Modellklasse. Aber die Aufgabengebiete der Ansicht und der Steuerung lassen sich nicht immer klar trennen und sind über eine Vielzahl von unterschiedlichen Klassen verteilt. Als Benutzer dieser Klassen möchte man sich natürlich nicht allzusehr den Kopf darüber zerbrechen. Wie bereits erwähnt, braucht man sich häufig auch gar nicht mit den Modellen auseinanderzusetzen – man greift einfach auf die Wrapper-Klassen der Komponenten zurück.

9.1.1 Swing-Schaltflächen nach Modell – Ansicht – Steuerung

Im letzten Kapitel haben Sie bereits erfahren, wie man Schaltflächen einsetzt, ohne sich um deren Steuerung, das Modell oder die Ansicht zu kümmern. Schaltflächen gehören zu den einfachsten Elementen der Benutzeroberfläche, so daß sie sich hervorragend als Ausgangspunkt eignen, das Muster Modell – Ansicht – Steuerung kennenzulernen. Ähnlichen Arten von Klassen und Schnittstellen begegnen wir auch in komplizierteren Swing-Komponenten.

Bei den meisten Komponenten ist das Modell durch eine Schnittstelle implementiert, deren Name auf `Model` endet. So gibt es eine Schnittstelle namens `ButtonModel`, deren Implementierungsklassen den Zustand verschiedener Arten von Schaltflächen definieren. Schaltflächen sind tatsächlich

Benutzeroberflächen mit Swing

alles andere als kompliziert, und es gibt nur eine einzige Klasse, `DefaultButtonModel`, die diese Schnittstelle implementiert.

Wenn man sich die Methoden der Schnittstelle `ButtonModel` ansieht, erhält man eine Vorstellung davon, welche Art von Daten ein Schaltflächenmodell verwaltet. Tabelle 9.1 zeigt die Zugriffsmethoden.

Zugriffsmethode	Beschreibung
`getActionCommand()`	Der mit der Schaltfläche verbundene String des Aktionsbefehls.
`getMnemonic()`	Tastaturmnemonic für diese Schaltfläche.
`isArmed()`	`true`, wenn die Schaltfläche gedrückt war und sich die Maus immer noch über der Schaltfläche befindet.
`isEnabled()`	`true`, wenn die Schaltfläche auswählbar ist.
`isPressed()`	`true`, wenn die Schaltfläche gedrückt war, aber die Maustaste nocht nicht losgelassen wurde.
`isRollover()`	`true`, wenn sich die Maus über der Schaltfläche befindet.
`isSelected()`	`true`, wenn die Schaltfläche eingeschaltet ist (bei Kontrollkästchen und Optionsfeldern verwendet).

Tabelle 9.1: Die Zugriffsmethoden der Schnittstelle ButtonModel

Jedes `JButton`-Objekt speichert ein Schaltflächen-Modellobjekt, das sich abrufen läßt.

```
JButton button = new JButton("Blau");
ButtonModel model = button.getModel();
```

In der Praxis hat man damit nichts zu tun – die Details des Schaltflächenzustandes sind nur von Interesse für die Ansicht, die die Schaltfläche zeichnet. Und die wichtigsten Informationen – etwa, ob die Schaltfläche aktiviert ist – sind über die Klasse `JButton` zugänglich. (Die Klasse `JButton` wendet sich dann natürlich an ihr Modell, um diese Informationen abzurufen.)

Werfen wir noch einen Blick auf die Schnittstelle `ButtonModel`, um zu sehen, was hier *nicht* vorhanden ist. Das Modell speichert *keine* Beschriftung und *kein* Symbol der Schaltfläche. Es läßt sich nicht ermitteln, was auf der Schaltfläche zu sehen ist, indem man sich nur einfach das Modell ansieht. (Wie Sie noch im Abschnitt zu Optionsfeldern erfahren, ist es eigentlich die Reinheit des Entwurfs, die einigen Programmierern Kopfschmerzen bereitet.)

Wichtig ist auch, daß *dasselbe* Modell (nämlich `DefaultButtonModel`) für Schaltflächen, Optionsfelder, Kontrollkästchen und sogar Menübefehle verwendet wird. Natürlich haben die jeweiligen Steuerelemente verschiedene Ansichten und Steuerungen. Wenn man das Erscheinungsbild

Metal verwendet, greift JButton auf die Klasse BasicButtonUI für die Ansicht und die Klasse ButtonUIListener als Steuerung zurück. Im allgemeinen gehört zu jeder Swing-Komponente ein Ansichtsobjekt, dessen Name auf UI (für User Interface – Benutzeroberfläche) endet. Aber nicht alle Swing-Komponenten haben dedizierte Steuerungsobjekte.

Nach dieser kurzen Einführung zu den Abläufen hinter den Kulissen eines JButton fragen Sie sich vielleicht, was ein JButton eigentlich ist. Es handelt sich einfach um eine Wrapper-Klasse, die sich von JComponent ableitet und das DefaultButtonModel-Objekt, einige Ansichtsdaten (wie etwa die Beschriftung und das Symbol der Schaltfläche) und ein DefaultButtonUI-Objekt, das für die Ansicht der Schaltfläche verantwortlich ist, aufnimmt.

9.2 Eine Einführung in das Layout-Management

Bevor wir auf einzelne Swing-Komponenten wie Textfelder oder Optionsfelder eingehen, müssen wir noch kurz erläutern, wie man diese Komponenten in einem Rahmen anordnet. Da das JDK keinen Formular-Editor wie in VB oder Delphi kennt, muß man Code schreiben, um die Komponenten der Benutzeroberfläche an der gewünschten Position unterzubringen (d. h. das Layout zu erstellen).

Wenn Sie mit einer Java-fähigen Entwicklungsumgebung arbeiten, stehen Ihnen wahrscheinlich auch Layout-Werkzeuge zur Verfügung, die einige oder alle Aufgaben automatisieren. Dennoch ist es wichtig, die Abläufe hinter den Kulissen zu kennen, da sogar die besten dieser Werkzeuge gewöhnlich eine manuelle Feinabstimmung erfordern, damit man ein professionelles Erscheinungsbild erhält.

Als erstes sehen wir uns noch einmal das Programm aus dem letzten Kapitel an. In diesem Programm läßt sich über Schaltflächen die Hintergrundfarbe eines Rahmens ändern (siehe Abbildung 9.5).

Abbildung 9.5: Eine Grundfläche (Panel) mit drei Schaltflächen

Benutzeroberflächen mit Swing

Wiederholen wir kurz, wie dieses Programm erstellt wurde:

1. Wir haben das Aussehen jeder Schaltfläche definiert, indem wir den String für die Beschriftung im Konstruktor wie im nachstehenden Beispiel festgelegt haben:

   ```
   JButton yellowButton = new JButton("Gelb")
   ```

2. Wir haben die einzelnen Schaltflächen in eine Grundfläche, zum Beispiel mit der folgenden Anweisung, hinzugefügt:

   ```
   add(yellowButton);
   ```

3. Dann haben wir die erforderlichen Behandlungsroutinen hinzugefügt, zum Beispiel:

   ```
   yellowButton.addActionListener(this);
   ```

Wie sieht es aus, wenn wir weitere Schaltflächen hinzufügen? Abbildung 9.6 zeigt, was passiert, wenn man sechs Schaltflächen in die Grundfläche aufnimmt. Die Schaltflächen sind gleichmäßig in einer Zeile verteilt. Ist in einer Zeile kein Platz mehr, wird eine neue Zeile begonnen.

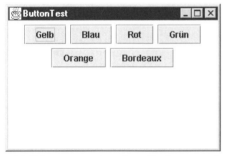

Abbildung 9.6: Eine Grundfläche mit sechs Schaltflächen, die durch ein Fluß-Layout verwaltet werden

Überdies bleiben die Schaltflächen in der Grundfläche zentriert, selbst wenn der Benutzer die Größe des Rahmens ändert (siehe Abbildung 9.7).

Java verfügt über ein sehr elegantes Konzept, um dieses dynamische Layout zu ermöglichen: Alle Komponenten in einem Container werden durch einen *Layout-Manager* verwaltet. In unserem Beispiel übernimmt diese Aufgabe der *Fluß-Layout-Manager* (Flow Layout), der Standard-Layout-Manager für eine Grundfläche.

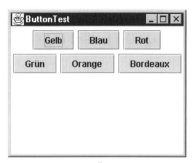

Abbildung 9.7: Ändert man die Größe der Grundfläche, ordnen sich die Schaltflächen automatisch neu an

Der Fluß-Layout-Manager reiht die Komponenten waagerecht auf, bis der Platz aufgebraucht ist, und beginnt dann eine neue Reihe der Komponenten.

Die Anordnung der Komponenten in jeder Reihe läßt sich wählen. Per Vorgabe werden sie im Container zentriert. Man kann sie auch linksbündig oder rechtsbündig im Container ausrichten. Die Art der Ausrichtung bestimmt man im Konstruktor des `FlowLayout`-Objekts mit den Konstanten `LEFT` bzw. `RIGHT`.

`setLayout(new FlowLayout(FlowLayout.LEFT));`

Wenn der Benutzer den Container in der Größe ändert, ordnet der Layout-Manager die Komponenten automatisch neu an, um den verfügbaren Platz auszufüllen.

Hinweis

Normalerweise überläßt man es dem Layout-Manager, die vertikalen und horizontalen Lücken zwischen den Komponenten festzulegen. Man kann aber auch einen bestimmten horizontalen oder vertikalen Abstand erzwingen, indem man eine andere Version des Fluß-Layout-Konstruktors verwendet. (Siehe dazu die API-Hinweise.)

API

`java.awt.Container`

- `setLayout(LayoutManager m)`
  Setzt den Layout-Manager für diesen Container.

Benutzeroberflächen mit Swing

- `void add(Component c)`
  Fügt eine Komponente in diesen Container unter Steuerung des aktuellen Layout-Managers ein.

API

`java.awt.FlowLayout`

- `FlowLayout(int align)`
  Konstruiert ein neues `FlowLayout` mit der angegebenen Ausrichtung.

  Parameter: `align` — Ausrichtung. Eine der Konstanten `LEFT`, `CENTER` oder `RIGHT`.

- `FlowLayout(int align, int hgap, int vgap)`
  Konstruiert ein neues `FlowLayout` mit der angegebenen Ausrichtung und den festgelegten horizontalen (`hgap`) und vertikalen (`vgap`) Abständen zwischen den Komponenten.

  Parameter: `align` — Ausrichtung. Eine der Konstanten `LEFT`, `CENTER` oder `RIGHT`.

  `hgap` — Horizontaler Abstand in Pixeln (negative Werte erzwingen Überlappung).

  `vgap` — Vertikaler Abstand in Pixeln (negative Werte erzwingen Überlappung.)

9.2.1 Rahmen-Layout

Zu Java gehören mehrere Layout-Manager, und man kann auch eigene Layout-Manager erstellen. Wir behandeln sie alle weiter hinten in diesem Kapitel. Damit wir aber sofort interessante Beispiele bringen können, müssen wir kurz auf einen anderen Layout-Manager eingehen, den sogenannten *Rahmen-Layout-Manager* (Border Layout). Das ist der Standard-Layout-Manager für den Inhaltsbereich jedes `JFrame`. Im Gegensatz zum Fluß-Layout-Manager, der komplett die Lage jeder Komponente steuert, kann man im Rahmen-Layout-Manager festlegen, wo man jede Komponente plazieren möchte. Zur Wahl stehen die in Abbildung 9.8 dargestellten Rahmenpositionen Mitte (`Center`), Norden (`North`), Süden (`South`), Osten (`East`) und Westen (`West`).

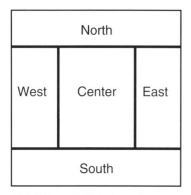

Abbildung 9.8: Rahmen-Layout

Zum Beispiel

```
class MyPanel extends JPanel
{   setLayout(new BorderLayout());
    ...
    add(yellowButton, "South");
}
```

Die Anordnung der Komponenten beginnt an den Rändern, den verbleibenden Raum erhält die Komponente in der Mitte. Wenn man den Container in der Größe ändert, bleibt die Dicke der Randkomponenten unverändert, während die mittlere Komponente ihre Größe ändert. Um eine Komponente hinzuzufügen, spezifiziert man in einem String die Lage des Objekts unter Beachtung der Groß-/Kleinschreibung: "North", "South", "East", "West" oder "Center". Es ist nicht erforderlich, alle Positionen zu belegen. Wenn man überhaupt keinen String bereitstellt, gilt "Center" als Vorgabe.

Im Gegensatz zum Fluß-Layout paßt das Rahmen-Layout alle Komponenten in der Größe so an, daß sie den verfügbaren Platz ausfüllen. Das Fluß-Layout beläßt jede Komponente bei ihrer bevorzugten Größe.

Wenn man einen Abstand zwischen den Bereichen vorsehen möchte, kann man das wie bei den Fluß-Layouts im Konstruktor für das BorderLayout spezifizieren.

Per Vorgabe hat der Inhaltsbereich eines JFrame ein Rahmen-Layout. Bis jetzt haben wir das noch nicht genutzt – wir haben einfach Grundflächen in den Standardbereich (den mittleren) hinzugefügt. Man kann aber Komponenten ebenso in anderen Bereichen plazieren:

```
Container contentPane = getContentPane();
contentPane.add(yellowButton, "South");
```

Benutzeroberflächen mit Swing

API

java.awt.Container

- void add(Component c, Object constraints)

    Fügt eine Komponente in diesen Container ein.

    Parameter: c   Hinzuzufügende Komponente.

    constraints   Ein Bezeichner, den der Layout-Manager interpretiert.

API

java.awt.BorderLayout

- BorderLayout(int hgap, int vgap)

    Konstruiert ein neues BorderLayout mit den angegebenen horizontalen und vertikalen Abständen zwischen den Komponenten.

    Parameter: hgap   Horizontaler Abstand in Pixeln (negative Werte erzwingen Überlappung).

    vgap   Vertikaler Abstand in Pixeln (negative Werte erzwingen Überlappung).

9.2.2 Grundflächen (Panels)

Ein BorderLayout ist an sich nicht besonders nützlich. Abbildung 9.9 zeigt, was passiert, wenn man das obige Codefragment verwendet. Die Schaltfläche ist so weit vergrößert, daß sie den gesamten südlichen Bereich des Rahmens einnimmt. Und wenn man eine weitere Schaltfläche in den südlichen Bereich einfügen muß, erscheint ebenfalls lediglich die erste Schaltfläche.

Eine gebräuchliche Methode, um dieses Problem zu umgehen, ist die Verwendung zusätzlicher *Grundflächen* (Panels). Grundflächen wirken als (kleine) Container für Elemente der Benutzeroberfläche und lassen sich selbst innerhalb einer größeren Grundfläche unter Steuerung des Layout-Managers anordnen. Beispielsweise kann man eine Grundfläche im südlichen Bereich für die Schaltflächen und eine weitere im mittleren Bereich für Text plazieren. Wenn man Grundflächen verschachtelt und mit einer Mischung aus Rahmen-Layouts und Fluß-Layouts arbeitet, lassen sich die Komponenten relativ genau positionieren. Diese Lösung zum Erstellen von Layouts ist für das Prototyping sicherlich ausreichend und kommt auch für die Beispielprogramme im ersten Teil dieses Kapitels zum Einsatz. Eine genauere Methode, um Komponenten zu positionieren, beschreibt der Abschnitt zum `GridBagLayout` weiter hinten in diesem Kapitel.

Abbildung 9.9: Einzelne Schaltfläche, die von einem Rahmen-Layout verwaltet wird

VB

Stellen Sie sich eine Grundfläche als Entsprechung zu einem Bildfeld-Steuerelement (PictureBox) ohne Rahmen vor – sie ist für den Benutzer unsichtbar, fungiert aber dennoch als Container.

Sehen Sie sich als Beispiel Abbildung 9.10 an. Die drei Schaltflächen am unteren Rand des Bildschirms befinden sich in einer Grundfläche. Die Grundfläche wurde an den südlichen Rand des Rahmens gestellt.

Abbildung 9.10: Eine Grundfläche, die am unteren Ende des Rahmens plaziert ist

Nehmen wir nun an, daß Sie eine Grundfläche mit drei Schaltflächen wie in Abbildung 9.10 hinzufügen möchten. Wie zu erwarten, erzeugt man zuerst eine neue Instanz eines `JPanel`-Objekts, bevor man die einzelnen Schaltflächen hier einfügt. Der Standard-Layout-Manager für eine Grundfläche ist ein `FlowLayout`, der in diesem Fall eine gute Wahl darstellt. Schließlich nimmt man die

Benutzeroberflächen mit Swing

einzelnen Schaltflächen mit der bereits weiter oben gezeigten Methode add auf. Da wir Schaltflächen in eine Grundfläche einfügen und den Standard-Layout-Manager nicht gewechselt haben, ist die Position der Schaltflächen unter Kontrolle des FlowLayout-Managers. Das bedeutet, daß die Schaltflächen innerhalb der Grundfläche zentriert bleiben und sich nicht erweitern, um den gesamten Bereich der Grundfläche auszufüllen. Das folgende Codefragment fügt eine Grundfläche, die drei Schaltflächen enthält, am südlichen Rand eines Containers hinzu:

```
Container contentPane = getContentPane();
JPanel panel = new JPanel();
panel.add(yellowButton);
panel.add(blueButton);
panel.add(redButton);
contentPane.add(panel, "South");
```

Hinweis

Die Ränder der Grundfläche sind für den Benutzer nicht sichtbar. Grundflächen sind lediglich ein Mechanismus, mit dem der Entwickler einer Benutzeroberfläche die Komponenten organisieren kann.

Wie Sie gerade gesehen haben, verwendet die Klasse JPanel ein FlowLayout als Standard-Layout-Manager. Mit der Methode setLayout läßt sich der Layout-Manager für den Container auf ein vom Standard abweichendes Layout festlegen. Bei einem JPanel (nicht aber bei allen anderen Containern) kann man auch das Layout-Manager-Objekt im Konstruktor bereitstellen.

API

javax.swing.JPanel

- JPanel(LayoutManager m)

    Legt den Layout-Manager für die Grundfläche fest.

9.3 Texteingaben

Nunmehr sind wir bereit, die Swing-Komponenten der Benutzeroberfläche einzuführen. Wir beginnen mit Komponenten, die dem Benutzer erlauben, Text einzugeben und zu bearbeiten. In Java verwendet man zwei Komponenten, um Texteingaben zu erhalten: *Textfelder* und *Textbereiche*. Der Unterschied zwischen beiden liegt darin, daß ein Textfeld nur eine Textzeile akzeptiert und ein

Textbereich mehrere Textzeilen entgegennehmen kann. Die Klassen heißen `JTextField` für einzeilige Eingaben und `JTextArea` für mehrzeiligen Text.

Beide Klassen leiten sich von der Klasse `JTextComponent` ab. Eine `JTextComponent` können Sie nicht selbst konstruieren, da es sich um eine abstrakte Klasse handelt. Wenn man aber in der API-Dokumentation nach bestimmten Methoden sucht, stellt man – wie so häufig in Java – fest, daß die betreffenden Methoden eigentlich in der Basisklasse `JTextComponent` und nicht in der abgeleiteten Klasse vorkommen. Wie zum Beispiel die nachfolgenden API-Hinweise zeigen, sind die Methoden, die Text in einem Textfeld oder einem Textbereich holen oder setzen, oder die Methoden, mit denen man bestimmen (oder festlegen) kann, ob sich eine Textkomponente vom Benutzer bearbeiten läßt, eigentlich Methoden in `JTextComponent`.

API

javax.swing.JTextComponent

- void settext(String t)

    Ändert den Text einer Textkomponente.

    Parameter: t   Der neue Text.

- String getText()

    Gibt den Text zurück, der in dieser Textkomponente enthalten ist.

- void setEditable(boolean b)

    Bestimmt, ob der Benutzer den Inhalt der `JTextComponent` bearbeiten kann.

9.3.1 Textfelder

Um ein Textfeld in ein Fenster aufzunehmen, geht man gewöhnlich so vor, daß man es in eine Grundfläche oder einen anderen Container einfügt – genau wie Sie es für eine Schaltfläche kennen:

```
JPanel panel = new JPanel();
JTextField textField = new JTextField("Standardeingabe", 20);
panel.add(textField);
```

Dieser Code fügt ein Textfeld hinzu und initialisiert es mit dem String "Standardeingabe". Der zweite Parameter dieses Konstruktors legt die Breite fest. In diesem Beispiel beträgt die Breite 20 »Spalten«. Leider ist eine Spalte ein ziemlich ungenaues Maß. Eine Spalte ist die erwartete Breite eines Zeichens in der Schrift, die man für den Text verwendet. Prinzipiell legt man *n* als Spaltenbreite fest, wenn man Eingaben von *n* oder weniger Zeichen erwartet. In der Praxis stellt sich dieses Maß als nicht besonders geeignet heraus, und man sollte 1 oder 2 zur maximalen Länge addieren,

Benutzeroberflächen mit Swing

um auf der sicheren Seite zu liegen. Denken Sie auch daran, daß die Anzahl der Spalten nur ein Hinweis für das AWT ist und die *bevorzugte* Größe angibt. Wenn der Layout-Manager das Textfeld strecken oder stauchen muß, kann er dessen Größe anpassen. Die Spaltenbreite, die man im Konstruktor von JTextField festgelegt hat, ist nicht die obere Grenze für die Anzahl der Zeichen, die der Benutzer eingeben kann. Es ist durchaus möglich, längere Strings einzutippen, wobei aber der Inhalt einen Bildlauf ausführt, wenn der Text die Länge des Feldes überschreitet. Das kann den Benutzer irritieren. Wenn man die Anzahl der Spalten zur Laufzeit zurücksetzen muß, kann man das mit der Methode setColumns bewerkstelligen.

Tip

Nachdem man mit der Methode setColumns die Größe eines Textfeldes geändert hat, muß man die Methode validate des umgebenden Containers aufrufen:

```
textField.setColumns(10);
validate();
```

Die Methode validate berechnet die Größe und das Layout aller Komponenten in einem Container neu. Nach dem Aufruf der Methode validate zeichnet der Layout-Manager den Container neu, und die geänderte Größe des Textfeldes wird sichtbar.

Im allgemeinen möchte man dem Benutzer ermöglichen, Text in ein Textfeld einzufügen (oder den vorhandenen Text zu bearbeiten). Dazu stellt man häufig leere Textfelder bereit. Um ein leeres Textfeld zu erzeugen, läßt man einfach den String als Parameter für den Konstruktor von JTextField weg:

```
JTextField textField = new JTextField(20);
```

Der Inhalt des Textfeldes läßt sich jederzeit mit der Methode setText aus der Basisklasse Text-Component ändern, wie es bereits im letzten Abschnitt erwähnt wurde. Zum Beispiel:

```
textField.setText("12");
```

Wie wir ebenfalls im letzten Abschnitt erwähnt haben, kann man herausfinden, was der Benutzer eingegeben hat, indem man die Methode getText aufruft. Die Methode liefert genau den Text zurück, wie ihn der Benutzer eingetippt hat. Um überflüssige Leerzeichen von den Daten in einem Textfeld zu entfernen, wendet man die Methode trim auf den Rückgabewert von getText an:

```
String text = textField.getText().trim();
```

Mit der Methode setFont läßt sich die Schriftart einstellen, in der der Benutzertext erscheint.

Sehen wir uns ein paar Textfelder in der Praxis an. Abbildung 9.11 zeigt die laufende Anwendung. Das Programm zeigt eine Uhr an, und es gibt zwei Textfelder für die Eingabe der Stunden und Minuten. Sobald sich der Inhalt der Textfelder ändert, wird die Uhr aktualisiert.

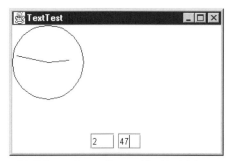

Abbildung 9.11: Beispiel für Textfelder

Um jede einzelne Änderung im Textfeld zu verfolgen, bedarf es größerer Anstrengungen. Zuallererst ist festzustellen, daß es sich nicht empfiehlt, jeden Tastendruck zu überwachen. Bestimmte Tasten (beispielsweise die Pfeiltasten) haben keinen Einfluß auf den eigentlichen Text. Und je nach Erscheinungsbild kann es Mausaktionen geben, die den Text ändern. Wie am Beginn dieses Kapitels gezeigt, wird das Swing-Textfeld in einer ziemlich allgemeinen Art implementiert: Der im Textfeld sichtbare Text ist einfach eine sichtbare Manifestation (die *Ansicht*) einer zugrundeliegenden Datenstruktur (des *Modells*). Natürlich gibt es bei einem schlichten Textfeld kaum einen Unterschied zwischen beiden. Die Ansicht ist der angezeigte String, und das Modell ist ein Stringobjekt. Aber die gleiche Architektur kommt in komplexeren Bearbeitungskomponenten mit wesentlich komplizierteren internen Datenstrukturen zum Einsatz, um formatierten Text mit Schriftarten, Absätzen und anderen Attributen anzuzeigen. Das Modell für alle Textkomponenten wird durch die Schnittstelle Document beschrieben, die sowohl reinen Text als auch formatierten Text (etwa HTML) abdeckt. Vor allem aber kann man das *Dokument* (und nicht die Textkomponente) anweisen, jede Änderung der Daten zu melden, indem man einen *Dokument-Listener* installiert:

```
textField.getDocument().addDocumentListener(listener);
```

Wenn sich der Text geändert hat, wird eine der folgenden drei Methoden aufgerufen:

```
void insertUpdate(DocumentEvent e)
void removeUpdate(DocumentEvent e)
void changedUpdate(DocumentEvent e)
```

Die beiden ersten Methoden werden aufgerufen, wenn der Benutzer Zeichen eingefügt oder entfernt hat. Die dritte Methode ist bei Textfeldern nicht relevant. Bei komplexeren Dokumenttypen ruft sie Java auf, wenn irgendeine andere Änderung, etwa an der Formatierung, aufgetreten ist. Leider gibt es keine einzige Callback-Funktion, die über geänderten Text informiert – gewöhnlich

Benutzeroberflächen mit Swing

kümmert man sich nicht darum, wie sich der Text geändert hat. Und es gibt auch keine Adapterklasse. Folglich muß der Dokument-Listener alle drei Methoden implementieren. In unserem Beispielprogramm sieht das folgendermaßen aus:

```
class TextTestFrame extends JFrame
   implements DocumentListener
{  . . .
   public void insertUpdate(DocumentEvent e)
   {  setClock();
   }
   public void removeUpdate(DocumentEvent e)
   {  setClock();
   }
   public void changedUpdate(DocumentEvent e)
   {
   }
}
```

Die Methode `setClock` bedient sich der Methode `getText`, um die Strings der aktuellen Benutzereingaben aus den Textfeldern zu holen. Diese Strings müssen wir erst in Ganzzahlen umwandeln und dabei auf die bekannte, wenn auch umständliche Anweisungsfolge zurückgreifen:

```
int hours = Integer.parseInt(hourField.getText().trim());
int minutes = Integer.parseInt(minuteField.getText().trim());
```

Dieser Code funktioniert aber nicht richtig, wenn der Benutzer in das Textfeld einen String eingibt, der keine ganze Zahl repräsentiert, beispielsweise `"zwei"`, oder sogar das Feld leer läßt. Probieren Sie es aus: das Terminalfenster zeigt eine häßliche Fehlermeldung an, die sich auf `java.lang.NumberFormatException` bezieht.

Der Gültigkeitsprüfung von Benutzereingaben wenden wir uns im nächsten Abschnitt zu.

In diesem Beispiel haben wir das `DocumentEvent`-Objekt überhaupt nicht analysiert. Wir haben einfach den geänderten String erneut verarbeitet. Das war eine gute Sache, da es schwierig ist, etwas Sinnvolles mit dem Dokumentereignisobjekt zu unternehmen. Im Gegensatz zu den Ereignissen wie `ActionEvent`, die wir in Kapitel 8 besprochen haben, ist `DocumentEvent` keine Klasse, sondern eine Schnittstelle. Und die von Textfeldern gesendeten Objekte halten sich zwar an die Schnittstelle `DocumentEvent`, gehören aber nicht einmal zu einer Subklasse von `EventObject`. Insbesondere existiert keine `getSource`-Methode, die darüber Auskunft gibt, welche Komponente der Benutzeroberfläche das Ereignis ausgelöst hat.

Das modifizierte Dokument kann man folgendermaßen erhalten:

```
public void insertUpdate(DocumentEvent e)
{   Document d = e.getDocument();
    . . .
}
```

Was ist das Dokument? Das hängt von den Umständen ab. Document ist eine Schnittstelle, die die Struktur eines bearbeitbaren Objekts beschreibt – das kann ein einfacher String bei Textfeldern sein oder etwas wesentlich Komplizierteres bei einer HTML-Editorkomponente. Obwohl man keine Referenz auf das Textfeld aus der Dokumentreferenz erhalten kann, läßt sich dennoch der neue Text des Dokuments ermitteln:

```
Document d = e.getDocument();
int length = d.getLength();
String text = null;
try
{   text = d.getText(0, length);
}
catch(BadLocationException ex) {}
```

Wir wissen aber immer noch nicht, zu welchem Textfeld der geänderte Text gehört. Demzufolge muß man entweder separate Listener für jedes Textfeld installieren oder – wie es in Beispiel 9.1 geschieht – einfach den Text aus allen Textfeldern abrufen, wenn sich eines der Felder ändert.

Hinweis

Statt Dokumentereignisse zu verfolgen, kann man auch einen Aktionsereignis-Listener für ein Textfeld hinzufügen. Der Aktions-Listener wird benachrichtigt, wenn der Benutzer die ⌜Eingabe⌝-Taste drückt. Wir empfehlen diese Lösung nicht, da Benutzer nicht immer daran denken, die ⌜Eingabe⌝-Taste zu betätigen, wenn sie mit der Dateneingabe fertig sind. Wenn man einen Aktions-Listener verwendet, sollte man auch einen Fokus-Listener installieren, so daß man verfolgen kann, wann der Benutzer das Textfeld verläßt.

Beispiel 9.1: TextTest.java

```
import java.awt.*;
import java.awt.event.*;
import javax.swing.*;
import javax.swing.event.*;

class TextTestFrame extends JFrame
    implements DocumentListener
```

Benutzeroberflächen mit Swing

```java
{   public TextTestFrame()
    {   setTitle("TextTest");
        setSize(300, 200);
        addWindowListener(new WindowAdapter()
        {   public void windowClosing(WindowEvent e)
            {   System.exit(0);
            }
        } );

        Container contentPane = getContentPane();

        JPanel p = new JPanel();
        hourField = new JTextField("12", 3);
        p.add(hourField);
        hourField.getDocument().addDocumentListener(this);

        minuteField = new JTextField("00", 3);
        p.add(minuteField);
        minuteField.getDocument().addDocumentListener(this);

        contentPane.add(p, "South");
        clock = new ClockPanel();
        contentPane.add(clock, "Center");
    }

    public void insertUpdate(DocumentEvent e)
    {   setClock();
    }
    public void removeUpdate(DocumentEvent e)
    {   setClock();
    }
    public void changedUpdate(DocumentEvent e)
    {
    }

    public void setClock()
    {   int hours
            = Integer.parseInt(hourField.getText().trim());
        int minutes
            = Integer.parseInt(minuteField.getText().trim());
        clock.setTime(hours, minutes);
    }

    private JTextField hourField;
```

```
    private JTextField minuteField;
    private ClockPanel clock;
}

class ClockPanel extends JPanel
{   public void paintComponent(Graphics g)
    {   super.paintComponent(g);
        g.drawOval(0, 0, 100, 100);
        double hourAngle
            = 2 * Math.PI * (minutes - 3 * 60) / (12 * 60);
        double minuteAngle
            = 2 * Math.PI * (minutes - 15) / 60;
        g.drawLine(50, 50,
            50 + (int)(30 * Math.cos(hourAngle)),
            50 + (int)(30 * Math.sin(hourAngle)));
        g.drawLine(50, 50,
            50 + (int)(45 * Math.cos(minuteAngle)),
            50 + (int)(45 * Math.sin(minuteAngle)));
    }

    public void setTime(int h, int m)
    {   minutes = h * 60 + m;
        repaint();
    }

    private int minutes = 0;
}


public class TextTest
{   public static void main(String[] args)
    {   JFrame frame = new TextTestFrame();
        frame.show();
    }
}
```

API

java.awt.Component

- void validate()

    Berechnet die Größe einer Komponente oder die Größe und das Layout der Komponente in einem Container neu.

Benutzeroberflächen mit Swing

API

javax.swing.JTextField

- JTextField(int cols)

    Konstruiert ein leeres JTextField mit der angegebenen Anzahl von Spalten.

    Parameter: cols   Anzahl der Spalten im Feld.

- JTextField(String text, int cols)

    Konstruiert ein neues JTextField mit einem anfänglichen String und der angegebenen Spaltenzahl.

    Parameter: text   Anzuzeigender Text.

                   cols   Anzahl der Spalten.

- void setColumns(int cols)

    Teilt dem Textfeld die Anzahl der zu verwendenden Spalten mit.

    Parameter: cols   Anzahl der Spalten.

API

javax.swing.text.Document

- int getLength()

    Gibt die Anzahl der momentan im Dokument vorhandenen Zeichen zurück.

- String getText(int offset, int length)

    Gibt den Text zurück, der innerhalb des angegebenen Abschnitts des Dokuments enthalten ist.

    Parameter: offset   Beginn des Textes.

                   length   Länge des gewünschten Strings.

- void addDocumentListener(DocumentListener listener)

    Registriert den Listener, der bei Änderungen des Dokuments zu benachrichtigen ist.

API

javax.swing.event.DocumentEvent

- Document getDocument()
  Holt das Dokument, das die Quelle des Ereignisses darstellt.

API

javax.swing.event.DocumentListener

- void changedUpdate(DocumentEvent e)
  Wird aufgerufen, wenn sich ein Attribut oder eine Gruppe von Attributen geändert hat.
- void insertUpdate(DocumentEvent e)
  Wird aufgerufen, wenn etwas in das Dokument eingefügt wurde.
- void removeUpdate(DocumentEvent e)
  Wird aufgerufen, wenn ein Teil des Dokuments entfernt wurde.

9.3.2 Eingaben auf Gültigkeit prüfen

Die im letzten Abschnitt erwähnten Probleme gehören zum Alltag – wenn die Eingabe von Informationen vorgesehen ist, muß man auch prüfen, ob die Eingaben sinnvoll sind, bevor man damit arbeitet. In unserem Beispiel müssen wir sicherstellen, daß der Benutzer eine Zahl eingegeben hat. Das heißt, der Benutzer darf nur Ziffern "0" bis "9" und ein Minuszeichen "-" eingeben. Falls überhaupt ein Minuszeichen auftritt, muß es als *erstes* Symbol im Eingabestring stehen. In diesem Abschnitt entwickeln wir eine Klasse IntTextField, die die Klasse JTextField erweitert und die genannten Regeln erzwingt. Die in diesem Abschnitt behandelte Technik ist nicht ganz trivial – überspringen Sie einfach diesen Abschnitt, wenn Sie nicht an einer Eingabeprüfung interessiert sind. Wenn Sie mit einer professionellen Entwicklungsumgebung arbeiten, finden Sie wahrscheinlich eine Textkomponente in der Werkzeugleiste Ihres Layout-Editors, die eine Gültigkeitsprüfung realisiert. Wenn Sie aber wissen wollen, wie man eine derartige Komponente von Grund auf neu erstellt, sollten Sie weiterlesen.

Nach außen hin klingt Gültigkeitsprüfung ganz simpel. Wir können einen Tasten-Listener für das Textfeld installieren und dann alle Tastaturereignisse *unterdrücken*, die weder Ziffern noch Minuszeichen darstellen. (Kapitel 8 zeigt, wie man Ereignisse unterdrückt.) Leider funktioniert diese Lösung, obwohl sie allgemein als Methode für die Eingabeprüfung empfohlen wird, in der Praxis

Benutzeroberflächen mit Swing **471**

nicht sehr gut. Erstens ist nicht jede Kombination von gültigen Eingabezeichen auch eine gültige Zahl. Beispielsweise sind --3 und 3-3 nicht gültig, selbst wenn sie sich aus gültigen Eingabezeichen zusammensetzen. Vor allem aber gibt es andere Möglichkeiten, den Text zu ändern, ohne daß man dazu Zeichen eintippen muß. Je nach Erscheinungsbild läßt sich mit bestimmten Tastenkombinationen Text ausschneiden, kopieren und einfügen. Im Erscheinungsbild Metal zum Beispiel kann man mit der Tastenkombination [Strg]+[V] den Inhalt eines Zwischenspeichers in das Textfeld einfügen. Das heißt, wir müssen auch überwachen, daß der Benutzer kein unzulässiges Zeichen einfügt. Es wird zu einer echten Herausforderung, Tastenbetätigungen zu filtern, damit der Inhalt des Textfeldes immer gültig ist.

Zum Glück gibt es ein anderes Verfahren, das auf der Architektur Modell – Ansicht – Steuerung der Swing-Textkomponenten aufbaut. Wie Sie mittlerweile wissen, sammelt die Steuerung in der Architektur Modell – Ansicht – Steuerung die Benutzerereignisse und übersetzt sie in Befehle. Wenn zum Beispiel die Steuerung einen Befehl verarbeitet, der das Einfügen von Text in das Dokument bewirkt, ruft sie die Methode `Document.insertString` auf und weist sie an, einen String an der Position des Carets einzufügen. (Das Caret ist der senkrechte Balken, der die momentane Bearbeitungsposition kennzeichnet.) Der einzufügende String kann entweder ein einzelnes Zeichen oder der Inhalt des Einfügepuffers sein.

Hier liegt der Schlüssel zur Lösung unseres Gültigkeitsproblems. Das `TextField` speichert den Text in einer Klasse `PlainDocument`, die die Schnittstelle `Document` implementiert und einen einzelnen String speichert. Wir stellen einen anderen Dokumenttyp bereit, den wir `IntTextDocument` nennen. Unsere neue Klasse erweitert die Klasse `PlainDocument` und überschreibt die Methode `insertString`. Die Methode `insertString` der Subklasse weigert sich, einen String einzufügen, der zu einem unzulässigen Resultat – das heißt, zu einer ungültigen Ganzzahl – im Dokument führt.

In der Methode `insertString` der Klasse `IntTextDocument` berechnen wir zuerst den String, der aus dem Einfügen des neuen Strings an der Caret-Position resultiert. Dann prüfen wir, ob dieser String eine gültige Ganzzahl ergibt, indem wir die Methode `Integer.parseInt` aufrufen. Wenn der String gültig ist, rufen wir `super.insertString` auf und erlauben der Methode `PlainDocument`, den String in den Dokumenttext einzufügen. Wenn es sich beim neuen String nicht um eine gültige Ganzzahl handelt, löst die Methode `Integer.parseInt` eine Ausnahme aus, und wir fügen den String nicht ein. Der Quellcode für die Subklasse `IntTextDocument` und ihre Methode `insertString` sehen folgendermaßen aus. (Zum jetzigen Zeitpunkt brauchen Sie sich noch keine Gedanken um die Behandlung von Ausnahmen zu machen. Wir kommen in Kapitel 11 darauf zurück.)

```
class IntTextDocument extends PlainDocument
{   public void insertString(int offs, String str,
       AttributeSet a)
```

```
      throws BadLocationException
   {  if (str == null) return;
      String oldString = getText(0, getLength());
      String newString = oldString.substring(0, offs)
         + str + oldString.substring(offs);
      try
      {  Integer.parseInt(newString + "0");
         super.insertString(offs, str, a);
      }
      catch(NumberFormatException e)
      {
      }
   }
}
```

Als nächstes definieren wir eine Klasse `IntTextField`, die die Klasse `JTextField` erweitert. Ihre Methode `createDefaultModel` erzeugt ein `IntTextDocument` anstelle eines `PlainDocument`.

```
class IntTextField extends JTextField
{  public IntTextField(int defval, int size)
   {  super("" + defval, size);
   }

   protected Document createDefaultModel()
   {  return new IntTextDocument();
   }
   . . .
}
```

Schließlich gibt es einen weiteren subtilen Punkt, auf den man oft trifft, wenn man Daten auf Gültigkeit prüft. Man kann nicht alle Bearbeitungsbefehle ausschließen, die zu ungültigen Einträgen führen. Manchmal gelangt man nur zu einem gültigen String, wenn man mit einem ungültigen beginnt. Sehen wir uns die erforderlichen Schritte für die Eingabe der Zahl –3 an. Der Benutzer findet zunächst ein leeres Eingabefeld vor, das natürlich noch keine gültige Zahl darstellt. Dann tippt der Benutzer ein Minuszeichen ein, was den String "-" und immer noch keine gültige Zahl ergibt. Erst wenn der Benutzer eine Ziffer eintippt, wird der String gültig. Die obige Methode `insertString` akzeptiert diese Strings – sie hängt eine "0" an den zu testenden String an und überführt sowohl den leeren String als auch den String "-" in gültige Zahlen. Die Klasse `IntTextField` bietet die Methode `isValid`, mit der sich testen läßt, ob der aktuelle Feldinhalt gültig ist.

Neben den Methoden `insertString` und `isValid` stellt unsere Klasse `IntTextField` die Komfortmethode `getValue` bereit, die den Inhalt des Feldes zurückgibt und bereits in eine Ganzzahl

Benutzeroberflächen mit Swing

konvertiert hat. Vor dem Aufruf von `getValue` sollte man `isValid` aufrufen, um sich von der Richtigkeit des Wertes zu überzeugen.

VB

In einer Tastaturereignisroutine setzt man `KeyAscii` einfach auf 0, um den Tastenanschlag aufzuheben, d. h. ein Zeichen zu unterdrücken. Der obige Code sieht zwar etwas komplizierter aus, ist aber dennoch das Java-Äquivalent für diese häufige Aufgabe. Wenn Sie also Ihren VB-Code nach Java portieren wollen, müssen Sie auf eine ähnliche Konstruktion zurückgreifen.

Beispiel 9.2 zeigt, wie man die Klasse `IntTextField` in der Praxis einsetzt. Dieses Programm läuft besser als das im vorherigen Beispiel. Da man keine unzulässigen Strings eingeben kann, werden auch keine Ausnahmen ausgelöst.

Hinweis

Die Richtlinien verschiedener Benutzeroberflächen schreiben vor, daß der Computer einen Warnton als Reaktion auf einen unzulässigen Tastendruck abgibt. Unserer Ansicht nach ist das nicht zu empfehlen, man kann dieses Verhalten aber in Java leicht mit der Methode `beep` der Klasse `Toolkit` realisieren:

```
Toolkit.getDefaultToolkit().beep();
```

Beispiel 9.2: ValidationTest.java
```java
import java.awt.*;
import java.awt.event.*;
import javax.swing.*;
import javax.swing.event.*;
import javax.swing.text.*;

class ValidationTestFrame extends JFrame
   implements DocumentListener
{  public ValidationTestFrame()
   {  setTitle("ValidationTest");
      setSize(300, 200);
      addWindowListener(new WindowAdapter()
         {  public void windowClosing(WindowEvent e)
            {  System.exit(0);
            }
         } );
```

```
      Container contentPane = getContentPane();

      JPanel p = new JPanel();
      hourField = new IntTextField(12, 3);
      p.add(hourField);
      hourField.getDocument().addDocumentListener(this);

      minuteField = new IntTextField(0, 3);
      p.add(minuteField);
      minuteField.getDocument().addDocumentListener(this);

      contentPane.add(p, "South");
      clock = new ClockPanel();
      contentPane.add(clock, "Center");
   }

   public void insertUpdate(DocumentEvent e)
   {  setClock();
   }
   public void removeUpdate(DocumentEvent e)
   {  setClock();
   }
   public void changedUpdate(DocumentEvent e)
   {
   }

   public void setClock()
   {  if (hourField.isValid() && minuteField.isValid())
      {  int hours = hourField.getValue();
         int minutes = minuteField.getValue();
         clock.setTime(hours, minutes);
      }
   }

   private IntTextField hourField;
   private IntTextField minuteField;
   private ClockPanel clock;
}

class ClockPanel extends JPanel
{  public void paintComponent(Graphics g)
   {  super.paintComponent(g);
      g.drawOval(0, 0, 100, 100);
      double hourAngle
         = 2 * Math.PI * (minutes - 3 * 60) / (12 * 60);
```

Benutzeroberflächen mit Swing

```
      double minuteAngle
         = 2 * Math.PI * (minutes - 15) / 60;
      g.drawLine(50, 50,
         50 + (int)(30 * Math.cos(hourAngle)),
         50 + (int)(30 * Math.sin(hourAngle)));
      g.drawLine(50, 50,
         50 + (int)(45 * Math.cos(minuteAngle)),
         50 + (int)(45 * Math.sin(minuteAngle)));
   }

   public void setTime(int h, int m)
   {  minutes = h * 60 + m;
      repaint();
   }

   public void tick()
   {  minutes++;
      repaint();
   }

   private int minutes = 0;
}

public class ValidationTest
{  public static void main(String[] args)
   {  JFrame frame = new ValidationTestFrame();
      frame.show();
   }
}

class IntTextDocument extends PlainDocument
{  public void insertString(int offs, String str,
      AttributeSet a)
      throws BadLocationException
   {  if (str == null) return;
      String oldString = getText(0, getLength());
      String newString = oldString.substring(0, offs)
         + str + oldString.substring(offs);
      try
      {  Integer.parseInt(newString + "0");
         super.insertString(offs, str, a);
      }
      catch(NumberFormatException e)
      {
      }
   }
```

```
}

class IntTextField extends JTextField
{  public IntTextField(int defval, int size)
   {  super("" + defval, size);
   }

   protected Document createDefaultModel()
   {  return new IntTextDocument();
   }

   public boolean isValid()
   {  try
      {  Integer.parseInt(getText());
         return true;
      }
      catch(NumberFormatException e)
      {  return false;
      }
   }

   public int getValue()
   {  try
      {  return Integer.parseInt(getText());
      }
      catch(NumberFormatException e)
      {  return 0;
      }
   }
}
```

API

javax.swing.text.JTextComponent

- int getCaretPosition()

  Gibt die Position der aktuellen Einfügemarke (die durch das Caret gekennzeichnet wird) zurück.

- void setCaretPosition(int pos)

  Setzt die Einfügemarke (auf die Position, die durch das Caret bezeichnet wird).

Benutzeroberflächen mit Swing

API

javax.swing.text.Document

- void insertString(int offset, String str)

  Fügt einen String in das Dokument ein. Bewirkt nichts bei Null oder leeren Strings.

Parameter:	offset	Relative Position (Offset) im Dokument.
	str	Einzufügender String.

- void remove(int offset, int len)

  Entfernt einen Teil des Dokuments.

Parameter:	offset	Relative Position (Offset) im Dokument.
	len	Anzahl zu entfernender Zeichen.

API

javax.swing.JTextField

- Document createDefaultModel()

  Erzeugt das zu verwendende Modell (eine Instanz von PlainDocument). Überschreiben Sie diese Methode, um ein anderes Modell zurückzugeben.

9.3.3 Kennwortfelder

Kennwortfelder sind eine spezielle Form der Textfelder. Um neugierige Kiebitze davon abzuhalten, ein Kennwort während der Eingabe auszuspähen, zeigt das Feld nicht die eigentlichen vom Benutzer eingegebenen Zeichen an, sondern repräsentiert sie durch Echozeichen, normalerweise durch Sternchen (*). Der Swing-Satz enthält die Klasse JPasswordField, die ein derartiges Textfeld implementiert.

Das Kennwortfeld ist ein weiteres Beispiel für die Leistungsfähigkeit des Architekturmusters Modell – Ansicht – Steuerung. Es verwendet das gleiche Modell, um die Daten wie ein reguläres Textfeld zu speichern, aber seine Ansicht wurde geändert, um alle Zeichen als Echozeichen anzuzeigen.

API

javax.swing.JPasswordField

- JPasswordField(String text, int columns)

  Konstruiert ein neues Kennwortfeld.

  Parameter: text Anzuzeigender Text, null, wenn kein Text.

  columns Anzahl der Spalten.

- void setEchoChar(char echo)

  Legt das Echozeichen für dieses Kennwortfeld fest. Ein besonderes Erscheinungsbild kann auf der Wahl eines eigenen Echozeichens bestehen. Der Wert 0 setzt das Echozeichen auf den Standard zurück.

  Parameter: echo Anstelle der Textzeichen anzuzeigende Echozeichen.

- char[] getPassword()

  Gibt den im Kennwortfeld enthaltenen Text zurück. Zum Zwecke erhöhter Sicherheit sollte man den Inhalt des zurückgegebenen Arrays nach der Verwendung überschreiben. (Die Methode gibt das Kennwort nicht als String zurück, da ein String in der virtuellen Maschine verbleibt, bis er der Speicherbereinigung zum Opfer fällt.)

9.3.4 Textbereiche

Manchmal muß man Benutzereingaben entgegennehmen, die länger als eine Zeile sind. Wie bereits weiter oben erwähnt, steht für diese Aufgabe die Komponente JTextArea bereit. Wenn man eine Textbereichskomponente in ein Programm einbaut, kann ein Benutzer eine beliebige Anzahl von Textzeilen eingeben und sie mit der Eingabe-Taste voneinander trennen. Für Java schließt jede Zeile mit einem '\n' ab. Wenn man die Benutzereingaben in getrennte Zeilen aufteilen muß, kann man mit der Klasse StringTokenizer (siehe Kapitel 12) arbeiten. Abbildung 9.12 zeigt einen Textbereich am praktischen Beispiel.

Im Konstruktor für die JTextArea-Komponente kann man die Anzahl der Zeilen und Spalten für den Textbereich festlegen. Zum Beispiel:

```
textArea = new JTextArea(8, 40); // 8 Zeilen zu je 40 Spalten
getContentPane().add(textArea);
```

Der Parameter für die Spalten arbeitet genau wie beim Textfeld – und man sollte ein paar mehr Spalten vorsehen, um auf der sicheren Seite zu sein. Analog zum Textfeld ist der Benutzer auch hier nicht auf die Anzahl der Zeilen und Spalten eingeschränkt. Das Feld führt einfach einen Bildlauf aus, wenn der Benutzer mehr als vorgesehen eingibt. Mit der Methode setColumns läßt sich die

Benutzeroberflächen mit Swing

Anzahl der Spalten und mit `setRows` die Anzahl der Zeilen neu festlegen. Diese Werte bezeichnen nur die bevorzugte Größe – der Layout-Manager kann trotzdem den Textbereich vergrößern oder verkleinern.

Wenn mehr Text vorhanden ist, als der Textbereich anzeigen kann, schneidet Java den restlichen Text einfach ab. Das läßt sich durch Einschalten des Zeilenumbruchs vermeiden:

```
textArea.setLineWrap(true);  // lange Zeilen umbrechen
```

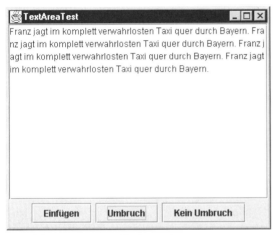

Abbildung 9.12: Ein Textbereich

Der Zeilenumbruch ist lediglich ein visueller Effekt. Der Text im Dokument bleibt unverändert. Java fügt die Zeichen '\n' für den Zeilenumbruch nicht in den Text ein.

In Swing hat ein Textbereich keine Bildlaufleisten. Sind Bildlaufleisten erforderlich, muß man den Textbereich in einen *Bildlaufbereich* (Scroll Pane) und diesen wiederum in den Inhaltsbereich einfügen.

```
textArea = new JTextArea(8, 40);
JScrollPane scrollPane = new JScrollPane(textArea);
getContentPane().add(scrollPane, "Center");
```

Der Bildlaufbereich verwaltet nun die Ansicht des Textbereichs. Bildlaufleisten erscheinen automatisch, wenn mehr Text vorhanden ist, als der Textbereich anzeigen kann, und sie verschwinden wieder, wenn man Text löscht und der verbleibende Text wieder in den Bereich paßt. Der Bildlauf wird intern im Bildlaufbereich behandelt – Ihr Programm muß überhaupt keine Bildlaufereignisse verarbeiten. Das ist ein genereller Mechanismus, dem man an vielen Stellen in Swing begegnet – um Bildlaufleisten in eine Komponente einzufügen, setzt man sie in einen Bildlaufbereich.

Beispiel 9.3 zeigt den vollständigen Code des Demoprogramms für den Textbereich. Dieses Programm erlaubt es lediglich, Text in einem Textbereich zu bearbeiten. Klicken Sie auf EINFÜGEN, um einen Satz am Ende des Textes anzufügen. Klicken Sie auf die Schaltflächen UMBRUCH und KEIN UMBRUCH, um den Zeilenumbruch ein- bzw. auszuschalten. Natürlich läßt sich der Text im Textbereich mit der Tastatur bearbeiten. Beachten Sie, wie man einen Textabschnitt markieren und mit den Tastenkombinationen Strg+X, Strg+C und Strg+V ausschneiden, kopieren und einfügen kann. (Tastenkombinationen sind für jedes Erscheinungsbild spezifisch. Die genannten Tastenkombinationen funktionieren bei den Erscheinungsbildern Metal, Windows und Mac.)

Hinweis

Die Komponente JTextArea zeigt nur einfachen Text an, ohne spezielle Schriften oder Formatierungen. Um formatierten Text (wie etwa HTML oder RTF) darzustellen, kann man auf die Klassen JEditorPane und JTextPane zurückgreifen. Diese Klassen behandelt Band 2.

Beispiel 9.3: TextAreaTest.java

```
import java.awt.*;
import java.awt.event.*;
import javax.swing.*;

class TextAreaFrame extends JFrame
   implements ActionListener
{  public TextAreaFrame()
   {  JPanel p = new JPanel();

      insertButton = new JButton("Einfügen");
      p.add(insertButton);
      insertButton.addActionListener(this);

      wrapButton = new JButton("Umbruch");
      p.add(wrapButton);
      wrapButton.addActionListener(this);

      noWrapButton = new JButton("Kein Umbruch");
      p.add(noWrapButton);
      noWrapButton.addActionListener(this);

      getContentPane().add(p, "South");
```

```java
      textArea = new JTextArea(8, 40);
      scrollPane = new JScrollPane(textArea);
      getContentPane().add(scrollPane, "Center");
      setTitle("TextAreaTest");
      setSize(300, 300);
      addWindowListener(new WindowAdapter()
      {  public void windowClosing(WindowEvent e)
         {  System.exit(0);
         }
      } );
   }

   public void actionPerformed(ActionEvent evt)
   {  Object source = evt.getSource();
      if (source == insertButton)
         textArea.append
           ("Franz jagt im komplett verwahrlosten Taxi quer durch Bayern. ");
      else if (source == wrapButton)
      {  textArea.setLineWrap(true);
         scrollPane.validate();
      }
      else if (source == noWrapButton)
      {  textArea.setLineWrap(false);
         scrollPane.validate();
      }
   }

   private JButton insertButton;
   private JButton wrapButton;
   private JButton noWrapButton;
   private JTextArea textArea;
   private JScrollPane scrollPane;
}

public class TextAreaTest {
   public static void main(String[] args)
   {  JFrame f = new TextAreaFrame();
      f.show();
   }
}
```

API

javax.swing.JTextArea

- JTextArea(int rows, int cols)

  Konstruiert einen neuen Textbereich.

  | *Parameter*: | rows | Anzahl der Zeilen. |
  | | cols | Anzahl der Spalten. |

- JTextArea(String text, int rows, int cols)

  Konstruiert einen neuen Textbereich mit einem Vorgabetext.

Parameter:	text	Vorgegebener Text.
	rows	Anzahl der Zeilen.
	cols	Anzahl der Spalten.

- void setColumns(int cols)

  Teilt dem Textbereich die bevorzugte Anzahl von Spalten mit.

  | *Parameter*: | rows | Anzahl der Zeilen. |

- void append(String newText)

  Hängt den angegebenen Text an das Ende des bereits im Textbereich befindlichen Textes an.

  | *Parameter*: | newText | Anzufügender Text. |

- void setLineWrap(boolean wrap)

  Schaltet den automatischen Zeilenumbruch ein bzw. aus.

  | *Parameter*: | wrap | true, wenn die Zeilen zu umbrechen sind. |

- void setWrapStyleWord(boolean word)

  Wenn word gleich true ist, dann werden lange Zeilen an Wortgrenzen umbrochen. Ist dieser Parameter gleich false, findet der Umbruch ohne Beachtung von Wortgrenzen (eventuell mitten in einem Wort) statt.

- void setTabSize(int c)

  Setzt Tabstopps aller c Spalten. Beachten Sie, daß die Tabulatoren nicht in Leerzeichen umgewandelt werden, aber eine Ausrichtung mit dem nächsten Tabstopp bewirken.

  | *Parameter*: | c | Anzahl der Spalten für einen Tabstopp. |

Benutzeroberflächen mit Swing

API

`javax.swing.JScrollPane`

- `JScrollPane(Component c)`

    Erzeugt einen Bildlaufbereich, der den Inhalt der spezifizierten Komponente anzeigt. Ist die Komponente größer als die Ansicht, werden Bildlaufleisten bereitgestellt.

    Parameter: c   Die Komponente, für die ein Bildlauf zu realisieren ist.

9.3.5 Bezeichnungsfelder und Bezeichnungskomponenten

Bezeichnungsfelder (Label) sind Komponenten, die eine Zeile mit einfachem Text aufnehmen. Sie verfügen über keinerlei Dekorationselemente (beispielsweise Ränder) und reagieren auch nicht auf Benutzereingaben. Mit Bezeichnungsfeldern kennzeichnet man Komponenten. Beispielsweise haben Textkomponenten im Gegensatz zu Schaltflächen keine Beschriftungen, die sie identifizieren könnten. Um eine Komponente zu bezeichnen, die selbst keinen Kennzeichner mitbringt, gehen Sie wie folgt vor:

- Konstruieren Sie eine `JLabel`-Komponente mit dem richtigen Text.
- Plazieren Sie sie genügend nahe an die Komponente, die Sie bezeichnen möchten, damit der Benutzer ohne weiteres erkennen kann, daß das Bezeichnungsfeld zur Komponente gehört.

Im Konstruktor für eine `JLabel`-Komponente kann man den anfänglichen Text oder ein Symbol und optional die Ausrichtung des Inhalts angeben. Die Ausrichtung legt man mit den Konstanten der Schnittstelle `SwingConstants` fest. Diese Schnittstelle definiert eine Reihe nützlicher Konstanten wie `LEFT`, `RIGHT`, `CENTER`, `NORTH`, `EAST` usw. Die Klasse `JLabel` gehört zu mehreren Swing-Klassen, die diese Schnittstelle implementieren. Ein Bezeichnungsfeld mit nach links ausgerichtetem Text erzeugt man dann wie folgt:

`JLabel label = new JLabel("Text", SwingConstants.LEFT);`

oder

`JLabel label = new JLabel("Text", JLabel.LEFT);`

Mit den Methoden `setText` und `setIcon` läßt sich der Text bzw. das Symbol des Bezeichnungsfeldes zur Laufzeit festlegen.

Bezeichnungsfelder kann man innerhalb eines Containers wie jede andere Komponente positionieren und dabei die gleichen Verfahren einsetzen, die wir bereits besprochen haben. Im Beispiel von Abbildung 9.13 ist zu sehen, wie einem der Textfelder ein Bezeichnungsfeld mit dem Text "durch" vorangestellt ist.

Abbildung 9.13: Textbearbeitung testen

API

javax.swing.JLabel

- JLabel(String text)

    Konstruiert ein Bezeichnungsfeld mit links ausgerichtetem Text.

    Parameter: text   Text im Bezeichnungsfeld.

- JLabel(Icon icon)

    Konstruiert ein Bezeichnungsfeld mit einem links ausgerichteten Symbol.

    Parameter: icon   Symbol im Bezeichnungsfeld.

- JLabel(String text, int align)

    Parameter: text   Text im Bezeichnungsfeld.

                     align   Eine der Konstanten SwingConstants.LEFT,
                                       SwingConstants.CENTER oder
                                       SwingConstants.RIGHT.

Benutzeroberflächen mit Swing

- JLabel(String text, Icon icon, int align)

    Konstruiert ein Bezeichnungsfeld mit Text und Symbol. Das Symbol befindet sich links vom Text.

Parameter:	text	Text im Bezeichnungsfeld.
	icon	Symbol im Bezeichnungsfeld.
	align	Eine der Konstanten SwingConstants.LEFT, SwingConstants.CENTER oder SwingConstants.RIGHT.

- void setText(String text)

Parameter:	text	Text im Bezeichnungsfeld.

- void setIcon(Icon icon)

Parameter:	icon	Symbol im Bezeichnungsfeld.

9.3.6 Text markieren

Die Textfeld- und Textbereichsklassen erben Methoden von der Superklasse JTextComponent, um den in der Komponente enthaltenen Text zu markieren (hervorzuheben). Diese Methoden können auch prüfen, welcher Text momentan ausgewählt ist.

Die Methode selectAll() markiert den gesamten Text im Feld. Mit dieser Methode gibt man einen Eingabetext vor, den der Benutzer entweder genau wie angegeben übernehmen oder gänzlich verwerfen möchte. Im letzten Fall kann der Benutzer einfach mit der Eingabe eines neuen Textes beginnen, wobei die Auswahl durch das erste eingegebene Zeichen ersetzt wird.

Die Methode select wählt einen Teil des Textes aus. Die Argumente von select sind die gleichen wie für substring: der erste Index gibt den Beginn des Teilstrings an, der zweite Index ein Zeichen mehr als das Ende. Beispielsweise wählt t.select(10, 15) das zehnte bis vierzehnte Zeichen im Textsteuerelement aus. Zeilenendemarkierungen zählen als ein Zeichen.

Die Methoden getSelectionStart und getSelectionEnd geben den Anfang und das Ende der aktuellen Auswahl zurück, und getSelectedText liefert den hervorgehobenen Text. Wie der Benutzer den Text markiert, ist vom System abhängig. In Windows kann man mit der Maus arbeiten oder die Tastenkombinationen Umschalt + Pfeiltasten verwenden.

API

javax.swing.text.JTextComponent

- void selectAll()

  Markiert den gesamten Text in der Komponente.

- void select(int selStart, int selEnd)

  Markiert einen Textabschnitt in der Komponente.

Parameter:	selStart	Erste zu markierende Position.
	selEnd	Letzte zu markiernde Position plus 1.

- int getSelectionStart()

  Liefert die erste Position des markierten Textes.

- int getSelectionEnd()

  Liefert die letzte Position plus 1 des markierten Textes.

- String getSelectedText()

  Gibt den ausgewählten Text zurück.

9.3.7 Text bearbeiten

Die Klasse JTextArea enthält eine Reihe von Methoden, um den Inhalt eines Textbereiches zu modifizieren. Man kann Text am Ende anfügen, in der Mitte einfügen und ersetzen. Um Text zu löschen, ersetzt man einfach den zu löschenden Text durch einen leeren String. Beispiel 9.4 demonstriert, wie man eine einfache Suchen-und-Ersetzen-Funktion realisiert. Abbildung 9.13 zeigt das Programm. Bei jedem Klick auf die Schaltfläche ERSETZEN wird die erste Übereinstimmung des Textes im ersten Feld durch den Text im zweiten Feld ersetzt. Das ist zwar keine realistische Anwendung, aber man kann diese Funktion zum Beispiel einsetzen, um die Rechtschreibung oder Fehler in URLs zu korrigieren.

Beispiel 9.4: TextEditTest.java

```
import java.awt.*;
import java.awt.event.*;
import javax.swing.*;

class TextEditFrame extends JFrame
{  public TextEditFrame()
   {  setTitle("TextEditTest");
```

Benutzeroberflächen mit Swing

```
    setSize(500, 300);
    addWindowListener(new WindowAdapter()
    {  public void windowClosing(WindowEvent e)
       {  System.exit(0);
       }
    } );

    Container contentPane = getContentPane();

    JPanel panel = new JPanel();

    JButton replaceButton = new JButton("Ersetzen");
    panel.add(replaceButton);
    replaceButton.addActionListener(new ActionListener()
       {  public void actionPerformed(ActionEvent evt)
          {  String f = from.getText();
             int n = textArea.getText().indexOf(f);
             if (n >= 0 && f.length() > 0)
                textArea.replaceRange(to.getText(), n,
                   n + f.length());
          }
       });

    from = new JTextField(8);
    panel.add(from);

    panel.add(new JLabel("durch"));

    to = new JTextField(8);
    panel.add(to);

    textArea = new JTextArea(8, 40);
    scrollPane = new JScrollPane(textArea);

    contentPane.add(panel, "South");
    contentPane.add(scrollPane, "Center");
  }

  private JScrollPane scrollPane;
  private JTextArea textArea;
  private JTextField from, to;
}
```

```
public class TextEditTest {
   public static void main(String[] args)
   {  JFrame f = new TextEditFrame();
      f.show();
   }
}
```

API

javax.swing.JTextArea

- void insert(String str, int pos)

    Fügt einen String in den Textbereich ein.

    Parameter: str   Einzufügender Text.

    pos   Position, ab der einzufügen ist (0 = erste Position; die Zeichen für neue Zeile zählen als ein Zeichen).

- void replaceRange(String str, int start, int end)

    Ersetzt einen Textabschnitt durch einen anderen String.

    Parameter: str   Neuer Text.

    start   Anfangsposition des zu ersetzenden Textes.

    end   Endeposition plus 1 des zu ersetzenden Textes.

9.4 Auswahlelemente

Sie wissen jetzt, wie man Texteingaben vom Benutzer entgegennimmt. Es gibt aber viele Situationen, in denen man dem Benutzer besser einen begrenzten Satz von Auswahlen anbietet, statt ihn die Daten in eine Textkomponente eingeben zu lassen. Wenn man eine Gruppe von Schaltflächen oder eine Liste mit Einträgen bereitstellt, kann der Benutzer auf einen Blick erkennen, welche Wahlmöglichkeiten zur Verfügung stehen. (Darüber hinaus spart man sich die Fehlerprüfung.) In diesem Abschnitt erfahren Sie, wie man Kontrollkästchen, Optionsfelder und Auswahllisten programmiert.

9.4.1 Kontrollkästchen

Wenn es lediglich um eine Ja-/Nein-Eingabe geht, bieten sich Kontrollkästchen an. Zu einem Kontrollkästchen gehört automatisch ein Bezeichnungsfeld, mit dem sich die Funktion spezifizieren läßt. Um das Kontrollkästchen einzuschalten, klickt der Benutzer normalerweise mit der Maus in das quadratische Kästchen. Ein eingeschaltetes Kontrollkästchen (das ein Kontrollhäkchen oder eine ähnliche Markierung zeigt) läßt sich durch erneutes Klicken wieder ausschalten. (Der Benutzer

Benutzeroberflächen mit Swing **489**

kann auch die ⌊Leer⌋-Taste drücken, wenn das Kontrollkästchen den Fokus hat.) Abbildung 9.14 zeigt ein einfaches Programm mit zwei Kontrollkästchen. Mit dem einen Kontrollkästchen schaltet man das Attribut »Kursiv«, mit dem anderen Kontrollkästchen das Attribut »Fett« für eine Schrift ein und aus. Beachten Sie, daß das erste Kontrollkästchen den Fokus hat, was am Rechteck um das Bezeichnungsfeld zu erkennen ist. Wenn der Benutzer auf eines der Kontrollkästchen klickt, wird der Bildschirm unter Verwendung der neuen Schriftattribute aktualisiert.

Bei Kontrollkästchen ist ein Bezeichnungsfeld erforderlich, um ihren Zweck zu kennzeichnen. Den zugehörigen Text legt man im Konstruktor fest. Um ständig wiederkehrenden Code in dem Konstruktor auszuklammern, haben wir ein kleines Hilfsprogramm geschrieben. Es erzeugt das Kontrollkästchen, fügt es in die Grundfläche (Panel) ein und installiert den Listener.

```
public CheckBoxFrame()
{  JPanel p = new JPanel();
   bold = addCheckBox(p, "Fett");
   italic = addCheckBox(p, "Kursiv");
   add(p, "South");
   . . .
}

JCheckBox addCheckBox(JPanel p, String name)
{  JCheckbox c = new JCheckBox(name);
   c.addActionListener(this);
   p.add(c);
   return c;
}
```

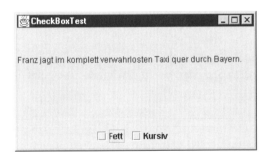

Abbildung 9.14: Kontrollkästchen

Über die Methode setSelected schaltet man ein Kontrollkästchen wie im folgenden Beispiel ein bzw. aus:

```
bold.setSelected(true);
```

Wenn der Benutzer auf ein Kontrollkästchen klickt, löst das ein Aktionsereignis aus. Wie immer fangen wir dieses Ereignis mit der Methode `actionPerformed` auf. Die Methode `isSelected` ruft dann den aktuellen Zustand jedes Kontrollkästchens ab. Ist das Kontrollkästchen ausgeschaltet (ohne Markierung), erhält man `false`, wenn es eingeschaltet ist, wird der Wert `true` zurückgeliefert.

Der nachstehende Code zeigt die Behandlungsroutine für die Schriftanwendung. Wenn sich der Zustand eines Kontrollkästchens ändert, ruft der Code die momentanen Zustände beider Kontrollkästchen ab und benachrichtigt die Grundfläche über die neuen Schriftattribute.

```
public void actionPerformed(ActionEvent evt)
{   int m = (bold.isSelected() ? Font.BOLD : 0)
        + (italic.isSelected() ? Font.ITALIC : 0);
    panel.setFont(m);
}
```

Beispiel 9.5 zeigt das vollständige Listing des Beispielprogramms für Kontrollkästchen.

Hinweis

Das Äquivalent zu einem `JCheckBox` heißt im AWT `Checkbox` (mit einem kleinen »b«). Diese Komponente generiert *Elementereignisse* und keine Aktionsereignisse.

Beispiel 9.5: CheckBoxTest.java

```
import java.awt.*;
import java.awt.event.*;
import javax.swing.*;

class CheckBoxFrame extends JFrame
    implements ActionListener
{   public CheckBoxFrame()
    {   setTitle("CheckBoxTest");
        setSize(300, 200);
        addWindowListener(new WindowAdapter()
            {   public void windowClosing(WindowEvent e)
                {   System.exit(0);
                }
            } );

        JPanel p = new JPanel();
        bold = addCheckBox(p, "Fett");
        italic = addCheckBox(p, "Kursiv");
        getContentPane().add(p, "South");
```

Benutzeroberflächen mit Swing

```
      panel = new CheckBoxPanel();
      getContentPane().add(panel, "Center");
   }

   public JCheckBox addCheckBox(JPanel p, String name)
   {  JCheckBox c = new JCheckBox(name);
      c.addActionListener(this);
      p.add(c);
      return c;
   }

   public void actionPerformed(ActionEvent evt)
   {  int m = (bold.isSelected() ? Font.BOLD : 0)
         + (italic.isSelected() ? Font.ITALIC : 0);
      panel.setFont(m);
   }

   private CheckBoxPanel panel;
   private JCheckBox bold;
   private JCheckBox italic;
}

class CheckBoxPanel extends JPanel
{  public CheckBoxPanel()
   {  setFont(Font.PLAIN);
   }

   public void setFont(int m)
   {  setFont(new Font("SansSerif", m, 12));
      repaint();
   }

   public void paintComponent(Graphics g)
   {  super.paintComponent(g);
      g.drawString
         ("Franz jagt im komplett verwahrlosten Taxi quer durch Bayern.",
            0, 50);
   }
}

public class CheckBoxTest
{  public static void main(String[] args)
   {  JFrame frame = new CheckBoxFrame();
      frame.show();
   }
}
```

API

javax.swing.JCheckBox

- JCheckBox(String label)

  Parameter: label   Beschriftung des Kontrollkästchens.

- JCheckBox(String label, boolean state)

  Parameter: label   Beschriftung des Kontrollkästchens.

                  state   Anfangszustand des Kontrollkästchens.

- JCheckBox(String label, Icon icon)

  Konstruiert ein Kontrollkästchen, das anfänglich nicht markiert ist.

  Parameter: label   Beschriftung des Kontrollkästchens.

                  icon   Symbol im Kontrollkästchen.

- boolean isSelected()

  Gibt den Zustand des Kontrollkästchens zurück.

- void setSelected(boolean state)

  Setzt das Kontrollkästchen in den neuen Zustand.

9.4.2 Optionsfelder

Im letzten Beispiel konnte der Benutzer entweder eines, beide oder keines der beiden Kontrollkästchen einschalten. In vielen Fällen soll der Benutzer lediglich ein einziges von mehreren möglichen Feldern aktivieren. Ist ein anderes Feld ausgewählt, wird die Auswahl des bisher markierten Feldes automatisch aufgehoben. Eine derartige Gruppe von Feldern bezeichnet man als *Optionsfelder*. Die englische Bezeichnung *Radio Button* leitet sich von der funktionellen Ähnlichkeit dieser Elemente mit den Senderwahltasten eines Radioempfängers ab. Drückt man eine Stationstaste, springt die bisher gedrückte Taste heraus. Abbildung 9.15 zeigt ein typisches Beispiel. Wir bieten hier dem Benutzer eine Auswahl unter verschiedenen Schriftgrößen an – *Klein*, *Mittel*, *Groß* und *Sehr groß*. Es liegt auf der Hand, daß der Benutzer nur eine dieser Größen zu einem bestimmten Zeitpunkt auswählen kann.

In Swing lassen sich Optionsfelder leicht realisieren. Man konstruiert ein Objekt vom Typ ButtonGroup für jede Gruppe von Schaltflächen. Dann fügt man Objekte vom Typ JRadioButton in die Schaltflächengruppe ein. Das Gruppenobjekt ist dafür verantwortlich, die vorher gesetzte Schaltfläche auszuschalten, wenn der Benutzer auf eine neue Schaltfläche klickt.

smallButton = new JRadioButton("Klein", false);

Benutzeroberflächen mit Swing

```
mediumButton = new JRadioButton("Mittel", true);
. . .
ButtonGroup group = new ButtonGroup();
group.add(smallButton);
group.add(mediumButton);
. . .
```

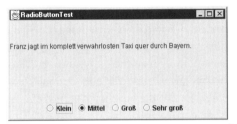

Abbildung 9.15: Eine Gruppe von Optionsfeldern

Das zweite Argument des Konstruktors ist true für das Feld, das anfänglich ausgewählt sein soll, false für alle anderen. Beachten Sie, daß die Schaltflächengruppe nur das *Verhalten* der Schaltflächen steuert. Wenn man die Gruppe in einem speziellen Layout anordnen möchte, muß man sie noch in einen Container wie zum Beispiel JPanel einfügen.

Aus Abbildung 9.14 und Abbildung 9.15 ist ersichtlich, daß Optionsfelder ein anderes Aussehen als Kontrollkästchen zeigen. Kontrollkästchen sind quadratisch und enthalten im ausgewählten Zustand eine Markierung. Optionsfelder sind rund und enthalten einen Punkt, wenn sie ausgewählt sind.

Der Mechanismus für die Benachrichtigung über Ereignisse ist bei einer Optionsfeldgruppe sehr einfach realisiert. Wenn der Benutzer ein Optionsfeld auswählt, generiert es ein Aktionsereignis.

```
public void actionPerformed(ActionEvent evt)
{   Object source = evt.getSource();
    if(source == smallButton)
        panel.setSize(8);
    else if (source == mediumButton)
        panel.setSize(12);
    . . .
}
```

Wie bei Kontrollkästchen kann man mit der Methode isSelected zu jedem Zeitpunkt ermitteln, ob ein bestimmtes Optionsfeld ausgewählt ist. Per Definition kann in einer Gruppe von Optionsfeldern jeweils nur ein Feld ausgewählt sein. Es wäre günstig, das betreffende Feld ermitteln zu können, ohne daß man alle Felder in der Gruppe abfragen muß. Da das ButtonGroup-Objekt über die ausgewählten Felder Buch führt, wäre es bequem, wenn uns das Objekt eine Referenz auf das ausgewählte Feld geben könnte. Tatsächlich verfügt die Klasse ButtonGroup über eine Methode getSelection, aber diese Methode gibt nicht das ausgewählte Optionsfeld zurück. Statt dessen liefert sie eine ButtonModel-Referenz auf das mit dem Feld verbundene Modell. Wie es für Modelle typisch ist, gibt es keinen einfachen Weg, das Ansichtsobjekt zu finden, zu dem das Modell gehört, da im allgemeinen mehrere Ansichtsobjekte mit ein und demselben Modellobjekt arbeiten. Dazu kommt noch, daß uns keine der ButtonModel-Methoden wirklich weiterbringt. Die Schnittstelle ButtonModel erbt eine Methode getSelectedObjects von der Schnittstelle ItemSelectable, die – relativ nutzlos – null zurückgibt. Als einzige Hoffnung bleibt noch die Methode getActionCommand der Klasse ButtonModel. Interessant ist, daß in derVoreinstellung die Standardaktion eines Optionsfeldes seine Textbeschriftung ist, während der Aktionsbefehl seines Modells gleich Null ist. (Das haben die Swing-Entwickler offenbar übersehen.) Wenn man allerdings explizit einen Aktionsbefehl mit der Methode setActionCommand für alle Optionsfelder festlegt, dann erhalten sowohl die Optionsfelder als auch ihre Modelle die gleichen Aktionsbefehle. Dann kann man mit

```
buttonGroup.getSelection().getActionCommand()
```

den Aktionsbefehl des momentan ausgewählten Optionsfeldes in einer Gruppe herausfinden. Diese Technik kommt im Programm BorderTest von Beispiel 9.7 zum Einsatz.

Beispiel 9.6 zeigt das vollständige Programm für die Schriftauswahl, die mit einer Gruppe von Optionsfeldern arbeitet.

Beispiel 9.6: RadioButtonTest.java

```java
import java.awt.*;
import java.awt.event.*;
import javax.swing.*;

class RadioButtonFrame extends JFrame
   implements ActionListener
{  public RadioButtonFrame()
   {  setTitle("RadioButtonTest");
      setSize(400, 200);
      addWindowListener(new WindowAdapter()
      {  public void windowClosing(WindowEvent e)
         {  System.exit(0);
         }
      } );

      JPanel buttonPanel = new JPanel();
      ButtonGroup group = new ButtonGroup();
      smallButton =
         addRadioButton(buttonPanel, group, "Klein", false);
      mediumButton =
         addRadioButton(buttonPanel, group, "Mittel", true);
```

```java
      largeButton =
         addRadioButton(buttonPanel, group, "Groß", false);
      xlargeButton =
         addRadioButton(buttonPanel, group, "Sehr groß",
            false);
      getContentPane().add(buttonPanel, "South");
      panel = new RadioButtonTestPanel();
      getContentPane().add(panel, "Center");
   }

   public JRadioButton addRadioButton(JPanel buttonPanel,
      ButtonGroup g, String buttonName, boolean v)
   {  JRadioButton button = new JRadioButton(buttonName, v);
      button.addActionListener(this);
      g.add(button);
      buttonPanel.add(button);
      return button;
   }

   public void actionPerformed(ActionEvent evt)
   {  Object source = evt.getSource();
      if(source == smallButton)
         panel.setSize(8);
      else if (source == mediumButton)
         panel.setSize(12);
      else if (source == largeButton)
         panel.setSize(14);
      else if (source == xlargeButton)
         panel.setSize(18);
   }

   private RadioButtonTestPanel panel;
   private JRadioButton smallButton;
   private JRadioButton mediumButton;
   private JRadioButton largeButton;
   private JRadioButton xlargeButton;
}

class RadioButtonTestPanel extends JPanel
{  public RadioButtonTestPanel()
   {  setSize(12);
   }

   public void setSize(int p)
   {  setFont(new Font("SansSerif", Font.PLAIN, p));
      repaint();
```

```
      }
      public void paintComponent(Graphics g)
      {  super.paintComponent(g);
         g.drawString
            ("Franz jagt im komplett verwahrlosten Taxi quer durch Bayern.",
            0, 50);
      }
   }
}
public class RadioButtonTest
{  public static void main(String[] args)
   {  JFrame frame = new RadioButtonFrame();
      frame.show();
   }
}
```

API

javax.swing.JRadioButton

- JRadioButton(String label, boolean state)

  Parameter: label   Beschriftung des Optionsfeldes.

                    state   Anfänglicher Zustand des Optionsfeldes.

- JRadioButton(String label, Icon icon)

  Konstruiert ein Optionsfeld, das anfänglich nicht ausgewählt ist.

  Parameter: label   Beschriftung des Optionsfeldes.

                    icon   Symbol des Optionsfeldes.

API

javax.swing.ButtonGroup

- void add(AbstractButton b)

  Fügt der Gruppe eine Schaltfläche hinzu.

- ButtonModel getSelection()

  Gibt das Schaltflächenmodell der ausgewählten Schaltfläche zurück.

Benutzeroberflächen mit Swing

API

javax.swing.ButtonModel

- String getActionCommand()
  Gibt den Aktionsbefehl für dieses Schaltflächenmodell zurück.

API

javax.swing.AbstractButton

- void setActionCommand(String s)
  Legt den Aktionsbefehl für diese Schaltfläche und ihr Modell fest.

9.4.3 Rahmenlinien

Sind in einem Fenster mehrere Gruppen von Optionsfeldern vorhanden, ist es angebracht, die Zugehörigkeit der Schaltflächen zu den jeweiligen Gruppen visuell zu kennzeichnen. Swing stellt zu diesem Zweck einen Satz von *Rahmenlinien* bereit. Eine Rahmenlinie kann man auf jede Komponente anwenden, die JComponent erweitert. Am gebräuchlichsten ist es, einen Rahmen um eine Grundfläche zu ziehen und diese Grundfläche mit anderen Elementen der Benutzeroberfläche – etwa Optionsfeldern – zu füllen.

Es stehen eine ganze Reihe von Rahmenlinien zur Auswahl, wobei für alle die gleichen Schritte gelten.

1. Rufen Sie eine statische Methode der BorderFactory auf, um einen Rahmen zu erzeugen. Man kann unter den folgenden Stilen wählen (siehe dazu Abbildung 9.16):

   - Lowered bevel   Abgesenkte Kante
   - Raised bevel   Angehobene Kante
   - Etched   Furche
   - Line   Linie
   - Matte   Dicker Rahmen
   - Empty   Leer (erzeugt einen leeren Raum um die Komponente)

2. Fügen Sie bei Bedarf einen Titel in den Rahmen ein, indem Sie den Rahmen an

   `BorderFactory.createTitledBorder`

   übergeben.

3. Wenn Sie alles herausholen wollen, kombinieren Sie mehrere Rahmen mit einem Aufruf von

   `BorderFactory.createCompundBorder`.

4. Rufen Sie die Methode `setBorder` der Klasse `JComponent` auf, um den resultierenden Rahmen in Ihre Komponente einzufügen.

Zum Beispiel fügen Sie einen gefurchten Rahmen mit einem Titel folgendermaßen in eine Grundfläche ein:

```
Border etched = BorderFactory.createEtchedBorder()
Border titled = BorderFactory.createTitledBorder(etched,
   "Ein Titel");
panel.setBorder(titled);
```

Führen Sie das Programm von Beispiel 9.7 aus, um eine Vorstellung vom Aussehen der Rahmenstile zu bekommen.

Die verschiedenartigen Rahmen haben unterschiedliche Optionen für die Einstellung der Rahmenbreiten und -farben. Die API-Hinweise bringen Einzelheiten dazu. Echte Rahmenfetischisten werden es schätzen, daß es auch eine Klasse `SoftBevelBorder` für Kantenrahmen mit abgerundeten Ecken gibt. Diese Rahmen lassen sich nur mit Hilfe eines Klassenkonstruktors erzeugen – es gibt für sie keine `BorderFactory`-Methode.

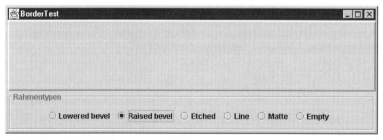

Abbildung 9.16: Rahmentypen im Test

Beispiel 9.7: BorderTest.java
```
import java.awt.*;
import java.awt.event.*;
import javax.swing.*;
import javax.swing.border.*;
```

Benutzeroberflächen mit Swing

```
class BorderFrame extends JFrame
   implements ActionListener
{  public BorderFrame()
   {  JPanel buttonPanel = new JPanel();
      group = new ButtonGroup();
      addRadioButton(buttonPanel, group, "Lowered bevel",
         true);
      addRadioButton(buttonPanel, group, "Raised bevel",
         false);
      addRadioButton(buttonPanel, group, "Etched",
         false);
      addRadioButton(buttonPanel, group, "Line",
         false);
      addRadioButton(buttonPanel, group, "Matte",
         false);
      addRadioButton(buttonPanel, group, "Empty",
         false);

      Border etched = BorderFactory.createEtchedBorder();
      Border titled = BorderFactory.createTitledBorder
         (etched, "Rahmentypen");
      buttonPanel.setBorder(titled);

      getContentPane().add(buttonPanel, "South");

      setDemoPanel();

      setTitle("BorderTest");
      setSize(600, 200);
      addWindowListener(new WindowAdapter()
      {  public void windowClosing(WindowEvent e)
         {  System.exit(0);
         }
      } );
   }

   public void addRadioButton(JPanel buttonPanel,
      ButtonGroup g, String buttonName, boolean v)
   {  JRadioButton button = new JRadioButton(buttonName, v);
      button.addActionListener(this);
      g.add(button);
      buttonPanel.add(button);
      button.setActionCommand(buttonName);
   }
```

```java
   public void actionPerformed(ActionEvent evt)
   {  setDemoPanel();
   }

   public void setDemoPanel()
   {  JPanel panel = new JPanel();
      Border border = null;
      String command = group.getSelection()
         .getActionCommand();
      if (command.equals("Lowered bevel"))
         border = BorderFactory.createLoweredBevelBorder();
      else if (command.equals("Raised bevel"))
         border = BorderFactory.createRaisedBevelBorder();
      else if (command.equals("Etched"))
         border = BorderFactory.createEtchedBorder();
      else if (command.equals("Line"))
         border
            = BorderFactory.createLineBorder(Color.blue);
      else if (command.equals("Matte"))
         border = BorderFactory.createMatteBorder(10, 10,
            10, 10, Color.blue);
      else if (command.equals("Empty"))
         border = BorderFactory.createEmptyBorder();

      panel.setBorder(border);
      getContentPane().add(panel, "Center");
      validate();
   }

   private JPanel panel;
   private ButtonGroup group;
}

public class BorderTest
{  public static void main(String[] args)
   {  JFrame frame = new BorderFrame();
      frame.show();
   }
}
```

API

javax.swing.BorderFactory

- static Border createLineBorder(Color color)
- static Border createLineBorder(Color color, int thickness)

  Erzeugt einen einfachen Linienrahmen.

- static MatteBorder createMatteBorder(int top, int left, int bottom, int right, Color color)
- static MatteBorder createMatteBorder(int top, int left, int bottom, int right, Icon tileIcon)

  Erzeugt einen dicken Rahmen, der mit einer Farbe oder einem sich wiederholenden Symbol gefüllt ist.

- static Border createEmptyBorder()
- static Border createEmptyBorder(int top, int left, int bottom, int right)

  Erzeugt einen leeren Rahmen.

- static Border createEtchedBorder()
- static Border createEtchedBorder(Color highlight, Color shadow)

  Erzeugt einen Linienrahmen mit 3D-Effekt.

  Parameter: highlight, shadow   Farben für 3D-Effekt.

- static Border createBevelBorder(int type)
- static Border createBevelBorder(int type, Color highlight, Color shadow)
- static Border createLoweredBevelBorder()
- static Border createRaisedBevelBorder()

  Erzeugt einen Rahmen mit der Wirkung einer abgesenkten bzw. angehobenen Oberfläche.

  Parameter: type   BevelBorder.LOWERED oder BevelBorder.' RAISED.

  highlight, shadow   Farben für 3D-Effekt.

- static TitledBorder createTitledBorder(String title)

- static TitledBorder createTitledBorder(Border border)
- static TitledBorder createTitledBorder(Border border, String title)
- static TitledBorder createTitledBorder(Border String title, int justification, int position)
- static TitledBorder createTitledBorder(Border border, String title, int justification, int position, Font font)
- static TitledBorder createTitledBorder(Border border, String title, int justification, int position, Font font, Color color)

Parameter:	title	Titelstring.
	border	Rahmen, der mit dem Titel zu dekorieren ist.
	justification	Ausrichtung: TitledBorder.LEFT, TitledBorder.CENTER oder Border.RIGHT.
	position	Lage: eine der TitledBorder-Kosntanten ABOVE_TOP, TOP, BELOW_TOP, ABOVE_BOTTOM, BOTTOM oder BELOW_BOTTOM.
	font	Schrift für den Titel.
	color	Farbe des Titels.

- static CompoundBorder createCompoundBorder(Border outsideBorder, Border insideBorder)

  Kombiniert zwei Rahmen zu einem neuen Rahmen.

API

javax.swing.border.SoftBevelBorder

- SoftBevelBorder(int type)
- SoftBevelBorder(int type, Color highlight, Color shadow)

  Erzeugt einen Kantenrahmen mit abgerundeten Ecken.

Parameter:	type	BevelBorder.LOWERED oder BevelBorder.RAISED.
	color, shadow	Farben für 3D-Effekt.

Benutzeroberflächen mit Swing

API

javax.swing.JComponent

- void setBorder(Border border)
  Setzt den Rahmen dieser Komponenten.

9.4.4 Listen

Wenn der Benutzer unter mehr als einer Handvoll Alternativen wählen kann, stellen Optionsfelder keine gute Wahl dar, da sie zuviel Platz im Bildschirmbereich einnehmen. Für diese Fälle bietet sich eine Listenkomponente an. Swing verfügt über eine ziemlich komplexe Listenkomponente mit vielen Merkmalen. Natürlich kann man Listen mit Strings verwenden, es sind aber auch Listen mit beliebigen Objekten möglich, wobei man volle Kontrolle über deren Erscheinung hat. Die interne Architektur der Listenkomponente, die diese Verallgemeinerung möglich macht, ist ziemlich elegant. Leider waren die Entwickler von Sun der Meinung, daß sie diese Eleganz offenlegen müssen, statt sie besser vor dem Programmierer, der die Komponente einfach verwenden will, zu verbergen. Deshalb werden Sie feststellen, daß die Handhabung des Listensteuerelements in einfachen Situationen etwas umständlich ist, da man einen ganzen Teil der Maschinerie, die die allgemeinen Fälle möglich macht, manipulieren muß. Wir zeigen zunächst den einfachen und gebräuchlichsten Fall, ein Listenfeld mit Strings, und geben dann ein komplexeres Beispiel, das die Flexibilität der Listenkomponente zur Geltung bringt.

Die Komponente JList

Die Komponente JList ist einer Gruppe von Kontrollkästchen oder Optionsfeldern ähnlich, außer daß die Elemente innerhalb eines einzigen Feldes plaziert sind und durch Klicken auf die Elemente selbst und nicht auf Schaltflächen ausgewählt werden. Wenn man die Mehrfachauswahl für ein Listenfeld erlaubt, kann der Benutzer jede Kombination von Elementen im Feld auswählen.

Abbildung 9.17 zeigt ein zugegebenermaßen albernes Beispiel. Der Benutzer kann die Attribute für das verwahrloste Taxi "dauernd", "fast", "aussichtslos", "ganz", "sehr", "komplett", "total", "vornehm", "ziemlich" und "arg" auswählen. Dabei kommen dann auch solche sinnvollen Kombinationen wie das »dauernd fast aussichtslos total vornehm verwahrloste Taxi« heraus.

Um diese Listenkomponente zu konstruieren, beginnt man mit einem Array von Strings und übergibt dann das Array an den JList-Konstruktor:

```
String[] words= { "dauernd", "fast", "aussichtslos", "ganz", ... };
JList wordList = new JList(words);
```

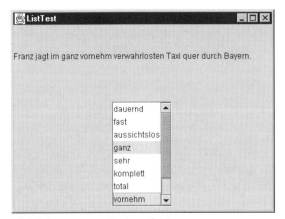

Abbildung 9.17: Ein Listenfeld

Alternativ kann man ein anonymes Array verwenden:

```
JList wordList = new JList(new String[]
  {"dauernd", "fast", "aussichtslos", "ganz", ... });
```

Listenfelder führen keinen automatischen Bildlauf durch. Um den Bildlauf in einem Listenfeld zu realisieren, muß man es in einen Bildlaufbereich einfügen:

```
JScrollPane scrollPane = new JScrollPane(wordList);
```

Dann muß man den Bildlaufbereich – nicht die Liste – in die umgebende Grundfläche (Panel) einfügen.

Wir müssen zugeben, daß die Trennung der Listenanzeige vom Bildlaufmechanismus in der Theorie elegant, in der Praxis aber eine Strafe ist. In nahezu jeder Liste ist ein Bildlauf erforderlich. Warum muß sich der Programmierer bei einfachsten Dingen durch das Dickicht schlagen – nur damit er diese Eleganz würdigen kann?

In der Standardeinstellung zeigt die Listenkomponente acht Einträge. Dieser Wert läßt sich mit der Methode setVisibleRowCount ändern:

```
wordList.setVisibleRowCount(10); // Zeigt 10 Einträge
```

Der Benutzer kann per Vorgabe mehrere Einträge markieren. Mit der Maus nimmt man Mehrfachauswahlen wie folgt vor: Um einer bereits bestehenden Auswahl weitere Einträge hinzuzufügen, hält man die Strg -Taste nieder und klickt auf jeden neuen Eintrag. Einen zusammenhängenden Bereich von Einträgen wählt man aus, indem man auf den ersten klickt, dann die Umschalt -Taste niederhält und abschließend auf den letzten Eintrag des gewünschten Bereichs klickt.

Benutzeroberflächen mit Swing

Mit der Methode `setSelectionMode` kann man den Benutzer auch auf einen Auswahlmodus einschränken:

```
wordList.setSelectionMode
   (ListSelectionModel.SINGLE_SELECTION);
   // Jeweils nur einen Eintrag auswählen
wordList.setSelectionMode
   (ListSelectionModel.SINGLE_INTERVAL_SELECTION);
   // Nur einen Eintrag oder einen Bereich von Einträgen auswählen
```

Die Benachrichtigungsmethode bei Listenfeldern ist nicht so einfach wie bei anderen Komponenten. Statt auf Aktionsereignisse zu hören, muß man auf Listenauswahlereignisse reagieren. Fügen Sie einen Listenauswahl-Listener in die Listenkomponente ein, und implementieren Sie die Methode

```
public void valueChanged(ListSelectionEvent evt)
```

im Listener. In unserem Beispielprogramm ist die Rahmenklasse der Ereignis-Listener:

```
class ListFrame extends JFrame
   implements ListSelectionListener
{  public ListFrame()
   {  . . .
      JList wordList = new JList(words);
      wordList.addListSelectionListener(this);
      . . .
   }

   public void valueChanged(ListSelectionEvent evt)
   {  . . .
   }
}
```

Wenn der Benutzer Einträge auswählt, wird eine Flut von Auswahlereignissen generiert. Nehmen wir zum Beispiel an, daß der Benutzer auf einen neuen Eintrag klickt. Zuerst treten beim Drücken der Maustaste zwei Ereignisse auf: eines, das die Aufhebung der Auswahl des alten Eintrags, und eines, das die Auswahl des neuen Eintrags meldet. Diese Übergangsereignisse lassen sich durch Aufruf von

```
evt.isAdjusting()
```

erkennen. Die Methode `isAdjusting` gibt `true` zurück, wenn die Auswahl noch nicht abgeschlossen ist. Beim Loslassen der Maustaste gibt es ein weiteres Ereignis, wobei `isAdjusting` das Ergebnis `false` liefert. Wenn man an den Übergangsereignissen nicht interessiert ist, kann man auf das Ereignis warten, für das `isAdjusting` gleich `false` ist. Will man dem Benutzer jedoch eine unmittelbare Rückmeldung liefern, sobald er die Maustaste drückt, dann muß man alle Ereignisse verarbeiten.

Achtung

In unserer Version von Swing generieren *Mehrfachauswahlen* (mit Strg+Klick) kein Ereignis, wenn man die Maustaste losläßt. Ereignisse werden nur generiert, wenn die Maustaste niedergedrückt wird, und alle gemeldeten Ereignisse bringen bei isAdjusting den Rückgabewert true. Bis dieser Fehler beseitigt ist, kann man die Methode isAdjusting in Listenfeldern, die Mehrfachauswahlen erlauben, nicht einsetzen.

Nachdem gemeldet wurde, daß ein Ereignis stattgefunden hat, muß man herausfinden, welche Elemente momentan ausgewählt sind. Die Methode getSelectedValues gibt ein *Array von Objekten* zurück, das alle markierten Einträge enthält.

VB

Die Methode getSelectedValues funktioniert genau wie die List-Eigenschaft in VB.

Jedes Array-Element ist noch in einen String umzuwandeln:

```
JList source = (JList)evt.getSource();
Object[] values = source.getSelectedValues();
for (int i = 0; i < values.length; i++)
   etwas tun mit (String)values[i];
```

Achtung

Den Typ des Rückgabewerts aus getSelectedValues kann man nicht von einem Object[]-Array in ein String[]-Array umwandeln. Der Rückgabewert wurde nicht als ein Array von Strings erzeugt, sondern als Array von Objekten, die ihrerseits Strings sind. Wenn man den Rückgabewert als Array von Strings verarbeiten möchte, kann man den folgenden Code verwenden:

```
int length = values.length;
String[] words = new String[length];
System.arrayCopy(values, 0, words, 0, length);
```

Benutzeroberflächen mit Swing

Wenn eine Liste keine Mehrfachauswahlen erlaubt, kann man die Komfortmethode `getSelected-Value` aufrufen. Sie liefert den ersten markierten Wert (von dem bekannt ist, daß es der einzige Wert ist, wenn Mehrfachauswahlen nicht zugelassen sind).

```
String selection = (String)source.getSelectedValue();
```

Hinweis

Listenkomponenten reagieren nicht auf Doppelklicken. Nach den Vorstellungen der Swing-Entwickler verwendet man eine Liste, um ein Element auszuwählen, und muß dann auf eine Schaltfläche klicken, damit etwas passiert. Allerdings erlauben verschiedene Benutzeroberflächen, daß der Benutzer mit einem Doppelklick auf einen Listeneintrag sowohl eine Auswahl kennzeichnet als auch eine Aktion auslöst. Wir halten diesen Stil der Benutzeroberfläche nicht für vorteilhaft, da es für den Benutzer nicht ohne weiteres ersichtlich ist, daß er doppelklicken soll. Wenn Sie dennoch dieses Verhalten implementieren möchten, müssen Sie einen Maus-Listener in das Listenfeld aufnehmen und dann das Mausereignis folgendermaßen abfangen:

```
public void mouseClicked(MouseEvent evt)
{  if (evt.getClickCount() == 2)
   {  JList source = (JList)evt.getSource();
      Object[] selection = source.getSelectedValues();
      doAction(selection);
   }
}
```

Beispiel 9.8 zeigt das Listing des Programms, das ein mit Strings gefülltes Listenfeld demonstriert. Beachten Sie, wie die Methode `valueChanged` den Meldungsstring aus den markierten Elementen zusammenbaut.

Beispiel 9.8: ListTest.java

```
import java.awt.*;
import java.awt.event.*;
import javax.swing.*;
import javax.swing.event.*;

class ListFrame extends JFrame
   implements ListSelectionListener
{  public ListFrame()
   {  setTitle("ListTest");
      setSize(400,300);
```

```
      addWindowListener(new WindowAdapter()
         {  public void windowClosing(WindowEvent e)
            {  System.exit(0);
            }
         } );

      String[] words =
      {  "dauernd","fast","aussichtslos","ganz","sehr",
         "komplett","total","vornehm","ziemlich","arg"
      };

      JList wordList = new JList(words);
      JScrollPane scrollPane = new JScrollPane(wordList);

      JPanel p = new JPanel();
      p.add(scrollPane);
      wordList.addListSelectionListener(this);

      getContentPane().add(p, "South");
      panel = new ListTestPanel();
      getContentPane().add(panel, "Center");
   }

   public void valueChanged(ListSelectionEvent evt)
   {  JList source = (JList)evt.getSource();
      Object[] values = source.getSelectedValues();

      String text = "";
      for (int i = 0; i < values.length; i++)
      {  String word = (String)values[i];
         text += word + " ";
      }

      panel.setAttribute(text);
   }

   private ListTestPanel panel;
}

class ListTestPanel extends JPanel
{  public ListTestPanel()
   {  setAttribute("");
   }
```

Benutzeroberflächen mit Swing **509**

```
    public void setAttribute(String w)
    {  text = "Franz jagt im " + w + "verwahrlosten Taxi quer durch Bay-
ern.";
       repaint();
    }

    public void paintComponent(Graphics g)
    {  super.paintComponent(g);
       g.drawString(text, 0, 50);
    }

    private String text;
}
public class ListTest
{  public static void main(String[] args)
   {  JFrame frame = new ListFrame();
      frame.show();
   }
}
```

API

javax.swing.JList

- JList(Object[] items)

    Konstruiert eine Liste, die diese Elemente anzeigt.

- void setVisibleRowCount(int c)

    Setzt für die Liste die bevorzugte Anzahl von Zeilen, die sich ohne Bildlaufleiste anzeigen lassen.

- void setSelectionMode(int mode)

    Bestimmt, ob Einfach- oder Mehrfachauswahlen erlaubt sind.

Parameter:	mode	Eine der Konstanten SINGLE_SELECTION, SINGLE_INTERVAL_SELECTION, MULTIPLE_INTERVAL_SELECTION.

- void addListSelectionListener(ListSelectionListener listener)

    Fügt der Liste einen Listener hinzu, der bei jeder auftretenden Änderung benachrichtigt wird.

- `Object[] getSelectedValues()`
  Gibt die markierten Werte zurück oder ein leeres Array, wenn die Auswahl leer ist.
- `Object getSelectedValue()`
  Gibt den ersten ausgewählten Wert zurück oder `null`, wenn die Auswahl leer ist.

API

javax.swing.event.ListSelectionListener

- `void valueChanged(ListSelectionEvent e)`
  Wird immer dann aufgerufen, wenn sich eine Listenauswahl ändert.

Listenmodelle

Im letzten Abschnitt haben Sie die allgemeinste Methode für den Einsatz einer Listenkomponente kennengelernt:

- Einen festen Satz von Strings für die Anzeige in der Liste spezifizieren,
- eine Bildlaufleiste hinzufügen,
- die Listenauswahlereignisse auffangen.

In diesem Abschnitt behandeln wir komplexe Situationen, die etwas mehr Finesse verlangen:

- Sehr lange Listen
- Listen mit veränderbarem Inhalt
- Listen, die keine Strings enthalten

Wenn Sie an diesen erweiterten Verfahren nicht interessiert sind, können Sie diesen Abschnitt ohne weiteres überspringen.

Im ersten Beispiel hatten wir eine `JList`-Komponente konstruiert, die eine feste Auswahl von Strings aufgenommen hat. Allerdings ist die Sammlung der Auswahlen in einem Listenfeld nicht immer festgeschrieben. Wie fügt man Einträge in das Listenfeld hinzu oder entfernt daraus Einträge? Es überrascht etwas, daß es keine Methoden in der Klasse `JList` gibt, mit denen sich das erreichen läßt. Statt dessen muß man sich etwas mehr mit dem internen Aufbau der Listenkomponente beschäftigen. Wie bei Textkomponenten verwendet die Listenkomponente das Entwurfsmuster Modell – Ansicht – Steuerung, um die visuelle Erscheinung (eine Spalte von Einträgen, die in bestimmter Weise wiedergegeben werden) von den zugrundeliegenden Daten (eine Auflistung von Objekten) zu trennen.

Benutzeroberflächen mit Swing

Die Klasse JList ist für die visuelle Erscheinung der Daten verantwortlich. Sie weiß eigentlich sehr wenig darüber, wie die Daten gespeichert werden – ihr ist lediglich bekannt, daß sie die Daten über ein Objekt, das die Schnittstelle ListModel implementiert, abrufen kann:

```
public interface ListModel
{  public int getSize();
   public Object getElementAt(int i);
   public void addListDataListener(ListDataListener l);
   public void removeListDataListener(ListDataListener l);
}
```

Über diese Schnittstelle kann die Klasse JList einen Zähler der Elemente erhalten und jedes einzelne Element abrufen. Das JList-Objekt kann sich auch selbst als *Listendaten-Listener* hinzufügen. Dann wird es benachrichtigt, sobald sich die Auflistung der Elemente ändert, so daß es die Liste neu zeichnen kann.

Warum ist diese Verallgemeinerung nützlich? Warum speichert nicht das JList-Objekt einfach einen Vektor von Objekten?

Beachten Sie, daß die Schnittstelle nicht spezifiziert, wie die Objekte gespeichert werden. Insbesondere gibt es keine Forderung, daß sich die Objekte überhaupt speichern! Die Methode getElementAt kann bei ihrem Aufruf ohne Einschränkung jeden Wert neu berechnen. Das ist unter Umständen nützlich, wenn man eine sehr große Sammlung anzeigen möchte, ohne die Werte speichern zu müssen.

Das nächste Beispiel ist ebenfalls etwas ungewöhnlich: Wir bieten dem Benutzer die Auswahl unter allen *dreibuchstabigen Wörtern* in einem Listenfeld an (siehe Abbildung 9.18).

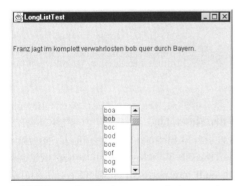

Abbildung 9.18: Aus einer sehr langen Liste auswählen

Es gibt 26 * 26 * 26 = 17.576 Kombinationen aus drei Buchstaben. Statt alle diese Kombinationen zu speichern, berechnen wir sie auf Anforderung, wenn der Benutzer durch die Liste blättert.

Das Ganze läßt sich leicht implementieren. Den mühsamen Teil, das Hinzufügen und Entfernen von Listenern, übernimmt für uns die Klasse `AbstractListModel`, die wir erweitern. Wir müssen nur die Methoden `getSize` und `getElementAt` bereitstellen:

```
class WordListModel extends AbstractListModel
{  public WordListModel(int n) { length = n; }
   public int getSize() { return (int)Math.pow(26, length); }
   public Object getElementAt(int n)
   {  // Den n-ten String berechnen
      . . .
   }
   . . .
}
```

Die technischen Einzelheiten für die Berechnung des n-ten Strings entnehmen Sie bitte dem Listing von Beispiel 9.9.

Nachdem wir ein Modell bereitgestellt haben, können wir einfach eine Liste aufbauen, in der der Benutzer durch die vom Modell gelieferten Elemente blättern kann:

```
JList wordList = new JList(new WordListModel(3));
wordList.setSelectionMode(ListSelectionModel.SINGLE_SELECTION);
JScrollPane scrollPane = new JScrollPane(wordList);
```

Vor allem aber werden die Strings überhaupt nicht *gespeichert*. Das Programm erzeugt nur jene Strings, die der Benutzer tatsächlich zur Anzeige anfordert.

Es ist noch eine weitere Einstellung erforderlich. Wir müssen der Listenkomponente mitteilen, daß alle Einträge eine feste Breite und Höhe haben:

```
wordList.setFixedCellWidth(50);
wordList.setFixedCellHeight(15);
```

Andernfalls würde die Listenkomponente jedes Element berechnen und seine Breite und Höhe messen, was nur wertvolle Rechenzeit verschlingt.

Beispiel 9.9 zeigt den vollständigen Quellcode.

In der Praxis sind derart lange Listen nur in Ausnahmefällen brauchbar. Es ist ziemlich umständlich, durch eine so riesige Auswahl zu blättern. Aus diesem Grund glauben wir, daß das Listensteuerelement überzüchtet ist. Eine Auswahl, die ein Benutzer bequem auf dem Bildschirm vornehmen kann, ist sicher klein genug, daß man sie direkt in der Listenkomponente speichern kann. Diese Anordnung hätte den Programmierern erspart, sich mit dem Listenmodell als separate Einheit befassen zu müssen.

Benutzeroberflächen mit Swing

Beispiel 9.9: LongListTest.java
```java
import java.awt.*;
import java.awt.event.*;
import javax.swing.*;
import javax.swing.event.*;

class WordListModel extends AbstractListModel
{  public WordListModel(int n) { length = n; }
   public int getSize()
   {  return (int)Math.pow(LAST - FIRST + 1, length);
   }
   public Object getElementAt(int n)
   {  String r = "";
      for (int i = 0; i < length; i++)
      {  char c = (char)(FIRST + n % (LAST - FIRST + 1));
         r = c + r;
         n = n / (LAST - FIRST + 1);
      }
      return r;
   }

   private int length;
   public static final char FIRST = 'a';
   public static final char LAST = 'z';
}

class LongListFrame extends JFrame
   implements ListSelectionListener
{  public LongListFrame()
   {  setTitle("LongListTest");
      setSize(400,300);
      addWindowListener(new WindowAdapter()
         {  public void windowClosing(WindowEvent e)
            {  System.exit(0);
            }
         } );

      JList wordList = new JList(new WordListModel(3));
      wordList.setSelectionMode
         (ListSelectionModel.SINGLE_SELECTION);

      wordList.setFixedCellWidth(50);
      wordList.setFixedCellHeight(15);
```

```
      JScrollPane scrollPane = new JScrollPane(wordList);

      JPanel p = new JPanel();
      p.add(scrollPane);
      wordList.addListSelectionListener(this);

      getContentPane().add(p, "South");
      panel = new LongListPanel();
      getContentPane().add(panel, "Center");
   }

   public void  valueChanged(ListSelectionEvent evt)
   {  JList source = (JList)evt.getSource();
      String word = (String)source.getSelectedValue();
      panel.setJumper(word);
   }

   private LongListPanel panel;
}

class LongListPanel extends JPanel
{  public LongListPanel()
   {  setJumper("Taxi");
   }

   public void setJumper(String w)
   {  text = "Franz jagt im komplett verwahrlosten "
         + w + " quer durch Bayern.";
      repaint();
   }

   public void paintComponent(Graphics g)
   {  super.paintComponent(g);
      g.drawString(text, 0, 50);
   }

   private String text;
}

public class LongListTest
{  public static void main(String[] args)
   {  JFrame frame = new LongListFrame();
      frame.show();
   }
}
```

API

javax.swing.JList

- JList(ListModel dataModel)
  Konstruiert eine Liste, die die Elemente im spezifizierten Modell anzeigt.
- void setFixedCellWidth(int width)
  Spezifiziert die Breite jeder Zelle in der Liste, wenn die Breite (width) größer als 0 ist. Der Standardwert −1 erzwingt, daß die Größe jeder Zelle gemessen wird.
- void setFixedCellHeight(int height)
  Spezifiziert die Höhe jeder Zelle in der Liste, wenn die Höhe (height) größer als 0 ist. Der Standardwert −1 erzwingt, daß die Größe jeder Zelle gemessen wird.

API

javax.swing.ListModel

- int getSize()
  Gibt die Anzahl der Elemente des Modells zurück.
- Object getElementAt(int index)
  Gibt ein Element des Modells zurück.

Werte einfügen und entfernen

Die Kollektion der Listenwerte kann man nicht direkt bearbeiten, sondern muß auf das *Modell* zugreifen und dann Elemente hinzufügen oder entfernen. Auch das ist leichter gesagt als getan. Nehmen wir an, daß wir mehr Werte in eine Liste einfügen möchten. Eine Referenz auf das Modell erhält man wie folgt:

ListModel model = list.getModel();

Das bringt aber noch nichts. Wie wir im letzten Abschnitt gesehen haben, hat die Schnittstelle ListModel keine Methoden, um Elemente einzufügen oder zu entfernen, da ja der Vorteil eines Listenmodells darin besteht, daß es die Elemente nicht *speichern* muß.

Probieren wir es andersherum. Einer der Konstruktoren von JList übernimmt einen Vektor von Objekten:

```
Vector values = new Vector();
values.addElement("dauernd");
values.addElement("fast");
. . .
JList list = new JList(values);
```

Natürlich kann man nun den Vektor bearbeiten und Elemente hinzufügen oder entfernen, aber die Liste weiß nicht, daß dies passiert, und kann somit nicht auf die Änderungen reagieren. Insbesondere kann die Liste nicht ihre Ansicht aktualisieren, wenn man die Werte hinzufügt.

Statt dessen muß man ein besonderes Modell, das DefaultListModel, konstruieren, mit Anfangswerten füllen und mit der Liste verbinden.

```
DefaultListModel model = new DefaultListModel();
model.addElement("dauernd");
model.addElement("fast");
. . .
JList list = new JList(model);
```

Nun kann man Werte im model-Objekt hinzufügen oder entfernen. Das model-Objekt benachrichtigt dann die Liste von den Änderungen, und die Liste zeichnet sich selbst neu.

```
model.removeElement("dauernd");
model.addElement("total");
```

Die Klasse DefaultListModel bedient sich der gleichen Methodennamen für das Hinzufügen und Entfernen von Elementen wie die Klasse Vector. (Leider sind das die alten Methodennamen. Die bequemeren Methoden add und remove für das Einfügen und Entfernen von Objekten haben noch keinen Einzug in das DefaultListModel gehalten.) In der Tat verwendet das Standardlistenmodell intern einen Vektor, um die Werte zu speichern. Es erbt den Benachrichtigungsmechanismus für die Liste vom AbstractListModel, genau wie das Beispielmodell des vorherigen Abschnitts.

Achtung

Es gibt JList-Konstruktoren, die eine Liste aus einem Array oder Vektor von Objekten oder Strings konstruieren. Man könnte meinen, daß diese Konstruktoren ein DefaultListModel verwenden, um die Werte zu speichern. Das ist nicht der Fall – die Konstruktoren erstellen ein triviales Modell, das auf die Werte zugreifen kann, ohne irgendwelche Vorkehrungen für die Benachrichtigung zu treffen, wenn sich der Inhalt ändert. Zum Beispiel sieht der Code für den Konstruktor, der eine JList aus einem Vector erzeugt, folgendermaßen aus:

Benutzeroberflächen mit Swing

```
public JList(final Vector listData)
{ this (new AbstractListModel()
   { public int getSize() { return listData.size(); }
     public Object getElementAt(int i) { return
         listData.elementAt(i); }
   });
}
```

Das bedeutet, wenn man den Inhalt des Vektors ändert, nachdem die Liste konstruiert wurde, dann kann die Liste einen verwirrenden Mix aus alten und neuen Werten zeigen, bis sie vollständig neu gezeichnet wurde. (Das Schlüsselwort `final` im obigen Konstruktor hindert Sie nicht daran, den Vektor irgendwo anders zu ändern – es bedeutet nur, daß der Konstruktor selbst nicht den Wert der `listData`-Referenz ändert. Das Schlüsselwort ist erforderlich, da das `listData`-Objekt in der inneren Klasse verwendet wird.

API

`javax.swing.JList`

- `ListModel getModel()`

  Holt das Modell dieser Liste.

API

`javax.swing.DefaultListModel`

- `void addElement(Object obj)`

  Fügt das Objekt am Ende des Modells an.

- `boolean removeElement(Object obj)`

  Entfernt das erste Vorkommen des Objekts aus dem Modell. Gibt `true` zurück, wenn das Objekt im Modell enthalten war, ansonsten `false`.

Werte wiedergeben

Bisher haben alle Listen, die Sie in diesem Kapitel gesehen haben, nur Strings enthalten. Es ist eigentlich genauso einfach, Listen mit Symbolen anzuzeigen – man übergibt einfach Arrays oder

Vektoren, die mit `Icon`-Objekten gefüllt sind. Noch interessanter ist es, daß man die Listenwerte problemlos mit beliebigen Zeichnungen darstellen kann.

Während die Klasse `JList` Strings und Symbole automatisch anzeigen kann, muß man einen *Listenzellen-Renderer* (einen Wiedergabemechanismus für Listenzellen) im `JList`-Objekt für alle benutzerdefinierten Zeichnungen installieren. Ein Listenzellen-Renderer ist eine beliebige Klasse, die die folgende Schnittstelle implementiert:

```
interface ListCellRenderer
{ Component getListCellRendererComponent(JList list,
     Object value, int index,
     boolean isSelected, boolean cellHasFocus);
}
```

Wenn man einen Listenzellen-Renderer in einer Liste installiert, wird er für jeden Listenwert aufgerufen: zuerst, um die Größe der grafischen Darstellung des Wertes zu messen, wenn man nicht die feste Größe von Zellen gewählt hat, und dann, um den Grafikwert zu zeichnen. Man muß eine Klasse bereitstellen, die ein Objekt vom Typ `Component` zurückgibt, so daß die `getPreferredSize`- und Zeichenmethoden des zurückgegebenen Objekts diese Aufgaben in der passenden Form für Ihre Listenwerte ausführen.

Am einfachsten läßt sich das realisieren, indem man eine innere Klasse mit den folgenden beiden Methoden erzeugt:

```
class MyCellRenderer implements ListCellRenderer
{ public Component getListCellRendererComponent(final JList list,
     final Object value, final int index,
     final boolean isSelected, final boolean cellHasFocus)
  { return new JPanel()
        { public void paintComponent(Graphics g)
            { // Hier steht der Code zum Zeichnen
            }
          public Dimension getPreferredSize()
            { // Hier steht der Code zur Größenmessung
            }
        };
  }
}
```

In Beispiel 9.10 zeigen wir die Schriftauswahlen grafisch an, indem wir das eigentliche Erscheinungsbild jeder Schrift darstellen (siehe Abbildung 9.19). In der Methode `paintComponent` zeigen wir jeden Namen und die zugehörige Schrift an. Wir müssen auch sicherstellen, daß die üblichen Farben mit dem Erscheinungsbild der Klasse `JList` übereinstimmen. Diese Farben erhält man durch Aufruf der Methoden `getForeground`/`getBackground` und `getSelectionFore-`

Benutzeroberflächen mit Swing

ground/getSelectionBackground der Klasse JList. In der Methode getPreferredSize messen wir mit den Verfahren gemäß Kapitel 7 die Größe des Strings.

Abbildung 9.19: Ein Listenfeld mit wiedergegebenen Zellen

Der Code für den Renderer sieht folgendermaßen aus:

```
class FontCellRenderer implements ListCellRenderer
{ public Component getListCellRendererComponent(final JList list,
      final Object value, final int index,
      final boolean isSelected, final boolean cellHasFocus)
   { return new JPanel()
      { public void paintComponent(Graphics g)
            super.paintComponent(g)
         { Font font = (Font)value;
            String text = font.getFamily();
            FontMetrics fm = g.getFontMetrics(font);
            g.setColor(isSelected
               ? list.getSelectionBackground()
               : list.getBackground());
            g.fillRect(0, 0, getWidth(), getHeight());
            g.setColor(isSelected
               ? list.getSelectionForeground()
               : list.getForeground());
            g.setFont(font);
            g.drawString(text, 0, fm.getAscent());
         }
         public Dimension getPreferredSize()
         { Font font = (Font)value;
            String text = font.getFamily();
            Graphics g = getGraphics();
            FontMetrics fm = g.getFontMetrics(font);
```

```
            return new Dimension(fm.stringWidth(text),
                fm.getHeight());
        }
    };
}
```

Um den Renderer zu installieren, ruft man einfach die Methode setCellRenderer auf:

fontList.setCellRenderer(new FontCellRenderer());

Nun werden alle Listenzellen durch den benutzerdefinierten Renderer gezeichnet.

Es gibt noch eine einfachere Methode, um benutzerdefinierte Renderer zu schreiben, die in vielen Fällen funktioniert. Wenn das wiedergegebene Bild lediglich Text, ein Symbol und vielleicht eine Farbänderung enthält, dann kommt man mit der Konfiguration eines JLabel aus. Um zum Beispiel den Schriftnamen in seiner eigenen Schrift anzuzeigen, kann man den folgenden Renderer verwenden:

```
class FontCellRenderer implements ListCellRenderer
{   public Component getListCellRendererComponent(JList list,
        Object value, int index, boolean isSelected,
        boolean cellHasFocus)
    {   JLabel label = new JLabel();
        Font font = (Font)value;
        label.setText(font.getFamily());
        label.setFont(font);
        label.setOpaque(true);
        label.setBackground(isSelected
            ? list.getSelectionBackground()
            : list.getBackground());
        label.setForeground(isSelected
            ? list.getSelectionForeground()
            : list.getForeground());
        return label;
    }
}
```

Beachten Sie, daß wir keinerlei Methoden paintComponent oder getPreferredSize schreiben. Die Klasse JLabel implementiert diese Methoden bereits zu unserer Zufriedenheit. Wir müssen lediglich noch das Bezeichnungsfeld passend konfigurieren, das heißt dessen Text, Schrift und Farbe einstellen.

Um das Ganze noch knapper zu gestalten, kann der FontCellRenderer sogar JLabel erweitern, sich *selbst* mit jedem Aufruf an getListCellRendererComponent konfigurieren und dann this zurückgeben:

Benutzeroberflächen mit Swing

```
class FontCellRenderer extends JLabel implements ListCellRenderer
{ public Component getListCellRendererComponent(JList list,
      Object value, int index, boolean isSelected,
         boolean cellHasFocus)
  { Font font = (Font)value;
    setText(font.getFamily());
    setFont(font);
    setOpaque(true);
    setBackground(isSelected
       ? list.getSelectionBackground()
       : list.getBackground());
    setForeground(isSelected
       ? list.getSelectionForeground()
       : list.getForeground());
    return this;
  }
}
```

Dieser Code ist eine komfortable Vereinfachung für solche Situationen, wo eine vorhandene Komponente – in diesem Fall `JLabel` – bereits die gesamte Funktionalität bereitstellt, die für die Wiedergabe eines Zellwertes erforderlich ist.

Beispiel 9.10: ListRenderingTest.java

```
import java.util.*;
import java.awt.*;
import java.awt.event.*;
import javax.swing.*;
import javax.swing.event.*;

class FontCellRenderer implements ListCellRenderer
{ public Component getListCellRendererComponent
     (final JList list, final Object value,
      final int index, final boolean isSelected,
      final boolean cellHasFocus)
  { return new JPanel()
       { public void paintComponent(Graphics g)
            super.paintComponent(g);
          { Font font = (Font)value;
            String text = font.getFamily();
            FontMetrics fm = g.getFontMetrics(font);
            g.setColor(isSelected
               ? list.getSelectionBackground()
               : list.getBackground());
            g.fillRect(0, 0, getWidth(), getHeight());
```

```
                g.setColor(isSelected
                   ? list.getSelectionForeground()
                   : list.getForeground());
                g.setFont(font);
                g.drawString(text, 0, fm.getAscent());
             }

             public Dimension getPreferredSize()
             {  Font font = (Font)value;
                String text = font.getFamily();
                Graphics g = getGraphics();
                FontMetrics fm = g.getFontMetrics(font);
                return new Dimension(fm.stringWidth(text),
                   fm.getHeight());
             }
          };
      }
}

class ListRenderingFrame extends JFrame
   implements ListSelectionListener
{  public ListRenderingFrame()
   {  setTitle("ListRenderingTest");
      setSize(400, 300);
      addWindowListener(new WindowAdapter()
         {  public void windowClosing(WindowEvent e)
            {  System.exit(0);
            }
         } );

      Vector fonts = new Vector();
      fonts.add(new Font("Serif", Font.PLAIN, 12));
      fonts.add(new Font("SansSerif", Font.PLAIN, 12));
      fonts.add(new Font("Monospaced", Font.PLAIN, 12));
      fonts.add(new Font("Dialog", Font.PLAIN, 12));
      fonts.add(new Font("DialogInput", Font.PLAIN, 12));
      JList fontList = new JList(fonts);
      fontList.setSelectionMode
         (ListSelectionModel.SINGLE_SELECTION);
      fontList.setCellRenderer(new FontCellRenderer());
      JScrollPane scrollPane = new JScrollPane(fontList);
```

Benutzeroberflächen mit Swing

```
      JPanel p = new JPanel();
      p.add(scrollPane);
      fontList.addListSelectionListener(this);

      getContentPane().add(p, "South");
      panel = new ListRenderingPanel();
      getContentPane().add(panel, "Center");
   }

   public void valueChanged(ListSelectionEvent evt)
   {  JList source = (JList)evt.getSource();
      Font font = (Font)source.getSelectedValue();
      panel.setFont(font);
   }

   private ListRenderingPanel panel;
}

class ListRenderingPanel extends JPanel
{  public ListRenderingPanel()
   {  setFont(new Font("Serif", Font.PLAIN, 12));
   }

   public void setFont(Font f)
   {  currentFont = f;
      repaint();
   }

   public void paintComponent(Graphics g)
   {  super.paintComponent(g);
      g.setFont(currentFont);
      g.drawString("Franz jagt im komplett verwahrlosten Taxi quer durch
Bayern.",
         0, 50);
   }

   private Font currentFont;
}

public class ListRenderingTest
{  public static void main(String[] args)
   {  JFrame frame = new ListRenderingFrame();
      frame.show();
   }
}
```

API

javax.swing.JList

- Color getBackground()
  Liefert die Hintergrundfarbe für nicht ausgewählte Zellen.
- Color getSelectionBackground()
  Liefert die Hintergrundfarbe für ausgewählte Zellen.
- void setCellRenderer(ListCellRenderer cellRenderer)
  Setzt den Renderer, der die Zellen in der Liste zeichnet.

API

javax.swing.ListCellRenderer

- Component getListCellRendererComponent(JList list, Object item, int index, boolean isSelected, boolean hasFocus)
  Liefert eine Komponente, deren paint-Methode den Zellinhalt zeichnet. Wenn die Listenzelle keine feste Größe hat, muß diese Komponente auch getPreferredSize implementieren.

Parameter:	list	Liste, deren Zellen zu zeichnen sind.
	item	Zu zeichnendes Element.
	index	Index, wo das Element im Modell gespeichert ist.
	isSelected	true, wenn die angegebene Zelle ausgewählt ist.
	hasFocus	true, wenn die angegebene Zelle den Fokus hat.

9.4.5 Kombinationsfelder

Ein Drop-down-Listenfeld ist eine Komponente der Benutzeroberfläche, die einem Listenfeld ähnlich ist, aber weniger Platz benötigt. Wenn der Benutzer auf das Feld klickt, klappt eine Liste von Auswahlen auf, und der Benutzer kann eine davon auswählen (siehe Abbildung 9.20).

Benutzeroberflächen mit Swing

Abbildung 9.20: Ein Kombinationsfeld

Wenn das Drop-down-Listenfeld *editierbar* ist, kann man die aktuelle Auswahl wie in einem Textfeld bearbeiten. Aus diesem Grund heißt diese Komponente *Kombinationsfeld* – sie kombiniert die Flexibilität eines Bearbeitungsfeldes mit der einfachen Auswahl eines Listenfeldes. Um das Kombinationsfeld editierbar zu machen, ruft man die Methode setEditable auf.

Die Klasse JComboBox implementiert diese Komponente der Benutzeroberfläche. Beachten Sie, daß sich eine Bearbeitung nur auf das aktuelle Element bezieht und nicht den Inhalt der Liste ändert.

Die aktuelle Auswahl oder den bearbeiteten Text erhält man durch Aufruf der Methode getSelectedItem.

Im Beispielprogramm kann der Benutzer eine Schriftart aus einer Liste der Schriften (Serif, SansSerif, Monospaced usw.) wählen und auch eine andere Schrift eingeben.

Die Auswahlelemente fügt man mit der Methode addItem hinzu. In unserem Programm wird addItem nur im Konstruktor aufgerufen. Man kann diese Methode aber jederzeit aufrufen.

```
style = new JComboBox();
style.setEditable(true);
style.addItem("Serif");
style.addItem("SansSerif");
. . .
```

Die Methode fügt den String am Ende der Liste an. Mit der Methode insertItemAt lassen sich neue Einträge auch an einer beliebigen Stelle in der Liste einfügen:

```
style.insertItemAt("Monospaced", 0); // Am Beginn der Liste hinzufügen
```

Muß man Einträge zur Laufzeit entfernen, kann man die Methode `removeItem` oder `removeItemAt` verwenden, je nachdem, ob man das zu entfernende Element oder dessen Position bereitstellt.

```
style.removeItem("Monospaced");
style.removeItemAt(0); // Erstes Element entfernen
```

Die Methode `removeAllItems` entfernt alle Einträge auf einmal.

Wenn der Benutzer ein Element aus einem Kombinationsfeld auswählt, generiert das Kombinationsfeld ein Aktionsereignis. Allerdings kann man nicht die Methode `getActionCommand` aufrufen, um den ausgewählten String zu erhalten. Statt dessen muß man mit `getSource` eine Referenz auf das Kombinationsfeld, das das Ereignis gesendet hat, holen und dann mit der Methode `getSelectedItem` das aktuell ausgewählte Element abrufen.

```
public void actionPerformed(ActionEvent evt)
{  JComboBox source = (JComboBox)evt.getSource();
   String item = (String)source.getSelectedItem();
   panel.setStyle(item);
}
```

Beispiel 9.11 zeigt das vollständige Programm.

Beispiel 9.11: ComboBoxTest.java

```
import java.awt.*;
import java.awt.event.*;
import javax.swing.*;

class ComboBoxFrame extends JFrame
   implements ActionListener
{  public ComboBoxFrame()
   {  setTitle("ComboBoxTest");
      setSize(300,200);
      addWindowListener(new WindowAdapter()
         {  public void windowClosing(WindowEvent e)
            {  System.exit(0);
            }
         } );

      style = new JComboBox();
      style.setEditable(true);
      style.addItem("Serif");
      style.addItem("SansSerif");
      style.addItem("Monospaced");
```

Benutzeroberflächen mit Swing

```java
      style.addItem("Dialog");
      style.addItem("DialogInput");
      style.addActionListener(this);

      JPanel p = new JPanel();
      p.add(style);
      getContentPane().add(p, "South");
      panel = new ComboBoxPanel();
      getContentPane().add(panel, "Center");
   }

   public void actionPerformed(ActionEvent evt)
   {  JComboBox source = (JComboBox)evt.getSource();
      String item = (String)source.getSelectedItem();
      panel.setStyle(item);
   }

   private ComboBoxPanel panel;
   private JComboBox style;
}

class ComboBoxPanel extends JPanel
{  public ComboBoxPanel()
   {  setStyle("Serif");
   }

   public void setStyle(String s)
   {  setFont(new Font(s, Font.PLAIN, 12));
      repaint();
   }

   public void paintComponent(Graphics g)
   {  super.paintComponent(g);
      g.drawString
         ("Franz jagt im komplett verwahrlosten Taxi quer durch Bayern.",
            0, 50);
   }
}

public class ComboBoxTest
{  public static void main(String[] args)
   {  JFrame frame = new ComboBoxFrame();
      frame.show();
   }
}
```

API

javax.swing.JComboBox

- void setEditable(boolean b)

  Parameter: b true, wenn der Benutzer das Kombinationsfeld bearbeiten kann, ansonsten false.

- void addItem(Object item)

  Fügt ein Element in die Elementliste ein.

- void insertItemAt(Object item, int index)

  Fügt ein Element am angegebenen Index in die Elementliste ein.

- void removeItem(Object item)

  Entfernt ein Element aus der Elementliste.

- void removeItemAt(int index)

  Entfernt ein Element am angegebenen Index.

- void removeAllItems()

  Entfernt alle Elemente aus der Elementliste.

- Object getSelectedItem()

  Liefert das momentan ausgewählte Element zurück.

9.5 Bildlaufleisten

Die gebräuchlichsten Einsatzfälle für Bildlaufleisten in einer Java-Anwendung sind:

- Bildlaufleiste in einem Steuerelement als Schieberegler. (Allerdings stellt die Klasse JSlider oftmals eine bessere Wahl dar – diese Komponente sieht gefälliger aus und hat mehr Optionen als eine einfache Bildlaufleiste. Weitere Informationen zur Komponente JSlider finden Sie in Band 2.)

- Bildlaufleisten am rechten und unteren Rand eines Fensters, um durch den Fensterinhalt zu blättern. (Eigentlich ist die bereits vorgeführte Komponente JScrollPane für diesen Zweck besser geeignet.)

Beide Einsatzfälle sehen wir uns in diesem Abschnitt an.

Benutzeroberflächen mit Swing

Eine Bildlaufleiste hat mehrere wichtige Eigenschaften:

- *Richtung*: (`Adjustable.HORIZONTAL` oder `Adjustable.VERTICAL`). Die Richtung legt man im Konstruktor oder mit der Methode `setOrientation` fest. Ist keine Richtung angegeben, gilt »Vertikal« als Voreinstellung.

- *Wert*: Entspricht der aktuellen Position des Bildlauffeldes (d. h. des Schiebers). Den Wert kann man mit der Methode `getValue` abfragen und mit der Methode `setValue` setzen.

- *Gesamtbereich*: Der Standardbereich läuft von 0 bis 100. Die Bereichsgrenzen lassen sich mit den Methoden `setMinimum` und `setMaximum` ändern.

- *Sichtbarer Bereich*: Wenn man mit Bildlaufleisten durch eine große Region blättert, dann ist der Gesamtbereich die Größe der Region und der sichtbare Bereich die Größe des Bildlauffensters. Ein positiver Wert für den sichtbaren Bereich schränkt den Bildlauf ein, so daß das *Ende* des Bildlauffensters nach oben zum *Ende* der betrachteten Region läuft. Außerdem wird die Dicke des Bildlauffeldes angepaßt, um das Verhältnis zwischen sichtbarem Bereich und Bildlaufbereich widerzuspiegeln (siehe Abbildung 9.21). Wenn man eine Bildlaufleiste als Schieberegler-Steuerelement verwendet, um eine Zahl zu spezifizieren, setzt man den sichtbaren Bereich auf 0. Dieser Wert läßt sich mit der Methode `setVisibleAmount` einstellen.

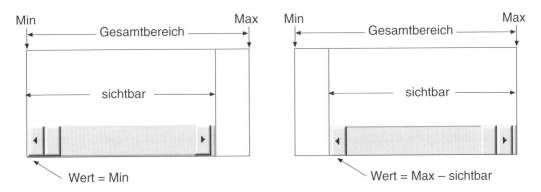

Abbildung 9.21: Der sichtbare Bereich einer Bildlaufleiste

- *Kleine Änderung*: Wenn der Benutzer auf einen der Pfeile an den Enden der Bildlaufleiste klickt, ändert sich der Wert der Bildlaufleiste um diesen Betrag. Der Standardwert ist 1. Der Änderungsbetrag läßt sich mit der Methode `setUnitIncrement` ändern.

- *Große Änderung*: Wenn der Benutzer auf den Bereich zwischen Bildlauffeld und Bildlaufpfeil klickt, ändert sich der Wert der Bildlaufleiste um diesen Betrag. Der Standardwert ist 10. Man kann diesen Wert mit der Methode `setBlockIncrement` ändern.

Um eine Bildlaufleiste zu erzeugen, legt man ihre Richtung (Adjustable.HORIZONTAL oder Adjustable.VERTICAL) im Konstruktor fest. Aktueller Wert, sichtbarer Bereich und Gesamtbereich lassen sich mit der Methode setValues gleichzeitig festlegen. Anstelle der Methode setValues kann man auch eine Version des Konstruktors für die Bildlaufleistenklasse verwenden, die den Anfangswert, den sichtbaren Bereich und den Gesamtbereich übernimmt.

Im ersten Beispiel kann der Benutzer die Werte der Farben Rot, Grün und Blau mit Bildlaufleisten einstellen, um einen Farbenwert zu mischen und anzuzeigen (siehe Abbildung 9.22). Eine Bildlaufleiste kann man auf folgende zwei Arten initialisieren.

```
red = new JScrollBar(Adjustable.HORIZONTAL);
red.setValues(0, 0, 0, 255);
```

oder

```
red = new JScrollBar(Adjustable.HORIZONTAL, 0, 0, 0, 255);
```

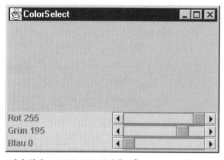

Abbildung 9.22: Bildlaufleisten in Aktion

Wenn der Benutzer auf eine Bildlaufleiste klickt oder das Bildlauffeld auf eine neue Position zieht, sendet die Bildlaufleiste Anpassungsereignisse an das Listener-Objekt. Bildlaufleisten erzeugen fünf Arten von Anpassungsereignissen, die in Tabelle 9.2 zusammengefaßt sind.

Ereignis	**Wird ausgelöst, wenn der Benutzer**
UNIT_INCREMENT UNIT_DECREMENT	auf einen der Pfeile an den Enden der Bildlaufleiste klickt.
BLOCK_INCREMENT BLOCK_DECREMENT	zwischen einen Pfeil und das Bildlauffeld klickt.
TRACK	das Bildlauffeld zieht.

Tabelle 9.2: Anpassungsereignisse

Wenn evt ein Anpassungsereignis ist, dann liefert evt.getAdjustmentType() einen dieser Werte zurück.

Benutzeroberflächen mit Swing

Wenn man ein Bildlaufleistenereignis verarbeitet, erhält man mit der Methode `getValue()` die aktuelle Position der Bildlaufleiste. Als Beispiel sei hier die Behandlungsroutine für das Farbenmischprogramm angeführt.

```
public void adjustmentValueChanged(AdjustmentEvent evt)
{  redLabel.setText("Rot " + red.getValue());
   greenLabel.setText("Grün " + green.getValue());
   blueLabel.setText("Blau " + blue.getValue());
   c.setBackground(new Color(red.getValue(),
      green.getValue(), blue.getValue()));

   c.repaint();
}
```

Beispiel 9.12 gibt den vollständigen Quellcode für die Anwendung zur Farbauswahl an. (Die Bezeichnungsfelder und Bildlaufleisten werden mit Hilfe eines *Raster-Layouts* angeordnet. Darauf gehen wir später in diesem Kapitel ein.)

Beispiel 9.12: ColorSelect.java
```
import java.awt.*;
import java.awt.event.*;
import javax.swing.*;

public class ColorSelect extends JFrame
   implements AdjustmentListener
{  public ColorSelect()
   {  setTitle("ColorSelect");
      setSize(300, 200);
      addWindowListener(new WindowAdapter()
      {  public void windowClosing(WindowEvent e)
         {  System.exit(0);
         }
      } );

      Container contentPane = getContentPane();

      JPanel p = new JPanel();
      p.setLayout(new GridLayout(3, 2));

      p.add(redLabel = new JLabel("Rot 0"));
      p.add(red = new JScrollBar(Adjustable.HORIZONTAL,
         0, 0, 0, 255));
      red.setBlockIncrement(16);
      red.addAdjustmentListener(this);
```

```java
        p.add(greenLabel = new JLabel("Grün 0"));
        p.add(green = new JScrollBar(Adjustable.HORIZONTAL,
            0, 0, 0, 255));
        green.setBlockIncrement(16);
        green.addAdjustmentListener(this);

        p.add(blueLabel = new JLabel("Blau 0"));
        p.add(blue = new JScrollBar(Adjustable.HORIZONTAL,
            0, 0, 0, 255));
        blue.setBlockIncrement(16);
        blue.addAdjustmentListener(this);

        contentPane.add(p, "South");

        colorPanel = new JPanel();
        colorPanel.setBackground(new Color(0, 0, 0));
        contentPane.add(colorPanel, "Center");
    }

    public void adjustmentValueChanged(AdjustmentEvent evt)
    {   redLabel.setText("Rot " + red.getValue());
        greenLabel.setText("Grün " + green.getValue());
        blueLabel.setText("Blau " + blue.getValue());
        colorPanel.setBackground(new Color(red.getValue(),
            green.getValue(), blue.getValue()));

        colorPanel.repaint();
    }

    public static void main(String[] args)
    {   JFrame f = new ColorSelect();
        f.show();
    }

    private JLabel redLabel;
    private JLabel greenLabel;
    private JLabel blueLabel;

    private JScrollBar red;
    private JScrollBar green;
    private JScrollBar blue;

    private JPanel colorPanel;
}
```

API

`javax.swing.JScrollBar`

- `JScrollBar(int orientation)`

  Erzeugt eine Bildlaufleiste mit dem Bereich 0 bis 100.

  | *Parameter*: | orientation | Entweder `HORIZONTAL` oder `VERTICAL`. |

- `JScrollBar(int orientation, int value, int visible, int minimum, int maximum)`

Parameter:	orientation	Entweder `HORIZONTAL` oder `VERTICAL`.
	value	Aktuelle Position des Bildlaufs.
	visible	Sichtbarer Bereich des Fensters oder 0 bei einem Schieberegler.
	minimum	Wert für Minimalposition der Bildlaufleiste.
	maximum	Wert für Maximalposition der Bildlaufleiste.

- `void setValue(int value)`

  | *Parameter*: | value | Neue Bildlaufposition. Liegt diese außerhalb des Bildlaufbereichs, wird dieser Wert auf das aktuelle Minimum bzw. Maximum gesetzt. |

- `void setValues(int value, int visible, int minimum, int maximum)`

Parameter:	value	Bildlaufposition.
	visible	Sichtbarer Bereich des Fensters oder 0 bei einem Schieberegler.
	minimum	Wert für Minimalposition der Bildlaufleiste.
	maximum	Wert für Maximalposition der Bildlaufleiste.

- `void setMinimum(int value)`

  | *Parameter*: | value | Neuer Minimalwert. |

- `void setMaximum(int value)`

  | *Parameter*: | value | Neuer Maximalwert. |

- void setVisibleAmount(int value)

  Parameter: value   Neuer Wert für den sichtbaren Bereich.

- void setBlockIncrement(int l)

  Legt den Betrag für die große Änderung fest, um den sich die Bildlaufposition ändert, wenn der Benutzer zwischen einem Pfeil und dem Bildlauffeld klickt.

- void setUnitIncrement(int l)

  Legt den Betrag für die kleine Änderung fest, um den sich die Bildlaufposition ändert, wenn der Benutzer auf einen Bildlaufpfeil an den Enden der Bildlaufleiste klickt.

- int getValue()

  Gibt die aktuelle Bildlaufposition zurück.

API

java.awt.event.AdjustmentListener

- void adjustmentValueChanged(AdjustmentEvent e)

  Wird aufgerufen, wenn sich der Wert der Ereignisquelle geändert hat.

9.5.1 Bildlaufbereiche

Es gehört nicht zu den allgemeinen Gepflogenheiten, mit Bildlaufleisten Benutzereingaben entgegenzunehmen. Andererseits sind Bildlaufleisten durchaus üblich, um einen großen Bereich in einem kleinen Fenster zu rollen. Manuell sind dazu folgende Schritte zu unternehmen:

- Bildlaufleisten am rechten und unteren Rand hinzufügen.
- Den aktuellen Bildlaufoffset verfolgen.
- Den Bildlaufoffset für Mausereignisse und das Zeichnen berücksichtigen.

Wie der nächste Abschnitt zeigt, ist die Implementierung des Bildlaufs auf diese Weise zwar lehrreich, aber etwas mühevoll. Augenscheinlich haben die Swing-Entwickler das erkannt und die Klasse JScrollPane vorgesehen, die automatisch Bildlaufleisten bereitstellt. Ein Bildlaufbereich ist ein Container, der je eine Bildlaufleiste am rechten und unteren Rand aufweist. Man fügt einfach die Komponente hinzu, die von den Bildlaufleisten verwaltet werden soll. Der Bildlaufbereich erlaubt dem Benutzer, mittels der Bildlaufleisten durch die Abschnitte dieser Komponente zu blättern.

Benutzeroberflächen mit Swing

Wenn man die Komponente in den Bildlaufbereich eingefügt hat, schreibt man den Code für die Komponente *als würde sie in voller Größe angezeigt*. Der Bildlaufbereich übernimmt die Umsetzung der Koordinaten in Mausereignisse und die Darstellung. Mit Bildlaufoffsets hat man überhaupt nichts mehr zu tun, was erheblich bequemer ist. Um dieses Merkmal zu nutzen, erzeugt man einfach ein Objekt vom Typ JScrollPane und übergibt die anzuzeigende Komponente als erstes Argument im Konstruktor

Man kann festlegen, ob die Bildlaufleisten jederzeit sichtbar sein sollen oder nur, wenn sie tatsächlich erforderlich sind. Der letzte Fall ist die Voreinstellung und auch als sinnvolle Einstellung zu empfehlen. Die Bildlaufleisten verschwinden einfach, wenn man das Fenster in der Größe ändert und der gesamte Bereich der vom Bildlaufbereich verwalteten Komponente sichtbar wird.

Zum Beispiel:

```
JScrollPane sp = new JScrollPane(viewedComponent);
   // Zeichnet Bildlaufleisten bei Bedarf
```

oder

```
JScrollPane(viewedComponent,
   ScrollPaneConstants.HORIZONTAL_SCROLLBAR_NEVER,
   ScrollPaneConstants.VERTICAL_SCROLLBAR_ALWAYS
);
```

Die Einstellungen ScrollPaneConstants.HORIZONTAL_SCROLLBAR_AS_NEEDED und ScrollPaneConstants.VERTICAL_SCROLLBAR_AS_NEEDED (horizontale bzw. vertikale Bildlaufleiste bei Bedarf anzeigen) sind die Standardeinstellungen.

Dann fügen Sie den Bildlaufbereich in den Rahmen ein. Zum Beispiel:

```
contentPane.add(sp, "Center");
```

Damit die Komponente sichtbar wird, ist ein weiterer Schritt erforderlich. Man muß die Komponente auf eine bevorzugte Größe setzen, was sich beispielsweise im Konstruktor erledigen läßt:

```
public MyComponent()
{  setPreferredSize(new Dimension(MAX_XWIDTH, MAX_YHEIGHT));
   . . .
}
```

Wenn die Komponente aus bestimmten Gründen nicht in der bevorzugten Größe erscheinen soll, kann man alternativ eine abweichende Größe für das *Viewport*-Objekt spezifizieren, das den Bildlauf verwaltet:

```
JViewport vp = sp.getViewport();
vp.setViewSize(new Dimension(MAX_XWIDTH, MAX_YHEIGHT));
```

Der Viewport ist das Objekt, über das man die zugrundeliegende Komponente zu Gesicht bekommt. Die Bildlaufleisten verschieben eigentlich den Viewport über die Komponente, und dieser zeichnet das, was darunter liegt (siehe Abbildung 9.23).

Beispiel 9.12 zeigt den Bildlaufbereich in Aktion. Wir greifen hier auf das Testprogramm für Mausereignisse aus dem vorhergehenden Kapitel zurück. In diesem Programm klickt der Benutzer in eine Grundfläche, um sie mit Quadraten zu füllen, zieht die Quadrate oder doppelklickt darauf, um sie zu entfernen. Wir vergrößern nun die Grundfläche auf 600 mal 400 Pixel. Und wir zeigen sie in einem Rahmen von lediglich 300 mal 200 Pixel an. In diesem Bereich soll der Benutzer über die gesamte Grundfläche mit Hilfe der Bildlaufleisten blättern können.

Zum Glück lassen sich Bildlaufleisten sehr leicht in die Klasse `MousePanel` einfügen. Es ist nur eine einzige Änderung im Code von `MousePanel` erforderlich, um die Methode `setPreferredSize` aufzurufen. Dann fügen wir die Grundfläche in einen Bildlaufbereich ein und den Bildlaufbereich in den Inhaltsbereich – der Bildlauf funktioniert nun automatisch. Die Klasse `MousePanel` erfährt überhaupt nicht, daß mit ihr ein Bildlauf veranstaltet wird!

Schließlich erlaubt es der `JScrollPane`, daß man um die Komponente, deren Inhalt gerollt wird, zusätzliche Dekorationen anbringt. Wie Abbildung 9.23 zeigt, kann man gegenüber von den Bildlaufleisten am oberen und linken Rand *Header* hinzufügen und beliebige Komponenten in den vier Ecken unterbringen.

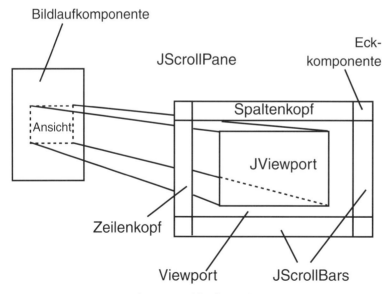

Abbildung 9.23: Layout für einen Bildlaufbereich

Benutzeroberflächen mit Swing

Als Beispiel plazieren wir Lineale als Zeilen- und Spaltenköpfe. Im nachstehenden Beispielcode finden Sie die einfache Klasse `RulerPanel`, deren Methode `paintComponent` eine Reihe von Skaleneinteilungen und Skalenbeschriftungen zeichnet sowie die Pixelpositionen der zu rollenden Komponente beschriftet. Abbildung 9.24 zeigt das visuelle Erscheinungsbild. Der Code für die Skalenteilungen ist recht unkompliziert, so daß wir hier nicht weiter darauf eingehen.

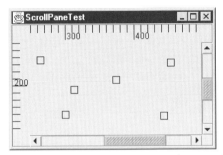

Abbildung 9.24: Testprogramm für einen Bildlaufbereich mit Linealen

Wir wollen ein horizontales und ein vertikales Lineal hinzufügen, und natürlich sollen diese Lineale zusammen mit der vom Bildlaufbereich verwalteten Komponente rollen. Erzeugen Sie einfach die Komponente, und rufen Sie `setRowHeaderView` oder `setColumnHeaderView` auf, um die Lineale zu installieren. Der Zeilenkopf verläuft in vertikaler Richtung, der Spaltenkopf in horizontaler. (Vergleichen Sie das mit den Zeilen- und Spaltenköpfen in einem Tabellenblatt.) Zum Beispiel:

```
RulerPanel horizRulerPanel = new RulerPanel
   (SwingConstants.HORIZONTAL,
    viewedComponent.getPreferredSize().width, 25, 100, 100, 10);
sp.setColumnHeaderView(horizRulerPanel);
```

Der Bildlaufbereich führt nun den Bildlauf dieser Komponenten synchron zur angezeigten Komponente durch.

Mit der Methode `setCorner` können Sie nun beliebige Komponenten in die vier Ecken des Bildlaufbereichs setzen. Anstelle der Standardkonstanten von Swing wie `SwingConstants.NORTH_WEST` werden Ecken durch Konstanten wie `JScrollPane.UPPER_RIGHT_CORNER` bezeichnet. Das folgende Codefragment setzt eine blaue Kugel in die obere linke Ecke:

```
sp.setCorner(JScrollPane.UPPER_LEFT_CORNER,
   new Label(new ImageIcon("blue-ball.gif")));
```

Natürlich sollte man derartigen Schnickschnack in der Praxis vermeiden.

Swing erleichtert es den Programmierern, Tastenkombinationen als Alternative zu Mausaktionen bereitzustellen. In unserem Beispielprogramm verwenden wir die Pfeiltasten, um die Grundfläche in Einheiteninkrementen (kleine Änderung) zu verschieben, während die Tastenkombinationen Bild auf/Bild ab und Strg+Bild auf/Strg+Bild ab für eine Verschiebung in Blockinkrementen (große Änderung) vorgesehen sind.

Wie Kapitel 8 gezeigt hat, lassen sich Tasteneingaben in einem Fenster am einfachsten mit der Methode registerKeyboardAction der Klasse JComponent auffangen. Diese Lösung erfordert ein Action-Objekt für jede registrierte Tastenkombination. Da alle Bildlaufaktionen miteinander verwandt sind, erstellen wir eine einzelne Klasse, ScrollAction, die den Bildlaufbereich, die Richtung der Bildlaufleisten, den Typ (kleine oder große Änderung) und die Richtung (–1 für nach oben/nach links, +1 für nach unten/nach rechts) speichert. In der Methode actionPerformed holen wir die passende JScrollBar, berechnen ihre neue Position und rufen ihre setValue-Methode auf:

```
class ScrollAction extends AbstractAction
{  public void actionPerformed(ActionEvent evt)
   {  JScrollBar scrollBar;
      if (orientation == JScrollBar.HORIZONTAL)
         scrollBar = scrollPane.getHorizontalScrollBar();
      else
         scrollBar = scrollPane.getVerticalScrollBar();
      if (scrollBar == null || !scrollBar.isVisible())
         return;
      int increment;
      if (type == UNIT)
         increment = scrollBar.getUnitIncrement();
      else
         increment = scrollBar.getBlockIncrement();
      scrollBar.setValue(scrollBar.getValue() +
         increment * direction);
   }
   . . .
}
```

Für jeden Tastendruck müssen wir das passende ScrollAction-Objekt konstruieren und es beim Bildlaufbereich registrieren. Zum Beispiel:

```
sp.registerKeyboardAction(
   new ScrollAction(JScrollBar.HORIZONTAL, ScrollAction.UNIT, -1),
   KeyStroke.getKeyStroke(KeyEvent.VK_LEFT, 0, false),
   JComponent.WHEN_IN_FOCUSED_WINDOW);
```

Da sich derartige Vorgänge laufend wiederholen, stellen wir eine Komfortmethode register in unserer Klasse ScrollAction bereit. Beispiel 9.13 zeigt den vollständigen Quellcode.

Benutzeroberflächen mit Swing

Beispiel 9.13: ScrollPane.java
```
import java.awt.*;
import java.awt.event.*;
import javax.swing.*;

class MousePanel extends JPanel
   // Unverändert mit Ausnahme von setPreferredSize
   implements MouseMotionListener
{  public MousePanel()
   {  addMouseListener(new MouseAdapter()
         {  public void mousePressed(MouseEvent evt)
            {  int x = evt.getX();
               int y = evt.getY();
               current = find(x, y);
               if (current < 0) // Nicht in einem Quadrat
                  add(x, y);
            }

            public void mouseClicked(MouseEvent evt)
            {  int x = evt.getX();
               int y = evt.getY();

               if (evt.getClickCount() >= 2)
               {  remove(current);
               }
            }
         });
      addMouseMotionListener(this);

      setPreferredSize(new Dimension(MAX_XWIDTH,
         MAX_YHEIGHT));
   }

   public void paintComponent(Graphics g)
   {  super.paintComponent(g);
      for (int i = 0; i < nsquares; i++)
         draw(g, i);
   }

   public int find(int x, int y)
   {  for (int i = 0; i < nsquares; i++)
         if (squares[i].x - SQUARELENGTH / 2 <= x &&
               x <= squares[i].x + SQUARELENGTH / 2
               && squares[i].y - SQUARELENGTH / 2 <= y
               && y <= squares[i].y + SQUARELENGTH / 2)
```

```
            return i;
   return -1;
}

public void draw(Graphics g, int i)
{  g.drawRect(squares[i].x - SQUARELENGTH / 2,
      squares[i].y - SQUARELENGTH / 2,
      SQUARELENGTH, SQUARELENGTH);
}

public void add(int x, int y)
{  if (nsquares < MAXNSQUARES)
   {  squares[nsquares] = new Point(x, y);
      current = nsquares;
      nsquares++;
      repaint();
   }
}

public void remove(int n)
{  if (n < 0 || n >= nsquares) return;
   nsquares--;
   squares[n] = squares[nsquares];
   if (current == n) current = -1;
   repaint();
}

public void mouseMoved(MouseEvent evt)
{  int x = evt.getX();
   int y = evt.getY();

   if (find(x, y) >= 0)
      setCursor(Cursor.getPredefinedCursor
         (Cursor.CROSSHAIR_CURSOR));
   else
      setCursor(Cursor.getDefaultCursor());
}

public void mouseDragged(MouseEvent evt)
{  int x = evt.getX();
   int y = evt.getY();

   if (current >= 0)
   {  Graphics g = getGraphics();
      g.setXORMode(getBackground());
      draw(g, current);
```

Benutzeroberflächen mit Swing

```
            squares[current].x = x;
            squares[current].y = y;
            draw(g, current);
            g.dispose();
         }
      }

      private static final int MAX_XWIDTH = 600;
      private static final int MAX_YHEIGHT = 400;
      private static final int SQUARELENGTH = 10;
      private static final int MAXNSQUARES = 100;
      private Point[] squares = new Point[MAXNSQUARES];
      private int nsquares = 0;
      private int current = -1;
   }

class ScrollPaneFrame extends JFrame
{  public ScrollPaneFrame()
   {  setTitle("ScrollPaneTest");
      setSize(300, 200);
      addWindowListener(new WindowAdapter()
         {  public void windowClosing(WindowEvent e)
            {  System.exit(0);
            }
         } );

      Container contentPane = getContentPane();
      Component viewedComponent = new MousePanel();
      JScrollPane sp = new JScrollPane(viewedComponent);

      RulerPanel horizRulerPanel = new RulerPanel
         (SwingConstants.HORIZONTAL,
            viewedComponent.getPreferredSize().width,
            25, 100, 100, 10);
      sp.setColumnHeaderView(horizRulerPanel);

      RulerPanel vertRulerPanel = new RulerPanel
         (SwingConstants.VERTICAL,
            25, viewedComponent.getPreferredSize().height,
            100, 100, 10);
      sp.setRowHeaderView(vertRulerPanel);
      contentPane.add(sp, "Center");

      ScrollAction.register(sp, JScrollBar.HORIZONTAL,
         ScrollAction.UNIT, -1, KeyEvent.VK_LEFT, 0);
      ScrollAction.register(sp, JScrollBar.HORIZONTAL,
```

```
            ScrollAction.UNIT, 1, KeyEvent.VK_RIGHT, 0);
         ScrollAction.register(sp, JScrollBar.VERTICAL,
            ScrollAction.UNIT, -1, KeyEvent.VK_UP, 0);
         ScrollAction.register(sp, JScrollBar.VERTICAL,
            ScrollAction.UNIT, 1, KeyEvent.VK_DOWN, 0);
         ScrollAction.register(sp, JScrollBar.HORIZONTAL,
            ScrollAction.BLOCK, -1, KeyEvent.VK_PAGE_UP,
            InputEvent.CTRL_MASK);
         ScrollAction.register(sp, JScrollBar.HORIZONTAL,
            ScrollAction.BLOCK, 1, KeyEvent.VK_PAGE_DOWN,
            InputEvent.CTRL_MASK);
         ScrollAction.register(sp, JScrollBar.VERTICAL,
            ScrollAction.BLOCK, -1, KeyEvent.VK_PAGE_UP, 0);
         ScrollAction.register(sp, JScrollBar.VERTICAL,
            ScrollAction.BLOCK, 1, KeyEvent.VK_PAGE_DOWN, 0);
      }
}

public class ScrollPaneTest
{  public static void main(String[] args)
   {  JFrame frame = new ScrollPaneFrame();
      frame.show();
   }
}

class ScrollAction extends AbstractAction
{  public ScrollAction(JScrollPane p, int orient,
      int t, int dir)
   {  scrollPane = p;
      orientation = orient;
      type = t;
      direction = dir;
   }

   public static void register(JScrollPane p, int orient,
      int t, int dir, int key, int modifier)
   {  p.registerKeyboardAction(
         new ScrollAction(p, orient, t, dir),
         KeyStroke.getKeyStroke(key, modifier, false),
         JComponent.WHEN_IN_FOCUSED_WINDOW);
   }

   public void actionPerformed(ActionEvent evt)
   {  JScrollBar scrollBar;
      if (orientation == JScrollBar.HORIZONTAL)
         scrollBar = scrollPane.getHorizontalScrollBar();
```

Benutzeroberflächen mit Swing

```
      else
         scrollBar = scrollPane.getVerticalScrollBar();
      if (scrollBar == null || !scrollBar.isVisible())
         return;
      int increment;
      if (type == UNIT)
         increment = scrollBar.getUnitIncrement();
      else
         increment = scrollBar.getBlockIncrement();
      scrollBar.setValue(scrollBar.getValue()
         +increment * direction);
   }

   private JScrollPane scrollPane;
   private int orientation; // HORIZONTAL oder VERTICAL
   private int type; // UNIT oder BLOCK
   private int direction; // +1 or -1

   public static final int UNIT = 1;    // kleine Änderung
   public static final int BLOCK = 2;   // große Änderung
}

class RulerPanel extends JPanel implements SwingConstants
{  public RulerPanel(int dir, int w, int h, int lbldist, int lbl,
      int subs)
   {  direction = dir;
      labelDistance = lbldist;
      label = lbl;
      subdivisions = subs;
      setPreferredSize(new Dimension(w, h));
   }

   public void paintComponent(Graphics g)
   {  super.paintComponent(g);
      Dimension d = getPreferredSize();
      if (direction == HORIZONTAL)
      {  int i = 0;
         int x = 0;
         if (subdivisions > 0)
         {  while (x < d.width)
            {  g.drawLine(x, 0, x, (d.height * 4) / 10);
               i++;
               x = (i * labelDistance) / subdivisions;
            }
         }
         i = 0;
```

```
            x = 0;
            while (x <= d.width)
            {  g.drawLine(x, 0, x, (d.height * 8) / 10);
               g.drawString("" + i * label, x + 2,
                  (d.height * 8) / 10);
               i++;
               x = i * labelDistance;
            }
         }
         else
         {  int i = 0;
            int y = 0;
            if (subdivisions > 0)
            {  while (y <= d.height)
               {  g.drawLine(0, y, (d.width * 4) / 10, y);
                  i++;
                  y = (i * labelDistance) / subdivisions;
               }
            }
            i = 0;
            y = 0;
            while (y <= d.height)
            {  g.drawLine(0, y, (d.width * 8) / 10, y);
               g.drawString("" + i * label, 2, y);
               i++;
               y = i * labelDistance;
            }
         }
      }

      private int direction;
      private int labelDistance;
      private int subdivisions;
      private int label;
}
```

API

javax.swing.JScrollPane

- JScrollPane(Component c)

   Erzeugt einen neuen Bildlaufbereich, rollt die Oberfläche der Komponente c, zeigt Bildlaufleisten nur bei Bedarf an.

Benutzeroberflächen mit Swing

- ScrollPane(Component c, int horiz, int vert)

    Parameter: c Komponente, für die der Bildlauf auszuführen ist.

    horiz Eine der Konstanten
    HORIZONTAL_SCROLLBAR_ALWAYS,
    HORIZONTAL_SCROLLBAR_AS_NEEDED,
    HORIZONTAL_SCROLLBAR_NEVER
    (Bildlaufleiste immer, bei Bedarf bzw. nie anzeigen).

    vert Eine der Konstanten
    VERTICAL_SCROLLBAR_ALWAYS,
    VERTICAL_SCROLLBAR_AS_NEEDED,
    VERTICAL_SCROLLBAR_NEVER
    (Bildlaufleiste immer, bei Bedarf bzw. nie anzeigen).

- void setRowHeaderView(Component c)
- void setColumnHeaderView(Component c)

    Installiert die Komponente c gegenüber der vertikalen oder horizontalen Bildlaufleiste und führt dafür den Bildlauf synchron mit der angezeigten Komponente durch.

- void setCorner(String where, Component c)

    Plaziert eine Komponente in einer Ecke des Bildlaufbereichs.

    Parameter: where Eine der Konstanten LOWER_LEFT_CORNER, LOWER_RIGHT_CORNER, UPPER_LEFT_CORNER, UPPER_RIGHT_CORNER (unten links, unten rechts, oben links bzw. oben rechts).

9.5.2 Bildlauf im Fenster

Im vorherigen Abschnitt haben Sie gesehen, wie man einen Bildlaufbereich (JScrollPane) verwendet, um eine Grundfläche zu rollen, die größer als das Rahmenfenster ist, so daß die Bildlaufleisten unterschiedliche Teile der größeren Grundfläche in den Sichtbereich bringen können. In diesem Abschnitt erledigen wir das manuell, indem wir explizit Bildlaufleisten hinzufügen und Bildlaufereignisse auffangen. Das soll die mysteriöse Bildlaufleisteneinstellung »sichtbarer Bereich« erklären und eine Vorstellung davon bieten, was die Klasse JScrollPane hinter den Kulissen bewerkstelligt. Wenn Sie nicht an den Mechanismen des Bildlaufs interessiert sind, können Sie diesen Abschnitt ohne weiters überspringen.

Kehren wir zum Textprogramm für Mausereignisse aus dem vorherigen Abschnitt zurück. Die Grundfläche hat eine Größe von 600 mal 400 Pixel und wird in einem Rahmen von nur 300 mal 200 Pixel angezeigt. An den östlichen und südlichen Rand setzen wir Bildlaufleisten. Der Benutzer kann die Bildlaufleisten verschieben, und wir zeichnen danach die Grundfläche neu. Immer wenn wir das Fenster neu zeichnen, überführen wir die Grafikkoordinaten in die negativen Werte der Bildlaufleisten. Wenn zum Beispiel die Werte der horizontalen und vertikalen Bildlaufleisten 200 und 100 lauten, dann zeichnen wir beim Anfangspunkt (200, 100). Wir verschieben den Ursprung auf (–200, –100) und zeichnen das gesamte Bild von 600 mal 400 Pixel neu. Ein großer Teil des Bildes wird abgeschnitten, aber der Teil des zugrundeliegenden Bildes, den wir sehen wollen, erscheint dann im Fenster (siehe Abbildung 9.25).

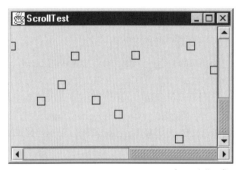

Abbildung 9.25: Testprogramm für Bildlaufleisten

Es ist also folgendes zu erledigen:

- Alle Bildlaufereignisse auffangen.
- Ein Neuzeichnen der Grundfläche erzwingen, wenn ein Ereignis auftritt.

Das läßt sich zum Beispiel mit dem folgenden Code realisieren:

```
public void adjustmentValueChanged(AdjustmentEvent evt)
{   panel.translate(horiz.getValue(), vert.getValue());
}
```

Die Methode `translate` unseres `panel`-Objekts speichert die Bildlaufverschiebung in den Feldern `dx` und `dy` und ruft dann `repaint` auf.

```
public void translate(int x, int y)
{   dx = x;
    dy = y;
    repaint();
}
```

Die Datenstruktur, die die Liste der Rechtecke speichert, nimmt *absolute Koordinaten* auf, d. h., X-Werte, die von 0 bis 600 und Y-Werte, die von 0 bis 400 laufen. Das stellt in der Methode `paint-Component` kein Problem dar, da wir den Ursprung des Grafikkontextes übersetzen können. Rechtecke, die momentan nicht in das Fenster passen, werden abgeschnitten.

Benutzeroberflächen mit Swing

```
public void paintComponent(Graphics g)
{   super.paintComponent(g);
    g.translate(-dx, -dy);
    g.setColor(Color.red);
    g.drawRect(0, 0, MAX_XWIDTH - 1, MAX_YHEIGHT - 1);
    g.setColor(getForeground());
    for (int i = 0; i < nsquares;i++) draw(g, i);
}
```

Um den gesamten Bereich von (0, 0) bis (600, 400) zeichnen wir ein rotes Rechteck, damit zu erkennen ist, wie die Bildlaufleisten den gesamten Bereich exakt herausstellen.

In der Methode `paintComponent` rufen wir einfach die Methode `translate` auf, um vom Grafikkontext die Koordinaten aus absoluten Koordinaten in Fensterkoordinaten umrechnen zu lassen. In den Maus-Listener-Methoden müssen wir die umgekehrte Umwandlung durchführen. Die Mausfunktionen melden die Mauspositionen in Fensterkoordinaten. Um zu prüfen, ob ein Mausklick in ein Quadrat trifft (dessen Koordinaten in absoluten Koordinaten gespeichert werden), müssen wir den Bildlaufoffset auf alle Mauskoordinaten addieren.

```
public void mousePressed(MouseEvent evt)
{   int x = evt.getX() + dx;
    int y = evt.getY() + dy;
    current = find(x, y);
    . . .
}
```

Wenn das Fenster erstmalig angezeigt oder in der Größe geändert wird, müssen wir die »sichtbaren« Werte der Bildlaufleiste berechnen. Da wir die Koordinaten in Pixeln messen, ist der sichtbare Betrag die Größe der Grundfläche. Nehmen wir zum Beispiel eine Grundfläche von 280 mal 180 Pixel an. (Der sichtbare Bereich des Fensters ist etwas kleiner als 300 mal 200, da die Bildlaufleisten auch einen bestimmten Teil der Fläche belegen.) Betrachten wir nun den X-Bereich der horizontalen Bildlaufleiste. Wenn sie ganz am linken Rand steht, dann muß der *linke* Rand der Grundfläche die absolute X-Koordinate 0 zeigen. Steht die Bildlaufleiste ganz am rechten Rand, dann muß der *rechte* Rand der Grundfläche die absolute X-Koordinate 599 zeigen, d. h. den maximalen x-Wert, den wir anzeigen wollen. Der *linke* Rand der Grundfläche hat dann die X-Koordinate 599 – 280 = 319. Das bedeutet, daß der Bildlaufbereich tatsächlich nicht von 0 bis 599, sondern nur von 0 bis 319 läuft. Mit dem auf 280 gesetzten sichtbaren Bereich ist der Bildlaufbereich korrekt eingestellt, und die Größe des Bildlauffeldes wird angepaßt, um das Verhältnis des sichtbaren Bereichs zum Gesamtbereich widerzuspiegeln.

Das Anzeigen und die Größenänderung des Fensters führt zu einem Komponentenereignis. Wir fangen die Ereignisse auf und setzen die sichtbaren Bereiche in X- und Y-Richtung.

```
class ScrollFrame
{  public ScrollFrame()
   {  . . .
      addComponentListener(new ComponentAdapter()
      {  public void componentShown(ComponentEvent evt)
         {  setVisibleAmounts();
         }
         public void componentResized(ComponentEvent evt)
         {  setVisibleAmounts();
         }
      });
   }

   public void setVisibleAmounts()
   {  Dimension d = panel.getSize();
      horiz.setVisibleAmount(d.width);
      vert.setVisibleAmount(d.height);
   }
   . . .
}
```

Um zu demonstrieren, daß die Bildlaufleisten *exakt* den Bereich 600 mal 400 herausstellen, verschieben wir sie gänzlich nach rechts bzw. unten. Damit erscheint gerade das rote Rechteck, das den Gesamtbereich begrenzt. Dann ändern Sie die Größe des Fensters und verschieben die Bildlaufleisten ganz auf die andere Seite. Auch hier greifen sie genau den Gesamtbereich der Grundfläche heraus. Beispiel 9.14 zeigt das Listing des Programms.

Bestimmt werden nur wenige Java-Programmierer mit diesem Verfahren arbeiten, um Bildlaufleisten in ein Fenster einzufügen. Der JScrollPane-Container, den wir im vorherigen Abschnitt besprochen haben, erreicht die gleiche Wirkung mit wesentlich weniger Programmierung. Die manuelle Lösung haben wir besprochen, damit Sie einen Einblick von den Operationen gewinnen, die die Klasse JScrollPane hinter den Kulissen abwickelt.

Beispiel 9.14: ScrollTest.java
```
import java.awt.*;
import java.awt.event.*;
import javax.swing.*;

class MousePanel extends JPanel
   implements MouseMotionListener
{  public MousePanel()
   {  addMouseListener(new MouseAdapter()
      {  public void mousePressed(MouseEvent evt)
         {  int x = evt.getX() + dx;
```

Benutzeroberflächen mit Swing

```
                int y = evt.getY() + dy;
                current = find(x, y);
                if (current < 0) // Nicht in einem Quadrat
                {  if (x < MAX_XWIDTH && y < MAX_YHEIGHT)
                        add(x, y);
                }
            }

            public void mouseClicked(MouseEvent evt)
            {  int x = evt.getX() + dx;
               int y = evt.getY() + dy;

               if (evt.getClickCount() >= 2)
               {  remove(current);
               }
            }
         });
      addMouseMotionListener(this);
   }

   public void translate(int x, int y)
   {  dx = x;
      dy = y;
      repaint();
   }

   public void paintComponent(Graphics g)
   {  super.paintComponent(g);
      g.translate(-dx, -dy);
      g.setColor(Color.red);
      g.drawRect(0, 0, MAX_XWIDTH - 1, MAX_YHEIGHT - 1);
      g.setColor(Color.black);
      for (int i = 0; i < nsquares; i++)
         draw(g, i);
   }

   public int find(int x, int y)
   {  for (int i = 0; i < nsquares; i++)
         if (squares[i].x - SQUARELENGTH / 2 <= x &&
             x <= squares[i].x + SQUARELENGTH / 2
             && squares[i].y - SQUARELENGTH / 2 <= y
             && y <= squares[i].y + SQUARELENGTH / 2)
            return i;
      return -1;
   }
```

```java
public void draw(Graphics g, int i)
{   g.drawRect(squares[i].x - SQUARELENGTH / 2,
       squares[i].y - SQUARELENGTH / 2,
       SQUARELENGTH, SQUARELENGTH);
}

public void add(int x, int y)
{   if (nsquares < MAXNSQUARES)
    {   squares[nsquares] = new Point(x, y);
        current = nsquares;
        nsquares++;
        repaint();
    }
}

public void remove(int n)
{   if (n < 0 || n >= nsquares) return;
    nsquares--;
    squares[n] = squares[nsquares];
    if (current == n) current = -1;
    repaint();
}

public void mouseMoved(MouseEvent evt)
{   int x = evt.getX();
    int y = evt.getY();

    if (find(x, y) >= 0)
        setCursor(Cursor.getPredefinedCursor
            (Cursor.CROSSHAIR_CURSOR));
    else
        setCursor(Cursor.getDefaultCursor());
}

public void mouseDragged(MouseEvent evt)
{   int x = evt.getX();
    int y = evt.getY();

    if (current >= 0)
    {   Graphics g = getGraphics();
        g.setXORMode(getBackground());
        draw(g, current);
        squares[current].x = x;
        squares[current].y = y;
```

Benutzeroberflächen mit Swing

```
            draw(g, current);
            g.dispose();
        }
    }

    private static final int SQUARELENGTH = 10;
    private static final int MAXNSQUARES = 100;
    private Point[] squares = new Point[MAXNSQUARES];
    private int nsquares = 0;
    private int current = -1;

    private int dx = 0;
    private int dy = 0;

    public static final int MAX_XWIDTH = 600;
    public static final int MAX_YHEIGHT = 400;
}

class ScrollFrame extends JFrame
    implements AdjustmentListener
{   public ScrollFrame()
    {   setTitle("ScrollTest");
        setSize(300, 200);
        addWindowListener(new WindowAdapter()
            {   public void windowClosing(WindowEvent e)
                {   System.exit(0);
                }
            } );

        Container contentPane = getContentPane();
        contentPane.add(panel = new MousePanel(), "Center");
        contentPane.add(vert = new JScrollBar
            (Adjustable.VERTICAL), "East");
        contentPane.add(horiz = new JScrollBar
            (Adjustable.HORIZONTAL), "South");
        vert.addAdjustmentListener(this);
        horiz.addAdjustmentListener(this);
        horiz.setValues(horiz.getValue(), 0, 0,
            MousePanel.MAX_XWIDTH);
        vert.setValues(vert.getValue(), 0, 0,
            MousePanel.MAX_YHEIGHT);

        addComponentListener(new ComponentAdapter()
            {   public void componentShown(ComponentEvent evt)
                {   setVisibleAmounts();
                }
```

```
            public void componentResized(ComponentEvent evt)
            {  setVisibleAmounts();
            }
         });
      }

      public void setVisibleAmounts()
      {  Dimension d = panel.getSize();
         horiz.setVisibleAmount(d.width);
         vert.setVisibleAmount(d.height);
      }

      public void adjustmentValueChanged(AdjustmentEvent evt)
      {  panel.translate(horiz.getValue(), vert.getValue());
      }

      private JScrollBar horiz;
      private JScrollBar vert;
      private MousePanel panel;
}

public class ScrollTest
{  public static void main(String[] args)
   {  JFrame frame = new ScrollFrame();
      frame.show();
   }
}
```

9.6 Intelligentes Layout-Management

Die Komponenten der Benutzeroberfläche in unseren bisherigen Beispielanwendungen haben wir ausschließlich mit dem Rahmen-Layout und dem Fluß-Layout verwaltet. Bei komplizierteren Aufgaben genügt das in der Regel nicht. In diesem Abschnitt gehen wir im Detail auf alle Layout-Manager ein, die in der Standard-Layout-Bibliothek zur Verfügung stehen, um Komponenten zu organisieren.

Windows-Programmierer sind vielleicht überrascht, daß Java einen derartigen Wirbel um die Layout-Manager macht. Immerhin ist die Layout-Verwaltung in Windows nichts Besonderes: Zuerst verwendet man einen Dialog-Editor, um die Komponenten auf die Oberfläche des Dialogfelds zu ziehen und dort abzulegen, und dann bedient man sich der Editor-Werkzeuge, um die Komponenten auszurichten, den Platz gleichmäßig aufzuteilen, die Elemente zu zentrieren usw. Wenn man an einem großen Projekt arbeitet, muß man sich wahrscheinlich überhaupt nicht um das Komponentenlayout kümmern – das erledigt ein gelernter Entwickler von Benutzeroberflächen.

Das Problem bei dieser Lösung ist, daß das entstehende Layout manuell auf den neuesten Stand zu bringen ist, wenn sich die Größe der Komponenten ändert. Warum ändert sich überhaupt die Größe von Komponenten? Es gibt zwei allgemeine Fälle. Erstens kann ein Benutzer eine größere Schrift für Schaltflächenbeschriftungen und anderen Text im Dialogfeld wählen. Wenn Sie das einmal in Windows ausprobieren, zeigt sich, daß viele Anwendungen nur sehr dürftig mit diesen Dingen umgehen können. Die Schaltflächen wachsen nicht, und die größere Schrift wird einfach in denselben Raum wie vorher gequetscht. Das gleiche Problem tritt auf, wenn man die Strings in einer Anwendung in eine andere Sprache übersetzt. Eine im englischen Original mit »Cancel« bezeichnete Schaltfläche heißt im Deutschen »Abbrechen«. Hat der Programmentwickler gerade genug Platz für den String »Cancel« vorgesehen, dann erscheint die deutsche Version mit einem verstümmelten Aussehen, und der Befehlsstring ist abgeschnitten.

Warum wachsen die Windows-Schaltflächen nicht einfach, um sich den Beschriftungen anzupassen? Die Antwort ist: Die Entwickler der Benutzeroberfläche haben keine Anweisungen vorgesehen, in welcher Richtung die Elemente wachsen sollen. Nach dem Drag&Drop und der Anordnung der Komponenten merkt sich der Dialog-Editor lediglich die Pixelposition und die Größe jeder Komponente. Er verzeichnet nicht, *warum* die Komponenten in dieser Art und Weise angeordnet wurden.

Die Java-Layout-Manager sind eine wesentlich bessere Lösung für das Komponentenlayout. Mit einem Layout-Manager erhält das Layout Anweisungen über die Beziehungen zwischen den Komponenten. Das war besonders wichtig im originalen AWT, das native Elemente der Benutzeroberfläche verwendet hat. Die Größe einer Schaltfläche oder eines Listenfeldes in Motif, Windows und auf dem Macintosh könnte sich im großen Maßstab ändern, und eine Anwendung oder ein Applet kennt a priori nicht die Plattform, die ihre Benutzeroberfläche anzeigt. Bis zu einem bestimmten Maße ist dieser Grad der Veränderbarkeit mit Swing verschwunden. Wenn eine Anwendung ein bestimmtes Erscheinungsbild erzwingt, beispielsweise Metal, dann sieht es auf allen Plattformen identisch aus. Wenn man jedoch dem Benutzer erlaubt, ein eigenes Erscheinungsbild zu wählen, dann muß man wieder auf die Flexibilität der Layout-Manager vertrauen, um die Komponenten zu arrangieren.

Um komplexe Layouts zu realisieren, muß man natürlich mehr Einfluß auf das Layout nehmen können, als dies mit Rahmen-Layout und Fluß-Layout allein möglich ist. In diesem Abschnitt behandeln wir die Layout-Manager, die in der Standardbibliothek von Java zur Verfügung stehen. Wenn man mit einem intelligenten Layout-Manager arbeitet und dabei in der richtigen Weise mehrere Grundflächen einsetzt, erhält man die volle Kontrolle über das Aussehen einer Anwendung.

Tip

Wenn keines der Layout-Schematas Ihren Ansprüchen genügt, gliedern Sie die Oberfläche Ihres Fensters in mehrere Grundflächen und legen das Layout der einzelnen Grundflächen separat fest. Die Grundflächen organisieren Sie dann mit einem anderen Layout-Manager.

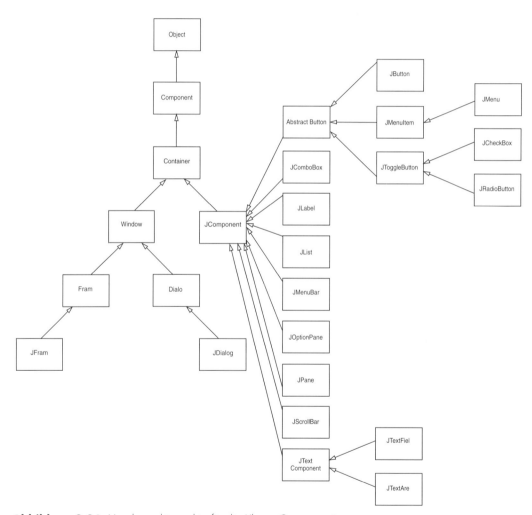

Abbildung 9.26: Vererbungshierarchie für die Klasse Component

Benutzeroberflächen mit Swing

Sehen wir uns zuerst ein paar Grundprinzipien an. Wie Sie wissen, sind die *Komponenten* im AWT innerhalb von *Containern* angeordnet. Schaltflächen, Textfelder und andere Elemente der Benutzeroberfläche sind Komponenten und lassen sich in Containern plazieren. Demzufolge erweitern diese Klassen die Klasse `Component`. Container wie zum Beispiel Grundflächen kann man ihrerseits in anderen Containern unterbringen. Daher leitet sich die Klasse `Container` von `Component` ab. Abbildung 9.26 zeigt die Vererbungshierarchie für die Klasse `Component`.

Hinweis

Beachten Sie, daß einige Objekte zu Klassen gehören, die `Component` erweitern, selbst wenn sie keine Komponenten der Benutzeroberfläche sind und nicht in Container eingefügt werden können. Fenster auf oberster Ebene wie `JFrame` und `JApplet` lassen sich nicht in andere Fenster oder Grundflächen einfügen.

Wie bereits erwähnt, organisiert man Komponenten in einem Container, indem man zuerst einen Layout-Manager spezifiziert. Beispielsweise verwendet die Anweisung

```
panel.setLayout(new GridLayout(4, 4));
```

die Klasse `GridLayout`, um die Grundflächen anzuordnen. Nachdem man den Layout-Manager festgelegt hat, fügt man die Komponenten in den Container ein. Die Methode `add` des Containers übergibt die Komponente und alle Angaben zur Plazierung an den Layout-Manager.

Beim Rahmen-Layout-Manager kennzeichnet man die Anordnung der Komponenten in einem String:

```
panel.add(new JTextField(), "South");
```

Beim Raster-Layout-Manager, den Sie in Kürze kennenlernen, sind die Komponenten nacheinander hinzuzufügen:

```
panel.add(new JCheckBox("Kursiv"));
panel.add(new JCheckBox("Fett"));
```

Das Raster-Layout eignet sich vor allem für die Anordnung von Komponenten in einem Gitter in der Art der Zeilen und Spalten eines Tabellenblatts. Allerdings haben alle Zeilen und Spalten des Rasters eine identische Größe, was in der Praxis kaum sinnvoll ist. Um die Einschränkungen des Raster-Layouts zu überwinden, stellt das AWT das sogenannte Grid-Bag-Layout zur Verfügung. Es ordnet die Komponenten ebenfalls in Zeilen und Spalten an, wobei aber die Größe der Zeilen und Spalten variabel ist und sich die Komponenten über mehrere Zeilen und Spalten erstrecken können. Dieser Layout-Manager ist einerseits sehr flexibel, andererseits aber genauso komplex. Die bloße Erwähnung des Begriffs »Grid-Bag-Layout« löst bereits Panik bei manchen Java-Programmierern aus. Eigentlich ist das Grid-Bag-Layout aber in den gebräuchlichsten Situationen nicht allzu schwierig einzusetzen, und wir geben hier eine Strategie an, nach der Sie Grid-Bag-Layouts problemlos erstellen können.

In einer (fruchtlosen) Anstrengung, einen Layout-Manager zu entwerfen, der den Programmierer von der Tyrannei des Grid-Bag-Layouts befreit, haben die Swing-Entwickler zum *Box-Layout* gefunden. Dieses Layout ordnet eine Folge von Komponenten horizontal oder vertikal an. Das horizontale Anordnen der Komponenten ähnelt dem Fluß-Layout. Allerdings werden die Komponenten nicht in eine neue Reihe »umbrochen«, wenn eine Reihe gefüllt ist. Indem man eine Anzahl von horizontalen Box-Layouts in einem vertikalen Layout unterbringt (oder umgekehrt), kann man einem Satz von Komponenten in einem zweidimensionalen Bereich eine bestimmte Ordnung verleihen. Da allerdings jedes Feld unabhängig angeordnet wird, kann man Box-Layouts nicht dazu verwenden, um benachbarte Komponenten sowohl horizontal als auch vertikal anzuordnen.

Der Swing-Satz enthält auch ein *Overlay-Layout* (Überlagerungs-Layout), mit dem man Komponenten übereinander stapeln kann. Dieser Layout-Manager hat für die Praxis kaum eine Bedeutung, so daß wir hier nicht weiter darauf eingehen. Schließlich gibt es ein Karten-Layout, mit dem sich im originalen AWT Dialogfelder mit Registerkarten erstellen ließen. Da Swing einen wesentlich besseren Container für Registerkarten-Dialogfelder hat (auf den wir in Band 2 eingehen), behandeln wir das Karten-Layout nicht an dieser Stelle.

Um die Behandlung der Layout-Manager abzuschließen, zeigen wir noch, wie man die Layout-Verwaltung insgesamt umgehen und Komponenten manuell plazieren kann, indem man einen eigenen Layout-Manager schreibt.

9.6.1 Raster-Layout

Das Raster-Layout (Grid Layout) ordnet alle Komponenten in Zeilen und Spalten wie bei einem Tabellenblatt an. Allerdings haben die Zellen in einem Raster-Layout immer die gleichen Abmessungen. Das Rechnerprogramm gemäß Abbildung 9.27 baut auf einem Raster-Layout auf, um die Tasten des Rechners anzuordnen. Wenn man die Größe des Fensters ändert, passen sich die Tasten an die neuen Gegebenheiten an (behalten untereinander aber immer die gleiche Größe).

Abbildung 9.27: Ein Rechner

Benutzeroberflächen mit Swing

Im Konstruktor des Raster-Layout-Objekts legt man die gewünschte Anzahl der Zeilen und Spalten fest.

```
panel.setLayout(new GridLayout(5, 4));
```

Wie bei den Managern für Rahmen-Layout und Fluß-Layout kann man auch die vertikalen und horizontalen Lücken angeben.

```
panel.setLayout(new GridLayout(5, 4, 3, 3));
```

Die beiden letzten Parameter dieses Konstruktors spezifizieren die horizontalen und vertikalen Abstände (in Pixeln) zwischen den Komponenten.

Komponenten fügt man beginnend beim ersten Eintrag in der ersten Zeile hinzu und fährt mit dem zweiten Eintrag in der ersten Zeile fort usw.

```
panel.add(new JButton("1"));
panel.add(new JButton("2"));
```

Beispiel 9.15 zeigt den Quellcode für das Rechnerprogramm. Es handelt sich um einen normalen Taschenrechner, nicht um einen Rechner mit der sogenannten umgekehrten Polnischen Notation, der bei Java-Fans so wahnsinnig beliebt ist.

Beispiel 9.15: Calculator.java

```
import java.awt.*;
import java.awt.event.*;
import javax.swing.*;

class CalculatorPanel extends JPanel
   implements ActionListener
{  public CalculatorPanel()
   {  setLayout(new BorderLayout());

      display = new JTextField("0");
      display.setEditable(false);
      add(display, "North");

      JPanel p = new JPanel();
      p.setLayout(new GridLayout(4, 4));
      String buttons = "789/456*123-0.=+";
      for (int i = 0; i < buttons.length(); i++)
         addButton(p, buttons.substring(i, i + 1));
      add(p, "Center");
   }
```

```
    private void addButton(Container c, String s)
    {  JButton b = new JButton(s);
       c.add(b);
       b.addActionListener(this);
    }

    public void actionPerformed(ActionEvent evt)
    {  String s = evt.getActionCommand();
       if ('0' <= s.charAt(0) && s.charAt(0) <= '9'
          || s.equals("."))
       {  if (start) display.setText(s);
          else display.setText(display.getText() + s);
          start = false;
       }
       else
       {  if (start)
          {  if (s.equals("-"))
             {  display.setText(s); start = false; }
             else op = s;
          }
          else
          {  double x =
                Double.parseDouble(display.getText());
             calculate(x);
             op = s;
             start = true;
          }
       }
    }

    public void calculate(double n)
    {  if (op.equals("+")) arg += n;
       else if (op.equals("-")) arg -= n;
       else if (op.equals("*")) arg *= n;
       else if (op.equals("/")) arg /= n;
       else if (op.equals("=")) arg = n;
       display.setText("" + arg);
    }

    private JTextField display;
    private double arg = 0;
    private String op = "=";
    private boolean start = true;
}
```

Benutzeroberflächen mit Swing

```
class CalculatorFrame extends JFrame
{  public CalculatorFrame()
   {  setTitle("Calculator");
      setSize(200, 200);
      addWindowListener(new WindowAdapter()
         {  public void windowClosing(WindowEvent e)
            {  System.exit(0);
            }
         } );

      Container contentPane = getContentPane();
      contentPane.add(new CalculatorPanel());
   }
}

public class Calculator
{  public static void main(String[] args)
   {  JFrame frame = new CalculatorFrame();
      frame.show();
   }
}
```

Natürlich haben nur wenige Anwendungen ein so starres Layout wie das Bedienfeld eines Taschenrechners. In der Praxis sind kleinere Raster (in der Regel mit einer Zeile oder einer Spalte) vorteilhaft, wenn man bestimmte Bereiche eines Fensters organisieren möchte. Hat man etwa eine Zeile mit gleich großen Schaltflächen, dann kann man die Schaltflächen in eine Grundfläche setzen, die wiederum von einem Raster-Layout mit einer einzigen Zeile eingenommen wird. (Gegebenenfalls stellt man noch einen Abstand zwischen den Schaltflächen ein.) Oftmals aber ist es nicht angebracht, wenn jede Komponente im Raster auf die gesamte Zelle gestreckt wird und alle Komponenten die gleiche Größe aufweisen müssen. Diese Probleme lassen sich mit dem im folgenden Abschnitt beschriebenen Box-Layout umgehen.

API

`java.awt.GridLayout`

- `GridLayout(int rows, int cols)`

    Konstruiert ein neues `GridLayout`.

    Parameter: rows   Anzahl der Zeilen im Raster.

                   columns   Anzahl der Spalten im Raster.

- `GridLayout(int rows, int columns, int hgap, int vgap)`

  Konstruiert ein neues `GridLayout` mit horizontalen und vertikalen Abständen zwischen den Komponenten.

  Parameter:
      `rows`   Anzahl der Zeilen im Raster.
      `columns`   Anzahl der Spalten im Raster.
      `hgap`   Horizontaler Abstand in Pixeln (negative Werte erzwingen eine Überlappung).
      `vgap`   Vertikaler Abstand in Pixeln (negative Werte erzwingen eine Überlappung).

9.6.2 Box-Layout

Mit dem Box-Layout kann man eine einzelne Zeile oder Spalte von Komponenten flexibler als mit dem Raster-Layout gestalten. Es gibt sogar einen Container, die Klasse `Box`, deren Standard-Layout-Manager das `BoxLayout` ist (im Gegensatz zur Klasse `JPanel`, deren Standard-Layout-Manager das `FlowLayout` ist). Natürlich kann man auch den Layout-Manager eines `JPanel` auf das Box-Layout setzen, es ist aber einfacher, gleich mit einem Box-Container zu beginnen. Die Klasse `Box` enthält auch eine Reihe statischer Methoden, mit denen sich das Box-Layout verwalten läßt.

Der Box-Container

Um einen neuen Container mit dem Box-Layout zu erzeugen, ruft man einfach

`Box b = Box.createHorizontalBox();`

oder

`Box b = Box.createVerticalBox();`

auf. In einer horizontalen Box sind die Komponenten von links nach rechts angeordnet, bei einer vertikalen Box von oben nach unten. Sehen wir uns das horizontale Layout etwas näher an. Der Box-Layout-Manager führt im einzelnen folgendes aus:

1. Er berechnet die Höhe der höchsten Komponente.

2. Er versucht, alle Komponenten in vertikaler Richtung an diese Höhe anzupassen.

3. Wenn eine angeforderte Komponente nicht tatsächlich auf diese Höhe wächst, dann wird ihre Y-Ausrichtung durch Aufruf der Methode `getAlignmentY` abgerufen. Diese Methode liefert eine Gleitkommazahl zwischen 0 (Ausrichtung nach oben) und 1 (Ausrichtung nach unten) zurück. Der Standardwert in der Klasse `Component` ist 0.5 (mittig). Dieser Wert wird verwendet, um die Komponente vertikal auszurichten.

4. Der Manager holt die bevorzugten Breiten aller Komponenten und summiert sie.

Benutzeroberflächen mit Swing

5. Wenn die gesamte bevorzugte Breite kleiner als die Feldbreite ist, erweitern sich die Komponenten bis zu ihrer maximalen Breite. Dann werden die Komponenten von links nach rechts ohne zusätzlichen Zwischenraum plaziert. Ist die gesamte bevorzugte Breite größer als die Feldbreite, werden die Komponenten gestaucht, möglicherweise bis zu ihrer minimalen Breite, aber nicht weiter. Passen alle Komponenten auch bei minimalen Breiten nicht in das Feld, werden einige von ihnen nicht angezeigt.

Bei vertikalen Layouts laufen die Vorgänge analog ab. Die Abbildungen 9.28 und 9.29 zeigen horizontale und vertikale Felder, die jeweils mit Bezeichnungsfeldern, Textfeldern und Schaltflächen gefüllt sind. Das Programm in Beispiel 9.16 erlaubt die Umschaltung zwischen horizontalen und vertikalen Feldern. Ändern Sie probehalber die Größe des Rahmens, um zu sehen, wie sich die Komponenten im Feld anordnen. Beachten Sie, daß Textfelder eine »unendliche« Maximalbreite (praktisch Integer.MAX_VALUE) haben, wodurch sie immer den gesamten verfügbaren Platz in horizontaler Richtung einnehmen.

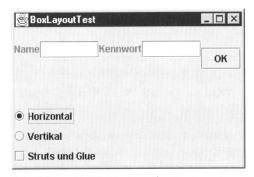

Abbildung 9.28: Horizontales Box-Layout

Füller

Per Vorgabe gibt es zwischen den Komponenten in einem Box-Layout keinen Zwischenraum. (Im Gegensatz zum Fluß-Layout kennt das Box-Layout nicht das Konzept der Lücken zwischen den Komponenten.) Um die Komponenten voneinander abzusetzen, muß man unsichtbare *Füller* einfügen. Man unterscheidet drei Arten von Füllern:

- Struts (Streben)
- Rigid Areas (starre Bereiche)
- Glue (Leim)

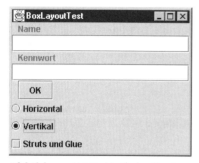

Abbildung 9.29: Vertikales Box-Layout

Eine Strebe (Strut) fügt einfach etwas Abstand zwischen den Komponenten ein. Das folgende Beispiel zeigt, wie man einen Abstand von fünf Pixeln zwischen zwei Schaltflächen in einer horizontalen Box einfügt:

```
b.add(okButton);
b.add(Box.createHorizontalStrut(5));
b.add(cancelButton);
```

Eine horizontale Strebe fügt man in eine horizontale Box, eine vertikale Strebe in eine vertikale Box ein, um Platz zwischen den Komponenten zu schaffen. Man kann auch eine vertikale Strebe in eine horizontale Box einfügen. Das hat aber keine Wirkung auf das horizontale Layout, sondern legt die minimale Höhe der Box fest.

Der Rigid-Area-Füller ist einem Paar Streben ähnlich. Er trennt aneinandergrenzende Komponenten, legt aber auch ein Höhen- oder Breitenminimum für die andere Richtung fest. Zum Beispiel fügt

```
b.add(Box.createRigidArea(new Dimension(5, 20));
```

einen unsichtbaren Bereich mit minimaler, bevorzugter und maximaler Breite von 5 Pixeln, einer Höhe von 20 Pixeln und zentrierter Ausrichtung hinzu. Bei einer horizontalen Box wirkt das wie eine Strebe der Breite 5 mit einer minimalen Höhe der Box von 20 Pixeln.

Mit Streben lassen sich aneinander angrenzende Komponenten um einen festen Betrag auf Abstand halten. Der Glue-Füller bewirkt den gegensätzlichen Effekt – er trennt die Komponenten *so weit wie möglich*. Der (unsichtbare) Glue dehnt sich so weit wie möglich aus und schiebt die Komponenten voneinander weg. (Wir wissen nicht, wieso die Entwickler des Box-Layouts auf den Namen »Glue«, zu deutsch »Leim«, gekommen sind – »Spring«, zu deutsch »Feder«, wäre passender gewesen.)

Benutzeroberflächen mit Swing 563

Das folgende Beispiel zeigt, wie man zwei Schaltflächen in einem Feld so weit wie möglich auseinanderschiebt:

```
b.add(okButton);
b.add(Box.createGlue());
b.add(cancelButton);
```

Wenn das Feld keine anderen Komponenten enthält, wird die `okButton`-Schaltfläche ganz nach links und die Schaltfläche `cancelButton` ganz nach rechts geschoben.

Abbildung 9.30 zeigt ein vertikales Feld mit einer Strebe nach dem ersten und mit einem Glue-Füller nach dem zweiten Textfeld. Damit setzt man die beiden Textfelder um einen festen Betrag voneinander ab und verschiebt die Schaltfläche OK ganz an den unteren Rand der Komponente.

Abbildung 9.30: Ein Box-Layout mit Strut- und Glue-Füllern

Beispiel 9.16: BoxLayoutTest.java

```
import java.awt.*;
import java.awt.event.*;
import javax.swing.*;

public class BoxLayoutTest extends JFrame
    implements ActionListener
{   public BoxLayoutTest()
    {   setTitle("BoxLayoutTest");
        setSize(300, 200);
        addWindowListener(new WindowAdapter()
        {   public void windowClosing(WindowEvent e)
```

```
            {   System.exit(0);
            }
         } );


      horizontalBox = createBox(true, false);
      verticalBox = createBox(false, false);
      horizontalStrutsAndGlueBox = createBox(true, true);
      verticalStrutsAndGlueBox = createBox(false, true);

      JPanel panel = new JPanel();
      panel.setLayout(new GridLayout(3, 1));
      ButtonGroup directionGroup = new ButtonGroup();

      horizontalButton = addRadioButton(panel,
         directionGroup, "Horizontal", true);
      verticalButton = addRadioButton(panel,
         directionGroup, "Vertikal", false);
      strutsAndGlueCheckBox = addCheckBox(panel,
         "Struts und Glue");

      Container contentPane = getContentPane();
      contentPane.add(panel, "South");
      contentPane.add(horizontalBox, "Center");
      currentBox = horizontalBox;
   }

   public Box createBox(boolean horizontal,
      boolean strutsAndGlue)
   {  Box b;
      if (horizontal)
         b = Box.createHorizontalBox();
      else
         b = Box.createVerticalBox();

      b.add(new JLabel("Name"));
      b.add(new JTextField(10));

      if (strutsAndGlue)
         if (horizontal)
            b.add(Box.createHorizontalStrut(5));
         else
            b.add(Box.createVerticalStrut(5));
```

Benutzeroberflächen mit Swing

```java
      b.add(new JLabel("Kennwort"));
      b.add(new JTextField(10));

      if (strutsAndGlue)
         b.add(Box.createGlue());

      b.add(new JButton("OK"));

      return b;
   }

   public JRadioButton addRadioButton(JPanel p,
      ButtonGroup g, String name, boolean selected)
   {  JRadioButton button
         = new JRadioButton(name, selected);
      button.addActionListener(this);
      g.add(button);
      p.add(button);
      return button;
   }

   public JCheckBox addCheckBox(JPanel p, String name)
   {  JCheckBox checkBox = new JCheckBox(name);
      checkBox.addActionListener(this);
      p.add(checkBox);
      return checkBox;
   }

   public void actionPerformed(ActionEvent evt)
   {  Container contentPane = getContentPane();
      contentPane.remove(currentBox);

      if (horizontalButton.isSelected())
      {  if (strutsAndGlueCheckBox.isSelected())
            currentBox = horizontalStrutsAndGlueBox;
         else
            currentBox = horizontalBox;
      }
      else
      {  if (strutsAndGlueCheckBox.isSelected())
            currentBox = verticalStrutsAndGlueBox;
         else
            currentBox = verticalBox;
      }

      contentPane.add(currentBox, "Center");
```

```
        contentPane.validate(); // Layout forcieren
        repaint();
    }

    public static void main(String[] args)
    {   Frame f = new BoxLayoutTest();
        f.show();
    }

    private Box horizontalBox;
    private Box verticalBox;
    private Box horizontalStrutsAndGlueBox;
    private Box verticalStrutsAndGlueBox;
    private Box currentBox;

    private JCheckBox strutsAndGlueCheckBox;
    private JRadioButton horizontalButton;
    private JRadioButton verticalButton;
}
```

API

javax.swing.Box

- static Box createHorizontalBox()
- static Box createVerticalBox()

    Erzeugt einen Container, der seinen Inhalt horizontal bzw. vertikal anordnet.

- static Component createHorizontalGlue()
- static Component createVerticalGlue()
- static Component createGlue()

    Erzeugt eine unsichtbare Komponente, die sich unbeschränkt horizontal, vertikal oder in beiden Richtungen erweitern kann.

- static Component createHorizontalStrut(int width)
- static Component createVerticalStrut(int height)
- static Component createRigidArea(Dimension d)

    Erzeugt eine unsichtbare Komponente mit feststehender Breite, feststehender Höhe oder feststehender Breite und Höhe.

Benutzeroberflächen mit Swing

API

java.awt.Component

- float getAlignmentX()
- float getAlignmentY()

  Liefert die Ausrichtung – mit einem Wert zwischen 0 und 1 – entlang der X- bzw. der Y-Achse. Der Wert 0 kennzeichnet eine Ausrichtung nach oben bzw. links, 0.5 bedeutet zentriert, 1 bezeichnet eine Ausrichtung nach unten bzw. rechts.

9.6.3 Grid-Bag-Layout

Das Grid-Bag-Layout ist die Mutter aller Layout-Manager. Man kann sich ein Grid-Bag-Layout als Raster-Layout ohne Einschränkungen vorstellen. In einem Grid-Bag-Layout können die Zeilen und Spalten variable Größen haben. Man kann aneinandergrenzende Zellen verknüpfen, um Platz für größere Komponenten zu schaffen. (Viele Textverarbeitungen wie auch HTML bringen die gleichen Fähigkeiten zur Bearbeitung von Tabellen mit: Man beginnt mit einem Raster und kann dann bei Bedarf aneinandergrenzende Zellen verbinden.) Die Komponenten müssen nicht den gesamten Zellbereich ausfüllen, und man kann ihre Ausrichtung innerhalb der Zellen festlegen.

Eine Warnung sei angebracht: Das Arbeiten mit Grid-Bag-Layouts kann unglaublich komplex sein. Letztendlich sind diese Layouts aber sehr flexibel und decken die verschiedenartigsten Einsatzbereiche ab. Man sollte immer daran denken, daß der Zweck der Layout-Manager darin besteht, die Anordnung der Komponenten vernüftig zu halten, und zwar für verschiedene Schriftgrößen und Betriebssysteme. Deshalb überrascht es nicht, daß man etwas härter arbeiten muß, wenn man ein Layout nicht nur für eine einzige Umgebung entwirft.

Sehen Sie sich das Dialogfeld zur Schriftauswahl in Abbildung 9.31 an. Es besteht aus den folgenden Komponenten:

- Ein Listenfeld, um die Schriftart festzulegen
- Zwei Kontrollkästchen, um fett und kursiv auszuwählen
- Ein Textfeld für die Schriftgröße
- Ein Bezeichnungsfeld für dieses Textfeld
- Ein Textfeld am unteren Rand für die Schriftprobe

Abbildung 9.31: Schriften-Dialogfeld

Zerlegen wir nun das Dialogfeld in ein Raster von 4 mal 3 Zellen, wie es Abbildung 9.32 zeigt. Das Listenfeld läuft über drei Zeilen, die beiden Kontrollkästchen gehen über zwei Spalten, und das Textfeld am unteren Rand nimmt drei Spalten ein.

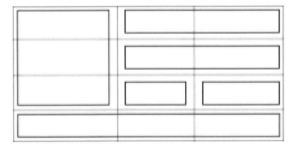

Abbildung 9.32: Das Raster des Dialogfelds im Entwurfsmodus

Um das Layout für den Grid-Bag-Manager zu beschreiben, muß man das folgende Prozedere absolvieren:

- Ein Objekt vom Typ `GridBagLayout` erzeugen. Diesem Objekt braucht man nicht mitzuteilen, wie viele Zeilen und Spalten das zugrundeliegende Raster hat. Statt dessen versucht der Layout-Manager, diese Werte aus den später noch bereitzustellenden Informationen zu ermitteln.
- Dieses `GridBagLayout`-Objekt als Layout-Manager für die Komponente festlegen.
- Ein Objekt vom Typ `GridBagConstraints` erzeugen. Das `GridBagConstraints`-Objekt gibt an, wie die Komponenten innerhalb des Grid Bag angeordnet sind.
- Für *jede Komponente* das `GridBagConstraints`-Objekt füllen. Dann (schließlich) mit dem folgenden Aufruf die Komponente mit den Bedingungen hinzufügen:

    ```
    add(component, constraints);
    ```

Benutzeroberflächen mit Swing

Das folgende Beispiel zeigt den erforderlichen Code. (Die verschiedenen Bedingungen behandeln wir eingehend in den folgenden Abschnitten – machen Sie sich momentan noch keine Gedanken darüber, wenn Sie die Bedeutung bestimmter Bedingungen noch nicht erkennen.)

```
GridBagLayout layout = new GridBagLayout();
panel.setLayout(layout);
GridBagConstraints constraints = new GridBagConstraints();
constraints.weightx = 100;
constraints.weighty = 100;
constraints.gridx = 0;
constraints.gridy = 0;
constraints.gridwidth = 1;
constraints.gridheight = 3;
JList style = new JList();
panel.add(style, constraints);
```

Offensichtlich sollte man eine kleine Hilfsfunktion für derartigen sich wiederholenden Code schreiben – das Listing in Beispiel 9.14 enthält eine solche Funktion.

Der Trick besteht darin, daß man weiß, wie der Zustand des `GridBagConstraints`-Objekts zu setzen ist. In den folgenden Abschnitten beschäftigen wir uns näher mit den wichtigsten Bedingungen, die sich auf dieses Objekt beziehen.

9.6.4 Die Parameter »gridx«, »gridy«, »gridwidth« und »gridheight«

Diese Bedingungen definieren, wo sich die Komponente im Raster befindet. Die Werte `gridx` und `gridy` spezifizieren die Spalten- und Zeilenpositionen der oberen linken Ecke der hinzuzufügenden Komponente. Die Werte `gridwidth` und `gridheight` bestimmen, wie viele Spalten bzw. Zeilen die Komponente einnimmt.

9.6.5 Weight-Felder (Gewichtsfelder)

Für jeden Bereich in einem Grid Bag-Layout muß man immer die Gewichtsfelder (`weightx` und `weighty`) setzen. Bei einem Gewicht gleich 0 wächst oder schrumpft der Bereich überhaupt nicht über seine anfängliche Größe in der betreffenden Richtung. Bei dem in Abbildung 9.31 dargestellten Grid-Bag-Layout wurde das `weighty`-Feld des Textfelds am unteren Rand auf 0 gesetzt. Damit kann dieses Feld auf einer konstanten Höhe bleiben, wenn man das Fenster in der Größe verändert. Wenn man andererseits die Gewichte für alle Bereiche auf 0 setzt, verharrt der Container in der Mitte seines zugewiesenen Bereichs, statt zu wachsen und den Bereich auszufüllen.

Beachten Sie, daß die Gewichte nicht die relativen Größen der Spalten angeben. Sie sagen aus, welcher Anteil des »Rest«-Bereichs jedem Bereich zugewiesen werden soll, wenn der Container seine bevorzugte Größe überschreitet. Das ist nicht gerade einleuchtend. Wir empfehlen, alle Gewichte auf 100 zu setzen. Dann starten Sie das Programm und begutachten das Layout. Ändern Sie die Größe des Dialogfelds, um zu sehen, wie sich die Zeilen und Spalten anpassen. Wenn Sie meinen, daß eine bestimmte Zeile oder Spalte nicht wachsen sollte, setzen Sie die X- oder Y-Gewichte aller darin befindlichen Komponenten auf Null. Sie können auch mit anderen Gewichtswerten experimentieren, aber das lohnt meist kaum die Mühe.

9.6.6 Die Parameter »fill« und »anchor«

Wenn eine Komponente nicht wachsen und den gesamten Bereich einnehmen soll, müssen Sie das Feld `fill` für den Layout-Manager setzen. Für diesen Parameter gibt es vier Wahlmöglichkeiten: Die gültigen Werte verwendet man in den Formen `GridBagConstraints.NONE`, `GridBagConstraints.HORIZONTAL`, `GridBagConstraints.VERTICAL` und `GridBagConstraints.BOTH`.

Wenn die Komponente nicht den gesamten Bereich ausfüllt, kann man über das Feld `anchor` festlegen, an welcher Stelle die Komponente liegen soll. Die gültigen Werte lauten `GridBagConstraints.CENTER` (der Standardwert), `GridBagConstraints.NORTH`, `GridBagConstraints.NORTHEAST`, `GridBagConstraints.EAST` usw.

9.6.7 Padding

Man kann eine Komponente mit zusätzlichem Leerraum umgeben, indem man das Feld `insets` des `GridBagLayout` festlegt. Setzen Sie die Werte `left`, `top`, `right` und `bottom` des Objekts `Insets` auf den Betrag des Leerraumes, den Sie um die Komponente frei lassen möchten. Dieser Raum heißt *externes Padding*.

Die Werte `ipadx` und `ipady` legen das *interne Padding* fest. Diese Werte werden auf die minimale Breite und Höhe der Komponente addiert. Das stellt sicher, daß die Komponente nicht bis auf ihre minimale Größe schrumpft.

In der Praxis erweisen sich diese Einstellungen als nicht besonders nützlich.

9.6.8 Alternative Methode, um die Parameter »gridx«, »gridy«, »gridwidth« und »gridheight« festzulegen

Die AWT-Dokumentation empfiehlt, daß man statt der Festlegung der Werte `gridx` und `gridy` auf absolute Positionen die Konstante `GridBagConstraints.RELATIVE` verwenden sollte. Dann fügt man die Komponenten in das Grid Bag-Layout in einer standardisierten Reihenfolge ein, die von links nach rechts in der ersten Zeile beginnt, dann mit der zweiten Zeile fortfährt usw.

Die Anzahl der überspannten Spalten und Zeilen ist dennoch in den Feldern `gridwidth` und `gridheight` festzulegen. Nur wenn die Komponente bis zur *letzten* Zeile oder Spalte reicht, soll man nicht die eigentliche Anzahl, sondern die Konstante `GridBagConstraints.REMAINDER` spezifizieren. Damit weiß der Layout-Manager, daß die Komponente die letzte in ihrer Zeile ist.

Benutzeroberflächen mit Swing

Dieses Schema scheint zu funktionieren. Aber es mutet ziemlich eigenwillig an, die eigentlichen Plazierungsinformationen vor dem Layout-Manager zu verbergen und darauf zu hoffen, daß er sie wiederentdeckt.

Das klingt alles recht umständlich und kompliziert. In der Praxis aber führt die in der folgenden Kolumne dargestellte Strategie zu relativ problemlosen Grid-Bag-Layouts.

Rezept für das Erstellen eines Grid-Bag-Layouts

Schritt 1: Skizzieren Sie das Komponentenlayout auf einem Blatt Papier.

Schritt 2: Suchen Sie ein Raster, so daß die kleinen Komponenten jeweils vollständig in eine Zelle passen und die größeren Komponenten mehrere Zellen überspannen.

Schritt 3: Bezeichnen Sie die Zeilen und Spalten des Rasters mit 0, 1, 2, 3 ... Nun können Sie die Werte `gridx`, `gridy`, `gridwidth` und `gridheight` ablesen.

Schritt 4: Beantworten Sie für jede Komponente die Frage, ob die Komponente ihre Zelle horizontal oder vertikal füllen muß. Wenn nicht, wie soll sie ausgerichtet sein? Die betreffenden Werte legen Sie mit den Parametern `fill` und `anchor` fest.

Schritt 5: Setzen Sie alle Gewichte auf 100. Wenn jedoch eine bestimmte Zeile oder Spalte immer ihre Standardgröße behalten soll, setzen Sie `weightx` bzw. `weighty` auf 0 in allen Komponenten, die zu dieser Zeile oder Spalte gehören.

Schritt 6: Schreiben Sie den Code. Prüfen Sie *sorgfältig* die Einstellungen für die `GridBagConstraints`. Eine falsche Konstante kann Ihr ganzes Layout ruinieren.

Schritt 7: Kompilieren – ausführen – entspannen.

Beispiel 9.17 zeigt den vollständigen Code, um das Schriften-Dialogfeld zu implementieren.

Beispiel 9.17: FontDialog.java

```
import java.awt.*;
import java.awt.event.*;
import javax.swing.*;
import javax.swing.event.*;

public class FontDialog extends JFrame
   implements ActionListener, ListSelectionListener
{  public FontDialog()
   {  setTitle("FontDialog");
      setSize(300, 200);
```

```
    addWindowListener(new WindowAdapter()
    {  public void windowClosing(WindowEvent e)
       {  System.exit(0);
       }
    } );

    Container contentPane = getContentPane();
    GridBagLayout gbl = new GridBagLayout();
    contentPane.setLayout(gbl);

    style = new JList(new String[]
       {  "Serif", "SansSerif", "Monospaced",
          "Dialog", "DialogInput"
       });
    style.setSelectedIndex(0);

    bold = new JCheckBox("Fett");
    italic = new JCheckBox("Kursiv");
    JLabel label = new JLabel("Größe: ");
    size = new JTextField("10", 2);
    sample = new JTextField();
    sample.setEditable(false);

    GridBagConstraints gbc = new GridBagConstraints();
    gbc.fill = GridBagConstraints.BOTH;
    gbc.weightx = 0;
    gbc.weighty = 100;
    add(style, gbc, 0, 0, 1, 3);
    gbc.weightx = 100;
    gbc.fill = GridBagConstraints.NONE;
    gbc.anchor = GridBagConstraints.CENTER;
    add(bold, gbc, 1, 0, 2, 1);
    add(italic, gbc, 1, 1, 2, 1);
    add(label, gbc, 1, 2, 1, 1);
    gbc.fill = GridBagConstraints.HORIZONTAL;
    add(size, gbc, 2, 2, 1, 1);
    gbc.anchor = GridBagConstraints.SOUTH;
    gbc.weighty = 0;
    add(sample, gbc, 0, 3, 4, 1);
    sample.setText("Franz jagt im komplett verwahrlosten Taxi quer durch
Bayern.");

    bold.addActionListener(this);
    italic.addActionListener(this);
```

Benutzeroberflächen mit Swing

```
      style.addListSelectionListener(this);
      size.addActionListener(this);
   }

   public void add(Component c, GridBagConstraints gbc,
      int x, int y, int w, int h)
   {  gbc.gridx = x;
      gbc.gridy = y;
      gbc.gridwidth = w;
      gbc.gridheight = h;
      getContentPane().add(c, gbc);
   }

   public void valueChanged(ListSelectionEvent evt)
   {  updateFont();
   }

   public void actionPerformed(ActionEvent evt)
   {  updateFont();
   }

   public void updateFont()
   {  Font font =
         new Font((String)style.getSelectedValue(),
            (bold.isSelected() ? Font.BOLD : 0)
               + (italic.isSelected() ? Font.ITALIC : 0),
            Integer.parseInt(size.getText()));
      sample.setFont(font);
      repaint();
   }

   public static void main(String[] args)
   {  Frame f = new FontDialog();
      f.show();
   }

   private JList style;
   private JCheckBox bold;
   private JCheckBox italic;
   private JTextField size;
   private JTextField sample;
}
```

API

java.awt.GridBagConstraints

- int gridx, gridy

  Kennzeichnet Anfangsspalte und -zeile der Zelle.

- int gridwidth, gridheight

  Kennzeichnet die Erweiterung von Spalte und Zeile der Zelle.

- double weightx, weighty

  Kennzeichnet die Kapazität des Zellwachstums.

- int anchor

  Kennzeichnet die Ausrichtung der Komponente innerhalb der Zelle. Eine der Konstanten CENTER, NORTH, NORTHEAST, EAST, SOUTHEAST, SOUTH, SOUTHWEST, WEST oder NORTHWEST.

- int fill

  Kennzeichnet das Füllverhalten der Komponente innerhalb der Zelle. Eine der Konstanten NONE, BOTH, HORIZONTAL oder VERTICAL.

- int ipadx, ipady

  Kennzeichnet das »interne« Padding um die Komponente.

- Insets insets

  Kennzeichnet das »externe« Padding entlang der Zellränder.

- GridBagConstraints(int gridx, int gridy, int gridwidth, int gridheight, double weightx, double weighty, int anchor, int fill, Insets insets, int ipadx, int ipady)

  Konstruiert ein GridBagConstraints-Objekt mit allen Feldern, die in den Argumenten angegeben sind. Sun empfiehlt, daß dieser Konstruktor nur von automatischen Codegeneratoren verwendet werden sollte, da er den Quellcode schwer verständlich macht.

9.6.9 Ohne Layout-Manager arbeiten

Manchmal möchte man sich nicht mit Layout-Managern herumschlagen, sondern einfach eine Komponente an einer festen Position ablegen (auch als *absolutes Positionieren* bezeichnet). Das empfiehlt sich zwar nicht für plattformunabhängige Anwendungen, bei einem schnellen Prototyping ist allerdings nichts dagegen einzuwenden.

Benutzeroberflächen mit Swing

Eine Komponente legt man mit folgenden Schritten an einer festen Position ab:

- Man setzt den Layout-Manager auf null.
- Man fügt die gewünschte Komponente in den Container ein.
- Dann legt man die gewünschte Position und Größe fest.

```
panel.setLayout(null);
JButton ok = new JButton("OK");
panel.add(ok);
ok.setBounds(10, 10, 30, 15);
```

API

java.awt.Component

- void setBounds(int x, int y, int width, int height)

    Verschiebt eine Komponente und ändert ihre Größe.

    Parameter: x, y   Die neue obere linke Ecke der Komponente.

    width, height Die neue Größe der Komponente.

9.6.10 Benutzerdefinierte Layout-Manager

Im Prinzip kann man eine eigene LayoutManager-Klasse entwerfen, die Komponenten in einer besonderen Art verwaltet. Zum Beispiel könnte man alle Komponenten in einem Container kreisförmig anordnen (siehe Abbildung 9.33). Das ist fast immer mit viel Aufwand und einer Verschlechterung der Echtzeitfähigkeit verbunden, aber wie Abbildung 9.33 zeigt, können die Ergebnisse überzeugend sein.

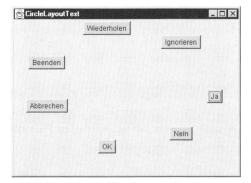

Abbildung 9.33: Kreisförmiges Layout

Wenn Sie glauben, nicht ohne eigenen Layout-Manager auszukommen, führen Sie die nachstehend beschriebenen Schritte durch. Ihr eigener Layout-Manager muß die Schnittstelle `LayoutManager` implementieren. Die folgenden fünf Methoden sind zu überschreiben:

```
void addLayoutComponent(String s, Component c);
void removeLayoutComponent(Component c);
Dimension preferredLayoutSize(Container parent);
Dimension minimumLayoutSize(Container parent);
void layoutContainer(Container parent);
```

Die beiden ersten Funktionen werden aufgerufen, wenn eine Komponente hinzugefügt oder entfernt wird. Wenn Sie keine zusätzlichen Informationen über die Komponente speichern, können Sie sie zum Nichtstun verdammen. Die nächsten beiden Funktionen berechnen den Raum, der für das minimale und das bevorzugte Layout der Komponenten erforderlich ist. Das sind gewöhnlich die gleichen Größen. Die fünfte Funktion erledigt die eigentliche Arbeit und ruft `reshape` auf allen Komponenten auf.

Hinweis

Das AWT hat eine zweite Schnittstelle namens `LayoutManager2`, bei der zehn Methoden und nicht nur fünf zu implementieren sind. Die Schnittstelle `LayoutManager2` ermöglicht dem Programmierer vor allem, die Methode `add` mit Bedingungen zu verwenden. Beispielsweise implementieren das `BorderLayout` und das `GridBagLayout` die Schnittstelle `LayoutManager2`.

Beispiel 9.18 ist eine einfache Implementierung des Managers `CircleLayout`, der in reiner Effekthascherei die Komponenten auf einer Ellipsenbahn innerhalb des Layouts anordnet.

Beispiel 9.18: CircleLayoutTest.java

```
import java.awt.*;
import java.awt.event.*;
import javax.swing.*;

class CircleLayoutFrame extends JFrame
{  public CircleLayoutFrame()
   {  setTitle("CircleLayoutTest");
      setSize(300, 300);
      addWindowListener(new WindowAdapter()
         {  public void windowClosing(WindowEvent e)
            {  System.exit(0);
            }
         } );
```

Benutzeroberflächen mit Swing

```
      getContentPane().setLayout(new CircleLayout());
      getContentPane().add(new Button("Ja"));
      getContentPane().add(new Button("Nein"));
      getContentPane().add(new Button("OK"));
      getContentPane().add(new Button("Abbrechen"));
      getContentPane().add(new Button("Beenden"));
      getContentPane().add(new Button("Wiederholen"));
      getContentPane().add(new Button("Ignorieren"));
   }
}

class CircleLayout implements LayoutManager
{  public void addLayoutComponent(String name,
      Component comp)
   {}

   public void removeLayoutComponent(Component comp)
   {}

   public void setSizes(Container parent)
   {  if (sizesSet) return;
      int n = parent.getComponentCount();

      preferredWidth = 0;
      preferredHeight = 0;
      minWidth = 0;
      minHeight = 0;
      maxComponentWidth = 0;
      maxComponentHeight = 0;

      for (int i = 0; i < n; i++)
      {  Component c = parent.getComponent(i);
         if (c.isVisible()) {
         Dimension d = c.getPreferredSize();
         maxComponentWidth = Math.max(maxComponentWidth,
            d.width);
         maxComponentHeight = Math.max(maxComponentWidth,
            d.height);
         preferredHeight += d.height;
            }
         }
      preferredHeight += maxComponentHeight;
      preferredWidth = 2 * maxComponentWidth;
      minHeight = preferredHeight;
```

```
      minWidth = preferredWidth;
      sizesSet = true;
   }

   public Dimension preferredLayoutSize(Container parent)
   {  Dimension dim = new Dimension(0, 0);
      setSizes(parent);
      Insets insets = parent.getInsets();
      dim.width = preferredWidth + insets.left
         + insets.right;
      dim.height = preferredHeight + insets.top
         + insets.bottom;
      return dim;
   }

   public Dimension minimumLayoutSize(Container parent)
   {  Dimension dim = new Dimension(0, 0);
      setSizes(parent);
      Insets insets = parent.getInsets();
      dim.width = minWidth + insets.left + insets.right;
      dim.height = minHeight + insets.top + insets.bottom;
      return dim;
   }

   public void layoutContainer(Container parent)
   {  Insets insets = parent.getInsets();
      int containerWidth = parent.getSize().width
         - insets.left - insets.right;
      int containerHeight = parent.getSize().height
         - insets.top - insets.bottom;
      int xradius = (containerWidth - maxComponentWidth)
         / 2;
      int yradius = (containerHeight - maxComponentHeight)
         / 2;

      setSizes(parent);
      int xcenter = insets.left + containerWidth / 2;
      int ycenter = insets.top + containerHeight / 2;

      int n = parent.getComponentCount();
      for (int i = 0; i < n; i++)
      {  Component c = parent.getComponent(i);
         if (c.isVisible())
         {  Dimension d = c.getPreferredSize();
            double angle = 2 * Math.PI * i / n;
            int x = xcenter
```

Benutzeroberflächen mit Swing

```
                  + (int)(Math.cos(angle) * xradius);
               int y = ycenter
                  + (int)(Math.sin(angle) * yradius);

               c.setBounds(x - d.width / 2, y - d.width / 2,
                  d.width, d.height);
            }
         }

      }

      private int minWidth = 0;
      private int minHeight = 0;
      private int preferredWidth = 0, preferredHeight = 0;
      private boolean sizesSet = false;
      private int maxComponentWidth = 0;
      private int maxComponentHeight = 0;
   }

   public class CircleLayoutTest {
      public static void main(String[] args)
      {  JFrame f = new CircleLayoutFrame();
         f.show();
      }
   }
```

API

java.awt.LayoutManager

- void addLayoutComponent(String name, Component comp)

    Fügt eine Komponente in das Layout ein.

    Parameter: name   Bezeichner für die Plazierung der Komponente.

                 comp   Hinzuzufügende Komponente.

- void removeLayoutComponent(Component comp)

    Entfernt eine Komponente aus dem Layout.

    Parameter: comp   Zu entfernende Komponente.

- Dimension preferredLayoutSize(Container parent)

    Gibt die bevorzugten Abmessungen für den Container unter diesem Layout zurück.

- `Dimension minimumLayoutSize(Container parent)`

    Gibt die minimalen Abmessungen für den Container unter diesem Layout zurück.

    Parameter: parent   Container, dessen Komponenten anzuordnen sind.

- `void layoutContainer(Container parent)`

    Ordnet die Komponenten in einem Container an.

    Parameter: parent   Container, dessen Komponenten anzuordnen sind.

9.6.11 Traversal-Reihenfolge

Wenn man viele Komponenten in einem Fenster unterbringt, muß man sich auch über die *Traversal-Reihenfolge* (auch als Tabulatorreihenfolge bezeichnet) Gedanken machen. Wenn ein Fenster geöffnet wird, hat die erste Komponente in der Traversal-Reihenfolge den Tastaturfokus. Wenn der Benutzer die ⌈Tab⌉-Taste drückt, erhält die nächste Komponente den Fokus. (Wie Sie wissen, läßt sich die Komponente, die den Tastaturfokus hat, mit der Tastatur manipulieren. Beispielsweise kann man mit der ⌈Leertaste⌉ auf eine Schaltfläche »klicken«, wenn sie den Fokus hat.) Vielleicht gehört es nicht zu Ihrem persönlichen Arbeitsstil, mit der ⌈Tab⌉-Taste durch eine Gruppe von Steuerelementen zu navigieren, aber es gibt eine ganze Menge Benutzer, die lieber mit der Tastatur als mit der Maus arbeiten. Es gibt regelrechte Mausfeinde, aber auch Benutzer, die aufgrund einer Behinderung nicht mit der Maus arbeiten können oder die ihre Benutzeroberfläche per Spracheingabe steuern. Deshalb müssen Sie wissen, wie Swing die Traversal-Reihenfolge behandelt.

Swing versucht, die Komponenten in einer logischen Weise von links nach rechts und von oben nach unten zu durchlaufen. So gilt für die Komponenten im Dialogfeld-Beispiel die folgende Reihenfolge:

- Listenfeld
- Erstes Kontrollkästchen
- Zweites Kontrollkästchen
- Erstes Textfeld (das Bezeichnungsfeld wird übersprungen)
- Zweites Textfeld (auch wenn es nicht editierbar ist)

Benutzeroberflächen mit Swing

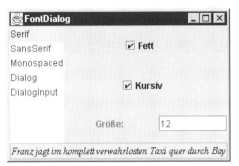

Abbildung 9.34: Geometrische Traversal-Reihenfolge

Hinweis

Im alten AWT wurde die Traversal-Reihenfolge von der Reihenfolge, in der man die Komponenten in den Container einfügte, bestimmt. In Swing spielt die Einfügereihenfolge keine Rolle – nur das Layout der Komponenten wird betrachtet.

Die Lage ist komplizierter, wenn ein Container andere Container enthält. Bekommt der andere Container den Fokus, beginnt dieser schließlich mit der oberen linken Komponente und durchläuft dann alle anderen Komponenten in diesem Container. Dann geht der Fokus auf die Komponente zurück, die auf den Container folgt.

Man kann diese Logik nutzen, indem man zusammengehörige Elemente in einem anderen Container, beispielsweise einer Grundfläche, gruppiert.

Beachten Sie, daß bestimmte Komponenten keinen Fokus erhalten, so zum Beispiel das Bezeichnungsfeld im Beispiel `FontDialog`. Insbesondere trifft das auf alle Komponenten zu, deren Methode `isFocusTraversable` den Wert `false` zurückgibt.

Wenn Ihnen die Standardreihenfolge nicht zusagt, bieten sich zwei Auswegslösungen.

Mit der Methode `requestFocus` kann man den Fokus explizit auf eine bestimmte Komponente übertragen:

`okButton.requestFocus();`

Das funktioniert nur als Reaktion auf ein bestimmtes Ereignis und hat keine dauerhafte Wirkung auf die Traversal-Reihenfolge.

Als zweite Alternative kann man die Traversal-Reihenfolge mit der Methode `setNextFocusableComponent` der Klasse `JComponent` ändern. Nehmen wir an, daß Sie von der Schriftartliste direkt zum Feld mit der Schriftgröße springen möchten. Dann verwenden Sie den Befehl

`style.setNextFocusableComponent(size);`

Die Traversal-Reihenfolge lautet nun:

- Listenfeld
- Erstes Textfeld
- Erstes Kontrollkästchen
- Zweites Kontrollkästchen
- Zweites Textfeld

Das heißt, die geometrische Reihenfolge wird beibehalten, mit Ausnahme des Übergangs, den Sie mit der Methode `setNextFocusableComponent` festgelegt haben.

API

`java.awt.Component`

- `void requestFocus()`
  Fordert an, daß diese Komponente den Eingabefokus erhält.

API

`javax.swing.JComponent`

- `void setNextFocusableComponent(Component c)`
- Macht c zur nächsten Komponente, die den Fokus nach dieser in der Traversal-Reihenfolge erhält, wobei die Standardreihenfolge außer Kraft gesetzt wird.

9.7 Menüs

Wir haben dieses Kapitel mit einer Einführung der gebräuchlichsten Komponenten begonnen, die man in einem Fenster unterbringen wird. Dazu gehören verschiedene Arten von Schaltflächen, Textfelder und Listenauswahlen. Dann haben Sie gelernt, wie man diese Komponenten der Benutzeroberfläche in ihren Containern mit Hilfe von Layout-Managern anordnet. Swing unterstützt auch

Benutzeroberflächen mit Swing

einen weiteren Typ von Elementen der Benutzeroberfläche, die aus Windows- und Motif-Anwendungen bekannten Pulldown-Menüs. Menüs lassen sich ohne Layout-Manager plazieren. Eine *Menüleiste* am oberen Rand des Fensters enthält die Namen der Pulldown-Menüs. Wenn man auf einen Namen klickt, öffnet sich das Menü, das *Menübefehle* und *Untermenüs* enthält. Klickt der Benutzer auf einen Menübefehl, werden alle Menüs geschlossen, und eine Nachricht wird an das Programm geschickt. Abbildung 9.35 zeigt ein typisches Menü mit einem Untermenü.

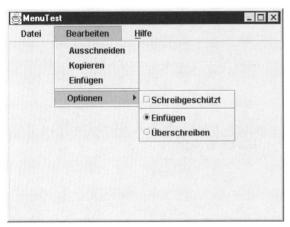

Abbildung 9.35: Ein Menü mit einem Untermenü

Hinweis

Ein weiteres bekanntes Element der Benutzeroberfläche sind die Symbolleisten. Die Klasse JToolBar implementiert eine andockbare Symbolleiste, auf die Band 2 im Detail eingeht.

9.7.1 Menüs erstellen

Menüs lassen sich unkompliziert erstellen. Die folgende Anweisung erzeugt eine Menüleiste:

```
JMenuBar menuBar = new JMenuBar();
```

Eine Menüleiste ist einfach eine Komponente, die man an einer beliebigen Stelle einfügen kann. Normalerweise wählt man den oberen Rand eines Rahmens. Man fügt die Menüleiste mit der Anweisung

```
frame.setJMenuBar(menuBar);
```

hinzu. Für jedes Menü erzeugt man ein Menüobjekt:

```
JMenu editMenu = new JMenu("Bearbeiten");
```

In das Menüobjekt werden Befehle, Trennlinien und Untermenüs eingefügt:

```
JMenuItem pasteItem = new JMenuItem("Einfügen");
editMenu.add(pasteItem);
editMenu.addSeparator();
JMenu optionsMenu = . . .; // Ein Untermenü
editMenu.add(optionsMenu);
...
```

Die Menüs der obersten Ebene werden in die Menüleiste aufgenommen:

```
menuBar.addMenu(editMenu);
```

Wenn der Benutzer ein Menü auswählt, wird ein Ereignis ausgelöst. Für jeden Menübefehl ist ein Aktionsereignis-Listener zu installieren.

```
pasteItem.addActionListener(this);
```

Das Hinzufügen von Menübefehlen und Listenern ist zwar unkompliziert, aber leider etwas mühsam. Ein typisches Menü läßt sich etwa mit folgendem Code erstellen:

```
JMenu menu = new JMenu("Bearbeiten");
item = new JMenuItem("Ausschneiden");
item.addActionListener(this);
menu.add(item);
item = new JMenuItem("Kopieren");
item.addActionListener(this);
menu.add(item);
item = new JMenuItem("Einfügen");
item.addActionListener(this);
menu.add(item);
menuBar.add(menu);
```

Wir haben eine Prozedur namens `makeMenu` geschrieben, die Sie von der mühsamen Erstellung der Menüs befreit. Die Prozedur übernimmt drei Parameter. Der erste Parameter ist entweder ein String oder ein Menü. Bei einem String erzeugt `makeMenu` ein Menü mit diesem Titel. Der zweite Parameter ist ein Array von Einträgen, die jeweils ein String, ein Menübefehl oder `null` sein können. Die Prozedur `makeMenu` erzeugt aus jedem String einen Menübefehl und aus `null` eine Trennlinie. Dann fügt sie alle Befehle und Trennlinien in das Menü ein. Der dritte Parameter bezeichnet den Listener für die Menübefehle. (Wir gehen davon aus, daß alle Menübefehle denselben Listener erhalten.) Das folgende Beispiel zeigt einen typischen Aufruf von `makeMenu`, bei dem ein Menü mit drei Befehlen, einer Trennlinie und einem Untermenü in die Menüleiste eingefügt wird. Um diese Menüstruktur manuell zu erzeugen, wären einige Dutzend Befehle erforderlich.

```
menuBar.add(makeMenu("Bearbeiten",
    new Object[]
    { "Ausschneiden",
```

Benutzeroberflächen mit Swing

```
            "Kopieren",
            "Einfügen",
            null,
            makeMenu("Optionen",
                new Object[]
                {   "Einfügen",
                    "Überschreiben",
                    "Schreibgeschützt"
                },
                this)
        },
        this));
```

Nachstehend ist der Quellcode für die Prozedur `makeMenu` wiedergegeben. Diese Prozedur können Sie problemlos in jedes Programm einbinden, das ein ausgefeiltes Menüsystem erfordert.

```
public static JMenu makeMenu(Object parent,
    Object[] items, Object target)
{   JMenu m = null;
    if (parent instanceof JMenu)
        m = (JMenu)parent;
    else if (parent instanceof String)
        m = new JMenu((String)parent);
    else
        return null;

    for (int i = 0; i < items.length; i++)
    {   if (items[i] == null)
            m.addSeparator();
        else
            m.add(makeMenuItem(items[i], target));
    }

    return m;
}

public static JMenuItem makeMenuItem(Object item, Object target)
{   JMenuItem r = null;
    if (item instanceof String)
        r = new JMenuItem((String)item);
    else if (item instanceof JMenuItem)
        r = (JMenuItem)item;
    else return null;
```

```
if (target instanceof ActionListener)
   r.addActionListener((ActionListener)target);
return r;
}
```

Hinweis

In Windows-Programmen sind Menüs im allgemeinen in einer externen Ressourcendatei untergebracht und werden mit der Anwendung durch Ressourcenidentifizierer verbunden. Man kann Menüs zwar per Programm erstellen, was man außer in VB allerdings gewöhnlich nicht praktiziert. In Java sind die Menüs in der Regel in das Programm eingebaut, da der Mechanismus für die Behandlung mit externen Ressourcen in Java nicht so gut ausgebaut ist wie unter Windows.

Hinweis

Mit der Methode `JMenu.add(String s)` lassen sich Menübefehle an das Ende eines Menüs anfügen, beispielsweise:

`editMenu.add("Einfügen");`

Die Methode `add` liefert den erzeugten Menübefehl zurück, so daß man ihn übernehmen und dann wie folgt dem Listener hinzufügen kann:

```
JMenuItem pasteItem = editMenu.add("Einfügen");
pasteItem.addActionListener(this);
```

9.7.2 Auf Menüereignisse reagieren

Wie bei Schaltflächen kann man Ereignisse von Menüauswahlen in der Methode `actionPerformed` auffangen. Ob eine Aktion von einem Menü oder Menübefehl stammt, läßt sich mit dem Operator `instanceof` ermitteln. Um den gewählten Menübefehl zu bestimmen, ruft man die Methode `getActionCommand` auf. Der folgende Beispielcode realisiert diese Aufgaben:

```
public void actionPerformed(Event evt)
{  if (evt.getSource() instanceof JMenuItem)
      String arg = evt.getActionCommand();
      if (arg.equals("Öffnen")) . . .
      else if (arg.equals("Speichern")) . . .
      . . .
   }
}
```

Benutzeroberflächen mit Swing

Hinweis

In Kapitel 8 haben Sie mit den `Action`-Objekten ein weiteres Verfahren kennengelernt, mit dem man Menübefehle in ein Menü aufnehmen kann. Normalerweise definiert man eine Klasse, die die `Action`-Schnittstelle implementiert, indem man die Komfortklasse `AbstractAction` erweitert. Die Beschriftungen der Menübefehle spezifiziert man im Konstruktor des `AbstractAction`-Objekts, und man überschreibt die Methode `actionPerformed`, um die Behandlungsroutine für den Menübefehl aufzunehmen. Dann ruft man die Methode `add(Action)` der Klasse `JMenu` auf. Dem Menü wird dann ein Menübefehl hinzugefügt, und das Aktionsobjekt wird zu dessen Listener. Dazu folgendes Beispiel:

```
Action openAction = new AbstractAction("Öffnen")
   {  public void actionPerformed(ActionEvent evt)
      {  // Hier Handler für Datei öffnen
      }
   };
menu.add(openAction);
```

Wie Kapitel 8 gezeigt hat, ist diese Technik insbesondere von Vorteil, wenn man die gleiche Aktion mit einem Tastenbefehl oder einer Schaltfläche verbinden möchte.

API

javax.swing.JMenu

- JMenu(String label)

    Parameter: label   Beschriftung für das Menü in der Menüleiste oder dem übergeordneten Menü.

- JMenu add(JMenuItem item)

    Fügt einen Menübefehl (oder ein Menü) hinzu.

    Parameter: item   Hinzuzufügender Befehl oder Menü.

- JMenuItem add(String label)

    Fügt diesem Menü einen Menübefehl hinzu.

    Parameter: label   Beschriftung für die Menübefehle.

- `JMenuItem add(Action a)`

    Fügt einen Menübefehl hinzu und verbindet eine Aktion damit.

    Parameter: a Eine Aktion, die einen Namen, ein optionales Symbol und einen Listener verkapselt (siehe Kapitel 8).

- `void addSeparator()`

    Fügt dem Menü eine Trennlinie hinzu.

- `void insert(JMenuItem menu, int index)`

    Fügt einen neuen Menübefehl (oder ein Untermenü) am angegebenen Index in das Menü ein.

    Parameter: menu Hinzuzufügendes Menü.

    index Position, an der der Befehl einzufügen ist.

- `void insertSeparator(int index)`

    Fügt eine Trennlinie in das Menü ein.

    Parameter: index Position, an der die Trennlinie einzufügen ist.

- `void remove(int index)`

    Entfernt einen bestimmten Befehl aus dem Menü.

    Parameter: index Position des zu entfernenden Befehls.

- `void remove(JMenuItem item)`

    Entfernt einen bestimmten Befehl aus dem Menü.

    Parameter: item Zu entfernender Befehl.

API

`javax.swing.JMenuItem`

- `JMenuItem(String label)`

    Parameter: label Bezeichnung für diesen Menübefehl.

API

javax.swing.JFrame

- void setMenuBar(JMenuBar menubar)
  Legt die Menüleiste für diesen Rahmen fest.

9.7.3 Symbole in Menübefehlen

Menübefehle weisen große Ähnlichkeit mit Schaltflächen auf. In der Tat erweitert die Klasse JMenuItem die Klasse AbstractButton. Genau wie Schaltflächen können Menüs entweder nur eine Stringbezeichnung, nur ein Symbol oder beides haben. Man kann das Symbol entweder mit dem Konstruktor JMenuItem(String, Icon) bzw. JMenuItem(Icon) oder mit der Methode setIcon, die die Klasse JMenuItem von der Klasse AbstractButton erbt, festlegen.

Das folgende Codefragment zeigt dafür ein Beispiel:

```
JMenuItem cutItem = new JMenuItem("Ausschneiden", new ImageIcon("cut.gif"));
```

Abbildung 9.36 zeigt ein Menü mit Symbolen neben verschiedenen Menübefehlen. Die Menübefehle sind per Vorgabe rechts vom Menütext angeordnet. Wenn Sie es vorziehen, die Symbole auf der linken Seite zu plazieren, rufen Sie die Methode setHorizontalTextPosition auf, die die Klasse JMenuItem von der Klasse AbstractButton erbt. Zum Beispiel verschiebt der Aufruf

```
cutItem.setHorizontalTextPosition(SwingConstants.RIGHT);
```

den Text des Menübefehls rechts neben das Symbol.

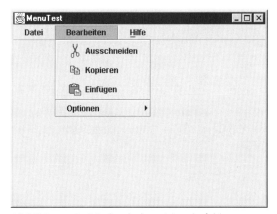

Abbildung 9.36: Symbole in Menübefehlen

API

javax.swing.JMenuItem

- JMenuItem(String label, Icon icon)

  Parameter: label   Beschriftung für den Menübefehl.

  icon   Symbol für den Menübefehl.

API

javax.swing.AbstractButton

- void setHorizontalTextPosition(int pos)

  Legt die horizontale Position des Textes relativ zum Symbol fest.

  Parameter: pos   SwingConstants.RIGHT (Text rechts neben dem Symbol), SwingConstants.LEFT oder Swing-Constants.CENTER.

9.7.4 Menübefehle mit Kontrollkästchen und Optionsfeldern

Bei Menübefehlen mit *Kontrollkästchen* und *Optionsfeldern* erscheint ein entsprechendes Steuerelement neben dem Namen (siehe Abbildung 9.37). Wenn der Benutzer den Menübefehl wählt, schaltet das Element automatisch zwischen eingeschaltetem und ausgeschaltetem Zustand um.

Abgesehen von einer Verzierung der Schaltfläche kann man diese Menübefehle genau wie alle anderen behandeln. Das folgende Codefragment erzeugt als Beispiel einen Menübefehl mit Kontrollkästchen:

```
JCheckBoxMenuItem readonlyItem
   = new JCheckBoxMenuItem("Schreibgeschützt");
optionsMenu.add(readonlyItem);
```

Menübefehle mit Optionsfeldern funktionieren genau wie normale Optionsfelder. Man muß sie in eine Gruppe von Optionsfeldern einfügen. Wenn ein Optionsfeld der Gruppe ausgewählt ist, wird die Auswahl bei allen anderen automatisch aufgehoben.

```
ButtonGroup group = new ButtonGroup();
JRadioButtonMenuItem insertItem
   = new JRadioButtonMenuItem("Einfügen");
insertItem.setSelected(true);
JRadioButtonMenuItem overtypeItem
```

Benutzeroberflächen mit Swing

```
   = new JRadioButtonMenuItem("Überschreiben");
group.add(insertItem);
group.add(overtypeItem);
optionsMenu.add(insertItem);
optionsMenu.add(overtypeItem);
```

Bei diesen Menübefehlen ist es gewöhnlich nicht erforderlich, daß das Programm genau zu dem Zeitpunkt, zu dem der Benutzer den Befehl wählt, informiert wird. Statt dessen kann man einfach die Methode isSelected aufrufen, um den aktuellen Zustand des Menübefehls zu testen. (Natürlich bedeutet das, daß man eine Referenz auf den Menübefehl in einer Instanzenvariablen speichern sollte.) Mit der Methode setSelected setzt man den Zustand des Elements.

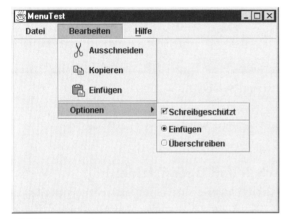

Abbildung 9.37: Menübefehle mit Kontrollkästchen und Optionsfeldern

API

javax.swing.JCheckBoxMenuItem

- JCheckBoxMenuItem(String label)

    Konstruiert den Kontrollkästchen-Menübefehl mit der angegebenen Beschriftung.

- JCheckBoxMenuItem(String label, boolean state)

    Konstruiert den Kontrollkästchen-Menübefehl mit der angegebenen Beschriftung und dem angegebenen Anfangszustand (true ist eingeschaltet).

API

javax.swing.JRadioButtonMenuItem

- JRadioButtonMenuItem(String label)

  Konstruiert den Optionsfeld-Menübefehl mit der angegebenen Beschriftung.

- JRadioButtonMenuItem(String label, boolean state)

  Konstruiert den Optionsfeld-Menübefehl mit der angegebenen Beschriftung und dem festgelegten Anfangszustand (true ist eingeschaltet).

API

javax.swing.AbstractButton

- boolean isSelected()

  Gibt den Zustand dieses Befehls zurück (true ist eingeschaltet).

- void setSelected(boolean state)

  Setzt den Zustand dieses Elements.

9.7.5 Kontextmenüs (Popup-Menüs)

Ein *Kontextmenü* oder *Popup-Menü* ist ein Menü, das nicht mit einer Menüleiste verbunden ist, sondern unverankert an beliebigen Stellen eingeblendet werden kann (siehe Abbildung 9.38).

Abbildung 9.38: Ein Popup-Menü

Benutzeroberflächen mit Swing

Ein Kontextmenü erzeugt man ähnlich wie ein normales Menü, außer daß ein Kontextmenü keinen Titel hat.

```
JPopupMenu popup = new JPopupMenu();
```

Dann fügt man die Menübefehle in der üblichen Art hinzu:

```
JMenuItem item = new JMenuItem("Ausschneiden");
item.addActionListener(this);
popup.add(item);
```

Im Gegensatz zur normalen Menüleiste, die immer am oberen Rand des Rahmens sichtbar ist, muß man ein Kontextmenü explizit mit der Methode show anzeigen. Man legt die übergeordnete Komponente und die Position des Kontextmenüs mit dem Koordinatensystem des übergeordneten Elements fest. Zum Beispiel:

```
popup.show(panel, x, y);
```

Gewöhnlich schreibt man Code, um ein Kontextmenü zu öffnen, wenn der Benutzer eine bestimmte Maustaste betätigt, den sogenannten *Popup-Trigger*. In Windows ist der Trigger die nichtprimäre (gewöhnlich die rechte) Maustaste. Um ein Kontextmenü zu öffnen, wenn der Benutzer den Popup-Trigger betätigt, sind folgende Aufgaben zu realisieren:

- Einen Maus-Listener installieren.
- Code wie den folgenden in die Behandlungsroutine für das Mausereignis schreiben:
  ```
  public void mouseReleased(MouseEvent evt)
  {  if (evt.isPopupTrigger())
        popup.show(evt.getComponent(),
           evt.getX(), evt.getY());
  }
  ```

Der Code läßt das Kontextmenü an der Mausposition erscheinen, wo der Benutzer den Popup-Auslöser angeklickt hat.

Achtung

In unserer Version des JDK funktioniert die Methode isPopupTrigger nur korrekt in der Methode mouseReleased und nicht in den Methoden mousePressed oder mouseClicked.

API

javax.swing.JPopupMenu

- void show(Component c, int x, int y)
  Zeigt das Kontextmenü an.

  Parameter: c   Komponente, über der das Kontextmenü erscheinen soll.

  x, y   Koordinaten der oberen linken Ecke des Kontextmenüs (im Koordinatenraum von c).

API

java.awt.event.MouseEvent

- boolean isPopupTrigger()
  Liefert true, wenn dieses Mausereignis der Auslöser für das Kontextmenü ist.

9.7.6 Tastenkürzel und Tastenkombinationen

Für den erfahrenen Benutzer ist es komfortabel, wenn er Menübefehle mit *Tastenkürzeln* auswählen kann. In Java lassen sich Tastenkürzel für Menübefehle mit einem entsprechenden Buchstaben im Konstruktor des Menübefehls spezifizieren:

JMenuItem cutItem = new JMenuItem("Ausschneiden", 'U');

Das Tastenkürzel wird im Menü automatisch durch einen unterstrichenen Buchstaben angezeigt (siehe Abbildung 9.39). Für das obige Beispiel erscheint der Menübefehl in der Form AUSSCHNEIDEN mit einem unterstrichenen »u«. Bei angezeigtem Menü muß der Benutzer lediglich die [U]-Taste drücken, um den Menübefehl zu wählen. (Wenn das Tastenkürzel nicht im Menüstring enthalten ist, wird der Menübefehl dennoch ausgewählt, allerdings ist das Tastenkürzel nicht in der Beschriftung des Menübefehls zu sehen. Derartige Tastenkürzel sind natürlich ein zweifelhaftes Hilfsmittel.)

Leider kann man ein Tastenkürzel nur im Konstruktor eines Menübefehls und nicht im Konstruktor für ein Menü festlegen. Um ein Tastenkürzel mit einem Menü zu verbinden, muß man statt dessen die Methode setMnemonic aufrufen:

```
JMenu helpMenu = new JMenu("Hilfe");
helpMenu.setMnemonic('H');
```

Um ein Menü der obersten Ebene aus der Menüleiste auszuwählen, drückt man die Alt -Taste zusammen mit dem Buchstaben des Tastenkürzels. Das Menü HILFE des obigen Beispiels ruft man dann mit Alt + H auf.

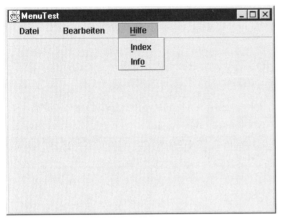

Abbildung 9.39: Tastenkürzel

Tastenkürzel erlauben es, ein Untermenü oder einen Menübefehl aus dem momentan geöffneten Menü auszuwählen. Dagegen handelt es sich bei *Schnelltasten* um Tastenkombinationen, mit denen man Menübefehle auswählen kann, ohne überhaupt ein Menü zu öffnen. Zum Beispiel weisen viele Programme die Schnelltasten Strg + O und Strg + S den Befehlen ÖFFNEN bzw. SPEICHERN im Menü DATEI zu. Mit der Methode setAccelerator verbindet man eine Schnelltaste mit einem Menübefehl. Die Methode setAccelerator übernimmt ein Objekt vom Typ Keystroke. Der folgende Beispielcode weist die Schnelltaste Strg + O dem Menübefehl openItem zu:

```
openItem.setAccelerator(KeyStroke.getKeyStroke(KeyEvent.VK_O, InputE-
vent.CTRL_MASK));
```

Wenn der Benutzer die Tastenkombination einer Schnelltaste drückt, wird damit automatisch der Menübefehl ausgewählt und ein Aktionsereignis ausgelöst, als hätte der Benutzer den Menübefehl manuell gewählt.

Die Schnelltasten werden im Menü angezeigt (siehe Abbildung 9.40).

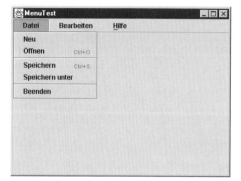

Abbildung 9.40: Schnelltasten

Schnelltasten kann man nur mit Menübefehlen, nicht aber mit Menüs verbinden. Derartige Tastenkombinationen beschleunigen lediglich Menüauswahlen und das Auslösen von Aktionsereignissen. Zu Menüs selbst gehören keine Aktionsereignisse. (Wünschenswert wären Schnelltasten für Untermenüs, aber das ist in Swing nicht möglich.)

Hinweis

Unter Windows schließt die Tastenkombination [Alt]+[F4] ein Fenster. Das ist aber keine Schnelltaste, die in Java programmiert ist, sondern ein Shortcut, den das Betriebssystem definiert. Diese Tastenkombination löst immer das Ereignis WindowClosing für das aktive Fenster aus, unabhängig davon, ob im Menü ein Befehl SCHLIEßEN vorhanden ist oder nicht.

API

javax.swing.JMenuItem

- JMenuItem(String label, int mnemonic)

    Parameter: label   Beschriftung für diesen Menübefehl.

    mnemonic   Mnemonisches Zeichen für den Befehl. In der Beschriftung erscheint dieses Zeichen unterstrichen.

- void setAccelerator(KeyStroke k)

    Legt die Taste k als Schnelltaste für diesen Menübefehl fest. Die Schnelltaste wird neben der Beschriftung angezeigt.

Benutzeroberflächen mit Swing

API

javax.swing.AbstractButton

- void setMnemonic(char mnemonic)

   Legt das mnemonische Zeichen für die Schaltfläche fest. Dieses Zeichen ist in der Beschriftung unterstrichen. (Beachten Sie, daß `JMenuItem` und `JMenu` die Klasse `AbstractButton` erweitern.)

   Parameter: mnemonic   Mnemonisches Zeichen für die Schaltfläche.

9.7.7 Menübefehle aktivieren und deaktivieren

Gelegentlich soll ein Menübefehl nur in bestimmten Kontexten aktiviert werden. Ist zum Beispiel ein Dokument schreibgeschützt, dann sind die Befehle SPEICHERN und SPEICHERN UNTER nicht relevant. Natürlich könnte man diese Befehle mit der Methode `JMenu.remove` entfernen. Wenn sich der Inhalt eines Menüs aber ständig ändert, verwirrt das nur den Benutzer. Es empfiehlt sich dagegen, Menübefehle zu deaktivieren, wenn diese momentan als Befehle nicht zur Verfügung stehen oder nicht relevant sind. Ein deaktivierter Menübefehl ist in Grau dargestellt und läßt sich nicht auswählen (siehe Abbildung 9.41).

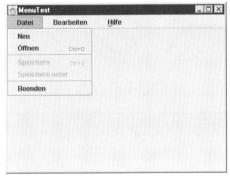

Abbildung 9.41: Deaktivierte Menübefehle

Mit der Methode `setEnabled` aktiviert oder deaktiviert man einen Menübefehl:

saveItem.setEnabled(false);

Für das Aktivieren/Deaktivieren von Menübefehlen gibt es zwei Strategien. Wenn sich die Umstände ändern, kann man die Methode `setEnabled` für die betreffenden Menübefehle aufrufen. Sobald zum Beispiel ein Dokument als schreibgeschützt markiert wird, kann man die Menübefehle SPEICHERN und SPEICHERN UNTER suchen und sie deaktivieren. Wenn man jedoch diese Strategie wählt, wird der Programmcode schnell durch Anweisungen zur Menüverwaltung an vielen Stellen überladen. Eine intelligentere Strategie ist es, sich im übrigen Programm überhaupt nicht um die Zustände von Menübefehlen zu kümmern und sie *erst unmittelbar vor der Anzeige des Menüs* zu setzen. Dazu muß man einen Listener für das Ereignis »Menü ausgewählt« registrieren. Das Paket javax.swing.event definiert eine Schnittstelle MenuListener mit drei Methoden:

```
void menuSelected(MenuEvent evt)
void menuDeselected(MenuEvent evt)
void menuCanceled(MenuEvent evt)
```

Die Methode menuSelected wird aufgerufen, *bevor* das Menü angezeigt wird. Folglich ist sie der geeignetste Ort, um Menübefehle zu aktivieren und zu deaktivieren. Der folgende Code zeigt, wie man die Menübefehle SPEICHERN und SPEICHERN UNTER deaktiviert, wenn das Kontrollkästchen im Menübefehl SCHREIBGESCHÜTZT eingeschaltet ist:

```
public void menuSelected(MenuEvent evt)
{  saveItem.setEnabled(!readonlyItem.isSelected());
   saveAsItem.setEnabled(!readonlyItem.isSelected());
}
```

Die Methode menuDeselected wird aufgerufen, nachdem das Menü wieder vom Bildschirm verschwunden ist. Der Aufruf der Methode menuCanceled erfolgt, wenn der Benutzer die Menüauswahl abbricht, zum Beispiel durch Klicken mit der Maus an eine beliebige Stelle außerhalb des Menüs. An diesen beiden Ereignissen sind wir nicht interessiert, es gibt aber keine Klasse MenuAdapter, die uns das Überschreiben einer einzelnen Methode erlauben würde, so daß wir die beiden letzteren definieren und zum Nichtstun verdammen müssen.

API

javax.swing.JMenuItem

- void setEnabled(boolean b)
  Aktiviert oder deaktiviert den Menübefehl.

API

javax.swing.event.MenuListener

- void menuSelected(MenuEvent e)
  Wird für das ausgewählte Menü vor dem Öffnen aufgerufen.

Benutzeroberflächen mit Swing

- void menuDeselected(MenuEvent e)

  Wird vor dem Schließen des Menüs aufgerufen, wenn die Auswahl des Menüs aufgehoben wird.

- void menuCanceled(MenuEvent e)

  Wird aufgerufen, wenn der Benutzer das Menü abbricht, beispielsweise durch Klicken außerhalb des Menüs.

Beispiel 9.19 zeigt ein Beispielprogramm, das eine Gruppe von Menüs generiert. Es enthält alle Merkmale, die wir in diesem Abschnitt behandelt haben: verschachtelte Menüs, deaktivierte Menübefehle, Menübefehle mit Kontrollkästchen und Optionsfeldern, ein Kontextmenü sowie Tastenkombinationen und Schnelltasten.

Beispiel 9.19: MenuTest.java

```
import java.awt.*;
import java.awt.event.*;
import javax.swing.*;
import javax.swing.event.*;

public class MenuTest extends JFrame
   implements ActionListener, MenuListener
{  public MenuTest()
   {  setTitle("MenuTest");
      setSize(400, 300);
      addWindowListener(new WindowAdapter()
         {  public void windowClosing(WindowEvent e)
            {  System.exit(0);
            }
         } );

      JMenuBar mbar = new JMenuBar();
      setJMenuBar(mbar);

      // Demo für aktivierte/deaktivierte Befehle

      JMenu fileMenu = new JMenu("Datei");
      fileMenu.addMenuListener(this);

      // Demo für Schnelltasten

      JMenuItem openItem = new JMenuItem("Öffnen");
      openItem.setAccelerator
         (KeyStroke.getKeyStroke(KeyEvent.VK_O,
         InputEvent.CTRL_MASK));
      saveItem = new JMenuItem("Speichern");
```

```
saveItem.setAccelerator
   (KeyStroke.getKeyStroke(KeyEvent.VK_S,
   InputEvent.CTRL_MASK));
saveAsItem = new JMenuItem("Speichern unter");

mbar.add(makeMenu(fileMenu,
   new Object[]
   {  "Neu",
      openItem,
      null,
      saveItem,
      saveAsItem,
      null,
      "Beenden"
   },
   this));

// Demo für Menüs mit Kontrollkästchen und Optionsfeldern

readonlyItem = new JCheckBoxMenuItem("Schreibgeschützt");
ButtonGroup group = new ButtonGroup();
JRadioButtonMenuItem insertItem
   = new JRadioButtonMenuItem("Einfügen");
insertItem.setSelected(true);
JRadioButtonMenuItem overtypeItem
   = new JRadioButtonMenuItem("Überschreiben");
group.add(insertItem);
group.add(overtypeItem);

// Demo für Symbole und verschachtelte Menüs

mbar.add(makeMenu("Bearbeiten",
   new Object[]
   {  new JMenuItem("Ausschneiden",
         new ImageIcon("cut.gif")),
      new JMenuItem("Kopieren",
         new ImageIcon("copy.gif")),
      new JMenuItem("Einfügen",
         new ImageIcon("paste.gif")),
      null,
      makeMenu("Optionen",
         new Object[]
         {  readonlyItem,
            null,
            insertItem,
```

Benutzeroberflächen mit Swing

```
                    overtypeItem
            },
            this)
      },
      this));

   // Demo für Mnemonics

   JMenu helpMenu = new JMenu("Hilfe");
   helpMenu.setMnemonic('H');

   mbar.add(makeMenu(helpMenu,
      new Object[]
      {  new JMenuItem("Index", 'I'),
         new JMenuItem("Info", 'O')
      },
      this));

   // Demonstriert Popups

   popup = makePopupMenu(
      new Object[]
      {  "Ausschneiden",
         "Kopieren",
         "Einfügen"
      },
      this);

   getContentPane().addMouseListener(new MouseAdapter()
      {  public void mouseReleased(MouseEvent evt)
         {  if (evt.isPopupTrigger())
               popup.show(evt.getComponent(),
                  evt.getX(), evt.getY());
         }
      });
}

public void actionPerformed(ActionEvent evt)
{  String arg = evt.getActionCommand();
   System.out.println(arg);
   if(arg.equals("Beenden"))
      System.exit(0);
}
```

```java
public void menuSelected(MenuEvent evt)
{   saveItem.setEnabled(!readonlyItem.isSelected());
    saveAsItem.setEnabled(!readonlyItem.isSelected());
}

public void menuDeselected(MenuEvent evt)
{
}

public void menuCanceled(MenuEvent evt)
{
}

public static JMenu makeMenu(Object parent,
    Object[] items, Object target)
{   JMenu m = null;
    if (parent instanceof JMenu)
        m = (JMenu)parent;
    else if (parent instanceof String)
        m = new JMenu((String)parent);
    else
        return null;

    for (int i = 0; i < items.length; i++)
    {   if (items[i] == null)
            m.addSeparator();
        else
            m.add(makeMenuItem(items[i], target));
    }

    return m;
}

public static JMenuItem makeMenuItem(Object item,
    Object target)
{   JMenuItem r = null;
    if (item instanceof String)
        r = new JMenuItem((String)item);
    else if (item instanceof JMenuItem)
        r = (JMenuItem)item;
    else return null;

    if (target instanceof ActionListener)
        r.addActionListener((ActionListener)target);
    return r;
}
```

Benutzeroberflächen mit Swing

```
   public static JPopupMenu makePopupMenu
      (Object[] items, Object target)
   {  JPopupMenu m = new JPopupMenu();

      for (int i = 0; i < items.length; i++)
      {  if (items[i] == null)
            m.addSeparator();
         else
            m.add(makeMenuItem(items[i], target));
      }

      return m;
   }

   public static void main(String[] args)
   {  Frame f = new MenuTest();
      f.show();
   }

   private JMenuItem saveItem;
   private JMenuItem saveAsItem;
   private JCheckBoxMenuItem readonlyItem;
   private JPopupMenu popup;
}
```

9.8 Dialogfelder

Die bisher behandelten Komponenten der Benutzeroberfläche erscheinen alle innerhalb eines Rahmenfensters, das in der Anwendung erzeugt wurde. Dieser Fall ist am häufigsten, wenn man *Applets* schreibt, die in einem Webbrowser laufen. Schreibt man aber Anwendungen, möchte man in der Regel separate Dialogfelder öffnen, um Informationen anzubieten oder Benutzereingaben entgegenzunehmen.

Genau wie bei den meisten fensterorientierten Systemen unterscheidet das AWT zwischen *modalen* und *nichtmodalen* Dialogfeldern. Ein modales Dialogfeld unterbindet alle Benutzeraktionen mit den übrigen Fenstern der Anwendung, bis der Benutzer auf das Dialogfeld reagiert hat. Derartige Dialogfelder verwendet man, um Informationen vom Benutzer einzuholen, bevor man mit der Programmausführung fortfahren kann. Wenn der Benutzer zum Beispiel eine Datei lesen möchte, ist ein modales Dialogfeld zu öffnen. Der Benutzer muß einen Dateinamen eingeben, bevor das Programm die Leseoperation beginnen kann. Nur wenn der Benutzer das (modale) Dialogfeld schließt, kann die Anwendung fortfahren.

Bei einem nichtmodalen Dialogfeld kann der Benutzer sowohl in das Dialogfeld als auch in der übrigen Anwendung Informationen eingeben. Ein Beispiel eines nichtmodalen Dialogfelds ist eine Symbolleiste. Die Symbolleiste kann präsent sein, solange es erforderlich ist, und der Benutzer kann sowohl mit dem Anwendungsfenster als auch der Symbolleiste beliebig arbeiten.

Diesen Abschnitt beginnen wir mit den einfachsten Dialogfeldern – modalen Dialogfeldern mit nur einer einzigen Meldung. Swing verfügt über eine komfortable Klasse `JOptionPane`, mit der sich ein einfaches Dialogfeld öffnen läßt, ohne daß man dafür irgendwelchen speziellen Code für Dialogfelder schreiben müßte. Als nächstes wird gezeigt, wie man komplexere Dialogfelder erstellt, indem man eigene Dialogfenster implementiert. Schließlich erfahren Sie, wie man Daten von einer Anwendung an ein Dialogfeld und umgekehrt überträgt. Am Ende dieses Abschnitts sehen wir uns Dateidialogfelder an. Das sind Standarddialogfelder, in die der Benutzer Dateinamen eingeben kann. Dateidialogfelder sind relativ kompliziert, und man sollte auf jeden Fall mit dem Swing-Dialogfeld `JFileChooser` vertraut sein – es wäre eine echte Herausforderung, eigene Dateidialoge zu schreiben.

Hinweis

Außer dem Dialogfeld `JFileChooser` implementiert Swing ein Dialogfeld `JColorChooser`, in dem der Benutzer eine Farbe aus einem Spektrum von Optionen wählen kann. Auf dieses Dialogfeld gehen wir in Band 2 ein.

9.8.1 Optionsdialogfelder

Swing bietet vorgefertigte einfache Dialogfelder, die genügen, wenn man vom Benutzer lediglich einzelne Angaben abrufen möchte. Die Klasse `JOptionPane` hat vier statische Methoden, um diese einfachen Dialogfelder anzuzeigen:

`showMessageDialog`	Zeigt eine Meldung an und wartet, bis der Benutzer auf OK klickt.
`showConfirmDialog`	Zeigt eine Meldung an und wartet auf eine Bestätigung (beispielsweise OK / ABBRECHEN).
`showOptionDialog`	Zeigt eine Meldung an und ermittelt die vom Benutzer gewählte Option aus einer Gruppe von Optionen.
`showInputDialog`	Zeigt eine Meldung an und nimmt eine Zeile als Benutzereingabe entgegen.

Benutzeroberflächen mit Swing

Abbildung 9.42 zeigt ein typisches Dialogfeld. Es verfügt über die folgenden Komponenten:

- Ein Symbol
- Eine Meldung
- Eine oder mehrere Schaltflächen für Optionen.

Das Eingabedialogfeld hat ein weiteres Feld für die Benutzereingabe. Das kann ein Textfeld sein, in das der Benutzer einen beliebigen String eintippt, oder ein Kombinationsfeld, aus dem der Benutzer einen Eintrag auswählen kann.

Das genaue Layout dieser Dialogfelder und die Auswahl von Symbolen für Standardmeldungstypen hängt vom konkret zu realisierenden Erscheinungsbild ab.

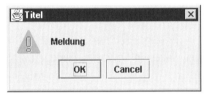

Abbildung 9.42: Ein Optionsdialogfeld

Das Symbol auf der linken Seite hängt vom *Meldungstyp* ab. Man unterscheidet fünf Meldungstypen:

```
ERROR_MESSAGE          (Fehler)
INFORMATION_MESSAGE    (Information)
WARNING_MESSAGE        (Warnung)
QUESTION_MESSAGE       (Frage)
PLAIN_MESSAGE          (nur Meldungstext)
```

Zur Meldung `PLAIN_MESSAGE` gehört kein Symbol. Für jeden Dialogfeldtyp existiert auch eine Methode, über die man anstelle des Standardsymbols ein eigenes Symbol bereitstellen kann.

Für alle Dialogfeldtypen kann man eine Meldung spezifizieren. Das kann ein String, ein Symbol, eine Komponente der Benutzeroberfläche oder ein beliebiges anderes Objekt sein. Die Meldungsobjekte werden folgendermaßen angezeigt:

`String`:	Gibt den String aus.
`Icon`:	Zeigt das Symbol an.
`Component`:	Zeigt die Komponente an.
`Object[]`:	Zeigt alle Objekte im Array an und stapelt sie dabei übereinander.
Jedes andere Objekt:	Mit `toString` läßt sich der resultierende String anzeigen.

Diese Optionen können Sie sich ansehen, wenn Sie das Programm nach Beispiel 9.20 ausführen. Natürlich ist das Bereitstellen eines Meldungsstrings der bei weitem häufigste Fall. Wenn man ein Component-Objekt übergibt, hat man die höchste Flexibilität, da man mit Hilfe der Methode paintComponent beliebig zeichnen kann. Dagegen ist es nicht allzu sinnvoll, ein Array von Objekten bereitzustellen, da in einem Dialogfeld kaum Platz vorhanden ist, um mehrere Objekte anzuzeigen – das Dialogfeld wächst nicht, um sich allen Meldungsobjekten anzupassen.

Die Schaltflächen am unteren Rand hängen vom Typ des Dialogfelds und dem *Optionstyp* ab. Beim Aufruf von showMessageDialog und showInputDialog kann man nur auf einen Standardsatz von Schaltflächen (OK bzw. OK/ABBRECHEN) zurückgreifen. Ruft man showConfirmDialog auf, stehen folgende vier Optionstypen zur Auswahl:

```
DEFAULT_OPTION          (Vorgabe)
YES_NO_OPTION           (Ja/Nein)
YES_NO_CANCEL_OPTION    (Ja/Nein/Abbrechen)
OK_CANCEL_OPTION        (OK/Abbrechen)
```

Mit der Option showOptionDialog kann man einen beliebigen Satz von Optionen festlegen. Für die Optionen übergibt man ein Array von Objekten. Die jeweiligen Array-Elemente werden folgendermaßen wiedergegeben:

String:	Erzeugt eine Schaltfläche mit dem String als Beschriftung.
Icon:	Erzeugt eine Schaltfläche mit dem Symbol als Beschriftung.
Component:	Zeigt die Komponente an.
Jedes andere Objekt:	Wendet toString an und erzeugt eine Schaltfläche mit dem resultierenden String als Beschriftung.

Die Rückgabewerte dieser Funktionen lauten wie folgt:

showMessageDialog	Kein Rückgabewert.
showConfirmDialog	Eine Ganzzahl, die die gewählte Option repräsentiert.
showOptionDialog	Eine Ganzzahl, die die gewählte Option repräsentiert.
showInputDialog	Der String, den der Benutzer eingegeben oder ausgewählt hat.

Die Funktionen showConfirmDialog und showOptionDialog liefern Ganzzahlen zurück, um die vom Benutzer gewählte Schaltfläche zu identifizieren. Beim Optionsdialogfeld ist das einfach der Index der gewählten Option oder der Wert CLOSED_OPTION, wenn der Benutzer das Dialogfeld ohne Wahl einer Option geschlossen hat. Ein Bestätigungsdialogfeld liefert folgende Rückgabewerte:

Benutzeroberflächen mit Swing

```
OK_OPTION        (OK)
CANCEL_OPTION    (Abbrechen)
YES_OPTION       (Ja)
NO_OPTION        (Nein)
CLOSED_OPTION    (Geschlossen)
```

Das klingt alles wie ein unübersichtlicher Satz von Auswahlen, in der Praxis ist aber alles ganz einfach:

1. Wählen Sie den Typ des Dialogfelds (Meldung, Bestätigung, Option oder Eingabe).

2. Wählen Sie das Symbol (Fehler, Information, Warnung, Frage, kein oder benutzerdefiniertes Symbol).

3. Wählen Sie die Meldung (String, Symbol, benutzerdefinierte Komponente oder einen Stapel dieser Elemente).

4. Bei einem Bestätigungsdialogfeld wählen Sie den Optionstyp (STANDARD, JA/NEIN, JA/NEIN/ABBRECHEN oder OK/ABBRECHEN).

5. Bei einem Optionsdialogfeld wählen Sie die Optionen (Strings, Symbole oder benutzerdefinierte Komponenten) und die Standardoption.

6. Bei einem Eingabedialogfeld wählen Sie zwischen einem Textfeld und einem Kombinationsfeld.

7. Suchen Sie im `JOptionPane`-API die passende Methode aus, die aufzurufen ist.

Nehmen wir zum Beispiel an, daß Sie das Dialogfeld gemäß Abbildung 9.42 anzeigen möchten. Das Dialogfeld zeigt eine Meldung und fordert den Benutzer zum Bestätigen oder Abbrechen auf. Es handelt sich also um ein Bestätigungsdialogfeld. Die Meldung ist ein String. Der Optionstyp ist `OK_CANCEL_OPTION`. Es ist folgender Aufruf erforderlich:

```
int selection = JOptionPane.showConfirmDialog(parent,
   "Meldung", "Titel",
   JOptionPane.OK_CANCEL_OPTION,
   JOptionPane.WARNING_MESSAGE);
if (selection == JOptionPane.OK_OPTION) . . .
```

Tip

Der Meldungsstring kann die Zeichen für neue Zeile (`'\n'`) enthalten, um einen mehrzeiligen Text anzuzeigen.

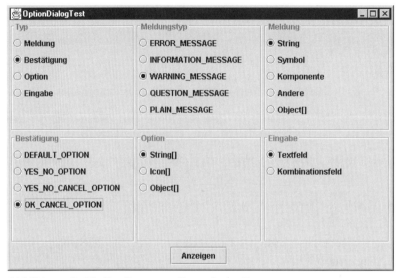

Abbildung 9.43: Das Programm OptionDialogTest

Mit dem Programm in Beispiel 9.20 können Sie die Auswahlen gemäß Abbildung 9.43 vornehmen. Daraufhin wird das resultierende Dialogfeld angezeigt.

Beispiel 9.20: OptionDialogTest.java

```
import java.awt.*;
import java.awt.event.*;
import javax.swing.*;
import javax.swing.border.*;

class ButtonPanel extends JPanel


class ButtonPanel extends JPanel
{  public ButtonPanel(String title, String[] options)
   {  setBorder(BorderFactory.createTitledBorder
         (BorderFactory.createEtchedBorder(), title));
      setLayout(new BoxLayout(this,
         BoxLayout.Y_AXIS));
      group = new ButtonGroup();

      for (int i = 0; i < options.length; i++)
      {  JRadioButton b = new JRadioButton(options[i]);
         b.setActionCommand(options[i]);
```

Benutzeroberflächen mit Swing

```java
            add(b);
            group.add(b);
            b.setSelected(i == 0);
        }
    }

    String getSelection()
    {   return group.getSelection().getActionCommand();
    }

    ButtonGroup group;
}
public class OptionDialogTest extends JFrame
    implements ActionListener
{   public OptionDialogTest()
    {   setTitle("OptionDialogTest");
        setSize(600, 400);
        addWindowListener(new WindowAdapter()
        {   public void windowClosing(WindowEvent e)
            {   System.exit(0);
            }
        } );

        JPanel gridPanel = new JPanel();
        gridPanel.setLayout(new GridLayout(2, 3));

        typePanel = new ButtonPanel("Typ",
            new String[]
            {   "Meldung",
                "Bestätigung",
                "Option",
                "Eingabe"
            });

        messageTypePanel = new ButtonPanel("Meldungstyp",
            new String[]
            {   "ERROR_MESSAGE",
                "INFORMATION_MESSAGE",
                "WARNING_MESSAGE",
                "QUESTION_MESSAGE",
                "PLAIN_MESSAGE"
            });

        messagePanel = new ButtonPanel("Meldung",
            new String[]
```

```
            {   "String",
                "Symbol",
                "Komponente",
                "Andere",
                "Object[]"
            });

        optionTypePanel = new ButtonPanel("Bestätigung",
            new String[]
            {   "DEFAULT_OPTION",
                "YES_NO_OPTION",
                "YES_NO_CANCEL_OPTION",
                "OK_CANCEL_OPTION"
            });

        optionsPanel = new ButtonPanel("Option",
            new String[]
            {   "String[]",
                "Icon[]",
                "Object[]"
            });

        inputPanel = new ButtonPanel("Eingabe",
            new String[]
            {   "Textfeld",
                "Kombinationsfeld"
            });

        JPanel showPanel = new JPanel();
        JButton showButton = new JButton("Anzeigen");
        showButton.addActionListener(this);
        showPanel.add(showButton);

        gridPanel.add(typePanel);
        gridPanel.add(messageTypePanel);
        gridPanel.add(messagePanel);
        gridPanel.add(optionTypePanel);
        gridPanel.add(optionsPanel);
        gridPanel.add(inputPanel);

        Container contentPane = getContentPane();
        contentPane.add(gridPanel, "Center");
        contentPane.add(showPanel, "South");
    }

    public Object getMessage()
```

Benutzeroberflächen mit Swing

```
   {  String s = messagePanel.getSelection();
      if (s.equals("String"))
         return messageString;
      else if (s.equals("Symbol"))
         return messageIcon;
      else if (s.equals("Komponente"))
         return messageComponent;
      else if (s.equals("Object[]"))
         return new Object[]
         {  messageString,
            messageIcon,
            messageComponent,
            messageFont
         };
      else if (s.equals("Andere"))
         return messageFont;
      else return null;
   }

   public Object[] getOptions()
   {  String s = optionsPanel.getSelection();
      if (s.equals("String[]"))
         return new String[] { "Gelb", "Blau", "Rot" };
      else if (s.equals("Icon[]"))
         return new Icon[]
         {  new ImageIcon("yellow-ball.gif"),
            new ImageIcon("blue-ball.gif"),
            new ImageIcon("red-ball.gif")
         };
      else if (s.equals("Object[]"))
         return new Object[]
         {  messageString,
            messageIcon,
            messageComponent,
            messageFont
         };
      else
         return null;
   }

   public int getType(ButtonPanel panel)
   {  String s = panel.getSelection();
      try
```

```
      {  Class cl = JOptionPane.class;
         return cl.getField(s).getInt(cl);
      }
      catch(Exception e)
      {  return -1;
      }
   }

   public void actionPerformed(ActionEvent evt)
   {  if (typePanel.getSelection().equals("Bestätigung"))
         JOptionPane.showConfirmDialog(this,
            getMessage(),
            "Titel",
            getType(optionTypePanel),
            getType(messageTypePanel));
      else if (typePanel.getSelection().equals("Eingabe"))
      {  if (inputPanel.getSelection().equals("Textfeld"))
            JOptionPane.showInputDialog(this,
               getMessage(),
               "Titel",
               getType(messageTypePanel));
         else
            JOptionPane.showInputDialog(this,
               getMessage(),
               "Titel",
               getType(messageTypePanel),
               null,
               new String[] { "Gelb", "Blau", "Rot" },
               "Blau");
      }
      else if (typePanel.getSelection().equals("Meldung"))
         JOptionPane.showMessageDialog(this,
            getMessage(),
            "Titel",
            getType(messageTypePanel));
      else if (typePanel.getSelection().equals("Option"))
         JOptionPane.showOptionDialog(this,
            getMessage(),
            "Titel",
            getType(optionTypePanel),
            getType(messageTypePanel),
            null,
            getOptions(),
            getOptions()[0]);
   }
```

Benutzeroberflächen mit Swing

```
    public static void main(String[] args)
    {  JFrame f = new OptionDialogTest();
       f.show();
    }

    private ButtonPanel typePanel;
    private ButtonPanel messagePanel;
    private ButtonPanel messageTypePanel;
    private ButtonPanel optionTypePanel;
    private ButtonPanel optionsPanel;
    private ButtonPanel inputPanel;

    private String messageString = "Meldung";
    private Icon messageIcon
       = new ImageIcon("blue-ball.gif");
    private Font messageFont
       = new Font("Serif", Font.PLAIN, 8);
    private Component messageComponent
       = new JPanel()
          {  public void paintComponent(Graphics g)
             {  super.paintComponent(g);
                g.setFont(messageFont);
                g.drawString("Komponente", 0, 8);
             }
             public Dimension getMinimumSize()
             {  return new Dimension(12, 30);
             }
          };
}
```

API

javax.swing.JOptionsPane

- static void showMessageDialog(Component parent, Object message, String title, int messageType, Icon icon)
- static void showMessageDialog(Component parent, Object message, String title, int messageType)
- static void showMessageDialog(Component parent, Object message)
- static void showInternalMessageDialog(Component parent, Object message, String title, int messageType, Icon icon)

- `static void showInternalMessageDialog(Component parent, Object message, String title, int messageType)`
- `static void showInternalMessageDialog(Component parent, Object message)`

  Zeigt ein Meldungsdialogfeld oder ein internes Meldungsdialogfeld an. (Ein internes Dialogfeld wird vollständig innerhalb seines übergeordneten Rahmens wiedergegeben.)

Parameter:		
	parent	Übergeordnete Komponente (kann `null` sein).
	message	Im Dialogfeld anzuzeigende Meldung (kann ein String, ein Symbol, eine Komponente oder ein Array mit diesen Elementen sein).
	title	Der String in der Titelleiste des Dialogfelds.
	messageType	Meldungstyp (`ERROR_MESSAGE`, `INFORMATION_MESSAGE`, `WARNING_MESSAGE`, `QUESTION_MESSAGE` oder `PLAIN_MESSAGE`).
	icon	Symbol, das anstelle des Standardsymbols anzuzeigen ist.

- `static int showConfirmDialog(Component parent, Object message, String title, int optionType, int messageType, Icon icon)`
- `static int showConfirmDialog(Component parent, Object message, String title, int optionType, int messageType)`
- `static int showConfirmDialog(Component parent, Object message, String title, int optionType)`
- `static int showConfirmDialog(Component parent, Object message)`
- `static int showInternalConfirmDialog(Component parent, Object message, String title, int optionType, int messageType, Icon icon)`
- `static int showInternalConfirmDialog(Component parent, Object message, String title, int optionType, int messageType)`
- `static int showInternalConfirmDialog(Component parent, Object message, String title, int optionType)`
- `static int showInternalConfirmDialog(Component parent, Object message)`

  Zeigt ein Bestätigungsdialogfeld oder ein internes Bestätigungsdialogfeld an. (Ein internes Dialogfeld wird vollständig innerhalb seines übergeordneten Rahmens wiedergegeben.) Liefert die vom Benutzer ausgewählte Option zurück (`OK_OPTION`, `CANCEL_OPTION`, `YES_OPTION` oder `NO_OPTION`) oder `CLOSED_OPTION`, wenn der Benutzer den Dialog abbricht.

Benutzeroberflächen mit Swing

Parameter:	`parent`	Übergeordnete Komponente (kann `null` sein).
	`message`	Im Dialogfeld anzuzeigende Meldung (kann ein String, ein Symbol, eine Komponente oder ein Array mit diesen Elementen sein).
	`title`	String in der Titelleiste des Dialogfelds.
	`messageType`	Meldungstyp (`ERROR_MESSAGE`, `INFORMATION_MESSAGE`, `WARNING_MESSAGE`, `QUESTION_MESSAGE` oder `PLAIN_MESSAGE`).
	`optionType`	Optionstyp (`DEFAULT_OPTION`, `YES_NO_OPTION`, `YES_NO_CANCEL_OPTION` oder `OK_CANCEL_OPTION`).
	`icon`	Symbol, das anstelle des Standardsymbols anzuzeigen ist.

- `static int showOptionDialog(Component parent, Object message, String title, int optionType, int messageType, Icon icon, Object[] options, Object default)`
- `static int showInternalOptionDialog(Component parent, Object message, String title, int optionType, int messageType, Icon icon, Object[] options, Object default)`

Zeigt ein Optionsdialogfeld oder ein internes Optionsdialogfeld an. (Ein internes Dialogfeld wird vollständig innerhalb seines übergeordneten Rahmens wiedergegeben.) Liefert den Index der vom Benutzer ausgewählten Option oder `CLOSED_OPTION`, wenn der Benutzer den Dialog abgebrochen hat.

Parameter:	`parent`	Übergeordnete Komponente (kann `null` sein).
	`message`	Im Dialogfeld anzuzeigende Meldung (ein String, ein Symbol, eine Komponente oder ein Array mit diesen Elementen).
	`title`	String in der Titelleiste des Dialogfelds.
	`messageType`	Meldungstyp (`ERROR_MESSAGE`, `INFORMATION_MESSAGE`, `WARNING_MESSAGE`, `QUESTION_MESSAGE` oder `PLAIN_MESSAGE`).
	`optionType`	Optionstyp (`DEFAULT_OPTION`, `YES_NO_OPTION`, `YES_NO_CANCEL_OPTION` oder `OK_CANCEL_OPTION`).

icon	Symbol, das anstelle der Standardsymbole anzuzeigen ist.
options	Ein Array von Optionen (Strings, Symbole oder Komponenten).
default	Option, die alsVorgabe anzuzeigen ist.

- `static Object showInputDialog(Component parent, Object message, String title, int messageType, Icon icon, Object[] values, Object default)`
- `static String showInputDialog(Component parent, Object message, String title, int messageType)`
- `static String showInputDialog(Component parent, Object message)`
- `static String showInputDialog(Object message)`
- `static Object showInternalInputDialog(Component parent, Object message, String title, int messageType, Icon icon, Object[] values, Object default)`
- `static String showInternalInputDialog(Component parent, Object message, String title, int messageType)`
- `static String showInternalInputDialog(Component parent, Object message)`

Zeigt ein Eingabedialogfeld oder ein internes Eingabedialogfeld an. (Ein internes Dialogfeld wird vollständig innerhalb seines übergeordneten Rahmens wiedergegeben.) Liefert den vom Benutzer eingegebenen Eingabestring zurück oder `null`, wenn der Benutzer den Dialog abgebrochen hat.

Parameter:	parent	Übergeordnete Komponente (kann `null` sein).
	message	Im Dialogfeld anzuzeigende Meldung (ein String, ein Symbol, eine Komponente oder ein Array mit diesen Elementen).
	title	String in der Titelleiste des Dialogfelds.
	messageType	Meldungstyp (`ERROR_MESSAGE`, `INFORMATION_MESSAGE`, `WARNING_MESSAGE`, `QUESTION_MESSAGE` oder `PLAIN_MESSAGE`).
	icon	Symbol, das anstelle eines der Standardsymbole anzuzeigen ist.
	values	Array mit Werten, die in einem Kombinationsfeld anzuzeigen sind.
	default	Wert, der alsVorgabe anzuzeigen ist.

9.8.2 Dialogfelder erstellen

Im letzten Abschnitt haben Sie gesehen, wie man die Klasse JOptionPane einsetzt, um ein einfaches Dialogfeld anzuzeigen. Dieser Abschnitt erläutert, wie man ein derartiges Dialogfeld manuell erzeugt.

Abbildung 9.44 zeigt ein typisches modales Dialogfeld, ein Info-Dialogfeld, das bei Wahl der Schaltfläche INFO angezeigt wird.

Um ein Dialogfeld zu implementieren, leitet man eine Klasse von JDialog ab. Das ist praktisch der gleiche Vorgang wie das Ableiten des Hauptfensters für eine Anwendung von JFrame. Im einzelnen sind folgende Schritte auszuführen:

1. Im Konstruktor des Dialogfelds ruft man den Konstruktor der Basisklasse JDialog auf. Diesem ist der Name des übergeordneten Rahmens, der Titel des Dialogfeldrahmens und ein boolesches Flag zur Kennzeichnung modal/nichtmodal zu übergeben. Den übergeordneten Rahmen stellt man bereit, damit das Dialogfeld über seinen übergeordneten Elementen angezeigt werden kann. Man kann aber auch einen null-Zeiger übergeben, wenn es nicht darauf ankommt, wo das Dialogfeld erscheint.

2. Man fügt die Komponenten der Benutzeroberfläche in das Dialogfeld ein.

3. Man fügt Ereignisbehandlungsroutinen hinzu.

4. Man legt die Größe des Dialogfelds fest.

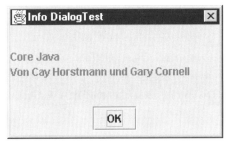

Abbildung 9.44: Ein Info-Dialogfeld

Das folgende Beispiel zeigt, wie der Code beginnt:

```
public AboutDialog(JFrame parent) extends JDialog
{   super(parent, "Info DialogTest", true);

    Box b = Box.createVerticalBox();
    b.add(Box.createGlue());
    b.add(new JLabel("Core Java"));
    b.add(new JLabel("Von Cay Horstmann und Gary Cornell"));
```

```
    b.add(Box.createGlue());
    getContentPane().add(b, "Center");

    JPanel p2 = new JPanel();
    JButton ok = new JButton("OK");
    p2.add(ok);
    getContentPane().add(p2, "South");

    ok.addActionListener(new ActionListener()
       { public void actionPerformed(ActionEvent evt)
          { setVisible(false); }
       } );

    setSize(250, 150);
}
```

Der Konstruktor fügt Elemente der Benutzeroberfläche hinzu, im Beispiel Beschriftungsfelder und eine Schaltfläche. Er richtet eine Behandlungsroutine für die Schaltfläche ein und legt die Größe des Dialogfelds fest.

Um das Dialogfeld anzuzeigen, erzeugt man ein neues Dialogfeldobjekt und ruft die Methode show auf.

```
JDialog dialog = new AboutDialog(this);
dialog.show();
```

Im nachstehenden Beispielcode erzeugen wir das Dialogfeld tatsächlich nur einmal und können es wiederverwenden, wenn der Benutzer auf die Schaltfläche INFO klickt.

```
if (dialog == null) // Erstes Mal
   dialog = new AboutDialog(this);
dialog.show();
```

Wenn der Benutzer auf die Schaltfläche OK klickt, ist das Dialogfeld zu schließen. Diese Funktion realisiert die Behandlungsroutine der OK-Schaltfläche:

```
ok.addActionListener(new ActionListener()
{ public void actionPerformed(ActionEvent evt)
   { setVisible(false); }
} );
```

Wenn der Benutzer das Dialogfeld durch Klicken auf das Feld »Schließen« schließt, wird das Dialogfeld außerdem ausgeblendet. Genau wie bei einem JFrame kann man dieses Verhalten mit der Methode setDefaultCloseOperation überschreiben.

Beispiel 9.21 zeigt den Code für das Testprogramm des Dialogfelds INFO.

Benutzeroberflächen mit Swing

Beispiel 9.21: DialogTest.java
```java
import java.awt.*;
import java.awt.event.*;
import javax.swing.*;

class DialogFrame extends JFrame
    implements ActionListener
{   public DialogFrame()
    {   setTitle("DialogTest");
        setSize(300, 300);
        addWindowListener(new WindowAdapter()
            {   public void windowClosing(WindowEvent e)
                {   System.exit(0);
                }
            } );

        JMenuBar mbar = new JMenuBar();
        setJMenuBar(mbar);
        JMenu fileMenu = new JMenu("Datei");
        mbar.add(fileMenu);
        aboutItem = new JMenuItem("Info");
        aboutItem.addActionListener(this);
        fileMenu.add(aboutItem);
        exitItem = new JMenuItem("Beenden");
        exitItem.addActionListener(this);
        fileMenu.add(exitItem);
    }

    public void actionPerformed(ActionEvent evt)
    {   Object source = evt.getSource();
        if(source == aboutItem)
        {   if (dialog == null) // Erstes Mal
                dialog = new AboutDialog(this);
            dialog.show();
        }
        else if(source == exitItem)
        {   System.exit(0);
        }
    }

    private AboutDialog dialog;
    private JMenuItem aboutItem;
    private JMenuItem exitItem;
}
```

```
class AboutDialog extends JDialog
{  public AboutDialog(JFrame parent)
   {  super(parent, "Info DialogTest", true);

      Box b = Box.createVerticalBox();
      b.add(Box.createGlue());
      b.add(new JLabel("Core Java"));
      b.add(new JLabel("Von Cay Horstmann und Gary Cornell"));
      b.add(Box.createGlue());
      getContentPane().add(b, "Center");

      JPanel p2 = new JPanel();
      JButton ok = new JButton("OK");
      p2.add(ok);
      getContentPane().add(p2, "South");

      ok.addActionListener(new ActionListener()
         {  public void actionPerformed(ActionEvent evt)
            {  setVisible(false); }
         } );

      setSize(250, 150);
   }
}

public class DialogTest {
   public static void main(String[] args)
   {  JFrame f = new DialogFrame();
      f.show();
   }
}
```

API

javax.swing.JDialog

- public JDialog(JFrame parent, String title, boolean modal)

    Konstruiert ein Dialogfeld. Das Dialogfeld ist erst dann sichtbar, wenn es explizit angezeigt wird.

    | *Parameter*: | parent | Rahmen, der der Eigentümer des Dialogfelds ist. |
    | | title | Titel des Dialogfelds. |

Benutzeroberflächen mit Swing

modal	true für modale Dialogfelder (ein modales Dialogfeld blockiert Eingaben an andere Fenster).

9.8.3 Datenaustausch

Ein Dialogfeld verwendet man in der Regel dazu, um Informationen vom Benutzer einzuholen. Sie haben bereits gesehen, wie leicht sich ein Dialogfeldobjekt erzeugen läßt: Man gibt die anfänglichen Daten an und ruft `show()` auf, um das Dialogfeld auf dem Bildschirm anzuzeigen. Wir wollen uns nun damit beschäftigen, wie man die Daten zwischen dem Programm und dem Dialogfeld austauscht.

Sehen Sie sich das Dialogfeld in Abbildung 9.45 an, mit dem sich ein Benutzername und ein Kennwort abfragen lassen, um beispielsweise eine Verbindung zu einem Online-Dienst herzustellen.

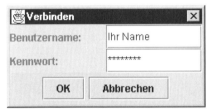

Abbildung 9.45: Kennwortdialogfeld

Es ist hilfreich, eine Klasse zu erzeugen, die alle Daten enthält, die man aus dem Dialogfeld übernehmen möchte. Wir erstellen hier eine Klasse `ConnectInfo`, die den Namen und das Kennwort aufnimmt. Diese Daten initialisieren wir mit Standardwerten, die beim Öffnen des Dialogfelds erscheinen sollen. Wenn der Benutzer die Eingabe der Daten in das Dialogfeld abgeschlossen hat, werden die tatsächlichen Benutzereingaben zurück in das Transferobjekt gebracht. Wenn der Benutzer jedoch das Dialogfeld abbricht oder schließt, werden die Daten nicht zurück übertragen. Die genannten Aufgaben realisieren wir in der Methode `showDialog` unserer Klasse `Connect-Dialog`:

```
public boolean showDialog(ConnectInfo transfer)
   {  username.setText(transfer.username);
      password.setText(transfer.password);
      ok = false; // Wird durch Aktion der OK-Schaltfläche auf true gesetzt
      show();
      if (ok)
      {  transfer.username = username.getText();
         transfer.password = new String(password.getPassword());
      }
      return ok;
   }
```

Beachten Sie, daß der Aufruf von show() erst nach einem Aufruf von setVisible(false) oder dispose an einer beliebigen Stelle im Code zurückkehrt. (Das ist eine allgemein begrüßte Änderung in der Arbeitsweise des AWT. In der ersten Version des AWT kehrte der Aufruf von show sofort zurück, *selbst bei modalen Dialogfeldern*. Damit war es äußerst schwierig, die Daten aus dem Dialogfeld zu holen.)

Der Benutzer kann das Dialogfeld nach drei Methoden schließen: über die Schaltfläche OK, die Schaltfläche ABBRECHEN und das Ereignis windowClosing. Alle drei Ereignisse müssen setVisible(false) aufrufen. Wenn der Benutzer auf die Schaltfläche OK klickt, ist die Variable ok auf true zu setzen, um anzuzeigen, daß die Werte im Dialogfeld zu übernehmen und in das Transferobjekt zu übertragen sind.

Man öffnet das Dialogfeld, indem man Standardwerte im Transferobjekt einstellt und dann das Transferobjekt an die Prozedur showDialog übergibt. Wenn die Prozedur true zurückliefert, hat der Benutzer auf OK geklickt.

```
ConnectInfo transfer = new ConnectInfo("Ihr Name", "");
if (dialog == null) dialog = new ConnectDialog(this);
if (dialog.showDialog(transfer))
{  String uname = transfer.username;
   String pwd = transfer.password;
}
```

Hinweis

Die Übernahme von Daten aus einem nichtmodalen Dialogfeld ist nicht so einfach. Wenn man ein nichtmodales Dialogfeld anzeigt, wird das Programm durch Aufruf von show nicht blockiert und läuft weiter, während das Dialogfeld angezeigt bleibt. Wenn der Benutzer Elemente in einem nichtmodalen Dialogfeld auswählt und dann auf OK klickt, muß das Dialogfeld eine Nachricht an einen bestimmten Listener im Programm schicken. Das heißt, eine andere Klasse muß eine passende Listener-Schnittstelle implementieren, und ein Objekt dieser Klasse sollte als Listener registriert sein. Man kann das realisieren, indem man ein benutzerdefiniertes Ereignis (siehe Kapitel 8) oder ein Ereignis zu einer Eigenschaftsänderung (siehe das Kapitel zu JavaBeans in Band 2) sendet.

Beispiel 9.22 zeigt den vollständigen Code, der den Datenfluß zum und vom Dialogfeld verdeutlicht.

Beispiel 9.22: DataExchangeTest.java
```
import java.awt.*;
import java.awt.event.*;
import javax.swing.*;
```

Benutzeroberflächen mit Swing

```
public class DataExchangeTest extends JFrame
   implements ActionListener
{  public DataExchangeTest()
   {  setTitle("DataExchangeTest");
      setSize(300, 300);
      addWindowListener(new WindowAdapter()
         {  public void windowClosing(WindowEvent e)
            {  System.exit(0);
            }
         } );

      JMenuBar mbar = new JMenuBar();
      setJMenuBar(mbar);
      JMenu fileMenu = new JMenu("Datei");
      mbar.add(fileMenu);
      connectItem = new JMenuItem("Verbinden");
      connectItem.addActionListener(this);
      fileMenu.add(connectItem);
      exitItem = new JMenuItem("Beenden");
      exitItem.addActionListener(this);
      fileMenu.add(exitItem);
   }

   public void actionPerformed(ActionEvent evt)
   {  Object source = evt.getSource();
      if (source == connectItem)
      {  ConnectInfo transfer
            = new ConnectInfo("Ihr Name", "Kennwort");
         if (dialog == null)
            dialog = new ConnectDialog(this);
         if (dialog.showDialog(transfer))
         {  String uname = transfer.username;
            String pwd = transfer.password;
            Container contentPane = getContentPane();
            contentPane.add(new JLabel("Benutzername=" +
               uname + ", Kennwort=" + pwd),
               "South");
            validate();
         }
      }
      else if(source == exitItem)
         System.exit(0);
   }
```

```
    public static void main(String[] args)
    {  JFrame f = new DataExchangeTest();
       f.show();
    }

    private ConnectDialog dialog = null;
    private JMenuItem connectItem;
    private JMenuItem exitItem;
}

class ConnectInfo
{  public String username;
   public String password;
   public ConnectInfo(String u, String p)
     {  username = u; password = p; }
}

class ConnectDialog extends JDialog
    implements ActionListener
{  public ConnectDialog(JFrame parent)
   {  super(parent, "Verbinden", true);
      Container contentPane = getContentPane();
      JPanel p1 = new JPanel();
      p1.setLayout(new GridLayout(2, 2));
      p1.add(new JLabel("Benutzername:"));
      p1.add(username = new JTextField(""));
      p1.add(new JLabel("Kennwort:"));
      p1.add(password = new JPasswordField(""));
      contentPane.add("Center", p1);

      Panel p2 = new Panel();
      okButton = addButton(p2, "OK");
      cancelButton = addButton(p2, "Abbrechen");
      contentPane.add("South", p2);
      setSize(240, 120);
   }

   JButton addButton(Container c, String name)
   {  JButton button = new JButton(name);
      button.addActionListener(this);
      c.add(button);
      return button;
   }
```

Benutzeroberflächen mit Swing

```
    public void actionPerformed(ActionEvent evt)
    {   Object source = evt.getSource();
        if(source == okButton)
        {   ok = true;
            setVisible(false);
        }
        else if (source == cancelButton)
            setVisible(false);
    }

    public boolean showDialog(ConnectInfo transfer)
    {   username.setText(transfer.username);
        password.setText(transfer.password);
        ok = false;
        show();
        if (ok)
        {   transfer.username = username.getText();
            transfer.password = new String(password.getPassword());
        }
        return ok;
    }

    private JTextField username;
    private JPasswordField password;
    private boolean ok;
    private JButton okButton;
    private JButton cancelButton;
}
```

9.8.4 Dateidialogfelder

Mit einem Applet kann man auf dem Remote-Computer des Benutzers nicht auf die Dateien zugreifen. Bei einer Anwendung ist es dagegen normalerweise üblich, daß man Dateien öffnen und speichern kann. Ein gutes Dateidialogfeld, das Daten und Verzeichnisse anzeigt und dem Benutzer die Navigation durch das Dateisystem erlaubt, ist schwer zu schreiben, und Sie möchten sicherlich nicht das Rad neu erfinden. Swing stellt die Klasse JFileChooser bereit, mit der man ein Dateidialogfeld, wie es aus zahlreichen Anwendungen bekannt ist, anzeigen kann. Die Dialogfelder von JFileChooser sind modal. Beachten Sie, daß die Klasse JFileChooser keine Unterklasse von JDialog ist. Statt die Methode show aufzurufen, zeigt man das Dialogfeld für das Öffnen einer Datei mit showOpenDialog und das Dialogfeld für das Speichern einer Datei mit showSaveDialog an. Die Schaltfläche für die Übernahme einer Datei wird automatisch mit ÖFFNEN oder SPEICHERN beschriftet. Mit der Methode showDialog kann man auch eine eigene Beschriftung für die Schaltfläche bereitstellen. Abbildung 9.46 zeigt ein Beispiel für ein Dialogfeld zur Dateiauswahl.

Abbildung 9.46: Dialogfeld zur Dateiauswahl

Die folgenden Schritte zeigen, wie man ein Dateidialogfeld einrichtet und ermittelt, was der Benutzer im Dialogfeld gewählt hat.

1. Erzeugen Sie ein JFileChooser-Objekt. Anders als beim Konstruktor für die JDialog-Klasse stellen Sie hier nicht die übergeordnete Komponente bereit. Damit läßt sich ein Dialogfeld zur Dateiauswahl für mehrere Rahmen gemeinsam verwenden.

   Zum Beispiel

   JFileChooser d = new JFileChooser();

2. Legen Sie das Verzeichnis durch Aufruf der Methode setCurrentDirectory fest.

   Mit

   d.setCurrentDirectory(new File("."));

   verwenden Sie zum Beispiel das aktuelle Verzeichnis. Man muß ein File-Objekt bereitstellen. Auf File-Objekte gehen wir näher in Kapitel 12 ein. Momentan genügt es zu wissen, daß es einen Konstruktor File(String filename) gibt, der einen Datei- oder Verzeichnisnamen in ein File-Objekt überführt.

3. Gibt es einen Standarddateinamen, den der Benutzer aller Voraussicht nach wählen könnte, stellt man ihn mit der Methode setSelectedFile ein:

   d.setSelectedFile(new File(filename));

Benutzeroberflächen mit Swing

4. Um dem Benutzer die Auswahl mehrerer Dateien im Dialogfeld zu ermöglichen, ist die Methode `setMultiSelectionEnabled` aufzurufen. Das ist natürlich vollkommen optional und nicht in jedem Fall üblich.

   ```
   d.setMultiSelectionEnabled(true);
   ```

5. Wenn man die Anzeige der Dateien im Dialogfeld auf einen bestimmten Typ (beispielsweise alle Dateien mit der Erweiterung `.gif`) einschränken will, muß man einen *Dateifilter* einrichten. Darauf gehen wir später in diesem Abschnitt ein.

6. Mit der Methode `showOpenDialog` oder `showSaveDialog` zeigt man das Dialogfeld an. In diesen Aufrufen ist die übergeordnete Komponente zu übergeben.

   ```
   int result = d.showOpenDialog(parent);
   ```

   oder

   ```
   int result = d.showSaveDialog(parent);
   ```

   Dieser Aufruf kehrt erst dann zurück, wenn der Benutzer eine Datei ausgewählt oder das Dialogfeld abgebrochen hat. Der Rückgabewert lautet `JFileChooser.APPROVE_OPTION` bzw. `JFileChooser.CANCEL_OPTION`.

7. Die ausgewählte(n) Datei(en) erhält man über die Methode `getSelectedFile()` bzw. `getSelectedFiles()`. Diese Methoden liefern entweder ein einzelnes `File`-Objekt oder ein Array von `File`-Objekten zurück. Wenn man lediglich den Namen des Dateiobjekts braucht, ruft man dessen Methode `getName` auf:

   ```
   String filename = d.getSelectedFile().getName();
   ```

Größtenteils sind diese Schritte einfach. Die Hauptschwierigkeit beim Einsatz von Dateidialogfeldern besteht darin, eine Untermenge von Dateien festzulegen, aus denen der Benutzer auswählen kann. Nehmen wir zum Beispiel an, daß der Benutzer eine GIF-Datei wählen soll. Dann sollte das Dateidialogfeld nur Dateien mit der Erweiterung `.gif` anzeigen. Außerdem empfiehlt es sich, dem Benutzer eine Rückmeldung zu liefern, daß Dateien einer bestimmten Kategorie angezeigt werden, beispielsweise »GIF-Bilder«. Allerdings kann es auch kompliziertere Fälle geben. Wenn der Benutzer eine JPEG-Datei wählen soll, kann die Erweiterung sowohl `.jpg` als auch `.jpeg` lauten. Statt nun einen Mechanismus zu erzeugen, der diese Komplexitäten kodiert, bieten die Entwickler der Dateiauswahl einen eleganteren Mechanismus: Um die angezeigten Dateien einzuschränken, stellt man ein Objekt bereit, das die Schnittstelle `javax.swing.filechooser.FileFilter` implementiert. Die Dateiauswahl übergibt jede Datei an den Dateifilter und zeigt nur die Dateien an, die der Dateifilter akzeptiert.

Um die im Dialogfeld erscheinenden Dateien einzuschränken, muß man ein Objekt einer Klasse erzeugen, die die Schnittstelle `FileFilter` implementiert. Bei Manuskripterstellung zu diesem Buch gab es nur eine derartige Klasse, den Standardfilter, der alle Dateien akzeptiert. Die Dokumentation weist auf eine Klasse `ExtensionFilter` hin, die wie folgt zu verwenden ist:

```
ExtensionFileFilter filter = new ExtensionFileFilter();
filter.addExtension("jpg");
filter.addExtension("gif");
filter.setDescription("JPG & GIF Images");
```

Allerdings existiert in unserer Version des JDK keine derartige Klasse. Man kann aber auch eigene Filter schreiben. Man implementiert einfach zwei Methoden der Schnittstelle `FileFilter`:

```
public boolean accept(File f);
public String getDescription();
```

Die erste Methode testet, ob eine Datei zu akzeptieren ist. Die zweite Methode liefert eine Beschreibung des Dateityps zurück, die man im Dateiauswahldialogfeld anzeigen kann. Das folgende Beispiel zeigt einen Filter für GIF-Dateien:

```
public class GifFilter extends FileFilter
{  public boolean accept(File f)
   {  return f.getName().toLowerCase().endsWith(".gif")
         || f.isDirectory();
   }
   public String getDescription()
   {  return "GIF-Bilder";
   }
}
```

Nachdem Sie über ein Dateifilterobjekt verfügen, können Sie die Methode `setFileFilter` der Klasse `JFileChooser` verwenden, um das Filterobjekt im Dateiauswahlobjekt zu installieren:

```
d.setFileFilter(new GifFilter());
```

Wenn Sie möchten, können Sie natürlich auch mit einer anonymen Klasse arbeiten:

```
d.setFileFilter(new FileFilter()
   {  public boolean accept(File f)
      {  return f.getName().toLowerCase().endsWith(".gif")
            || f.isDirectory();
      }
      public String getDescription()
      {  return "GIF-Bilder";
      }
   });
```

Benutzeroberflächen mit Swing

Sieht man sich das Dateiauswahldialogfeld näher an, erkennt man, daß der Dateifilter in einem Auswahlfeld enthalten ist. Das legt nahe, daß man mehrere Filter installieren kann. Mit der Methode addChoosableFileFilter fügt man zusätzliche Dateifilter hinzu. Beispielsweise kann man den Standarddateifilter, der alle Dateien akzeptiert, durch Aufruf der Methode getAcceptAllFileFilter erhalten. Diesen Dateifilter kann man als zusätzliche Auswahl für den Benutzer in der folgenden Weise hinzufügen:

d.addChoosableFileFilter(d.getAcceptAllFileFilter());

Es empfiehlt sich, diesen Filter in allen Dialogfeldern vorzusehen, falls ein Benutzer Ihres Programms eine Datei auswählen muß, die keine der Standarderweiterungen aufweist.

Hinweis

Im Paket java.io gibt es eine nicht verwandte Schnittstelle FileFilter, die über eine einzige Methode, boolean accept(File f), verfügt. Diese wird in der Methode listFiles der Klasse File verwendet, um ein Verzeichnis aufzulisten. Wir wissen nicht, warum die Entwickler von Swing diese Schnittstelle nicht erweitert haben – vielleicht ist die Java-Klassenbibliothek mittlerweile so komplex geworden, daß selbst die Programmierer bei Sun keinen Überblick über alle Standardklassen und -schnittstellen haben.

Achten Sie darauf, daß man den Namenskonflikt zwischen den beiden identisch benannten Schnittstellen auflösen muß, wenn man sowohl das Paket java.io als auch das Paket javax.swing.filechooser importiert. Am einfachsten ist es, javax.swing.filechooser.FileFilter und nicht javax.swing.filechooser.* zu importieren.

Schließlich kann man die Dateiauswahl mit speziellen Symbolen und Dateibeschreibungen für jede in der Auswahl angezeigte Datei anpassen. Dazu stellt man ein Objekt einer Klasse bereit, die die Klasse FileView im Paket javax.swing.filechooser erweitert. Das gehört zweifellos zu den komplizierteren Verfahren. Normalerweise muß man keine Dateiansicht bereitstellen – das »einsteckbare« Erscheinungsbild erledigt das automatisch. Wenn man jedoch andersartige Symbole für spezielle Dateitypen anzeigen will, kann man eine eigene Dateiansicht installieren. Man muß dazu die Klasse FileView erweitern und fünf Methoden implementieren:

```
Icon getIcon(File f);
String getName(File f);
String getDescription(File f);
String getTypeDescription(File f);
Boolean isTraversable(File f);
```

Dann installiert man mit der Methode setFileView die Dateiansicht in der Dateiauswahl.

Die Dateiauswahl ruft Ihre Methoden für jede Datei oder jedes Verzeichnis auf, die angezeigt werden sollen. Wenn Ihre Methode den Wert null für das Symbol, den Namen oder die Beschreibung zurückgibt, dann konsultiert die Dateiauswahl die Standarddateiansicht des jeweiligen Erscheinungsbilds. Das hat den Vorteil, daß man sich nur mit den Dateitypen beschäftigen muß, für die man etwas anderes anzeigen möchte.

Die Dateiauswahl ruft die Methode isTraversable auf, um zu entscheiden, ob ein Verzeichnis zu öffnen ist, wenn der Benutzer auf das Verzeichnis klickt. Beachten Sie, daß diese Methode ein Boolean-Objekt und keinen booleschen Wert zurückliefert! Das mutet seltsam an, ist aber in der Tat bequem – wenn man nicht an einer Ableitung von der Standarddateiansicht interessiert ist, gibt man einfach null zurück. Die Dateiauswahl greift dann auf die Standarddateiansicht zurück. Mit anderen Worten gibt die Methode ein Boolean zurück, um Ihnen die Wahl unter drei Optionen zu bieten: true (Boolean.TRUE), false (Boolean.FALSE) und egal (null).

Der folgende Code zeigt ein einfaches Beispiel für eine Dateiansicht. Er gibt ein Kaffee-Symbol für Dateien mit der Erweiterung .java zurück und unternimmt nichts spezielles bei allen anderen Dateien.

```
class CoffeeIconFileView extends javax.swing.filechooser.FileView
{  public Icon getIcon(File f)
   {  if (f.getName().toLowerCase().endsWith(".java"))
         return new ImageIcon("coffee.gif");
      else
         return null;
   }
   public String getDescription(File f) { return null; }
   public String getName(File f) { return null; }
   public String getTypeDescription(File f) { return null; }
   public Boolean isTraversable(File f) { return null; }
}
```

Diese Dateiansicht installieren Sie in Ihrem Dateiauswahlprogramm mit der Methode setFileView:

```
chooser.setFileView(new CoffeeIconFileView());
```

Die Dateiauswahl zeigt dann das Kaffeesymbol neben allen Java-Dateien an und verwendet die Standarddateiansicht, um alle anderen Dateien anzuzeigen.

Eine nützlichere Klasse ExampleFileView finden Sie im Verzeichnis demo\jfc\FileChooserDemo des JDK. Diese Klasse erlaubt es, Symbole und Beschreibungen mit willkürlichen Erweiterungen zu verbinden.

Benutzeroberflächen mit Swing

API

javax.swing.JFileChooser

- JFileChooser()

    Erzeugt ein Dialogfeld für die Dateiauswahl, das man für mehrere Rahmen verwenden kann.

- void setCurrentDirectory(File dir)

    Legt das anfängliche Verzeichnis für das Dateidialogfeld fest.

- setSelectedFile(File file)
- setSelectedFiles(File[] file)

    Legt die Standarddateiauswahl für das Dateidialogfeld fest.

- void setMultiSelectionEnabled(boolean b)

    Legt den Modus für die Mehrfachauswahl fest oder hebt ihn auf.

- int showOpenDialog(Component parent)
- int showSaveDialog(Component parent)

    Zeigt ein Dialogfeld »Öffnen« bzw. »Speichern unter« an. Gibt APPROVE_OPTION oder CANCEL_OPTION zurück.

- File getFile()
- File[] getFiles()

    Holt die Datei(en), die der Benutzer markiert hat (oder liefert null, wenn der Benutzer überhaupt keine Datei ausgewählt hat).

- void setFileFilter(javax.swing.filechooser.FileFilter filter)

    Legt die Dateimaske für das Dateidialogfeld fest. Alle Dateien, für die filter.accept den Wert true zurückgibt, werden angezeigt.

- void setFileView(FileView view)

    Legt eine Dateiansicht fest, um Informationen über die Dateien, die die Dateiauswahl anzeigt, bereitzustellen.

API

javax.swing.filechooser.FileFilter

- boolean accept(File f)

  Gibt true zurück, wenn die Dateiauswahl diese Datei anzeigen sollte.

- String getDescription()

  Liefert eine Beschreibung dieses Dateifilters, beispielsweise "Grafikdateien (*.gif, *.jpeg)".

API

javax.swing.filechooser.FileView

- String getName(File f)

  Liefert den Namen der Datei f oder null. Normalerweise gibt diese Methode einfach f.getName() zurück.

- String getDescription(File f)

  Liefert eine Klartextbeschreibung der Datei f oder null zurück. Wenn f zum Beispiel ein HTML-Dokument ist, gibt die Methode dessen Titel zurück.

- String getTypeDescription(File f)

  Liefert eine Klartextbeschreibung für den Typ der Datei f oder null zurück. Wenn f zum Beispiel ein HTML-Dokument ist, liefert die Methode etwa einen String wie "Hypertext document".

- Icon getIcon(File f)

  Liefert ein Symbol für die Datei f oder null. Wenn f zum Beispiel eine JPEG-Datei ist, gibt die Methode etwa ein Thumbnail-Symbol (ein stark verkleinertes Bild) zurück.

- Boolean isTraversable(File f)

  Liefert Boolean.TRUE zurück, wenn f ein Verzeichnis ist, das der Benutzer öffnen kann. Diese Methode kann false zurückgeben, wenn ein Verzeichnis konzeptionell ein Verbunddokument ist. Wie alle FileView-Methoden, kann diese Methode den Wert null zurückgeben, um zu kennzeichnen, daß die Dateiauswahl statt dessen auf die Standardansicht zurückgreifen soll.

Kapitel 10

Applets

Mittlerweile sollten Sie mit den meisten Features der Sprache Java vertraut sein, und es wurde auch eine ziemlich umfassende Einführung in die grundlegende Programmierung mit Java gegeben. Vielleicht stimmen Sie mit uns überein, daß Java eine komfortable (wenn auch nicht perfekte) Allzwecksprache für die objektorientierte Programmierung ist und sich die Swing-Bibliothek als flexibel und nützlich erweist. Wenn man das alles in Betracht zieht, ist ein sich schnell verbessernder Dialekt von C++ mit einem begrenzten (wenn auch schnell wachsenden) Satz von plattformunabhängigen Klassenbibliotheken für die Grafikentwicklung nicht das, warum so viel Wind um Java gemacht wurde (und bis zu einem gewissen Maß auch heute noch gemacht wird). Die unglaubliche Euphorie während der ersten Jahre von Java (wie bereits in Kapitel 1 erwähnt) basiert auf der Fähigkeit von Java, das »Internet zu aktivieren«. Der Punkt ist, daß sich eine spezielle Art von Java-Programm (normalerweise als Applet bezeichnet) erzeugen läßt, das ein Java-fähiger Browser aus dem Netz herunterladen und dann ausführen kann. Dieses Kapitel zeigt, wie man grundlegende Applets schreibt. Um ausgewachsene Applets zu erstellen, muß der Programmierer sowohl die Netzwerkfähigkeiten von Java als auch die Fähigkeit dieser Sprache, mehrere Threads behandeln zu können, beherrschen. Auf diese komplizierteren Themen geht Band 2 näher ein.

Natürlich unterstützen die heutigen modernen Browser dynamisches HTML und Skripting (und XML-fähige Browser sind schon in Sicht), so daß sie weit mehr bewirken können als bei Erscheinen von Java. Weil aber Applets in einer ausgewachsenen Programmiersprache geschrieben sind, haben sie wahrscheinlich mehr Fähigkeiten, als jede vorhersehbare Kombination von HTML, XML und Skripting jemals bieten kann.

10.1 Grundlagen zu Applets

Vor der Zeit von Java hat man mit HTML (der Hypertext Markup Language) das Layout einer Webseite beschrieben. HTML ist ein sehr einfaches Instrument, um Elemente einer Hypertext-Seite zu kennzeichnen. Beispielsweise steht <TITLE> für den Titel der Seite, und jeder auf dieses Tag folgende Text erscheint als Seitentitel. Das Ende des Titels kennzeichnet man mit dem Tag </TITLE>. (Das ist eine der allgemeinen Regeln für Tags: Ein Schrägstrich gefolgt vom Namen des Elements kennzeichnet das Ende des Elements.)

Der Grundgedanke für den Einsatz von Applets in einer Webseite ist einfach: Die HTML-Seite muß dem Browser mitteilen, welches Applet zu laden und wo jedes Applet auf der Webseite unterzubringen ist. Wie Sie vielleicht schon ahnen, muß das erforderliche HTML-Tag dem Java-fähigen Browser folgendes mitteilen, um ein Java-Applet verwenden zu können:

- den Namen der Klassendatei
- den Speicherort der Klassendatei
- wie das Applet auf der Webseite unterzubringen ist (zum Beispiel Größe und Lage)

Applets

Hinweis

Ursprünglich wurden Java-Applets über ein <APPLET>-Tag eingebettet, wobei entsprechende Parameter die oben angeführten Informationen lieferten. Das W3-Konsortium hat den Wechsel zum universelleren <OBJECT>-Tag vorgeschlagen, und das ältere <APPLET>-Tag wurde in der HTML-4.0-Spezifikation verworfen. Die meisten modernen Browser erkennen beide Tags, man sollte aber daran denken, daß ältere Browser nicht über diese Fähigkeit verfügen. Auf die Grundlagen dieser Tags kommen wir etwas später in diesem Kapitel zu sprechen.

Der Browser ruft dann die Klassendatei über das Netz (oder aus einem Verzeichnis auf dem Computer des Benutzers) ab und startet das Applet automatisch mit Hilfe seiner Java Virtual Machine.

Neben dem Applet selbst kann die Webseite alle anderen HTML-Elemente enthalten, die Sie von üblichen Webseiten her kennen: verschiedene Schriftarten, Aufzählungslisten, Grafiken, Links usw. Applets bilden nur einen Teil der Hypertext-Seite. Man sollte immer daran denken, daß Java *kein* Werkzeug für die Gestaltung von HTML-Seiten ist, sondern die HTML-Seiten *lebendig gestalten* soll. Das heißt nicht, daß die Elemente der Benutzeroberfläche in einem Java-Applet nicht wichtig sind, aber sie müssen mit dem zugrundeliegenden HTML-Design der Webseite zusammenarbeiten (und sind diesem in der Tat sogar unterzuordnen).

Hinweis

Wir gehen hier nicht auf allgemeine HTML-Tags ein und setzen voraus, daß Sie die Grundlagen von HTML kennen – oder zumindest mit jemandem zusammenarbeiten, der sie beherrscht. Für Java-Applets sind nur wenige spezielle HTML-Tags erforderlich. Diese behandeln wir natürlich im Verlauf dieses Kapitels. Zu HTML selbst sind zahlreiche Bücher erschienen. Zu empfehlen ist beispielsweise *HTML: The Definitive Guide, 3rd edition* von C. Musciano und B. Kennedy (O'Reilly).

Unmittelbar nach der Einführung von Applets mußte man mit dem Hotjava-Browser von Sun arbeiten, wenn man Webseiten mit Applets betrachten wollte. Natürlich sind nur wenige Benutzer bereit, auf einen anderen Browser umzusteigen, nur um sich an einem neuen Web-Feature zu erfreuen. Java-Applets wurden eigentlich erst populär, als Netscape eine Java Virtual Machine in seinen Browser integrierte. Internet Explorer folgte unmittelbar darauf. Sowohl Netscape als auch Internet Explorer kamen mit der Version 1.0 von Java gut zurecht, und die neuesten Versionen können den größten Teil von Java 1.1 behandeln.

Man kann aber nicht genug betonen, daß sich immer wieder Einschränkungen und Inkompatiblitäten störend ausgewirkt haben. Für die Zukunft sieht das auch nicht besser aus. Zum Beispiel wird

Microsoft wahrscheinlich niemals bestimmte Teile von Java implementieren, die eine ernsthafte Konkurrenz zur eigenen Technologie darstellen könnten. Netscape ist praktisch ganz aus dem Geschäft mit der virtuellen Maschine ausgestiegen. Bei Manuskripterstellung hat Netscape angekündigt, eine komfortable Möglichkeit dafür zu schaffen, daß der Benutzer seine eigene virtuelle Maschine spezifizieren kann, aber die momentan ausgelieferte Version des Navigator-Browsers verfügt noch nicht über dieses Merkmal. Das alles erschwert die Nutzung eines Applets, das moderne Merkmale von Java verwendet und sich trotzdem noch mit den verschiedenartigen Browsern betrachten läßt.

Um dieses Problem zu überwinden, hat Sun das sogenannte »Java Plug-in« (ursprünglich als »Activator« bezeichnet) herausgebracht. Unter Verwendung der verschiedenen Erweiterungsmechanismen von Internet Explorer oder Navigator fügt es sich nahtlos sowohl in Netscape als auch Internet Explorer ein und erlaubt beiden Browsern, Java-Applets mit Hilfe einer von Sun bereitgestellten externen Java-Laufzeitumgebung auszuführen. Die Sun-Versionen der virtuellen Maschine werden vermutlich immer auf dem neuesten Stand sein. Somit wäre sichergestellt, daß man immer die neuesten und besten Merkmale von Java einsetzen kann.

Nachdem Sie das Java Plug-in installiert haben, können Sie zu verschiedenen Versionen der Java Virtual Machine umschalten. Um die Applets in diesem Buch auszuführen, müssen Sie das Plug-in installieren und die Virtuelle Maschine des JDK 1.2 wählen (siehe Abbildung 10.1).

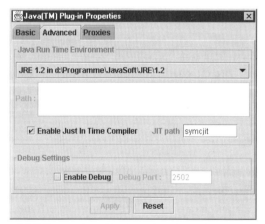

Abbildung 10.1: Die Java Virtual Machine im Java Plug-in auswählen

Wenn Sie Webseiten für ein breites Publikum entwickeln, ist es zugegebenermaßen eine Zumutung, die Besucher Ihrer Webseite aufzufordern, das Plug-in zu installieren, was mit einem längeren (wenn auch einmaligen) Download verbunden ist. Wenn Sie der Meinung sind, daß dieses Vorgehen unvernünftig ist, dann müssen Sie Applets entwickeln, die mit den Java Virtual Machines arbeiten, die in Netscape und Internet Explorer integriert sind. In diesem Fall dürfen Sie nur auf die Merk-

Applets

male von Java 1.0 zurückgreifen, um das Applet so einfach wie möglich – um nicht zu sagen simpel – zu halten. Offen gesagt, kommen Sie dann wahrscheinlich auch gänzlich ohne Applets aus – verwenden Sie JavaScript für die Programmlogik, Formulare für die Dateneingabe und animierte GIF-Dateien für bewegte Darstellungen.

Falls Sie auf intelligentere Java-Programme aus sind, stellt sich die Frage, ob man die Programme tatsächlich über den Webbrowser bereitstellen sollte. Wenn nicht, können Sie einfach Java-Anwendungen liefern, die Ihre Benutzer auf den lokalen Computern ausführen können. Damit haben Sie dann trotzdem alle Vorteile von Java, wie Plattformunabhängigkeit und einfachen Datenbank- und Netzwerkzugriff. Natürlich bietet die Verteilung über das Web auch ihre Vorteile. Für einen Benutzer ist es oftmals einfacher, eine Anwendung im Web zu finden als im lokalen Dateisystem. (Das gilt insbesondere für Anwendungen, die man nicht täglich nutzt.) Für einen Administrator ist es leichter, eine Anwendung im Web zu verwalten und zu aktualisieren, als Fehlerkorrekturen und Verbesserungen an eine Unmenge von Client-Desktops zu verteilen.

Somit finden sich unter den erfolgreichsten Java-Programmen vor allem firmeneigene *Intranet*-Anwendungen mit Schnittstellen zu Firmendatenbanken. Beispielsweise haben viele Firmen in ihrem Intranet Spesenabrechnungen, Kostenanalysen, Zeit- und Urlaubsplaner, Auftragsverwaltungen und ähnliches realisiert. Diese Programme sind relativ klein, müssen mit Datenbanken zusammenarbeiten, brauchen mehr Flexibilität als Web-Formulare und müssen an die Betriebsabläufe einer bestimmten Firma anzupassen sein. Applets sind die perfekten Bereitstellungsmechanismen für diese Programme, und da die Benutzergemeinde begrenzt ist, gibt es keine Probleme bei der Verteilung des Java Plug-ins.

Wir empfehlen, daß Sie eine der folgenden Möglichkeiten für Ihre Webanwendungen wählen:

1. Stellen Sie Java-Applets über das Java Plug-in bereit, wenn Sie in einem Intranet arbeiten. Das bietet die maximale Kontrolle über die Java-Plattform, weniger Probleme in bezug auf Portabilität und die Möglichkeit, die fortschrittlichsten Java-Features zu nutzen. Natürlich müssen Sie dann die Verteilung des Plug-ins verwalten.

2. Wenn Sie nicht in einem Intranet arbeiten, verzichten Sie auf Applets. Greifen Sie auf Skripts zurück, um Gültigkeitsprüfungen durchzuführen, verwenden Sie für bewegte Darstellungen animierte GIFs, arbeiten Sie mit Formularen und serverseitiger Verarbeitung von Dateneingaben (ganz gleich, ob es sich um herkömmliche CGI-Skripts, Java-Servlets oder serverseitige Skriptsprachen handelt).

Es gibt noch eine dritte Möglichkeit. Man kann Applets schreiben, die Java 1.1 zusammen mit Swing verwenden. Java 1.1 wird von den modernen Versionen der beiden Hauptbrowser unterstützt, und man kann eine Swing-JAR-Datei als Teil des Applets bereitstellen. Wie man dabei vorgeht, zeigen wir später in diesem Kapitel. Seien Sie aber gewarnt: Swing bedeutet einen umfangreichen (und wiederkehrenden) Download, der sicherlich bei einer normalen Einwählverbindung nicht akzeptabel ist.

10.1.1 Ein einfaches Applet

Aus Gründen der Tradition arbeiten wir unser Programm HelloWorld aus Kapitel 7 in ein Applet um. Vorher möchten wir noch klarstellen, daß ein Applet vom Standpunkt der Programmierung sehr seltsam anmutet. Ein Applet ist einfach eine Java-Klasse, die (letztendlich) die Klasse java.applet.Applet erweitert. Beachten Sie, daß das Paket applet zwar nicht zum Paket AWT gehört, ein Applet aber dennoch eine AWT-Komponente ist, wie es die Vererbungskette gemäß Abbildung 10.2 verdeutlicht. In diesem Buch greifen wir auf den Swing-Set zurück, um Applets zu implementieren. Alle unsere Applets erweitern die Klasse JApplet, die Superklasse für Swing-Applets. Wie Abbildung 10.2 zeigt, ist JApplet eine unmittelbare Subklasse der gewöhnlichen Klasse Applet.

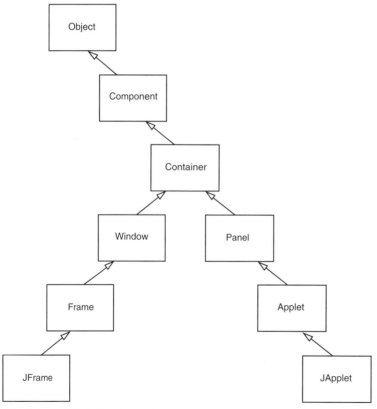

Abbildung 10.2: Vererbungsdiagramm

Applets

Hinweis

Wenn ein Applet Swing-Komponenten enthält, muß man die Klasse JApplet erweitern. Swing-Komponenten innerhalb einer reinen Applet-Klasse zeichnen nicht korrekt.

Aus der Vererbungskette ergeben sich einige naheliegende, aber dennoch nützliche Konsequenzen. Zum Beispiel läuft die Ereignisbehandlung genau wie in Kapitel 8 beschrieben ab, da Applets zu den AWT-Komponenten gehören.

Beispiel 10.1 zeigt den Code für eine Applet-Version von »Not Hello World«.

Beispiel 10.1: NotHelloWorldApplet.java
```
import java.awt.*;
import java.awt.event.*;
import javax.swing.*;

class NotHelloWorldPanel extends JPanel
{  public void paintComponent(Graphics g)
   {  super.paintComponent(g);
      g.drawString("Not a Hello, World applet", 75, 100);
   }
}

public class NotHelloWorldApplet extends JApplet
{  public void init()
   {  Container contentPane = getContentPane();
      contentPane.add(new NotHelloWorldPanel());
   }
}
```

Beachten Sie die Ähnlichkeiten mit dem entsprechenden Programm aus Kapitel 7. Da allerdings das Applet in einer Webseite »lebt«, braucht man keine Methode für das Beenden des Applets vorzusehen.

Damit das Applet mit dem dargestellten Code aus einer Webseite heraus funktionsfähig ist, muß man mindestens

- diese .java-Datei in Klassendateien kompilieren
- eine HTML-Datei erzeugen, die dem Browser mitteilt, welche Datei zu laden ist und welche Größe das Applet hat

Es ist üblich (aber nicht notwendig), der HTML-Datei den gleichen Namen zu geben wie der darin enthaltenen Applet-Klasse. Gemäß dieser Tradition nennen wir die Datei `NotHelloWorldApplet.html`.

Gegenüber den verschiedenen Arten, wie man die von der virtuellen Maschine des Browsers ausgeführten Applets auf einer Seite markiert (die einfachen `<APPLET>`- oder `<OBJECT>`-Tags mit einigen Parametern), sind leider die HTML-Tags, die man für den Einsatz des Applets mit dem Java Plug-in braucht, ziemlich umständlich. Außerdem brauchen sie zugeordneten Skriptcode, damit sie den umgebenden Browser ermitteln können. Statt die Tags und den Skriptcode manuell zu erzeugen, empfiehlt sich ein HTML-Konverter (siehe Abbildung 10.3), den Sun für diesen Zweck bereitstellt.

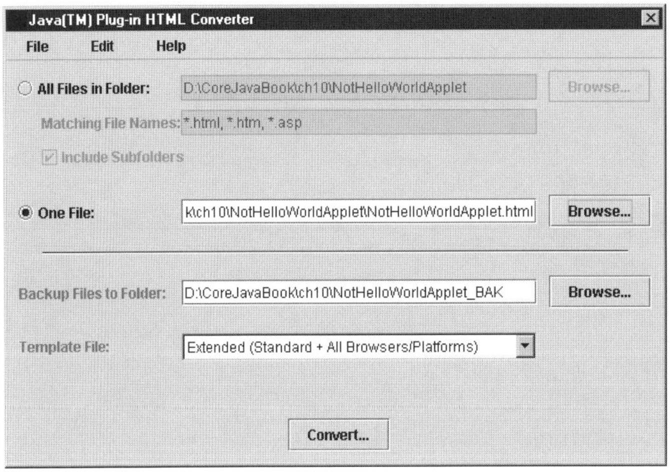

Abbildung 10.3: Der Java-Plug-in-HTML-Konverter

Dieser Konverter übersetzt eine einfache HTML-Datei, die das herkömmliche `APPLET`-Tag enthält, in die komplexe HTML-Datei, die für den Aufruf des Java Plug-in aus verschiedenen Browsern erforderlich ist. Um diesen Konverter einzusetzen, gibt man einfach den Namen der HTML-Datei oder mehrerer Dateien mit dem einfachen `APPLET`-Tag an und wählt die passende Konvertierungsvorlage. Für dieses Buch haben wir »Extended (Standard + All Browsers/Platforms)« gewählt.

Zum Beispiel haben wir für das Applet `NotHelloWorldApplet.html` mit der folgenden einfachen HTML-Datei begonnen:

```
<APPLET CODE="NotHelloWorldApplet.class" WIDTH=300 HEIGHT=300>
</APPLET>
```

Das Ergebnis dieser Umwandlung zeigt Beispiel 10.2. Auf die `APPLET`-HTML-Tags gehen wir später in diesem Kapitel ein.

Applets

Beispiel 10.2: NotHelloWorldApplet.html

```
<!--"CONVERTED_APPLET"-->
<!-- CONVERTER VERSION 1.0 -->
<SCRIPT LANGUAGE="JavaScript"><!--
    var _info = navigator.userAgent; var _ns = false;
    var _ie = (_info.indexOf("MSIE") > 0 && _info.indexOf("Win") > 0 &&
_info.indexOf("Windows 3.1") < 0);
//--></SCRIPT>
<COMMENT><SCRIPT LANGUAGE="JavaScript1.1"><!--
    var _ns = (navigator.appName.indexOf("Netscape") >= 0 &&
((_info.indexOf("Win") > 0 && _info.indexOf("Win16") < 0 &&
java.lang.System.getProperty("os.version").indexOf("3.5") < 0) ||
(_info.indexOf("Sun") > 0) || (_info.indexOf("Linux") > 0)));
//--></SCRIPT></COMMENT>

<SCRIPT LANGUAGE="JavaScript"><!--
    if (_ie == true) document.writeln('<OBJECT classid="clsid:8AD9C840-
044E-11D1-B3E9-00805F499D93" WIDTH = 300 HEIGHT = 300  code-
base="http://java.sun.com/products/plugin/1.2/jinstall-12-win32.cab#Ver-
sion=1,2,0,0"><NOEMBED><XMP>');
    else if (_ns == true) document.writeln('<EMBED type="application/x-
java-applet;version=1.2" java_CODE = "NotHelloWorldApplet.class" WIDTH =
300 HEIGHT = 300   pluginspage="http://java.sun.com/products/plu-
gin/1.2/plugin-install.html"><NOEMBED><XMP>');
//--></SCRIPT>
<APPLET CODE = "NotHelloWorldApplet.class" WIDTH = 300 HEIGHT = 300
></XMP>
<PARAM NAME = CODE VALUE = "NotHelloWorldApplet.class" >

<PARAM NAME="type" VALUE="application/x-java-applet;version=1.2">

</APPLET>

</NOEMBED></EMBED></OBJECT>


<!--
<APPLET  CODE = "NotHelloWorldApplet.class" WIDTH = 300 HEIGHT = 300 >

</APPLET>
-->
<!--"END_CONVERTED_APPLET"-->
```

10.1.2 Applets testen

Wir verfügen jetzt über die HTML-Datei und die kompilierte Klassendatei. Nun wollen wir unsere Arbeit ausprobieren. Zum JDK gehört das eigenständige Programm *Applet-Viewer*, mit dem sich Applets eingeschränkt testen lassen. Für Solaris und Windows heißt dieses Programm einfach appletviewer. Bei anderen Plattformen sollten Sie prüfen, ob eine entsprechende Version zum Lieferumfang des JDK gehört und wie der Name lautet. Der Applet-Viewer befindet sich im Verzeichnis bin unterhalb des Verzeichnisses jdk.

Um den Applet-Viewer von Sun für unser Beispiel zu verwenden, geben Sie den Befehl

appletviewer NotHelloWorldApplet.html

auf der Befehlszeile ein. (Die Befehlszeile für das Programm Applet-Viewer ist der Name der HTML-Datei, nicht der Klassendatei.) Abbildung 10.4 zeigt den Applet-Viewer, der das Beispiel-Applet anzeigt.

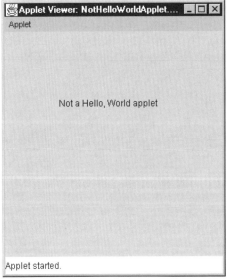

Abbildung 10.4: Ein Applet im Applet-Viewer betrachten

Tip

Wenn Sie mit unserer angepaßten Version von TextPad arbeiten, können Sie einen ersten Eindruck von Ihrem Applet erhalten, wenn Sie den Quellcode aus dem Editor heraus kompilieren und ausführen. In diesem Fall ruft der Editor eine (ziemlich seltsame) Stapeldatei auf, die folgendes ausführt:

Applets

1. Sie prüft, ob die Quelldatei den String Applet enthält.
2. Sie erzeugt eine Datei und schreibt in diese den Mindestumfang an HTML-Tags, die für die Ausführung des Codes als Applet erforderlich sind (die Größe des Applets wird fest auf 300 mal 200 Pixel eingestellt).
3. Sie speichert die Datei mit einer HTM-Erweiterung (so daß sie keine von Ihren .html-Dateien überschreibt).
4. Sie ruft den Applet-Viewer von Sun für diese Datei auf.

Schließen Sie den Applet-Viewer, wenn Sie das Testen Ihres Applets beendet haben.

Nach diesem Verfahren lassen sich Applets schnell testen, ohne daß man eine ausgewachsene HTML-Seite erzeugen muß.

Der Applet-Viewer eignet sich für die erste Testphase. Von einem gewissen Punkt an muß man aber die Applets in einem Browser ausführen, damit man sie in der gleichen Weise sieht wie der Benutzer. Insbesondere zeigt das Programm Applet-Viewer nur das Applet und nicht den umgebenden HTML-Text. Wenn eine HTML-Datei mehrere Applets enthält, öffnet der Applet-Viewer mehrere Fenster. Außerdem forciert der Applet-Viewer nicht in gleicher Weise die Sicherheitsregeln, wie es beim Browser der Fall ist.

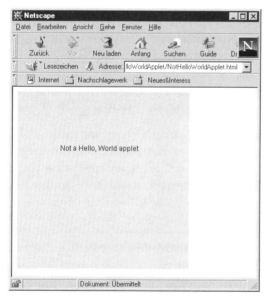

Abbildung 10.5: Ein Applet im Browser betrachten

Demzufolge sollte man das Applet in einem Browser testen. Laden Sie einfach die HTML-Datei in den Browser. Vorausgesetzt, daß das Java Plug-In korrekt installiert ist, wird das Applet (wie in Abbildung 10.5 dargestellt) angezeigt. Wenn das Java Plug-in nicht installiert ist, sollte es der Browser anfordern (herunterladen) und installieren.

Tip

Das Testen von Applets mit dem Java Plug-in ist etwas mühsam, da man die HTML-Dateien über den Konverter laufen lassen muß. Wenn Sie die aktuelle Version von Netscape mit voller Unterstützung von Java 1.1 verwenden, können Sie sich etwas Aufwand sparen, vorausgesetzt, daß die Applets keine Funktionen von Java 2 erfordern, die über Swing hinausgehen. (In diesem Kapitel sind keine Applets davon betroffen.) Holen Sie sich das Swing Add-on zu Java 1.1 von der Webseite `java.sun.com`, und bringen Sie die Datei `swing.jar` im Verzeichnis `Netscape\Communicator\Program\Java\Classes` unter. Netscape kann dann Applets laden, die mit dem Swing-Satz arbeiten. Man braucht nur noch eine einfache HTML-Datei mit einem `APPLET`-Tag bereitzustellen. Es sind keine Umwandlungen in die Tags `OBJECT` oder `EMBED` erforderlich.

10.2 Grundlagen zur Sicherheit

Da Applets dafür vorgesehen sind, von einer Remote-Site geladen und dann lokal ausgeführt zu werden, stellt die Sicherheit einen bedeutenden Aspekt dar. Wenn ein Benutzer Java im Browser aktiviert, lädt der Browser den Applet-Code auf der Webseite herunter und führt ihn unmittelbar aus. Der Benutzer erhält überhaupt keine Möglichkeit, die Ausführung einzelner Applets zu bestätigen oder zu stoppen. Aus diesem Grund gibt es bei Applets (im Gegensatz zu Anwendungen) verschiedene Restriktionen. Der *Applet-Sicherheitsmanager* löst eine `SecurityException` aus, wenn ein Applet versucht, Zugriffsregeln zu verletzen. (Sicherheitsmanager sind Thema von Band 2).

Was *ist* Applets auf allen Plattformen erlaubt? Sie können Bilder anzeigen und Sound wiedergeben, Tastatureingaben und Mausklicks vom Benutzer entgegennehmen und Benutzereingaben zurück zum Host senden, von wo sie geladen wurden. Diese Funktionalität reicht aus, um genaue Daten anzuzeigen oder Benutzereingaben für die Aufgabe einer Bestellung zu holen. Aber Applets, die abgeschirmt ablaufen, können das System des Benutzers nicht verändern oder ausspionieren. In diesem Kapitel sehen wir uns ausschließlich Applets an, die isoliert arbeiten.

Für diese Arbeitsweise gelten bei den meisten Browsern folgende Einschränkungen:

- Applets können *niemals* lokale ausführbare Programme starten.
- Applets können ausschließlich mit dem Host-Server kommunizieren, von dem sie heruntergeladen wurden. Dieser Server ist der sogenannte *Ursprungsserver*.

Applets

- Applets können im lokalen Dateisystem weder lesen noch schreiben.
- Applets können keinerlei Informationen über den lokalen Computer ermitteln, ausgenommen die verwendete Java-Version, der Name und die Version des Betriebssystems und die Trennzeichen für Dateien (beispielsweise / oder \), Pfade (wie : oder ;) und Zeilen (zum Beispiel \n oder \r\n). Vor allem sind Applets nicht in der Lage, den Namen des Benutzers, seine E-Mail-Adresse usw. herauszufinden.
- Alle Fenster, die ein Applet öffnet, zeigen eine Warnung an.

Das ist alles nur möglich, weil Applets durch die Java Virtual Machine *interpretiert* und nicht direkt durch die CPU des Benutzercomputers ausgeführt werden. Da der Interpreter alle kritischen Anweisungen und Programmbereiche prüft, kann ein böswilliges (oder schlecht geschriebenes) Applet praktisch weder den Computer zum Absturz bringen noch den Systemspeicher überschreiben oder die vom Betriebssystem vergebenen Privilegien verändern. Tabelle 10.1 zeigt, was abgeschirmte Java-Applets tun können und was eigenständigen Java-Anwendungen unter dem Standard-Sicherheitsmanager erlaubt ist.

	BR	AV	JA
Lokale Dateien lesen	nein	ja	ja
Lokale Dateien schreiben	nein	ja	ja
Dateiinformationen einholen	nein	ja	ja
Dateien löschen	nein	nein	ja
Andere Programme ausführen	nein	ja	ja
Die Eigenschaft user.name lesen	nein	ja	ja
Mit dem Netzwerkanschluß auf dem Server verbinden	ja	ja	ja
Mit dem Netzwerkanschluß auf einem anderen Host verbinden	nein	ja	ja
Java-Bibliothek laden	nein	ja	ja
exit aufrufen	nein	ja	ja
Ein Popup-Fenster öffnen	mit Warnung	ja	ja

Tabelle 10.1: Programmfähigkeiten von Java

Erläuterung zur Tabelle:

BR = Browser, der das Standardsicherheitsmodell für Applets verwendet

AV = Applet-Viewer

JA = Java, das eine Anwendung (kein Applet) ohne Sicherheitsmanager ausführt

Für manche Situationen sind diese Restriktionen zu streng. Zum Beispiel ist in einem firmeneigenen Intranet nichts dagegen einzuwenden, wenn ein Applet auf lokale Dateien zugreift. Um verschiedene Ebenen der Sicherheit unter verschiedenen Bedingungen zuzulassen, kann man mit *signierten Applets* arbeiten. Ein signiertes Applet führt ein »Sicherheitszertifikat« mit sich, das auf den Ursprung des Applets hinweist. Mit einem signierten Applet kann man dann sicher sein, woher das Applet stammt, und man kann ihm zusätzliche Rechte geben. (Auf die Signierung geht Band 2 ein.)

Wenn man dem Unterzeichner des Applets vertraut, kann man vor allem den Browser anweisen, dem Applet mehr Privilegien einzuräumen. Beispielsweise kann man den Applets im Intranet eine höhere Vertrauensebene eingestehen als Applets, die von einer Seite wie www.hacker.com stammen. Das konfigurierbare Java-Sicherheitsmodell erlaubt die benötigten kontinuierlichen Privilegstufen. Vollkommen vertrauenswürdigen Applets kann man die gleichen Privilegstufen geben wie lokalen Anwendungen. Programme von unbekannten Anbietern, die in zweifelhaftem Ruf stehen, können Zugriff auf einige, aber nicht alle Privilegien erhalten. Unbekannte Applets lassen sich vollkommen isoliert ausführen.

Insgesamt bietet Java drei separate Mechanismen, mit denen sich die Sicherheitsaspekte durchsetzen lassen:

- Programmcode wird durch die Java Virtual Machine interpretiert und nicht direkt ausgeführt.
- Ein Sicherheitsmanager prüft alle sensitiven Operationen in der Java-Laufzeitbibliothek.
- Applets lassen sich signieren, um ihren Ursprung zu kennzeichnen.

Hinweis

Im Gegensatz dazu verläßt sich das Sicherheitsmodell der ActiveX-Technologie von Microsoft ausschließlich auf die dritte Option. Wenn man überhaupt ein ActiveX-Steuerelement ausführen möchte, muß man ihm blind vertrauen. Dieses Modell eignet sich ausgezeichnet, wenn man mit einer kleinen Zahl von vertrauenswürdigen Anbietern zu tun hat, läßt sich aber nicht auf das World Wide Web ausdehnen. Wenn Sie mit Internet Explorer arbeiten, können Sie sich den ActiveX-Mechanismus in der Praxis ansehen. Sie müssen das Zertifikat von Sun akzeptieren, um das Plug-in

Applets

im Internet Explorer zu installieren. Das Zertifikat weist aus, daß der Code von Sun stammt. Allerdings sagt es nichts über die Qualität des Codes aus. Nachdem Sie die Installation akzeptiert haben, läuft das Programm ohne weitere Sicherheitsprüfungen.

10.2.1 Anwendungen in Applets umwandeln

Eine grafische Java-Anwendung (das heißt, eine Anwendung, die das AWT verwendet und die man mit dem Befehlszeileninterpreter java startet) läßt sich leicht in ein Applet umwandeln, das man in eine Webseite einbetten kann. Praktisch sind am gesamten Code der Benutzeroberfläche keinerlei Änderungen vorzunehmen.

Eine Anwendung wandeln Sie mit folgenden Schritten in ein Applet um:

1. Erstellen Sie eine HTML-Seite mit dem passenden Tag, um den Applet-Code zu laden.

2. Eliminieren Sie die Methode main in der Anwendung. Gewöhnlich enthält main den Code, um ein neues Rahmenobjekt zu erzeugen. Bei Applets kümmert sich der Browser automatisch darum, da er ein Objekt der in der HTML-Seite spezifizierten Klasse erstellt.

3. Ersetzen Sie die Klasse JFrame durch eine JApplet-Klasse. Machen Sie diese Klasse öffentlich (public). Andernfalls läßt sich das Applet nicht laden.

4. Entfernen Sie den Aufruf von setSize. Bei Applets realisiert man die Größeneinstellung mit den Parametern WIDTH und HEIGHT in der eigentlichen HTML-Datei. Entfernen Sie den Aufruf von addWindowListener. Ein Applet kann nicht geschlossen werden. Es terminiert, wenn der Browser beendet wird. Wenn die Anwendung setTitle aufruft, entfernen Sie den Aufruf dieser Methode. Applets können keine Titelleiste haben. (Natürlich können Sie die Webseite selbst per HTML-Tag <TITLE> mit einem Titel versehen.)

5. Ersetzen Sie den Konstruktor durch eine Methode namens init. Wenn der Browser ein Objekt der Applet-Klasse erzeugt, ruft er die Methode init() auf. Diese Änderung ist nur erforderlich, wenn Sie mit der Methode getParameter Parameter lesen, die das Layout des Applets beeinflussen. Die Methode getParameter läßt sich nicht aus dem Konstruktor aufrufen. (Auf Applet-Parameter gehen wir weiter hinten in diesem Kapitel ein.)

Als Beispiel dieser Transformation ändern wir die Rechneranwendung aus Kapitel 9 in ein Applet. Abbildung 10.6 zeigt, wie sich das Rechner-Applet in einer Webseite präsentiert.

Abbildung 10.6: Ein Rechner-Applet

Beispiel 10.3 zeigt die HTML-Seite. Beachten Sie, daß neben den Applet-Tags zusätzlicher Text angegeben ist.

Beispiel 10.3: Calculator.html (vor der Verarbeitung mit dem HTML-Konverter)
```
<HTML>
<TITLE>A Calculator</TITLE>
<BODY>
Hier ist ein Rechner, falls Sie Ihren nicht finden können.
<APPLET CODE="CalculatorApplet.class" WIDTH=180 HEIGHT=180>
</APPLET>
</BODY>
</HTML>
```

In Beispiel 10.4 ist der Code für das Applet dargestellt. Wir haben die Klasse mit der Methode main eliminiert, die Grundflächenklasse in eine Applet-Klasse umgewandelt und die Aufrufe von setTitle, setSize und addWindowListener aus dem Konstruktor herausgenommen. Beachten Sie, daß sich die Grundflächenklasse überhaupt nicht geändert hat.

Beispiel 10.4: CalculatorApplet.java
```
import java.awt.*;
import java.awt.event.*;
import javax.swing.*;

class CalculatorPanel extends JPanel
    implements ActionListener
```

Applets

```java
{  public CalculatorPanel()
   {  setLayout(new BorderLayout());

      display = new JTextField("0");
      display.setEditable(false);
      add(display, "North");

      JPanel p = new JPanel();
      p.setLayout(new GridLayout(4, 4));
      String buttons = "789/456*123-0.=+";
      for (int i = 0; i < buttons.length(); i++)
         addButton(p, buttons.substring(i, i + 1));
      add(p, "Center");
   }

   private void addButton(Container c, String s)
   {  JButton b = new JButton(s);
      c.add(b);
      b.addActionListener(this);
   }

   public void actionPerformed(ActionEvent evt)
   {  String s = evt.getActionCommand();
      if ('0' <= s.charAt(0) && s.charAt(0) <= '9'
         || s.equals("."))
      {  if (start) display.setText(s);
         else display.setText(display.getText() + s);
         start = false;
      }
      else
      {  if (start)
         {  if (s.equals("-"))
            {  display.setText(s); start = false; }
            else op = s;
         }
         else
         {  calculate(Double.parseDouble(display.getText()));
            op = s;
            start = true;
         }
      }
   }

   public void calculate(double n)
   {  if (op.equals("+")) arg += n;
      else if (op.equals("-")) arg -= n;
```

```
      else if (op.equals("*")) arg *= n;
      else if (op.equals("/")) arg /= n;
      else if (op.equals("=")) arg = n;
      display.setText("" + arg);
   }

   private JTextField display;
   private double arg = 0;
   private String op = "=";
   private boolean start = true;
}

public class CalculatorApplet extends JApplet
{  public void init()
   {  Container contentPane = getContentPane();
      contentPane.add(new CalculatorPanel());
   }
}
```

API

java.applet.Applet

- void init()

    Wird beim Laden des Applets aufgerufen. Überschreiben Sie diese Methode, und plazieren Sie hier den gesamten Initialisierungscode.

- void setSize(int width, int height)

    Fordert die Größenänderung des Applets an. Das wäre eine hervorragende Methode, wenn sie auf Webseiten funktionieren würde. Leider klappt das mit den aktuellen Browsern nicht, da sie mit deren Mechanismen in bezug auf das Seitenlayout in Konflikt steht. Allerdings arbeitet die Methode im Applet-Viewer, und vielleicht unterstützen sie zukünftige Browser und bauen die Seite neu auf, wenn sich die Größe des Applets ändert.

10.2.2 Lebenszyklus eines Applets

Vier Methoden in der Klasse Applet stellen das Gerüst, auf dem sich jedes ernsthafte Applet aufbauen läßt: init(), start(), stop() und destroy(). Die folgende Übersicht beschreibt diese Methoden, zeigt, wann sie aufgerufen werden und welchen Code man darin unterbringen sollte.

init()

Applets

In dieser Methode nimmt man alle Initialisierungen vor, die für das Applet erforderlich sind. Die Methode arbeitet fast wie ein Konstruktor – sie wird automatisch durch das System aufgerufen, wenn Java das Applet erstmalig startet. Zu den allgemeinen Aktionen in einem Applet gehört das Verarbeiten der PARAM-Werte und das Hinzufügen der Komponenten der Benutzeroberfläche.

Applets können einen Standardkonstruktor haben, es ist aber üblich, alle Initialisierungen in der Methode init statt im Standardkonstruktor zu erledigen.

start()

Diese Methode wird automatisch aufgerufen, nachdem Java die Methode init aufgerufen hat. Außerdem finden Aufrufe statt, wenn der Benutzer zu der Seite, die das Applet enthält, zurückkehrt, nachdem er andere Seiten besucht hat. Demnach kann die Methode start im Gegensatz zur Methode init wiederholt aufgerufen werden. Schreiben Sie deshalb den Code, den Sie nur einmal ausführen möchten, in die Methode init und nicht in die Methode start. In der Methode start realisiert man gewöhnlich den Neustart eines Threads für das Applet, um zum Beispiel eine Animation fortzusetzen. Wenn das Applet keine Aktionen realisiert, die zu suspendieren sind, wenn der Benutzer die aktuelle Webseite verläßt, braucht man diese Methode (und die Methode stop) nicht zu implementieren.

stop()

Diese Methode wird automatisch aufgerufen, wenn der Benutzer die Seite, in der sich das Applet befindet, verläßt. Demzufolge kann sie wiederholt im selben Applet aufgerufen werden. Sie dient dazu, zeitintensive Prozesse anzuhalten, die das System bremsen, wenn der Benutzer nicht mit dem Applet beschäftigt ist. Diese Methode sollten Sie nicht direkt aufrufen. Wenn Ihr Applet keine Animationen ausführt, Audiodateien wiedergibt oder Berechnungen in einem Thread erledigt, kann man gewöhnlich auf diese Methode verzichten.

destroy()

Java garantiert, diese Methode aufzurufen, wenn der Browser normal heruntergefahren wird. Da Applets für den Einsatz auf einer HTML-Seite vorgesehen sind, braucht man sich nicht um die Zerstörung der Grundfläche zu kümmern. Das passiert automatisch, wenn der Browser herunterfährt. In der Methode destroy *muß* man aber den Code unterbringen, der alle Ressourcen, die nicht vom Arbeitsspeicher abhängig sind, freigibt. Das betrifft zum Beispiel Grafikkontexte, die man verwendet hat. Natürlich ruft Java die Methode stop auf, bevor die Methode destroy aufgerufen wird, wenn das Applet noch aktiv ist.

API

java.applet.Applet

- void start()

    Überschreiben Sie diese Methode für Code, der *jedesmal* auszuführen ist, wenn der Benutzer die Browser-Seite, die das Applet enthält, besucht. Eine typische Aktion ist die erneute Aktivierung eines Threads.

- void stop()

    Überschreiben Sie diese Methode für Code, der *jedesmal* auszuführen ist, wenn der Benutzer die Browser-Seite, die das Applet enthält, verläßt. Eine typische Aktion ist das Suspendieren eines Threads.

- void destroy()

    Überschreiben Sie diese Methode für Code, der auszuführen ist, wenn der Benutzer den Browser beendet. Eine typische Aktion ist der Aufruf von destroy auf Systemobjekten.

10.3 HTML-Tags und Attribute für Applets

Leider sind die vom Java Plug-in erzeugten HTML-Tags ziemlich verwirrend, da sich jedes Applet nach *drei Arten* spezifizieren läßt und der Konverter von Sun mit allen drei Möglichkeiten zurechtkommen muß:

1. Das EMBED-Tag versteht der Netscape Navigator.

2. Das OBJECT-Tag verstehen der Internet Explorer und die neueste Version von Navigator.

3. Das APPLET-Tag verstehen der Applet-Viewer und der Browser HotJava.

Dazu kommt noch, daß sich die Syntax für Applet-Eigenschaften zwischen den drei Tags leicht unterscheidet.

Sehen wir uns zuerst das APPLET-Tag an, auch wenn es in den neuesten Versionen der HTML-Spezifikation von W3 verworfen wurde. Allerdings verstehen der Applet-Viewer von Sun und der Plug-in-HTML-Konverter noch nicht das neuere OBJECT-Tag.

In der grundlegendsten Form sieht ein Beispiel für die Verwendung des APPLET-Tags wie folgt aus:

<APPLET CODE="NotHelloWorldApplet.class" WIDTH=100 HEIGHT=100>

Wie man erkennt, liefert das CODE-Tag den Namen der Klassendatei und muß die Erweiterung .class einschließen. Die Tags WIDTH und HEIGHT legen die – in Pixeln gemessene – Größe des Fensters fest, das das Applet aufnimmt. Mit dem </APPLET>-Tag ist das Ende des HTML-

Applets

Abschnitts für ein Applet zu kennzeichnen. Diese Tags sind erforderlich. Fehlt eines, kann der Browser das Applet nicht laden.

Diese Informationen bettet man gewöhnlich in eine HTML-Seite ein, die in der Grundausstattung etwa folgendes Aussehen hat:

```
<HTML>
<HEAD>
<TITLE>NotHelloWorldApplet</TITLE>
</HEAD>
<BODY>
Die nächste Textzeile wird unter der Schirmherrschaft
von Java angezeigt:
<APPLET CODE="NotHelloWorldApplet.class" WIDTH=100 HEIGHT=100>
Text an dieser Stelle erscheint nur in nicht
Java-fähigen Browsern.
</APPLET>
</BODY>
</HTML>
```

Hinweis

Gemäß der HTML-Spezifikation kann man HTML-Tags wie zum Beispiel <APPLET> sowohl in Groß- als auch Kleinschreibung angeben. Beim Namen der Applet-Klasse ist allerdings die Schreibweise relevant. Das kann auch bei anderen Elementen, die in Anführungszeichen eingeschlossen sind, zutreffen, beispielsweise bei Namen von JAR-Dateien, wenn das Dateisystem des Webservers die Groß-/Kleinschreibung berücksichtigt.

Wir gehen nun kurz auf die verschiedenen Attribute ein, die man nach einem APPLET-Tag angeben kann (oder muß), um das Applet zu positionieren. Falls Sie sich mit HTML auskennen, fallen Ihnen sicherlich die Ähnlichkeiten auf, die zu den Attributen des <IMG>-Tags bestehen, mit dem man Bilder auf einer Webseite plaziert.

10.3.1 Applet-Attribute für die Positionierung

»WIDTH«, »HEIGHT«

Diese Attribute sind erforderlich und geben die Breite bzw. Höhe des Applets – gemessen in Pixeln – an. Im Applet-Viewer ist das die anfängliche Größe des Applets. Man kann jedes Fenster, das der Applet-Viewer erzeugt, in der Größe ändern. In einem Browser läßt sich das Applet nicht in der Größe anpassen. Man muß genau abschätzen, wieviel Platz das Applet erfordert, um es bestmöglich für alle Benutzer darzustellen.

»ALIGN«

Dieses Attribut spezifiziert die Ausrichtung des Applets. Man hat zwei grundsätzliche Wahlmöglichkeiten. Das Applet kann ein Block sein, um den der Text herum fließt, oder *inline*, wobei es sich in eine Textzeile wie ein übergroßer Buchstabe einordnet. Die ersten beiden Werte (`LEFT` und `RIGHT`) stehen für den Textfluß um das Applet. Die anderen sind für den Fluß des Applets mit dem Text verantwortlich.

Die Auswahlen sind in Tabelle 10.2 beschrieben.

Abbildung 10.7 zeigt Beispiele für die Ausrichtungsattribute eines Applets, das mit dem umgebenden Text gleitet. Die Demonstration wurde mit `AlignTest.html` erzeugt. Die zugehörigen Dateien finden Sie im Verzeichnis `ch10\AlignTest`.

Abbildung 10.7: Applet-Ausrichtung

Applets

Attribut	Wirkung
LEFT	Plaziert das Applet am linken Rand der Seite. Text, der auf der Seite folgt, kommt in den Raum rechts vom Applet.
RIGHT	Plaziert das Applet am rechten Rand der Seite. Text, der auf der Seite folgt, kommt in den Raum links vom Applet.
BOTTOM	Plaziert den unteren Rand des Applets zum unteren Rand des Textes in der aktuellen Zeile.
TOP	Richtet den oberen Rand des Applets mit dem oberen Rand der aktuellen Zeile aus.
TEXTTOP	Richtet den oberen Rand des Applets mit dem oberen Rand des Textes in der aktuellen Zeile aus.
MIDDLE	Richtet die Mitte des Applets mit der Grundlinie der aktuellen Zeile aus.
ABSMIDDLE	Richtet die Mitte des Applets mit der Mitte der aktuellen Zeile aus.
BASELINE	Richtet den unteren Rand des Applets mit der Grundlinie der aktuellen Zeile aus.
ABSBOTTOM	Richtet den unteren Rand des Applets mit dem unteren Rand der aktuellen Zeile aus.
VSPACE, HSPACE	Diese optionalen Attribute spezifizieren die Anzahl der Pixel oberhalb und unterhalb des Applets (VSPACE) und zu beiden Seiten des Applets (HSPACE).

Tabelle 10.2: Tags zur Positionierung von Applets

10.3.2 Applet-Attribute für Code

Die folgenden Applet-Attribute teilen dem Browser mit, wo der Applet-Code zu suchen ist.

»CODE«

Dieses Attribut gibt den Namen der Klasse oder (kompilierten) Datei des Applets an. Der Name bezieht sich relativ zum Standort der aktuellen Seite. Das kann entweder ein lokales Verzeichnis oder ein URL im Netz sein. Absolute Pfadnamen sind hier nicht erlaubt. Es ist entweder das Attribut CODE oder das Attribut OBJECT erforderlich.

»CODEBASE«

Dieses optionale Attribut teilt dem Browser mit, daß sich die Klassendateien unterhalb des im CODEBASE-Tag angegebenen Verzeichnisses befinden. Wenn sich zum Beispiel ein Applet CalculatorApplet.class im Verzeichnis MyApplets befindet und das Verzeichnis MyApplets *unterhalb* der Position der Webseite angesiedelt ist, schreibt man:

```
<APPLET CODE="CalculatorApplet.class" CODEBASE="MyApplets" WIDTH=100
   HEIGHT=150>
```

»ARCHIVE«

Dieses optionale Attribut listet die Java-Archivdatei(en) auf, die Klassen und andere Ressourcen für das Applet enthalten. (Siehe dazu den Abschnitt zu JAR-Dateien weiter hinten in diesem Kapitel.) Die Dateien holt der Browser vor dem Laden des Applets vom Webserver. Diese Technik beschleunigt den Ladeprozeß deutlich, da nur eine HTTP-Anforderung notwendig ist, um eine JAR-Datei, die viele kleinere Dateien enthält, zu laden. Die JAR-Dateien sind durch Kommas getrennt. Zum Beispiel:

```
<APPLET CODE="CalculatorApplet.class"
   ARCHIVE="CalculatorClasses.jar,corejava/CoreJavaClasses.jar"
   WIDTH=100 HEIGHT=150>
```

Tip

Dieses Tag hat eine sehr wichtige Anwendung. Wenn ein Applet den Swing-Satz benutzt, ansonsten aber keine Merkmale der Version 2 verwendet, kann man es in einem Java-1.1-kompatiblen Browser (etwa die aktuellen Versionen von Netscape und Internet Explorer) einsetzen, indem man eine JAR-Datei mit allen Swing-Klassen bereitstellt. Die passende JAR-Datei läßt sich über das Herunterladen der Swing-Ergänzung zu Java 1.1 von der Website java.sun.com erhalten. Das Applet muß man dann in einer JAR-Datei verpacken und sie zusammen mit der Swing-JAR-Datei laden. Dann stellt man einen ARCHIVE-Parameter wie den folgenden bereit:

```
<APPLET CODE="CalculatorApplet.class"
   ARCHIVE="CalculatorAppletClasses.jar,swing.jar"
   WIDTH=100 HEIGHT=150>
```

Die Datei swing.jar hat eine Größe von etwa 1 Mbyte, was einen längeren Download bedeutet. Man sollte auf diese Lösung verzichten, wenn die Benutzer über eine Einwählverbindung auf die Webseite zugreifen müssen. Natürlich ist der Download des Plug-ins noch umfangreicher, er muß aber nur einmal erfolgen. Die JAR-Datei wird jedesmal neu heruntergeladen.

Applets

»OBJECT«

Die Applet-Klassendatei kann man auch festlegen, indem man den Namen einer Datei angibt, die das serialisierte Applet-Objekt enthält. Die einzelnen Browser unterstützen dieses Attribut aber auf unterschiedliche Weise. Man muß auf jeden Fall das Plug-in verwenden, wenn man dieses Feature nutzen will. (Ein Objekt ist *serialisiert*, wenn man alle seine Datenfelder in eine Datei schreibt. Auf die Serialisierung kommen wir in Kapitel 12 zurück.) Das Objekt wird aus der Datei deserialisiert, um seinen vorherigen Zustand wiederherzustellen. Wenn man dieses Tag verwendet, findet *kein* Aufruf der init-Methode statt, aber die Methode start des Applets wird aufgerufen. Vor der Serialisierung eines Applet-Objekts sollte man seine stop-Methode aufrufen. Mit diesem Merkmal läßt sich ein persistenter Browser implementieren, der automatisch seine Applets erneut lädt und sie in den gleichen Zustand zurückbringt, den sie vor dem Schließen des Browsers innehatten. Auf dieses spezielle Leistungsmerkmal greifen Entwickler von Webseiten normalerweise nicht zurück.

In jedem APPLET-Tag muß entweder CODE oder OBJECT vorhanden sein. Zum Beispiel:

<APPLET OBJECT="CalculatorApplet.object" WIDTH=100 HEIGHT=150>

»NAME«

Verfasser von Skripts geben dem Applet ein NAME-Attribut, mit dem sie sich im Skript auf das Applet beziehen können. Sowohl Netscape als auch Internet Explorer erlauben den Aufruf von Methoden eines Applets auf einer Seite über JavaScript. Dieses Buch geht nicht auf JavaScript ein, so daß wir hier nur eine kurze Vorstellung vermitteln können, welcher Code erforderlich ist, um Java-Code aus JavaScript heraus aufzurufen.

Hinweis

JavaScript ist eine von Netscape entwickelte Skriptsprache (ursprünglicher Name LiveScript), die sich in Webseiten einsetzen läßt. Sie hat kaum etwas mit Java zu tun, wenn man von syntaktischen Ähnlichkeiten absieht. Es waren Marketing-Erwägungen, die zum Namen JavaScript führten. Eine Untermenge (mit dem schwierigen Namen ECMAScript) ist als ECMA-262 standardisiert. Es wird aber niemanden überraschen, daß Netscape und Microsoft inkompatible Erweiterungen dieses Standards in ihren jeweiligen Browsern unterstützen. Weiterführende Informationen zu JavaScript finden Sie unter anderem im Buch *JavaScript: The Definitive Guide* von David Flanagan (O'Reilly & Associates).

Um auf ein Applet von JavaScript aus zuzugreifen, muß man ihm zuerst einen Namen geben.

<APPLET CODE="CalculatorApplet.class"
    WIDTH=100 HEIGHT=150

```
        NAME="calc">
</APPLET>
```

Dann kann man sich auf das Objekt als `document.applets.appletname` beziehen, wie es folgendes Beispiel zeigt:

```
var calcApplet = document.applets.calc;
```

Über die magische Integration zwischen Java und JavaScript, die sowohl Netscape als auch Internet Explorer bieten, kann man Applet-Methoden aufrufen:

```
calcApplet.clear();
```

(Unser Rechner-Applet hat keine `clear`-Methode; hier ging es nur um die Syntax.)

Das `NAME`-Attribut ist auch von Bedeutung, wenn zwei Applets auf derselben Seite direkt miteinander kommunizieren sollen. Man legt einen Namen für jede aktuelle Applet-Instanz fest und übergibt diesen String an die Methode `getApplet` der Klasse `AppletContext`. Auf die sogenannte *Internet-Applet-Kommunikation* kommen wir später in diesem Kapitel zurück.

10.3.3 Applet-Attribute für nicht Java-fähige Betrachter

Enthält eine Webseite ein `APPLET`-Tag und betrachtet man diese Seite mit einem Browser, der mit Java-Applets nichts anfangen kann, dann ignoriert der Browser die unbekannten `APPLET`- und `PARAM`-Tags. Der gesamte Text zwischen den Tags `<APPLET>` und `</APPLET>` wird vom Browser angezeigt. Umgekehrt zeigen Java-fähige Browser keinerlei Text zwischen den Tags `<APPLET>` und `</APPLET>` an. Für Benutzer mit prähistorischen Browsern kann man innerhalb dieser Tags eine entsprechende Meldung formulieren und anzeigen. Zum Beispiel:

```
<APPLET CODE="CalculatorApplet.class" WIDTH=100 HEIGHT=150>
Bei einem Java-fähigen Browser erscheint an
dieser Stelle ein Rechner.>
</APPLET>
```

Natürlich ist Java den meisten heutigen Browsern bekannt. Aber Java kann deaktiviert sein – vielleicht durch den Benutzer selbst oder einen eigensinnigen Systemadministrator. Dann kann man mit dem Attribut `ALT` eine Meldung für diese bedauernswerten Benutzer anzeigen:

```
<APPLET CODE="CalculatorApplet.class" WIDTH=100 HEIGHT=150
ALT="Bei einem Java-fähigen Browser erscheint an
dieser Stelle ein Rechner.">
```

10.3.4 Das »OBJECT«-Tag

Das `OBJECT`-Tag gehört zum Standard HTML 4.0, und das W3-Konsortium schlägt es anstelle des `APPLET`-Tags vor. Es gibt 35 verschiedene Attribute für das `OBJECT`-Tag, von denen die meisten (wie etwa `ONKEYDOWN`) nur für Programmierer relevant sind, die dynamisches HTML schreiben.

Applets

Die verschiedenen Tags zur Positionierung wie ALIGN und HEIGHT funktionieren genau wie beim APPLET-Tag. Das Schlüsselattribut im OBJECT-Tag für Ihre Java-Applets ist das Attribut CLASSID. Dieses Attribut spezifiziert den Speicherort des Objekts. Natürlich können OBJECT-Tags unterschiedliche Arten von Objekten laden, zum Beispiel Java-Applets oder ActiveX-Komponenten wie das Plug-in selbst. Im Attribut CODETYPE legt man die Natur des Objekts fest. Beispielsweise haben Java-Applets den Codetyp application/java. Das folgende OBJECT-Tag lädt ein Java-Applet:

```
<OBJECT
   CODETYPE="application/java"
   CLASSID="java:CalculatorApplet.class"
   WIDTH=100 HEIGHT=150>
```

Beachten Sie, daß dem Attribut CLASSID ein CODEBASE-Attribut folgen kann, das genau wie beim APPLET-Tag beschrieben funktioniert.

Mit dem OBJECT-Tag kann man Applets in den aktuellen Versionen von Netscape und Internet Explorer laden. Dagegen verstehen der Applet-Viewer und der Plug-in HTML-Konverter nicht das OBJECT-Tag für Applets.

10.3.5 Tags des Java Plug-in

Das Java Plug-in wird als Netscape Plug-in oder als ActiveX-Steuerelement über das Tag EMBED oder OBJECT geladen. Beispielsweise lautet das Äquivalent des Tags

```
<APPLET
   CODE="CalculatorApplet.class"
   CODEBASE="MyApplets"
   WIDTH=100
   HEIGHT=150>
<PARAM NAME="Font" VALUE="Helvetica">
</APPLET>
```

im Netscape Navigator

```
<EMBED TYPE="application/x-java-applet;version=1.1"
   PLUGINSPAGE="http://java.sun.com/products/plugin/1.1
      /plugin-install.html"
   CODE="CalculatorApplet.class"
   CODEBASE="MyApplets"
   WIDTH=100
   HEIGHT=150>
<PARAM NAME="Font" VALUE="Helvetica">
</EMBED>
```

Das äquivalente Tag im Internet Explorer sieht folgendermaßen aus:

```
<OBJECT CLASSID="clsid:8AD9C840-044E-11D1-B3E9-00805F499D93"
   CODEBASE="http://java.sun.com/products/plugin/1.1
```

```
    /jinstall-11-win32.cab#Version=1,1,0,0"
  WIDTH=100
  HEIGHT=150>
<PARAM NAME="TYPE" VALUE="application/x-java-applet;
  version=1.1">
<PARAM NAME="CODE" VALUE="CalculatorApplet.class">
<PARAM NAME="CODEBASE" VALUE="MyApplets">
<PARAM NAME="Font" VALUE="Helvetica">
</OBJECT>
```

Wenn Sie die Tag-Umwandlungen partout per Hand vornehmen wollen, sind folgende Schritte auszuführen.

Das `APPLET`-Tag läßt sich leicht in das `EMBED`-Tag konvertieren: Man ändert einfach `APPLET` in `EMBED` und fügt die Attribute `TYPE` und `PLUGINSPAGE` hinzu.

Die Umwandlung des `APPLET`-Tags in das `OBJECT`-Tag ist schon komplizierter. Man muß die Attribute `CLASSID` und `CODEBASE` sowie ein `PARAM`-Tag mit dem Namen `TYPE` hinzufügen. (Die `CLASSID` ist immer die gleiche Nummer, und zwar die global eindeutige ActiveX-ID des Java Plugin.) Übernehmen Sie alle Attribute, mit Ausnahme der in Tabelle 10.3 aufgeführten, die in `PARAM`-Tags umzuwandeln sind. Wenn diese mit vorhandenen `PARAM`-Tags in Konflikt geraten, kann man optional das Präfix `JAVA_` vor die Parameternamen setzen, wie es folgendes Beispiel zeigt:

```
<PARAM NAME="JAVA_CODE" VALUE="CalculatorApplet.class">
```

Wie man sieht, sind die Unterschiede zwischen diesen Tags nur kosmetischer Natur. In der Praxis ist am besten, mit dem Plug-in-HTML-Konverter oder einem anderen Skript den HTML-Code automatisch zu produzieren.

Der Plug-in-HTML-Konverter fügt auch Verbindungscode hinzu, der automatisch die Tags entsprechend dem konkreten Browser auswählt. Er verwendet entweder JavaScript oder eine unentwirrbar scheinende Folge von Tags, die selektiv von den verschiedenen Browsern ignoriert werden. Weitere Informationen zu diesem Thema finden Sie in der Dokumentation zum HTML-Konverter.

APPLET	**OBJECT**
`ALT=...`	N/A
`ARCHIVE=...`	`<PARAM NAME="ARCHIVE" VALUE=...>`
`CODE=...`	`<PARAM NAME="CODE" VALUE=...>`
`CODEBASE=...`	`<PARAM NAME="CODEBASE" VALUE=...>`
`OBJECT=...`	`<PARAM NAME="OBJECT" VALUE=...>`

Tabelle 10.3: Übersetzung zwischen APPLET- und OBJECT-Attributen

Applets

10.3.6 Informationen an Applets übergeben

Genau wie Anwendungen mit Informationen der Befehlszeile arbeiten, können Applets Parameter verwenden, die in die HTML-Datei eingebettet sind. Das realisiert man über das HTML-Tag `PARAM` zusammen mit Attributen, die man selbst definiert. Nehmen wir zum Beispiel an, daß die Webseite den im Applet verwendeten Schriftstil bestimmen soll. Man kann dann folgende Tags verwenden:

```
<APPLET CODE="FontParamApplet.class" WIDTH=200, HEIGHT=200>
<PARAM NAME=font VALUE="Helvetica">
</APPLET>
```

Man holt dann den Wert des Parameters mit der Methode `getParameter` der Klasse `Applet`, wie es das folgende Beispiel zeigt:

```
public class FontParamApplet extends Japplet
{  public void init()
   {  String fontName = getParameter("font");
   }  . . .
   . . .
}
```

Hinweis

Die Methode `getParameter` kann man nur in der Methode `init` des Applets und *nicht* im Konstruktor aufrufen. Wenn der Applet-Konstruktor ausgeführt wird, sind die Parameter noch nicht vorbereitet. Da das Layout der meisten nichttrivialen Applets von Parametern bestimmt wird, empfehlen wir, daß Sie in Applets keine Konstruktoren vorsehen. Schreiben Sie einfach den gesamten Initialisierungscode in die Methode `init`.

Parameter werden immer als Strings zurückgegeben. Gegebenenfalls muß man den Parameter in einen numerischen Typ umwandeln. Das erledigt man nach einem Standardverfahren mit der passenden Methode wie `parseInt` der Klasse `Integer`.

Wenn wir zum Beispiel einen Größenparameter für die Schrift hinzufügen wollen, könnte der HTML-Code folgendermaßen aussehen:

```
<APPLET CODE="FontParamApplet.class" WIDTH=200 HEIGHT=200>
<PARAM NAME=font VALUE="Helvetica">
<PARAM NAME=size VALUE="24">
</APPLET>
```

Der nachstehende Quellcode zeigt, wie man den Integer-Parameter liest:

```
public class FontParamApplet extends Japplet
{  public void init()
   {  String fontName = getParameter("font");
      int fontSize = Integer.parseInt(getParameter("size"));
      . . .
   }
}
```

Hinweis

Die Strings, mit denen man die Parameter über das Tag PARAM definiert und die man in der Methode getParameter verwendet, müssen genau übereinstimmen. Insbesondere ist in beiden Strings die Groß-/Kleinschreibung zu beachten.

Die Parameter müssen nicht nur im Code übereinstimmen, man muß auch herausfinden, ob der Parameter size ausgelassen wurde oder nicht. Dazu führt man einen einfachen Test auf null aus. Zum Beispiel:

```
int fontsize;
String sizeString = getParameter("size");
if (sizeString == null) fontSize = 12;
else fontSize = Integer.parseInt(sizeString);
```

Das folgende Applet macht ausgiebig von Parametern Gebrauch. Das Applet zeichnet ein Säulendiagramm gemäß Abbildung 10.8.

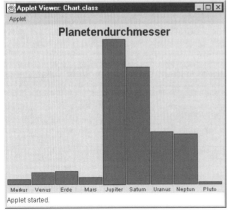

Abbildung 10.8: Ein Diagramm-Applet

Das Applet entnimmt die Beschriftungen und die Höhen der Säulen aus den PARAM-Werten in der HTML-Datei. Die HTML-Datei für das Diagramm entsprechend Abbildung 10.8 sieht folgendermaßen aus:

```
<APPLET CODE="Chart.class" WIDTH=400 HEIGHT=300>
<PARAM NAME="title" VALUE="Planetendurchmesser">
<PARAM NAME="values" VALUE="9">
<PARAM NAME="name_1" VALUE="Merkur">
<PARAM NAME="name_2" VALUE="Venus">
<PARAM NAME="name_3" VALUE="Erde">
<PARAM NAME="name_4" VALUE="Mars">
<PARAM NAME="name_5" VALUE="Jupiter">
<PARAM NAME="name_6" VALUE="Saturn">
<PARAM NAME="name_7" VALUE="Uranus">
<PARAM NAME="name_8" VALUE="Neptun">
<PARAM NAME="name_9" VALUE="Pluto">
<PARAM NAME="value_1" VALUE="3100">
<PARAM NAME="value_2" VALUE="7500">
<PARAM NAME="value_3" VALUE="8000">
<PARAM NAME="value_4" VALUE="4200">
<PARAM NAME="value_5" VALUE="88000">
<PARAM NAME="value_6" VALUE="71000">
<PARAM NAME="value_7" VALUE="32000">
<PARAM NAME="value_8" VALUE="30600">
<PARAM NAME="value_9" VALUE="1430">
</APPLET>
```

Man könnte im Applet ein Array von Strings und ein Array von Zahlen einrichten, es gibt aber zwei Vorteile, wenn man statt dessen auf den PARAM-Mechanismus zurückgreift. Es lassen sich mehrere Kopien desselben Applets auf einer Webseite mit verschiedenen Diagrammen anzeigen: Man stellt einfach zwei APPLET-Tags mit unterschiedlichen Parametersätzen auf die Seite. Und man kann die als Diagramm anzuzeigenden Daten modifizieren. Zugegebenermaßen werden sich die Planetendurchmesser in nächster Zeit kaum ändern. Nehmen wir aber an, daß die Webseite ein Diagramm mit den wöchentlichen Umsatzzahlen enthält. Man kann die Webseite leicht aktualisieren, da es sich um reinen Text handelt. Der Aufwand ist wesentlich höher, wenn man eine Java-Datei wöchentlich bearbeiten und neu kompilieren muß.

In der Tat gibt es kommerzielle Java Beans, die wesentlich ausgefallenere Diagramme als die in unserem Applet darstellen können. Wenn Sie sich so etwas kaufen, können Sie es in Ihre Webseite einbauen und mit Parametern füttern, ohne daß Sie wissen müssen, wie das Applet das Diagramm wiedergibt.

Beispiel 10.5 zeigt den Quellcode unseres Diagramm-Applets. Beachten Sie, daß die init-Methode die Parameter liest und die Methode paintComponent das Diagramm zeichnet.

Beispiel 10.5: Chart.java

```java
import java.awt.*;
import javax.swing.*;

class ChartPanel extends JPanel
{   public ChartPanel(double[] v, String[] n, String t)
    {   names = n;
        values = v;
        title = t;
    }

    public void paintComponent(Graphics g)
    {   super.paintComponent(g);
        if (values == null || values.length == 0) return;
        int i;
        double minValue = 0;
        double maxValue = 0;
        for (i = 0; i < values.length; i++)
        {   if (minValue > values[i]) minValue = values[i];
            if (maxValue < values[i]) maxValue = values[i];
        }

        Dimension d = getSize();
        int clientWidth = d.width;
        int clientHeight = d.height;
        int barWidth = clientWidth / values.length;

        Font titleFont
            = new Font("SansSerif", Font.BOLD, 20);
        FontMetrics titleFontMetrics
            = g.getFontMetrics(titleFont);
        Font labelFont
            = new Font("SansSerif", Font.PLAIN, 10);
        FontMetrics labelFontMetrics
            = g.getFontMetrics(labelFont);

        int titleWidth
            = titleFontMetrics.stringWidth(title);
        int y = titleFontMetrics.getAscent();
        int x = (clientWidth - titleWidth) / 2;
        g.setFont(titleFont);
        g.drawString(title, x, y);
```

Applets

```
      int top = titleFontMetrics.getHeight();
      int bottom = labelFontMetrics.getHeight();
      if (maxValue == minValue) return;
      double scale = (clientHeight - top - bottom)
         / (maxValue - minValue);
      y = clientHeight - labelFontMetrics.getDescent();
      g.setFont(labelFont);

      for (i = 0; i < values.length; i++)
      {  int x1 = i * barWidth + 1;
         int y1 = top;
         int height = (int)(values[i] * scale);
         if (values[i] >= 0)
            y1 += (int)((maxValue - values[i]) * scale);
         else
         {  y1 += (int)(maxValue * scale);
            height = -height;
         }

         g.setColor(Color.red);
         g.fillRect(x1, y1, barWidth - 2, height);
         g.setColor(Color.black);
         g.drawRect(x1, y1, barWidth - 2, height);
         int labelWidth
            = labelFontMetrics.stringWidth(names[i]);
         x = i * barWidth + (barWidth - labelWidth) / 2;
         g.drawString(names[i], x, y);
      }
   }

   private double[] values;
   private String[] names;
   private String title;
}

public class Chart extends JApplet
{  public void init()
   {  String v = getParameter("values");
      if (v == null) return;
      int n = Integer.parseInt(v);
      double[] values = new double[n];
      String[] names = new String[n];
      int i;
      for (i = 0; i < n; i++)
```

```
        { values[i] = Double.parseDouble
            (getParameter("value_" + (i + 1)));
          names[i] = getParameter("name_" + (i + 1));
        }

        Container contentPane = getContentPane();
        contentPane.add(new ChartPanel(values, names,
            getParameter("title")));
    }
}
```

API

java.applet.Applet

- `public String getParameter(String name)`

  Holt einen Parameter, der in der Webseite, die das Applet lädt, mit einer PARAM-Direktive definiert ist. Im String ist die Groß-/Kleinschreibung zu beachten.

- `public String getAppletInfo()`

  Viele Applet-Autoren überschreiben diese Methode, um einen String mit Informationen über den Autor, die Version und das Copyright des aktuellen Applets zurückzugeben. Um diese Informationen zu erzeugen, müssen Sie diese Methode in Ihrer Applet-Klasse überschreiben.

- `public String[][] getParameterInfo()`

  Diese Methode überschreiben viele Applet-Autoren, um ein Array der von diesem Applet unterstützten Optionen des PARAM-Tags zurückzugeben. Jede Zeile enthält drei Einträge: den Namen, den Typ und eine Beschreibung des Parameters. Dazu folgendes Beispiel:

  ```
  "fps", "1-10", "Bilder pro Sekunde"
  "repeat", "boolean", "Wiedergabe in Schleife?"
  "images", "url", "Verzeichnis mit Bilddateien "
  ```

10.4 Popup-Fenster in Applets

Ein Applet sitzt eingebettet in einer Webseite, in einem Rahmen, dessen Größe durch die Werte WIDTH und HEIGHT in den Applet-Tags der HTML-Seite festgelegt ist. Das kann sehr einschränkend sein. Viele Programmierer fragen sich, ob sie den verfügbaren Platz nicht mit einem Popup-Fenster besser nutzen könnten. In der Tat ist es möglich, einen Popup-Rahmen zu erzeugen. Das folgende Beispiel zeigt ein einfaches Applet, das eine Schaltfläche mit der Beschriftung RECHNER

Applets

enthält. Wenn der Benutzer auf die Schaltfläche klickt, öffnet sich ein Rechner in einem separaten Fenster.

Das Popup-Fenster ist leicht zu realisieren. Wir verwenden einfach die Klasse Calculator aus Kapitel 9. Wie Sie wissen, ist sie von JFrame abgeleitet, so daß wir den erforderlichen Code hinzufügen, um ein neues Rechner-Objekt zu erzeugen, wie es die fettgedruckte Zeile im folgenden Code angibt.

```
public class PopupCalculatorApplet extends JApplet
   implements ActionListener
{  public void init()
   {  Button calcButton = new Button("Rechner");
      calcButton.addActionListener(this);
      getContentPane().add(calcButton);
   }
   public void actionPerformed(ActionEvent evt)
   {  if (calc.isVisible()) calc.setVisible(false);
      else calc.show();
   }

   private JFrame calc = new CalculatorFrame();
}
```

Klickt man auf die Rechnerschaltfläche, öffnet sich das Dialogfeld und schwebt über der Webseite. Wenn man erneut auf die Schaltfläche klickt, verschwindet der Rechner.

Allerdings gibt es einen Haken, den man kennen muß, bevor man dieses Applet auf die Webseite stellt. Um zu sehen, wie sich der Rechner einem potentiellen Benutzer präsentiert, laden Sie die Webseite in einen Browser und nicht mit dem Applet-Viewer. Der Rechner ist von einem Rahmen mit einer ominösen Warnung umgeben (siehe Abbildung 10.9).

Diese Meldung gehört zu den Sicherheitsmechanismen aller Webbrowser. Der Browser will sicherstellen, daß Ihr Applet kein Fenster öffnet, das der Benutzer für eine lokale Anwendung halten könnte. Die Gefahr besteht darin, daß ein ahnungsloser Benutzer eine Webseite besucht, die automatisch das darauf befindliche Applet startet, und irrtümlich ein Kennwort oder eine Kreditkartennummer eingibt, die das Applet zurück an den Host sendet.

Abbildung 10.9: Ein Popup-Fenster in einem Browser

Um derartige Tricks von vornherein zu unterbinden, tragen alle von einem Applet gestarteten Popup-Fenster eine Beschriftung wie »Untrusted Java Applet«, »Unauthenticated Java Applet« oder »Warning: Applet Window«. Diese Beschriftung schreckt viele Benutzer wahrscheinlich sogar ab, so daß man vermeiden sollte, irgendwelche externen Rahmen von einem Applet aus zu starten.

Wenn Ihr Browser signierte Applets unterstützt, können Sie ihn so konfigurieren, daß er Warnungsmeldungen für Popup-Fenster unterdrückt, die von signierten Applets hervorgebracht werden.

10.5 Multimedia

Applets können sowohl Bilder als auch Audio behandeln. Momentan müssen Bilder im GIF- oder JPEG-Format vorliegen, Audio-Dateien in AU, AIFF, WAV oder MIDI. Animierte GIFs sind ebenfalls zulässig, und die Animation wird angezeigt. Gewöhnlich sind die Dateien, die diese Informationen enthalten, als URL angegeben, so daß wir uns zuerst den URLs zuwenden.

10.5.1 URLs

Ein URL ist praktisch nichts anderes als die Beschreibung einer Quelle im Internet. Beispielsweise teilt `"http://java.sun.com/index.html"` dem Browser mit, das Hypertext Transferprotokoll auf die Datei `index.html` anzuwenden, die sich bei `java.sun.com` befindet. Die Klasse `URL` von Java kapselt URLs. Am einfachsten läßt sich ein URL erzeugen, indem man einen String an den URL-Konstruktor übergibt:

```
URL u = new URL("http://java.sun.com/index.html");
```

Applets

Das ist ein sogenannter *absoluter* URL, da hier der komplette Ressourcenname spezifiziert ist. Man kann auch einen *relativen* URL angeben:

```
URL data = new URL(u, "data/planets.dat");
```

Diese Anweisung spezifiziert die Datei `planets.dat`, die sich im Unterverzeichnis `data` des URL `u` befindet.

Beide Konstruktoren gehen davon aus, daß man die korrekte Syntax für einen URL verwendet hat. Andernfalls entsteht ein Laufzeitfehler, eine sogenannte `MalformedURLException`. Bis jetzt konnten Sie die meisten Laufzeitfehler ignorieren. Bei diesem Fehler erlaubt es der Compiler aber nicht, ihn zu ignorieren. Man muß dem Compiler mitteilen, daß man auf die Fehlerbedingung vorbereitet ist. Der betreffende Code sieht folgendermaßen aus:

```
try
{   String s = "http://java.sun.com/index.html";
    URL u = new URL(s);
    . . .
}
catch(MalformedURLException e)
{   // Fehler behandeln
    System.out.println("Error " + e);
}
```

Auf die Syntax zur Behandlung von Ausnahmen gehen wir ausführlich in Kapitel 12 ein. Fürs erste sollten Sie bei derartigem Code in unseren Codebeispielen einfach über die Schlüsselwörter `try` und `catch` hinwegsehen.

Normalerweise erhält man einen URL, indem man das Applet fragt, woher es kommt. Das heißt, es sind folgende zwei Fragen zu beantworten:

- Wie lautet der URL der Seite, die das Applet aufruft?
- Wie lautet der URL des Applets selbst?

Den ersten URL erhält man über die Methode `getDocumentBase`, den zweiten mit der Methode `getCodeBase`. Diese Aufrufe müssen nicht in einem `try`-Block stehen.

10.5.2 Multimedia-Dateien abrufen

Bilder und Audiodateien lassen sich mit den Methoden `getImage` und `getAudioClip` abrufen, wie es folgendes Beispiel zeigt:

```
Image cat = getImage(getDocumentBase(), "images/cat.gif");
AudioClip meow = getAudioClip(getDocumentBase(),
    "audio/meow.au");
```

Hier verwenden wir die Methode `getDocumentBase`, die den URL zurückgibt, von dem das Applet geladen wird. Das zweite Argument an den URL-Konstruktor spezifiziert, wo sich das Bild oder der Audioclip befindet, und zwar relativ zum Basisdokument. (Applets müssen nicht über ein `Toolkit`-Objekt gehen, um ein Bild zu erhalten.)

Hinweis

Die Bilder und Audioclips müssen sich auf demselben Server befinden, der auch den Applet-Code enthält. Aus Sicherheitsgründen können Applets nicht auf Dateien zugreifen, die auf einem anderen Server liegen (»Applets können nur zuhause anrufen.«)

Nachdem man über die Bilder und Audioclips verfügt, was kann man mit ihnen anfangen? Kapitel 7 hat erläutert, wie man ein einzelnes Bild anzeigt. Im Kapitel zum Multithreading von Band 2 erfahren Sie, wie man eine Animationssequenz wiedergibt, die sich aus mehreren Bildern zusammensetzt. Um einen Audioclip abzuspielen, ruft man einfach dessen `play`-Methode auf.

Man kann `play` auch aufrufen, ohne zuerst den Audioclip zu laden.

`play(getDocumentBase(), "audio/meow.au");`

Ein Bild muß man aber erst laden, bevor man es anzeigen kann.

Um den Download zu beschleunigen, lassen sich Multimedia-Objekte in JAR-Dateien speichern (siehe dazu den betreffenden Abschnitt weiter hinten in diesem Kapitel). Die Methoden `getImage` und `getAudioClip/play` suchen automatisch die JAR-Dateien des Applets. Wenn die Bild- oder Audiodatei in einer JAR-Datei enthalten ist, wird sie sofort geladen. Andernfalls fordert sie der Browser vom Webserver an.

API

java.net.URL

- `URL(String name)`

    Erzeugt ein URL-Objekt aus einem String, der einen absoluten URL beschreibt.

- `URL(URL base, String name)`

    Erzeugt ein relatives URL-Objekt. Wenn der String `name` einen absoluten URL beschreibt, wird der URL `base` ignoriert. Andernfalls wird er als relatives Verzeichnis ausgehend vom URL `base` interpretiert.

Applets

API

java.applet.Applet

- public URL getDocumentBase()

  Holt den URL für die Seite, die das Applet enthält.

- public URL getCodeBase()

  Holt den URL des Applet-Codes selbst.

- void play(URL url)
- void play(URL url, String name)

  Die erste Form spielt eine Audiodatei ab, die durch den URL spezifiziert wird. Die zweite Form verwendet den String, um einen Pfad relativ zum URL im ersten Argument bereitzustellen. Läßt sich der Audioclip nicht finden, passiert gar nichts.

- AudioClip getAudioClip(URL url)
- AudioClip getAudioClip(URL url, String name)

  Holt einen Audioclip zum angegebenen URL. Die zweite Form verwendet den String name, um einen Pfad relativ zum URL im ersten Argument bereitzustellen. Die Methoden geben null zurück, wenn der Audioclip nicht gefunden wird.

- Image getImage(URL url)
- Image getImage(URL url, String name)

  Holt ein Bild zum angegebenen URL. Diese Methoden geben immer sofort ein Bildobjekt zurück, selbst wenn das Bild nicht existiert. Die eigentlichen Bilddaten werden erst geladen, wenn das Bild erstmalig angezeigt wird. Kapitel 7 beschreibt die Bildanforderung ausführlich.

10.6 Der Applet-Kontext

Ein Applet läuft in einem Browser oder im Applet-Viewer. Es kann den Browser auffordern, bestimmte Dinge zu erledigen, beispielsweise einen Audioclip zu holen, eine kurze Meldung in der Statusleiste anzuzeigen oder eine andere Webseite darzustellen. Der umgebende Browser kann diese Anforderungen ausführen oder ignorieren. Wenn zum Beispiel ein Applet im Applet-Viewer läuft und den Applet-Viewer anweist, eine Webseite anzuzeigen, passiert nichts.

Um mit dem Browser zu kommunizieren, ruft ein Applet die Methode getAppletContext auf. Diese Methode gibt ein Objekt zurück, das eine Schnittstelle vom Typ AppletContext implementiert. Man kann sich die konkrete Implementierung der Schnittstelle AppletContext als Kommunikationspfad zwischen dem Applet und dem umgebenden Browser vorstellen. Neben den Methoden `getAudioClip` und `getImage` enthält die Schnittstelle `AppletContext` vier weitere Methoden, auf die wir in den nächsten Abschnitten eingehen.

10.6.1 Kommunikation zwischen Applets

Eine Webseite kann mehr als ein Applet enthalten. Stammen die Applets von derselben `CODEBASE`, können sie miteinander kommunizieren. Natürlich gehört das zu den komplizierteren Verfahren, die Sie wahrscheinlich nicht sehr oft benötigen werden.

Wenn man jedem Applet in der HTML-Datei ein `NAME`-Tag zuordnet, kann man mit der Methode `getApplet(String)` der Schnittstelle `AppletContext` eine Referenz auf das Applet erhalten. Wenn die HTML-Datei zum Beispiel das Tag

```
<APPLET CODE="Chart.class" WIDTH=100 HEIGHT=100 NAME="Chart1">
```

enthält, dann liefert der Aufruf von

```
Applet chart1 = getAppletContext().getApplet("Chart1");
```

eine Referenz auf das Applet. Was kann man mit dieser Referenz anfangen? Vorausgesetzt, daß Sie die Klasse `Chart` mit einer Methode ausgestattet haben, um neue Daten zu übernehmen und das Diagramm neu zu zeichnen, können Sie diese Methode aufrufen, indem Sie die passende Typumwandlung vornehmen.

```
((Chart)chart1).setData(3, "Erde", 9000);
```

Man kann auch alle Applets auf einer Webseite auflisten, wobei es keine Rolle spielt, ob die Applets über `NAME`-Tags verfügen. Die Methode `getApplets` gibt ein sogenanntes *Aufzählungsobjekt* zurück. (Mehr zu Aufzählungsobjekten erfahren Sie in Band 2.) Die folgende Schleife gibt die Klassennamen aller Applets auf der aktuellen Seite aus:

```
Enumeration e = getAppletContext().getApplets();
while (e.hasMoreElements())
{  Object a = e.nextElement();
   System.out.println(a.getClass().getName());
}
```

Ein Applet kann nicht mit einem Applet auf einer anderen Webseite kommunizieren.

10.6.2 Objekte im Browser anzeigen

Im umgebenden Browser hat man auf zwei Bereiche Zugriff: auf die Statuszeile und den Anzeigebereich der Webseite. Beide verwenden Methoden der Klasse `AppletContext`.

Mit der Methode `showStatus` kann man einen String in der Statusleiste am unteren Rand des Browsers wie im folgenden Beispiel anzeigen:

```
showStatus("Daten werden geladen, bitte warten ");
```

Applets

Tip

Nach unserer Erfahrung bringt `showStatus` nur wenig Nutzen. Der Browser verwendet ebenfalls die Statusleiste und überschreibt Ihre wertvolle Botschaft eher früher als später durch Nebensächlichkeiten wie »Applet running«. Die Statusleiste sollten Sie für Fortschrittsmeldungen wie »Daten werden geladen, bitte warten« einsetzen und nicht für Informationen, die für den Benutzer erheblich wichtiger sind.

Mit der Methode `showDocument` kann man den Browser auffordern, eine andere Webseite anzuzeigen. Das läßt sich auf unterschiedliche Arten bewerkstelligen. Die einfachste ist ein Aufruf von `showDocument` mit einem Argument, und zwar dem anzuzeigenden URL.

```
URL u = new URL("http://java.sun.com");
getAppletContext().showDocument(u);
```

Das Problem bei diesem Aufruf besteht darin, daß die neue Webseite im selben Fenster wie die aktuelle Seite erscheint und damit Ihr Applet verschwinden läßt. Um zum Applet zurückzukehren, muß der Benutzer ZURÜCK wählen.

Um den Browser anzuweisen, daß er das Applet in einem anderen Fenster anzeigt, gibt man im Aufruf von `showDocument` einen String als zweiten Parameter an. Beim speziellen String `"_blank"` öffnet der Browser ein neues Fenster mit dem Dokument, statt das aktuelle Dokument zu verdecken. Noch vorteilhafter ist es, von der Rahmenphilosphie in HTML Gebrauch zu machen. Damit können Sie ein Browser-Fenster in mehrere Rahmen gliedern, von denen jeder einen Namen hat. Das Applet bringen Sie dann in dem einen Rahmen unter und zeigen Dokumente in anderen Rahmen an. Ein entsprechendes Beispiel folgt im nächsten Abschnitt.

Tabelle 10.4 zeigt alle möglichen Argumente an die Methode `showDocument`.

Zweites Argument an showDocument	Position
`"_self"` oder keines	Zeigt das Dokument im aktuellen Rahmen an.
`"_parent"`	Zeigt das Dokument im übergeordneten Container an.
`"_top"`	Zeigt das Dokument im obersten Rahmen an.

"_blank"	Zeigt das Dokument in einem neuen, unbenannten Fenster auf oberster Hierarchieebene an.
Jeder andere String	Zeigt das Dokument im Rahmen mit diesem Namen an. Existiert kein Rahmen mit diesem Namen, wird ein neues Fenster mit diesem Namen geöffnet.

Tabelle 10.4: Argumente an showDocument

API

java.applet.Applet

- public AppletContext getAppletContext()

    Liefert ein Handle auf die Browser-Umgebung des Applets. Bei den meisten Browsern kann man anhand dieser Informationen den Browser steuern, in dem das Applet läuft.

- void showStatus(String msg)

    Zeigt den angegebenen String in der Statusleiste des Browsers an.

- Image getImage(URL url)

    Gibt ein Bildobjekt zurück, in dem das durch den URL spezifizierte Bild gekapselt ist. Wenn das Bild nicht existiert, liefert die Methode sofort null zurück. Andernfalls wird ein separater Thread gestartet, um das Bild zu laden. In Kapitel 7 finden Sie weitere Einzelheiten zur Bildanforderung.

- AudioClip getAudioClip(URL url)

    Gibt ein Audioclip-Objekt zurück, in dem die durch den URL spezifizierte Sounddatei gespeichert ist. Mit der Methode play läßt sich die Datei wiedergeben.

API

java.applet.AppletContext

- Enumeration getApplets()

    Gibt eine Aufzählung (siehe Band 2) aller Applets im selben Kontext, das heißt, auf derselben Webseite zurück.

Applets

- `Applet getApplet(String name)`

  Gibt das Applet im aktuellen Kontext mit dem angegebenen Namen zurück. Existiert das Applet nicht, liefert die Methode `null` zurück. Es wird nur die aktuelle Webseite durchsucht.

- `void showDocument(URL url)`
- `void showDocument(URL url, String target)`

  Zeigt eine neue Webseite in einem Rahmen im Browser an. In der ersten Form überdeckt die neue Seite die aktuelle Seite. Die zweite Form bezeichnet mit dem String `target` den Zielrahmen. Der Zielstring kann folgende Werte enthalten: `"_self"` (im aktuellen Rahmen anzeigen, äquivalent zur ersten Form der Methode), `"_parent"` (im übergeordneten Rahmen anzeigen), `"_top"` (im obersten Rahmen anzeigen) und `"_blank"` (in einem neuen, unbenannten Fenster auf oberster Ebene anzeigen). Der Zielstring kann auch den Namen eines Rahmens angeben.

Hinweis

Der Applet-Viewer von Sun zeigt keine Webseiten an und ignoriert die Methode `showDocument`.

10.6.3 Ein Lesezeichen-Applet

Dieses Applet nutzt die Rahmenstruktur von HTML ab der Version 3.2. Wir unterteilen den Bildschirm senkrecht in zwei Rahmen. Der linke Rahmen enthält ein Java-Applet, das eine Liste von Lesezeichen anzeigt. Klickt man auf ein Lesezeichen in der Liste, geht das Applet auf die korrespondierende Webseite und zeigt sie im rechten Rahmen an (siehe Abbildung 10.10).

Beispiel 10.6 zeigt die HTML-Datei, die die Rahmen definiert.

Beispiel 10.6: Bookmark.html

```
<HTML>
<HEAD>
<TITLE>Bookmark Applet</TITLE>
</HEAD>
<FRAMESET COLS="320,*">
<FRAME NAME="left" SRC="Left.html"
   MARGINHEIGHT=2 MARGINWIDTH=2
   SCROLLING="no" NORESIZE>
<FRAME NAME="right" SRC="Right.html"
   MARGINHEIGHT=2 MARGINWIDTH=2
   SCROLLING="yes" NORESIZE>
</FRAMESET>
</HTML>
```

Wir verzichten an dieser Stelle auf eine genaue Erläuterung der Syntaxelemente. Wichtig ist vor allem, daß jeder Rahmen zwei wesentliche Merkmale hat: einen Namen (gegeben durch das Tag NAME) und einen URL (gegeben durch das Tag SRC). Zugegebenermaßen sind die Rahmen etwas einfallslos mit "left" (links) und "right" (rechts) bezeichnet worden.

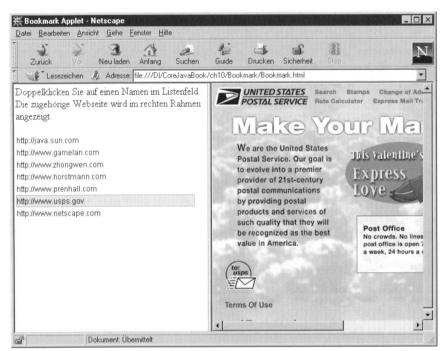

Abbildung 10.10: Ein Lesezeichen-Applet

Der linke Rahmen (Beispiel 10.7) lädt eine Datei namens Left.html, die das Applet in den linken Rahmen lädt. Die Datei spezifiziert einfach die Applets und die Lesezeichen. Man kann diese Datei für die eigene Webseite anpassen, indem man die Lesezeichen ändert.

Beispiel 10.7: Left.html (vor der Verarbeitung mit dem HTML-Konverter)
```
<HTML>
<TITLE>Ein Lesezeichen-Applet</TITLE>
<BODY>
Doppelklicken Sie auf einen Namen im Listenfeld.
Die zugehörige Webseite wird im rechten
Rahmen angezeigt.
<P>
<APPLET CODE="Bookmark.class" WIDTH=290 HEIGHT=300>
<PARAM NAME=link_1 VALUE="http://java.sun.com">
```

Applets

```
<PARAM NAME=link_2 VALUE="http://www.gamelan.com">
<PARAM NAME=link_3 VALUE="http://www.zhongwen.com">
<PARAM NAME=link_4 VALUE="http://www.horstmann.com">
<PARAM NAME=link_5 VALUE="http://www.prenhall.com">
<PARAM NAME=link_6 VALUE="http://www.usps.gov">
<PARAM NAME=link_7 VALUE="http://www.netscape.com">
</APPLET>
</BODY>
</HTML>
```

Der rechte Rahmen (Beispiel 10.8) lädt eine Dummy-Datei, die wir Right.html genannt haben. (Netscape läßt es nicht zu, den rechten Rahmen leer zu lassen. Deshalb fügen wir für den Start die Dummy-Datei ein.)

Beispiel 10.8: Right.html
```
<HTML>
<TITLE>
Webseiten werden hier angezeigt.
</TITLE>
<BODY>
Doppelklicken Sie auf einen Namen im Listenfeld der linken
Seite.
Die Webseite wird hier angezeigt.
</BODY>
</HTML>
```

Der in Beispiel 10.9 wiedergegebene Code für das Lesezeichen-Applet ist recht einfach. Er liest die Werte der Parameter link_1, link_2 usw. in das Listenfeld. Wenn man auf einen Eintrag im Listenfeld doppelklickt, zeigt die Methode showDocument diese Seite im rechten Rahmen an.

Beispiel 10.9: Bookmark.java
```
import java.awt.*;
import java.applet.*;
import java.util.*;
import java.net.*;
import javax.swing.*;
import javax.swing.event.*;

public class Bookmark extends JApplet
   implements ListSelectionListener
{  public void init()
   {  int i = 1;
      String s;
      Vector v = new Vector();
```

```
        while ((s = getParameter("link_" + i)) != null)
        {  v.add(s);
           i++;
        }
        JList links = new JList(v);
        Container contentPane = getContentPane();
        contentPane.add(links);
        links.addListSelectionListener(this);
    }

    public void valueChanged(ListSelectionEvent evt)
    {  if (evt.getValueIsAdjusting()) return;
        JList source = (JList)evt.getSource();
        String arg = (String)source.getSelectedValue();
        try
        {  AppletContext context = getAppletContext();
           URL u = new URL(arg);
           context.showDocument(u, "right");
        } catch(Exception e)
        {  showStatus("Fehler " + e);
        }
    }
}
```

10.6.4 JAR-Dateien

Das Rechner-Applet aus diesem Kapitel verwendet zwei Klassen: CalculatorApplet und CalculatorPanel. Wie Sie wissen, referenziert das Applet-Tag die Klassendatei, die die von JApplet abgeleitete Klasse enthält:

<APPLET CODE="CalculatorApplet.class" WIDTH=100 HEIGHT=150>

Wenn der Browser diese Zeile liest, stellt er eine Verbindung zum Webserver her und holt die Datei CalculatorApplet.class. Der *Klassenlader* des Java-Interpreters, der in den Browser integriert ist, lädt dann die Klasse CalculatorApplet aus dieser Datei. Während des Ladevorgangs muß der Klassenlader die anderen in dieser Klasse verwendeten Klassen *auflösen*. Danach weiß er, daß noch eine Klasse zu laden ist, um das Applet ausführen zu können. Der Browser stellt folglich eine weitere Verbindung zum Webserver her. Die meisten Applets bestehen aus mehr als zwei Klassen, und der Webbrowser muß dementsprechend viele Verbindungen – eine für jede Klassendatei – herstellen. Das Laden eines derartigen Applets über eine langsame Netzwerkverbindung kann mehrere Minuten dauern.

Applets

Hinweis

Der Grund für diese lange Ladezeit ist nicht die Größe der Klassendateien (diese sind relativ klein), sondern der beträchtliche Zusatzaufwand, der für das Einrichten einer Verbindung zum Webserver erforderlich ist. Wenn man Dutzende von separaten Verbindungen benötigt, muß man sehr lange warten.

Java unterstützt jetzt eine verbesserte Methode für das Laden von Klassendateien. Dabei lassen sich alle benötigten Klassendateien in einer einzigen Datei verpacken. Diese Datei kann man dann mit einer *einzigen* HTTP-Anforderung an den Server herunterladen. Dateien, die Java-Klassendateien archivieren, heißen Java Archive- oder JAR-Dateien. JAR-Dateien können sowohl Klassendateien als auch andere Dateitypen wie Bild- und Sounddateien enthalten. Außerdem lassen sich JAR-Dateien im bekannten – von PKWARE definierten – ZIP-Format komprimieren. Es empfiehlt sich auf jeden Fall, JAR-Dateien zu nutzen, wenn Ihr Publikum über Browser verfügt, die damit zurechtkommen.

JAR-Dateien erzeugt man mit dem Werkzeug `jar`. (In der Standardinstallation befindet es sich im Verzeichnis \jdk\bin.) Der gebräuchlichste Befehl, um eine neue JAR-Datei zu erzeugen, verwendet folgende Syntax:

```
jar cf JARDateiName Datei1 Datei2 ...
```

Zum Beispiel:

```
jar cf CalculatorClasses.jar *.java icon.gif
```

Im allgemeinen hat der Befehl `jar` das folgende Format:

```
jar Optionen Datei1 Datei2 ...
```

Tabelle 10.5 listet alle Optionen für das Programm `jar` auf. Sie sind den Optionen des Unix-Befehls `tar` ähnlich.

Option	Beschreibung
c	Erzeugt ein neues oder leeres Archiv und fügt dann die Dateien ein. Wenn unter den angegebenen Dateinamen ein Verzeichnis ist, verarbeitet sie das Programm `jar` rekursiv.
t	Zeigt das Inhaltsverzeichnis an.
x	Extrahiert Dateien. Gibt man einen oder mehrere Dateinamen an, werden nur diese extrahiert. Andernfalls werden alle extrahiert.

f	Spezifiziert den JAR-Dateinamen als zweites Argument der Befehlszeile. Fehlt dieser Parameter, schreibt `jar` das Ergebnis in die Standardausgabe (beim Erzeugen einer JAR-Datei) oder liest von der Standardeingabe (beim Extrahieren oder Auflisten einer JAR-Datei).
v	Generiert kommentierte Ausgaben.
m	Fügt der JAR-Datei ein *Manifest* hinzu. Das ist eine Beschreibung des Archivinhalts und Ursprungs. Jedes Archiv hat ein Standardmanifest. Man kann aber auch ein eigenes bereitstellen, wenn man den Inhalt des Archivs authentifizieren möchte. Wir gehen darauf im Kapitel zur Sicherheit in Band 2 ein.
0	Speichert ohne ZIP-Komprimierung.
M	Erzeugt keine Manifestdatei für die Einträge.

Tabelle 10.5: Optionen des Programms jar

Nachdem man über eine JAR-Datei verfügt, muß man sie im `APPLET`-Tag referenzieren, wie es das folgende Beispiel zeigt:

```
<APPLET CODE="CalculatorApplet.class"
   ARCHIVE="CalculatorClasses.jar"
   WIDTH=100 HEIGHT=150>
```

Beachten Sie, daß das `CODE`-Attribut trotzdem vorhanden sein muß. Es teilt dem Browser den Namen des Applets mit. Das `ARCHIVE` ist neben dem Webserver lediglich eine weitere Quelle, wo die Applet-Klasse und andere Dateien untergebracht sein könnten. Sobald eine Klassen-, Bild- oder Sounddatei gebraucht wird, durchsucht ein JAR-fähiger Browser die JAR-Dateien zuerst in der `ARCHIVE`-Liste. Nur wenn die Datei nicht im Archiv enthalten ist, holt er sie vom Webserver.

10.6.5 Ressourcen

Klassen, die sowohl in Applets als auch Anwendungen zum Einsatz kommen, greifen oft auf zugeordnete Datendateien zurück, wie zum Beispiel

- Bild- und Sounddateien
- Textdateien mit Meldungsstrings und Schaltflächenbeschriftungen
- Dateien mit binären Daten, etwa mit der Layoutbeschreibung einer Karte

In Java nennt man eine derartige Datei *Ressource*.

Applets

Hinweis

In Windows hat der Begriff »Ressource« eine speziellere Bedeutung. Windows-Ressourcen bestehen zwar auch aus Bildern, Schaltflächenbeschriftungen usw., sie sind aber mit der ausführbaren Datei verbunden und über eine Standardprogrammierschnittstelle zugänglich. Im Gegensatz dazu werden Java-Ressourcen als separate Dateien und nicht als Teil von Klassendateien gespeichert. Es ist Aufgabe jeder Klasse, auf die Ressourcendaten zuzugreifen und sie zu interpretieren.

Sehen Sie sich als Beispiel eine Klasse AboutPanel an, die eine Meldung wie in Abbildung 10.11 anzeigt.

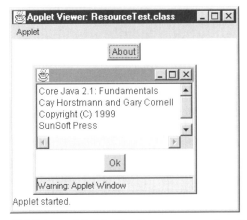

Abbildung 10.11: Eine Ressource aus einer JAR-Datei anzeigen

Natürlich werden sich der Buchtitel und das Erscheinungsjahr auf der Grundfläche mit der nächsten Ausgabe des Buches ändern. Um diese Änderung leicht verfolgen zu können, stellen wir den Text in eine Datei und kodieren ihn nicht fest in der Dialogfeldklasse.

Nehmen wir an, daß wir die Datei about.txt immer an der gleichen Stelle wie die Klassendatei AboutPanel.class unterbringen wollen. Das Problem ist, daß sich eine Klassendatei an einem von vielen Orten speichern läßt:

- Im lokalen Dateisystem relativ zum Klassenpfad
- In einer JAR-Datei
- Auf einem Webserver

Der Klassenlader weiß, wie die relevanten Stellen zu durchsuchen sind, bis er die Klassendatei gefunden hat. Wir aber müssen diesen Suchvorgang noch einmal durchlaufen, um die zugeordnete

Ressourcendatei zu finden. Die Funktionen zum Laden von Ressourcen automatisieren diese Aufgabe. Um eine Ressource zu laden, sind folgende Schritte erforderlich:

1. Man holt das `Class`-Objekt der Klasse, zu der eine Ressource gehört, beispielsweise `AboutPanel.class`.
2. Man ruft `getResource(name)` auf, um die Ressourcendatei als URL zu erhalten.
3. Wenn die Ressource eine Bild- oder Audiodatei ist, liest man sie direkt mit der Methode `getImage` bzw. `getAudioClip`.
4. Andernfalls ruft man die Methode `openStream` auf dem URL auf, um die Daten in der Datei zu lesen. (Zum Thema Streams verweisen wir auf Kapitel 12.)

Der Punkt ist, daß sich der Klassenlader die Stelle merkt, von wo er die Klasse geholt hat. Dann kann er nach der zugehörigen Ressource an derselben Stelle suchen.

Mit dem folgenden Befehl kann man zum Beispiel die Datei `about.txt` einlesen:

```
URL url = AboutPanel.class.getResource("about.txt");
InputStream in = url.openStream();
```

Da diese Kombination sehr häufig vorkommt, gibt es ein bequemes Kurzverfahren: `getResourceAsStream` liefert einen `InputStream` und keinen `URL`.

```
InputStream in
    = AboutPanel.class.getResourceAsStream("about.txt");
```

Um von diesem Stream zu lesen, muß man wissen, wie die Eingaben zu verarbeiten sind (siehe dazu Kapitel 12). Im Beispielprogramm lesen wir den Stream zeilenweise mit den folgenden Anweisungen:

```
BufferedReader br = new BufferedReader(new
        InputStreamReader(in));
    String line;
    while ((line = br.readLine()) != null)
        Zeile verarbeiten;
```

Auf der CD-ROM finden Sie eine JAR-Datei, die alle Klassendateien für dieses Beispiel enthält, und die Ressourcendatei `about.txt`. Das demonstriert, daß das Applet die Ressourcendatei an derselben Stelle wie die Klassendatei lokalisiert, nämlich innerhalb der JAR-Datei.

Tip

Wie der letzte Abschnitt gezeigt hat, kann man Bild- und Audiodateien in einer JAR-Datei unterbringen und einfach mit den Methoden `getImage` bzw. `getAudioClip` darauf zugreifen – diese

Applets

Methoden durchsuchen JAR-Dateien automatisch. Um aber andere Dateien aus einer JAR-Datei zu laden, muß man mit der Methode `getResourceAsStream` arbeiten.

Statt eine Ressourcendatei im selben Verzeichnis wie die Klassendatei unterzubringen, kann man sie auch in ein Unterverzeichnis stellen und einen hierarchischen Ressourcennamen wie

`data/text/about.txt`

verwenden.

Das ist ein relativer Ressourcenname, und er wird relativ zum Paket der Klasse, die die Ressource lädt, interpretiert. Unabhängig vom Verzeichnistrennzeichen des Systems, das die Ressourcendateien tatsächlich speichert, ist immer der Schrägstrich (/) als Separator zu verwenden. Beispielsweise übersetzt der Ressourcenlader unter Windows automatisch den Schrägstrich in einen Backslash (\) als Trennzeichen.

Ein Ressourcenname, der mit einem / beginnt, ist ein absoluter Ressourcenname. Java sucht ihn in der gleichen Weise wie eine Datei innerhalb eines Paketes. Zum Beispiel befindet sich eine Ressource

`/corejava/title.txt`

im Verzeichnis `corejava` (das ein Unterverzeichnis des Klassenpfades, innerhalb einer JAR-Datei oder auf dem Webserver sein kann).

Das automatische Laden von Dateien ist alles, was die Funktionen zum automatischen Laden von Ressourcen unternehmen. Es gibt keine Standardmethoden, die den Inhalt einer Ressourcendatei interpretieren. Jedes Applet muß ein eigenes Verfahren bereitstellen, um den Inhalt seiner Ressourcendateien zu interpretieren.

Eine weiteres häufiges Einsatzgebiet von Ressourcen ist die Internationalisierung von Applets und Anwendungen. Sprachenabhängige Strings wie etwa Meldungen und Beschriftungen von Elementen der Benutzeroberfläche werden in Ressourcendateien mit einer Datei für jede Sprache gespeichert. Das *Internationalisierungs-API*, auf das wir in Band 2 eingehen, unterstützt ein Standardverfahren für die Organisation und den Zugriff auf diese lokalisierten Dateien.

Beispiel 10.10 zeigt die HTML-Quelle für das Testen einer Ressource. In Beispiel 10.11 ist der Java-Code wiedergegeben.

Beispiel 10.10: ResourceTest.html
```
<APPLET CODE="ResourceTest.class"
   WIDTH=300 HEIGHT=200
```

```
    ARCHIVE="ResourceTest.jar">
</APPLET>
```

Beispiel 10.11: ResourceTest.java

```
import java.io.*;
import java.awt.*;
import java.awt.event.*;
import java.applet.*;
import javax.swing.*;

public class ResourceTest extends JApplet
{  public void init()
   {  Container contentPane = getContentPane();
      contentPane.add(new AboutPanel());
   }
}

class AboutPanel extends JPanel
{  public AboutPanel()
   {  JTextArea ta = new JTextArea();
      add(ta);

      try
      {  InputStream in = AboutPanel.class.
            getResourceAsStream("about.txt");
         BufferedReader br = new BufferedReader(new
            InputStreamReader(in));
         String line;
         while ((line = br.readLine()) != null)
            ta.append(line + "\n");
      } catch(IOException e) {}
   }
}
```

API

java.lang.Class

- URL getResource(String name)
- InputStream getResourceAsStream(String name)

  Sucht die Ressource an der gleichen Stelle wie die Klasse und gibt dann einen URL oder Eingabestrom zurück, den man für das Laden der Ressource verwenden kann. Diese Methoden liefern

Applets

null, wenn die Ressource nicht gefunden wird, und lösen damit keine Ausnahme für einen E/A-Fehler aus.

10.7 Applet? Anwendung? Beides!

Vor ein paar Jahren diskutierte ein Ehepaar in einer Fernsehshow am Samstagabend bei einer Parodie auf die Fernsehreklame über eine weiße, gelatineartige Masse. Der Ehemann sagte: »Das ist eine Puddingcreme.« Die Frau entgegnete: »Es ist Bohnerwachs.« Der Moderator triumphierte daraufhin: »Es ist beides.«

Dieser Abschnitt zeigt, wie man ein Java-Programm schreibt, das *sowohl* Applet *als auch* Anwendung ist. Das heißt, man kann das Programm mit dem Applet-Viewer oder einem Browser laden, oder man kann es von der Befehlszeile mit dem java-Interpreter starten. Vielleicht braucht man das nicht sehr oft – es ist aber interessant, daß man so etwas überhaupt realisieren kann.

Die Abbildungen 10.12 und 10.13 zeigen *dasselbe* Programm, das einmal von der Befehlszeile als Anwendung gestartet wurde und ein anderes Mal im Applet-Viewer als Applet betrachtet wird.

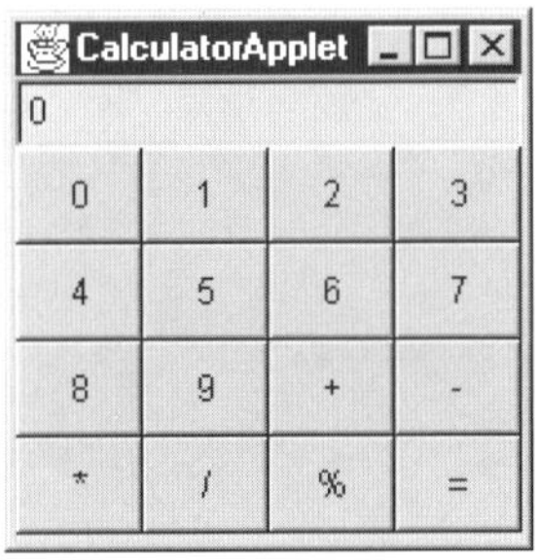

Abbildung 10.12: Der Rechner als Anwendung

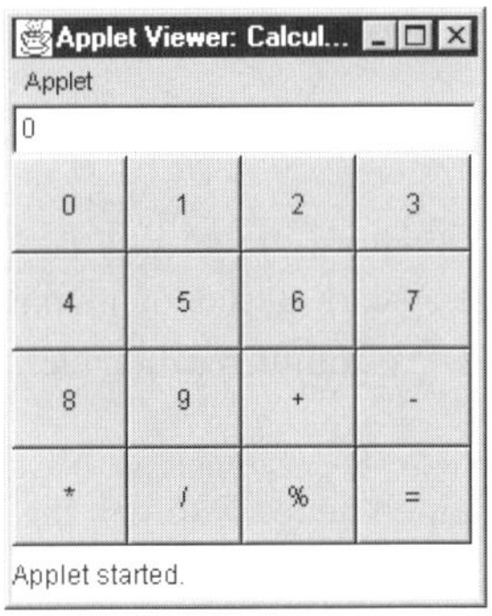

Abbildung 10.13: Der Rechner als Applet

Sehen wir uns an, wie man das realisiert. Jede Klassendatei hat genau eine öffentliche Klasse. Damit sie der Applet-Viewer starten kann, muß sich diese Klasse von `Applet` ableiten. Damit Java die Anwendung starten kann, muß sie eine statische Methode `main` enthalten. Bis jetzt haben wir also

```
class MyAppletApplication extends Japplet
{   public void init() { . . . }
    . . .
    static public void main(String[] args) { . . . }
}
```

Was können wir in `main` unterbringen? Normalerweise erzeugt man ein Objekt der Klasse und ruft `show` darauf auf. Aber dieser Fall ist hier nicht so einfach. Man kann kein nacktes Applet anzeigen. Das Applet ist in einem Rahmen unterzubringen. Und nachdem es sich in einem Rahmen befindet, muß man seine Methode `init` aufrufen.

Um einen Rahmen bereitzustellen, erzeugen wir die Klasse `AppletFrame`:

```
public class AppletFrame extends JFrame
{   AppletFrame(Applet a, int x, int y)
    {   setTitle(a.getClass().getName());
        setSize(x, y);
        addWindowListener(new WindowAdapter()
            {   public void windowClosing(WindowEvent e)
                {   System.exit(0);
                }
            } );
        Container contentPane = getContentPane();
        contentPane.add(a);
        a.init();
        show();
        a.start();
    }
    . . .
}
```

Der Konstruktor des Rahmens stellt das Applet (das sich von `Component` ableitet) in den Rahmen, ruft die Funktion `init` auf, ruft `show` auf (um den Rahmen anzuzeigen) und startet dann das Applet. Der Rahmen stellt auch eine Behandlungsroutine bereit, um das Programm zu beenden, wenn der Benutzer das Fenster schließt.

In der Methode `main` der Kombination Applet/Anwendung erzeugen wir einen neuen Rahmen dieser Art. Im Beispiel greifen wir wieder auf den Rechner zurück.

```
class MyAppletApplication extends Japplet
{   . . .
```

Applets

```
    public static void main(String args[])
    {   new AppletFrame(new MyAppletApplication(), 620, 400);
    }
}
```

Die Sache hat einen Haken. Wenn das Programm mit dem Java-Interpreter und nicht mit dem Applet-Viewer gestartet wird und getAppletContext aufruft, erhält es einen null-Zeiger zurück, da es nicht innerhalb eines Browsers gestartet wurde. Das bewirkt einen Absturz zur Laufzeit, sobald ein Code wie

getAppletContext().showStatus(message);

auszuführen ist. Auch wenn wir keinen voll ausgestatteten Browser schreiben wollen, müssen wir das absolute Minimum vorsehen, damit derartige Aufrufe funktionieren. Der Aufruf zeigt zwar keine Meldung an, aber zumindest läßt er nicht das Programm abstürzen. Es zeigt sich, daß wir lediglich zwei Schnittstellen implementieren müssen: AppletStub und AppletContext.

Applet-Kontexte haben Sie bereits in der Praxis kennengelernt. Sie sind dafür verantwortlich, Bild- und Audiodateien zu laden und Webseiten anzuzeigen. Allerdings können sie auch dankend ablehnen, und genau das macht unser Applet-Kontext. Der Hauptzweck der Schnittstelle AppletStub ist es, den Applet-Kontext zu lokalisieren. Jedes Applet hat einen Applet-Stub, der mit der Methode setStub der Klasse Applet eingerichtet wird.

In unserem Fall implementiert AppletFrame sowohl AppletStub als auch AppletContext. Wir stellen die minimal erforderliche Funktionalität bereit, um diese beiden Schnittstellen zu implementieren.

```
public class AppletFrame extends JFrame
    implements AppletStub, AppletContext
{   . . .

    // AppletStub-Methoden
    public boolean isActive() { return true; }
    public URL getDocumentBase() { return null; }
    public URL getCodeBase() { return null; }
    public String getParameter(String name) { return ""; }
    public AppletContext getAppletContext() { return this; }
    public void appletResize(int width, int height) {}

    // AppletContext-Methoden
    public AudioClip getAudioClip(URL url) { return null; }
    public Image getImage(URL url) { return null; }
    public Applet getApplet(String name) { return null; }
    public Enumeration getApplets() { return null; }
    public void showDocument(URL url) {}
```

```
    public void showDocument(URL url, String target) {}
    public void showStatus(String status) {}
}
```

Hinweis

Wenn Sie diese Datei kompilieren, erhalten Sie eine Warnung, daß java.awt.Window ebenfalls eine Methode namens isActive im Gültigkeitsbereich des Paketes hat. Da sich diese Klasse nicht im selben Paket wie die Window-Klasse befindet, kann sie nicht die Methode Window.isActive überschreiben. Das kommt uns gelegen – wir wollen eine neue Methode isActive für die Schnittstelle AppletStub bereitstellen. Es ist auch interessant, daß es vollkommen legal ist, eine neue Methode mit der gleichen Signatur in die Subklasse einzufügen. Bei jedem Zugriff auf das Objekt über eine Window-Referenz innerhalb des Pakets java.awt wird die für das Paket sichtbare Methode Window.isActive aufgerufen. Greift man aber auf das Objekt über eine Referenz von AppletFrame oder AppletStub zu, wird die Methode AppletFrame.isActive aufgerufen.

Als nächstes ruft der Konstruktor der Rahmenklasse setStub auf dem Applet auf, um sich selbst seinen Stub zu schaffen.

```
public class AppletFrame extends JFrame
    implements AppletStub, AppletContext
{ AppletFrame(Applet a, int x, int y)
    { setTitle(a.getClass().getName());
      setSize(x, y);
      addWindowListener(new WindowAdapter()
          { public void windowClosing(WindowEvent e)
            { System.exit(0);
            }
          } );
      Container contentPane = getContentPane();
      contentPane.add(a);
      a.setStub(this);
      a.init();
      show();
      a.start();
    }
    . . .
}
```

Schließlich kann es ein letztes Problem geben. Nehmen wir an, daß wir den Rechner als Applet und als Anwendung gleichzeitig verwenden möchten. Statt die Methoden der Klasse Calcula-

Applets

torApplet in die Klasse CalculatorAppletApplication zu verschieben, bedienen wir uns einfach der Vererbung. Der Code für die Klasse, die das bewerkstelligt, sieht folgendermaßen aus:

```
public class CalculatorAppletApplication extends CalculatorApplet
{ public static void main(String args[])
  { new AppletFrame(new CalculatorApplet(), 100, 150);
  }
}
```

Man kann das mit jedem Applet praktizieren, nicht nur mit dem Rechner-Applet. Man muß lediglich eine Klasse MyAppletApplication von der Applet-Klasse ableiten und ein new MyApplet()-Objekt an den AppletFrame in der Methode main übergeben. Das Ergebnis ist eine Klasse, die sowohl Applet als auch Anwendung ist.

Die Beispiele 10.12 und 10.13 zeigen den entsprechenden Code.

Beispiel 10.12: AppletFrame.java
```
import java.awt.*;
import java.awt.event.*;
import java.applet.*;
import java.net.*;
import java.util.*;
import javax.swing.*;

public class AppletFrame extends JFrame
   implements AppletStub, AppletContext
{ AppletFrame(Applet a, int x, int y)
  { setTitle(a.getClass().getName());
    setSize(x, y);
    addWindowListener(new WindowAdapter()
         { public void windowClosing(WindowEvent e)
           { System.exit(0);
           }
         } );
    Container contentPane = getContentPane();
    contentPane.add(a);
    a.setStub(this);
    a.init();
    show();
    a.start();
  }

  // AppletStub-Methoden
  public boolean isActive() { return true; }
  public URL getDocumentBase() { return null; }
```

```
    public URL getCodeBase() { return null; }
    public String getParameter(String name) { return ""; }
    public AppletContext getAppletContext() { return this; }
    public void appletResize(int width, int height) {}

    // AppletContext-Methoden
    public AudioClip getAudioClip(URL url) { return null; }
    public Image getImage(URL url) { return null; }
    public Applet getApplet(String name) { return null; }
    public Enumeration getApplets() { return null; }
    public void showDocument(URL url) {}
    public void showDocument(URL url, String target) {}
    public void showStatus(String status) {}
}
```

Beispiel 10.13: CalculatorAppletApplication.java
```
public class CalculatorAppletApplication
    extends CalculatorApplet
// Applet, Anwendung - beides!
{   public static void main(String[] args)
    {   new AppletFrame(new CalculatorApplet(), 180, 180);
    }
}
```

Kapitel 11

Ausnahmen und Fehlersuche

In einer perfekten Welt gibt kein Benutzer Daten in das falsche Formular ein, ausgewählte Dateien existieren immer und lassen sich öffnen, und der Code ist überhaupt fehlerfrei. Die bisher vorgestellten Codebeispiele waren so angelegt, als wäre diese perfekte Welt Wirklichkeit. Daher ist es nun höchste Zeit, daß wir uns den Mechanismen zuwenden, die Java für die rauhe Wirklichkeit mit falschen Daten und fehlerhaftem Code bereitstellt.

Fehler sind zumindest unangenehm. Wenn ein Benutzer während einer Programmsitzung seine gesamte Arbeit im Nirwana verschwinden sieht, weil ein Programmfehler aufgetreten ist oder ein externer Umstand sich negativ ausgewirkt hat, wendet sich dieser Benutzer vielleicht für immer von Ihrem Programm ab. Demzufolge müssen Sie zumindest

- den Benutzer bei einem Fehler benachrichtigen,
- die gesamte Arbeit speichern und
- dem Benutzer ermöglichen, das Programm auf sanfte Weise zu beenden.

In Ausnahmesituationen – etwa bei Eingabe falscher Daten, die ein Programm zum Absturz bringen könnten – fängt Java die Fehler mit der sogenannten *Ausnahmebehandlung* (englisch: Exception Handling) ab. Diese ist der Ausnahmebehandlung von C++ oder Delphi ähnlich und weitaus flexibler als die von Visual Basic bekannte Syntax mit `On Error GoTo`. Der erste Teil dieses Kapitels beschäftigt sich mit den Ausnahmen von Java.

Im zweiten Teil des Kapitels geht es um das Aufspüren von Fehlern im Code (Debugging), bevor diese zu einer Ausnahme während der Laufzeit führen können. Wenn Sie ausschließlich mit dem JDK arbeiten, läuft die Fehlererkennung leider wie in finstersten Vorzeiten ab. Um diesen Mangel zu beheben, geben wir Ihnen hier ein paar Tips und Werkzeuge an die Hand. Dann erläutern wir, wie man mit dem Befehlszeilen-Debugger als Mittel der letzten Instanz arbeitet. Für den ernsthaften Java-Entwickler sind in Produkten wie Java WorkShop von Sun, Café von Symantec und JBuilder von Inprise ziemlich nützliche Debugger enthalten, die allein die Anschaffungskosten des gesamten Pakets rechtfertigen können.

11.1 Fehler behandeln

Nehmen wir an, daß in einem laufenden Java-Programm ein Fehler auftritt. Der Fehler kann durch eine Datei mit falschen Informationen, eine instabile Netzwerkverbindung, durch einen (wir erwähnen es nur ungern) ungültigen Array-Index oder durch einen Versuch, eine noch nicht mit einem Objekt verbundene Objektreferenz zu verwenden, entstanden sein. Der Benutzer erwartet natürlich, daß das Programm auch im Fehlerfall vernünftig reagiert. Läßt sich eine Operation aufgrund eines Fehlers nicht abschließen, sollte das Programm entweder

- in einen sicheren Zustand zurückkehren, in dem der Benutzer andere Befehle ausführen kann,

oder

Ausnahmen und Fehlersuche

- dem Benutzer erlauben, seine gesamte Arbeit zu speichern und das Programm ordnungsgemäß zu beenden.

Das läßt sich nicht so ohne weiteres verwirklichen: Der Code, der die Fehlerbedingung erkennt (oder sogar verursacht), ist gewöhnlich weit von dem Code entfernt, der die Daten in einen sicheren Zustand zurückbringt, oder dem Code, der die Arbeit des Benutzers speichert und die Notlandung des Programms meistert. Die Mission der Fehlerbehandlung ist es, die Steuerung von der Stelle, wo der Fehler aufgetreten ist, an eine Routine zu übertragen, die die Fehlersituation behandeln kann. Um die Ausnahmezustände eines Programms in den Griff zu bekommen, muß man von vornherein mit möglichen Fehlern und Problemen rechnen. Welche Arten von Problemen sind zu berücksichtigen?

Eingabefehler: Neben den unvermeidlichen Tippfehlern lieben es manche Benutzer, ihren eigenen Stiefel zu gehen, statt sich an Richtlinien zu halten. Nehmen wir zum Beispiel an, daß der Benutzer eine Verbindung zu einem syntaktisch falschen URL herstellen will. Eigentlich sollte Ihr Code die Syntax prüfen, was aber noch nicht realisiert ist. Dann wird sich das Netzwerkpaket beschweren.

Gerätefehler: Die Hardware spielt nicht immer so mit, wie man es erwartet. Vielleicht ist auch der Drucker ausgeschaltet. Eine Webseite kann momentan nicht verfügbar sein. Geräte fallen häufig mitten in einer Aufgabe aus. Beispielsweise kann beim Drucker während des Druckvorgangs das Papier ausgegangen sein.

Physikalische Grenzen: Auf Datenträgern ist kein Platz mehr vorhanden. Der Arbeitsspeicher ist ausgereizt.

Codefehler: Eine Methode wird nicht korrekt ausgeführt. Beispielsweise kann sie die falschen Ergebnisse liefern oder andere Methoden falsch aufrufen. Es wird ein ungültiger Array-Index berechnet, ein nicht vorhandener Eintrag in einer Hash-Tabelle gesucht, ein leerer Stack aufgeräumt. Das alles sind Beispiele, wie eine Methode auf Codefehler reagieren kann.

Die herkömmliche Reaktion auf einen Fehler in einer Methode ist die Rückgabe eines speziellen Fehlercodes, den die aufrufende Methode analysiert. Beispielsweise liefern Methoden, die Informationen aus Dateien lesen, oftmals eine −1 als Wert für die Dateiendemarke anstelle eines Standardzeichens zurück. Das kann bei der Behandlung vieler Ausnahmebedingungen ein effizientes Verfahren sein, und bei bestimmten E/A-Operationen liefert Java den Wert `null` zurück, wenn die Operation nicht erfolgreich war. (In Kapitel 10 haben Sie dazu ein Beispiel mit der Methode `getParameter` der Klasse Applet kennengelernt.) Leider ist es nicht immer möglich, einen Fehlercode zurückzugeben. Manchmal lassen sich gültige von ungültigen Daten nicht ohne weiteres unterscheiden. Eine Methode, die eine Ganzzahl zurückgibt, kann den Fehler nicht einfach mit dem Wert −1 kennzeichnen. Hier kann −1 durchaus ein gültiges Ergebnis darstellen.

Darüber hinaus läßt es sich nur schwer mit den Konzepten der objektorientierten Programmierung vereinbaren, eine Zahl als Kennzeichen einer Fehlerbedingung zurückzugeben.

Wie bereits in Kapitel 5 angerissen, erlaubt Java jeder Methode einen alternativen Rückweg, wenn sie ihre Aufgabe nicht auf normale Weise beenden kann. In diesem Fall liefert die Methode keinen Rückgabewert. Statt dessen *löst* sie ein Objekt *aus*, das die Fehlerinformation kapselt. Beachten Sie, daß die Methode unmittelbar zurückkehrt und nicht ihren normalen (oder irgendeinen anderen) Wert zurückgibt. Im übrigen aktiviert Java gar nicht den Code, der die Methode aufgerufen hat, sondern der Mechanismus der Ausnahmebehandlung sucht nach einer *Behandlungsroutine* (einem sogenannten *Exception Handler*), die sich der betreffenden Fehlerbedingung annehmen kann.

Ausnahmen haben ihre eigene Syntax und sind Teil einer speziellen Vererbungshierarchie. Als erstes sehen wir uns die Syntax an und geben dann ein paar Hinweise, wie man dieses Sprachelement effektiv nutzt.

11.1.1 Klassifizierung von Ausnahmen

In Java ist ein Ausnahmeobjekt immer eine Instanz einer Klasse, die von Throwable abgeleitet ist. Wie Sie in Kürze erfahren, kann man auch eigene Ausnahmeklassen erstellen, wenn die zu Java gehörenden Klassen nicht den eigenen Anforderungen genügen.

Abbildung 11.1 zeigt eine vereinfachte Darstellung der Ausnahmehierarchie in Java.

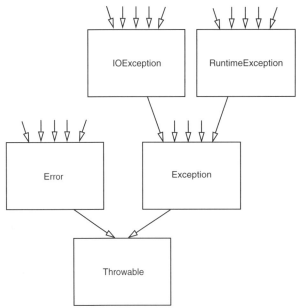

Abbildung 11.1: Ausnahmehierarchie in Java

Ausnahmen und Fehlersuche

Beachten Sie, daß sich alle Ausnahmen von `Throwable` ableiten, die Hierarchie sich aber sofort in zwei Zweige aufteilt: `Error` und `Exception`.

Die `Error`-Hierarchie beschreibt interne Fehler und Ressourcenverknappung innerhalb des Java-Laufzeitsystems. Ein Objekt dieses Typs sollte man nicht auslösen. Man kann nur wenig ausrichten, wenn solch ein interner Fehler auftritt, außer den Benutzer zu benachrichtigen und das Programm sanft zu beenden. Diese Fälle sind sehr selten.

Wenn Sie in Java programmieren, konzentrieren Sie sich auf die `Exception`-Hierarchie, die ebenfalls zweigeteilt ist: von `RuntimeException` abgeleitete und nicht davon abgeleitete Ausnahmen. Die allgemeine Regel lautet:

- Eine `RuntimeException` (Laufzeitausnahme) entsteht aufgrund eines Programmierfehlers. Jede andere Ausnahme entsteht durch ungünstige Umstände, beispielsweise einen E/A-Fehler, in Ihrem ansonsten ausgezeichnet laufenden Programm.

Zu den Ausnahmen, die sich von `RuntimeException` ableiten, gehören Probleme wie:

- Fehlerhafte Typumwandlung
- Zugriffe auf Array-Elemente außerhalb der definierten Grenzen
- Zugriff über `null`-Zeiger

Zu den Ausnahmen, die sich nicht von `RuntimeException` ableiten, gehören Versuche,

- über das Ende einer Datei zu lesen.
- einen URL im falschen Format zu öffnen.
- ein `Class`-Objekt für einen String zu finden, der keine existierende Klasse bezeichnet.

Die Regel »Wenn es sich um eine `RuntimeException` handelt, war es Ihr Fehler« trifft fast immer zu. Diese `ArrayIndexOutOfBoundsException` (Ausnahme bei Zugriffen außerhalb der Feldgrenzen) hätten Sie vermeiden können, wenn Sie den Array-Index bezüglich der definierten Grenzen getestet hätten. Die `NullPointerException` (Ausnahme bei Zugriffen über einen `null`-Zeiger) wäre nicht aufgetreten, wenn Sie geprüft hätten, ob die Variable den Wert `null` enthält, bevor Sie sie verwenden.

Wie steht es mit einem falsch formatierten URL? Läßt sich nicht herausfinden, ob der URL richtig formatiert ist, bevor man ihn verwendet? Nun gut, verschiedene Browser können verschiedene Arten von URLs behandeln. Beispielsweise kann Netscape mit einem `mailto:`-URL etwas anfangen, während der Applet Viewer dazu nicht in der Lage ist. Somit hängt die Vorstellung von »falsch formatiert« von der Umgebung ab und nicht nur von Ihrem Code.

Hinweis

Der Name `RuntimeException` ist etwas irreführend. Natürlich treten alle hier besprochenen Fehler zur Laufzeit auf.

C++

Wenn Sie mit der (wesentlich einfacheren) Ausnahmehierarchie der ANSI-C++-Bibliothek vertraut sind, kommen Sie jetzt vielleicht ganz durcheinander. C++ hat zwei fundamentale Ausnahmeklassen, `runtime_error` und `logic_error`. Die Klasse `logic_error` ist das Äquivalent zur `RuntimeException` von Java und kennzeichnet ebenfalls logische Fehler im Programm. Die Klasse `runtime_error` ist die Basisklasse für Ausnahmen, die von nicht vorhersagbaren Problemen verursacht werden. Diese Klasse entspricht den Java-Ausnahmen, die *nicht* vom Typ `RuntimeException` sind.

11.1.2 Ausnahmen ankündigen

Eine Java-Methode kann eine Ausnahme auslösen, wenn eine Situation eintritt, die sie nicht behandeln kann. Das Prinzip ist einfach: Eine Methode teilt dem Java-Compiler nicht nur mit, welche Werte sie zurückgeben kann, *sondern auch, was schiefgehen könnte*. Wenn man zum Beispiel aus einer Datei lesen will, muß man von vornherein damit rechnen, daß die Datei eventuell nicht existiert oder leer ist. Der Code, der die Informationen aus einer Datei verarbeitet, sollte den Compiler davon benachrichtigen, daß er eine `IOException` auslösen könnte.

Um anzukündigen, daß eine Methode eine Ausnahme auslösen kann, ändert man den Header der Methode und gibt hier alle in Frage kommenden Ausnahmen an. Das folgende Beispiel zeigt den Header für eine Methode in der Java-Klasse `BufferedReader`, die eine Textzeile aus einem Stream – etwa einer Datei oder Netzwerkverbindung – lesen soll. (Kapitel 12 geht näher auf Streams ein.)

```
public String readLine() throws IOException
```

Der Header weist zum einen darauf hin, daß die Methode einen String zurückgibt, zum anderen aber auch, daß die Methode möglicherweise eine `IOException` auslöst. Wenn dieser ungünstige Fall eintritt, gibt die Methode keinen String zurück, sondern löst ein Objekt der Klasse `IOException` aus. Dann beginnt das Laufzeitsystem, nach einer Routine zu suchen, die auf die Behandlung von `IOException`-Objekten vorbereitet ist.

Wenn man eigene Methoden schreibt, muß man jedes Objekt ankündigen, das die Methode tatsächlich auslösen könnte. Um zu verstehen, wann (und was) man in der `throws`-Klausel der zu schrei-

Ausnahmen und Fehlersuche

benden Methode ankündigen muß, sollte man berücksichtigen, daß eine Ausnahme in den folgenden vier Situationen ausgelöst wird:

- Man ruft eine Methode auf, die eine Ausnahme auslöst, beispielsweise die Methode readLine der Klasse BufferedReader.
- Man erkennt einen Fehler und löst eine Ausnahme mit der Anweisung throw aus (wir kommen später in diesem Abschnitt darauf zu sprechen).
- Man macht einen Programmierfehler wie etwa [-1] = 0.
- Es tritt ein interner Fehler in Java auf.

In den beiden ersten Szenarios muß man den Benutzern der Methode mitteilen, daß die Methode eine Ausnahme auslösen kann.

Warum? Jede Methode, die eine Ausnahme auslöst, ist eine mögliche Gefahrenstelle. Wenn keine Behandlungsroutine die Ausnahme auffängt, wird das Programm beendet. (Programmierer, die mit Ihrem Code arbeiten, sehen es gewiß nicht gern, wenn ihre Programme unerwartet aufgrund Ihres so gut durchdachten Codes abstürzen.)

Wie bei den Methoden, die zu den Java-Klassen gehören, deklarieren Sie mit einer *Ausnahmespezifikation* im Header der Methode, daß Ihre Methode eine Ausnahme auslösen kann.

```
class Animation
{ . .
   public Image loadImage(String s) throws IOException
   {  . . .
   }
}
```

Wenn eine Methode mehr als eine Ausnahme berücksichtigen muß, sind wie im folgenden Beispiel alle Ausnahmen im Header aufzuführen und durch Komma zu trennen:

```
class Animation
{  . . .
   public Image loadImage(String s)
      throws EOFException, MalformedURLException
   {  . . .
   }
}
```

Interne Java-Fehler – das heißt Ausnahmen, die von Error abgeleitet sind – muß man allerdings nicht ankündigen. Jeder beliebige Code könnte diese Ausnahmen auslösen, und sie entziehen sich vollständig Ihrer Kontrolle.

Eigentlich sollten Sie auch keine Ausnahmen ankündigen, die sich von RuntimeException ableiten.

```
class Animation
{
   . . .
   void drawImage(int i)
      throws ArrayIndexOutOfBoundsException // NEIN!!!
   {
      . . .
   }
}
```

Für derartige Laufzeitfehler sind Sie nämlich selbst verantwortlich. Wenn Sie sich schon Gedanken um Indexfehler machen, sollten Sie auch die Zeit aufbringen, sie zu beseitigen, anstatt die Möglichkeit anzukündigen, daß derartige Fehler auftreten könnten.

Die Sprachspezifikation von Java bezeichnet alle Ausnahmen, die sich von der Klasse Error oder der Klasse RuntimeException ableiten, als *unkontrollierte* Ausnahmen. Alle anderen Ausnahmen heißen *kontrollierte* Ausnahmen. Diese Terminologie übernehmen wir hier auch. Man muß sich nämlich mit den kontrollierten Ausnahmen auseinandersetzen, entweder indem man sie selbst behandelt (siehe unten) oder indem man sie ankündigt, damit sie weitergeleitet werden. Unkontrollierte Ausnahmen entziehen sich entweder Ihrer Kontrolle (Error) oder gehen auf Bedingungen zurück, die Sie von vornherein nicht hätten zulassen sollen (RuntimeException).

Die Java-Regel für die Spezifikation von Ausnahmen ist einfach:

Eine Methode muß alle kontrollierten Ausnahmen, die sie auslöst, deklarieren.

Wenn Sie das in Ihrer Methode unterlassen, bringt der Java-Compiler eine Fehlermeldung.

Achtung

Wenn Sie eine Methode aus einer Superklasse in Ihrer Subklasse überschreiben, kann die Subklasse nicht mehr kontrollierte Ausnahmen auslösen als die Methode der Superklasse, die Sie ersetzen. (Wenn es angebracht ist, kann sie weniger auslösen.) Insbesondere gilt: Wenn die Methode der Superklasse überhaupt keine kontrollierten Ausnahmen auslöst, kann das die Subklasse auch nicht. Wenn Sie zum Beispiel JComponent.paintComponent überschreiben, darf Ihre Methode paintComponent keinerlei kontrollierte Ausnahmen auslösen, da die Methode der Superklasse keine auslöst.

Wenn eine Methode in einer Klasse deklariert, daß sie eine Ausnahme auslöst, die eine Instanz einer bestimmten Klasse ist, dann kann sie eine Ausnahme dieser Klasse oder aller ihrer Subklassen auslösen. Beispielsweise kündigt die Methode readLine der Klasse BufferedReader an, daß sie

Ausnahmen und Fehlersuche

eine IOException auslöst. Wir wissen nicht, welche Art von IOException. Es könnte eine reine IOException sein oder ein Objekt von einer der verschiedenen untergeordneten Klassen wie etwa EOFException.

C++

Der Spezifizierer throws entspricht dem Spezifizierer throw in C++ mit einem wichtigen Unterschied. In C++ werden throw-Spezifizierer zur *Laufzeit* durchgesetzt und nicht zur Kompilierzeit. Das heißt, der C++-Compiler achtet überhaupt nicht auf die Spezifikation von Ausnahmen. Wenn aber eine Ausnahme in einer Funktion ausgelöst wird, die nicht zur throw-Liste gehört, dann wird die Funktion unexpected aufgerufen, und im Normalfall terminiert das Programm.

In C++ kann eine Funktion auch eine Ausnahme auslösen, wenn keine throw-Spezifikation angegeben ist. In Java kann eine Methode ohne throws-Spezifizierer überhaupt keine kontrollierte Ausnahme auslösen.

11.1.3 Ausnahmen auslösen

Nehmen wir an, daß etwas Unvorhersehbares in Ihrem Code passiert ist. Die Methode readData liest in einer Datei, deren Header folgendes verspricht:

Content-length: 1024

Sie haben aber das Dateiende bereits nach 733 Zeichen erreicht. Also entschließen Sie sich, in dieser abnormalen Situation eine Ausnahme auszulösen.

Es ist nun festzulegen, welcher Ausnahmetyp in Frage kommt. Eine Form von IOException würde sich anbieten. Geht man die Datei tree.html in der Java-API-Dokumentation durch, findet man eine EOFException mit der Beschreibung »Signalisiert, daß während der Eingabe ein EOF unerwartet erreicht wurde«. Perfekt. Diese Ausnahme löst man folgendermaßen aus:

throw new EOFException();

Oder wenn Sie es vorziehen:

EOFException e = new EOFException();
throw e;

Das Ganze zusammengenommen:

```
String readData(BufferedReader in) throws EOFException
{  . . .
   while (. . .)
   {  if (ch == -1) // EOF erreicht
      {  if (n < len)
```

```
            throw new EOFException();
        }
        . . .
    }
    return s;
}
```

Die `EOFException` hat einen zweiten Konstruktor, der ein String-Argument übernimmt. Man kann das nutzen, indem man die Ausnahmebedingung eingehender beschreibt.

```
String gripe = "Angegebene Länge: " + len + " Empfangen: " + n;
throw new EOFException(gripe);
```

Das Auslösen einer Ausnahme ist also einfach, wenn man sich auf eine der vorhandenen Ausnahmeklassen stützen kann. In diesem Fall sind folgende Schritte zu unternehmen:

- Eine passende Ausnahmeklasse suchen
- Ein Objekt dieser Klasse erzeugen
- Die Ausnahme auslösen

Nachdem eine Methode eine Ausnahme ausgelöst hat, kehrt die Methode nicht zu ihrem Aufrufer zurück. Das bedeutet, daß man sich keinen Standardwert oder Fehlercode für die Rückgabe ausdenken muß.

C++

In C++ und Java sieht das Auslösen einer Ausnahme im wesentlichen gleich aus. Als Unterschied ist zu verzeichnen, daß man in Java nur Objekte der zu `Throwable` untergeordneten Klassen auslösen kann. In C++ lassen sich Werte aller Typen auslösen.

11.1.4 Ausnahmeklassen erstellen

In Ihrem Code können Probleme auftreten, die von den Standardausnahmeklassen nicht adäquat beschrieben werden. Für diese Fälle können Sie eigene Ausnahmeklassen auch leicht selbst erstellen. Leiten Sie sie einfach von `Exception` oder einer zu `Exception` untergeordneten Klasse wie zum Beispiel `IOException` ab. Es ist üblich, sowohl einen Standardkonstruktor als auch einen Konstruktor mit einer detaillierten Meldung vorzusehen. (Die Methode `toString` der Basisklasse `Throwable` gibt diese detaillierte Meldung aus, was für die Fehlersuche praktisch ist.)

```
class FileFormatException extends IOException
{   public FileFormatException() {}
    public FileFormatException(String gripe)
```

Ausnahmen und Fehlersuche

```
    { super(gripe);
    }
}
```

Nun sind Sie in der Lage, Ihren ganz persönlichen Ausnahmetyp auszulösen.

```
String readData(BufferedReader in) throws FileFormatException
{   . . .
    while (. . .)
    {   if (ch == -1) // EOF erreicht
        {   if (n < len)
                throw new FileFormatException();
        }
        . . .
    }
    return s;
}
```

API

java.lang.Throwable

- Throwable()

  Konstruiert ein neues Throwable-Objekt ohne detaillierte Meldungen.

- Throwable(String message)

  Konstruiert ein neues Throwable-Objekt mit der angegebenen detaillierten Meldung. Per Konvention unterstützen alle abgeleiteten Ausnahmeklassen sowohl einen Standardkonstruktor als auch einen Konstruktor mit einer detaillierten Meldung.

- String getMessage()

  Holt die detaillierte Meldung des Throwable-Objekts.

11.2 Ausnahmen auffangen

Mittlerweile wissen Sie, wie einfach man eine Ausnahme auslöst. Man löst sie aus und vergißt sie dann. Natürlich ist irgendein Codeabschnitt erforderlich, der die Ausnahme auffangen kann. Das Auffangen von Ausnahmen erfordert etwas mehr Planung.

Wenn eine Ausnahme auftritt, die nicht an irgendeiner Stelle in einer nichtgrafischen Anwendung aufgefangen wird, terminiert das Programm und gibt eine Meldung mit dem Typ der Ausnahme und einem Stack-Protokoll auf der Konsole aus. Ein Grafikprogramm (sowohl Applet als auch Anwendung) gibt die gleiche Fehlermeldung aus, aber das Programm kehrt zur Verarbeitungsschleife der

Benutzeroberfläche zurück. (Wenn Sie in einem grafisch orientierten Programm auf Fehlersuche gehen, empfiehlt es sich, die Konsole auf dem Bildschirm verfügbar zu haben und nicht zu minimieren.)

Um eine Ausnahme aufzufangen, richtet man einen `try/catch`-Block ein. Die einfachste Form des `try`-Blocks sieht folgendermaßen aus:

```
try
{   Code
    Weiterer Code
    Weiterer Code
}
catch(ExceptionType e)
{   Handler für diesen Typ
}
```

Wenn beliebiger Code innerhalb des `try`-Blocks eine Ausnahme der in der `catch`-Klausel spezifizierten Klasse auslöst, dann

1. überspringt das Programm den restlichen Code im `try`-Block,

2. führt das Programm den Behandlungscode innerhalb der `catch`-Klausel aus.

Wenn keinerlei Code innerhalb des `try`-Blocks eine Ausnahme auslöst, überspringt das Programm die `catch`-Klausel.

Löst der Code in einer Methode eine Ausnahme aus, deren Typ nicht in der `catch`-Klausel aufgeführt ist, wird die Methode sofort verlassen. (Es bleibt zu hoffen, daß ein Aufrufer der Methode bereits eine `catch`-Klausel für diesen Typ programmiert hat.)

Anhand von Code in der Klasse `Console` aus unserem Paket `corejava` zeigen wir, wie das in der Praxis funktioniert.

```
public static String readLine()
{   int ch;
    String r = "";
    boolean done = false;
    while (!done)
    {   try
        {   ch = System.in.read();
            if (ch < 0 || (char)ch == '\n')
                done = true;
            else
                r = r + (char) ch;
        }
```

Ausnahmen und Fehlersuche

```
    catch(IOException e)
    {  done = true;
    }
  }
  return r;
}
```

Der größte Teil des Codes in der `try`-Klausel ist unkompliziert: Er sammelt Zeichen, bis das Ende der Zeile oder der Datei erreicht ist. Laut Java-API kann die Methode `read` eine `IOException` auslösen. In diesem Fall wird die gesamte `if`-Anweisung übersprungen, und das Programm setzt in der `catch`-Klausel die Variable `done` auf `true`. Wir gehen davon aus, daß der Aufrufer von einem Problem mit der Eingabe nichts wissen will und nur die bis dahin gesammelten Zeichen verwenden möchte. Für diese spezielle Ausnahme in der Klasse `Console` scheint eine derartige Behandlung vernünftig zu sein. Welche anderen Möglichkeiten bieten sich überhaupt?

Oftmals ist es am besten, überhaupt nichts zu unternehmen. Wenn ein Fehler in der Methode `read` auftritt, überläßt man es einfach dem Aufrufer der Methode `readLine`, sich darum zu kümmern! Bei dieser Lösung müssen wir die Tatsache ankündigen, daß die Methode eine `IOException` auslösen kann.

```
public static String readLine()
    throws IOException
{  int ch;
   String r = "";
   boolean done = false;
   while (!done)
   {  ch = System.in.read();
      if (ch < 0 || (char)ch == '\n')
         done = true;
      else
         r = r + (char) ch;
   }
   return r;
}
```

Wie bereits erwähnt, achtet der Compiler streng darauf, daß `throws`-Spezifizierer angegeben sind. Wenn man eine Methode aufruft, die eine kontrollierte Ausnahme auslöst, muß man sie entweder behandeln oder weiterleiten.

Welche Variante ist besser? Allgemein gilt, daß man diejenigen Ausnahmen behandeln sollte, bei denen man weiß, wie sie zu behandeln sind, und daß man diejenigen weiterleiten sollte, bei denen man nicht weiß, wie sie zu behandeln sind. Wenn man eine Ausnahme weiterleitet, muß man einen throws-Modifizierer hinzufügen, um den Aufrufer zu warnen, daß eine Ausnahme ausgelöst werden könnte.

Werfen Sie einen Blick in die Java-API-Dokumentation, um herauszufinden, welche Methoden welche Ausnahmen auslösen. Dann entscheiden Sie, ob Sie die Ausnahme selbst behandeln oder sie in die throws-Liste aufnehmen. Gegen die zweite Auswahl ist nichts einzuwenden. Es ist besser, eine Ausnahme an einen kompetenten Handler zu leiten, als sie zu unterdrücken.

Wie wir bereits weiter oben angedeutet haben, gibt es zu dieser Regel eine Ausnahme.

Wenn man eine Methode der Superklasse überschreibt, die keine Ausnahmen auslöst (wie etwa paintComponent in JComponent), dann *muß* man alle kontrollierten Ausnahmen im Code der Methode auffangen. Es ist nicht gestattet, mehr throws-Spezifizierer in einer Subklassenmethode anzugeben, als in der Methode der Superklasse vorhanden sind.

Tip

Scheuen Sie sich nicht, Ausnahmen auszulösen oder weiterzuleiten, um Probleme zu signalisieren, die Sie selbst nicht geeignet behandeln können. Andererseits werden Ihre Programmierkollegen Sie hassen, wenn Sie Methoden schreiben, die Ausnahmen unnötig auslösen und die sie behandeln oder weiterleiten müssen. Wenn man eine Ausnahmebedingung intelligent umgehen kann, sollte man Ausnahmen nicht nach der Holzhammermethode auslösen.

C++

Das Auffangen von Ausnahmen ist in Java und C++ fast gleich. Genauer gesagt, ist die Anweisung

    catch(Exception e) // Java

analog zu

    catch(Exception& e) // C++

Zur Anweisung catch(...) von C++ gibt es nichts Analoges in Java, da hier alle Ausnahmen von einer gemeinsamen Basisklasse abgeleitet werden.

11.2.1 Mehrfache Ausnahmen auffangen

Man kann mehrere Ausnahmetypen in einem try-Block auffangen und jeden Typ unterschiedlich behandeln. Man verwendet dazu für jeden Typ eine separate catch-Klausel, wie es das folgende Beispiel zeigt:

Ausnahmen und Fehlersuche

```
try
{ Code, der Ausnahmen
   auslösen könnte
}
catch(MalformedURLException e1)
{   // Rettungsmaßnahme für unpassend formatierte URLs
}
catch(UnknownHostException e2)
{   // Rettungsmaßnahme für unbekannte Hosts
}
catch(IOException e3)
{   // Rettungsmaßnahme für alle anderen E/A-Probleme.
}
```

Das Ausnahmeobjekt (e1, e2, e3) kann Angaben zum Grund der Ausnahme enthalten. Um mehr über das Objekt herauszufinden, holt man mit

`e3.getMessage()`

eine detailliertere Fehlermeldung (falls vorhanden) oder mit

`e3.getClass().getName()`

den eigentlichen Typ des Ausnahmeobjekts.

11.2.2 Ausnahmen erneut auslösen

Gelegentlich muß man eine Ausnahme auffangen, ohne sich ihrer Ursache zu widmen – wenn man zum Beispiel lokale Aufräumungsarbeiten erledigen muß, das Problem aber nicht vollständig lösen kann. Dann führt man die Rettungsaktion aus und ruft erneut throw auf, um die Ausnahme in die Aufrufkette zurückzustellen. Ein typisches Beispiel zeigt der folgende Code:

```
Graphics g = image.getGraphics();
try
{ Code, der Ausnahmen
   auslösen könnte
} catch(MalformedURLException e)
{ g.dispose();
   throw e;
}
```

Der obige Code zeigt einen der häufigsten Gründe, eine Ausnahme, die man selbst aufgefangen hat, erneut auszulösen. Wenn man das Objekt des Grafikkontextes nicht in der catch-Klausel zerstört, wird es *nie* beseitigt. (Natürlich zerstört es seine Methode finalize, aber das kann eine ganze Zeit dauern.)

Andererseits ist die eigentliche Ursache – die Ausnahme durch den unpassend formatierten URL – noch nicht verschwunden. Man sollte sie an die zuständigen Stellen weiterleiten, die vermutlich wissen, wie sie mit einer derartigen Ausnahme umzugehen haben. (Der nächste Abschnitt zeigt einen eleganteren Weg, um die gleiche Wirkung zu erzielen.)

Man kann auch eine andere Ausnahme auslösen als die, die man aufgefangen hat.

```
try
{   acme.util.Widget a = new acme.util.Widget();
    a.load(s);
    a.paint(g);
}
catch(RuntimeException e)
{   // Oha – ein anderer ACME-Fehler
    throw new Exception("ACME-Fehler");
}
```

11.2.3 Die Klausel »finally«

Wenn Ihr Code eines Ausnahme auslöst, stoppt diese die Verarbeitung des restlichen Codes in Ihrer Methode und beendet sie. Das ist ein Problem, wenn die Methode lokale und nur ihr bekannte Ressourcen angefordert hat und diese Ressourcen wieder freizugeben oder aufzuräumen sind. Eine Lösung besteht darin, alle Ausnahmen aufzufangen und erneut auszulösen. Das ist aber sehr mühsam, da man die Ressourcenzuweisung an zwei Stellen vornehmen muß, im normalen Code und im Ausnahmecode.

Java verfügt über eine bessere Lösung, die Klausel finally:

```
Graphics g = image.getGraphics();
try
{   Code, der Ausnahmen
    auslösen könnte
}
catch(IOException e)
{   Fehlerdialogfeld anzeigen

}
finally
{   g.dispose();
}
```

Dieses Programm führt den Code in der finally-Klausel aus, ob eine Ausnahme aufgefangen wurde oder nicht. Das bedeutet im obigen Beispielcode, daß das Programm den Grafikkontext *unter allen Umständen* freigibt.

Sehen wir uns drei mögliche Situationen an, wo das Programm die finally-Klausel ausführt.

Ausnahmen und Fehlersuche

1. Der Code löst keine Ausnahmen aus. In diesem Fall arbeitet das Programm zuerst den gesamten Code im `try`-Block ab. Danach führt es den Code in der `finally`-Klausel aus und geht schließlich zur ersten Zeile nach dem `try`-Block.

2. Der Code löst eine Ausnahme aus, die in einer `catch`-Klausel aufgefangen wird. In unserem Beispiel ist das eine `IOException`. Das Programm führt hier den Code im `try`-Block bis zu dem Punkt aus, wo die Ausnahme ausgelöst wird. Der übrige Code im `try`-Block wird übersprungen. Dann führt das Programm den Code in der zutreffenden `catch`-Klausel aus, anschließend den Code in der `finally`-Klausel.

3. Wenn die `catch`-Klausel keine Ausnahme auslöst, dann fährt das Programm mit der ersten Zeile nach dem `try`-Block fort. Andernfalls wird die Ausnahme zurück zum Aufrufer dieser Methode geschickt.

4. Der Code löst eine Ausnahme aus, die nicht in irgendeiner `catch`-Klausel aufgefangen wird. In diesem Fall führt das Programm den Code im `try`-Block bis zu dem Punkt aus, wo die Ausnahme aufgetreten ist, und überspringt den restlichen Code im `try`-Block. Dann arbeitet das Programm den Code in der `finally`-Klausel ab, und die Ausnahme wird zurück zum Aufrufer dieser Methode geschickt.

Die `finally`-Klausel kann man ohne `catch`-Klausel verwenden. Sehen Sie sich zum Beispiel die folgende `try`-Anweisung an:

```
Graphics g = image.getGraphics();
try
{ Code, der Ausnahmen
  auslösen könnte
}
finally
{ g.dispose();
}
```

Der Befehl `g.dispose()` in der `finally`-Klausel wird ausgeführt, ob im `try`-Block eine Ausnahme aufgetreten ist oder nicht. Falls eine Ausnahme aufgetreten ist, wird sie natürlich erneut ausgelöst und ist in einer anderen `catch`-Klausel aufzufangen.

C++

In bezug auf die Ausnahmebehandlung besteht zwischen C++ und Java ein fundamentaler Unterschied. Java kennt keine Destruktoren. Folglich ist kein Stack abzubauen, wie es in C++ der Fall ist. Das bedeutet, daß der Java-Programmierer den Code zur Freigabe von Ressourcen eigenverantwortlich in `finally`-Blöcken unterbringen muß. Da Java aber den Speicher automatisch aufräumt, sind es weit weniger Ressourcen, die eine manuelle Freigabe erfordern.

11.2.4 Ein abschließender Blick auf die Behandlung von Fehlern und Ausnahmen durch Java

Beispiel 11.1 erzeugt absichtlich eine Reihe unterschiedlicher Fehler und fängt verschiedenartige Ausnahmen auf (siehe Abbildung 11.2).

Abbildung 11.2: Ein Programm, das Ausnahmen generiert

Probieren Sie es aus. Klicken Sie auf die Schaltflächen, und verfolgen Sie, welche Ausnahmen ausgelöst werden.

Wie Sie wissen, löst ein Programmierfehler wie etwa ein falscher Array-Index eine `RuntimeException` aus. Der Versuch, eine nicht vorhandene Datei zu öffnen, führt zu einer `IOException`. Das Programm fängt `RuntimeException`-Objekte auf, dann allgemeine `Exception`-Objekte.

```
try
{   // Verschiedenartige Fehler
}
catch(RuntimeException e)
{   System.out.println("RuntimeException aufgefangen: " + e);
}
catch(Exception e)
{   System.out.println("Exception aufgefangen: " + e);
}
```

Im Konsolenfenster können Sie verfolgen, welche Ausnahme Sie verursacht haben. Wenn Sie die Option »Unbekannt« wählen, wird ein `UnknownError`-Objekt ausgelöst. Das ist keine untergeordnete Klasse zu `Exception`, so daß sie unser Programm nicht auffängt. Statt dessen gibt der Code der Benutzeroberfläche eine Fehlermeldung und ein Stack-Protokoll auf der Konsole aus.

Hinweis

Wie Sie sich beim Ausführen des Programms in Beispiel 11.1 überzeugen können, führen nicht alle Fehler in Java zu Ausnahmen. Gleitkommadivision durch Null, Überlauf und mathematische Fehler

Ausnahmen und Fehlersuche

lösen überhaupt keine Ausnahmen aus. (Die ganzzahlige Division durch 0 führt zur Ausnahme ArithmeticException.)

Beispiel 11.1: ExceptTest.java
```java
import java.awt.*;
import java.awt.event.*;
import javax.swing.*;
import java.io.*;

public class ExceptTest extends JFrame
    implements ActionListener
{   public ExceptTest()
    {   JPanel p = new JPanel();;
        ButtonGroup g = new ButtonGroup();
        p.setLayout(new GridLayout(8, 1));
        divideByZeroButton
           = addRadioButton("Division durch 0", g, p);
        badCastButton = addRadioButton("Typumwandlung", g, p);
        arrayBoundsButton
           = addRadioButton("Array-Grenzen", g, p);
        nullPointerButton
           = addRadioButton("Null-Zeiger", g, p);
        negSqrtButton = addRadioButton("Wurzel aus -1", g, p);
        overflowButton = addRadioButton("Überlauf", g, p);
        noSuchFileButton
           = addRadioButton("Datei nicht vorhanden", g, p);
        throwUnknownButton
           = addRadioButton("Unbekannt", g, p);
        getContentPane().add(p);
    }

    private JRadioButton
       addRadioButton(String s, ButtonGroup g, JPanel p)
    {   JRadioButton button = new JRadioButton(s, false);
        button.addActionListener(this);
        g.add(button);
        p.add(button);
        return button;
    }

    public void actionPerformed(ActionEvent evt)
    {   try
        {   Object source = evt.getSource();
            if (source == divideByZeroButton)
```

```
            {   a[1] = a[2] / (a[3] - a[3]);
            }
            else if (source == badCastButton)
            {   f = (Frame)evt.getSource();
            }
            else if (source == arrayBoundsButton)
            {   a[1] = a[10];
            }
            else if (source == nullPointerButton)
            {   f = null;
                f.setSize(200, 200);
            }
            else if (source == negSqrtButton)
            {   a[1] = Math.sqrt(-1);
            }
            else if (source == overflowButton)
            {   a[1] = 1000 * 1000 * 1000 * 1000;
                int n = (int)a[1];
            }
            else if (source == noSuchFileButton)
            {   FileInputStream is
                    = new FileInputStream("Datei nicht vorhanden");
            }
            else if (source == throwUnknownButton)
            {   throw new UnknownError();
            }
        }
        catch(RuntimeException e)
        {   System.out.println("RuntimeException aufgefangen: " + e);
        }
        catch(Exception e)
        {   System.out.println("Exception aufgefangen: " + e);
        }
    }

    public static void main(String[] args)
    {   JFrame frame = new ExceptTest();
        frame.setTitle("ExceptTest");
        frame.setSize(150, 200);
        frame.addWindowListener(new WindowAdapter()
            {   public void windowClosing(WindowEvent e)
                {   System.exit(0); }
            } );
```

Ausnahmen und Fehlersuche

```
        frame.show();
    }

    private double[] a = new double[10];
    private Frame f = null;
    private JRadioButton divideByZeroButton;
    private JRadioButton badCastButton;
    private JRadioButton arrayBoundsButton;
    private JRadioButton nullPointerButton;
    private JRadioButton negSqrtButton;
    private JRadioButton overflowButton;
    private JRadioButton noSuchFileButton;
    private JRadioButton throwUnknownButton;
}
```

11.3 Tips zur Verwendung von Ausnahmen

Es gibt eine Tendenz, Ausnahmen zu häufig einzusetzen. Wer will schließlich den ganzen Aufwand betreiben und Methoden erstellen, die Eingaben analysieren, bevor sie weiterverarbeitet werden, wenn die Ausnahmebehandlung so einfach ist? Statt einen URL zu analysieren, wenn ihn der Benutzer eingibt, schickt man ihn einfach an eine Methode, die eine MalformedURLException auslöst. Das spart Zeit und Ärger. Falsch! Obwohl eine Behandlungsroutine für Ausnahmen nichts kostet, nimmt die eigentliche Behandlung einer Ausnahme fast immer eine ganze Menge Zeit in Anspruch. Die mißbräuchliche Verwendung von Ausnahmen kann demzufolge den Code drastisch bremsen. Deshalb geben wir hier vier Tips für die Verwendung von Ausnahmen an.

1. *Die Ausnahmebehandlung ist nicht dazu gedacht, einen einfachen Test zu ersetzen.*

Als Beispiel dazu haben wir Code geschrieben, der die integrierte Klasse Stack verwendet. Der Code in Beispiel 11.2 versucht, eine Million Mal einen leeren Stack aufzuräumen. In der ersten Version testet der Code, ob der Stack bereits leer ist.

```
if (!s.empty()) s.pop();
```

Als nächstes soll der Code den Stack bedingungslos aufräumen. Dann fangen wir die Ausnahme EmptyStackException auf, die uns mitteilt, daß wir das nicht hätten tun sollen.

```
try()
{ s.pop();
}
catch(EmptyStackException e)
{
}
```

Auf unserem Textcomputer haben wir bei Zeitmessungen die Ergebnisse nach Tabelle 11.1 erhalten.

Test	Auslösen/Auffangen
990 Millisekunden	18.020 Millisekunden

Tabelle 11.1: Zeitmessungen

Wie man sieht, hat es ungefähr 18mal länger gedauert, eine Ausnahme aufzufangen, als einen einfachen Test durchzuführen. Schlußfolgerung: Ausnahmen sollten echten Ausnahmebedingungen vorbehalten bleiben.

2. *Zerstückeln Sie keine Ausnahmen.*

Es gibt Programmierer, die jede Anweisung in einen separaten `try`-Block einschließen.

```
istream is;
Stack s;

for (i = 0; i < 100; i++)
{  try
   {    n = s.pop();
   }
   catch (EmptyStackException s)
   {    // Stack war leer
   }
   try
   {    out.writeInt(n);
   }
   catch (IOException e)
   {    // Problem beim Schreiben in Datei
   }
}
```

Diese Lösung bläht den Code drastisch auf. Denken Sie immer an die Aufgabe, die der Code eigentlich ausführen soll. Hier sind 100 Zahlen vom Stack zu holen und in einer Datei zu speichern. (Fragen Sie nicht warum – es ist nur ein Beispiel.) Es gibt eigentlich nichts zu tun, wenn sich tatsächlich ein Problem zeigt. Ist der Stack leer, wird er ohnehin nicht gefüllt. Liegt der Fehler in der Datei, verschwindet der Fehler nicht auf magische Weise. Demzufolge ist es sinnvoll, die *gesamte Aufgabe* in einen `try`-Block einzuschließen. Wenn eine Operation scheitert, kann man die Aufgabe insgesamt fallenlassen.

```
try
{  for (i = 0; i < 100; i++)
   {  n = s.pop();
      out.writeInt(n);
   }
}
```

Ausnahmen und Fehlersuche

```
catch (IOException e)
{ // Problem beim Schreiben in Datei
}
catch (EmptyStackException s)
{ // Stack war leer
}
```

Das sieht wesentlich aufgeräumter aus und erfüllt eine der Vorgaben der Ausnahmebehandlung, die normale Verarbeitung von der Fehlerbehandlung zu *trennen*.

3. *Unterdrücken Sie keine Ausnahmen.*

In Java besteht die große Versuchung, Ausnahmen »abzuwürgen«. Man schreibt eine Methode, die eine Methode aufruft, die vielleicht einmal im Jahrhundert eine Ausnahme auslöst. Der Compiler beschwert sich, weil man die Ausnahme nicht in der throws-Liste der Methode deklariert hat. Man will die Ausnahme aber gar nicht in die throws-Liste stellen, da der Compiler dann alle Methoden bemängelt, die Ihre Methode aufrufen. Somit unterdrücken Sie die Ausnahme einfach:

```
Image loadImage(String s)
{  try
   {  Unmengen von Code
   }
   catch(Exception e)
   {} // Ausnahme abgewürgt!
}
```

Nun läßt sich Ihr Code problemlos kompilieren. Alles läuft gut, bis eine Ausnahme auftritt. Dann wird die Ausnahme stillschweigend ignoriert. Wenn Sie glauben, daß Ausnahmen überhaupt wichtig sind, dann unternehmen Sie auch die Anstrengungen, um sie richtig zu behandeln.

4. *Das Weiterleiten von Ausnahmen ist keine Schande.*

Viele Programmierer fühlen sich genötigt, alle ausgelösten Ausnahmen aufzufangen. Wenn sie eine Methode aufrufen, die eine Ausnahme auslöst, wie etwa der FileInputStream-Konstruktor oder die Methode readLine, fangen sie instinktiv die Ausnahme auf, die generiert werden könnte. Oftmals ist es tatsächlich besser, die Ausnahme *weiterzuleiten* statt sie aufzufangen:

```
void readStuff(String name) throws IOException
{  FileInputStream in = new FileInputStream(name);
   . . .
}
```

Auf höherer Ebene angesiedelte Methoden sind oft besser ausgestattet, um den Benutzer über Fehler zu informieren oder fehlgeschlagene Befehle zu verwerfen.

Beispiel 11.2: ExceptionalTest.java
```java
import java.util.*;

class ExceptionalTest
{  public static void main(String[] args)
   {  int i = 0;
      int ntry = 1000000;
      Stack s = new Stack();
      long s1;
      long s2;
      System.out.println("Auf leeren Stack prüfen");
      s1 = new Date().getTime();
      for (i = 0; i <= ntry; i++)
         if (!s.empty()) s.pop();
      s2 = new Date().getTime();
      System.out.println((s2 - s1) + " Millisekunden");

      System.out.println("EmptyStackException auffangen");
      s1 = new Date().getTime();
      for (i = 0; i <= ntry; i++)
      {  try
         {  s.pop();
         }
         catch(EmptyStackException e)
         {
         }
      }
      s2 = new Date().getTime();
      System.out.println((s2 - s1) + " Millisekunden");
   }
}
```

11.4 Verfahren zur Fehlersuche

Angenommen, Sie haben Ihr Programm geschrieben und es kugelsicher gemacht, indem Sie alle Ausnahmen auffangen und geeignet behandeln. Dann starten Sie es, und es funktioniert nicht wie erwartet. Was nun? (Sollten Ihnen derartige Probleme fremd sein, können Sie den Rest des Kapitels überspringen.)

Natürlich ist es am besten, wenn man einen komfortablen und leistungsfähigen Debugger zur Hand hat. Debugger sind als Teil professioneller Entwicklungsumgebungen wie JBuilder von Inprise, Java WorkShop oder Supercede's Java-Produkt verfügbar. Wenn Sie allerdings mit einer neuen Version von Java arbeiten, die noch nicht von den Entwicklungsumgebungen unterstützt wird, wenn Ihr Budget relativ klein ist oder Sie auf einer unüblichen Plattform arbeiten, müssen Sie einen Großteil

Ausnahmen und Fehlersuche

der Fehlersuche nach der herkömmlichen Methode durchführen, indem Sie Ausgabeanweisungen in Ihren Code einbauen.

11.4.1 Nützliche Tricks bei der Fehlersuche

Dieser Abschnitt bringt ein paar Tips für die effiziente Fehlersuche, wenn Sie alles manuell erledigen müssen.

1. Den Wert einer Variablen können Sie mit Code wie dem folgenden ausgeben:

   ```
   System.out.println("x = " + x);
   ```

   Wenn x eine Zahl ist, wird sie in einen äquivalenten String konvertiert. Ist x ein Objekt, dann ruft Java seine toString-Methode auf. Die meisten Klassen in der Java-Bibliothek sind sehr gewissenhaft in bezug auf das Überschreiben der toString-Methode, um Ihnen nützliche Informationen über die Klasse zu liefern. Das ist ein echter Gewinn für die Fehlersuche. Die gleichen Anstrengungen sollten Sie in Ihren Klassen unternehmen.

2. Um den Zustand des aktuellen Objekts zu holen, geben Sie den Status des this-Objekts aus.

   ```
   System.out.println("Eintritt in loadImage. this = " + this);
   ```

   Dieser Code ruft die Methode toString der aktuellen Klasse auf, und Sie erhalten eine Ausgabe aller Instanzen-Felder. Natürlich funktioniert diese Lösung am besten, wenn die toString-Methode in der betreffenden Klasse gewissenhaft arbeitet und die Werte aller Datenfelder liefert.

3. In Kapitel 5 wurde der Code für eine generische toString-Methode angegeben. Dort haben wir mit Hilfe des Reflection-Mechanismus alle Datenfelder aufgezählt und ausgegeben. Hier ist eine noch kürzere Version dieses Codes.

   ```
   public String toString()
   {  java.util.Hashtable h = new java.util.Hashtable();
      Class cls = getClass();
      Field[] f = cls.getDeclaredFields()
      try
      {  AccessibleObject.setAccessible(fields, true);
         for (int i = 0; i < f.length; i++)
            h.put(f[i].getName(), f[i].get(this));
      }
      catch (SecurityException e) {}
      catch (IllegalAccessException e) {}

      if (cls.getSuperclass().getSuperclass() != null)
         h.put("super", super.toString());
      return cls.getName() + h;
   }
   ```

Der Code verwendet den Reflection-Mechanismus, um alle Felder aufzuzählen. Er stellt Paare (Feldname, Feldwert) in eine Hash-Tabelle. Dann gibt er mit der Methode `toString` der Klasse `Hashtable` die Namen und Werte aus. Der einzige Nachteil besteht darin, daß die Name/Wert-Paare nicht geordnet in der Ausgabe erscheinen.

Eine typische Ausgabe sieht folgendermaßen aus:

```
Employee{hireDay=Day[1996,12,1], salary=35000.0,
     name=Harry Hacker}
```

4. Ein Stack-Protokoll kann man von jedem Ausnahmeobjekt mit der Methode `printStack-Trace` der Klasse `Throwable` erhalten. Der folgende Code fängt jede Ausnahme auf, gibt das Ausnahmeobjekt und das Stack-Protokoll aus und löst die Ausnahme erneut aus, damit sie ihre vorgesehene Behandlungsroutine finden kann.

```
try
{  . . .
}
catch(Throwable t)
{   t.printStackTrace();
    throw t;
}
```

5. Es ist nicht einmal erforderlich, eine Ausnahme auszulösen, um ein Stack-Protokoll zu generieren. Fügen Sie einfach die Anweisung

```
new Throwable().printStackTrace();
```

irgendwo in Ihren Code ein, um ein Stack-Protokoll zu erhalten.

Normalerweise wird das Stack-Protokoll auf `System.out` angezeigt. Mit der Methode `void printStackTrace(PrintWriter s)` kann man es an eine Datei senden. Wenn man das Stack-Protokoll in einem Fenster anzeigen möchte, läßt sich es folgendermaßen in einen String übertragen:

```
StringWriter out = new StringWriter();
new Throwable().printStackTrace(new PrintWriter(out));
String trace = out.toString();
```

(Kapitel 12 geht auf die Klassen `PrintWriter` und `StringWriter` ein.)

6. Wenn Sie sich schon einmal ein Swing-Fenster angesehen und sich gewundert haben, wie der Entwickler alle Komponenten so ordentlich arrangiert hat, können Sie einen Blick in den Inhalt werfen. Drücken Sie `Strg`+`Umschalt`+`F1`, um einen Ausdruck aller Komponenten in der Hierarchie zu erhalten:

Ausnahmen und Fehlersuche

```
FontDialog[frame0,0,0,300x200,layout=java.awt.BorderLayout,...
  javax.swing.JRootPane[,4,23,292x173,layout=javax.swing.JRoot-
Pane$RootLayout,...
    javax.swing.JPanel[null.glassPane,0,0,292x173,hidden,lay-
out=java.awt.FlowLayout,...
    javax.swing.JLayeredPane[null.layeredPane,0,0,292x173,...
      javax.swing.JPanel[null.contentPane,0,0,292x173,lay-
out=java.awt.GridBagLayout,...
        javax.swing.JList[,0,0,73x152,alignmentX=null,align-
mentY=null,...
          javax.swing.CellRendererPane[,0,0,0x0,hidden]
            javax.swing.DefaultListCellRenderer$UIResource[,-73,-
19,0x0,...
        javax.swing.JCheckBox[,157,13,50x25,layout=javax.swing.Overlay-
Layout,...
        javax.swing.JCheckBox[,156,65,52x25,layout=javax.swing.Overlay-
Layout,...
        javax.swing.JLabel[,114,119,30x17,alignmentX=0.0,align-
mentY=null,...
        javax.swing.JTextField[,186,117,105x21,alignmentX=null,align-
mentY=null,...
        javax.swing.JTextField[,0,152,291x21,alignmentX=null,align-
mentY=null,...
```

Eigentlich gibt es zwei identische Kopien der Ausgabe – eine beim Drücken der <F1>-Taste und eine beim Loslassen der Taste. Um die typische längere Ausgabe aufzufangen, starten Sie das Programm von der Befehlszeile mit

```
java MyProgram > output.txt
```

Dann drücken Sie die Tastenkombination, schließen das Programm und sehen sich die Ausgabe in der Datei output.txt an.

7. Wenn Sie eigene Swing-Komponenten entwerfen und diese nicht korrekt in der Anzeige erscheinen, werden Sie den *grafischen Debugger von Swing* schätzen lernen. Und selbst, wenn Sie keine eigenen Komponentenklassen schreiben, ist es lehrreich, wenn man genau sieht, wie der Inhalt einer Komponente gezeichnet wird. Um das Debuggen für eine Swing-Komponente einzuschalten, rufen Sie die Methode setDebugGraphicsOptions der Klasse JComponent auf. Tabelle 11.2 gibt die verfügbaren Optionen für die Methode an.

Option	Wirkung
DebugGraphics.FLASH_OPTION	Läßt Zeilen, Rechtecke und Text in Rot leuchten, bevor sie angezeigt werden.
DebugGraphics.LOG_OPTTION	Gibt eine Meldung für jede Zeichenoperation aus.
DebugGraphics.BUFFERED_OPTION	Zeigt die Operationen an, die im Bildschirmpuffer ausgeführt werden.
DebugGraphics.NONE_OPTION	Schaltet den Grafikdebugger aus.

Tabelle 11.2: Optionen für die Methode setDebugGraphicsOptions

Wir haben festgestellt, daß man die »doppelte Pufferung« deaktivieren muß, damit FLASH_OPTION funktioniert. Mit der doppelten Pufferung reduziert Swing das Bildschirmflakkern beim Aktualisieren eines Fensters. Der magische Aufruf für das Abschalten der Flash-Option lautet:

```
RepaintManager.currentManager(getRootPane())
   .setDoubleBufferingEnabled(false);
((JComponent)getContentPane())
   .setDebugGraphicsOptions(DebugGraphics.FLASH_OPTION);
```

Schreiben Sie diese Zeilen einfach an das Ende Ihres Rahmenkonstruktors. Wenn das Programm läuft, füllt sich der Inhaltsbereich in Zeitlupe. Bei einer räumlich begrenzten Fehlersuche können Sie auch setDebugGraphicsOptions für einzelne Komponenten aufrufen. Steuerelement-Freaks können die Dauer, Anzahl und Farben der Blitze festlegen. In der Online-Dokumentation der Klasse DebugGraphics finden Sie entsprechende Einzelheiten.

8. Ein scheinbar kaum bekannter, aber sehr nützlicher Trick ist es, daß man in jeder öffentlichen Klasse eine separate main-Methode unterbringen kann. Darin kann man eine Stub-Routine für den Einheitentest realisieren, mit dem man die Klasse völlig isoliert untersuchen kann. Erzeugen Sie ein paar Objekte, rufen Sie sämtliche Methoden auf, und prüfen Sie, ob jede von ihnen wie erwartet arbeitet. Man kann alle diese main-Methoden an Ort und Stelle belassen und den Java-Interpreter für jede Datei einzeln aufrufen, um die Tests durchzuführen. Wenn man ein Applet ausführt, werden diese main-Methoden überhaupt nicht aufgerufen. Bei einer Anwendung ruft Java nur die main-Methode der Startklasse auf und ignoriert alle anderen. (Sehen Sie sich zum Beispiel unsere Datei Format.java im Verzeichnis corejava an. Sie hat eine Methode main, die die Formatierung ausgiebig testet.)

11.4.2 Annahmen (Assertions)

Oftmals verläßt sich der Code auf die Tatsache, daß einige Variablen bestimmte Werte aufweisen. Beispielsweise geht man davon aus, daß Objektreferenzen initialisiert sind oder ganzzahlige Indizes innerhalb der definierten Grenzen liegen. Es empfiehlt sich, diese Annahmen gelegentlich zu überprüfen. Wenn sie sich als falsch herausstellen, kann man eine Ausnahme auslösen. Dazu ein typisches Beispiel:

```
public void f(int[] a, int i)
{  if (!(a != null && i >= 0 && i < a.length))
      throw new IllegalArgumentError("Annahme falsch");
   . . .
}
```

Derartige Prüfungen nennt man *Annahmen* (*Assertions*). Wir nehmen an, daß eine bestimmte Bedingung erfüllt ist, bevor wir das Programm fortsetzen. Um den Code leichter lesen zu können, ist es hilfreich, eine statische Methode check zu verwenden:

```
public void f(int[] a, int i)
{  Assertion.check(a != null && i >= 0 && i < a.length);
   . . .
}

public class Assertion
{  public static void check(boolean condition)
   {  if (!condition)
         throw new IllegalArgumentError("Annahme falsch");
   }
}
```

Annahmen sind ausschließlich ein Werkzeug zur Fehlersuche. Eigentlich erwarten wir nicht, daß die Bedingung falsch ist, und wenn doch, sind wir froh darüber, benachrichtigt zu werden und das Programm beenden zu lassen. Nachdem die Fehler im Programm beseitigt wurden und das Programm zum Einsatz kommt, sollte man alle Annahmen löschen, da das Prüfen der Bedingungen die Laufzeit und Codegröße erhöht.

Die Frage ist nun, wie man den Annahmecode wieder los wird. Natürlich kann man alle Annahmen manuell aus dem Quelltext löschen, was aber sehr mühsam ist. Und wenn sich die freigegebene Programmversion doch nicht als so stabil herausstellt, wie man gedacht hat, muß man alle Annahmen erneut einbauen, um die nächste Runde der Fehlersuche anzugehen. Die »offizielle« Lösung für dieses Problem besteht darin, eine statische finale Variable zu verwenden, die man während der Fehlersuche auf true setzt und beim Einsatz des Programms auf false:

```
public void f(int[] a, int i)
{  if (debug) // Eine statische finale Variable
```

```
        Assertion.check(a != null && i >= 0 && i < a.length);
    . . .
}
```

Wenn debug gleich false ist, dann erkennt der Compiler, daß der Aufruf von Assertion.check nicht stattfindet, und generiert keinen Code dafür. Natürlich muß man daran denken, das debug-Flag umzuschalten und den Code neu zu kompilieren, wenn man zwischen der Debug- und der Release-Version wechselt. Das ist immer noch etwas mühsam, und es gibt sogar noch einen besseren Weg.

Wir schreiben den Test in eine separate Klasse und *liefern den Code für diese Klasse in der Release-Version einfach nicht mit aus*! Am einfachsten läßt sich eine neue Klasse als anonyme innere Klasse erstellen:

```
public void f(final int[] a, final int i)
{   if (debug) // Eine boolesche Variable, die nicht unbedingt statisch
final sein muß
        new Assertion()
        {   {   check(a != null && i >= 0 && i < a.length);
            }
        };
    . . .
}
```

Wie so oft bei Code von inneren Klassen sieht dieses Codefragment außerordentlich mysteriös aus. Die Anweisung

```
new Assertion() { . . . };
```

erzeugt ein Objekt einer anonymen Klasse, die von Assertion erbt. Diese anonyme Klasse hat keine Methoden, sondern nur einen einzigen Konstruktor. Der Konstruktor ist als Initialisierungsblock geschrieben (siehe Kapitel 4), da man Konstruktoren von inneren Klassen keine Namen geben kann.

```
new Assertion() { { check(. . .) } };
```

Wenn die Variable debug gleich true ist, lädt der Compiler die innere Klasse und konstruiert ein Annahmeobjekt. Der Konstruktor ruft die statische Methode check der Klasse Assertion auf und testet die Bedingung. (Da sich lokaler Klassencode nur auf final-Variablen des umgebenden Blocks beziehen kann, müssen die Parameter von f als final deklariert sein.) Ist dagegen debug gleich false, dann wird die innere Klasse nicht einmal geladen. Das bedeutet, daß der Code der inneren Klasse nicht mit der Release-Version des Programms ausgeliefert werden muß!

Ausnahmen und Fehlersuche 721

C++

Dieser Annahmemechanismus ist nicht so komfortabel wie in C und C++. Das C-Makro `assert` bewirkt die Ausgabe des getesteten Ausdrucks, wenn die Annahme nicht zutrifft. Und wenn man das Makro `NDEBUG` definiert und den Code neu kompiliert, schaltet man nicht nur die Annahmen aus, sie generieren auch keinerlei Code. Beide Fähigkeiten werden möglich, da `assert` ein Merkmal des *Präprozessors* ist. Java hat keinen Präprozessor und kann folglich keine Tricks mit Makros unternehmen. Allerdings kann man in Java dynamisch linken, um Code in Abhängigkeit von Bedingungen zu aktivieren, was letztendlich ein eleganterer Mechanismus ist.

API

`java.lang.Throwable`

- `void printStackTrace()`
  Gibt das `Throwable`-Objekt und das Stack-Protokoll aus.

11.4.3 AWT-Ereignisse auffangen

Wenn Sie in Java eine kunstvolle Benutzeroberfläche schreiben, müssen Sie wissen, welche Ereignisse das AWT an welche Komponenten schickt. Leider erweist sich die AWT-Dokumentation in dieser Hinsicht als etwas skizzenhaft. Nehmen wir zum Beispiel an, daß Sie Hinweise in der Statusleiste ausgeben möchten, wenn der Benutzer die Maus über verschiedene Teile des Bildschirms bewegt. Das AWT generiert Maus- und Fokusereignisse, die Sie gegebenenfalls auffangen wollen.

Mit der hier vorgestellten Klasse `MessageCracker` können Sie den Ereignissen auf die Spur kommen. Die Klasse gibt eine Beschreibung des Ereignisses aus. Dazu analysiert sie den Code des Ereignisses und gibt nur diejenigen Felder der `Event`-Struktur aus, die für ein bestimmtes Ereignis relevant sind. (Die Ergebnisse sehen Sie im Terminalfenster.)

Um Nachrichten auszuspionieren, brauchen Sie lediglich eine Codezeile in den Konstruktor der Rahmenklasse oder der `init`-Methode Ihres Applets einzufügen.

```
public class MyFrame extends JFrame
{  public MyFrame()
   {  // Komponenten hinzufügen
      new MessageCracker().add(this);
   }
   . . .
}
```

Dieser Code gibt eine Textbeschreibung aller Ereignisse mit Ausnahme von Mausbewegungen aus. (Es nützt nicht viel, jedesmal eine Flut von Ereignissen zu sehen, wenn man die Maus verschiebt.) Beispiel 11.3 zeigt, wie eine Klasse die MessageCracker-Klasse einsetzen kann.

Beispiel 11.3: MessageCrackerTest.java

```java
import java.awt.*;
import java.awt.event.*;
import javax.swing.*;

public class MessageCrackerTest extends JFrame
{  public MessageCrackerTest()
   {  setTitle("MessageCrackerTest");
      setSize(400, 400);
      addWindowListener(new WindowAdapter()
         {  public void windowClosing(WindowEvent e)
            {  System.exit(0);
            }
         } );

      JPanel p = new JPanel();
      p.setLayout(new BorderLayout());
      p.add(new JButton("Test"), "South");
      p.add(new JScrollBar(), "East");
      getContentPane().add(p);

      new MessageCracker().add(this);
   }

   public static void main(String[] args)
   {  JFrame f = new MessageCrackerTest();
      f.show();
   }
}
```

Beispiel 11.4 gibt die eigentliche Klasse MessageCracker wieder. Das Konzept der Klasse ist leicht zu erkennen, selbst wenn die Implementierung ein bißchen langatmig aussieht.

1. Die Klasse implementiert direkt alle möglichen Listener-Schnittstellen, indem alle erforderlichen Behandlungsroutinen implementiert werden, um die Ausgabe des Ereignisses zu vereinfachen. (Man kann in diese Liste weitere Schnittstellen aufnehmen, wenn man zum Beispiel Swing-Ereignisse verfolgen möchte.)

Ausnahmen und Fehlersuche

2. Wenn man eine Komponente hinzufügt, wird die Methode addListener für alle Schnittstellen, die die Klasse MessageCracker implementiert, aufgerufen. Wenn die Komponente darüber hinaus ein Container ist, dann werden Listener auch zu allen Subkomponenten hinzugefügt.

3. Die Methode addListener wird mit zwei Parametern aufgerufen: der Komponente, deren Ereignissen wir auf die Spur kommen wollen, und einem Class-Objekt, das eine Listener-Schnittstelle repräsentiert. Die Methode verwendet den Reflection-Mechanismus, um herauszufinden, ob die Komponente über eine Methode der Form addXxxListener verfügt. Wenn das der Fall ist, wird die Methode mit this als Listener aufgerufen. Das heißt, die verschiedenartigen Methoden der Nachrichtenbearbeitung des MessageCracker-Objekts werden aufgerufen, wann immer ein Ereignis auftritt. (Wie Sie wissen, geben diese Methoden einfach das Ereignis aus.)

Dieses Programm ist ein gutes Beispiel für die Leistungsfähigkeit des Reflection-Mechanismus. Wir brauchen nicht fest zu kodieren, daß die Klasse JButton eine Methode addActionListener hat, während JScrollBar über eine Methode addAdjustmentListener verfügt. Der Reflection-Mechanismus legt diese Tatsachen für uns frei.

Abbildung 11.3: Die Klasse MessageCracker in Aktion

Beispiel 11.4: MessageCracker.java

```
import java.awt.*;
import java.awt.event.*;
import java.lang.reflect.*;
```

```java
public class MessageCracker
   implements MouseListener, ComponentListener,
   FocusListener, KeyListener, ContainerListener,
   WindowListener, TextListener, AdjustmentListener,
   ActionListener, ItemListener
{  public void add(Component c)
   {  Class[] interfaces = getClass().getInterfaces();

      for (int i = 0; i < interfaces.length; i++)
      {  addListener(c, interfaces[i]);
      }

      if (c instanceof Container)
      {  Component[] a = ((Container)c).getComponents();
         for (int i = 0; i < a.length; i++)
            add(a[i]);
      }
   }

   public void addListener(Component c, Class iface)
   {  /* Paketname aus Schnittstelle abtrennen */
      String name = iface.getName();
      name = name.substring(name.lastIndexOf('.') + 1);
      /* Name ist ein XXXListener.
         Herausfinden, ob c eine Methode
         addXXXListener(XXXListener) unterstützt.
      */
      try
      {  Method listenerAddMethod
            = c.getClass().getMethod("add" + name,
               new Class[] { iface });
         listenerAddMethod.invoke(c, new Object[] { this });
      }
      catch(Exception e) {}
      /* In den Aufrufen von getMethod und invoke kann jede
         Menge schiefgehen. In diesem Beispiel fügen wir
         einfach den Listener nicht hinzu.
      */
   }

   public void mouseClicked(MouseEvent e)
   {  System.out.println(e);
   }
   public void mouseEntered(MouseEvent e)
   {  System.out.println(e);
   }
```

```java
    public void mouseExited(MouseEvent e)
    {   System.out.println(e);
    }
    public void mousePressed(MouseEvent e)
    {   System.out.println(e);
    }
    public void mouseReleased(MouseEvent e)
    {   System.out.println(e);
    }

    public void componentHidden(ComponentEvent e)
    {   System.out.println(e);
    }
    public void componentMoved(ComponentEvent e)
    {   System.out.println(e);
    }
    public void componentResized(ComponentEvent e)
    {   System.out.println(e);
    }
    public void componentShown(ComponentEvent e)
    {   System.out.println(e);
    }

    public void focusGained(FocusEvent e)
    {   System.out.println(e);
    }
    public void focusLost(FocusEvent e)
    {   System.out.println(e);
    }

    public void keyPressed(KeyEvent e)
    {   System.out.println(e);
    }
    public void keyReleased(KeyEvent e)
    {   System.out.println(e);
    }
    public void keyTyped(KeyEvent e)
    {   System.out.println(e);
    }

    public void windowActivated(WindowEvent e)
    {   System.out.println(e);
    }
    public void windowClosed(WindowEvent e)
    {   System.out.println(e);
    }
```

```
public void windowClosing(WindowEvent e)
{ System.out.println(e);
}
public void windowDeactivated(WindowEvent e)
{ System.out.println(e);
}
public void windowDeiconified(WindowEvent e)
{ System.out.println(e);
}
public void windowIconified(WindowEvent e)
{ System.out.println(e);
}
public void windowOpened(WindowEvent e)
{ System.out.println(e);
}

public void componentAdded(ContainerEvent e)
{ System.out.println(e);
}
public void componentRemoved(ContainerEvent e)
{ System.out.println(e);
}

public void textValueChanged(TextEvent e)
{ System.out.println(e);
}

public void adjustmentValueChanged(AdjustmentEvent e)
{ System.out.println(e);
}

public void actionPerformed(ActionEvent e)
{ System.out.println(e);
}

public void itemStateChanged(ItemEvent e)
{ System.out.println(e);
}
}
```

11.4.4 Debug-Nachrichten in Grafikprogrammen anzeigen

Wenn Sie ein Applet innerhalb eines Browsers ausführen, sind die an `System.out` geschickten Meldungen vielleicht gar nicht zu sehen. Die meisten Browser verfügen allerdings in irgendeiner Form über ein Java-Konsolenfenster. (Konsultieren Sie dazu das Hilfesystems Ihres Browsers.) Beispielsweise trifft das sowohl auf Netscape Navigator als auch Internet Explorer 4 zu. Wenn Sie mit

Ausnahmen und Fehlersuche

dem Java Plug-in arbeiten, schalten Sie das Kontrollkästchen SHOW JAVA CONSOLE auf der Konfigurationskarte ein (siehe Abbildung 11.4) ein.

Abbildung 11.4: Die Java-Konsole im Java Plug-in aktivieren

Ein entsprechendes Beispiel ist in Abbildung 11.5 wiedergegeben. Dieses Fenster zeigt alle Strings an, die an System.out geschickt werden. In manchen Browsern hat das Java-Konsolenfenster einen Satz von Bildlaufleisten, so daß man Nachrichten abrufen kann, die nicht mehr in das Fenster passen, ein echter Vorteil gegenüber dem DOS-Fenster, in dem System.out normalerweise erscheint.

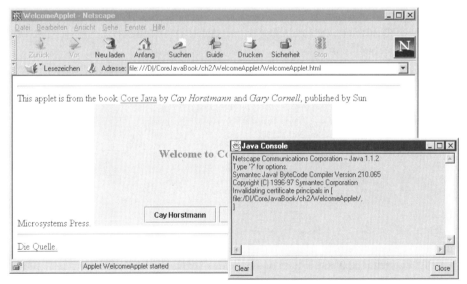

Abbildung 11.5: Die Java-Konsole in einem Browser

Wir zeigen hier eine ähnliche Fensterklasse, die Ihnen die gleichen Vorteile in einer Umgebung ohne Java-Konsole bietet. Die Debugger-Nachrichten können Sie in einem Fenster anzeigen, wenn Sie Fehler bei einem Applet suchen. Abbildung 11.6 zeigt die Klasse DebugWinTest in der Praxis.

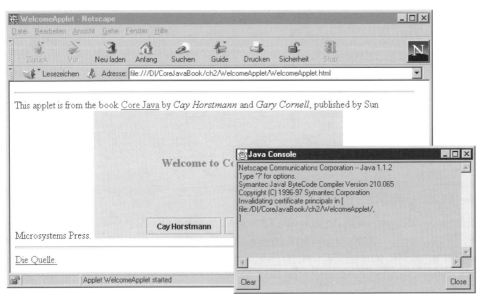

Abbildung 11.6: Das Debug-Fenster

Die Klasse läßt sich einfach anwenden. Sie erzeugen eine Variable vom Typ DebugWin in Ihrer JFrame- oder JApplet-Klasse und geben ein Objekt mit der print-Methode im Fenster aus. Das folgende Fragment zeigt Debugging-Code, um ein Aktionsereignis auszuspionieren.

```
class MyFrame extends JFrame
      implements ActionListener
{   . . .
   public void actionPerformed(ActionEvent evt)
   {  dw.print("Ereignis = " + evt);
      . . .
   }
   . . .
   private DebugWin dw = new DebugWin();
}
```

Beispiel 11.5 gibt den Code für die Klasse DebugWin wieder. Wie man sieht, ist die Klasse sehr einfach. Nachrichten werden in einem JTextArea innerhalb eines JScrollPane angezeigt. Die Methode print fügt einfach jede Nachricht an das Ende des Textes im Textbereich an.

Ausnahmen und Fehlersuche

Beispiel 11.5: DebugWin.java
```
import java.awt.*;
import java.awt.event.*;
import javax.swing.*;

class DebugWin extends JFrame
{  public void print(Object ob)
   {  output.append("\n" + ob);
   }

   public DebugWin()
   {  setTitle("DebugWin");
      output.setEditable(false);
      output.setText("[DebugWin]");
      getContentPane().add(new JScrollPane(output), "Center");
      setSize(300, 200);
      setLocation(200, 200);
      addWindowListener(new WindowAdapter() { public void
         windowClosing(WindowEvent e)
         { setVisible(false); } } );
      show();
   }

   private JTextArea output = new JTextArea();
}
```

11.5 Der JDB-Debugger

Die Fehlersuche mit `print`-Anweisungen gehört nicht gerade zu den angenehmen Seiten des Lebens. Ständig fügt man die Anweisungen hinzu und entfernt sie, dann ist das Programm erneut zu kompilieren. Es ist besser, mit einem Debugger zu arbeiten, da er das Programm mit voller Geschwindigkeit ausführt, bis ein Haltepunkt erreicht ist. Und an dieser Stelle kann man sich in aller Ruhe die interessierenden Dinge ansehen.

Zum JDK gehört JDB, ein sehr einfacher Befehlszeilen-Debugger. Seine Benutzeroberfläche ist so spartanisch, daß man darauf nur als letztes Mittel zurückgreifen möchte. Er ist eigentlich mehr ein Beweis des Konzepts als ein nützliches Werkzeug. Dennoch geben wir hier eine kurze Einführung, da er in manchen Situationen besser als überhaupt kein Debugger ist. Natürlich verfügen viele Java-Programmierumgebungen über weit komfortablere Debugger. Die Hauptprinzipien aller Debugger sind allerdings gleich, und vielleicht nehmen Sie das Beispiel in diesem Abschnitt zum Anlaß, mehr über den Einsatz des Debuggers Ihrer Umgebung anstelle des JDB zu lernen.

Sehen Sie sich die vorsätzlich verstümmelte Version des Programms `ButtonTest` aus Kapitel 8 an (siehe Abbildung 11.7).

Abbildung 11.7: Die Anwendung BuggyButton

Wenn Sie im Programm gemäß Beispiel 11.6 auf irgendeine Schaltfläche klicken, ändert sich die Hintergrundfarbe in Schwarz. Sehen Sie sich den Quellcode an – er soll eigentlich die Hintergrundfarbe auf die Farbe setzen, die im Namen der Schaltfläche angegeben ist.

Beispiel 11.6: BuggyButton.java

```java
import java.awt.*;
import java.awt.event.*;
import javax.swing.*;

public class BuggyButtonTest extends JFrame
    implements ActionListener
{   public BuggyButtonTest()
    {   pane = new JPanel();

        JButton yellowButton = new JButton("Gelb");
        pane.add(yellowButton);
        yellowButton.addActionListener(this);

        JButton blueButton = new JButton("Blau");
        pane.add(blueButton);
        blueButton.addActionListener(this);

        JButton redButton = new JButton("Rot");
        pane.add(redButton);
        redButton.addActionListener(this);

        Container contentPane = getContentPane();
        contentPane.add(pane);
    }

    public void actionPerformed(ActionEvent evt)
```

Ausnahmen und Fehlersuche

```
    { String arg = evt.getActionCommand();
      Color color = Color.black;
      if (arg.equals("gelb")) color = Color.yellow;
      else if (arg.equals("blau")) color = Color.blue;
      else if (arg.equals("rot")) color = Color.red;
      pane.setBackground(color);
      repaint();
    }

    public static void main(String[] args)
    { JFrame f = new BuggyButtonTest();
      f.setTitle("BuggyButtonTest");
      f.addWindowListener(new WindowAdapter()
          { public void windowClosing(WindowEvent e)
            { System.exit(0); }
          } );
      f.setSize(400, 400);
      f.show();
    }

    private JPanel pane;
}
```

Bei derartig kurzen Programmen läßt sich der Fehler sicherlich finden, wenn man den Quellcode aufmerksam durchgeht. Nehmen wir aber an, daß es sich hier um ein wesentlich komplizierteres Programm handelt, das man nicht ohne weiteres überblickt. Die folgenden Erläuterungen zeigen, wie man dem Fehler mit dem Debugger auf die Spur kommt.

Um JDB einsetzen zu können, muß man zuerst das Programm mit der Option –g kompilieren. Zum Beispiel:

```
javac -g BuggyButtonTest.java
```

Der Compiler fügt bei dieser Option die Namen der lokalen Variablen und andere Debug-Informationen in die Klassendateien ein. Dann starten Sie den Debugger:

```
jdb BuggyButtonTest
```

Daraufhin erscheint etwa folgende Ausgabe:

```
Initializing jdb...
0xac:class(BuggyButtonTest)
>
```

Die Aufforderung > gibt an, daß der Debugger auf einen Befehl wartet. Tabelle 11.2 führt alle Befehle des Debuggers auf. In eckige Klammern eingeschlossene Einträge sind optional. Das Suffix (s) bedeutet, daß man ein oder mehrere Argumente durch Leerzeichen getrennt angeben kann.

Befehl	Beschreibung
threads [threadgroup]	Listet Threads auf.
thread thread_id	Legt den Standardthread fest.
suspend [thread_id(s)]	Suspendiert Threads (Standardeinstellung: all)
resume [thread_id(s)]	Setzt Threads fort (Standardeinstellung: all)
where [thread_id] oder all	Gibt den Stack eines Threads aus.
wherei [thread_id] oder all	Gibt den Stack eines Threads und den Programmzähler aus.
threadgroups	Listet Threadgruppen auf.
threadgroup name	Legt die aktuelle Threadgruppe fest.
print name(s)	Gibt das Objekt oder Feld aus.
dump name(s)	Gibt alle Objektinformationen aus.
locals	Gibt alle lokalen Variablen aus.
classes	Listet momentan bekannte Klassen auf.
methods class	Listet die Methoden einer Klasse auf.
stop in class.method	Setzt einen Haltepunkt in einer Methode.
stop at class:line	Setzt einen Haltepunkt in einer Zeile.
up [n]	Verschiebt den Stack eines Threads nach oben.
down [n]	Verschiebt den Stack eines Threads nach unten.
clear class:line	Löscht einen Haltepunkt.
step	Führt die aktuelle Zeile aus. Geht Aufrufe in Einzelschritten durch.
stepi	Führt die aktuelle Anweisung aus.
step up	Führt das Programm bis zum Ende der aktuellen Methode aus.
next	Führt die aktuelle Zeile aus. Aufrufe werden in einem Schritt abgearbeitet.
cont	Setzt die Ausführung vom Haltepunkt an fort.
catch class	Unterbricht bei der angegebenen Ausnahme.
ignore class	Ignoriert die angegebene Ausnahme.
list [line]	Gibt den Quellcode aus.

Ausnahmen und Fehlersuche

use [path]	Zeigt den Pfad zur Quelle an oder ändert ihn.
memory	Gibt die Speichernutzung aus.
gc	Gibt nicht verwendete Objekte frei.
load class	Lädt die auf Fehler zu untersuchende Java-Klasse.
run [class [args]]	Startet die Ausführung einer geladenen Java-Klasse.
!!	Wiederholt den letzten Befehl.
help (oder ?)	Listet die Befehle auf.
exit (oder quit)	Beendet den Debugger.

Tabelle 11.3: Befehle zur Fehlersuche

In diesem Abschnitt gehen wir nur auf die nützlichsten JDB-Befehle ein. Der Grundgedanke ist jedoch einfach: Man setzt einen oder mehrere Haltepunkte und startet dann das Programm. Erreicht das Programm einen der gesetzten Haltepunkte, stoppt es. Dann kann man die Werte der lokalen Variablen inspizieren, um die tatsächlichen mit den erwarteten Werten zu vergleichen.

Einen Haltepunkt setzt man mit dem Befehl

stop in class.method

oder

stop at class:line

Als Beispiel setzen wir einen Haltepunkt in der Methode actionPerformed der Klasse Buggy-ButtonTest. Geben Sie dazu ein:

stop in BuggyButtonTest.actionPerformed

Mit dem Befehl

run

führen wir das Programm bis zum Haltepunkt aus.

Das Programm läuft, aber der Haltepunkt wird erst dann erreicht, wenn Java den Code in der Methode actionPerformed abarbeitet. Klicken Sie zu diesem Zweck auf die Schaltfläche GELB. Der Debugger unterbricht am *Beginn* der Methode actionPerformed, und es erscheint folgende Ausgabe:

Breakpoint hit: BuggyButtonTest.actionPerformed (BuggyButtonTest:27)

Da der Debugger kein Fenster bietet, in dem man die aktuelle Quellzeile einsehen kann, verliert man leicht die Orientierung. Mit dem Befehl list kann man den eigenen »Standort« bestimmen.

Während das Programm angehalten ist, zeigt der Debugger nach Eingabe von list die aktuelle Zeile und einige Zeilen darüber und darunter. Außerdem werden Zeilennummern angegeben. Zum Beispiel:

```
23                    contentPane.add(pane);
24              }
25
26              public void actionPerformed(ActionEvent evt)
27        =>    {   String arg = evt.getActionCommand();
28                  Color color = Color.black;
29                  if (arg.equals("gelb")) color = Color.yellow;
30                  else if (arg.equals("blau")) color = Color.blue;
31                  else if (arg.equals("rot")) color = Color.red;
```

Um alle Variablen einzusehen, geben Sie den Befehl locals ein. Zum Beispiel:

```
Method arguments:
Local variables:
  this = BuggyButtonTest[frame0,0,0,400x400,
layout=java.awt.BorderLayout,resizable,title=]
  evt = java.awt.event.ActionEvent[ACTION_PERFORMED,
cmd=Yellow] on java.awt.swing.JButton[,97,5,71x25,
layout=java.awt.swing.OverlayLayout]
```

Weitere Einzelheiten erhält man mit:

dump *variable*

Zum Beispiel zeigt

dump evt

alle Instanzen-Felder der Variablen evt an.

```
evt = (java.awt.event.ActionEvent)0x124 {
    protected transient java.lang.Object source =
        (javax.swing.JButton)0x128
    protected boolean consumed = true
    protected int id = 1001
    private transient long data = 0
    int modifiers = 0
    java.lang.String actionCommand = Gelb
}
```

Es gibt zwei grundlegende Befehle, um ein Programm schrittweise abzuarbeiten. Der Befehl step führt sämtliche Methodenaufrufe in Einzelschritten aus. Leider funktioniert das zwischen verschiedenen Threads nicht immer problemlos. (Band 2 geht auf Threads ein.) Sicherer ist es, mit dem Befehl next zu arbeiten, der zur nächsten Zeile geht, ohne in die weiteren Methodenaufrufe schritt-

Ausnahmen und Fehlersuche

weise einzutreten. Tippen Sie dreimal `next` und anschließend `list` ein, um den aktuellen Punkt im Programm zu finden.

Das Programm hält in Zeile 30 an.

```
26            public void actionPerformed(ActionEvent evt)
27            {  String arg = evt.getActionCommand();
28               Color color = Color.black;
29               if (arg.equals("gelb")) color = Color.yellow;
30    =>         else if (arg.equals("blau")) color = Color.blue;
31               else if (arg.equals("rot")) color = Color.red;
32               pane.setBackground(color);
33               repaint();
34            }
```

Hier liegt der Hase im Pfeffer. Eigentlich sollte die Variable `color` auf Gelb gesetzt und an den Befehl `setBackground` übergeben werden.

Nun sehen wir, was tatsächlich passiert ist. Der Wert von `arg` lautet »Gelb« mit einem großgeschriebenen G, aber der Vergleich

`if (arg.equals("gelb"))`

nimmt den Test mit einem kleingeschriebenen g vor. Das Rätsel ist gelöst.

Um den Debugger zu verlassen, geben Sie

`quit`

ein.

Wie aus diesem Beispiel ersichtlich ist, kann man mit dem Debugger einen Fehler finden, was aber mit einer Menge Arbeit verbunden ist. Das Setzen eines Haltepunktes in einer Methode `actionPerformed` oder einer anderen Behandlungsroutine eignet sich, um zum Beispiel herauszufinden, warum eine Behandlungsroutine nicht ausgelöst wird. Denken Sie an die Befehle `list` und `locals`, wenn Sie nicht wissen, wo Sie sich im Programm befinden. Für die ernsthafte Fehlersuche sollten Sie sich aber nach einem komfortableren Debugger umsehen.

Kapitel 12

Streams und Dateien

Applets ist es normalerweise nicht gestattet, mit Dateien des Benutzersystems zu arbeiten. Anwendungen machen dagegen regen Gebrauch davon. In diesem Kapitel besprechen wir die Methoden für die Behandlung von Dateien und Verzeichnissen sowie die Methoden für das eigentliche Schreiben und Zurücklesen von Informationen in und aus Dateien. Das Kapitel zeigt auch den Mechanismus der Objektserialisierung, mit dem sich Objekte genauso einfach wie Text oder numerische Daten speichern lassen.

12.1 Streams

Die Verfahren der Ein-/Ausgabe sind nicht besonders aufregend, aber ohne die Fähigkeit, Daten zu lesen und zu schreiben, wären Ihre Anwendungen und (gelegentlich) auch Applets nur von eingeschränktem Nutzen. In diesem Kapitel geht es darum, wie man Eingaben von einer beliebigen Datenquelle holt, die eine Folge von Bytes senden kann, und wie man Ausgaben an ein beliebiges Ziel schickt, das eine Bytefolge empfangen kann. Diese Quellen und Ziele von Bytefolgen können Dateien sein – und sind es oftmals auch. Es kann sich aber auch um Netzwerkverbindungen und sogar Speicherblöcke handeln. Man sollte diese Verallgemeinerung immer im Hinterkopf behalten. Beispielsweise werden Informationen, die in Dateien gespeichert sind, und Informationen, die man über eine Netzwerkverbindung abruft, *praktisch in der gleichen Weise* behandelt. (Auf die Programmierung mit Netzwerken geht Band 2 ein.)

In Java bezeichnet man ein Objekt, von dem man eine Folge von Bytes lesen kann, als *Eingabestrom* (Input Stream). Ein Objekt, in das man eine Bytefolge schreiben kann, heißt *Ausgabestrom* (Output Stream). Diese Objekte sind in den abstrakten Klassen `InputStream` und `OutputStream` implementiert. Da byteorientierte Ströme für die Verarbeitung von Informationen, die in Unicode gespeichert sind, unbequem sind (wie Sie wissen, stellt der Unicode ein Zeichen mit zwei Byte dar), gibt es eine separate Klassenhierarchie für die Verarbeitung von Unicode-Zeichen. Diese Hierarchie hat ihre Wurzeln in den abstrakten Superklassen `Reader` und `Writer`. Die Klassen verfügen über Lese- und Schreiboperationen, die auf Unicode-Zeichen zu je zwei Byte statt auf Einzelbytezeichen basieren.

Abstrakte Klassen haben Sie in Kapitel 5 kennengelernt. Die Aufgabe einer abstrakten Klasse ist es, einen Mechanismus bereitzustellen, mit dem sich gemeinsame Verhaltensweisen von Klassen auf eine höhere Ebene ausklammern lassen. Das führt zu übersichtlicherem Code und trägt zu einem besseren Verständnis der Vererbung bei. Die gleichen Mechanismen wirken in Java bei der Eingabe und Ausgabe.

In Kürze sehen Sie, daß Java von diesen vier abstrakten Klassen eine Vielfalt von konkreten Klassen ableitet, so daß man nahezu jede vorstellbare Form der Ein-/Ausgabe realisieren kann.

Streams und Dateien

12.1.1 Bytes lesen und schreiben

Die Klasse `InputStream` hat eine abstrakte Methode:

`public abstract int read() throws IOException`

Diese Methode liest ein Byte und gibt das gelesene Byte zurück oder –1, wenn das Ende der Eingabequelle erreicht wurde. Der Entwickler einer konkreten Eingabestromklasse überschreibt diese Methode, um sinnvolle Funktionalität bereitzustellen. Beispielsweise liest diese Methode in der Klasse `FileInputStream` ein Byte aus einer Datei. Bei `System.in` handelt es sich um ein vordefiniertes Objekt einer Superklasse von `InputStream`, mit dem sich Informationen von der Tastatur lesen lassen.

Die Klasse `InputStream` verfügt auch über nichtabstrakte Methoden, um ein Array von Bytes zu lesen oder eine Anzahl von Bytes zu überspringen. Diese Methoden rufen die abstrakte Methode `read` auf, so daß die Subklassen nur eine Methode überschreiben müssen.

In gleicher Weise definiert die Klasse `OutputStream` die abstrakte Methode

`public abstract void write(int b) throws IOException`

die ein Byte an eine Ausgabestelle schreibt.

Die Methoden `read` und `write` können einen Thread *blockieren*, bis das Byte tatsächlich gelesen oder geschrieben ist. Anders ausgedrückt: Wenn der Stream nicht unverzüglich gelesen oder geschrieben werden kann (gewöhnlich aufgrund einer ausgelasteten Netzwerkverbindung), suspendiert Java den Thread, der diesen Aufruf enthält. Das gibt anderen Threads die Möglichkeit, sinnvolle Arbeiten zu verrichten, während die Methode darauf wartet, daß der Stream erneut verfügbar wird. (Auf Threads gehen wir näher im Band 2 ein.)

Mit der Methode `available` kann man die Anzahl der Bytes prüfen, die momentan zum Lesen verfügbar sind. Das bedeutet, daß ein Fragment wie das folgende nur selten eine Blockierung bewirkt:

```
int bytesAvailable = System.in.available();
if (bytesAvailable > 0)
{  byte[] data = new byte[bytesAvailable];
   System.in.read(data);
}
```

Wenn man das Lesen oder Schreiben eines Streams beendet hat, sollte man ihn mit der entsprechenden `close`-Methode schließen, da Streams die begrenzt zur Verfügung stehenden Betriebssystemressourcen belegen. Wenn eine Anwendung viele Streams öffnet, ohne sie wieder zu schließen, kann es zu einem Mangel an Systemressourcen kommen. Das Schließen eines Ausgabestroms leert auch den Puffer, der für den Ausgabestrom verwendet wird: Alle Zeichen, die sich temporär in einem Puffer befinden, damit sie sich als größeres Paket verschicken lassen, werden ausgesendet.

Wenn man eine Datei nicht schließt, kommt deshalb das letzte Paket möglicherweise nicht zum Versand. Mit der Methode `flush` läßt sich der Ausgabepuffer auch manuell leeren.

Selbst wenn eine Streamklasse konkrete Methoden bereitstellt, die mit den reinen Funktionen `read` und `write` arbeiten, verwenden Java-Programmierer sie selten, da Programme kaum Bytestreams lesen und schreiben müssen. Die in Frage kommenden Daten enthalten höchstwahrscheinlich Zahlen, Strings und Objekte.

Java stellt viele Streamklassen bereit, die von den grundlegenden Klassen `InputStream` und `OutputStream` abgeleitet sind. Mit diesen Klassen kann man dann die Daten in den üblichen Formaten statt auf der unteren Byteebene bearbeiten.

API

`java.io.InputStream`

- `abstract int read()`

    Liest ein Datenbyte und gibt es zurück. Die Methode `read` liefert am Ende des Streams den Wert –1 zurück.

- `int read(byte[] b)`

    Liest in ein Array von Bytes und liefert die Anzahl der gelesenen Bytes. Auch hier gibt die Methode `read` eine –1 am Ende des Streams zurück. Es werden maximal `b.length` Bytes gelesen.

- `int read(byte[] b, int off, int len)`

    Liest in ein Array von Bytes. Die Methode `read` liefert die tatsächliche Anzahl der gelesenen Bytes oder –1 am Ende des Streams zurück.

Parameter:	b	Array, in das die Daten gelesen werden.
	off	Offset bezüglich `b`, wohin die ersten Bytes zu lesen sind.
	len	Maximale Anzahl zu lesender Bytes.

- `long skip(long n)`

    Überspringt `n` Bytes im Eingabestrom. Liefert die tatsächliche Anzahl der übersprungenen Bytes (die kleiner als `n` sein kann, wenn das Ende des Stroms erreicht wurde) zurück.

Streams und Dateien

- `int available()`

  Liefert die Anzahl der Bytes, die ohne Blockierung verfügbar sind. (Wie bereits erwähnt, bedeutet Blockieren, daß der aktuelle Thread suspendiert wird.)

- `void close()`

  Schließt den Eingabestrom.

- `void mark(int readlimit)`

  Setzt eine Markierung an die aktuelle Position im Eingabestrom. (Nicht alle Streams unterstützen diese Funktion.) Wenn mehr als `readlimit` Bytes aus dem Eingabestrom gelesen wurden, darf der Stream die Markierung wieder vergessen.

- `void reset()`

  Kehrt zur letzten Markierung zurück. Darauffolgende Aufrufe von `read` lesen die Bytes erneut ein. Wenn es keine aktuelle Markierung gibt, wird der Stream nicht zurückgesetzt.

- `boolean markSupported()`

  Liefert `true`, wenn der Stream Markierungen unterstützt.

API

`java.io.OutputStream`

- `public abstract void write(int b)`

  Schreibt ein Datenbyte.

- `public void write(byte[] b)`

  Schreibt alle Bytes aus dem Array `b`.

- `public void write(byte[] b, int off, int len)`

Parameter:	b	Array, aus dem die Daten zu schreiben sind.
	off	Offset bezüglich `b`, von wo das erste Byte zu schreiben ist.
	len	Anzahl der zu schreibenden Bytes.

- `public void close()`

  Leert und schließt den Ausgabestrom.

- `public void flush()`
  Leert den Ausgabestrom, das heißt, sendet alle gepufferten Daten an das Ziel.

12.2 Vielfalt der Streams

Im Gegensatz zu C, das mit einem einzigen Typ `FILE*` auskommt, oder VB, das drei Dateitypen kennt, verfügt Java über eine ganze Palette von mehr als 60 (!) verschiedenen Streamtypen (siehe die Abbildungen 12.1 und 12.2). Die Bibliotheksentwickler behaupten, daß es einen guten Grund gibt, um den Benutzern eine breite Auswahl von Streamtypen bereitzustellen: Man nimmt an, daß sich dadurch Programmierfehler reduzieren. So gibt es die Meinung, daß es in C ein häufiger Fehler ist, Ausgaben an eine Datei zu senden, die nur zum Lesen geöffnet wurde. (So häufig ist der Fehler allerdings auch wieder nicht.) Dabei wird natürlich die Ausgabe zur Laufzeit ignoriert. In Java und C++ fängt der Compiler diese Art von Fehler auf, da ein `InputStream` (in Java) oder `istream` (in C++) keine Methoden für die Ausgabe kennt.

(Wir vermuten, daß das Allheilmittel der Entwickler von Streamschnittstellen gegen Programmierfehler vor allem Einschüchterung ist – in C++ mehr noch als in Java. Allein die Komplexität der Stream-Bibliotheken führt zu einer erhöhten Wachsamkeit der Programmierer.)

C++

ANSI C++ bietet mehr Streamtypen, als man eigentlich braucht, wie etwa `istream`, `ostream`, `iostream`, `ifstream`, `ofstream`, `fstream`, `wistream`, `wifstream`, `istrstream` usw. (insgesamt 18 Klassen). Aber Java schlägt in der Tat über die Stränge und stellt separate Klassen für Pufferung, vorausschauende Suche, wahlfreien Zugriff, Textformatierung oder binäre Daten zur Auswahl.

Lassen Sie uns die Vielfalt der Streamklassen nach ihrer Verwendung unterteilen. Vier abstrakte Klassen bilden den Grundstock: `InputStream`, `OutputStream`, `Reader` und `Writer`. Von diesen Typen erzeugt man keine Objekte, aber andere Methoden können sie zurückgeben. Wie Sie zum Beispiel in Kapitel 10 gesehen haben, verfügt die Klasse `URL` über die Methode `openStream`, die einen `InputStream` zurückgibt. Dieses `InputStream`-Objekt verwendet man, um aus dem URL zu lesen. Wie bereits erwähnt, kann man mit den Klassen `InputStream` und `OutputStream` nur einzelne Bytes und Arrays von Bytes lesen und schreiben. Beide Klassen haben keine Methoden, um Strings oder Zahlen zu lesen und zu schreiben. Für diesen Zweck braucht man funktionell besser ausgestattete Unterklassen. Zum Beispiel kann man mit `DataInputStream` und `DataOutputStream` alle grundlegenden Java-Typen lesen und schreiben.

Streams und Dateien

Wie bereits erwähnt, verwendet man für Unicode-Text dagegen Klassen, die sich von Reader und Writer ableiten. Die grundlegenden Methoden der Klassen Reader und Writer sind ähnlich denjenigen für InputStream und OutputStream.

```
public abstract int read() throws IOException
public abstract void write(int b) throws IOException
```

Sie funktionieren genau wie die vergleichbaren Methoden in den Klassen InputStream und OutputStream, außer daß natürlich die Methode read entweder ein Unicode-Zeichen (als Ganzzahl zwischen 0 und 65.535) oder –1, wenn das Ende der Datei erreicht ist, zurückgibt.

Abbildung 12.1: Hierarchie der Ein-/Ausgabeströme

Schließlich gibt es Ströme, die einen echten Vorteil bringen. Beispielsweise kann man mit `ZipInputStream` und `ZipOutputStream` Dateien in der bekannten ZIP-Komprimierung lesen und schreiben.

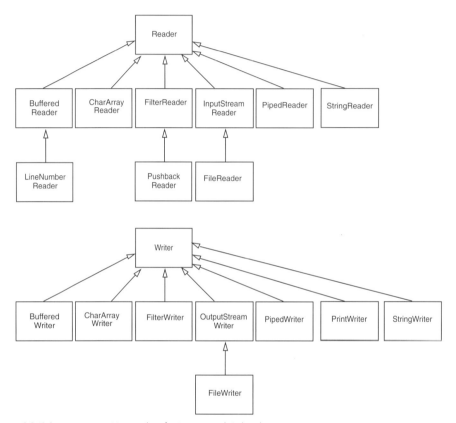

Abbildung 12.2: Hierarchie für Lesen und Schreiben

12.2.1 Ebenen von Stream-Filtern

Mit `FileInputStream` und `FileOutputStream` stehen Ein-/Ausgabeströme zur Verfügung, die mit einer Datenträgerdatei verbunden sind. Man gibt den Dateinamen oder vollständigen Pfadnamen der Datei im Konstruktor an. Zum Beispiel sucht

```
FileInputStream fin = new FileInputStream("employee.dat");
```

im aktuellen Verzeichnis nach einer Datei namens `"employee.dat"`.

Streams und Dateien

Achtung

Da der Backslash zu den Escape-Zeichen in Java-Strings gehört, sind für Pfadangaben im Stil von Windows doppelte Backslashes zu schreiben (zum Beispiel `"C:\\Windows\\win.ini"`). In Windows kann man auch einen einfachen normalen Schrägstrich verwenden (beispielsweise `"C:/Windows/win.ini"`), da die meisten Systemaufrufe der Windows-Dateibehandlung die normalen Schrägstriche als Dateitrennzeichen interpretieren. Allerdings wird das nicht empfohlen – das Verhalten der Windows-Systemfunktionieren unterliegt gewissen Änderungen, und auf anderen Betriebssystemen kann sich das Dateitrennzeichen sogar unterscheiden. Für portable Programme sollte man statt dessen das richtige Dateitrennzeichen ermitteln, das im konstanten String `File.separator` gespeichert ist.

Man kann auch mit einem `File`-Objekt arbeiten (am Ende dieses Kapitels finden Sie mehr zu Dateiobjekten):

```
File f = new File("employee.dat");
FileInputStream fin = new FileInputStream(f);
```

Wie die abstrakten Klassen `InputStream` und `OutputStream` unterstützen diese Klassen nur das Lesen und Schreiben auf Byteebene. Das heißt, man kann nur Bytes und Bytearrays aus dem Objekt `fin` lesen.

```
byte b = fin.read();
```

Tip

Da alle Klassen in `java.io` relative Pfadnamen interpretieren, die beim aktuellen Benutzerverzeichnis beginnen, muß man dieses Verzeichnis gegebenenfalls kennen. Es läßt sich über einen Aufruf von `System.getProperty("user.dir")` erhalten.

Wie der nächste Abschnitt zeigt, könnte man numerische Typen lesen, wenn man nur einen `DataInputStream` zur Verfügung hätte:

```
DataInputStream din = . . .;
double s = din.readDouble();
```

Genau wie der `FileInputStream` keine Methoden zum Lesen numerischer Typen hat, kennt der `DataInputStream` aber auch keine Methode, um Daten aus einer Datei zu lesen.

Java bedient sich eines ausgeklügelten Mechanismus, um zwei Arten der Verantwortlichkeiten auseinanderzuhalten. Einige Streams (wie etwa der `FileInputStream` und der von der Methode openStream der Klasse URL zurückgegebene Eingabestrom) können Bytes aus Dateien und anderen, exotischen Stellen abrufen. Mit anderen Streams (wie DataInputStream und PrintWriter) lassen sich Bytes zu brauchbaren Datentypen zusammenstellen. Der Java-Programmierer muß beide zu sogenannten *gefilterten Streams* kombinieren, indem er einen vorhandenen Stream in den Konstruktor eines anderen Streams einspeist. Will man zum Beispiel Zahlen aus einer Datei lesen, erzeugt man zuerst einen FileInputStream und übergibt ihn dann an den Konstruktor eines DataInputStream.

```
FileInputStream fin = new FileInputStream("employee.dat");
DataInputStream din = new DataInputStream(fin);
double s = din.readDouble();
```

Dabei ist zu beachten, daß der Dateneingabestrom, den wir mit dem obigen Code erzeugt haben, nicht mit einer neuen Datei auf dem Datenträger korrespondiert. Der neu erzeugte Stream greift *weiterhin* auf die Daten aus der Datei zu, die mit dem Dateieingabestrom verbunden ist, verfügt aber nun über eine leistungsfähigere Schnittstelle.

Wenn Sie sich noch einmal Abbildung 12.1 ansehen, erkennen Sie die Klassen FilterInputStream und FilterOutputStream. Deren untergeordnete Klassen kombinieren Sie zu einem neuen gefilterten Stream, um die gewünschten Streams zu konstruieren. Beispielsweise sind Streams per Vorgabe nicht gepuffert. Das heißt, jeder Leseaufruf kontaktiert das Betriebssystem und fordert es auf, ein weiteres Byte zu liefern. Wenn man Pufferung *und* Dateneingabe für eine Datei namens employee.dat im aktuellen Verzeichnis realisieren möchte, muß man auf die folgende, ziemlich monströse Folge von Konstruktoren zurückgreifen:

```
DataInputStream din = new DataInputStream
    (new BufferedInputStream
        (new FileInputStream("employee.dat")));
```

Der DataInputStream wird hier *zuletzt* in die Kette der Konstruktoren gestellt, da wir die Methoden von DataInputStreams verwenden und erreichen möchten, daß *diese* die gepufferte read-Methode aufrufen. Der obige Code ist zwar nicht elegant, aber notwendig: Gegebenenfalls muß man weitere Streamkonstruktoren übereinanderstapeln, bis man Zugriff auf die gewünschte Funktionalität hat.

Manchmal ist es erforderlich, die Zwischenprodukte von verketteten Streams zu verfolgen. Zum Beispiel muß man beim Lesen von Eingaben oftmals einen Blick auf das nächste Byte werfen, um sich davon zu überzeugen, daß es sich um den erwarteten Wert handelt. Java stellt für diesen Zweck den Stream PushbackInputStream bereit.

```
PushbackInputStream pbin = new PushbackInputStream
    (new BufferedInputStream
        (new FileInputStream("employee.dat")));
```

Streams und Dateien

Nun kann man probeweise das nächste Byte lesen

```
int b = pbin.read();
```

und es zurückweisen, wenn es sich nicht um das gewünschte handelt:

```
if (b != '<') pbin.unread(b);
```

Lesen und Zurückweisen sind allerdings die einzigen Methoden, die sich auf den `PushbackInputStream` anwenden lassen. Wenn man auch Zahlen vorausschauend lesen möchte, braucht man sowohl eine `PushbackInputStream`- als auch eine `DataInputStream`-Referenz.

```
DataInputStream din = new DataInputStream
   (pbin = new PushbackInputStream
      (new BufferedInputStream
         (new FileInputStream("employee.dat"))));
```

Natürlich wird in den Streambibliotheken anderer Programmiersprachen für Annehmlichkeiten wie Pufferung und vorausschauende Suche automatisch gesorgt, so daß es in Java etwas lästig erscheint, sich in diesen Fällen mit der Schichtung von Streamfiltern befassen zu müssen. Aber die Fähigkeit, Filterklassen zusammenzustellen, um wirklich sinnvolle Sequenzen von Streams zu erzeugen, bietet eine immense Flexibilität. Beispielsweise kann man Zahlen aus einer komprimierten ZIP-Datei lesen, indem man die nachstehend gezeigte Folge von Streams aufbaut (siehe Abbildung 12.3).

```
ZipInputStream zin
   = new ZipInputStream(new FileInputStream("employee.zip"));
DataInputStream din = new DataInputStream(zin);
```

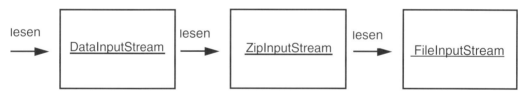

Abbildung 12.3: Eine Folge von gefilterten Strömen

(Der Abschnitt »Streams für ZIP-Dateien« weiter hinten in diesem Kapitel geht näher auf die Fähigkeiten von Java zur Behandlung von ZIP-Dateien ein.)

Alles in allem und abgesehen von den ziemlich monströsen Konstruktoren, die für die Schichtung von Streams erforderlich sind, ist die Fähigkeit zum Zusammenstellen von Streams ein sehr nützliches Merkmal von Java.

API

java.io.FileInputStream

- `FileInputStream(String name)`

  Erzeugt einen neuen Dateieingabestrom. Verwendet wird die Datei, deren Pfadname durch den String `name` spezifiziert ist.

- `FileInputStream(File f)`

  Erzeugt einen neuen Dateieingabestrom. Verwendet werden die Informationen, die im `File`-Objekt verkapselt sind. (Die Klasse `File` kommt am Ende dieses Kapitels zur Sprache.)

API

java.io.FileOutputStream

- `FileOutputStream(String name)`

  Erzeugt einen neuen Dateiausgabestrom, der durch den String `name` spezifiziert ist. Pfadnamen, die nicht absolut angegeben sind, werden relativ zum aktuellen Arbeitsverzeichnis aufgelöst. *Achtung*: Löscht automatisch eine vorhandene Datei mit diesem Namen.

- `FileOutputStream(String name, boolean append)`

  Erzeugt cincn ncucn Datciausgabestrom, der durch den String `name` spezifiziert ist. Pfadnamen, die nicht absolut angegeben sind, werden relativ zum aktuellen Arbeitsverzeichnis aufgelöst. Wenn der Parameter `append` auf `true` gesetzt ist, fügt die Methode die Daten an das Ende der Datei an. Eine vorhandene Datei mit demselben Namen wird nicht gelöscht.

- `FileOutputStream(File f)`

  Erzeugt einen neuen Dateiausgabestrom unter Verwendung der Informationen, die im `File`-Objekt verkapselt sind. (Die Klasse `File` kommt am Ende dieses Kapitels zur Sprache.) *Achtung*: Löscht automatisch eine vorhandene Datei desselben Namens.

Streams und Dateien

API

java.io.BufferedInputStream

- BufferedInputStream(InputStream in)

    Erzeugt einen neuen gepufferten Stream mit einer Standardpuffergröße. Ein gepufferter Eingabestrom liest Zeichen von einem Stream, ohne jedesmal einen Gerätezugriff zu veranlassen. Wenn der Puffer leer ist, wird ein neuer Datenblock in den Puffer gelesen.

- BufferedInputStream(InputStream in, int n)

    Erzeugt einen neuen gepufferten Stream mit einer benutzerdefinierten Puffergröße.

API

java.io.BufferedOutputStream

- BufferedOutputStream(OutputStream out)

    Erzeugt einen neuen gepufferten Stream mit einer Standardpuffergröße. Ein gepufferter Ausgabestrom sammelt die zu schreibenden Zeichen, ohne bei jedem einzelnen Zeichen einen separaten Gerätezugriff zu veranlassen. Die Daten werden geschrieben, wenn der Puffer gefüllt ist oder der Stream explizit geleert wird.

- BufferedOutputStream(OutputStream out, int n)

    Erzeugt einen neuen gepufferten Stream mit einer benutzerdefinierten Puffergröße.

API

java.io.PushbackInputStream

- PushbackInputStream(InputStream in)

    Konstruiert einen Stream mit vorausschauender Suche eines Zeichens.

- PushbackInputStream(InputStream in, int size)

    Konstruiert einen Stream mit einem Pushback-Puffer der angegebenen Größe.

- `void unread(int ch)`

    Stellt ein Zeichen zurück, das beim nächsten Leseaufruf erneut abgerufen wird. Man kann jeweils nur ein Zeichen zurückstellen.

    Parameter:　　ch　　　　　　Das erneut zu lesende Zeichen.

12.2.2 Datenströme

Oftmals muß man das Ergebnis einer Berechnung schreiben oder ein bereits gespeichertes Ergebnis zurücklesen. Die Datenströme unterstützen Methoden für das Zurücklesen aller grundlegenden Java-Typen. Mit den folgenden Methoden der Schnittstelle `DataOutput` lassen sich eine Zahl, ein Zeichen, ein boolescher Wert bzw. ein String schreiben:

```
writeChars
writeInt
writeShort
writeLong
writeFloat
writeDouble
writeChar
writeBoolean
writeUTF
```

Zum Beispiel schreibt `writeInt` immer eine ganze Zahl als 4-Byte-Binärgröße, unabhängig von der Anzahl der Ziffernstellen, und `writeDouble` schreibt immer einen `double` als 8-Byte-Binärgröße. Die resultierende Ausgabe ist nicht im Klartext lesbar, aber der erforderliche Platz ist für jeden Datentyp der gleiche, und das Zurücklesen läuft schneller ab. (Wie man Zahlen im Klartext ausgibt, erläutert der Abschnitt zur Klasse `PrintWriter` weiter hinten in diesem Kapitel.)

Hinweis

Es gibt zwei verschiedene Verfahren, um ganze Zahlen und Gleitkommazahlen im Speicher abzulegen, abhängig von der verwendeten Plattform. Nehmen wir zum Beispiel an, daß Sie mit einer 4-Byte-Größe wie `int` oder `float` arbeiten. Diese läßt sich so speichern, daß das erste der 4 Byte das höchstwertigste Byte (MSB – Most Significant Byte) des Wertes enthält. Dieses Verfahren ist die sogenannte *Big-Endian*-Methode. Bei der *Little-Endian*-Methode steht dagegen das niederwertigste Byte (LSB – Least Significant Byte) an erster Stelle im Speicher. Das kann zu Problemen führen. Speichert man etwa eine Datei mittels C oder C++, werden die Daten genau so abgelegt, wie es durch den jeweiligen Prozessor vorgegeben ist. Damit ist selbst das Übertragen der einfachsten Datendateien von einer Plattform auf eine andere eine Herausforderung. In Java werden alle Werte nach der Big-Endian-Methode gespeichert, und zwar unabhängig vom zugrundeliegenden Prozessor. Damit erzeugt Java plattformunabhängige Datendateien.

Streams und Dateien

Die Methode `writeUTF` schreibt Stringdaten im Unicode Text Format (UTF), das wie folgt aufgebaut ist. Ein 7-Bit-ASCII-Wert (das heißt, ein 16-Bit-Unicode-Zeichen, bei dem die höchstwertigen 9 Bit gleich Null sind) wird als ein Byte geschrieben:

$0a_6a_5a_4a_3a_2a_1a_0$

Ein 16-Bit-Unicode-Zeichen, bei dem die obersten 5 Bit gleich Null sind, wird als Folge von 2 Byte geschrieben:

$110a_{10}a_9a_8a_7a_6$ $10a_5a_4a_3a_2a_1a_0$

(Die höchstwertigen Null-Bits werden nicht gespeichert.)

Alle anderen Unicode-Zeichen werden als Folge von 3 Byte abgelegt:

$1110a_{15}a_{14}a_{13}a_{12}$ $10a_{11}a_{10}a_9a_8a_7a_6$ $10a_5a_4a_3a_2a_1a_0$

Dieses Format eignet sich besonders für Text, der überwiegend aus ASCII-Zeichen besteht, da diese Zeichen auch im Unicode lediglich ein einzelnes Byte belegen. Dagegen ist es für asiatische Sprachen weniger geeignet. Hier sollte man besser die Zeichenfolgen direkt als Unicode-Zeichen im Doppelbyte-Format schreiben. Für diesen Zweck steht die Methode `writeChars` zur Verfügung.

Beachten Sie, daß die höchstwertigsten Bits eines UTF-Bytes die Art eines Bytes im Kodierungsschema bestimmen.

```
0xxxxxxx : ASCII
10xxxxxx : Zweites oder drittes Byte
110xxxxx : Erstes Byte einer 2-Byte-Sequenz
1110xxxx : Erstes Byte einer 3-Byte-Sequenz
```

Mit den folgenden Methoden lassen sich die Daten wieder zurücklesen:

```
readInt
readShort
readLong
readFloat
readDouble
readChar
readBoolean
readUTF
```

Hinweis

Das binäre Datenformat ist kompakt und plattformunabhängig. Mit Ausnahme der UTF-Strings eignet es sich auch für den wahlfreien Zugriff. Der hauptsächliche Nachteil besteht darin, daß Binärdateien nicht im Klartext lesbar sind.

API

java.io.DataInput

- `boolean readBoolean()`

  Liest einen booleschen Wert.

- `byte readByte()`

  Liest einen 8-Bit-Wert.

- `char readChar()`

  Liest ein 16-Bit-Unicode-Zeichen.

- `double readDouble()`

  Liest einen 64-Bit-Wert vom Typ `double`.

- `float readFloat()`

  Liest einen 32-Bit-Wert vom Typ `float`.

- `void readFully(byte[] b)`

  Liest Bytes und blockiert den Thread, bis alle Bytes gelesen sind.

  Parameter: b   Puffer, in den die Daten zu lesen sind.

- `void readFully(byte[] b, int off, int len)`

  Liest Bytes und blockiert den Thread, bis alle Bytes gelesen sind.

  Parameter: b   Puffer, in den die Daten zu lesen sind.

  off   Anfangsoffset der Daten.

  len   Maximale Anzahl zu lesender Bytes.

Streams und Dateien

- `int readInt()`

    Liest eine 32-Bit-Ganzzahl.

- `String readLine()`

    Liest eine Zeile, die mit einem der Zeichen `\n`, `\r`, `\r\n` oder `EOF` abgeschlossen ist. Gibt einen String zurück, der alle Bytes der Zeile enthält und in Unicode-Zeichen konvertiert ist.

- `long readLong()`

    Liest eine lange Ganzzahl mit 64 Bit.

- `short readShort()`

    Liest eine Ganzzahl mit 16 Bit.

- `String readUTF()`

    Liest einen String mit Zeichen im UTF-Format.

- `int skipBytes(int n)`

    Überspringt Bytes und blockiert, bis alle Bytes übersprungen wurden.

    Parameter: n   Anzahl der zu überspringenden Bytes.

API

`java.io.DataOutput`

- `void writeBoolean(boolean b)`

    Schreibt einen booleschen Wert.

- `void writeByte(byte b)`

    Schreibt ein Byte mit 8 Bit.

- `void writeChar(char c)`

    Schreibt ein 16-Bit-Unicode-Zeichen.

- `void writeChars(String s)`

    Schreibt alle Zeichen im String.

- `void writeDouble(double d)`

    Schreibt einen 64-Bit-Wert vom Typ `double`.

- void writeFloat(float f)

    Schreibt einen 32-Bit-Wert vom Typ float.

- void writeInt(int i)

    Schreibt eine 32-Bit-Ganzzahl.

- void writeLong(long l)

    Schreibt eine lange Ganzzahl mit 64 Bit.

- void writeShort(short s)

    Schreibt eine kurze Ganzzahl mit 16 Bit.

- void writeUTF(String s)

    Schreibt einen String von Zeichen im UTF-Format.

12.2.3 Dateiströme mit wahlfreiem Zugriff

Mit der Streamklasse RandomAccessFile lassen sich Daten an einer beliebigen Stelle in einer Datei suchen oder schreiben. Die Klasse implementiert die Schnittstellen DataInput und DataOutput. Datenträgerdateien sind für den wahlfreien Zugriff ausgelegt, während das für Datenstreams aus einem Netzwerk nicht zutrifft. Man öffnet eine Datei mit wahlfreiem Zugriff entweder nur zum Lesen oder sowohl zum Lesen als auch zum Schreiben. Die jeweilige Option gibt man mit dem String "r" (für Lesezugriff) oder "rw" (für Lese-/Schreibzugriff) als zweites Argument im Konstruktor an.

```
RandomAccessFile in = new RandomAccessFile("employee.dat", "r");
RandomAccessFile inOut
    = new RandomAccessFile("employee.dat", "rw");
```

Wenn man eine vorhandene Datei als RandomAccessFile öffnet, wird sie nicht gelöscht.

Zu einer Datei mit wahlfreiem Zugriff gehört ein *Dateizeiger* (File Pointer). Dieser kennzeichnet immer die Position des nächsten zu lesenden oder zu schreibenden Datensatzes. Die Methode seek setzt den Dateizeiger auf eine willkürliche Byteposition innerhalb der Datei. Das Argument an seek ist eine Ganzzahl vom Typ long mit einem Wertebereich zwischen 0 und der Länge der Datei in Bytes.

Die Methode getFilePointer liefert die aktuelle Position des Dateizeigers zurück.

Um von einer Datei mit wahlfreiem Zugriff zu lesen, verwendet man die gleichen Methoden wie bei DataInputStream-Objekten – zum Beispiel readInt und readUTF. Das ist kein Zufall. Diese Methoden sind tatsächlich in der Schnittstelle DataInput definiert, die sowohl DataInputStream als auch RandomAccessFile implementiert.

Streams und Dateien

Analog dazu schreibt man in eine Datei mit wahlfreiem Zugriff mit den gleichen `writeInt`- und `writeUTF`-Methoden wie in der Klasse `DataOutputStream`. Diese Methoden sind in der Schnittstelle `DataOutput` definiert, die beiden Klassen gemeinsam ist.

Der Vorteil, daß die Klasse `RandomAccessFile` sowohl `DataInput` als auch `DataOutput` implementiert, liegt darin, daß man Methoden verwenden oder schreiben kann, deren Argumenttypen `DataInput`- und `DataOutput`-*Schnittstellen* sind.

```
class Employee
{
   . . .
   read(DataInput in) { . . . }
   write(DataOutput out) { . . . }
}
```

Beachten Sie, daß die Methode `read` entweder ein `DataInputStream`- oder ein `RandomAccessFile`-Objekt behandeln kann, da beide Klassen die `DataInput`-Schnittstelle implementieren. Das gleiche gilt für die Methode `write`.

API

java.io.RandomAccessFile

- RandomAccessFile(String name, String mode)

    Parameter: name   Systemabhängiger Dateiname.

    mode   "r" für Nur-Lesen oder "rw" für Lesen/Schreiben.

- RandomAccessFile(File file, String mode)

    Parameter: file   Ein `File`-Objekt, das einen systemabhängigen Dateinamen verkapselt. (Die Klasse `File` wird am Ende dieses Kapitels beschrieben.)

    mode   "r" für Nur-Lesen oder "rw" für Lesen/Schreiben.

- long getFilePointer()

    Liefert die aktuelle Position des Dateizeigers.

- void seek(long pos)

    Setzt den Dateizeiger auf `pos` Bytes gerechnet vom Beginn der Datei.

- public long length()

    Gibt die Länge der Datei in Bytes zurück.

Textströme

Im letzten Abschnitt haben wir uns mit der binären Eingabe und Ausgabe beschäftigt. Die binäre Ein-/Ausgabe ist zwar schnell und effizient, läßt sich aber nicht im Klartext lesen. In diesem Abschnitt konzentrieren wir uns auf Ein-/Ausgaben in Form von Text. Wenn man zum Beispiel die ganze Zahl 1234 im Binärformat ablegt, steht sie im Speicher als Bytefolge 00 00 04 D2 (in hexadezimaler Notation). Im Textformat wird die Zahl als String "1234" gespeichert.

Leider ist dieses Vorgehen in Java mit etwas Arbeit verbunden, da Java bekanntlich Unicode-Zeichen verwendet. Das heißt, die Zeichencodierung für den String "1234" lautet tatsächlich 00 31 00 32 00 33 00 34 (hexadezimal). Allerdings verwenden die meisten heutigen Umgebungen, in denen Ihre Java-Programme laufen werden, ihr eigenes Schema der Zeichenkodierung. Diese Schematas beruhen auf einer Kodierung mit Einzelbytes, Doppelbytes oder einer variablen Anzahl von Bytes. Beispielsweise ist der String unter Windows in ASCII als 31 32 33 34 ohne die zusätzlichen 00-Bytes zu schreiben. Wenn man die Unicode-Kodierung in eine Textdatei schreibt, ist es ziemlich unwahrscheinlich, daß sich die resultierende Datei im Klartext ohne die Werkzeuge der Host-Umgebung lesen läßt. Um dieses Problem zu umgehen, verfügt Java wie bereits erwähnt über einen Satz von Streamfiltern, die eine Brücke zwischen dem in Unicode kodierten Text und den im konkreten Betriebssystem verwendeten Kodierungsschema schlagen. Diese Klassen leiten sich alle von den abstrakten Klassen Reader und Writer ab, und die Namen erinnern an diejenigen für binäre Daten.

Zum Beispiel übergibt die Klasse InputStreamReader einen Eingabestrom, der Bytes in einer speziellen Zeichenkodierung enthält, an einen Reader, der Unicode-Zeichen ausgibt. In gleicher Weise überträgt die Klasse OutputStreamWriter einen Stream aus Unicode-Zeichen in einen Bytestrom einer speziellen Zeichenkodierung.

Mit der folgenden Anweisung erstellt man zum Beispiel einen Eingabe-Reader, der Tastatureingaben von der Konsole liest und automatisch in Unicode umwandelt.

```
InputStreamReader in = new InputStreamReader(System.in);
```

Dieser Eingabestrom-Reader setzt die normale Zeichenkodierung voraus, die das Host-System verwendet. Unter Windows ist das zum Beispiel die Kodierung ISO 8859-1 (die man auch als ISO Lateinisch-1 oder – unter Windows-Programmierern – als »ANSI-Code« bezeichnet). Man kann eine andere Kodierung wählen, indem man sie im Konstruktor für den InputStreamReader in der folgenden Form spezifiziert:

```
InputStreamReader(InputStream, String)
```

Hier beschreibt der String das zu verwendende Kodierungsschema. Zum Beispiel:

```
InputStreamReader in = new InputStreamReader(new
    FileInputStream("kremlin.dat"), "8859_5");
```

Streams und Dateien

Tabelle 12.1 führt die momentan unterstützten Kodierungsschematas auf.

Code	Zeichensatz
8859_1	ISO Lateinisch-1
8859_2	ISO Lateinisch-2
8859_3	ISO Lateinisch-3
8859_5	ISO Lateinisch/Kyrillisch
8859_6	ISO Lateinisch/Arabisch
8859_7	ISO Lateinisch/Griechisch
8859_8	ISO Lateinisch/Hebräisch
8859_9	ISO Lateinisch-5
Big5	Big5, Chinesisch (traditionell)
CNS11643	CNS 11643, Chinesisch (traditionell)
Cp037	USA, Kanada (zweisprachig, Frankreich), Niederlande, Portugal, Brasilien, Australien
Cp1006	IBM AIX Pakistan (Urdu)
Cp1025	IBM Mehrsprachig kyrillisch: Bulgarien, Bosnien, Herzegowina, Mazedonien (Jugoslawien)
Cp1026	IBM Lateinisch-5, Türkisch
Cp1046	IBM Open Edition US EBCDIC
Cp1097	IBM Iran (Farsi)/Persisch
Cp1098	IBM Iran (Farsi)/Persisch (PC)
Cp1112	IBM Lettisch, Litauisch
Cp1122	IBM Estnisch
Cp1123	IBM Ukrainisch
Cp1124	IBM AIX Ukrainisch
Cp1250	Windows Osteuropäisch / Lateinisch-2
Cp1251	Windows Kyrillisch
Cp1252	Windows Westeuropäisch / Lateinisch-1
Cp1253	Windows Griechisch
Cp1254	Windows Türkisch
Cp1255	Windows Hebräisch
Cp1256	Windows Arabisch
Cp1257	Windows Baltisch
Cp1258	Windows Vietnamesisch

Cp1381	IBM OS/2, DOS Volksrepublik China
Cp1383	IBM AIX Volksrepublik China
Cp273	IBM Österreich, Deutschland
Cp277	IBM Dänemark, Norwegen
Cp278	IBM Finnland, Schweden
Cp280	IBM Italien
Cp284	IBM Katalanisch/Spanisch, Spanisch Lateinamerika
Cp285	IBM Großbritannien, Irland
Cp297	IBM Frankreich
Cp33722	IBM-eucJP - Japanisch, Obermenge von 5050
Cp420	IBM Arabisch
Cp424	IBM Hebräisch
Cp437	PC Original
Cp500	EBCDIC 500V1
Cp737	PC Griechisch
Cp775	PC Baltisch
Cp838	IBM Thailand erweitert SBCS
Cp850	PC Lateinisch-1
Cp852	PC Lateinisch-2
Cp855	PC Kyrillisch
Cp857	PC Türkisch
Cp860	PC Portugiesisch
Cp861	PC Isländisch
Cp862	PC Hebräisch
Cp863	PC Französisch (Kanada)
Cp864	PC Arabisch
Cp865	PC Nordisch
Cp866	PC Russisch
Cp869	PC Modernes Griechisch
Cp871	IBM Island
Cp874	Windows Thailand
Cp875	IBM Griechisch
Cp918	IBM Pakistan (Urdu)
Cp921	IBM Lettisch, Litauisch (AIX, DOS)
Cp922	IBM Estnisch (AIX, DOS)

Streams und Dateien

Cp930	Japanisch Katakana-Kanji, gemischt mit 4370 UDC, Obermenge von 5026
Cp933	Koreanisch gemischt mit 1880 UDC, Obermenge von 5029
Cp935	Chinesisch (vereinfacht) gemischt mit 1880 UDC, Obermenge von 5031
Cp937	Chinesisch (traditionell), gemischt mit 6204 UDC, Obermenge von 5033
Cp939	Japanisch Lateinisch Kanji gemischt mit 4370 UDC, Obermenge von 5035
Cp942	Japanisch (OS/2), Obermenge von 932
Cp948	OS/2 Chinesisch (Taiwan), Obermenge von 938
Cp949	PC Koreanisch
Cp950	PC Chinesisch (Hongkong, Taiwan)
Cp964	AIX Chinesisch (Taiwan)
Cp970	AIX Koreanisch
EUCJIS	Japanisch EUC
GB2312	GB2312, EUC Kodierung, Chinesisch (vereinfacht)
GBK	GBK, Chinesisch (vereinfacht)
ISO2022CN	ISO 2022 CN, Chinesisch
ISO2022CN_CNS	CNS 11643 in ISO-2022-CN Form, Chinesisch (traditionell)
ISO2022CN_GB	GB 2312 in ISO-2022-CN Form, Chinesisch (vereinfacht)
ISO2022KR	ISO 2022 KR, Koreanisch
JIS	JIS
JIS0208	JIS 0208, Japanisch
KOI8_R	KOI8-R, Russisch
KSC5601	KS C 5601, Koreanisch
MS874	Windows Thailand
MacArabic	Macintosh Arabisch
MacCentralEurope	Macintosh Lateinisch-2
MacCroatian	Macintosh Kroatisch
MacCyrillic	Macintosh Kyrillisch
MacDingbat	Macintosh Dingbat

MacGreek	Macintosh Griechisch
MacHebrew	Macintosh Hebräisch
MacIceland	Macintosh Isländisch
MacRoman	Macintosh Romanisch
MacRomania	Macintosh Rumänisch
MacSymbol	Macintosh Symbol
MacThai	Macintosh Thailand
MacTurkish	Macintosh Türkisch
MacUkraine	Macintosh Ukrainisch
SJIS	PC und Windows Japanisch
UTF8	Standard UTF-8

Tabelle 12.1: Zeichenkodierungen

Natürlich gibt es viele Unicode-Zeichen, die sich nicht durch diese Kodierungsschematas darstellen lassen. Wenn diese Zeichen Teil des Streams sind, werden sie in der Ausgabe durch ein ? dargestellt.

Da man häufig einen `Reader` oder `Writer` mit einer Datei verbinden muß, gibt es für diesen Zweck ein Paar Komfortklassen, `FileReader` und `FileWriter`. Zum Beispiel ist die Writer-Definition

```
FileWriter out = new FileWriter("output.txt");
```

äquivalent zu

```
OutputStreamWriter out = new OutputStreamWriter(new
   FileOutputStream("output.txt"));
```

Textausgaben schreiben

Für Textausgaben greift man auf `PrintWriter` zurück. Ein `PrintWriter` kann Strings und Zahlen im Textformat ausgeben. Genau wie `DataOutputStream` über nützliche Ausgabemethoden, aber kein Ziel verfügt, muß man einen `PrintWriter` mit einem Ziel-Writer kombinieren.

```
PrintWriter out = new PrintWriter(new
   FileWriter("employee.txt"));
```

Man kann einen `PrintWriter` auch mit einem Ziel- (Ausgabe-)Stream kombinieren.

```
PrintWriter out = new PrintWriter(new
   FileOutputStream("employee.txt"));
```

Der Konstruktor `PrintWriter(OutputStream)` fügt automatisch einen `OutputStreamWriter` hinzu, um Unicode-Zeichen zu Bytes im Stream zu konvertieren.

Streams und Dateien

Um in einen `PrintWriter` zu schreiben, bedient man sich der gleichen `print`- und `println`-Methoden, die man bei `System.out` verwendet. Mit diesen Methoden lassen sich Zahlen (`int`, `short`, `long`, `float`, `double`), Zeichen, boolesche Werte, Strings und Objekte ausgeben.

Hinweis

Java-Veteranen fragen sich jetzt vielleicht, was überhaupt mit der Klasse `PrintStream` und `System.out` passiert ist. In Java 1.0 hat die Klasse `PrintStream` einfach alle Unicode-Zeichen auf ASCII-Zeichen abgeschnitten, indem das höherwertige Byte unterdrückt wurde. Umgekehrt hat die Methode `readLine` des `DataInputStream` die Umwandlung von ASCII in Unicode durch Setzen des höherwertigen Bytes auf 0 vorgenommen. Es liegt auf der Hand, daß dies keine portable Lösung ist, und mit der Einführung der Reader und Writer in Java 1.1 wurde dieses Problem beseitigt. Aus Kompatibilitätsgründen mit vorhandenem Code sind `System.in`, `System.out` und `System.err` weiterhin Streams und keine Reader bzw. Writer. Die Klasse `PrintStream` konvertiert aber jetzt intern die Unicode-Zeichen in die vom Host vorgegebene Standardkodierung in der gleichen Weise wie der `PrintWriter`. Objekte vom Typ `PrintStream` verhalten sich exakt wie Ausgabe-Writer, wenn man die Methoden `print` und `println` verwendet, erlauben aber im Gegensatz zu Ausgabe-Writern, daß man ihnen mit den Methoden `write(int)` und `write(byte[])` Rohbytes schicken kann.

Sehen Sie sich zum Beispiel den folgenden Code an:

```
String name = "Harry Hacker";
double salary = 75000;
out.print(name);
out.print(' ');
out.println(salary);
```

Er schreibt die Zeichen

```
Harry Hacker 75000
```

in den Stream `out`. Die Zeichen werden dann in Bytes konvertiert und gelangen schließlich in die Datei `employee.txt`.

Die Methode `println` fügt automatisch die richtigen Zeilenabschlußzeichen für das Zielsystem an die Zeile an (`"\r\n"` unter Windows, `"\n"` unter Unix, `"\r"` auf Macs). Die entsprechenden Strings erhält man durch einen Aufruf von `System.getProperty("line.separator")`.

Wenn der Writer auf *automatisch Leeren* gesetzt ist, werden alle Zeichen im Puffer an ihren Zielort gesendet, wenn man `println` aufruft. (Ausgabe-Writer arbeiten immer gepuffert.) In der Standardeinstellung ist das automatische Leeren deaktiviert. Man kann diesen Modus durch Übergabe des jeweiligen booleschen Wertes als zweites Argument an den Konstruktor `PrintWriter(Writer, boolean)` aktivieren bzw. deaktivieren.

```
PrintWriter out = new PrintWriter(new
   FileWriter("employee.txt"), true); // automatisch leeren
```

Die `print`-Methoden lösen keine Ausnahmen aus. Über die Methode `checkError` kann man prüfen, ob etwas mit dem Stream schiefgelaufen ist.

Hinweis

In einen `PrintWriter` lassen sich keine Rohbytes schreiben. Ausgabe-Writer sind ausschließlich für Textausgaben ausgelegt.

API

`java.io.PrintWriter`

- `PrintWriter(Writer out)`

    Erzeugt einen neuen `PrintWriter`, ohne die Zeile automatisch zu leeren.

    Parameter: `out`   Ein Ausgabe-Writer für Zeichen.

- `PrintWriter(Writer out, boolean autoFlush)`

    Erzeugt einen neuen `PrintWriter`.

    Parameter: `out`   Ein Ausgabe-Writer für Zeichen.

    `autoFlush`   Wenn `true`, leeren die `println()`-Methoden den Ausgabepuffer.

- `PrintWriter(OutputStream out)`

    Erzeugt einen neuen `PrintWriter` ohne automatisches Leeren der Zeile aus einem existierenden `OutputStream`. Dazu werden automatisch die erforderlichen `OutputStreamWriter`-Zwischenstreams erzeugt.

    Parameter: `out`   Ausgabestrom.

Streams und Dateien

- `PrintWriter(OutputStream out, boolean autoFlush)`

  Erzeugt ebenfalls einen neuen `PrintWriter` aus einem existierenden `OutputStream`. Hier kann man aber festlegen, ob der Writer automatisch leeren soll.

Parameter:	`out`	Ausgabestrom.
	`autoflush`	Wenn `true`, leeren die `println()`-Methoden den Ausgabepuffer.

- `void print(Object obj)`

  Gibt ein Objekt über den aus `toString` resultierenden String aus.

Parameter:	`obj`	Auszugebendes Objekt.

- `void print(String s)`

  Gibt einen Unicode-String aus.

- `void println(String s)`

  Gibt einen String gefolgt vom Zeilenabschlußzeichen aus. Leert den Stream, wenn automatisches Leeren für den Stream eingestellt ist.

- `void print(char[] s)`

  Gibt ein Array von Unicode-Zeichen aus.

- `void print(char c)`

  Gibt ein Unicode-Zeichen aus.

- `void print(int i)`

  Gibt eine Ganzzahl im Textformat aus.

- `void print(long l)`

  Gibt eine lange Ganzzahl im Textformat aus.

- `void print(float f)`

  Gibt eine Gleitkommazahl im Textformat aus.

- `void print(double d)`

  Gibt eine Gleitkommazahl doppelter Genauigkeit im Textformat aus.

- `void print(boolean b)`

  Gibt einen booleschen Wert im Textformat aus.

- `boolean checkError()`

  Liefert `true` zurück, wenn ein Formatierungs- oder Ausgabefehler aufgetreten ist. Nachdem einmal ein Fehler im Stream aufgetreten ist, wird der Stream als fehlerhaft gekennzeichnet, und alle Aufrufe von `checkError` liefern `true` zurück.

Texteingaben lesen

Wie Sie wissen, schreibt man

- Daten im binären Format mit einem `DataOutputStream`,
- im Textformat mit einem `PrintWriter`.

Demzufolge könnte man erwarten, daß es einen analogen Stream zum `DataInputStream` gibt, mit dem man Daten im Textformat lesen kann. Leider stellt Java keine derartige Klasse bereit. (Aus diesem Grund haben wir unsere eigene Klasse `Console` in den einführenden Kapiteln geschrieben.) Die einzige Möglichkeit für die Verarbeitung von Texteingaben ist die Methode `BufferedReader` – sie hat eine Methode, `readLine`, mit der man eine Textzeile lesen kann. Man muß einen gepufferten Reader mit einer Eingabequelle kombinieren.

```
BufferedReader in = new BufferedReader(new
   FileReader("employee.txt"));
```

Die Methode `readLine` liefert `null` zurück, wenn keine weiteren Eingaben verfügbar sind. Eine typische Eingabeschleife sieht demnach folgendermaßen aus:

```
String s;
while ((s = in.readLine()) != null)
{  etwas mit s unternehmen;
}
```

Die Klasse `FileReader` konvertiert bereits die Bytes in Unicode-Zeichen. Bei anderen Eingabequellen muß man `InputStreamReader` verwenden – im Gegensatz zu `PrintWriter` verfügt `InputStreamReader` nicht über ein automatisches Verfahren, um die Brücke zwischen Bytes und Unicode-Zeichen zu schlagen.

```
BufferedReader in2 = new BufferedReader(new
   InputStreamReader(System.in));
BufferedReader in3 = new BufferedReader(new
   InputStreamReader(url.openStream()));
```

Um Zahlen von Texteingaben zu lesen, muß man zuerst einen String lesen und ihn dann konvertieren.

```
String s = in.readLine();
double x = Double.parseDouble(s);
```

Das funktioniert, wenn eine einzelne Zahl auf jeder Zeile steht. Andernfalls muß man etwas tiefer in die Trickkiste greifen und den Eingabestring beispielsweise mit der Hilfsklasse `StringTokenizer` aufteilen. Ein Beispiel dazu folgt später in diesem Kapitel.

Tip

Java verfügt über die Klassen `StringReader` und `StringWriter`, mit denen sich ein String in der Art eines Datenstroms behandeln läßt. Das kann ziemlich bequem sein, wenn man sowohl Strings als auch Daten aus einem Strom mit dem gleichen Code analysieren (parsen) will.

12.3 Streams für ZIP-Dateien

ZIP-Dateien sind Archive, die eine oder mehrere Dateien (normalerweise) komprimiert speichern. Java 1.1 kann sowohl das Format GZIP als auch ZIP behandeln. (Siehe dazu RFC 1950, RFC 1951 und RFC 1952, beispielsweise unter `http://www.faqs.org/rfcs`.) In diesem Abschnitt konzentrieren wir uns auf das bekanntere (aber etwas kompliziertere) ZIP-Format und überlassen Ihnen die GZIP-Klassen für das Selbststudium, falls Sie diese benötigen. (Diese Klassen funktionieren in der gleichen Weise.)

Hinweis

Die Klassen für die Behandlung von ZIP-Dateien sind in `java.util.zip` und nicht in `java.io` untergebracht. Denken Sie also daran, die erforderliche `import`-Anweisung vorzusehen. Obwohl die Klassen `GZIP` und `ZIP` nicht zu `java.io` gehören, leiten sie die Unterklassen `java.io.FilterInputStream` und `java.io.FilterOutputStream` ab. Die `java.util.zip`-Pakete enthalten auch Klassen, mit denen sich CRC-Prüfsummen berechnen lassen. (CRC steht für Cyclic Redundancy Check – zyklische Redundanzprüfung – und ist eine Methode, um eine Art Hash-Code zu generieren, anhand dessen der Empfänger einer Datei die Integrität der Datenübertragung testen kann.)

Jede ZIP-Datei hat einen Header, in dem Informationen wie Name der Datei und verwendete Komprimierungsmethode stehen. In Java verwendet man einen `ZipInputStream`, um eine ZIP-Datei zu lesen, indem man den `ZipInputStream`-Konstruktor auf einen `FileInputStream` stapelt. Dann muß man sich die einzelnen Einträge im Archiv ansehen. Die Methode `getNextEntry` liefert ein Objekt vom Typ `ZipEntry` zurück, das den Eintrag beschreibt. Die Methode `read` des `ZipInputStream` ist modifiziert und liefert −1 nicht am Ende der ZIP-Datei, sondern am Ende des aktuellen Eintrags zurück. Man muß dann `closeEntry` aufrufen, um den nächsten Eintrag zu lesen. Eine typische Codesequenz zum Lesen durch eine ZIP-Datei sieht folgendermaßen aus:

```
ZipInputStream zin = new ZipInputStream
   (new FileInputStream(zipname));
ZipEntry entry;
while ((entry = zin.getNextEntry()) != null)
{  analyze entry;
   read the contents of zin;
   zin.closeEntry();
}
zin.close();
```

Den Inhalt eines ZIP-Eintrags liest man in der Regel nicht mit der Rohform der `read`-Methode. Normalerweise greift man auf die Methoden eines kompetenteren Streamfilters zurück. Um zum Beispiel eine Textdatei innerhalb einer ZIP-Datei zu lesen, kann man folgende Schleife formulieren:

```
BufferedReader in = new BufferedReader
   (new InputStreamReader(zin));
String s;
while ((s = in.readLine()) != null)
   etwas mit s unternehmen;
```

Mit dem Programm in Beispiel 12.1 läßt sich eine ZIP-Datei öffnen. Dann zeigt es die im ZIP-Archiv gespeicherten Dateien im Listenfeld im oberen Teil des Bildschirms an. Wenn man auf eine dieser Dateien doppelklickt, wird der Inhalt der Datei im Textbereich angezeigt, wie es aus Abbildung 12.4 hervorgeht.

Beispiel 12.1: ZipTest.java

```
import java.awt.*;
import java.awt.event.*;
import java.io.*;
import java.util.*;
import java.util.zip.*;
import javax.swing.*;

public class ZipTest extends JFrame
   implements ActionListener
{  public ZipTest()
   {  setTitle("ZipTest");
      setSize(300, 400);

      JMenuBar mbar = new JMenuBar();
      JMenu m = new JMenu("Datei");
```

Streams und Dateien

```java
      openItem = new JMenuItem("Öffnen");
      openItem.addActionListener(this);
      m.add(openItem);
      exitItem = new JMenuItem("Beenden");
      exitItem.addActionListener(this);
      m.add(exitItem);
      mbar.add(m);

      fileList.addActionListener(this);

      Container contentPane = getContentPane();
      contentPane.add(mbar, "North");
      contentPane.add(fileList, "South");
      contentPane.add(fileText, "Center");
   }

   public void actionPerformed(ActionEvent evt)
   {  Object source = evt.getSource();
      if (source == openItem)
      {  JFileChooser chooser = new JFileChooser();
         chooser.setCurrentDirectory(new File("."));
         chooser.setFileFilter(new
            javax.swing.filechooser.FileFilter()
            {  public boolean accept(File f)
               {  return f.getName().toLowerCase()
                     .endsWith(".zip");
               }
               public String getDescription()
               {  return "ZIP-Dateien"; }
            });

         int r = chooser.showOpenDialog(this);
         if (r == JFileChooser.APPROVE_OPTION)
         {  zipname = chooser.getSelectedFile().getPath();
            scanZipFile();
         }
      }
      else if (source == exitItem) System.exit(0);
      else if (source == fileList)
         loadZipFile((String)fileList.getSelectedItem());
   }

   public void scanZipFile()
   {  fileList.removeAllItems();
      try
      {  ZipInputStream zin = new ZipInputStream(new
```

```
                FileInputStream(zipname));
         ZipEntry entry;
         while ((entry = zin.getNextEntry()) != null)
         {  fileList.addItem(entry.getName());
            zin.closeEntry();
         }
         zin.close();
      }
      catch(IOException e) {}
   }

   public void loadZipFile(String name)
   {  try
      {  ZipInputStream zin = new ZipInputStream(new
            FileInputStream(zipname));
         ZipEntry entry;
         fileText.setText("");
         while ((entry = zin.getNextEntry()) != null)
         {  if (entry.getName().equals(name))
            {  BufferedReader in = new BufferedReader(new
                  InputStreamReader(zin));
               String s;
               while ((s = in.readLine()) != null)
                  fileText.append(s + "\n");
            }
            zin.closeEntry();
         }
         zin.close();
      }
      catch(IOException e) {}
   }

   public static void main(String[] args)
   {  Frame f = new ZipTest();
      f.show();
   }

   private JComboBox fileList = new JComboBox();
   private JTextArea fileText = new JTextArea();
   private JMenuItem openItem;
   private JMenuItem exitItem;
   private String zipname;
}
```

Streams und Dateien 769

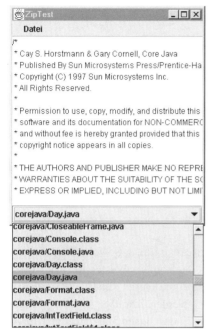

Abbildung 12.4: Das Programm ZipTest

Hinweis

Der ZIP-Eingabestrom löst eine `ZipException` aus, wenn beim Lesen einer ZIP-Datei ein Fehler auftritt. Normalerweise passiert das, wenn die ZIP-Datei beschädigt ist.

Um eine ZIP-Datei zu schreiben, öffnet man einen `ZipOutputStream`, indem man ihn auf einen `FileOutputStream` stapelt. Für jeden Eintrag, den man in der ZIP-Datei unterbringen will, erzeugt man ein `ZipEntry`-Objekt. Den Dateinamen übergibt man an den `ZipEntry`-Konstruktor. Der Konstruktor legt die anderen Parameter wie Dateidatum und Dekomprimierungsmethode automatisch fest. Bei Bedarf lassen sich diese Einstellungen überschreiben. Als nächstes ruft man die Methode `putNextEntry` von `ZipOutputStream` auf, um mit dem Schreiben in eine neue Datei zu beginnen. Man sendet die Dateidaten an den ZIP-Stream und ruft anschließend `closeEntry` auf. Diese Schritte sind für alle zu speichernden Dateien zu wiederholen. Ein Codegerüst könnte folgendermaßen aussehen:

```
FileOutputStream fout = new FileOutputStream("test.zip");
ZipOutputStream zout = new ZipOutputStream(fout);
```

```
for alle Dateien
{   ZipEntry ze = new ZipEntry(file name);
    zout.putNextEntry(ze);
    Daten an zout senden;
    zout.closeEntry();
}
zout.close();
```

Hinweis

JAR-Dateien (auf die Kapitel 10 eingegangen ist) sind einfach ZIP-Dateien mit einem anderen Eintrag, dem sogenannten Manifest. Der Manifest-Eintrag läßt sich mit den Klassen `JarInputStream` und `JarOutputStream` lesen bzw. schreiben.

ZIP-Streams sind ein gutes Beispiel für die Leistung der Stream-Abstraktion. Sowohl die Quelle als auch das Ziel der ZIP-Daten sind vollständig flexibel. Man legt den komfortabelsten Reader-Stream auf den ZIP-Dateistrom, um die komprimierten Daten zu lesen, und dieser Reader erkennt nicht einmal, daß die Daten mit ihrer Anforderung dekomprimiert werden. Darüber hinaus muß die Quelle der Bytes in ZIP-Formaten keine Datei sein – die ZIP-Daten können auch aus einer Netzwerkverbindung stammen. In der Tat sind die in Kapitel 10 behandelten JAR-Dateien ZIP-formatierte Dateien. Wann immer der Klassenlader eines Applets eine JAR-Datei lädt, liest und dekomprimiert er Daten aus dem Netzwerk.

API

java.util.zip.ZipInputStream

- ZipInputStream(InputStream in)

    Dieser Konstruktor erzeugt einen `ZipInputStream`, mit dem sich Daten aus dem gegebenen `InputStream` entpacken lassen.

    Parameter: in   Zugrundeliegender Eingabestrom.

- ZipEntry getNextEntry()

    Gibt ein `ZipEntry`-Objekt für den nächsten Eintrag zurück oder `null`, wenn es keine weiteren Einträge mehr gibt.

Streams und Dateien

- `void closeEntry()`

    Schließt den momentan geöffneten Eintrag in der ZIP-Datei. Man kann dann den nächsten Eintrag mittels `getNextEntry()` lesen.

API

java.util.zip.ZipOutputStream

- `ZipOutputStream(OutputStream out)`

    Dieser Konstruktor erzeugt einen `ZipOutputStream`, mit dem sich komprimierte Daten in den angegebenen `OutputStream` schreiben lassen.

    Parameter: out   Zugrundeliegender Ausgabestrom.

- `void putNextEntry(ZipEntry ze)`

    Schreibt die Informationen im gegebenen `ZipEntry` in den Stream und positioniert den Stream für die Daten. Die Daten können dann durch `write()` in den Stream geschrieben werden.

    Parameter: ze   Neuer Eintrag.

- `void closeEntry()`

    Schließt den momentan geöffneten Eintrag in der ZIP-Datei. Mit `putNextEntry()` beginnt man den nächsten Eintrag.

- `void setLevel(int level)`

    Setzt die Standardkomprimierungsstufe darauffolgender `DEFLATED`-Einträge. Der Standardwert ist `Deflater.DEFAULT_COMPRESSION`. Löst die Ausnahme `IllegalArgumentException` aus, wenn die Stufe nicht gültig ist.

    Parameter: level   Komprimierungsstufe von 0 (`NO_COMPRESSION`) bis 9 (`BEST_COMPRESSION`).

- `void setMethod(int method)`

    Legt die Standardkomprimierungsmethode für diesen `ZipOutputStream` für alle Einträge fest, die keine Methode spezifizieren.

    Parameter: method   Komprimierungsmethode, entweder `DEFLATED` oder `STORED`.

API

java.util.zip.ZipEntry

- ZipEntry(String name)

    Parameter: name   Name des Eintrags.

- long getCrc()

    Liefert den CRC32-Prüfsummenwert für diesen ZipEntry zurück.

- String getName()

    Gibt den Namen dieses Eintrags zurück.

- long getSize()

    Gibt die unkomprimierte Größe dieses Eintrags, zurück oder –1, wenn die unkomprimierte Größe nicht bekannt ist.

- boolean isDirectory()

    Liefert einen booleschen Wert, der angibt, ob dieser Eintrag ein Verzeichnis ist.

- void setMethod(int method)

    Parameter: method   Komprimierungsmethode für den Eintrag. Muß entweder DEFLATED oder STORED sein.

- void setSize(long size)

    Setzt die Größe dieses Eintrags. Nur erforderlich, wenn die Komprimierungsmethode STORED ist.

    Parameter: size   Unkomprimierte Größe dieses Eintrags.

- void setCrc(long crc)

    Setzt die CRC32-Prüfsumme dieses Eintrags. Die Prüfsumme berechnet man mit der Klasse CRC32. Nur erforderlich, wenn die Komprimierungsmethode STORED ist.

    Parameter: crc   Prüfsumme dieses Eintrags.

Streams und Dateien

API

java.util.zip.ZipFile

- ZipFile(String name)

    Dieser Konstruktor erzeugt ein ZipFile-Objekt zum Lesen aus dem angegebenen String.

    Parameter: name   String, der den Pfadnamen der Datei enthält.

- ZipFile(File file)

    Dieser Konstruktor erzeugt ein ZipFile-Objekt zum Lesen aus dem angegebenen File-Objekt.

    Parameter: file   Zu lesende Datei (die Klasse File wird am Ende dieses Kapitels beschrieben).

- Enumeration entries()

    Liefert ein Enumeration-Objekt mit einer Aufzählungsliste der ZipEntry-Objekte, die die Einträge der ZipFile beschreiben.

- ZipEntry getEntry(String name)

    Liefert den Eintrag, der dem angegebenen Namen entspricht, oder null, wenn es keinen derartigen Eintrag gibt.

    Parameter: name   Name des Eintrags.

- InputStream getInputStream(ZipEntry ze)

    Liefert einen InputStream für den gegebenen Eintrag.

    Parameter: ze   Ein ZipEntry in der ZIP-Datei.

- String getName()

    Gibt den Pfad dieser ZIP-Datei zurück.

12.4 Streams einsetzen

Die nächsten vier Abschnitte zeigen den sinnvollen Einsatz einiger Klassen aus der umfangreichen Stream-Palette. Die Beispiele gehen davon aus, daß Sie mit der Klasse Employee und einigen davon abgeleiteten Klassen wie etwa Manager arbeiten. (In den Kapiteln 4 und 5 finden Sie mehr zu diesen Beispielklassen.) Wir betrachten vier getrennte Szenarios, um ein Array von Mitarbeiterdatensätzen in einer Datei zu speichern und sie dann zurück in den Hauptspeicher zu lesen.

1. Daten desselben Typs (Employee) im Textformat speichern.
2. Daten desselben Typs im Binärformat speichern.
3. Polymorphe Daten (eine Mischung aus Employee- und Manager-Objekten) speichern und wiederherstellen.
4. Daten mit eingebetteten Referenzen (Manager mit Zeigern auf andere Mitarbeiter) speichern und wiederherstellen.

12.4.1 Durch Begrenzer getrennte Ausgaben schreiben

In diesem Abschnitt lernen Sie, wie man ein Array von Employee-Datensätzen im konventionellen Textformat mit *Begrenzern* speichert. Das bedeutet, daß jeder Datensatz in einer separaten Zeile steht. Instanzen-Felder sind untereinander durch Begrenzer getrennt. Wir verwenden hier den senkrechten Strich (|) als Begrenzer. (Häufig verwendet man auch den Doppelpunkt, aber eigentlich nimmt jeder ein anderes Begrenzerzeichen.) Natürlich beachten wir auch, daß in den zu speichernden Strings selbst ein | vorkommen kann.

Hinweis

Insbesondere auf Unix-Systemen wird eine erstaunliche Anzahl von Dateien in genau diesem Format gespeichert. Wir haben komplette Mitarbeiterdatenbanken mit Tausenden von Datensätzen in diesem Format gesehen, die mit nichts weiter als den Unix-Dienstprogrammen awk, sort und join abgefragt wurden. (In der PC-Welt, wo ausgezeichnete und kostengünstige Datenbankprogramme verfügbar sind, ist diese Art der Ad-hoc-Speicherung weit weniger verbreitet.)

Die nachstehenden Zeilen zeigen ein Beispiel für eine Gruppe von Datensätzen:

```
Harry Hacker|35500|1989|10|1
Carl Cracker|75000|1987|12|15
Tony Tester|38000|1990|3|15
```

Datensätze lassen sich in einfacher Weise schreiben. Da wir die Ausgabe in eine Textdatei vornehmen, verwenden wir die Klasse PrintWriter. Wir schreiben einfach alle Felder, gefolgt von einem | oder beim letzten Feld einem \n. Schließlich fügen wir eine Methode, writeData, in unsere Employee-Klasse ein, da ja die *Klasse* für die Reaktion auf Nachrichten verantwortlich sein soll.

```
public void writeData(PrintWriter os) throws IOException
{  os.println(name + "|"
      + salary + "|"
      + hireDay.getYear() + "|"
```

Streams und Dateien

```
        + hireDay.getMonth() + "|"
        + hireDay.getDay());
}
```

Die Datensätze lesen wir zeilenweise nacheinander ein und trennen die Felder. Das ist das Thema des nächsten Abschnitts, in dem wir eine zu Java gehörende Hilfsklasse einsetzen, um uns die Arbeit zu erleichtern.

12.4.2 String-Tokenizer und durch Begrenzer getrennter Text

Wenn man eine Eingabezeile liest, erhält man einen einzigen langen String. Dieser ist in einzelne Strings aufzulösen. Dazu muß man die Begrenzer (|) suchen und die einzelnen Teile – das heißt, die Folge der Zeichen bis zum nächsten Begrenzer – herauslösen. (Diese Abschnitte bezeichnet man gewöhnlich als *Token*.) Die Klasse StringTokenizer in java.util ist genau für diesen Zweck vorgesehen. Das Prinzip ist, daß ein StringTokenizer-Objekt mit einem String verbunden wird. Wenn man das Tokenizer-Objekt konstruiert, legt man auch die Begrenzer fest. In unserem Beispiel verwenden wir

```
StringTokenizer t = new StringTokenizer(line, "|");
```

Im String lassen sich auch mehrere Begrenzer angeben. Um zum Beispiel einen String-Tokenizer einzurichten, der eine Suche nach jedem Begrenzer der Gruppe

```
" \t\n\r"
```

ausführt, schreibt man folgende Anweisung:

```
StringTokenizer t = new StringTokenizer(line, " \t\n\r");
```

(Beachten Sie, daß jedes Leerzeichen die Token markiert.)

Hinweis

Diese vier Begrenzer werden per Vorgabe verwendet, wenn man einen String-Tokenizer wie den folgenden konstruiert:

```
StringTokenizer t = new StringTokenizer(line);
```

Nachdem man einen String-Tokenizer konstruiert hat, kann man mit seinen Methoden auf unkomplizierte Weise die Token aus dem String extrahieren. Die Methode nextToken liefert den nächsten ungelesenen Token. Die Methode hasMoreTokens gibt true zurück, wenn weitere Token verfügbar sind.

Hinweis

In unserem Fall kennen wir die Anzahl der Token, die in jeder Eingabezeile vorkommen. Im allgemeinen muß man etwas sorgfältiger vorgehen: `hasMoreTokens` aufrufen, bevor man `nextToken` aufruft, da die Methode `nextToken` eine Ausnahme auslöst, wenn keine Token mehr vorhanden sind.

API

java.util.StringTokenizer

- StringTokenizer(String str, String delim)

  Parameter: str   Eingabestring, aus dem die Token zu lesen sind.

                    delim   String, der die Begrenzer enthält (jedes Zeichen im String gilt als Begrenzer).

- StringTokenizer(String str)

  Konstruiert einen String-Tokenizer mit den Standardbegrenzern " \t\n\r".

- boolean hasMoreTokens()

  Liefert `true`, wenn weitere Token vorhanden sind.

- String nextToken()

  Liefert das nächste Token. Löst eine Ausnahme `NoSuchElementException` aus, wenn keine Token mehr vorhanden sind.

- String nextToken(String delim)

  Gibt nach dem Wechsel auf den neuen Begrenzersatz (in `delim`) das nächste Token zurück. Die neuen Begrenzer gelten ab diesem Zeitpunkt.

- int countTokens()

  Liefert die Anzahl der Token, die noch im String vorhanden sind.

12.4.3 Durch Begrenzer getrennte Daten lesen

Das Lesen eines `Employee`-Datensatzes ist problemlos durchführbar. Wir lesen einfach eine Eingabezeile mit der Methode `readLine` der Klasse `BufferedReader`. Der erforderliche Code, um einen Datensatz in einen String zu lesen, sieht folgendermaßen aus:

Streams und Dateien

```
BufferedReader in
    = new BufferedReader(new FileReader("employee.dat"));
...
String line = in.readLine();
```

Als nächstes extrahieren wir die einzelnen Token. Dabei erhält man *Strings*, die noch in Zahlen zu konvertieren sind.

Genau wie bei der Methode `writeData` fügen wir eine Methode `readData` der Klasse `Employee` hinzu. Wenn man

```
e.readData(in);
```

aufruft, überschreibt diese Methode den vorherigen Inhalt von e. Beachten Sie, daß die Methode eine `IOException` auslösen kann, wenn die Methode `readLine` diese Ausnahme auslöst. Es gibt nichts, was diese Methode unternehmen kann, wenn eine `IOException` auftritt, so daß wir sie einfach die Aufrufkette nach oben laufen lassen.

Der Code für diese Methode hat folgendes Aussehen:

```java
public void readData(BufferedReader is) throws IOException
{   String s = is.readLine();
    StringTokenizer t = new StringTokenizer(s, "|");
    name = t.nextToken();
    salary = Double.parseDouble(t.nextToken());
    int y = Integer.parseInt(t.nextToken());
    int m = Integer.parseInt(t.nextToken());
    int d = Integer.parseInt(t.nextToken());
    hireDay = new Day(y, m, d);
}
```

Im Code für ein Programm, das diese Methoden testet, schreibt schließlich die statische Methode

```
void writeData(Employee[] e, PrintWriter out)
```

zuerst die Länge des Arrays und dann jeden Datensatz. Die statische Methode

```
Employee[] readData(BufferedReader in)
```

liest zuerst die Länge des Arrays und dann jeden Datensatz, wie es Beispiel 12.2 zeigt.

Beispiel 12.2: DataFileTest.java

```java
import java.io.*;
import java.util.*;
import corejava.*;

public class DataFileTest
{   static void writeData(Employee[] e, PrintWriter out)
```

```
      throws IOException
   {  out.println(e.length);
      int i;
      for (i = 0; i < e.length; i++)
         e[i].writeData(out);
   }

   static Employee[] readData(BufferedReader in)
      throws IOException
   {  int n = Integer.parseInt(in.readLine());
      Employee[] e = new Employee[n];
      int i;
      for (i = 0; i < n; i++)
      {  e[i] = new Employee();
         e[i].readData(in);
      }
      return e;
   }


   public static void main(String[] args)
   {  Employee[] staff = new Employee[3];

      staff[0] = new Employee("Harry Hacker", 35500,
         new Day(1989,10,1));
      staff[1] = new Employee("Carl Cracker", 75000,
         new Day(1987,12,15));
      staff[2] = new Employee("Tony Tester", 38000,
         new Day(1990,3,15));
      int i;
      for (i = 0; i < staff.length; i++)
         staff[i].raiseSalary(5.25);

      try
      {  PrintWriter out = new PrintWriter(new
            FileWriter("employee.dat"));
         writeData(staff, out);
         out.close();
      }
      catch(IOException e)
      {  System.out.print("Fehler: " + e);
         System.exit(1);
      }
```

Streams und Dateien

```
        try
        {   BufferedReader in = new BufferedReader(new
                FileReader("employee.dat"));
            Employee[] e = readData(in);
            for (i = 0; i < e.length; i++) e[i].print();
            in.close();
        }
        catch(IOException e)
        {   System.out.print("Fehler: " + e);
            System.exit(1);
        }
    }
}


class Employee
{   public Employee(String n, double s, Day d)
    {   name = n;
        salary = s;
        hireDay = d;
    }
    public Employee() {}
    public void print()
    {   System.out.println(name + " " + salary
            + " " + hireYear());
    }
    public void raiseSalary(double byPercent)
    {   salary *= 1 + byPercent / 100;
    }
    public int hireYear()
    {   return hireDay.getYear();
    }
    public void writeData(PrintWriter out) throws IOException
    {   out.println(name + "|"
            + salary + "|"
            + hireDay.getYear() + "|"
            + hireDay.getMonth() + "|"
            + hireDay.getDay());
    }

    public void readData(BufferedReader in) throws IOException
    {   String s = in.readLine();
        StringTokenizer t = new StringTokenizer(s, "|");
        name = t.nextToken();
        salary = Double.parseDouble(t.nextToken());
        int y = Integer.parseInt(t.nextToken());
```

```
    int m = Integer.parseInt(t.nextToken());
    int d = Integer.parseInt(t.nextToken());
    hireDay = new Day(y, m, d);
  }

  private String name;
  private double salary;
  private Day hireDay;
}
```

12.4.4 Streams mit wahlfreiem Zugriff

Wenn man eine große Zahl von Mitarbeiterdatensätzen mit variabler Länge hat, zeigt die im vorherigen Abschnitt verwendete Speichertechnik eine Einschränkung: Es ist nicht möglich, einen Datensatz in der Mitte der Datei zu lesen, ohne daß man zunächst alle Datensätze liest, die vor dem gewünschten liegen. In diesem Abschnitt richten wir es so ein, daß alle Datensätze die gleiche Länge erhalten. Damit kann man Methoden für den wahlfreien Zugriff implementieren, um die Informationen zurückzulesen. Wir verwenden hier die RandomAccessFile-Streams, die Sie bereits weiter vorn kennengelernt haben – auf diese Weise läßt sich jeder beliebige Datensatz in der gleichen Zeit abrufen.

Die Zahlen in den Instanzen-Feldern in unserer Klasse speichern wir in einem binären Format. Dabei kommen die Methoden writeInt und writeDouble der Schnittstelle DataOutput zum Einsatz. (Wie bereits weiter vorn erwähnt, ist das die gemeinsame Schnittstelle der Klassen DataOutputStream und RandomAccessFile.)

Da die Größe jedes Datensatzes konstant bleiben muß, sind alle Strings auf die gleiche Länge zu bringen, bevor man sie speichert. Mit dem variablen UTF-Format läßt sich dies nicht realisieren, und die übrige Java-Bibliothek bietet keine komfortablen Mittel, um das Ziel zu erreichen. Wir müssen zwei Hilfsmethoden implementieren, mit denen sich die Strings auf gleiche Länge bringen lassen. Die Methoden nennen wir writeFixedString und readFixedString. Diese Methoden lesen und schreiben Unicode-Strings, die immer die gleiche Länge haben.

Die Methode writeFixedString übernimmt den Parameter size. Dann schreibt sie die angegebene Anzahl von Zeichen ab dem Beginn des Strings. (Stehen nicht genügend Zeichen bereit, füllt die Methode den String mit Zeichen auf, deren Unicode-Werte gleich Null sind.) Der Code für die Methode writeFixedString sieht folgendermaßen aus:

```
static void writeFixedString
    (String s, int size, DataOutput out)
    throws IOException
{   int i;
    for (i = 0; i < size; i++)
    {   char ch = 0;
```

Streams und Dateien

```
      if (i < s.length()) ch = s.charAt(i);
      out.writeChar(ch);
   }
}
```

Die Methode `readFixedString` liest Zeichen vom Eingabestrom, bis `size` Zeichen gelesen sind oder bis ein Zeichen mit dem Unicode 0 erreicht wird. Dann überspringt sie die restlichen Null-Zeichen im Eingabefeld.

Aus Gründen der Effizienz bedient sich die Methode der Klasse `StringBuffer`, um einen String einzulesen. Ein `StringBuffer` ist eine Hilfsklasse, mit der sich ein Speicherblock der gegebenen Länge im voraus zuweisen läßt. Im Beispiel ist bekannt, daß der String höchstens `size` Bytes lang ist. Wir erzeugen einen String-Puffer, für den wir `size` Zeichen reservieren. Dann fügen wir die gelesenen Bytes zeichenweise an.

Hinweis

Der Einsatz von `StringBuffer` ist effizienter, als die Zeichen einzulesen und an einen vorhandenen String anzufügen. Jedesmal, wenn man ein Zeichen an einen String anfügt, muß das String-Objekt neuen Speicher suchen, der den wachsenden String aufnehmen kann, und das kostet Zeit. Mit jedem hinzugefügten Zeichen ist der String wieder und wieder im Speicher neu anzuordnen. Der Einsatz der Klasse `StringBuffer` vermeidet dieses Problem.

Sobald der String-Puffer den gewünschten String aufgenommen hat, müssen wir ihn in ein echtes String-Objekt umwandeln. Das läßt sich mit dem Konstruktor `String(StringBuffer b)` oder der Methode `StringBuffer.toString()` realisieren. Diese Methoden kopieren nicht die Zeichen aus dem String-Puffer in den String, sondern *frieren* den Pufferinhalt ein. Wenn man später eine Methode aufruft, die Modifikationen am `StringBuffer`-Objekt vornimmt, holt das Pufferobjekt zuerst eine neue Kopie der Zeichen und modifiziert diese dann. Das String-Objekt behält den eingefrorenen Inhalt bei.

```
static String readFixedString(int size, DataInput in)
   throws IOException
{  StringBuffer b = new StringBuffer(size);
   int i = 0;
   boolean more = true;
   while (more && i < size)
   {  char ch = in.readChar();
      i++;
      if (ch == 0) more = false;
```

```
    else b.append(ch);
  }
  in.skipBytes(2 * (size - i));
  return b.toString();
}
```

Hinweis

Diese beiden Funktionen sind in der Hilfsklasse DataIO verpackt.

Um einen Datensatz fester Länge auszugeben, schreiben wir einfach alle Felder im binären Format.

```
public void writeData(DataOutput out) throws IOException
{ DataIO.writeFixedString(name, NAME_SIZE, out);
  out.writeDouble(salary);
  out.writeInt(hireDay.getYear());
  out.writeInt(hireDay.getMonth());
  out.writeInt(hireDay.getDay());
}
```

Das Zurücklesen der Daten läuft genauso einfach ab.

```
public void readData(DataInput in) throws IOException
{ name = DataIO.readFixedString(NAME_SIZE, in);
  salary = in.readDouble();
  int y = in.readInt();
  int m = in.readInt();
  int d = in.readInt();
  hireDay = new Day(y, m, d);
}
```

In unserem Beispiel ist jeder Mitarbeiterdatensatz 100 Byte lang, da wir festgelegt haben, daß das Namensfeld immer mit 40 Zeichen zu schreiben ist. Damit ergibt sich folgende Unterteilung:

40 Zeichen = 80 Byte für den Namen

1 double = 8 Byte

3 int = 12 Byte

Nehmen wir als Beispiel an, daß wir die Position des Dateizeigers auf den dritten Datensatz stellen wollen. Wir verwenden dazu die folgende Version der Methode seek:

```
long int n = 3;
int RECORD_SIZE = 100;
in.seek((n - 1) * RECORD_SIZE);
```

Streams und Dateien

Dann kann man einen Datensatz lesen:

```
Employee e = new Employee();
e.readData(in);
```

Wenn man den Datensatz modifizieren und dann an derselben Stelle zurückspeichern möchte, muß man den Dateizeiger an den Beginn des Datensatzes setzen:

```
in.seek((n - 1) * RECORD.SIZE);
   // wieder am Beginn des Datensatzes
e.writeData(in);
```

Mit der Methode length läßt sich die Gesamtzahl der Bytes in einer Datei bestimmen. Die Anzahl der Datensätze ergibt sich aus der Länge geteilt durch die Größe eines Datensatzes.

```
long int nbytes = in.length(); // Länge in Bytes
int nrecords = (int)(nbytes / RECORD_SIZE);
```

Das in Beispiel 12.3 dargestellte Testprogramm schreibt drei Datensätze in eine Datendatei und liest sie dann aus der Datei in umgekehrter Reihenfolge. Aus Gründen der Effizienz erfordert das wahlfreien Zugriff – wir müssen auf den dritten Datensatz zuerst zugreifen können.

Beispiel 12.3: RandomFileTest.java

```
import java.io.*;
import corejava.*;

public class RandomFileTest
{  public static void main(String[] args)
   {  Employee[] staff = new Employee[3];

      staff[0] = new Employee("Harry Hacker", 35000,
         new Day(1989,10,1));
      staff[1] = new Employee("Carl Cracker", 75000,
         new Day(1987,12,15));
      staff[2] = new Employee("Tony Tester", 38000,
         new Day(1990,3,15));
      int i;
      try
      {  DataOutputStream out = new DataOutputStream(new
            FileOutputStream("employee.dat"));
         for (i = 0; i < staff.length; i++)
            staff[i].writeData(out);
         out.close();
      }
      catch(IOException e)
```

```
      {  System.out.print("Error: " + e);
         System.exit(1);
      }

      try
      {  RandomAccessFile in
             = new RandomAccessFile("employee.dat", "r");
         int n = (int)(in.length() / Employee.RECORD_SIZE);
         Employee[] newStaff = new Employee[n];

         for (i = n - 1; i >= 0; i--)
         {  newStaff[i] = new Employee();
            in.seek(i * Employee.RECORD_SIZE);
            newStaff[i].readData(in);
         }
         for (i = 0; i < newStaff.length; i++)
            newStaff[i].print();
      }
      catch(IOException e)
      {  System.out.print("Fehler: " + e);
         System.exit(1);
      }


   }
}

class Employee
{  public Employee(String n, double s, Day d)
   {  name = n;
      salary = s;
      hireDay = d;
   }
   public Employee() {}
   public void print()
   {  System.out.println(name + " " + salary
         + " " + hireYear());
   }
   public void raiseSalary(double byPercent)
   {  salary *= 1 + byPercent / 100;
   }
   public int hireYear()
   {  return hireDay.getYear();
   }
   public void writeData(DataOutput out) throws IOException
   {  DataIO.writeFixedString(name, NAME_SIZE, out);
```

```
      out.writeDouble(salary);
      out.writeInt(hireDay.getYear());
      out.writeInt(hireDay.getMonth());
      out.writeInt(hireDay.getDay());
   }

   public void readData(DataInput in) throws IOException
   {  name = DataIO.readFixedString(NAME_SIZE, in);
      salary = in.readDouble();
      int y = in.readInt();
      int m = in.readInt();
      int d = in.readInt();
      hireDay = new Day(y, m, d);
   }

   public static final int NAME_SIZE = 40;
   public static final int RECORD_SIZE
      = 2 * NAME_SIZE + 8 + 4 + 4 + 4;

   private String name;
   private double salary;
   private Day hireDay;
}

class DataIO
{  public static String readFixedString(int size,
      DataInput in) throws IOException
   {  StringBuffer b = new StringBuffer(size);
      int i = 0;
      boolean more = true;
      while (more && i < size)
      {  char ch = in.readChar();
         i++;
         if (ch == 0) more = false;
         else b.append(ch);
      }
      in.skipBytes(2 * (size - i));
      return b.toString();
   }

   public static void writeFixedString(String s, int size,
      DataOutput out) throws IOException
   {  int i;
      for (i = 0; i < size; i++)
      {  char ch = 0;
```

```
        if (i < s.length()) ch = s.charAt(i);
        out.writeChar(ch);
      }
   }
}
```

API

java.lang.StringBuffer

- StringBuffer()

  Konstruiert einen leeren String-Puffer.

- StringBuffer(int length)

  Konstruiert einen leeren String-Puffer mit der anfänglichen Kapazität length.

- StringBuffer(String str)

  Konstruiert einen String-Puffer mit dem anfänglichen Inhalt str.

- int length()

  Gibt die Anzahl der Zeichen im Puffer zurück.

- int capacity()

  Gibt die aktuelle Kapazität zurück, das heißt, die Anzahl der Zeichen, die sich im Puffer unterbringen lassen, bevor eine neue Zuweisung von Speicherplatz erforderlich ist.

- void ensureCapacity(int m)

  Vergrößert den Puffer, wenn die Kapazität geringer als m Zeichen ist.

- void setLength(int n)

  Wenn n kleiner als die aktuelle Länge ist, werden Zeichen am Ende des Strings verworfen. Ist n größer als die aktuelle Länge, wird der Puffer mit '\0'-Zeichen aufgefüllt.

- char charAt(int i)

  Liefert das i-te Zeichen (der Index i liegt zwischen 0 und length()-1). Löst die Ausnahme StringIndexOutOfBoundException aus, wenn der Index ungültig ist.

Streams und Dateien

- void getChars(int from, int to, char[] a, int offset)

    Kopiert Zeichen aus dem String-Puffer in ein Array.

Parameter:	from	Erstes zu kopierendes Zeichen.
	to	Erstes nicht mehr zu kopierendes Zeichen.
	a	Array, in das zu kopieren ist.
	offset	Erste Position in a, auf die zu kopieren ist.

- void setCharAt(int i, char ch)

    Setzt das i-te Zeichen auf ch.

- StringBuffer append(String str)

    Fügt einen String an das Ende dieses Puffers an. (Im Ergebnis kann für den Puffer eine neue Speicherzuweisung erforderlich sein.) Liefert this zurück.

- StringBuffer append(char c)

    Fügt ein Zeichen an das Ende dieses Puffers an. (Im Ergebnis kann für den Puffer eine neue Speicherzuweisung erforderlich sein.) Liefert this zurück.

- StringBuffer insert(int offset, String str)

    Fügt einen String an der Position offset in diesen Puffer ein. (Im Ergebnis kann für den Puffer eine neue Speicherzuweisung erforderlich sein.) Liefert this zurück.

- StringBuffer insert(int offset, char c)

    Fügt ein Zeichen an der Position offset in diesen Puffer ein. (Im Ergebnis kann für den Puffer eine neue Speicherzuweisung erforderlich sein.) Liefert this zurück.

- String toString()

    Liefert einen String, der auf dieselben Daten wie der Pufferinhalt zeigt. (Es wird keine Kopie erstellt.)

API

java.lang.String

- String(StringBuffer buffer)

    Erzeugt einen String, der auf dieselben Daten wie der Pufferinhalt zeigt. (Es wird keine Kopie erstellt.)

12.5 Objektströme

Ein Datensatzformat mit fester Länge empfiehlt sich, wenn man Daten desselben Typs speichern muß. Allerdings sind Objekte, die man in einem objektorientierten Programm erzeugt, nur in seltenen Fällen vom selben Typ. Beispielsweise kann ein Array namens `staff` nominell ein Array von `Employee`-Datensätzen sein, aber Objekte enthalten, die tatsächlich Instanzen einer untergeordneten Klasse wie etwa `Manager` sind.

Wenn wir Dateien mit derartigen Informationen speichern wollen, müssen wir zuerst den Typ jedes Objekts speichern und dann die Daten, die den aktuellen Zustand des Objekts definieren. Wenn wir diese Informationen aus einer Datei zurücklesen, müssen wir

- den Objekttyp lesen
- ein leeres Objekt dieses Typs erzeugen
- das leere Objekt mit den in der Datei gespeicherten Daten füllen

Man kann das komplett manuell erledigen (auch wenn das ziemlich mühsam ist). In der ersten Ausgabe dieses Buches haben wir das auch getan. Allerdings hat Sun Microsystems einen leistungsfähigen Mechanismus entwickelt, mit dem sich das Ganze ohne größere Anstrengungen realisieren läßt. Diese sogenannte *Objektserialisierung* automatisiert fast vollständig die Abläufe, die man vorher mühevoll selbst programmieren mußte. (Wir zeigen weiter hinten, woher der Begriff »Serialisierung« stammt.)

12.5.1 Objekte mit variablem Typ speichern

Zum Speichern von Objektdaten muß man zuerst ein `ObjectOutputStream`-Objekt öffnen:

```
ObjectOutputStream out = new ObjectOutputStream(new
    FileOutputStream("employee.dat"));
```

Um das Objekt nun zu speichern, verwendet man einfach die Methode `writeObject` der Klasse `ObjectOutputStream`, wie es das folgende Codefragment zeigt:

```
Employee harry = new Employee("Harry Hacker",
    35000, new Day(1989, 10, 1));
Manager carl = new Manager("Carl Cracker",
    75000, new Day(1987, 12, 15));
out.writeObject(harry);
out.writeObject(carl);
```

Um die Objekte wieder einzulesen, holt man zuerst ein `ObjectInputStream`-Objekt:

```
ObjectInputStream in = new ObjectInputStream(new
    FileInputStream("employee.dat"));
```

Streams und Dateien

Dann ruft man mit der Methode readObject die Objekte in der gleichen Reihenfolge ab, in der sie geschrieben wurden.

```
Employee e1 = (Employee)in.readObject();
Employee e2 = (Employee)in.readObject();
```

Wenn man Objekte zurückliest, muß man sorgfältig auf die Anzahl, die Reihenfolge und die Typen der gespeicherten Objekte achten. Jeder Aufruf von readObject liest ein weiteres Objekt vom Typ Object ein. Demzufolge muß man es in den richtigen Typ umwandeln.

Braucht man den genauen Typ nicht und kennt ihn nicht mehr, dann wandelt man ihn in eine beliebige Superklasse um oder beläßt ihn sogar als Typ Object. Beispielsweise ist e2 eine Employee-Objektvariable, selbst wenn sie sich eigentlich auf ein Manager-Objekt bezieht. Wenn man den Typ des Objekts dynamisch abfragen muß, kann man das mit der Methode getClass erledigen, die wir in Kapitel 5 beschrieben haben.

Mit den Methoden writeObject und readObject lassen sich nur *Objekte* und keine Zahlen lesen bzw. schreiben. Für Zahlen verwendet man Methoden wie writeInt/readInt oder writeDouble/readDouble. (Die Streamklassen für Objekte implementieren die Schnittstellen DataInput/DataOutput.) Natürlich werden Zahlen innerhalb von Objekten (wie etwa das Gehaltsfeld salary eines Employee-Objekts) automatisch gespeichert und wiederhergestellt. Wie Sie wissen, sind Strings und Arrays in Java Objekte und können demzufolge mit den Methoden writeObject/readObject behandelt werden.

Allerdings muß man an allen Klassen, die man in einem Objektstream speichern und wiederherstellen will, eine Änderung vornehmen. Die Klasse muß die Schnittstelle Serializable implementieren:

```
class Employee implements Serializable { . . .}
```

Die Schnittstelle Serializable hat keine Methoden, so daß Sie Ihre Klassen in keiner Weise ändern müssen. In dieser Hinsicht ist sie mit der Schnittstelle Cloneable vergleichbar, die wir ebenfalls in Kapitel 6 besprochen haben. Um eine Klasse klonbar zu machen, mußte man jedoch die Methode clone der Klasse Object überschreiben. Will man eine Klasse serialisierbar machen, braucht man *überhaupt nichts* weiter zu unternehmen. Warum sind dann nicht alle Klassen per Vorgabe serialisierbar? Im Abschnitt zum Thema Sicherheit gehen wir auf diesen Punkt ein.

Beispiel 12.4 zeigt ein Testprogramm, das ein Array mit zwei Mitarbeitern und einem Manager auf den Datenträger schreibt und dann wiederherstellt. Das Schreiben eines Arrays erledigt man mit einer einzigen Operation:

```
Employee[] staff = new Employee[3];
. . .
out.writeObject(staff);
```

In gleicher Weise liest man das Ergebnis mit einer einzigen Operation ein. Allerdings muß man eine Typumwandlung auf den Rückgabewert der Methode readObject anwenden:

```
Employee[] newStaff = (Employee[])in.readObject();
```

Nachdem die Informationen wiederhergestellt sind, geben wir jedem Mitarbeiter eine Gehaltserhöhung von 100%, nicht weil wir in Spendierlaune sind, sondern weil man dann leicht die Mitarbeiter- und Managerobjekte anhand ihrer unterschiedlichen raiseSalary-Aktionen unterscheiden kann. Das sollte Sie überzeugen, daß wir die richtigen Typen wiederhergestellt haben.

Beispiel 12.4: ObjectFileTest.java
```
import java.io.*;
import corejava.*;

class ObjectFileTest
{  public static void main(String[] args)
   {  try
      {  Employee[] staff = new Employee[3];

         staff[0] = new Employee("Harry Hacker", 35000,
            new Day(1989,10,1));
         staff[1] = new Manager("Carl Cracker", 75000,
            new Day(1987,12,15));
         staff[2] = new Employee("Tony Tester", 38000,
            new Day(1990,3,15));

         ObjectOutputStream out = new ObjectOutputStream(new
            FileOutputStream("employee.dat"));
         out.writeObject(staff);
         out.close();

         ObjectInputStream in =  new
            ObjectInputStream(new FileInputStream("employee.dat"));
         Employee[] newStaff = (Employee[])in.readObject();

         int i;
         for (i = 0; i < newStaff.length; i++)
            newStaff[i].raiseSalary(100);
         for (i = 0; i < newStaff.length; i++)
            newStaff[i].print();
      }
      catch(Exception e)
      {  System.out.print("Fehler: " + e);
```

Streams und Dateien

```
            System.exit(1);
        }
    }
}

class Employee implements Serializable
{   public Employee(String n, double s, Day d)
    {   name = n;
        salary = s;
        hireDay = d;
    }

    public Employee() {}

    public void print()
    {   System.out.println(name + " " + salary
            + " " + hireYear());
    }

    public void raiseSalary(double byPercent)
    {   salary *= 1 + byPercent / 100;
    }

    public int hireYear()
    {   return hireDay.getYear();
    }

    private String name;
    private double salary;
    private Day hireDay;
}

class Manager extends Employee
{   public Manager(String n, double s, Day d)
    {   super(n, s, d);
        secretaryName = "";
    }

    public Manager() {}

    public void raiseSalary(double byPercent)
    {   // plus Bonus von 1/2% für jedes Dienstjahr
        Day today = new Day();
        double bonus = 0.5 * (today.getYear() - hireYear());
```

```
        super.raiseSalary(byPercent + bonus);
    }

    public void setSecretaryName(String n)
    {   secretaryName = n;
    }

    public String getSecretaryName()
    {   return secretaryName;
    }

    private String secretaryName;
}
```

API

java.io.ObjectOutputStream

- ObjectOutputStream(OutputStream out)

  Erzeugt einen `ObjectOutputStream`, so daß man Objekte in den angegebenen `Output-Stream` schreiben kann.

- void writeObject(Object obj)

  Schreibt das spezifizierte Objekt in den `ObjectOutputStream`. Die Klasse des Objekts, die Signatur der Klasse und die Werte aller Felder, die nicht als transient markiert sind, werden geschrieben, außerdem alle nichtstatischen Felder aller ihrer Superklassen.

API

java.io.ObjectInputStream

- ObjectInputStream(InputStream is)

  Erzeugt einen `ObjectInputStream`, um Objektinformationen vom angegebenen `Input-Stream` zurückzulesen.

- Object readObject()

  Liest ein Objekt vom `ObjectInputStream`. Insbesondere liest das die Klasse des Objekts, die Signatur der Klasse und die Werte der nichttransienten und nichtstatischen Felder der Klasse und aller ihrer Superklassen zurück. Es wird die Deserialisierung ausgeführt, damit sich mehrere Objektreferenzen wiederherstellen lasssen.

Streams und Dateien

12.5.2 Dateiformat der Objektserialisierung

Objektserialisierung speichert Objektdaten in einem besonderen Dateiformat. Natürlich kann man die Methoden `writeObject`/`readObject` verwenden, ohne daß man die genaue Bytefolge kennen muß, die Objekte in einer Datei repräsentieren. Dennoch sind wir der Meinung, daß das Studium des Datenformats hilfreich ist, um einen Einblick in die Verarbeitung von Objektstreams zu gewinnen. Zu diesem Zweck sehen wir uns Hexauszüge von verschiedenartigen gespeicherten Objektdateien an. Allerdings sind die Einzelheiten etwas technischer Art, so daß Sie diesen Abschnitt auch überspringen können, wenn Sie nicht an der Implementierung interessiert sind.

Jede Datei beginnt mit einer »magischen« 2-Byte-Zahl:

```
AC ED
```

gefolgt von der Versionsnummer des Objektserialisierungsformats, die momentan

```
00 05
```

lautet. (Um Bytes zu kennzeichnen, verwenden wir in diesem Abschnitt durchgängig die hexadezimale Schreibweise.) Dann enthält die Objektdatei eine Folge von Objekten, und zwar in der Reihenfolge, in der sie gespeichert wurden.

String-Objekte werden als

```
74      Länge mit 2 Byte      Zeichen
```

gespeichert. Zum Beispiel ist der String »Harry« als

```
74      00 05                 H a r r y
```

in der Datei abgelegt. Die Unicode-Zeichen des Strings liegen im UTF-Format vor.

Wenn man ein Objekt speichert, muß die Klasse des Objekts ebenfalls gespeichert werden. Die Beschreibung der Klasse enthält

1. Den Namen der Klasse
2. Die *eindeutige serielle Versions-ID*, die ein Fingerabdruck der Datenfeldtypen und Methodensignaturen ist.
3. Eine Gruppe von Attributen, die die Serialisierungsmethode beschreiben
4. Eine Beschreibung der Datenfelder

Den Fingerabdruck ermittelt Java folgendermaßen:

- Zuerst werden die Beschreibungen der Klasse, Superklasse, Schnittstellen, Feldtypen und Methodensignaturen in einer kanonischen Art angeordnet.
- Dann wird der sogenannte sichere Hash-Algorithmus (SHA) auf diese Daten angewandt.

SHA ist ein sehr schneller Algorithmus, der einem größeren Informationsblock einen »Fingerabdruck« gibt. Dabei handelt es sich immer um ein Datenpaket von 20 Byte, unabhängig von der Größe der Originaldaten. Der Fingerabdruck wird durch eine ausgeklügelte Folge von Bitoperationen auf den Daten erzeugt. Auf diese Weise besteht eine fast 100%ige Sicherheit, daß sich der Fingerabdruck ändert, wenn sich die Informationen in irgendeiner Weise ändern. SHA ist ein US-Standard, der vom National Institute for Science and Technology (NIST) empfohlen wird. Allerdings verwendet Java nur die ersten 8 Byte des SHA-Codes als Fingerabdruck einer Klasse. Es ist trotzdem sehr wahrscheinlich, daß sich der Fingerabdruck der Klasse ändert, wenn sich die Datenfelder oder Methoden in irgendeiner Form verändern.

Java kann dann den Fingerabdruck der Klasse prüfen, um uns vor dem folgenden Szenario zu schützen: Ein Objekt wird in einer Datenträgerdatei gespeichert. Später nimmt der Entwickler der Klasse Änderungen vor und entfernt zum Beispiel ein Datenfeld. Dann wird die alte Datenträgerdatei erneut eingelesen. Nun stimmt das Layout auf dem Datenträger nicht mehr mit dem Layout im Hauptspeicher überein. Wenn die Daten in ihrer alten Form zurückgelesen werden, kann das zu Speicherfehlern führen. Java unternimmt große Anstrengungen, um derartige Speicherfehler weitgehend auszuschließen. Demzufolge wird beim Wiederherstellen eines Objekts anhand des Fingerabdrucks geprüft, ob sich die Klassendefinition nicht geändert hat. Dazu wird der Fingerabdruck auf dem Datenträger mit dem Fingerabdruck der aktuellen Klasse verglichen.

Hinweis

Aus technischer Sicht sollte es sicher sein, Objekte zurückzulesen, solange sich das Datenlayout einer Klasse nicht geändert hat. Java ist aber vorsichtig und prüft, ob sich auch die Methoden nicht geändert haben. (Immerhin beschreiben die Methoden die Bedeutung der gespeicherten Daten.) Natürlich entwickeln sich die Klassen in der Praxis weiter, und es kann für ein Programm erforderlich sein, ältere Versionen von Objekten einzulesen. Darauf gehen wir im Abschnitt zur Versionsverwaltung näher ein.

Ein Klassenidentifizierer wird folgendermaßen gespeichert:

- 72
- Länge des Klassennamens mit 2 Byte

Streams und Dateien

- Klassenname
- Fingerabdruck in 8 Byte
- Attribut mit 1 Byte
- Zähler der Datenfelddeskriptoren mit 2 Byte
- Datenfelddeskriptoren
- 78 (Endemarkierung)
- Typ der Superklasse (70, wenn nicht zutreffend)

Das Attributbyte besteht aus drei Bitmasken, die an folgenden Stellen definiert sind:

```
java.io.ObjectStreamConstants:
static final byte SC_WRITE_METHOD = 1;
   // Klasse hat writeObject-Methode, die zusätzliche Daten schreibt
static final byte SC_SERIALIZABLE = 2;
   // Klasse implementiert Schnittstelle Serializable
static final byte SC_EXTERNALIZABLE = 4;
   // Klasse implementiert Schnittstelle Externalizable
```

Auf die Schnittstelle Externalizable gehen wir später in diesem Kapitel ein. Momentan implementieren alle unsere Beispielklassen die Schnittstelle Serializable und weisen den Flagwert 02 auf.

Jeder Datenfelddeskriptor hat das Format:

- Typencode mit 1 Byte
- Länge des Feldnamens in 2 Byte
- Feldname
- Klassenname (wenn das Feld ein Objekt ist)

Der Typ ist folgendermaßen kodiert:

```
B    byte
C    char
D    double
F    float
I    int
J    long
L    object
S    short
Z    Boolean
[    array
```

Beim Typcode L folgt auf den Feldnamen der Feldtyp. Die Strings für Klasse und Feldname beginnen nicht mit dem Stringcode 74, für Feldtypen trifft das aber zu. Feldtypen verwenden ein leicht abweichendes Kodierungsschema für ihre Namen, nämlich das Format der nativen Methoden. (Native Methoden behandelt Band 2.)

Zum Beispiel ist das Tagesfeld der Klasse Day als

```
I 00 03 d a y
```

kodiert.

Der vollständige Klassendeskriptor der Klasse Day sieht folgendermaßen aus:

```
72
00 0C c o r e j a v a . D a y
EE A7 E7 DE BE 67 25 7B
02
00 03
I 00 03 d a y
I 00 05 m o n t h
I 00 04 y e a r
78
70
```

Diese Deskriptoren sind ziemlich lang. Wenn der *gleiche* Klassendeskriptor in der Datei erforderlich ist, kommt eine abgekürzte Form zur Anwendung:

```
71      Seriennummer mit 4 Byte
```

Die Seriennummer bezieht sich auf den vorherigen expliziten Klassendeskriptor. Auf die Numerierung gehen wir später ein.

Ein Objekt wird als

```
73      Klassendeskriptor     Objektdaten
```

gespeichert. Bei einem Day-Objekt sieht das zum Beispiel so aus:

```
73              Neues Objekt
72 . . . 70     Neuer Klassendeskriptor
00 00 00 01     Ganzzahl mit dem Wert 1
00 00 00 0A     Ganzzahl mit dem Wert 10
00 00 07 C5     Ganzzahl mit dem Wert 1989
```

Wie man sieht, enthält die Datendatei genügend Informationen, um das Day-Objekt wiederherzustellen.

Streams und Dateien

Arrays werden im folgenden Format gespeichert:

```
75    Klassendeskriptor    Anzahl der Einträge in 4 Byte
Einträge
```

Der Array-Klassenname im Klassendeskriptor liegt im gleichen Format vor wie bei nativen Methoden (das sich leicht vom Klassennamen in anderen Klassendeskriptoren unterscheidet). In diesem Format beginnen Klassennamen mit einem L und enden mit einem Semikolon.

Das folgende Beispiel zeigt ein Array von zwei Day-Objekten:

```
75                                  Array
  72                                Klassendeskriptor
    00 0F                           Länge
    [ L c o r e j a v a / D a y ;   Klassenname
    FE F8 AC 6C 78 06 C7 36 02      Fingerabdruck und Flag
    00 00                           keine Datenfelder
    78                              Endemarkierung
    70                              keine Superklasse
  00 00 00 02                       Anzahl der Einträge
  73                                neues Objekt
    72 . . . 70                     neue Klasse
    00 00 00 01                     Ganzzahl 1
    00 00 00 0A                     Ganzzahl 10
    00 00 07 C5                     Ganzzahl 1989
  73                                neues Objekt
    71 00 7E 00 02                  vorhandene Klasse + Seriennummer
    00 00 00 0F                     Ganzzahl 15
    00 00 00 0C                     Ganzzahl 12
    00 00 07 C3                     Ganzzahl 1987
```

Beachten Sie, daß sich der Fingerabdruck für ein Array mit Day-Objekten von einem Fingerabdruck der Klasse Day selbst unterscheidet.

Die Analyse dieser Codes ist vielleicht so aufregend wie das Studium eines Telefonbuchs. Aber es ist dennoch aufschlußreich zu wissen, daß im Objektstrom eine detaillierte Beschreibung aller enthaltenen Objekte vorhanden ist, die ausreichend sind, um die Rekonstruktion sowohl von Objekten als auch von Arrays mit Objekten zu erlauben.

12.5.3 Problem: Objektreferenzen speichern

Wir wissen jetzt, wie man Objekte, die Zahlen, Strings oder andere einfache Objekte (wie das Day-Objekt in der Klasse Employee) enthalten, speichert. Allerdings müssen wir noch eine wichtige Situation betrachten. Was passiert, wenn ein Objekt von mehreren anderen Objekten als Teil ihres Zustands gemeinsam verwendet wird?

Um das Problem zu verdeutlichen, nehmen wir eine leichte Modifikation an der Klasse Manager vor. Statt den Namen des Sekretärs zu speichern, legen wir eine Referenz auf ein Sekretärobjekt ab, das ein Objekt vom Typ Employee ist. (Es wäre sinnvoll, zu diesem Zweck eine Klasse Secretary von Employee abzuleiten, hier aber tun wir das nicht.)

```
class Manager extends Employee
{  // vorheriger Code bleibt gleich
   private Employee secretary;
}
```

Das ist eine bessere Lösung, um eine realistische Manager-Klasse zu entwerfen, als einfach den Namen des Sekretärs zu verwenden – der Employee-Datensatz für den Sekretär ist nun zugänglich, ohne daß man das staff-Array durchsuchen muß.

Wenn das erledigt ist, muß man daran denken, daß das Manager-Objekt jetzt eine *Referenz* auf das Employee-Objekt enthält, das den Sekretär beschreibt, und *nicht* eine separate Kopie des Objekts.

Insbesondere können zwei Manager denselben Sekretär gemeinsam nutzen, wie es Abbildung 12.5 und der folgende Code zeigen:

```
harry = new Employee("Harry Hacker", . . .);
Manager carl = new Manager("Carl Cracker", . . .);
carl.setSecretary(harry);
Manager tony = new Manager("Tony Tester", . . .);
tony.setSecretary(harry);
```

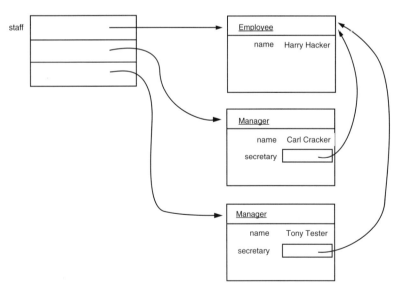

Abbildung 12.5: Zwei Manager können auf einen gemeinsamen Mitarbeiter zurückgreifen

Streams und Dateien   799

Die Mitarbeiterdaten sollen nun auf den Datenträger geschrieben werden. Dabei wollen wir *nicht*, daß der Manager seine Informationen gemäß der folgenden Logik speichert:

- Mitarbeiterdaten speichern
- Sekretärdaten speichern

Dann würden nämlich die Daten für `harry` dreimal gespeichert. Beim Zurückladen würden die Objekte die Konfiguration entsprechend Abbildung 12.6 aufweisen.

Das ist nicht das, was wir wollen. Nehmen wir an, daß der Sekretär eine Gehaltserhöhung bekommt. In diesem Fall wollen wir nicht allen anderen Kopien dieses Objekts hinterherjagen und überall die Erhöhung eintragen. Wir wollen lediglich *eine Kopie* des Sekretärs speichern und wiederherstellen. Dazu müssen wir die Originalreferenzen auf die Objekte kopieren und wiederherstellen. Mit anderen Worten soll das Objektlayout auf dem Datenträger genau dem Objektlayout im Hauptspeicher entsprechen. In objektorientierten Kreisen spricht man hier von *Persistenz*.

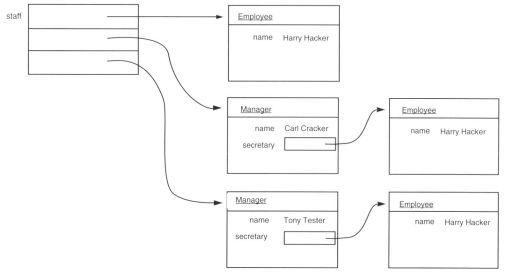

Abbildung 12.6: Hier wird Harry dreimal gespeichert

Natürlich können wir nicht die Speicheradressen für die Sekretärobjekte speichern und wiederherstellen. Wenn ein Objekt erneut geladen wird, liegt es höchstwahrscheinlich an einer ganz anderen Speicheradresse als ursprünglich.

Statt dessen verwendet Java ein *Serialisierungsverfahren*. Der neue Mechanismus heißt folglich *Objektserialisierung*. Der Algorithmus sieht folgendermaßen aus:

- Alle Objekte, die auf dem Datenträger zu speichern sind, erhalten eine Seriennummer (1, 2, 3 usw. wie es Abbildung 12.7 zeigt).

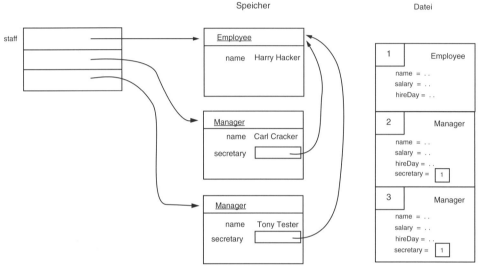

Abbildung 12.7: Beispiel einer Objektserialisierung

- Beim Speichern eines Objekts auf dem Datenträger wird geprüft, ob das gleiche Objekt bereits gespeichert ist.
- Wenn das Objekt bereits gespeichert ist, wird es einfach »genau wie das vorher gespeicherte Objekt mit Seriennummer x« geschrieben. Falls nicht, werden alle seine Daten gespeichert.

Beim Zurücklesen der Objekte läuft das Verfahren genau umgekehrt ab. Für jedes geladene Objekt wird die Seriennummer notiert und vermerkt, wo das Objekt im Speicher abgelegt wurde. Wenn die Kennzeichnung »genau wie das vorher gespeicherte Objekt mit Seriennummer x« auftaucht, sucht man, wo das Objekt mit der Seriennummer *x* abgelegt wurde, und setzt die Objektreferenz auf diese Speicheradresse.

Für das Speichern der Objekte ist keine besondere Reihenfolge vorgeschrieben. Abbildung 12.8 zeigt, was passiert, wenn ein Manager zuerst im `staff`-Array auftaucht.

Das Ganze klingt etwas verwirrend und ist es auch. Zum Glück laufen diese Vorgänge *komplett automatisch* ab, wenn man mit Objektstreams arbeitet. Objektstreams weisen die Seriennummern zu und verfolgen doppelte Objekte. Das konkrete Numerierungsschema unterscheidet sich etwas von dem in den Abbildungen – siehe dazu den nächsten Abschnitt.

Streams und Dateien

Hinweis

In diesem Kapitel verwenden wir die Serialisierung, um eine Kollektion von Objekten in eine Datenträgerdatei zu speichern und sie genau in dieser Form wieder abzurufen. Eine weitere sehr wichtige Anwendung ist die Übertragung einer Kollektion von Objekten über eine Netzwerkverbindung zu einem anderen Computer. Genau wie reine Speicheradressen in einer Datei nichts zu suchen haben, sind sie bei einer Kommunikation mit einem anderen Prozessor ebenfalls bedeutungslos. Da die Serialisierung die Speicheradressen durch Seriennummern ersetzt, erlaubt das den Transport von Objektsammlungen von einer Maschine zu einer anderen. Diese Anwendung der Serialisierung sehen wir uns im Zusammenhang mit dem Remote-Aufruf von Methoden in Band 2 an.

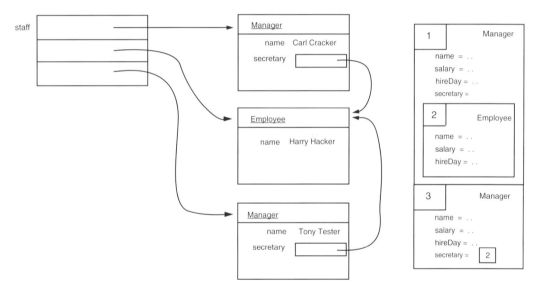

Abbildung 12.8: Objekte in wahlfreier Reihenfolge gespeichert

Beispiel 12.5 ist ein Programm, das ein Netz von Mitarbeiter- und Manager-Objekten (wobei sich einige Manager denselben Mitarbeiter als Sekretär teilen) speichert und zurücklädt. Beachten Sie, daß das Sekretär-Objekt nach dem Zurückladen einmalig ist – wenn staff[0] eine Gehaltserhöhung bekommt, spiegelt sich das in den Sekretärfeldern der Manager wider.

Beispiel 12.5: ObjectRefTest.java
```
import java.io.*;
import java.util.*;
import corejava.*;
```

```
class ObjectRefTest
{  public static void main(String[] args)
   {  try
      {
         Employee[] staff = new Employee[3];

         Employee harry = new Employee("Harry Hacker", 35000,
            new Day(1989,10,1));
         staff[0] = harry;
         staff[1] = new Manager("Carl Cracker", 75000,
            new Day(1987,12,15), harry);
         staff[2] = new Manager("Tony Tester", 38000,
            new Day(1990,3,15), harry);

         ObjectOutputStream out = new ObjectOutputStream(new
            FileOutputStream("employee.dat"));
         out.writeObject(staff);
         out.close();

         ObjectInputStream in =  new
            ObjectInputStream(new
               FileInputStream("employee.dat"));
         Employee[] newStaff = (Employee[])in.readObject();

         for (int i = 0; i < newStaff.length; i++)
            newStaff[i].raiseSalary(100);
         for (int i = 0; i < newStaff.length; i++)
            newStaff[i].print();
      }
      catch(Exception e)
      {  e.printStackTrace();
         System.exit(1);
      }
   }
}

class Employee implements Serializable
{  public Employee(String n, double s, Day d)
   {  name = n;
      salary = s;
      hireDay = d;
   }
```

Streams und Dateien

```
    public Employee() {}

    public void raiseSalary(double byPercent)
    {  salary *= 1 + byPercent / 100;
    }

    public int hireYear()
    {  return hireDay.getYear();
    }

    public void print()
    {  System.out.println(name + " " + salary
          + " " + hireYear());
    }

    private String name;
    private double salary;
    private Day hireDay;
}

class Manager extends Employee
{  public Manager(String n, double s, Day d, Employee e)
    {  super(n, s, d);
       secretary = e;
    }

    public Manager() {}

    public void raiseSalary(double byPercent)
    {  // plus Bonus von 1/2% für jedes Dienstjahr
       Day today = new Day();
       double bonus = 0.5 * (today.getYear() - hireYear());
       super.raiseSalary(byPercent + bonus);
    }

    public void print()
    {  super.print();
       System.out.print("Secretary: ");
       if (secretary != null) secretary.print();
    }

    private Employee secretary;
}
```

12.5.4 Ausgabeformat für Objektreferenzen

In diesem Abschnitt setzen wir die Behandlung des Ausgabeformats von Objektstreams fort. Falls Sie die vorherige Diskussion übersprungen haben, sollten Sie diesen Abschnitt ebenfalls übergehen.

Alle Objekte (einschließlich Arrays und Strings) und alle Klassendeskriptoren erhalten Seriennummern, wenn sie in die Ausgabedatei geschrieben werden. Dieser Vorgang heißt Serialisierung, da jedem gespeicherten Objekt eine Seriennummer zugeordnet ist. (Der Zähler startet bei 00 7E 00 00.)

Wir haben bereits gesehen, daß ein vollständiger Klassendeskriptor für eine beliebige Klasse nur ein einziges Mal vorkommt. Darauffolgende Deskriptoren beziehen sich darauf. In unserem vorherigen Beispiel ist die zweite Referenz auf die Klasse Day im Array der Tage folgendermaßen kodiert:

71 00 7E 00 02

Der gleiche Mechanismus kommt für Objekte zur Anwendung. Eine Referenz auf ein bereits gespeichertes Objekt wird in genau der gleichen Weise geschrieben, das heißt 71 gefolgt von der Seriennummer. Es geht immer aus dem Kontext hervor, ob die betreffende Seriennummer einen Klassendeskriptor oder ein Objekt bezeichnet.

Schließlich wird eine Null-Referenz als

70

gespeichert.

Die folgende Übersicht zeigt die kommentierte Ausgabe des Programms ObjectRefTest aus dem vorherigen Abschnitt. Starten Sie das Programm, sehen Sie sich den Hexauszug seiner Datendatei employee.dat an, und vergleichen Sie ihn mit dem kommentierten Listing. Die wichtigen Zeilen gegen Ende der Ausgabe (fett geschrieben) zeigen die Referenz auf das bereits gespeicherte Objekt.

```
AC ED 00 05                     Dateiheader
75                              Staff-Array (Serien-#1)
  72                            Neue Klasse Employee[] (Serien-#0)
    00 0B                       Länge
    [ L E m p l o y e e ;       Klassenname
    FC BF 36 11 C5 91 11 C7 02  Fingerabdruck und Flags
    00 00                       Anzahl der Datenfelder
    78                          Endemarkierung
    70                          keine Superklasse
  00 00 00 03                   Anzahl der Einträge
  73                            Neues Objekt harry (Serien-#5)
    72                          Neue Klasse Employee (Serien-#2)
      00 08                     Länge
      E m p l o y e e           Klassenname
```

Streams und Dateien

```
        3E BB 06 E1 38 0F 90 C9 02    Fingerabdruck und Flags
        00 03                         Anzahl der Datenfelder
        D 00 06 salary
        L 00 07 hireDay
          74 00 0E Lcorejava/Day;     (Serien-#3)
        L 00 04 name
          74 00 12 Ljava/lang/String; (Serien-#4)
        78                            Endemarkierung
        70                            Keine Superklasse
        40 E1 17 00 00 00 00 00       Gehalt 8 Byte double
73                                    Neues Objekt harry.hireDay (Serien-#7)
        72                            Neue Klasse Day (Serien-#6)
          00 0C                       Länge
          c o r e j a v a . D a y
          EE A7 E7 DE BE 67 25 1B 02  Fingerabdruck und Flags
          00 03                       3 Datenfelder
          I 00 03 day
          I 00 05 month
          I 00 04 year
          78                          Endemarkierung
          70                          Keine Superklasse
          00 00 00 01                 3 Ganzzahlen day, month, year
          00 00 00 0A
          00 00 07 C5
      74                              String (Serien-#8)
        00 0C                         Länge
        H a r r y   H a c k e r
73                                    Neues Objekt staff[1] (Serien-#11)
        72                            Neue Klasse Manager (Serien-#9)
          00 07                       Länge
          M a n a g e r               Klassenname
          B1 C5 48 6B 95 EE BE C2 02  Fingerabdruck und Flags
          00 01                       1 Datenfeld
          L 00 09 secretary
          74 00 0A Employee;          (Serien-#10)
          78                          Endemarkierung
          71 00 7E 00 02              Vorhandene Basisklasse Employee -
                                      Serien-#2 verwenden
        40 F2 4F 80 00 00 00 00       Gehalt 8 Byte double
  73                                  Neues Objekt staff[1].hireDay (Serien-#12)
          71 00 7E 00 06              Vorhandene Klasse Day - Serien-#6 ver-
                                      wenden

          00 00 00 0F                 3 Ganzzahlen day, month, year
```

```
            00 00 00 0C
            00 00 07 C3
        74                              String (Serien-#13)
            00 0C                       Länge
            C a r l   C r a c k e r
            71 00 7E 00 05 Vorhandenes Objekt harry - Serien-#5 verwenden
        73                              Neues Objekt staff[2] (Serien-#14)
            71 00 7E 00 09 Vorhandene Klasse Manager - Serien-#9 verwenden
            40 E2 8E 00 00 00 00 00     Gehalt 8 Byte double
        73                              Neues Objekt staff[2].hireDay (Serien-#15)
            71 00 7E 00 06              Vorhandene Klasse - Serien-#6 verwenden
            00 00 00 0F                 3 Ganzzahlen day, month, year
            00 00 00 03
            00 00 07 C6
        74                              String (Serien-#16)
            00 0B                       Länge
            T o n y   T e s t e r
            71 00 7E 00 05 Vorhandenes Objekt harry - Serien-#5 verwenden
```

Normalerweise ist es nicht wichtig, das genaue Dateiformat zu kennen (solange man nicht versucht, einen böswilligen Effekt durch das Modifizieren der Daten zu erzeugen – siehe den nächsten Abschnitt). Was man sich merken sollte, ist folgendes:

- Die Ausgabe des Objektstreams enthält die Typen und Datenfelder aller Objekte.
- Jedem Objekt wird eine Seriennummer zugewiesen.
- Wiederholtes Auftreten desselben Objekts wird als Referenz auf diese Seriennummer gespeichert.

12.5.5 Sicherheit

Selbst wenn Sie die Beschreibung der Dateiformate im vorherigen Abschnitt nur überflogen haben, sollte es klar geworden sein, daß ein wissender Hacker diese Informationen ausnutzen und eine Objektdatei so modifizieren kann, daß ungültige Objekte beim erneuten Laden der Datei eingelesen werden.

Sehen wir uns zum Beispiel die Klasse Day im Paket corejava an. Diese Klasse wurde sorgfältig entwickelt, so daß alle ihre Konstruktoren die Felder für Tag, Monat und Jahr prüfen, damit sich nirgendwo ein ungültiges Datum zeigt. Wenn man etwa versucht, ein new Day(1996, 2, 31) zu erstellen, wird kein Objekt erzeugt, sondern die Ausnahme IllegalArgumentException ausgelöst.

Allerdings läßt sich diese Sicherheitsgarantie per Serialisierung unterlaufen. Wenn ein `Day`-Objekt aus einem Objektstream eingelesen wird, kann es – entweder durch einen Gerätefehler oder durch böswillige Manipulationen – sein, daß der Stream ein ungültiges Datum enthält. In diesem Fall kann der Serialisierungsmechanismus überhaupt nichts machen – er kennt die Einschränkungen nicht, die ein zulässiges Datum definieren.

Aus diesem Grund stellt der Serialisierungsmechanismus von Java eine Möglichkeit für individuelle Klassen bereit, eine Gültigkeitsprüfung oder eine andere gewünschte Aktion statt dem Standardverhalten hinzuzufügen. Eine serialisierbare Klasse kann Methoden mit der Signatur

```
private void readObject(ObjectInputStream in)
   throws IOException, ClassNotFoundException;
private void writeObject(ObjectOutputStream out)
   throws IOException;
```

definieren. Dann werden die Datenfelder nicht mehr automatisch serialisiert, sondern statt dessen diese Methoden aufgerufen.

Als Beispiel fügen wir in die Klasse `Day` eine Gültigkeitsprüfung ein. Das Schreiben von `Day`-Objekten brauchen wir nicht zu ändern, so daß wir auch keine `writeObject`-Methode implementieren.

In der Methode `readObject` ist als erstes der Objektzustand zu lesen, der von der Standardmethode `write` geschrieben wurde. Dazu rufen wir die Methode `defaultReadObject` auf. Das ist eine spezielle Methode der Klasse `ObjectInputStream`, die sich nur aus der Methode `readObject` einer serialisierbaren Klasse aufrufen läßt.

```
class Day
{  . . .
   private void readObject(ObjectInputStream in)
      throws IOException, ClassNotFoundException
   {  in.defaultReadObject();
      if (!isValid()) throw new IOException("Ungültiges Datum");
   }
}
```

Die Methode `isValid` prüft, ob die Felder für Tag, Monat und Jahr ein gültiges Datum repräsentieren. Das ist die gleiche Methode, die wir im Konstruktor von `Day` eingesetzt haben, um die Konstruktorargumente zu prüfen. Wenn das Datum nicht gültig ist (weil zum Beispiel irgend jemand die Datendatei modifiziert hat), lösen wir eine Ausnahme aus.

Hinweis

Man kann serialisierte Daten gegenüber Angriffen auch durch Authentifizierung schützen. Wie Band 2 zeigt, kann ein Stream einen *Meldungsauszug* (wie etwa den SHA-Fingerabdruck) speichern, um irgendwelche Änderungen der Streamdaten zu erkennen.

Klassen können in den Ausgabestrom auch zusätzliche Informationen schreiben, indem sie eine writeObject-Methode definieren, die zuerst defaultWriteObject aufruft und dann andere Daten schreibt. Natürlich muß die Methode readObject dann die gespeicherten Daten lesen – andernfalls ist der Streamzustand nicht mehr mit dem Objekt synchronisiert. Die Methoden writeObject und readObject können auch die Standardspeicherung der Objektdaten komplett übergehen, indem sie einfach *nicht* die Methoden defaultWriteObject und defaultReadObject aufrufen.

In jedem Fall müssen die Methoden readObject und writeObject nur ihre Datenfelder laden und speichern. Sie sollten sich nicht selbst mit Superklassendaten oder irgendwelchen anderen Klasseninformationen befassen.

Statt nun dem Serialisierungsmechanismus das Speichern und Wiederherstellen von Objektdaten zu überlassen, kann eine Klasse ihren eigenen Mechanismus definieren. Dazu muß die Klasse die Schnittstelle Externalizable implementieren. Das wieder erfordert die Definition von zwei Methoden:

```
public void readExternal(ObjectInputStream in)
   throws IOException, ClassNotFoundException;
public void writeExternal(ObjectOutputStream out)
   throws IOException;
```

Im Gegensatz zu den Methoden readObject und writeObject, die der vorherige Abschnitt beschrieben hat, sind diese Methoden vollständig für das Speichern und Wiederherstellen des gesamten Objekts verantwortlich, *einschließlich der Daten der Superklasse*. Der Serialisierungsmechanismus zeichnet lediglich die Klasse des Objekts im Stream auf. Wenn man ein extern erstellbares Objekt liest, erzeugt der Objektstream ein Objekt mit dem Standardkonstruktor und ruft dann die Methode readExternal auf.

Achtung

Während die Methoden readObject und writeObject privat sind und nur durch den Serialisierungsmechanismus aufgerufen werden können, sind die Methoden readExternal und writeExternal öffentlich. Insbesondere erlaubt die Methode readExternal Modifikationen am Status eines vorhandenen Objekts.

Schließlich sollten bestimmte Datenelemente überhaupt nicht serialisiert werden, beispielsweise Integer-Werte, die Datei- oder Fensterhandles speichern, die nur für native Methoden von Bedeutung sind. Deartige Informationen sind garantiert nutzlos, wenn man ein Objekt später erneut lädt oder es auf einen anderen Computer überträgt. In der Tat können unpassende Werte für derartige Felder zu einem Absturz der nativen Methoden führen. Java hat einen einfachen Mechanismus, um derartige Felder von der Serialisierung ausschließen zu können. Man markiert sie mit dem Schlüsselwort transient. Bei der Serialisierung von Objekten werden transiente Felder immer übersprungen.

Wie dargestellt, sind per Vorgabe alle nichtstatischen, nichttransienten Felder eines Objekts serialisierbar. Wenn Sie, aus welchem Grund auch immer, nicht mit diesem Mechanismus zufrieden sind, können Sie diese Standardauswahl der serialisierten Felder ausschalten und statt dessen jeden anderen Wert für die Serialisierung nominieren. Dazu spezifiziert man ein Array von ObjectStreamField-Objekten, von denen jedes den Namen und den Typ eines Wertes angibt. Man muß ein private static final Array definieren und es serialPersistentFields nennen. Dieses Vorgehen ist nicht allgemein üblich, und wir gehen hier auch nicht weiter auf die Einzelheiten ein. Wir arbeiten ein einfaches Beispiel durch, empfehlen aber das Studium der API-Dokumentation, wenn Sie weitere Informationen brauchen.

Nehmen wir an, daß Sie den Zustand eines Day-Objekts speichern möchten, aber nicht die Felder day, month und year, sondern lediglich die Zahl

```
10000 * year + 100 * month + day
```

Der 28. Februar 1996 wird dann als Zahlenwert 19960228 abgelegt. Diesen Wert nennen wir date. Die Klasse Day weisen wir an, daß ihre serialisierte Form aus dem einzigen Feld date vom Typ long besteht:

```
class Day
{  . . .
   private static final ObjectStreamField[]
      serialPersistentFields =
   {  new ObjectStreamField("date", long.class),
   };
}
```

Nun muß man das Streaming dieser Klasse selbst in die Hand nehmen. In der Methode writeObject ruft man die Gruppe der Felder für das Objekt mit der Methode putFields ab. (Diese Methode liefert ein Objekt, das die Feldgruppe kapselt – ihr Typ ist die innere Klasse ObjectOutputStream.PutField.) Dann setzt man den Wert des Feldes date und schreibt schließlich die Feldgruppe in den Stream:

```
private void writeObject(ObjectOutputStream out)
   throws IOException
{  ObjectOutputStream.PutField fields = out.putFields();
   fields.put("date", year * 10000L + month * 100 + day);
   out.writeFields();
}
```

Um das Objekt zurückzulesen, überschreibt man die Methode readObject. Zuerst liest man alle Felder mit der Methode readFields ein. Dann ruft man den Wert jedes Feldes mit einer der überladenen get-Methoden der inneren Klasse ObjectInputStream.GetField ab. Das erste Argument der get-Methode ist der Name des Feldes. Der zweite Wert ist der Standardwert, der zu verwenden ist, wenn das Feld nicht präsent ist. (Das könnte eintreten, wenn sich die Version des Objekts im Stream von der aktuellen Version der Klasse unterscheidet.) Man muß genau auf den *Typ* des Standardwertes achten – anhand des Typs wird entschieden, welche der überladenen Methoden aufzurufen ist:

```
int get(String name, int defval);
long get(String name, long defval);
float get(String name, float defval);
double get(String name, double defval);
char get(String name, char defval);
short get(String name, short defval);
. . .
```

Wenn der Standardwert gleich Null ist, muß man eine Null des passenden Typs bereitstellen:

```
0
0L
0.0F
0.0
'\0'
(short)0
. . .
```

Die Methode readObject für unsere modifizierte Klasse Day sieht folgendermaßen aus:

```
private void readObject(ObjectInputStream in)
   throws IOException, ClassNotFoundException
{  ObjectInputStream.GetField fields = in.readFields();
   long date = fields.get("date", 0L);
   day = (int)(date % 100);
   month = (int)((date / 100) % 100);
   year = (int)(date / 10000);
}
```

Streams und Dateien

Die Methode liest den Datumswert und teilt ihn dann in Tag, Monat und Jahr auf.

Könnten wir nicht statt dessen einfach den Mechanismus `writeExternal`/`readExternal` verwenden? Es gibt einen kleinen Unterschied – bei seriellen Feldern enthält der Stream den Namen und den Typ des Wertes `date`, nicht nur einfach die Rohbytes. Demzufolge kann der Stream weiterhin die Typprüfung und Versionskontrolle durchführen, wenn er das Objekt zurückliest.

Neben der Möglichkeit der Datenbeschädigung gibt es einen weiteren beunruhigenden Sicherheitsaspekt in bezug auf die Serialisierung. Jeder Code, dem eine Referenz auf ein serialisierbares Objekt zugänglich ist, kann

- dieses Objekt in einen Stream schreiben,
- danach den Streaminhalt untersuchen

und dabei alle Werte aller Datenfelder in den Objekten in Erfahrung bringen, *selbst die privaten*. Immerhin speichert der Serialisierungsmechanismus autoamtisch alle privaten Daten. Zum Glück kann man dieses Wissen nicht dazu einsetzen, die Daten zu *modifizieren*. Die Methode `readObject` überschreibt kein vorhandenes Objekt, sondern erzeugt immer ein neues Objekt. Trotzdem sollten Sie sich für einen der drei folgenden Schritte entscheiden, wenn Sie bestimmte Informationen vor einem Ausspähen über den Serialisierungsmechanismus sichern wollen:

1. Machen Sie die Klasse nicht serialisierbar.
2. Markieren Sie sensitive Datenfelder als `transient`.
3. Verwenden Sie keinen Standardmechanismus für das Speichern und Wiederherstellen von Objekten. Definieren Sie statt dessen `readObject`/`writeObject` oder `readExternal`/`writeExternal`, um die Daten zu verschlüsseln.

12.5.6 Versionsverwaltung

In den letzten Abschnitten haben wir gezeigt, wie man relativ kleine Sammlungen von Objekten über einen Objektstream speichern kann. Das waren aber lediglich Demoprogramme. Mit Objektstreams kann man in größeren Dimensionen denken. Nehmen wir an, daß wir ein Programm schreiben, mit dem der Benutzer ein Dokument produzieren kann. Dieses Dokument enthält Textabsätze, Tabellen, Grafiken usw. Das gesamte Dokumentobjekt läßt sich mit einem einzigen Aufruf von `writeObject` in einen Stream schreiben:

`out.writeObject(doc);`

Die Absätze, die Tabellen und die Grafikobjekte werden ebenfalls automatisch in den Stream einbezogen. Ein Benutzer unseres Programms kann dann die Ausgabedatei einem anderen Benutzer übergeben, der ebenfalls eine Kopie unseres Programm hat, und dieses Programm lädt das gesamte Dokument mit einem einzigen Aufruf von `readObject`:

`doc = (Document)in.readObject();`

Das ist zwar sehr praktisch, aber Ihr Programm ändert sich unvermeidlich, und Sie geben die Version 1.1 heraus. Kann Version 1.1 die alten Dateien lesen? Können die Benutzer, die immer noch mit der Version 1.0 arbeiten, die Dateien lesen, die die neue Version produzieren? Es wäre natürlich wünschenswert, wenn Objektdateien mit der Entwicklung der Klassen Schritt halten könnten.

Auf den ersten Blick scheint das nicht möglich zu sein. Wenn sich eine Klassendefinition in irgendeiner Weise ändert, dann ändert sich auch ihr SHA-Fingerabdruck. Und wie Sie wissen, weigern sich Objektstreams, Objekte mit abweichenden Fingerabdrücken einzulesen. Allerdings kann eine Klasse anzeigen, daß sie *kompatibel* mit einer früheren Version von sich selbst ist. Dazu muß man zuerst den Fingerabdruck der früheren Version der Klasse beschaffen. Das läßt sich mit dem eigenständigen Programm `serialver` erledigen, das zum Lieferumfang des JDK gehört. Beispielsweise liefert der Aufruf

```
serialver corejava.Day
```

die Ausgabe

```
corejava.Day:    static final long serialVersionUID = 1628827204529864723L;
```

Startet man das Programm `serialver` mit der Option `-show`, dann bringt das Programm ein grafisches Dialogfeld (siehe Abbildung 12.9).

Abbildung 12.9: Die grafische Version des Programms Serialver

Alle *späteren* Versionen der Klasse müssen die Konstante `serialVersionUID` auf den gleichen Fingerabdruck wie das Original definieren.

```
class Day // Version 1.1
{   . . .
    static final long serialVersionUID
        = 1628827204529864723L;
}
```

Wenn eine Klasse ein statisches Datenelement namens `serialVersionUID` aufweist, berechnet sie den Fingerabdruck nicht manuell, sondern verwendet den angegebenen Wert.

Nachdem man das statische Datenelement in eine Klasse aufgenommen hat, ist das Serialisierungssystem nun bereit, unterschiedliche Versionen von Objekten dieser Klasse einzulesen.

Streams und Dateien

Wenn sich nur die Methoden der Klasse ändern, gibt es kein Problem, die neuen Objektdaten zu lesen. Wenn sich allerdings Datenfelder ändern, kann es zu Problemen kommen. Beispielsweise kann das alte Dateiobjekt mehr oder weniger Datenfelder als das Programmobjekt haben, oder die Typen der Datenfelder können sich unterscheiden. In diesem Fall versucht der Objektstream, das Streamobjekt in die aktuelle Version der Klasse zu konvertieren.

Der Objektstream vergleicht die Datenfelder der aktuellen Version der Klasse mit den Datenfeldern der Version im Stream. Natürlich betrachtet der Objektstream nur die nichttransienten und nichtstatischen Datenfelder. Wenn zwei Felder übereinstimmende Namen, aber unterschiedliche Typen aufweisen, unternimmt der Objektstream keine Anstrengungen, um den einen Typ in den anderen umzuwandeln – die Objekte sind nicht kompatibel. Wenn das Objekt im Stream Datenfelder hat, die in der aktuellen Version nicht vorhanden sind, dann ignoriert der Objektstream die zusätzlichen Daten. Weist die aktuelle Version Datenfelder auf, die nicht im Streamobjekt vorkommen, erhalten die hinzugefügten Felder ihren Standardwert (null bei Objekten, 0 bei Zahlen).

Sehen wir uns dazu ein Beispiel an. Angenommen, daß wir eine Anzahl von Mitarbeiterdatensätzen mit der ursprünglichen Version (1.0) der Klasse gespeichert haben. Jetzt ändern wir die Klasse Employee in die Version 2.0, indem wir ein Datenfeld department (Abteilung) hinzufügen. Abbildung 12.10 zeigt, was passiert, wenn ein Objekt der Version 1.0 in ein Programm eingelesen wird, das Objekte der Version 2.0 verwendet. Das Abteilungsfeld wird auf null gesetzt. Abbildung 12.11 zeigt das entgegengesetzte Szenario: Ein Programm, das mit Objekten der Version 1.0 arbeitet, liest ein Objekt der Version 2.0. Das zusätzliche Feld department wird ignoriert.

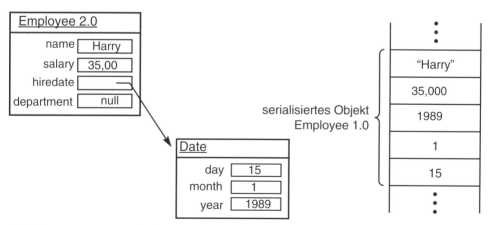

Abbildung 12.10: Ein Objekt mit weniger Datenfeldern lesen

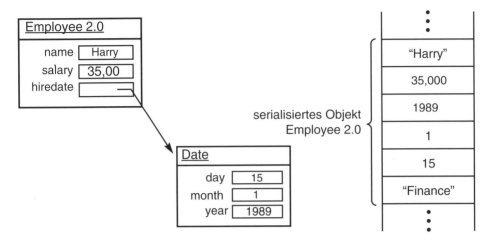

Abbildung 12.11: Ein Objekt mit mehr Datenfeldern lesen

Ist dieses Verfahren überhaupt sicher? Das Fallenlassen eines Datenfeldes scheint harmlos zu sein – der Empfänger hat trotzdem alle Daten, die er manipulieren kann. Das Setzen eines Datenfeldes auf null ist eventuell nicht so sicher. Viele Klassen achten streng darauf, alle Datenfelder in allen Konstruktoren auf Werte ungleich null zu initialisieren, so daß die Methoden nicht darauf vorbereitet zu sein brauchen, null-Daten zu behandeln. Es liegt in der Hand des Klassenentwicklers, zusätzlichen Code in der Methode readObject zu implementieren, um Inkompatibilitäten zwischen den Versionen zu vermeiden oder sicherzustellen, daß die Methoden gegenüber null-Daten robust sind.

Serialisierung zum Klonen

Es gibt noch einen eigenwilligen (und gelegentlich auch sehr nützlichen) Einsatzfall für den neuen Serialisierungsmechanismus: Er bietet eine einfache Möglichkeit, ein Objekt zu klonen, *vorausgesetzt*, daß die Klasse serialisierbar ist. (Wie Sie noch aus Kapitel 5 wissen, muß man etwas Aufwand treiben, um einem Objekt das Klonen zu erlauben.) Wie das folgende Beispielprogramm zeigt, erhält man clone gratis, indem man es einfach von der Klasse SerialCloneable ableitet – und fertig.

```
import java.io.*;
import corejava.*;

public class SerialCloneTest
{  public static void main(String[] args)
   {  Employee harry = new Employee("Harry Hacker", 35000,
```

Streams und Dateien

```
            new Day(1989,10,1));
      Employee harry2 = (Employee)harry.clone();
      harry.raiseSalary(100);
      harry.print();
      harry2.print();
   }
}

class SerialCloneable implements Cloneable, Serializable
{  public Object clone()
   {  try
      {  ByteArrayOutputStream bout = new
            ByteArrayOutputStream();
         ObjectOutputStream out = new ObjectOutputStream(bout);
         out.writeObject(this);
         out.close();
         ByteArrayInputStream bin = new
            ByteArrayInputStream(bout.toByteArray());
         ObjectInputStream in = new ObjectInputStream(bin);
         Object ret = in.readObject();
         in.close();
         return ret;
      }  catch(Exception e)
      {  return null;
      }
   }
}

class Employee extends SerialCloneable
{  public Employee(String n, double s, Day d)
   {  name = n;
      salary = s;
      hireDay = d;
   }
   public Employee() {}

   public void print()
   {  System.out.println(name + " " + salary + " " +
         hireYear());
   }

   public void raiseSalary(double byPercent)
   {  salary *= 1 + byPercent / 100;
   }
```

```
public int hireYear()
{  return hireDay.getYear();
}

private String name;
private double salary;
private Day hireDay;
}
```

Man sollte sich bewußt sein, daß diese Methode, auch wenn sie clever und gelegentlich erforderlich ist, normalerweise wesentlich langsamer arbeitet als eine Klon-Methode, die explizit ein neues Objekt konstruiert und die Datenfelder kopiert oder klont (wie Sie es in Kapitel 6 kennengelernt haben).

12.6 Dateiverwaltung

Bisher haben Sie gelernt, wie man Daten aus einer Datei liest bzw. in eine Datei schreibt. Allerdings gehört zur Dateiverwaltung noch mehr als nur Lesen und Schreiben. Die Klasse File kapselt die Funktionalität, die man für die Arbeit mit dem Dateisystem auf dem Computer des Benutzers braucht. Zum Beispiel setzt man die Klasse File ein, um herauszufinden, wann eine Datei letztmalig modifiziert wurde, oder um die Datei zu verschieben oder umzubenennen. Mit anderen Worten sind die Streamklassen für den Inhalt der Datei verantwortlich, während sich die Klasse File der Speicherung der Datei auf einem Datenträger annimmt.

Hinweis

Wie so oft bei Java bringt die Klasse File den kleinsten gemeinsamen Nenner an Funktionen mit. Beispielsweise kann man unter Windows das Attribut »Schreibgeschützt« ermitteln (oder setzen). Während man aber herausfinden kann, ob es sich um eine versteckte Datei handelt, kann man sie nicht ohne die Hilfe einer nativen Methode (siehe Band 2) verstecken.

Der einfachste Konstruktor für ein File-Objekt übernimmt einen (vollständigen) Dateinamen. Wenn man keinen Pfadnamen angibt, dann verwendet Java das aktuelle Verzeichnis. Zum Beispiel liefert

```
File foo = new File("test.txt");
```

ein Dateiobjekt mit diesem Namen im aktuellen Verzeichnis. (Das aktuelle Verzeichnis ist das Verzeichnis, in dem das Programm läuft.) Ein Aufruf dieses Konstruktors *erzeugt keine neue Datei mit diesem Namen, wenn sie nicht existiert*. Tatsächlich erzeugt man eine Datei aus einem File-Objekt

Streams und Dateien

mit einem der Streamklassenkonstruktoren oder der Methode `createNewFile` in der Klasse `File`. Die Methode `createNewFile` erzeugt nur eine Datei, wenn keine Datei mit diesem Namen existiert, und sie liefert einen booleschen Wert zurück, der über die erfolgreiche Ausführung informiert.

Wenn man andererseits einmal ein `File`-Objekt hat, gibt die Methode `exists` in der Klasse `File` darüber Auskunft, ob eine Datei mit diesem Namen bereits existiert. Beispielsweise liefert das folgende Demoprogramm auf einem beliebigen Computer fast immer `"false"` und kann dennoch einen Pfadnamen zu dieser nicht vorhandenen Datei ausgeben.

```
import java.io.*;

public class Test
{   public static void main(String args[])
    {   File foo = new File("sajkdfshds");
        System.out.println(foo.getAbsolutePath());
        System.out.println(foo.exists());
    }
}
```

Für `File`-Objekte gibt es zwei weitere Konstruktoren:

`File(String path, String name)`

Dieser erzeugt ein `File`-Objekt mit dem gegebenen Namen im Verzeichnis, das der Parameter `path` spezifiziert. (Wenn der Parameter `path` gleich `null` ist, erzeugt dieser Konstruktor ein `File`-Objekt unter Verwendung des aktuellen Verzeichnisses.)

Schließlich kann man ein vorhandenes `File`-Objekt im Konstruktor verwenden:

`File(File dir, String name)`

Hier repräsentiert das `File`-Objekt ein Verzeichnis und wenn der Parameter `dir` – wie im obigen Konstruktor – gleich `null` ist, dann erzeugt der Konstruktor ein `File`-Objekt im aktuellen Verzeichnis.

Etwas verwirrend ist, daß ein `File`-Objekt entweder eine Datei oder ein Verzeichnis repräsentieren kann (vielleicht weil das Betriebssystem, mit dem die Java-Entwickler am meisten vertraut sind, Verzeichnisse als Dateien implementiert). Mit den Methoden `isDirecotry` und `isFile` kann man ermitteln, ob das Dateiobjekt eine Datei oder ein Verzeichnis ist. Das überrascht – in einem objektorientierten System hätte man eine separate Klasse `Directory` erwartet, die vielleicht die Klasse `File` erweitert.

Um ein Objekt zu erzeugen, das ein Verzeichnis darstellt, übergibt man einfach den Verzeichnisnamen im `File`-Konstruktor:

```
File tempDir = new File(File.separator + "temp");
```

Wenn dieses Verzeichnis noch nicht existiert, kann man es mit der Methode `mkdir` erzeugen:

```
tempDir.mkdir();
```

Wenn ein Dateiobjekt ein Verzeichnis repräsentiert, erhält man mit `list()` ein Array der Dateinamen in diesem Verzeichnis. Das Programm in Beispiel 12.6 verwendet alle diese Methoden, um die Verzeichnisstruktur zu dem auf der Befehlszeile spezifizierten Pfad auszugeben. (Man könnte dieses Programm ohne weiteres in eine Hilfsklasse umwandeln, die einen Vektor der Unterverzeichnisse zur weiteren Verarbeitung zurückgibt.)

Beispiel 12.6: FindDirectories.java

```java
import java.io.*;

public class FindDirectories
{   public static void main(String args[])
    {   if (args.length == 0) args = new String[] { ".." };

        try
        {   File pathName = new File(args[0]);
            String[] fileNames = pathName.list();

            for (int i = 0; i < fileNames.length; i++)
            {   File tf = new File(pathName.getPath(),
                    fileNames[i]);
                if (tf.isDirectory())
                {   System.out.println(tf.getCanonicalPath());
                    main(new String [] { tf.getPath() });
                }
            }
        }
        catch(IOException e)
        {   System.out.println("Fehler: " + e);
        }
    }
}
```

Statt alle Dateien in einem Verzeichnis aufzulisten, kann man ein `FileNameFilter`-Objekt als Parameter an die Methode `list` verwenden, um die Liste einzuengen. Diese Objekte sind einfach Instanzen einer Klasse, die der Schnittstelle `FilenameFilter` genügt.

Streams und Dateien

Um die Schnittstelle `FilenameFilter` zu implementieren, muß eine Klasse lediglich eine Methode namens `accept()` definieren. Das folgende Beispiel zeigt eine einfache `FilenameFilter`-Klasse, die nur Dateien mit einer spezifizierten Erweiterung zuläßt:

```
import java.io.*;
public class ExtensionFilter implements FilenameFilter
{  private String extension;
   public ExtensionFilter(String ext)
   {  extension = "." + ext;
   }
   public boolean accept(File dir, String name)
   {  return name.endsWith(extension);
   }
}
```

Wenn man portable Programme schreibt, ist es nicht ohne weiteres möglich, Dateinamen mit Unterverzeichnissen zu spezifizieren. Wie bereits erwähnt, kann man unter Windows genausogut den normalen Schrägstrich (den Unix-Begrenzer) als Verzeichnistrennzeichen verwenden, aber andere Betriebssysteme erlauben dieses Vorgehen eventuell nicht. Es ist also von der Benutzung des Schrägstriches abzuraten.

Achtung

Wenn man unter Windows bei der Konstruktion eines `File`-Objekts Schrägstriche als Verzeichnistrennzeichen verwendet, liefert die Methode `getAbsolutePath` einen Dateinamen zurück, der normale Schrägstriche enthält, was Windows-Benutzer etwas seltsam vorkommen dürfte. Verwenden Sie statt dessen die Methode `getCanonicalPath` – sie ersetzt die Schrägstriche durch die gewohnten Backslashes.

Es ist wesentlich besser, die Informationen über den gültigen Verzeichnisbegrenzer zu verwenden, die die Klasse `File` in einem statischen Instanzen-Feld namens `separator` speichert. (In einer Windows-Umgebung ist das ein Backslash (\), in einer Unix-Umgebung ein normaler Schrägstrich (/)). Zum Beispiel:

```
File foo = new File("Documents" + File.separator + "data.txt")
```

Natürlich stellt Java den korrekten Begrenzer bereit, wenn man die zweite Version des `File`-Konstruktors verwendet:

```
File foo = new File("Documents", "data.txt")
```

Die sich anschließenden API-Hinweise bringen die unserer Meinung nach wichtigsten der noch in der Klasse `File` vorhandenen Methoden. Die Verwendung sollte keine Probleme bereiten.

API

java.io.File

- boolean canRead()

  Gibt an, ob die Datei durch die aktuelle Anwendung gelesen werden kann.

- boolean canWrite()

  Gibt an, ob die Datei beschreibbar oder nur lesbar ist.

- static boolean createTempFile(String prefix, String suffix)
- static boolean createTempFile(String prefix, String suffix, File directory)

  Erzeugt eine temporäre Datei im Standardverzeichnis des Systems für temporäre Dateien oder im angegebenen Verzeichnis. Verwendet das übergebene Präfix und Suffix, um den Namen der temporären Datei zu generieren.

Parameter:	prefix	Präfixstring, der mindestens drei Zeichen lang ist.
	suffix	Optionales Suffix. Wenn null, wird .tmp verwendet.
	directory	Verzeichnis, in dem die Datei erzeugt wird. Wenn null, wird die Datei im aktuellen Arbeitsverzeichnis angelegt.

- boolean delete()

  Versucht, die Datei zu löschen. Liefert true, wenn die Datei gelöscht wurde, andernfalls false.

- void deleteOnExit()

  Fordert das Löschen der Datei an, wenn die VM heruntergefahren wird.

- boolean exists()

  Liefert true, wenn die Datei oder das Verzeichnis existiert, andernfalls false.

- String getAbsolutePath()

  Gibt einen String zurück, der den absoluten Pfadnamen enthält. Tip: Verwenden Sie statt dessen getCanonicalPath.

Streams und Dateien

- `File getCanonicalFile()`

  Gibt ein `File`-Objekt zurück, das den kanonischen Pfadnamen für die Datei enthält. Insbesondere sind redundante "." Verzeichnisse entfernt; es wird der korrekte Verzeichnisbegrenzer verwendet, und die vom zugrundeliegenden Dateisystem bevorzugte Groß-/Kleinschreibung wird erhalten.

- `String getCanonicalPath()`

  Gibt einen String zurück, der den kanonischen Pfadnamen enthält. Insbesondere sind redundante "." Verzeichnisse entfernt; es wird der korrekte Verzeichnisbegrenzer verwendet, und die vom zugrundeliegenden Dateisystem bevorzugte Groß-/Kleinschreibung wird erhalten.

- `String getName()`

  Gibt einen String zurück, der den Dateinamen des `File`-Objekts enthält (schließt nicht die Pfadinformationen ein).

- `String getParent()`

  Gibt einen String zurück, der das übergeordnete Verzeichnis der Datei enthält, oder `null`, wenn man sich im Stammverzeichnis befindet.

- `File getParentFile()`

  Gibt ein `File`-Objekt für das übergeordnete Verzeichnis der Datei zurück oder `null`, wenn man sich im Stammverzeichnis befindet oder dieses `File`-Objekt kein Verzeichnis repräsentiert.

- `String getPath()`

  Gibt einen String zurück, der den Pfadnamen der Datei enthält.

- `boolean isDirectory()`

  Gibt `true` zurück, wenn das `File`-Objekt ein Verzeichnis repräsentiert, andernfalls `false`.

- `boolean isFile()`

  Gibt `true` zurück, wenn das `File`-Objekt eine Datei im Unterschied zu einem Verzeichnis oder zu einem Gerät repräsentiert.

- `boolean isHidden()`

  Gibt `true` zurück, wenn das `File`-Objekt eine versteckte Datei oder ein verstecktes Verzeichnis repräsentiert.

- `long lastModified()`

  Gibt die Zeit der letzten Änderung an der Datei zurück oder 0, wenn die Datei nicht existiert.

- `long length()`

    Gibt die Länge der Datei in Bytes zurück oder 0, wenn die Datei nicht existiert.

- `String[] list()`

    Gibt ein Array von Strings zurück, die die Namen der Dateien und Verzeichnisse angeben, die in diesem `File`-Objekt enthalten sind, oder `null`, wenn dieses `File`-Objekt kein Verzeichnis repräsentiert.

- `String[] list(FilenameFilter filter)`

    Gibt ein Array der Namen der Dateien und Verzeichnisse zurück, die in diesem `File`-Objekt enthalten sind und dem Filter genügen, oder `null`, wenn keine derartigen Dateien existieren.

    Parameter: `filter`   Zu verwendendes `FilenameFilter`-Objekt.

- `File[] listFiles()`

    Gibt ein Array von `File`-Objekten zurück, die den Dateien und Verzeichnissen entsprechen, die in diesem `File`-Objekt enthalten sind, oder `null`, wenn dieses `File`-Objekt kein Verzeichnis repräsentiert.

- `File[] listFiles(FilenameFilter filter)`

    Gibt ein Array von `File`-Objekten für die Dateien und Verzeichnisse zurück, die in diesem `File`-Objekt enthalten sind und dem Filter genügen, oder `null`, wenn keine derartigen Dateien existieren.

    Parameter: `filter`   Zu verwendendes `FilenameFilter`-Objekt.

- `File[] listRoots()`

    Gibt ein Array von `File`-Objekten zurück, die allen verfügbaren Stammdateien entsprechen. (Beispielsweise erhält man unter Windows die `File`-Objekte, die installierte Laufwerke repräsentieren, sowohl lokale Laufwerke als auch abgebildete Netzwerklaufwerke; unter Unix erhält man einfach "/".)

- `boolean createNewFile()`

    Erzeugt eine leere Datei, deren Name durch das `File`-Objekt gegeben ist. Die Datei wird nur angelegt, wenn eine Datei mit diesem Namen noch nicht existiert. Gibt `true` zurück, wenn die benannte Datei noch nicht existiert und erfolgreich erzeugt werden konnte. Ist die Datei bereits vorhanden, liefert die Methode `false` zurück.

- `boolean mkdir()`

    Legt ein Unterverzeichnis an, dessen Name durch das `File`-Objekt gegeben ist. Gibt `true` zurück, wenn das Verzeichnis erfolgreich erzeugt wurde, andernfalls `false`.

Streams und Dateien

- `boolean mkdirs()`

  Erzeugt im Gegensatz zu `mkdir` bei Bedarf die übergeordneten Verzeichnisse. Liefert `false`, wenn sich irgendeines der erforderlichen Verzeichnisse nicht erzeugen ließ.

- `boolean renameTo(File dest)`

  Liefert `true`, wenn der Name geändert wurde, andernfalls `false`.

  | *Parameter*: | `dest` | `File`-Objekt, das den neuen Namen spezifiziert. |

- `boolean setLastModified(long time)`

  Setzt das Datum der letzten Modifikation der Datei. Liefert `true` im Erfolgsfall, ansonsten `false`.

  | *Parameter*: | `long` | Lange Ganzzahl, die die Anzahl der Millisekunden seit Beginn der Epoche (Mitternacht des 1. Januar 1970) angibt. |

- `boolean setReadOnly()`

  Setzt das Dateiattribut »schreibgeschützt«. Liefert im Erfolgsfall `true`, ansonsten `false`.

- `URL toURL()`

  Konvertiert das `File`-Objekt in einen Datei-URL.

API

`java.io.FilenameFilter`

- `boolean accept(File dir, String name)`

  Liefert `true`, wenn die Datei dem Filterkriterium genügt.

  | *Parameter*: | `dir` | Ein `File`-Objekt, das das Verzeichnis repräsentiert, in dem sich die Datei befindet. |
  | | `name` | Name der Datei. |

Anhang A

Java-Schlüsselwörter

Tabelle 13.1 bringt einen Überblick über die Schlüsselwörter von Java mit Beschreibungen und Hinweisen auf die erstmalige Behandlung.

Schlüsselwort	Bedeutung	Kapitel
abstract	Eine abstrakte Klasse oder Methode.	5
boolean	Logischer Datentyp.	3
break	Verlassen einer switch-Anweisung oder Schleife.	3
byte	Datentyp für ganze Zahlen mit einer Breite von 8 Bit.	3
case	Zweig einer switch-Anweisung.	3
catch	Klausel eines try-Blockes, der eine Ausnahme auffängt.	11
char	Unicode-Zeichentyp.	3
class	Definiert einen Klassentyp.	4
const	(Nicht verwendet)	
continue	Programmablauf am Ende einer Schleife fortsetzen.	3
default	Standardzweig einer switch-Anweisung.	3
do	Beginn einer do-while-Schleife.	3
double	Datentyp für Gleitkommazahlen doppelter Genauigkeit.	3
else	Alternativzweig einer if-Anweisung.	3
extends	Definiert die übergeordnete (Basis-) Klasse einer Klasse.	4
final	Eine Konstante, Klasse oder Methode, die nicht überschrieben werden kann.	5
finally	Teil eines try-Blockes, der immer ausgeführt wird.	11
float	Datentyp für Gleitkommazahlen einfacher Genauigkeit.	3
for	Eine Schleifenkonstruktion.	3
goto	(Nicht verwendet)	
if	Bedingungsanweisung.	3

Java-Schlüsselwörter

implements	Definiert die Schnittstelle(n), die eine Klasse implementiert.	6
import	Importiert ein Paket.	4
instanceof	Prüft, ob ein Objekt eine Instanz einer Klasse ist.	5
int	Datentyp für ganze Zahlen mit einer Breite von 32 Bit.	3
interface	Ein abstrakter Typ mit Methoden, die eine Klasse implementieren kann.	6
long	Datentyp für ganze Zahlen mit einer Breite von 64 Bit.	3
native	Durch das Host-System implementierte Methode (siehe Band 2).	
new	Reserviert Speicher für ein neues Objekt oder Array.	3
null	Eine NULL-Referenz.	3
package	Ein Paket von Klassen.	4
private	Ein Element, das nur Methoden der eigenen Klasse zugänglich ist.	4
protected	Ein Element, das nur Methoden der eigenen Klasse, der davon abgeleiteten Klassen und anderen Klassen im selben Paket zugänglich ist.	5
public	Ein Element, das allen Methoden aller Klassen zugänglich ist.	4
return	Rückkehr aus einer Methode.	3
short	Datentyp für ganze Zahlen mit einer Breite von 16 Bit.	3
static	Ein Merkmal, das einzigartig für seine Klasse, nicht aber für Objekte seiner Klasse ist.	3
super	Das Objekt oder der Konstruktor der Superklasse.	4
switch	Auswahlanweisung.	3

`synchronized`	Eine Methode, die atomar zu einem Thread ist (siehe Band 2).	
`this`	Das implizite Argument einer Methode oder ein Konstruktor dieser Klasse.	4
`throw`	Löst eine Ausnahme aus.	12
`throws`	Bezeichnet die Ausnahmen, die eine Methode auslösen kann.	11
`transient`	Markiert Daten, die nicht persistent sein sollen.	12
`try`	Ein Codeblock, der Ausnahmen auffängt.	11
`void`	Kennzeichnet eine Methode, die keinen Rückgabewert liefert.	3
`volatile`	(Nicht verwendet)	
`while`	Schleife	3

Tabelle 13.1: Überblick über die Schlüsselwörter in Java

Anhang B

Das Dienstprogramm javadoc

Das Dienstprogramm `javadoc` analysiert Quelldateien nach Klassen, Methoden und Kommentaren der Form /** ... */. Es produziert eine HTML-Datei im gleichen Format wie die API-Dokumentation. In der Tat ist die API-Dokumentation die von `javadoc` erzeugte Ausgabe der Java-Quelldateien.

Wenn Sie in den Quellcode Kommentare einfügen, die mit dem speziellen Begrenzer /** beginnen, können Sie mit Leichtigkeit eine professionelle Dokumentation erstellen. Dieses Vorgehen ist zu empfehlen, da man den Code und die Dokumentation an ein und derselben Stelle ablegen kann. Herkömmliche Dokumentationen leiden an dem Problem, daß der Code und die Kommentare mit der Zeit auseinanderlaufen. Da aber die Dokumentationskommentare in derselben Datei wie der Quellcode stehen, ist es einfach, beides zu aktualisieren und `javadoc` erneut auszuführen.

Für die Dateien in unserem Paket `corejava` haben wir die Kommentare /** und `javadoc` eingesetzt. Laden Sie mit Ihrem Webbrowser die Datei `index.html` im Verzeichnis \CoreJava-Book\api\. Hier finden Sie die Dokumentation zu `corejava` in einem ähnlichen Format.

Kommentare einfügen

Das Dienstprogramm `javadoc` extrahiert Informationen für alle

- Pakete,
- öffentlichen Klassen,
- öffentlichen Schnittstellen,
- öffentlichen oder geschützten Methoden sowie
- öffentlichen oder geschützten Variablen oder Konstanten.

Für diese Elemente kann (und sollte) man einen Kommentar vorsehen.

Jeder Kommentar wird unmittelbar *über* das zu beschreibende Element gesetzt. Ein Kommentar beginnt mit den Zeichen /** und endet mit */.

Jeder Dokumentationskommentar in /** ... */ enthält *formfreien* Text, gefolgt von *Tags*. Ein Tag beginnt mit einem @, wie zum Beispiel `@author` oder `@param`.

Der *erste Satz* des formfreien Textes sollte eine *Zusammenfassung* sein. Das Dienstprogramm `javadoc` generiert automatisch Zusammenfassungsseiten, die diese Sätze herausziehen.

Im formfreien Text kann man HTML-Modifizierer wie `<i>...</i>` für kursive Schrift, `<tt>...</tt>` für Schreibmaschinenschrift, `<b>...</b>` für Fettschrift und sogar `<img ...>` zum Einfügen eines Bildes verwenden. Allerdings sollte man auf Überschriften `<h1>` und Trennlinien `<hr>` verzichten, da diese Elemente mit der Formatierung des Dokuments in Konflikt kommen.

Das Dienstprogramm javadoc

Hinweis

Wenn Ihre Kommentare Links zu anderen Dateien wie etwa Bildern (zum Beispiel Diagrammen oder Bildern von Komponenten der Benutzeroberfläche) enthalten, stellen Sie diese Dateien in Unterverzeichnissen namens `doc-files`. Das Dienstprogramm `javadoc` kopiert diese Verzeichnisse und die darin befindlichen Dateien aus dem Quellverzeichnis in das Dokumentationsverzeichnis.

Allgemeine Kommentare

In allen Dokumentationskommentaren kann man die folgenden Tags verwenden:

`@since text`

Dieses Tag erstellt einen »since« (seit) Eintrag. Als *text* läßt sich eine beliebige Beschreibung zu der Version, die das betreffende Merkmal eingeführt hat, angeben.

`@deprecated text`

Dieses Tag fügt einen Kommentar hinzu, der darauf hinweist, daß die Klasse, Methode oder Variable nicht mehr verwendet werden sollte. Der *text* sollte einen Ersatz vorschlagen, beispielsweise `@deprecated Use <tt>setVisuble(true)</tt>`.

Mit den Tags `@see` und `@link` kann man Hyperlinks zu anderen relevanten Teilen der `javadoc`-Dokumentation oder zu externen Dokumenten angeben.

`@see link`

Diese Anweisung fügt einen Hyperlink in den Abschnitt »Siehe auch« ein. Das Tag eignet sich sowohl für Klassen als auch für Methoden. Hier kann *link* folgendes enthalten:

- `package.class#feature label`
- `<a href="...">label</a>`
- `"text"`

Die erste Form ist am nützlichsten. Man übergibt den Namen einer Klasse, Methode oder Variablen, und `javadoc` fügt einen Hyperlink auf die Dokumentation ein. Beispielsweise erzeugt `@see corejava.Console#readInt(java.lang.String)` einen Link auf die Methode `readInt(String)` in der Klasse `corejava.Console`. Man kann den Namen des Pakets oder sowohl Paket- als auch Klassennamen weglassen. Dann wird das Element im aktuellen Paket oder der aktuellen Klasse gesucht.

Achten Sie darauf, die Klasse vom Methoden- oder Variablennamen durch ein Nummernzeichen (#) und nicht durch einen Punkt zu trennen. Der Java-Compiler selbst kann die verschiedenen

Bedeutungen des Punktes als Trennzeichen zwischen Paketen, Unterpaketen, inneren Klassen sowie Methoden und Variablen erraten. Das Dienstprogramm javadoc ist allerdings nicht so intelligent, und man muß ihm etwas Unterstützung bieten.

Wenn auf das Tag @see eine sich öffnende spitze Klammer (<) folgt, ist ein Hyperlink zu spezifizieren. Dazu kann man jeden gewünschten URL verwenden. Zum Beispiel @see <a href ="www.horstmann.com/corejava.html">The Core Java home page</a>.

In allen diesen Fällen kann man ein optionales *label* (Beschriftungsfeld) angeben, das als Link-Anker erscheint. Läßt man das Label weg, dann sieht der Benutzer den Codenamen oder den URL des Ziels als Anker.

Folgt auf das Tag @see ein Anführungszeichen ("), wird der Text im Abschnitt »Siehe auch« angezeigt, beispielsweise @see "Core Java 1.2 volume 2".

Für ein Merkmal kann man mehrere @see-Tags vorsehen, muß sie aber alle an einer Stelle unterbringen.

Bei Bedarf kann man Hyperlinks zu anderen Klassen oder Methoden an beliebigen Stellen in die Kommentare eintragen. Dazu fügt man ein spezielles Tag der Form {@link package.class#feature label} an der gewünschten Position in einen Kommentar ein. Die Merkmalsbeschreibung richtet sich nach den gleichen Regeln wie für das Tag @see.

Kommentare für Klassen und Schnittstellen

Die Klassenkommentare müssen *nach* allen import-Anweisungen direkt vor der class-Definition stehen.

Folgende Tags werden unterstützt.

@author *name*

Dieses Tag erzeugt einen »Autoreneintrag«. Man kann mehrere Autorentags angeben, sie müssen aber alle zusammenstehen.

@version *text*

Dieses Tag erzeugt einen »Versionseintrag«. Im *text* läßt sich eine beliebige Beschreibung der aktuellen Version angeben.

Hier ein Beispiel eines Klassenkommentars:

```
/**
    Eine Klasse zur Formatierung von Zahlen nach den
    Konventionen von <tt>printf</tt>. Alle Optionen der
    C-Funktion <tt>printf</tt> werden unterstützt.
```

Das Dienstprogramm javadoc

```
    @version 1.01 15 Feb 1996
    @author Cay Horstmann
    @see "Kernighan and Ritchie, The C Programming Language,
        2nd ed."
*/
```

Kommentare für Methoden

Jeder Methodenkommentar muß unmittelbar vor der Signatur der Methode stehen, die er beschreibt. Außer den Allzwecktags kann man auch folgende Tags verwenden:

@param *Variablenbeschreibung*

Dieses Tag fügt einen Eintrag in den Abschnitt »Parameter« der aktuellen Methode ein. Die Beschreibung kann über mehrere Zeilen gehen und HTML-Tags enthalten. Alle @param-Tags für eine Methode müssen zusammenstehen.

@return *Beschreibung*

Dieses Tag fügt einen Abschnitt »Rückgabewerte« in die aktuelle Methode ein. Die Beschreibung kann mehrere Zeilen umfassen und HTML-Tags enthalten.

@throws *Klassenbeschreibung*

Dieses Tag fügt einen Eintrag in den Abschnitt »Throws« der aktuellen Methode hinzu und erzeugt automatisch einen Hyperlink. Die Beschreibung kann mehrere Zeilen umfassen und HTML-Tags enthalten. Alle @throws-Tags für eine Methode müssen zusammenstehen.

Hier ein Beispiel eines Methodenkommentars:

```
/**
    Formatiert einen Double zu einem String (wie
    <tt>sprintf</tt> in C)

    @param x Die zu formatierende Zahl
    @return Der formatierte String.
    @throws IllegalArgumentException bei falschem Argument
*/
```

Kommentare zur Serialisierung

Mit Java 2 werden drei neue Tags zur Dokumentation der Serialisierung eingeführt. (Siehe Kapitel 12 zu weiteren Informationen über Serialisierung und Objektstreams.) Bei Manuskripterstellung wurden diese Tags noch nicht vollständig unterstützt.

@serial *text*

Diese Tags verwenden Sie für *alle* nichtstatischen und nichttransienten Felder in allen Klassen, die die Schnittstelle Serializable implementieren, vorausgesetzt, daß sie nicht den Standardmechanismus der Serialisierung überschreiben. Das klingt recht kompliziert, hat aber den Zweck, daß man genau darüber nachdenken soll, ob sich jedes Feld sicher serialisieren läßt. Wir vermuten, daß diese Forderung fallengelassen wird, nachdem jeder erkannt hat, wie beschwerlich das Ganze ist. Der optionale *text* soll eine Beschreibung der zulässigen Werte des Feldes enthalten. Mit unserer javadoc-Version erhält man eine Warnung, wenn man den @serial-Kommentar bei einem serialisierbaren Feld wegläßt.

@serialField *name type text*

Verwenden Sie dieses Tag für alle im Array serialPersistentFields aufgeführten Felder einer Klasse, die den Standardmechanismus der Serialisierung überschreibt. (In Kapitel 12 finden Sie weitere Informationen zu diesem alternativen Mechanismus der Serialisierung.)

@serialData *text*

Mit diesem Tag beschreiben Sie zusätzliche Daten, die von den Methoden writeObject oder writeExternal geschrieben werden. (Kapitel 12 geht näher auf diese Methoden ein.) Plazieren Sie das Tag bei der Dokumentation der Methode, die die Daten liest oder schreibt.

Kommentare für Pakete und Übersichten

Die Kommentare für Klassen, Methoden und Variablen schreibt man direkt in die Java-Quelldateien und schließt die Dokumentationskommentare in /** ... */ ein. Um jedoch Paketkommentare zu generieren, muß man eine Datei namens package.html in jedes Paketverzeichnis aufnehmen. Der gesamte Text zwischen den Tags <BODY>...</BODY> wird extrahiert.

Man kann auch einen Übersichtskommentar für alle Quelldateien bereitstellen. Schreiben Sie ihn in eine Datei namens overview.html. Bringen Sie diese Datei in dem Verzeichnis unter, das als übergeordnetes Verzeichnis aller Quelldateien fungiert. Der gesamte Text zwischen den Tags <BODY>...</BODY> wird extrahiert. Dieser Kommentar erscheint, wenn der Benutzer »Overview« auf der Navigationsleiste wählt.

Kommentare extrahieren

Wir gehen hier davon aus, daß Sie die HTML-Dateien in das Verzeichnis dokVerzeichnis schreiben. Führen Sie folgende Schritte aus:

1. Gehen Sie in das Verzeichnis, das die zu dokumentierenden Quelldateien enthält. Wenn verschachtelte Pakete zu dokumentieren sind, wie etwa com.corejava, müssen Sie in das Verzeichnis gehen, das das Unterverzeichnis com enthält. (Das ist das Verzeichnis mit der Datei overview.html, falls Sie diese Datei bereitstellen.)

Das Dienstprogramm javadoc

2. Führen Sie den Befehl

   `javadoc -d dokVerzeichnis paketName`

   für ein einzelnes Paket oder

   `javadoc -d dokVerzeichnis paketName1 paketName2 ...`

   für mehrere Pakete aus.

Das Programm `javadoc` läßt sich mit zahlreichen Optionen der Befehlszeile optimieren. Beispielsweise kann man mit den Optionen `-author` und `-version` die Tags `@author` und `@version` in die Dokumentation einschließen. (Per Vorgabe werden sie weggelassen.) Wir verweisen hier auf die Online-Dokumentation des Dienstprogramms `javadoc`.

Um darüber hinausgehende Anpassungen vorzunehmen, beispielsweise eine Dokumentation in einem anderen Format als HTML zu erzeugen, können Sie ein eigenes *Doclet* bereitstellen, mit dem sich die Ausgaben in der gewünschten Form generieren lassen. Für diese speziellen Aufgaben verweisen wir auf die Online-Dokumentation.

Anhang C

Die CD-ROM zum Buch

Inhalt der CD-ROM

Die CD-ROM hat folgende Verzeichnisstruktur:

```
\Buchdaten
\Dienste
\Lingua
\Programme
\Web
```

Das Verzeichnis \Buchdaten enthält unter corejava.zip alle Beispieldateien für beide Bände von Core Java sowie das JDK (Java Development Kit) 1.2.

In \Dienste finden Sie die Zugangssoftware des Onlinedienstes T-Online, außerdem die aktuellen Versionen des Internet Explorer und Netscape Navigator. Immer nützlich: das Englisch-/Deutsch-Wörterbuch (30-Tage-Version) vom Markt und Technik Verlag in \Lingua.

\Programme schließlich bietet Ihnen einige nützliche Shareware-Programme wie TextPad, Hex Workshop oder Together/J.

Webdaten zur Steuerung der CD-ROM-Oberfläche befinden sich in \Web.

Hinweis

Im Internet finden Sie die Daten unter folgenden URLs::	
JDK	java.sun.com
Beispielprogramme	www.phptr.com/corejava
Winzip	www.winzip.com
TextPad	www.textpad.com
HexWorkshop	www.bpsoft.com
Together/J	www.togethersoft.com

Installationsverzeichnisse

JDK installieren

Diesen Schritt können Sie überspringen, wenn Sie bereits eine Java-Entwicklungsumgebung installiert haben, die die neueste Version von Java unterstützt.

1. Gehen Sie auf der CD-ROM in das Unterverzeichnis, das Ihrem Betriebssystem entspricht.

Die CD-ROM zum Buch

2. Sie finden eine Installationsdatei für das JDK in einem für das betreffende Betriebssystem geeigneten Format und zugehörige Installationsanweisungen. Beispielsweise ist es für Windows eine .exe-Datei.

3. Installieren Sie die JDK-Dateien entsprechend der Prozedur, die für Ihr Betriebssystem zutrifft. Wir empfehlen, die Dateien in einem Verzeichnis jdk unterzubringen. Wenn Sie über eine ältere Version des JDK verfügen, entfernen Sie diese, bevor Sie die neuere Version installieren.

Hinweis

Wenn das JDK durch ein Setup-Programm installiert wird, bietet das Setup-Programm gewöhnlich ein anderes Standardverzeichnis für jede Version des JDK an, beispielsweise jdk1.2.3. Dennoch sollten Sie das Verzeichnis in jdk ändern. Wenn Sie allerdings ein Java-Fan sind, der die verschiedenen Versionen des JDK sammelt, übernehmen Sie einfach die vorgegebenen Verzeichnisse.

4. Nehmen Sie das Verzeichnis jdk\bin in die PATH-Einstellung auf. Beispielsweise schreiben Sie unter Windows 95 die folgende Zeile an das *Ende* der Datei AUTOEXEC.BAT:

    SET PATH=C:\jdk\bin;%PATH%

Hinweis

Wenn Sie das JDK in einem anderen Verzeichnis wie etwa jdk1.2.3 installiert haben, müssen Sie den Pfad auf jdk1.2.3\bin setzen. Die anderen Anweisungen sind sinngemäß zu ändern, ohne daß wir erneut darauf hinweisen.

5. Prüfen Sie, ob es eine separate Installation für andere Java-Tools gibt, beispielsweise das Bean Development Kit (BDK), das Java Plug-In oder den Plug-In-HTML-Konverter. Installieren Sie diese Tools bei Bedarf.

6. Installieren Sie die Dokumentation (die sich in einem separaten Archiv befindet). Wir empfehlen auch, den Quellcode (der in der Datei src.jar im Verzeichnis jdk enthalten ist) zu entpacken.

Tip

Sun Microsystems gibt häufig aktualisierte Versionen des JDK frei. Auf der Website von Java unter http://java.sun.com können Sie nachsehen, ob eine neuere Version des JDK verfügbar ist. In diesem Fall sollten Sie das JDK vom Web herunterladen und anstelle der CD-Version installieren.

Trial-Software installieren

Diesen Schritt können Sie überspringen, wenn Sie nicht unter Windows 95/98 oder NT arbeiten.

Die CD-ROM enthält eine Reihe von Trial-Programmen, die Sie vielleicht nützlich finden. Dazu gehören:

- WinZip, unser bevorzugtes ZIP-Tool. Damit lassen sich Dateien der Formate ZIP, JAR und TAR dekomprimieren.

- TextPad, unser bevorzugter ASCII-Texteditor für Windows. Sie können damit Java-Programme kompilieren und ausführen. (Sehen Sie sich die Befehle im Menü EXTRAS an.)

- HexWorkshop, unser bevorzugter Hex-Editor. In Band 2 zeigen wir, wie man mit HexWorkshop in Klassendateien »schnuppert«.

Um die Software zu installieren starten Sie das jeweilige Setup-Programm.

Beispieldateien von Core Java installieren

Die CD-ROM enthält den Quellcode für alle Beispielprogramme in diesem Buch. Die Dateien liegen gepackt in einem einzigen ZIP-Archiv `corejava.zip` vor.

Die Dateien können Sie mit einem ZIP-Dienstprogramm (wie dem auf der CD-ROM befindlichen WinZip) entpacken. Andernfalls müssen Sie zuerst das JDK installieren, wie es oben beschrieben wurde. Das JDK-Programm `jar` kann ZIP-Dateien dekomprimieren.

Um die Beispieldateien von Core Java zu installieren, führen Sie die folgenden Schritte aus:

1. Dekomprimieren Sie die Datei `corejava.zip` in das Verzeichnis `CoreJavaBook`. Das können Sie mit WinZip, einem anderen ZIP-Dienstprogramm oder dem zum JDK gehörenden Programm `jar` erledigen. Falls Sie mit `jar` arbeiten, gehen Sie wie folgt vor:

   - Stellen Sie sicher, daß JDK installiert ist.

   - Erstellen Sie ein Verzeichnis `CoreJavaBook`.

   - Kopieren Sie die Datei `corejava.zip` in dieses Verzeichnis.

   - Wechseln Sie in diesesVerzeichnis.

Die CD-ROM zum Buch

- Führen Sie den Befehl

`jar xvf corejava.zip`

aus.

2. Fügen Sie die Umgebungsvariable `CLASSPATH` hinzu. Diese Umgebung muß
    - das aktuelle Verzeichnis (.)
    - `CoreJavaBook` (das Verzeichnis, in dem Sie die Beispiele zu Core Java installiert haben)

enthalten.

Zum Beispiel nehmen Sie unter Windows die folgende Zeile in die Datei `AUTOEXEC.BAT` auf:

`SET CLASSPATH=.;c:\CoreJavaBook`

Wenn Sie mit der C-Shell unter Unix arbeiten, schreiben Sie den folgenden Befehl in die Datei .cshrc:

`setenv CLASSPATH .:$home/CoreJavaBook`

Hinweis

Viele integrierte Java-Entwicklungsumgebungen haben eigene Methoden, um den Klassenpfad zu setzen. Wenn Sie mit einem derartigen Programm arbeiten, ermitteln Sie, wie das Verzeichnis für die Suche nach Klassendateien von `CoreJavaBook` zu setzen ist. Konsultieren Sie die Dokumentation Ihrer Umgebung, und setzen Sie sich gegebenenfalls mit dem Hersteller in Verbindung.

Die Beispieldateien sind wie folgt organisiert:

Für jedes Kapitel existiert ein separates Verzeichnis. In jedem dieser Verzeichnisse sind separate Unterverzeichnisse für die Beispieldateien untergebracht. Beispielsweise enthält `CoreJavaBook\ch2\ImageViewer` den Quellcode und die Bilder für die Anwendung Image Viewer. (Für Band 1, Kapitel 1 gibt es keinen Quellcode.)

Hinweis

Das Verzeichnis `corejava` enthält eine Reihe nützlicher Java-Klasse, die wir verfaßt haben, um fehlende Funktionen in der Java-Standardbibliothek zu ergänzen. Diese Dateien sind für viele Beispiele im Buch erforderlich. Es ist deshalb wichtig, daß Ihre `CLASSPATH`-Umgebungsvariable auf das Verzeichnis `CoreJavaBook` gesetzt ist, so daß die Programme unsere Dateien finden können, beispielsweise `CoreJavaBook\corejava\Format.class` und `CoreJavaBook\corejava\Day.class`.

Das Verzeichnis `api` enthält die Dokumentation für die Klassen im Verzeichnis `corejava`. Gehen Sie mit Ihrem Webbrowser auf `CoreJavaBook\api\index.html`, um eine Zusammenfassung der von uns bereitgestellten Hilfsklassen einzusehen. Klicken Sie auf die Links, um nähere Informationen über jede Klasse zu erhalten.

Installation testen

JDK testen

Gehen Sie in das Verzeichnis `CoreJavaBook\ch2\Welcome`. Geben Sie dann die folgenden Befehle ein:

```
javac Welcome.java
java Welcome
```

Falls Sie mit einer integrierten Entwicklungsumgebung arbeiten, laden Sie die Datei `Welcome.java`. Dann kompilieren und starten Sie das Programm. Es sollten keine Warnungen oder Fehlermeldungen bei der Kompilierung auftauchen.

Wenn das Programm läuft, sollte es eine Grußbotschaft im Konsolenfenster ausgeben.

Das Utility-Paket von Core Java testen

Gehen Sie in das Verzeichnis `CoreJavaBook\ch3\LotteryOdds`. Geben Sie dann die folgenden Befehle ein:

```
javac LotteryOdds.java
java LotteryOdds
```

Es sollte eine Aufforderung zur Eingabe von zwei Zahlen erscheinen. Geben Sie 6 und 49 ein. Das Programm berechnet nun die Chancen auf einen Sechser im Lotto 6 aus 49. Viel Glück!

Wenn sich das Programm nicht kompilieren oder ausführen läßt, ist der Klassenpfad nicht richtig eingestellt.

Swing-Unterstützung testen

Gehen Sie in das Verzeichnis `CoreJavaBook\ch7\NotHelloWorld`. Geben Sie dann die folgenden Befehle ein:

```
javac NotHelloWorld.java
java NotHelloWorld
```

Die CD-ROM zum Buch

Falls Sie mit einer integrierten Entwicklungsumgebung arbeiten, laden Sie die Datei `NotHelloWorld.java`. Dann kompilieren und starten Sie das Programm. Es sollten keine Warnungen oder Fehlermeldungen bei der Kompilierung erscheinen. Wenn sich das Programm nicht kompilieren läßt, unterstützt Ihre Entwicklungsumgebung nicht die Komponenten der Benutzeroberfläche von Swing.

Läuft das Programm, sollte ein Fenster mit einer vielsagenden Meldung erscheinen.

Mittlerweile fühlen Sie sich vielleicht wie jemand, der einen Grill kaufen wollte und feststellt, daß es eigentlich ein Grill-Bausatz (zu Neudeutsch: Kit) und nicht ein sofort einsatzfähiger Grill ist. Immerhin gibt es einen Grund, warum es Java Development *Kit* heißt. Zweifellos hört dieses Durcheinander auf, wenn die integrierten Entwicklungsumgebungen die neuesten Versionen von Java unterstützen.

Fehlersuche

Dieser Abschnitt bringt ein paar Hinweise zur Fehlerbeseitigung, falls die Installation nicht erfolgreich verlaufen ist.

»PATH« und »CLASSPATH«

Das häufigste Problem, dem wir mit Java begegnet sind, war eine falsch festgelegte `PATH`- oder `CLASSPATH`-Umgebungsvariable. Prüfen Sie bitte folgendes:

1. Das Verzeichnis `\jdk\bin` muß im `PATH` erscheinen.
2. Das Verzeichnis `CoreJavaBook` muß im `CLASSPATH` für alle Programme, die das Paket `corejava` importieren, aufgeführt sein.
3. Bei einigen Versionen des JDK muß das aktuelle Verzeichnis (das heißt, das mit einem Punkt gekennzeichnete Verzeichnis) im `CLASSPATH` enthalten sein.

Kontrollieren Sie diese Einstellungen genau, und starten Sie dann den Computer neu, falls Probleme aufgetreten sind.

Hinweis

Achten Sie darauf, in der Anweisung `SET CLASSPATH` keine Leerzeichen zu schreiben. Insbesondere dürfen keine Leerzeichen um das Gleichheitszeichen in der Anweisung

`SET CLASSPATH=.;c:\CoreJavaBook`

stehen.

Speicherprobleme

Wenn Ihr Computer nur mit 16 Mbyte Arbeitsspeicher ausgestattet ist, erhalten Sie möglicherweise vom Java-Compiler eine Fehlermeldung, die ungenügenden Speicher reklamiert. In diesem Fall sollten Sie alle speicherhungrigen Anwendungen wie Netscape und Microsoft Exchange schließen. Sollten Sie weniger als 16 Mbyte Arbeitsspeicher zur Verfügung haben, können Sie größere Programme möglicherweise gar nicht kompilieren.

Hinweis

Nur der Compiler und der Applet Viewer gehen verschwenderisch mit Speicher um. Nachdem Sie eine Anwendung kompiliert haben, sollte sie sich problemlos mit dem Java-Interpreter oder einem Browser ausführen lassen, sogar mit weniger als 16 Mbyte Arbeitsspeicher.

Groß-/Kleinschreibung

Java beachtet die Groß-/Kleinschreibung. HTML ist manchmal ebenfalls von der Schreibweise abhängig. DOS behandelt Groß- und Kleinbuchstaben gleich. Das kann zu schwer auffindbaren Problemen führen, vor allem weil Java ziemlich bizarre Fehlermeldungen liefern kann, wenn es sich über einen Rechtschreibfehler beschwert. Prüfen Sie immer Dateinamen, Parameternamen, Klassennamen, Schlüsselwörter usw. hinsichtlich der Schreibweise.

Browser

Damit Sie mit Ihrem Webbrowser die im Buch vorgestellten Applets ansehen können, müssen Sie das Java Plug-In installieren. Wenn Sie es nicht installieren möchten, können Sie auch einfach den Applet Viewer zur Anzeige verwenden.

Andere Plattformen

Das beschriebene Setup geht davon aus, daß Ihre Plattform eine Befehlszeilenoberfläche bietet und eine Möglichkeit zum Setzen von Umgebungsvariablen hat. Das ist bei Windows, Unix und OS/2 der Fall, jedoch nicht beim Macintosh. Lesen Sie die Informationen von Sun Microsystems oder dem Anbieter Ihrer Entwicklungsumgebung, und modifizieren Sie die Installationsanweisungen dementsprechend.

Updates und Bug Fixes

Die CD-ROM enthält mehrere hundert Dateien, von denen vermutlich einige mit kleinen Fehlern und Ungenauigkeiten behaftet sind. Im Web halten wir eine Liste häufig gestellter Fragen (FAQs – Frequently Asked Questions), eine Liste von Druckfehlern und Bug Fixes bereit. (Die Hauptseite für dieses Buch ist http://www.horstmann.com/corejava.html.) Wir freuen uns über jede Meldung von Druckfehlern, Fehlern in Beispielprogrammen und Verbesserungsvorschlägen.

Die CD-ROM zum Buch

(Anmerkung des Übersetzers: Diese Website bezieht sich auf die amerikanische Originalausgabe dieses Lehrbuchs. Haben Sie Anmerkungen zu der Übersetzung schreiben Sie bitte an den support@mut.de).

Stichwortverzeichnis

Stichwortverzeichnis

Symbols
!= (Ungleichheit) 81
% (Modulo) 79
& (bitweises AND) 81
&& (AND-Operator) 81
* (Multiplikation) 79
+ (Addition) 79
+ (Strings verketten) 225
++ (Inkrement) 80
/ (Division) 79
== (Gleichheit) 80
>> (Rechtsschieben) 82
>>> (Rechtsschieben mit 0) 82
? (Bedingungsausdruck) 104
@author 832
@deprecated 831
@link 831
@param 833
@return 833
@see 831
@serial 833
@serialData 834
@serialField 834
@since 831
@throws 833
@version 832
\ 73
\' 73
\b 73
\n 73
\r 73
\t 73
^ (bitweises XOR) 81
_ (Subtraktion) 79
__ (Dekrement) 80
_deprecation 376
| (bitweises OR) 81
|| (OR-Operator) 81
~ (bitweises NOT) 81

Numerics
3D-Effekte 358, 361
– Rahmen 501

A
abstract 217, 826
Abstract Window Toolkit 314
accept 632
AccessibleObject 258
Accessor-Methoden 154
Action 420
ActionEvent 380, 397f.
ActionListener 398
actionPerformed 398
Activator (Java Plug-In) 636
ActiveX, ID 660
– Komponenten 659
– Sicherheit 646
Adapterklassen 325, 391
– Listener 396
add, GregorianCalendar 154
– Vector 232, 237
add (ButtonGroup) 496
add (Container) 457, 459
add (JMenu) 427, 587
addDocumentListener 469
addElement 229, 517
addImage 374
addItem 528
Addition 79
addLayoutComponent 579
addListSelectionListener 509
addSeparator 588
AdjustmentEvent 397f.
AdjustmentListener 398
adjustmentValueChanged 398
advance 157
after 152
Aktionen, aktivieren/deaktivieren 426
– Ereignisse 382
– Farben ändern 421
– Flags 424, 428
– Merkmale 427
– mit Tasten verbinden 423
– Name/Wert-Paare 427
– Reihenfolge erzwingen 434
– Schnittstellen 420
– Tastenbetätigung registrieren 428
Aktionsereignisse
– Befehlsstrings 386
Aktions-Listener 382
AlarmClock 288
Aliasnamen, lange Dateinamen 43
ALIGN 654
Analysieren, Klassen 256
anchor 570, 574
AND 81
Anführungszeichen 73
Annahmen 719
– separate Klasse 720
ANSI, Zeichensatz 72
Ansichten
– simultane 448
Anweisungen
– do-while 107
– for 109
– if 102
– import 192
– package 192
– return 117
– Semikolon 74

Stichwortverzeichnis

– switch 111
– while 105
Anwendungen, beenden 390
– Dateien 738
– gleichzeitig Applet 685
– in Applets umwandeln 647
– Internationalisierung 73
Anzeigebereiche, Browser 672
API, corejava.Day 157
– Hinweise 88
– java.applet.Applet 650, 652, 666, 671, 674
– java.applet.AppletContext 674
– java.awt.BorderLayout 459
– java.awt.Color 353
– java.awt.Component 330, 339, 353, 373, 403, 419, 443, 468, 567, 575, 582
– java.awt.Container 387, 456, 459
– java.awt.event.ActionEvent 386
– java.awt.event.AdjustmentListener 534
– java.awt.event.ComponentEvent 401
– java.awt.event.InputEvent 410, 432
– java.awt.event.KeyEvent 409
– java.awt.event.MouseEvent 418, 594
– java.awt.EventQueue 437
– java.awt.FlowLayout 457
– java.awt.Font 346
– java.awt.FontMetrics 347
– java.awt.Frame 332
– java.awt.Graphics 347, 353, 356, 359, 366, 372
– java.awt.GridBagConstraints 574
– java.awt.GridLayout 559
– java.awt.Image 373
– java.awt.LayoutManager 579
– java.awt.MediaTracker 374
– java.awt.Toolkit 332, 371, 419
– java.awt.Window 332
– java.io.BufferedInputStream 749
– java.io.BufferedOutputStream 749
– java.io.DataInput 752
– java.io.DataOutput 753
– java.io.File 820
– java.io.FileInputStream 748
– java.io.FilenameFilter 823
– java.io.FileOutputStream 748
– java.io.InputStream 740
– java.io.ObjectInputStream 792
– java.io.ObjectOutputStream 792
– java.io.OutputStream 741
– java.io.PrintWriter 762
– java.io.PushbackInputStream 749
– java.io.RandomAccessFile 755
– java.lang.Class 251, 256, 684
– java.lang.Integer 244
– java.lang.Object 227
– java.lang.reflect.AccessibleObject 262
– java.lang.reflect.Constructor 252, 257

– java.lang.reflect.Field 257
– java.lang.reflect.Method 257
– java.lang.String 89, 787
– java.lang.System 128
– java.lang.Throwable 701, 721
– java.net.URL 670
– java.text.DecimalFormat 97
– java.text.NumberFormat 96, 244
– java.util.Arrays 128, 282
– java.util.EventObject 386
– java.util.GregorianCalendar 151
– java.util.StringTokenizer 776
– java.util.Vector 232, 236f.
– java.util.zip.ZipEntry 772
– java.util.zip.ZipFile 773
– java.util.zip.ZipInputStream 770
– java.util.zip.ZipOutputStream 771
– javax.lang.Comparable 281
– javax.swing.AbstractButton 386, 497, 590, 592, 597
– javax.swing.Action 426
– javax.swing.border.SoftBevelBorder 502
– javax.swing.BorderFactory 501
– javax.swing.Box 566
– javax.swing.ButtonGroup 496
– javax.swing.ButtonModel 497
– javax.swing.DefaultListModel 517
– javax.swing.event.DocumentEvent 470
– javax.swing.event.DocumentListener 470
– javax.swing.event.ListSelectionListener 510
– javax.swing.event.MenuListener 598
– javax.swing.filechooser.FileFilter 632
– javax.swing.filechooser.FileView 632
– javax.swing.ImageIcon 387
– javax.swing.JButton 386
– javax.swing.JCheckBox 492
– javax.swing.JCheckBoxMenuItem 591
– javax.swing.JComboBox 528
– javax.swing.JComponent 339, 428, 503, 582
– javax.swing.JDialog 620
– javax.swing.JFileChooser 631
– javax.swing.JFrame 335, 589
– javax.swing.JLabel 484
– javax.swing.JList 509, 515, 517, 524
– javax.swing.JMenu 427, 587
– javax.swing.JMenuItem 588, 590, 596, 598
– javax.swing.JOptionsPane 613
– javax.swing.JPanel 461
– javax.swing.JPasswordField 478
– javax.swing.JPopupMenu 594
– javax.swing.JRadioButton 496
– javax.swing.JRadioButtonMenuItem 592
– javax.swing.JScrollBar 533
– javax.swing.JScrollPane 483, 544
– javax.swing.JTextArea 482, 488
– javax.swing.JTextComponent 462
– javax.swing.JTextField 469, 477

– javax.swing.KeyStroke 427
– javax.swing.ListCellRenderer 524
– javax.swing.ListModel 515
– javax.swing.text.Document 469, 477
– javax.swing.text.JTextComponent 476, 486
Apostroph 73
append 482, 787
AppletContext 671, 687
Applets 28, 634
– Audioclips 670
– Aufzählung 674
– aus Anwendungen erstellen 647
– Ausrichtung 654
– Autor 666
– Bilder 670
– Breite 653
– Code 655
– Copyright 666
– destroy 651
– einmalig auszuführender Code 651
– Ereigniswarteschlange 433
– gleichzeitig Anwendung 685
– Größe 650
– Höhe 653
– HTML-Tags 58, 652
– im Applet-Viewer anzeigen 55
– im Browser anzeigen 58
– Informationen übergeben 661
– init 651
– initialisieren 650
– Internationalisierung 683
– Internet 634
– JavaScript 657
– Klassendateien 635, 657
– Kommunikation mit Browser 671
– Kommunikation zwischen Applets 658, 672
– Kontext 671
– laden 58
– Lebenszyklus 650
– Lesezeichen 675
– Multimedia 668
– nicht Java-fähige Betrachter 658
– Parameterbeschreibung 666
– Popup-Fenster 666
– Positionierung 653
– Privilegstufen 646
– Ressourcen 651, 680f.
– Seite verlassen 651
– serialisierte Objekte 657
– Sicherheit 644
– signierte 646
– start 651
– stop 651
– Swing 637
– testen 642
– TextPad 642

– URL 668
– Version 666
– Warnung 667
– Webseiten 636
AppletStub 687
APPLET-Tag 58, 635, 652
– JAR-Dateien 680
Applet-Viewer 55, 642
– APPLET-Tag 652
Architektur, Swing-Komponenten 446
Archivdateien 656
ARCHIVE 656
– JAR-Dateien 680
– Swing 656
Argumente
– als Wert übergeben 118
– an Methoden übergeben 118
– Arrays 125
– Befehlszeile 68
– Methoden 68
– Objekte 160
– Standardkonstruktoren 176
arraycopy 128
ArrayIndexOutOfBoundsException 695
Arrays 121, 279
– als Argumente 125
– als Rückgabewerte 126
– anonyme 122
– Anzahl der Elemente 123
– definieren 125
– dynamisch erzeugen 262
– Größe ändern 122
– Größe dynamisch ändern 228
– Inhalt ändern 118
– initialisieren 130
– Komponententyp ermitteln 264
– kopieren 123
– Länge ermitteln 264
– Matrizen 129
– mehrdimensionale 129
– Object 226
– sort 126
– Sortieralgorithmus 279
– Typen ermitteln 250
– unregelmäßige 132
– Unterschiede zu Vektoren 233
– Zeiger 125
ASCII, Zeichensatz 72
Assertions 719
ASSERT-Makro 721
Assoziativität, Operatoren 83
Audioclips, Applets 671
Auflistungsklassen 229
Ausdrücke, Auswertungsreihenfolge 82
Ausführen, Programme 49
Ausgaben, durch Begrenzer getrennte 774

Stichwortverzeichnis

– formatieren 93
– Konsole 68
– Objekte 761
– Zahlen 761
Ausgabestrom 738
– Datensätze schreiben 780
– leeren 742
– Objekte 792
– schließen 741
– Textausgaben 760
Ausnahmen 692
– abfangen 221, 701
– ankündigen 696
– auslösen 699
– behandeln 703
– beschreiben 700
– C++ 699
– Dateiende 699
– erneut auslösen 705
– finally 706
– Klassen erstellen 700
– Klassifizierung 694
– kontrollierte 698
– Laufzeit 695
– mehrere Typen auffangen 704
– print-Methoden 762
– Ressourcen freigeben 706
– Spezifikation 697
– Stack-Protokoll 701
– Tips 711
– Typumwandlung 215, 265
– unkontrollierte 698
– unterdrücken 713
– Ursachen 696
– vordefinierte 700
– weiterleiten 703f.
– ZIP-Eingabestrom 769
Ausrichtung, Applets 654
– Bezeichnungsfelder 484
– Fluß-Layout 457
– Komponenten 574
– Layout 567
– Rahmentitel 502
Auswahlelemente 488
Authentifizierung 808
Autoreneintrag 832
available 741
AWT 314
– Adapterklassen 391
– Canvas 338
– Ereignisse auffangen 721
– Ereignistypen 395
– logische Schriftnamen 340
– Traversal-Reihenfolge 581
– Zeichenmodi 364

– Zeichnen 338
AWTEvent 395

B

Backslash 73
– Escape-Zeichen 745
Basisklassen 139, 203
Basistypen 69
– in Wrapper-Objekte überführen 267
Bearbeiten, Text 486
Bedingungsanweisungen 102
Beenden, Grafikprogramme 322
Befehlsstrings 380
– ermitteln 386
Befehlszeile, Argumente 68
– Parameter 68
before 152
Begrenzer, Datensätze 774
– Tokenizer 775
– Verzeichnisse 819
– wechseln 776
Begriffe, Aktionen 420
– Ansicht 447
– Caret 471
– Container 400
– Komponenten 400
– Modell 447
– objektorientierte Programmierung 138
– Schnelltasten 595
– Schnittstellen 278
– Schriften 340
– Schriftsatz 342
– Steuerung 447
– Tastenkürzel 595
– Viewport 536
Behandlungsroutinen, Ereignisse 376
– Kontrollkästchen 490
– Mausereignisse 411
– Tastaturereignisse 411, 473
Beispiele, abstrakte Klassen 219
– Aktionen der Benutzeroberfläche 424
– Anwendungen in Applets umwandeln 648
– Applet und Anwendung 689
– AppletFrame.java 689
– Applets 639
– ArrayGrowTest.java 265
– Arrays erweitern 265
– Ausnahmen erzeugen und auffangen 709
– benutzerdefinierte Ereignisse 441
– benutzerdefinierte Layout-Manager 576
– BigIntegerTest.java 246
– Bilder anzeigen 370
– Bildlauf im Fenster 548
– Bildlaufbereich 539
– Bildlaufbereich (sichtbarer Bereich) 548

- Bildlaufleisten 531
- Bookmark.html 675
- Bookmark.java 677
- BorderTest.java 498
- Box-Layout 563
- BoxLayoutTest.java 563
- BuggyButton.java 730
- ButtonTest.java 383
- Calculator.html 648
- Calculator.java 557
- CalculatorApplet.java 648
- CalculatorAppletApplication.java 690
- Calendar.java 159
- Card.java 189
- CardDeck.java 188
- CenteredTest.java 329
- Chart.java 664
- CheckBoxTest.java 490
- CircleLayoutTest.java 576
- CloseableTest.java 325
- ColorSelect.java 531
- ComboBoxTest.java 526
- CompoundInterest.java 130
- CustomEventTest.java 441
- DataExchangeTest.java 622
- DataFileTest.java 777
- Dateien mit wahlfreiem Zugriff 783
- Datenaustausch mit Dialogfeldern 622
- DebugWin.java 729
- Diagramm-Applet 664
- Dialogfelder 608
- DialogTest.java 619
- DrawPoly.java 355
- DrawRect.java 358
- Eigenschaftseditor 291
- EmployeeSortTest.java 276
- EmployeeTest.java 164
- Ereignisse 383
- Ereigniswarteschlange 435
- Erscheinungsbilder umschalten 389
- EventQueueTest.java 435
- ExceptionalTest.java 714
- ExceptTest.java 709
- Farbauswahl 531
- Fehlersuche 729
- Fehlersuche mit JDB 730
- Figuren füllen 361
- Figuren zeichnen 355
- FillPoly.java 363
- FillRect.java 361
- FindDirectories.java 818
- FirstSample.java 69
- FirstTest.java 320
- FontDialog.java 571
- Geschwindigkeit der Ausnahmebehandlung 714
- getrennter Code für GUI und Anwendung 424

- Grid Bag-Layout 571
- Gültigkeitsprüfung 473
- HTML-Dateien konvertieren 641
- Hypothek 100
- ImageTest.java 370
- ImageViewer.java 54
- Info-Dialogfelder 619
- innere Klassen testen 296
- Kalender 159
- Klasseninformationen 254
- Kombinationsfelder 526
- Kontextmenüs 599
- Kontrollkästchen 490
- lange Listen 513
- Left.html 676
- Lesezeichen-Applet 675
- Lineale 539
- Listenfelder 507
- Listenwerte wiedergeben 521
- ListRenderingTest.java 521
- ListTest.java 507
- LongListTest.java 513
- LotteryArray.java 133
- LotteryDrawing.java 127
- LotteryOdds.java 118
- Lotto 115
- MailboxTest.java 219
- ManagerTest.java 206
- Mausereignisse 416
- Menüs 599
- MenuTest.java 599
- MessageCracker.java 723
- MessageCrackerTest.java 722
- Methodenzeiger 268
- MethodPointerTest.java 268
- Mortgage.java 100
- MortgageLoop.java 111
- MouseTest.java 416
- MulticastTest.java 430
- Nachrichten verfolgen 722, 723
- nebeneinanderliegende Fenster 280
- NotHelloWorld1.java 338
- NotHelloWorld2.java 344
- NotHelloWorldApplet.html 641
- NotHelloWorldApplet.java 639
- ObjectAnalyzerTest.java 260
- ObjectFileTest.java 790
- ObjectRefTest.java 801
- Objekte analysieren 260
- Objekte speichern/lesen 790
- Objektreferenzen speichern 801
- OptionDialogTest.java 608
- Optionsfelder 494
- PlafTest.java 389
- Polygone füllen 363
- PropertyTest.java 296

Stichwortverzeichnis

– RadioButtonTest.java 494
– Rahmen anzeigen 320
– Rahmen schließen 325
– Rahmenlinien 498
– RandomFileTest.java 783
– RandomIntGenerator.java 185
– Raster-Layout 557
– ReadDoubleTest.java 90
– Rechner 557
– Rechtecke zeichnen 358
– Reflection-Mechanismus 723
– ReflectionTest.java 254
– ResourceTest.html 683
– Ressourcen testen 683
– Retirement.java 106
– Right.html 677
– Schaltflächen 383
– Schriftauswahl 494
– Schriften 344
– Schriften-Dialogfeld 571
– ScrollPane.java 539
– ScrollTest.java 548
– SeparateGUITest.java 424
– Serialisierung 801
– ShellSort.java 125
– Sketch.java 407
– Sortieren 125, 276
– SquareRoot.java 107
– StaticInnerClassTest.java 310
– statische innere Klassen 310
– Symbol anzeigen 329
– Tastaturereignisse 407
– Text bearbeiten 486
– TextAreaTest.java 480
– Textbereiche 480
– TextEditTest.java 486
– Textfelder 466
– TextTest.java 466
– TileTest.java 280
– Timer 441
– ValidationTest.java 473
– VectorBenchmark.java 238
– Verzeichnisstruktur 818
– Welcome.java 50
– WelcomeApplet.html 56
– WelcomeApplet.java 60
– Wertetabelle von Funktionen 267
– XOR.java 365
– Zeichenmodi 365
– Zinszahlungen 129
– ZIP-Dateien lesen 766
– ZipTest.java 766
Benchmark, Ausnahmen 711
– Vektoren 238
Benutzeroberfläche, Dekorationen 319
– grafische 314, 446

– Menüs 582
– Modell/Ansicht/Steuerung 452
– Swing 315, 446
– Symbolleisten 583
Bestätigungsdialogfelder 614
Betriebssysteme, Unicode 73
Bezeichnungsfelder 483
– Kontrollkästchen 488
– Symbole 484
– Text 485
– Text ausrichten 484
Beziehungen, Klassen 142
Bibliotheken, Pakete 191
– Quelldateien 42
Big Endian-Methode 750
BigDecimal 245
BigInteger 245
Bilder 367
– anfordern 369
– Applets 671
– Chunk 368
– Formate 367
– laden 332, 368
– Pufferung 338
– Ressourcen freigeben 374
Bildfelder 460
Bildlauf, Fenster 545
Bildlaufbereich 479, 534
– erzeugen 483
– Lineale 537
– Listenfelder 504
– Viewport 536
Bildlaufleisten 528
– bei Bedarf anzeigen 544
– Bildlaufbereich 483
– Ereignisse 397, 530
– Listenfelder 504
– Schieberegler 528
– Textbereiche 479
Bildschirm, Flackern 718
– Größe ermitteln 332
Bildschirmauflösung, Rahmen 328
Bildschirmbereiche, kopieren 373
binarySearch 128
Bindung, dynamische 211
– späte 211
– statische 211
Bitmuster 82
Blöcke, catch 222
– Gültigkeitsbereiche 101
– Initialisierungsblöcke 178
– try 222
– Verbundanweisung 103
– verschachteln 101
Blockieren, Threads 739
Bögen 354

– füllen 363
– Winkel 357
Boolean 74, 240, 826
BooleanHolder 242
Border Layout 457
BorderFactory 497
BorderLayout 459
Bottom-Up-Entwurf 144
Box-Layout 556, 560
Braille-Terminals 315
break 826
– switch-Anweisungen 112
break-Anweisungen, benannte 113
Breite, Komponenten 331
Browser 28
– Anzeigebereich 672
– Applet-Meldungen anzeigen 726
– Applets anzeigen 58
– Applets laden 635
– Ereignismodell 376
– Handle auf Umgebung 674
– herunterfahren 651
– HotJava 635
– Java Virtual Machine 635
– Kommunikation mit Applets 671
– Konsolenfenster 726
– Objekte anzeigen 672
– Sicherheit 667
– Statusleiste 672
BufferedInputStream 749
BufferedOutputStream 749
BufferedReader 764
Button 398
Byte 240
byte 70, 826
Bytecodes 65
Bytes, in Array lesen 740
– in Unicode konvertieren 764
– lesen/schreiben 739
– probeweise lesen 747
– Verfügbarkeit testen 739

C

C++, #include 194
– Annahmen (Assertions) 721
– assert-Makro 721
– Ausnahmen 222
– Bereichsauflösungsoperator 208
– boolesche Werte 74
– char 73
– const 78
– Datenelemente initialisieren 177
– Funktionen 165
– Funktionszeiger 289
– Gleichheitszeichen 81
– Inline-Funktionen 165

– Kommaoperator 83
– Konstruktoren 168
– logic_error 696
– Mehrfachvererbung 210, 281
– Objektzeiger 148
– Operatoren überladen 245
– protected 223
– Referenzen 148
– rein virtuelle Funktionen 218
– runtime_error 696
– Schiebeoperationen 82
– Schnittstellen 281
– statische Datenelemente 183
– statische Member-Funktionen 182
– Strings 86
– this 178
– throw 699
– Typumwandlung 77, 215
– vector 231
– Vererbung 208
– verschachtelte Klassen 290
– virtuelle Funktionen 211
– virtuelle Konstruktoren 251
Callbacks 287
canRead 820
Canvas 338
canWrite 820
capacity 786
Caret 471
– Position 476
case 826
Casting 213
catch 222, 702, 826
– mehrere Ausnahmetypen behandeln 704
CGI 35
– Skripts 637
changedUpdate 470
char 72, 826
Character 75, 240
charAt 89, 786
CharToByteConverter 348
CharToByteWingDings 348
Check Box 488
CheckBox 398
CheckBoxMenuItem 398
checkError 764
Choice 398
Chunk 368
Class 249
class 65, 138, 826
Client/Server 35
Client-Objekte 138
clone 172, 284
– Object 228
– Serialisierung 789, 814
Cloneable 283, 789

Stichwortverzeichnis

close 741
closeEntry 771
CODE 655
Code
– Benutzeroberfläche und Anwendung trennen 419
CODEBASE 656
Codefehler 693
Collection-Klassen 229
Color 351, 353
COM/OLE-Objekte, Schnittstellen 281
Comparable 279
compareTo 89, 281
Compiler, aufrufen 49
– Fehler suchen 51
– innere Klassen 299
– Installation 38
– mit Platzhalter aufrufen 190
– Pakete lokalisieren 193
– späte Bindung 211
– statische Bindung 211
– Strings speichern 87
Component 398
componentAdded 398
ComponentEvent 397, 398
componentHidden 398
ComponentListener 398
componentMoved 398
componentRemoved 398
componentResized 398
componentShown 398
Console 91
– Benutzeranleitung 91
const 78, 826
consume 432
Container 398
– Komponenten einfügen 387
– Rahmen 319
ContainerEvent 397f.
ContainerListener 398
continue 826
copyArea 373
copyInto 234
countTokens 776
CRC (Cyclic Redundancy Check) 765
createBevelBorder 501
createCompoundBorder 502
createCustomCursor 413, 419
createDefaultModel 477
createEmptyBorder 501
createEtchedBorder 501
createGlue 566
createHorizontalBox 566
createHorizontalGlue 566
createHorizontalStrut 566
createLineBorder 501
createLoweredBevelBorder 501

createMatteBorder 501
createNewFile 822
createRaisedBevelBorder 501
createRigidArea 566
createTempFile 820
createTitledBorder 501
createVerticalBox 566
createVerticalGlue 566
createVerticalStrut 566
CurrentX 342
CurrentY 342
Cursor 412

D

DataIO 782
DataOutput 750
Dateiansichten 631
Dateidialogfelder 625
– Dateiansichten 631
– Dateiauswahl festlegen 631
– Dateimaske 631
– Filter 627
– markierte Dateien holen 631
– Mehrfachauswahl 631
– Verzeichnis festlegen 631
– Verzeichnisse öffnen 632
Dateien 738
– .class 65
– .java 65
– Ansichten in Dialogfeldern 631
– Archivdateien 656
– Attribute 823
– Ausgabestrom 748
– auswählen 626
– Bilder aus Netz laden 367
– Bytecodes 65
– Core Java 40
– Dateizeiger 754
– Datensätze 754
– Datum der letzten Änderung 821
– Dokumentation 41
– Eingabestrom 748
– Existenz prüfen 817
– File.separator 745
– FileReader 760
– FileWriter 760
– Filter 818, 823
– Filter in Dialogfeldern 627
– font.properties 348
– Format serialisierter Objekte 793
– GIF 367
– JAR 656, 678
– Java-Verzeichnisse 41
– komprimieren 43
– Länge 822
– lange Namen 42

– löschen 748, 820
– mit mehreren Klassen 164
– Multimedia 669
– Namen 65
– neue erzeugen 822
– öffentliche Klassen 195
– overview.html 834
– Pfadnamen 821
– PKZIP 43
– Programme 190
– Quelldateien 41
– Ressourcen 586
– Stammdateien 822
– swing.jar 656
– temporäre 820
– Trennzeichen 645, 745
– umbenennen 823
– versteckte 821
– verwalten 816
– Verzeichnisse 818
– wahlfreier Zugriff 754
– Zahlen lesen 746
– ZIP 744, 765
Dateifilter, Beschreibung 632
Dateiströme 754
Dateiverwaltung 816
Dateizeiger 754
Daten, binäres Format 752
– durch Begrenzer getrennt 776
– lesen 751
– private 173
– schreiben 750
– Unicode Text Format (UTF) 751
Datenaustausch, Dialogfelder 621
Datenelemente, geschützte 223
Datensätze 754
– fester Länge 782
– lesen 776
– schreiben 774
Datenströme 750
Datentypen 69
– Basistypen 69
– boolean 74
– byte 70
– C++ 73
– char 72
– double 71
– float 71
– Ganzzahlen 70
– Gleitkomma 71
– int 70
– konvertieren 76
– long 70
– Plattformunabhängigkeit 70
– primitive Typen 69
– short 70

– Speicherbedarf 70
– Strings 83
– Variablen 74
– Variant 70, 236
Datenübertragung, Integrität 765
Datumswerte 151
Day 156
daysBetween 158
Debugger 714
– grafischer von Swing 717
– Haltepunkte 733
– JDB 729
– Programm ausführen 733
– Programm schrittweise ausführen 734
– Quelltext auflisten 733
– Variablen anzeigen 734
– Zeilennummern 733
DebugWinTest 728
DecimalFormat 95, 97, 243
default 826
Definition, Methoden 115
Deklaration, Variablen 74
Dekomprimierungsmethode 769
Dekorationen 319
delete 820
deleteOnExit 820
Desktop, Farben 352
destroy 651
Dezimaltrennzeichen 95
Diagramme, Applet 663
Dialogfelder 603
– Bestätigungs 614
– Datei 625
– Datenaustausch 621
– Eingabe 605, 616
– Ereignisse 622
– erstellen 617
– Info 617
– interne 614
– Kennwort 621
– Meldung 614
– Meldungstypen 605
– modale/nicht modale 603
– Nachrichten 622
– Optionen 604, 615
– Registerkarten 556
– Symbole 605, 615
– vordefinierte 604
Dienstprogramme, javadoc 830
Direkthilfe, Farben 353
dispose 180, 373
Division 79
– durch 0 72
do 826
Document 464
Dokumentation 41

Stichwortverzeichnis

- allgemeine Kommentare 831
- Anker 832
- Ausnahmen 833
- Autoreneintrag 832
- Beschriftungsfeld 832
- erstellen 830
- Hyperlinks 831
- javadoc 830
- JDK 246
- Klassenkommentare 832
- Kommentare extrahieren 834
- Label 832
- Methodenkommentare 833
- Paketkommentare 834
- Rückgabewerte 833
- Schnittstellenkommentare 832
- Serialisierungskommentare 833
- Übersichtskommentare 834
- Variablenbeschreibung 833
- Versionseintrag 832
Dokumente, Anzahl der Zeichen 469
- bearbeiten 477
- Listener 469
- Modell festlegen 477
- Text 469
Dokument-Listener 464
Doppelklicken 411
- Listenfelder 507
DOS-Befehle 44
DOSKEY 48
DOS-Shells 47
Double 240
double 71, 826
do-while-Anweisungen 107
Download 28
draw3Drect 360
drawArc 357
drawImage 372
drawLine 356
drawOval 360
drawPolygon 357
drawPolyline 357
drawRect 359
drawRoundRect 360
drawString 348
Dreifachklicks 411
Dropdown-Listenfelder 524
Durchschuß 343, 347
dynamic_cast 215

E

Echozeichen, Kennwortfelder 478
Editoren, EDIT 48
- Ereignisse 400
- TextPad 39
Eigenschaftseditor 291

Einfügemarke, Position 476
Eingabeaufforderung, Klasse Console 91
Eingabedialogfelder 605, 616
Eingabefehler 693
Eingabehilfen 315
- Mauszeiger 414
Eingaben, durch Begrenzer getrennte 775
- Gültigkeit prüfen 470
- von Tastatur lesen 90
Eingabestrom 738
- Bytes überspringen 740
- Datensätze lesen 781
- Markierung 741
- Objekte 792
- Reader 756
- schließen 741
- verfügbare Bytes 741
- ZIP 769
Ellipsen 358
else 826
EMBED-Tag 58, 652
Employee 163
enableEvents 443
endsWith 89
ensureCapacity 786
Enthaltensein 142
entries 773
Entwicklungsumgebung, einrichten 40
- integrierte 39
Entwurfsmuster 447
- Listener 451
Entwurfsstrategien 144
equals, GregorianCalendar 152
- Object 227
- String 89
equalsIgnoreCase 89
Ereignisbehandlung 376
- Grundlagen 376
Ereignisobjekte 377
Ereignisprozeduren 376
Ereignisse, Aktionen 382
- altes und neues Modell 385
- Änderungen in Dokumenten 470
- Befehlsstrings 380
- behandeln 382
- benutzerdefinierte 437
- Benutzeroberfläche 377
- Bildlaufleisten 397, 530
- des AWT auffangen 721
- Dialogfelder 622
- Dokumente 466, 470
- entfernen 433
- Fenster 390, 397, 403
- Fokus 397, 401
- generieren 380
- Größe geändert 397

– Hierarchie 394
– hinzufügen 433
– IDs 438
– Kombinationsfelder 526
– Komponenten 397
– konsumieren 431
– Kontextmenüs 594
– Kontrollkästchen 397, 490
– Listener 377
– Listenfelder 397, 505
– Maus 397, 410
– Menüs 586
– MessageCracker 721
– Modell 376
– Multicasting 429
– Nachrichten verfolgen 721
– Optionsfelder 493
– Quelle ermitteln 381, 386
– Quellen 377
– Rahmen schließen 324
– Reihenfolge 429
– Schaltfläche ermitteln 379
– Schaltflächen 397
– semantische 396
– systemnahe 396
– Tastatur 397, 404
– Textbereiche 397
– Textfelder 397, 466
– Timer 437
– Typen 443
– unterdrücken 431
– Warteschlangen 432
– zusammenfassen 432
Erscheinungsbilder 314
– ändern 387
– dynamisch einstellen 388
– Echozeichen für Kennwortfelder 478
– gestalten 318
– Metal 318
– Modell/Ansicht/Steuerung 452
– Schaltflächen 446
– Windows 316
Erweitern
– Klassen 139, 202
– Schnittstellen 282
Escape-Sequenzen 73
Escape-Zeichen
– Backslash 745
– Pfadangaben 745
Etch-A-Sketch (TM) 406
EventObject 380, 394
Exceptions 692
exists 820
extends 203, 826
Externalizable 808

F
Farben 350
– ändern 353
– Graphics 336
– Hintergrundfarben 353
– Spezialeffekte 351
– Vordergrundfarben 353
Fehler, behandeln 692
– interne 697
Fehlerprüfungen 170
Fehlersuche 692
– Annahmen 719
– Array-Indizes 695
– Ausgabestrom 764
– Ausnahmen spezifizieren 698
– Codefehler 693
– Dateinamen 65
– Debugger 714
– DebugWinTest 728
– Division durch 0 72
– Eingabefehler 693
– Fehlercode zurückgeben 693
– generische toString-Methode 260
– Gerätefehler 693
– Gleitkommazahlen in Schleifen 110
– Groß-/Kleinschreibung 65
– Inhalt von Komponenten 716
– JDB-Debugger 729
– Konsolenfenster 728
– Laufzeitfehler 698
– main in jeder öffentlichen Klasse 718
– manuelle 715
– nichtinitialisierte Objekte 167
– null-Zeiger 695
– Objektbeschreibung ausgeben 177
– Objektzustand ausgeben 715
– physikalische Grenzen 693
– Programme schrittweise ausführen 734
– Ressourcen 695
– Schutzverletzung 167
– Stack-Protokoll 701, 716
– Strings vergleichen 87
– Typumwandlung 695
– URLs 695
– Variablen ausgeben 715
– Verfahren 714
Felder 139
– private 170
– serialisierbare 809
– statische 181
– transiente 809
Fenster, anzeigen 332
– Benachrichtigungen 429
– Bildlauf 545
– Bildlaufleisten 528

Stichwortverzeichnis

– Ereignisse 390, 397, 403
– Multicasting 429
– nebeneinanderliegende 278
– neu zeichnen 336
– Rahmen 319
– schließen 390
– Symbole 329
– Z-Reihenfolge 278
Figuren 354
– ausfüllen 360
– Linien 354
File 816
File Pointer 754
FileInputStream 739, 744, 748
FileOutputStream 744, 748
FileReader 760, 764
FileWriter 760
fill 570, 574
fill3DRect 361
fillArc 361
fillOval 361
fillPolygon 361
fillRect 361
fillRoundRect 361
Filter, Dateidialogfelder 627
– Streams 744
final 78, 306, 826
finalize 179
finally 706, 826
Fingerabdruck 794
– Versionsverwaltung 812
Float 240
float 71, 826
FlowLayout 456f.
flush 374, 740, 742
Fluß-Layout 455
FocusEvent 397f.
focusGained 398
FocusListener 398
focusLost 398
Fokus, Ereignisse 397, 401
– festlegen 581
– Kontrollkästchen 489
– Listener 402
– Tabulatorreihenfolge 401, 580
– temporärer Wechsel 402
– Traversal-Reihenfolge 581
– unterdrücken 402
– verschieben 401
Fokus-Listener 466
Font 340, 346
FontMetrics 342
for 826
for-Anweisungen 109
Format, Klasse 96
– Richtlinien 98

format 94
Formate, Bilder 367
Formatieren, Ausgaben 93
– Formatcodes 95
– Ländereinstellungen 93
– Prozentwerte 93
– Tausendertrennzeichen 93
– Währungen 93
– Zahlen 93
forName 249, 251
Füllen, Figuren 360
Füller 561
Funktionalität, ausklammern 204
Funktionen 115
– benutzerdefinierte 115
– rein virtuelle 218
– virtuelle 211
– Wertetabelle ausgeben 267

G

Ganzzahlen, eingeben 92
– lange 71
– zufällige 184
Garbage Collection 87
Gerätefehler 693
Gerätekontexte 335
Geschwindigkeit, Ausnahmen 711
– Benutzeroberfläche 316
– Strings lesen 781
– Swing 316
getAbsolutePath 820
getActionCommand 380, 386, 398
getAdjustable 398
getAdjustmentType 398
getAlignmentX 567
getAlignmentY 567
getApplet 675
getAppletContext 671, 674
getAppletInfo 666
getApplets 674
getAscent 347
getAudioClip 671, 674
getAvailableFontFamilyNames 340
getBackground 524
getCanonicalFile 821
getCanonicalPath 821
getCaretPosition 476
getChars 787
getChild 398
getClass 227, 249
getClickCount 399, 419
getCodeBase 669, 671
getComponent 398, 401
getConstructors 256
getContainer 398
getContentPane 335

getCrc 772
getCurrencyInstance 94, 96
getDay 157
getDeclaredConstructors 257
getDeclaredFields 256
getDeclareMethods 256
getDeclaringClass 257
getDefaultToolkit 371
getDescent 347
getDescription 632
getDocument 470
getDocumentBase 669, 671
getElementAt 515
getEntry 773
getExceptionTypes 257
getFamily 346
getFields 256
getFile 631
getFilePointer 755
getFiles 631
getFontMetrics 348
getFontName 346
getGraphics 373
getGregorianChange 154
getHeight 347
getIcon 632
getImage 332, 372, 671, 674
getInputStream 773
getInterface 251
getItem 398
getItemSelectable 398
getKeyChar 398, 409
getKeyCode 398, 409
getKeyModifiersText 398, 409
getKeyStroke 427
getKeyText 398, 409
getLength 469
getListCellRendererComponent 524
getLocation 331
getLocationOnScreen 331
getMaxAscent 347
getMaxDescent 347
getMessage 701
getMethods 256
getModel 517
getModifiers 257, 398, 410
getName 249, 251, 257, 632, 772f., 821
– Font 346
getNextEntry 765, 770
getNextEvent 437
getNumberInstance 94, 97
getParameter 661, 666
getParameterInfo 666
getParameterTypes 257
getParent 821
getParentFile 821

getPassword 478
getPath 821
getPercentInstance 94, 97
getPoint 399, 418
getResource 684
getResourceAsStream 684
getScreenSize 332
getSelectedItem 528
getSelectedText 486
getSelectedValue 510
getSelectedValues 510
getSelection 496
getSelectionBackground 524
getSelectionEnd 486
getSelectionStart 486
getSize 331, 515, 772
getSource 380, 386
getStateChange 398
getSuperclass 251
getText 462, 469
getTypeDescription 632
getValue 398, 427, 534
getWindow 399
getX 399, 418
getY 399, 418
GIF 367
Gleichheit, bei Gleitkommazahlen 110
– Strings 87
Gleitkommazahlen 71
– Division durch 0 72
– eingeben 93
– Gleichheit testen 110
– Runden 79
Glue (Leim) 561
goto 100, 826
Grafikanwendungen 53
Grafikobjekte 335
Grafikprogramme 314
– beenden 322
Graphics 336
GraphicsEnvironment 340
Green-Projekt 30
GregorianCalendar 150f.
– Mitternacht 151
Grid Bag-Layout 555, 567
– Anleitung zum Erstellen 571
– Gewichtsfelder 569
Grid Layout 556
GridBagConstraints 574
gridheight 569, 574
GridLayout 559
gridwidth 569, 574
gridx 569, 574
gridy 569, 574
Groß-/Kleinschreibung 64
– DOS-Befehle 44

Stichwortverzeichnis

– HTML 653
– Java 45
– Parameter an Applets 662
– Pfadangaben 821
Größe, Applets 650
– Benutzerbildschirm 332
– Ereignisse 397
– Fluß-Layout 458
– Komponenten 328
– Komponenten anpassen 458
– neu berechnen 468
– Rahmen 321
– Rahmen-Layout 458
– Schrift 342
Grundflächen 333, 459
– auf Schaltflächen reagieren 380
– Fluß-Layout 455
– Layout-Manager festlegen 461
– Layouts verschachteln 459
– Mauskoordinaten 434
– Schaltflächen hinzufügen 379
Grundlinie 342, 347
Gültigkeitsbereiche
– Blöcke 101
– Klassenvariablen 119
– Pakete 195
Gültigkeitsprüfung 470
– Klassen 807
– Objekte 806
GZIP 765

H

Haltepunkte 733
Hash-Algorithmus, sicherer (SHA) 794
hasMoreTokens 776
Hat-ein-Beziehung 142
Header, Ausnahmen ankündigen 696
HEIGHT 653
Hierarchien, Ausnahmen 694
– Component 555
– Ereignisse 394
– Error 694
– Exception 695
– Reader 738
– Streams 738
– Vererbung 208
– Writer 738
Hintergrundfarben 351
– Listenfelder 524
Höhe, Komponenten 331
– Schriften 343
Holder-Typen 242
HotJava 28
– APPLET-Tag 652
HTML, Applets 634, 652
– Attribute 652

– Konverter 640
– Tags 58, 652
Hypothek 99

I

IDE 39
if 826
if-Anweisungen 102
IFC (Internet Foundation Classes) 315
if-else-Anweisungen 103
ImageIcon 387
implements 278, 827
– übergeordnete Klassen 279
import 192, 827
Importieren, Klassen 192
– Pakete 192
indexOf 89
Info-Dialogfelder 617
init 650
Initialisieren 75
– Applets 651
– Instanzen-Felder 175
– Klassen 178
– statische Felder 182
Initialisierungsblöcke 178
Inline-Funktionen 165
innere Klassen 274, 289
InputStream 738
insert 488, 588, 787
insertItemAt 528
insertSeparator 588
insertString 477
insertUpdate 470
insets 574
Installation, Compiler 38
– Core Java-Dateien 40
– Tools 38
instanceof 215, 827
– Menüs 586
– Schnittstellen 282
Instanzen 139
Instanzen-Felder, initialisieren 175
– Instanz einer Klasse 166
– private 205
– Schnittstellen 283
– speichern 780
– Standardwerte 175
Instanzen-Methoden 117
Instanzenvariablen 139
– public 166
int 70, 827
Integer 240
IntegerHolder 242
interface 827
Internationalisierung, Applets 683
– Ländereinstellungen 93

– Unicode 73
Internet 27
– Applets 634
Internet Explorer 28
– Applets 635
– JavaScript 657
– Konsolenfenster 726
– OBJECT-Tag 652
Interpreter, aufrufen 50
– Sicherheit 645
intValue 244
IOException 696
ipadx 570, 574
ipady 570, 574
isAccessible 262
isActionKey 398, 409
isAltDown 406
isConsumed 432
isControlDown 406
isDirectory 772, 821
isEnabled 331, 426
isFile 821
isFocusTraversable 402f.
isHidden 821
isInterface 251
isJavaIdentifierPart 75
isJavaIdentifierStart 75
isMetaDown 406
isPopupTrigger 399, 594
isSelected 492, 592
isShiftDown 406
isShowing 330
Ist-ein-Beziehung 142
isTemporary 398
isTraversable 632
isVisible 330
item 587
ItemEvent 397, 398
ItemListener 398
itemStateChanged 398
Iteration, Schleifen 109

J

J++ 17
– Schnittstellen 281
jar (Werkzeug) 679
JAR-Dateien 656, 678
– Klassendateien laden 679
– Manifest 770
– Multimedia 670
JarInputStream 770
JarOutputStream 770
Java, Archivdateien 656
– Datentypen 69
– Dokumentation 41
– Entwicklungsziele 19

– Ereignisbehandlung 376
– Geschichte 30
– Groß-/Kleinschreibung 45
– Internet 27, 634
– Interpreter 50, 645
– Klassenbibliothek 314
– Konsolenfenster 727
– Mißverständnisse 32
– Plug-In 636
– Programmierumgebung 38
– Schlüsselwörter 826
– Verzeichnisse 41
– Vorteile 17
– White Paper 19
Java Plug-In, HTML-Konverter 640
– HTML-Tags 652
– Tags 659
Java Virtual Machine, Plug-In 636
– Versionen umschalten 636
javadoc 830
JavaScript 637
– Applets aufrufen 657
JButton 386
JCheckBox 492
JCheckBoxMenuItem 591
JComponent 335
JDialog 620
JDK, Dokumentation 246
– JDB-Debugger 729
– Verzeichnisse 41
JFileChooser 631
JFrame, Rahmen-Layout 457
– Struktur 333
JLabel 484
JList 503, 509, 515
JMenu 587
JMenuItem 588, 590, 596
JPanel 334, 461
JPasswordField 478
JRadioButton 496
JRadioButtonMenuItem 592
JScrollBar 533
JScrollPane 483, 544
JTextArea 482
JTextComponent 462
JTextField 469

K

Kalender, Gregorianischer 154
– Julianischer 154
Kalenderobjekte 150
– Zeitpunkte 152
Kanji 73
Kapazität, String-Puffer 786
– Vektoren 229
Kapselung 139

Stichwortverzeichnis

– Referenzen auf veränderbare Objekte 172
Karten-Layout 556
Kartenstapel 186
– mischen 187
Kataloge, Entwurfsmuster 450
Kennwortdialogfelder, Datenaustausch 621
Kennwortfelder 477
– Echozeichen 478
Kerning 343
KeyAscii 473
KeyEvent 397f.
KeyListener 398
keyPressed 398
KeyPreview 402
keyReleased 398
keyTyped 398
Klammern, geschweifte 66
– Operatorvorrang 82
Klassen 65, 136
– abgeleitete 203
– abstrakte 216, 274
– AccessibleObject 258
– ActionEvent 380
– Adapterklassen 325, 391
– AlarmClock 288
– analysieren 256
– Annahmen (Assertions) 720
– anonyme 325
– anonyme innere 302
– Applet 661
– Arrays 279
– auf Schnittstelle testen 251
– Ausnahmeklassen erstellen 700
– Basis- 139
– Beziehungen 142
– Bytecodes 65
– CardDeck 186
– Character 75
– CharToByteConverter 348
– CharToByteWingDings 348
– Class 249
– Color 351
– Console 91
– DataIO 782
– Dateinamen 65
– Day 156
– DebugWinTest 728
– DecimalFormat 243
– eigene 162
– Eigenschaftseditor 291
– Elemente vergleichen 279
– Employee 163
– Entwurfstips 197
– erweitern 139, 202
– EventObject 380
– Fähigkeiten analysieren 252

– Fehlerprüfungen 170
– File 816
– finale 212
– FontMetrics 342
– Format 96
– Frame 319
– GraphicsEnvironment 340
– GregorianCalendar 150
– Gültigkeitsprüfung 807
– GZIP 765
– importieren 192
– initialisieren 178
– innere 274, 289
– Instanzen 139
– Instanzen-Felder speichern 780
– IOException 696
– JarInputStream 770
– JarOutputStream 770
– JFrame 319
– JTextComponent 462
– Konstanten 78
– Konstruktoren 166
– laden 182
– lokale innere 302
– lokale Variablen 304
– main 66
– Math 79
– MediaTracker 368
– mehrere Schnittstellen 283
– Mehrfachvererbung 274
– Namen ermitteln 249, 251
– neue Instanz erzeugen 250
– Number 243
– NumberFormat 93
– Object 224
– öffentliche 195
– PrintStream 761
– private Felder 170
– Problemanalyse 141
– RandomIntGenerator 184
– Schnittstellenbeschreibung 251
– SerialCloneable 814
– Seriennummern 812
– statische innere 308
– Streamfilter 747
– Streams 742
– String 84
– StringTokenizer 775
– Terminator 325
– Throwable 694
– Timer 287, 438
– übergeordnete 203
– untergeordnete 203
– Vector 231
– Vererbung 139
– Verhalten in höhere Ebene verschieben 738

– verschachteln 290, 310
– Wrapperklassen 225, 240
– ZIP 765
– Zufallszahlen 184
– Zugriffsmethoden 169
– Zugriffsprivilegien innerer 300
Klassenbibliotheken 314
Klassendateien, gepackte 679
– laden 635, 679
– OBJECT 657
Klassenmethoden 115
– statische 183
Klassenvariablen 119
– statische 183
– überdecken 119
Klonen 283
– Objekte 172
– Serialisierung 814
Kodierungsschemas, Tabelle 757
– UTF 751
Kombinationsfelder 524
– Ereignisse 526
Kommaoperator 83
Kommentare 68, 830
– allgemeine 831
– extrahieren 834
– Klassen 832
– Links zu anderen Dateien 831
– Methoden 833
– Pakete 834
– Schnittstellen 832
– Serialisierung 833
– Übersichten 834
– verschachteln 69
Kommunikation, Objekte 138
– zwischen Applets 672
Kompilieren, Bytecodes 65
– mehrere Dateien 190
– Programme 49
Kompilierzeit, Bindung 211
Komponenten, Abstände 457, 557
– ActiveX 659
– aktivieren 331
– anzeigen 330
– Applets 639
– Auswahlelemente 488
– Bezeichnungsfelder 483
– Bildlauf 545
– Bildlaufbereiche 483, 534
– Bildlaufleisten 528
– Breite 331
– Charakteristika 446
– Container 319
– Dialogfelder 603
– Ereignisquellen 401
– Ereignisse 376, 397

– Fluß-Layout 455
– Fokus 401
– Fokus festlegen 581
– Füller 561
– Füllverhalten 574
– Größe ändern 328
– Höhe 331
– in Container einfügen 387
– in Rahmen einfügen 333
– Inhalt ansehen 716
– Interaktion 446
– Kennwortfelder 477
– Kombinationsfelder 524
– Kontextmenüs 592
– Kontrollkästchen 488
– Koordinaten 331
– Layout 454
– Leerraum 570
– Listenfelder 503
– Menüs 582
– neu zeichnen 339
– ohne Layout-Manager positionieren 574
– Optionsfelder 492
– plazieren 457
– Position 331
– sichtbar 330
– stapeln 556
– Symbolleisten 583
– Text markieren 486
– Textbereiche 461, 478
– Textfelder 461
– Timer 439
– Traversal-Reihenfolge 580
– unsichtbare 566
– verschieben 328, 575
Komprimierungsmethode 765
Kongruenzgenerator 183
Konsole, Ausgaben 68
Konsolenfenster 726
Konstanten, Ausrichtung 574
– Bezeichnungsfelder 484
– Bildlauf 545
– Dokumentation 830
– Ereignistypen 443
– final 78
– Fluß-Layout 457
– Füllverhalten 574
– Klassenkonstanten 78
– Listenfelder 509
– Mauszeiger 413
– Schnittstellen 283
– Standardfarben 351
– static final 78
– SwingConstants 483
– Systemfarben 352
– virtueller Tastencode 405

Stichwortverzeichnis

Konstruktoren 166
– anonyme innere Klassen 303
– Standard 176
– Streams 746
– Überladen 174
Konsumieren, Ereignisse 431
Kontext, Applets 671
Kontextmenüs 592
– Ereignisse 594
Kontrollkästchen 488
– Aktionsereignisse 490
– Bezeichnungsfelder 488
– ein-/ausschalten 489
– Ereignisse 397
– Fokus 489
– Menübefehle 590
– Zustand 492
Konventionen, Klassennamen 65
– Namen von Paketen 191
– Variablennamen 75
konvertieren, Typen 240
Koordinaten, Ereignisse 418
– Kontextmenüs 594
– Maus 434
– Position von Komponenten 331
– übersetzen 419
Kopieren 283
– Bildschirmbereiche 373
Kreissegmente 363
Kurzschlußauswertung 81

L

Label 483
label 587
Laden, Bilder 368
Ländereinstellungen 93, 151
– Dezimaltrennzeichen 95
– Gebietsschema 94
– Tausendertrennzeichen 95
lange Dateinamen 42
lastIndexOf 89
lastModified 821
Laufzeitfehler, Ausnahmen 221
– beseitigen 698
Laufzeittypen 249
Layout, absolutes Positionieren 574
– anchor 570
– Ausrichtung 567
– benutzerdefinierte Manager 575
– Bildlaufbereich 537
– Box 556, 560
– dynamische 455
– fill 570
– Fluß 455
– Füller 561
– Gewichtsfelder 569

– Grid Bag 555, 567
– Karten 556
– Komponenten manuell plazieren 556
– Leerraum 570
– Manager 454, 552
– neu berechnen 463, 468
– ohne Manager arbeiten 574
– Optionsfelder 493
– Overlay (Überlagerung) 556
– Padding 570
– Positionsparameter 569
– Rahmen 457, 459
– Raster 555f.
– Standard 457
– unsichtbare Komponenten 566
– verschachteln 459
– Weight-Felder 569
layoutContainer 580
Lebenszyklus, Applets 650
Leeren, automatisches 761
Leerraum, Komponenten 570
Leinwand 338
length 89, 755, 786, 822
Lineale, Bildlaufbereich 537
Linien 354, 356
List 398
list 822
Listen, verkettete 290
Listenauswahl-Listener 505
Listener 377
– Adapterklassen 396
– Aktions-Listener 382
– anonyme innere Klassen 393
– Dokument-Listener 464, 469
– Fokus-Listener 402, 466
– Listenfelder 505
– registrieren 377
– Schnittstellen 395
Listenfelder 503
– Auswahlmodus 509
– Bildlauf 504
– Breite 515
– Doppelklicken 507
– Ereignisse 397, 505
– Hintergrundfarbe 524
– Höhe 515
– Kombinationsfelder 524
– Mehrfachauswahl 504
– Modelle 510
– Werte einfügen/entfernen 515
– Werte wiedergeben 517
– Zeichnungen 517
– Zeilen (bevorzugte Anzahl) 509
Listenzellen-Renderer 518
listFiles 822
listRoots 822

Stichwortverzeichnis

Little Endian-Methode 750
Long 240
long 70, 827
Look and Feel 314
Lotto, Gewinnchancen 115

M

Macintosh 39
main 66
– in jeder öffentlichen Klasse 718
make 191
makeMenu 584
Manifest 770
mark 741
Markieren, Text 485
markSupported 741
Matrizen, Arrays 129
Maus, Anzahl Klicks ermitteln 419
– Bewegungen 400
– Doppelklicks 411
– Dreifachklicks 411
– Ereignisse 397, 400, 410
– Ereignisse unterdrücken 431
– Ereignisse verfolgen 414, 722
– Klicks 400
– Komponente erreichen/verlassen 414
– Kontextmenüs 593
– Tasten ermitteln 411
– Zeiger 413
Mauszeiger, eigene definieren 413
– Konstanten 413
MediaTracker 368
Mehrfachauswahl 111
– Dateidialogfelder 631
– Listenfelder 504
Mehrfachvererbung 210, 274, 278
Meldungen, auf System.out anzeigen 726
– Ausnahmen 701
– Dialogfelder 604
Meldungsdialogfelder 614
Meldungsfelder 604
Meldungstypen 605
Mengenlehre 203
Menübefehle 582
– aktivieren/deaktivieren 597
– Kontrollkästchen 590
– mnemonische Zeichen 596
– Optionsfelder 590
– Schnelltasten 595
– Symbole 589
– Tastenkombinationen 594
– Tastenkürzel 594
– Zustand 592
menuCanceled 599
menuDeselected 599
MenuItem 398

Menüleisten 582
– Rahmen 589
Menüs 582
– Aktionen 427
– Aktionsobjekte 423
– Befehle 427
– Beschriftung 587
– Ereignisse 397, 586
– Erstellungsprozedur makeMenu 584
– Farben 352
– hinzufügen 587
– instanceof 586
– Kontext- 592
– Popup-Menüs 592
– Ressourcen 586
– Trennlinien 588
menuSelected 598
Mergesort 282
MessageCracker 721
Metal 318
Methoden, abstrakte 217
– Accessor-Methoden 154
– Adapterklassen 325
– Argumente 68
– Arrays zurückgeben 127
– auf private Daten zugreifen 173
– Ausnahmen ankündigen 696
– Ausnahmen spezifizieren 698
– clone 172, 284
– copyInto 234
– Definition 115
– dispose 180
– Fehlercode zurückgeben 693
– finale 212
– finalize 179
– format 94
– forName 249
– geschützte 223
– getCurrencyInstance 94
– getNumberInstance 94
– getPercentInstance 94
– globale Variablen 120
– Header 116, 696
– implementieren 116
– Instanzen-Methoden 117
– isJavaIdentifierPart 75
– isJavaIdentifierStart 75
– Klassen-Methoden 115
– Konstruktor-Methoden 166
– main 66, 183
– Mutator-Methoden 154
– new 167
– numerische Argumente ändern 242
– Objektzustand ändern 162
– öffentliche (public) 116
– paint 338

Stichwortverzeichnis

– Parameter 68, 210
– Parameterwerte ändern 162
– pow 79
– private 173
– Problemanalyse 141
– rekursive 120
– return 117
– Rückgabewerte 116
– Rumpf 67
– setMaximumFractionDigits 94
– setMaximumIntegerDigits 94
– setMinimumFractionDigits 94
– setMinimumIntegerDigits 94
– Signatur 211, 278
– sort 126
– statische 181
– Subklassen 204
– substring 84
– timeElapsed 287
– toString 177
– Überladen 174
– Variablen 118
– virtuelle Funktionen 211
– void 117
– Zeiger 266
– Zugriffsmethoden 155
Methodenzeiger 266
Microsoft, Schnittstellen 281
minimumLayoutSize 580
Mischen, Kartenstapel 187
Mitarbeiter 163
Mitternacht 151
mkdir 822
mkdirs 823
Mnemonische Zeichen, Menübefehle 596
– Schaltflächen 597
Modell/Ansicht/Steuerung, Schnittstellen 452
Modelle, Dokumente 477
– Listenfelder 510
mouseClicked 399
mouseDragged 399
mouseEntered 399
MouseEvent 397, 399
mouseExited 399
MouseListener 399
MouseMotionListener 399
mouseMoved 399
mousePressed 399
mouseReleased 399
Multicasting 429
– Timer 440
Multimedia, Applets 668
– Dateien abrufen 669
Multiplikation 79
Mutator-Methoden 154

N

Nachkommastellen 94
Nachrichten, Behandlung 210
– Dialogfelder 622
– Objekte 138, 210
– Vererbungskette 210
– verfolgen 721
NAME (Attribut) 657
Name/Wert-Paare, Aktionsobjekte 427
native 827
Netscape 28
– Applets 635
– EMBED-Tag 652
– Internet Foundation Classes 315
– JavaScript 657
– Konsolenfenster 726
– OBJECT-Tag 652
– Swing Add-On zu Java 1.1 644
Neustart 323
Neuzeichnen, Komponenten 339
– repaint 336
new 122, 827
newInstance 250ff.
nextToken 776
nmake 191
NOT 81
Nothing 149
null 827
NullPointerException 695
NumberFormat 93

O

Oberlänge 342, 347
OBJECT 657
Object 139, 224
– getClass 249
– toString 225
ObjectInputStream 792
ObjectOutputStream 792
OBJECT-Tag 58, 635, 652, 658
Objekte 136, 140
– als Funktionsargumente 160
– anonymer innerer Klassen konstruieren 303
– Arrays 121
– aus Klassennamen erzeugen 250
– Ausgabeformat für Referenzen 804
– Beschreibung ausgeben 177
– Client-Objekte 138
– Constructor 257
– Ereignisse 377, 395
– extern erstellbare 808
– Felder 139
– Field 256
– Grafikobjekte 335
– Gültigkeitsprüfung 806

– im Browser anzeigen 672
– Informationen 227
– innerer Klassen 293
– Instanzen 139
– Instanzenvariablen 139
– Kapselung 139
– Klasse ermitteln 249
– Klonen 814
– klonen 172, 228
– Kommunikation 138
– Konstruktion 174
– lesen 789
– Method 256, 267
– Nachrichten 138, 210
– nichtinitialisierte 167
– Persistenz 799
– Polymorphismus 210f.
– Referenzen speichern 797
– Ressourcen freigeben 180
– Rückgabetyp ermitteln 243
– serialisierbare Felder 809
– Serialisierung 793
– Server- 138
– Sicherheit 806
– speichern 788, 808
– Streams 738
– this 177
– toString 177
– transiente Felder 809
– Typumwandlung 213
– umwandeln 226
– Variablen 147
– vergleichen 227, 281
– Versionsverwaltung 811
– Verzeichnisse 818
– wiederherstellen 808
– Wrapper 240
– zerstören 179
– zur Laufzeit analysieren 258
– Zustand 139
– Zustand ändern 118, 162
Objektorientierte Programmierung 136
– Entwurfsmuster 447
– Fehlersuche 694
– Terminologie 138
Objektströme 788
Objektvariablen 147
OOP 136
– Funktionalität ausklammern 204
– Grundprinzipien 137
– Objekte 140
– Polymorphismus 210
– Vererbung 202
Operatoren 79
– 82
– != 81

– % 79
– & 81
– && 81
– * 79
– + 79
– ++ 80
– += 79
– / 79
– == 80
– >> 82
– ? 104
– ^ 81
– _ 79
– __ 80
– | 81
– ~ 81
– AND 81
– Assoziativität 83
– Bereichsauflösungs 208
– Bitmuster 82
– bitweise 81
– boolesche 80
– Dekrement 80
– Gleichheit 80
– Inkrement 80
– Klammern 82
– Komma 83
– Kurzschlußauswertung 81
– new 122
– NOT 81
– OR 81
– Potenzieren 79
– relationale 74, 80
– ternärer 104
– Ungleichheit 81
– Vorrang 82
– XOR 81
Optionsdialogfelder 604, 615
Optionsfelder 492
– Ereignisse 493
– gruppieren 493
– Layout 493
– Rahmenlinien 497
OR 81
OutputStream 738
Overlay-Layout 556

P

Pac Man 354
package 192, 827
Packages 191
Padding 570
paint 338
paintComponent 335, 339
Pakete 191
– Gültigkeitsbereiche 195

Stichwortverzeichnis

– importieren 192
– lokalisieren 193
– Namenskonventionen 191
– Sicherheit 196
– verschachteln 191
– Zugriff auf java.awt 196
Panel 333
Parameter, an Applets übergeben 661
– Befehlszeile 68
– Methoden 68
– von Webseite holen 666
parse 243, 244
parseInt 244
Parsen, Zahlen 243
peekEvent 437
Peer-Textfelder 314
Persistenz 799
Pfadangaben, absoluter Pfadname 820
– Escape-Zeichen 745
– kanonischer Pfadname 821
– relative Namen 745
physikalische Grenzen 693
PKZIP 43
PlainDocument 477
Plattformunabhängigkeit, Datentypen 70
Platzhalter, Compiler aufrufen 190
play 671
Plug-In 636
Polygone 354
– füllen 363
Polymorphismus 210f., 289
– späte Bindung 211
Popup-Fenster, Applets 666
Popup-Menüs 592
Position, Rahmen 321
postEvent 437
Potenzieren 79
Präzision, Zahlen 245
preferredLayoutSize 579
primitive Typen 69
print 763
println 763
printStackTrace 721
PrintStream 761
PrintWriter 760, 762
private 827
Privilegstufen 646
Problemanalyse, Klassen 141
– Methoden 141
Programmablauf, main 183
– starten 183
– steuern 100
Programme, Applet-Viewer 56
– ausführen 49
– beenden 322
– Groß-/Kleinschreibung 64

– kompilieren 49
– organisieren 191
– Pakete 191
– schrittweise ausführen 734
– starten 183
– Strukturen 64
Programmierumgebung 38
– Windows 95/98/NT 42
Programmierung, generische 226
– objektorientierte 136, 144
– prozedurale 144
– strukturierte 136
Programmstrukturen 64
Property 291
Property Let 156
Property Set 156
protected 223, 827
Prozentwerte, formatieren 93
Prüfsummen, ZIP-Dateien 772
public 65, 827
public static 116
Puffer, leeren 740
Pufferung, Bilder 338
– Bilder laden 368
– doppelte 718
– Puffer erstellen 373
PushbackInputStream 747
putNextEntry 771
putValue 427

Q

Quellcode 65
Quelldateien, analysieren 830
– öffentliche Klassen 195
Quellprogramme, Kommentare für
 Dokumentation 830
Quelltext, Klammern 66
– Kommentare 68
– White Spaces 66
QuickSort 126

R

Radio Button 492
Rahmen, 3D-Effekte 501
– anzeigen 321
– Bildlaufbereiche 535
– Bildschirmauflösung 328
– Container 319
– Farben 352
– Größe 321
– Grundflächen 333
– Informationen anzeigen 333
– Inhaltsbereich 333
– interne Dialogfelder 614
– Komponenten einfügen 333
– Layout 326

– Menüleisten 589
– Panel 333
– Popup in Applets 666
– Position 321
– schließbarer 319
– Stile 497
– Symbole 332, 501
– Titel 502
– Titelleiste 332
Rahmen-Layout 457
Rahmenlinien 497
random 184
RandomAccessFile 754f.
RandomIntGenerator 184
Raster-Layout 555, 556
read 740
readBoolean 752
readByte 752
readChar 752
readDouble 93, 752
readFloat 752
readFully 752
readInt 92, 753
readLine 92, 753
readLong 753
readObject 792
readShort 753
readUTF 753
Rechtecke 358
– erhabene (3D) 360
Referenzen 118
– Ausgabeformat 804
Reflection 252
– Arrays dynamisch erzeugen 262
– Methodenzeiger 266
– Objekte analysieren 258
– Sicherheit 258
– Zugriffsattribute 262
Regeln, Variablennamen 75
Registerkarten, Layout 556
registerKeyboardAction 428
Registrieren, Ereignis-Listener 377
Rekursion 120
– direkte 120
– indirekte 120
remove 238, 477, 588
removeAllItems 528
removeElement 517
removeItem 528
removeItemAt 528
removeLayoutComponent 579
removeUpdate 470
renameTo 823
Renderer, installieren 520
repaint 336, 339
replace 89

replaceRange 488
requestFocus 403, 581
reset 741
Ressourcen, Applets 680
– Fehlersuche 695
– freigeben 180, 374, 411, 651
– Internationalisierung 683
– laden 681
– Menüs 586
– Streams 739
return 827
return-Anweisungen 117
Rigid Areas (starre Bereiche) 561
Rückgabetypen, void 117
Rückgabewerte, Arrays 126
– Fehlercode 693
– Methoden 116
Rückruffunktionen 287
Rückschritt 73
RulerPanel 537
Runden 79
runFinalizersOnExit 180
RuntimeException 695

S

Schalter, -deprecation 376
Schaltflächen, Abstände 562
– angeklickte 379
– Beschriftung 386
– Dialogfelder 606
– Ereignisse 376, 397
– Gruppen 492
– konstruieren 386
– mnemonische Zeichen 597
– Modell/Ansicht/Steuerung 452
– Symbole 386
Schieberegler, Bildlaufleisten 528
Schleifen, benanntes break 113
– bestimmte 109
– do-while 107
– for 109
– Gleitkommazahlen 110
– Iteration 109
– unbestimmte 105
– verschachteln 109
– while 105
Schlüsselwörter 826
– abstract 217
– class 65
– extends 203
– final 78
– implements 278
– protected 223
– public 65
– super 204
– this 178

Stichwortverzeichnis

– void 117
Schnelltasten 595
Schnittstellen 274
– Action 420
– Adapterklassen 325
– Aktionen 420
– AppletContext 671, 687
– AppletStub 687
– Beschreibung 251
– Callbacks 287
– Cloneable 283, 789
– Comparable 279
– DataOutput 750
– Document 464
– Eigenschaften 282
– erweitern 282
– Externalizable 808
– instanceof 282
– Instanzenfelder 283
– Kennzeichen 285
– Konstanten 283
– Listener 377, 395
– Modell/Ansicht/Steuerung 452
– MouseListener 414
– Namen ermitteln 251
– Property 291
– Serializable 789
– Signatur 278
– statische Methoden 283
– SwingConstants 483
– Tagging Interfaces 285
– Timer 438
– TimerListener 287
– übergeordnete Klassen 279
– WindowListener 324
Schriftarten, Graphics 336
Schriften 340
– diakritische Zeichen 343
– Durchschuß 343, 347
– font.properties 348
– Grundlinie 342, 347
– Höhe 343
– installierte 340
– konvertieren 348
– kyrillische 349
– logische Namen 340, 346
– Oberlänge 342, 347
– positionieren unterschiedlicher 342
– Unterlänge 342, 347
Schriftfamilien, Namen ermitteln 346
Schutzverletzung 167
Scroll Pane 479
Scrollbar 398
ScrollPane 545
seek 755
select 486

selectAll 485f.
Semikolon, Anweisungen 74
SerialCloneable 814
Serialisierung, Ausgabeformat für Objektreferenzen 804
– Dateiformat 793
– Fingerabdruck 794
– Implementierung 793
– Klonen 814
– Objektreferenzen 797
– Persistenz 799
– Sicherheit 806
– Sicherheitstips 811
– transiente Felder 809
– Versionsnummer 793
serialver 812
serialVersionUID 812
Server-Objekte 138
set 153, 236
setAccessible 258, 262
setActionCommand 386
setBlockIncrement 534
setBorder 503
setBounds 331, 575
setCaretPosition 476
setCellRenderer 524
setCharAt 787
setColor 353
setColumnHeaderView 545
setColumns 469, 482
setCorner 545
setCrc 772
setCurrentDirectory 631
setCursor 419
setDebugGraphicsOptions 717
setEchoChar 478
setEditable 462, 528
setEnabled 331, 426, 598
setFileFilter 631
setFileView 631
setFixedCellHeight 515
setFixedCellWidth 515
setFont 347, 463
setGregorianChange 154
setHorizontalTextPosition 590
setIcon 485
setIconImage 332
setLastModified 823
setLayout 456
setLength 786
setLevel 771
setLineWrap 482
setLocation 331
setMaximum 533
setMaximumFractionDigits 94, 97
setMaximumIntegerDigits 94, 97

setMenuBar 589
setMethod 771, 772
setMinimum 533
setMinimumFractionDigits 94, 97
setMinimumIntegerDigits 94, 97
setMnemonic 597
setMultiSelectionEnabled 631
setNextFocusableComponent 582
setPaintMode 366
setReadOnly 823
setResizable 332
setRowHeaderView 545
setSelected 592
setSelectedFile 631
setSelectedFiles 631
setSelectionMode 509
setSize 233, 331, 650, 772
setTabSize 482
setText 485
settext 462
setTitle 332
setUnitIncrement 534
setValue 533
setValues 533
setVisible 330
setVisibleAmount 534
setVisibleRowCount 509
setWrapStyleWord 482
setXORMode 366
ShellSort 125, 274
short 70, 827
show 594
showConfirmDialog 614
showDocument 673, 675
showInputDialog 616
showInternalConfirmDialog 614
showInternalInputDialog 616
showInternalMessageDialog 613
showInternalOptionDialog 615
showMessageDialog 613
showOpenDialog 631
showOptionDialog 615
showStatus 672, 674
Sicherheit 23
– ActiveX 646
– Applets 644
– Authentifizierung 808
– innere Klassen 301
– Interpreter 645
– Pakete 196
– Reflection 258
– Serialisierung 806
– signierte Applets 646
Sichtbarkeit 223
Signatur, Methoden 211
– Schnittstellen 278

– sicherer Hash-Algorithmus 794
Simulationen, Zufallszahlen 184
size 231, 232
Skalen, Bildlaufbereich 537
skip 740
skipBytes 753
Skripts 637
SoftBevelBorder 502
sort 126, 128
Sortieren, Array-Elemente 282
– BinarySearch 128
– generischer Algorithmus 274
– Mergesort 282
– QuickSort 120, 126
– ShellSort 125, 274
Spalten, Textbereiche 478
– Textfelder 469
Speicherbedarf, Datentypen 70
– Vektoren 230
Speicherbereinigung, automatische 87
– Objekte zerstören 179
Speichern, Reihenfolge der Bytes 750
Spezialeffekte, Farben 351
Spracherkennung 315
Stack-Protokoll 701, 716
Standardfarben 351
Standardkonstruktoren 176
Standardpakete 192
Standardwerte 175
start 651
startsWith 90
static 827
static final 78
Statusleiste, Browser 672
– String anzeigen 672
Steuerelemente, Bildfeld 460
– Farben 352
– native 316
Steuerungsstrukturen 100
Stile, Rahmen 497
– Symbole im Rahmen 501
stop 651
Streams 738
– Ausgabepuffer leeren 740
– Bytes lesen/schreiben 739
– checkError 764
– Dateien mit wahlfreiem Zugriff 754
– Datenströme 750
– einsetzen 773
– Fehler 764
– Filter 744
– gefilterte 745
– gepufferte 749
– kombinieren 745
– Konstruktoren 746
– mit wahlfreiem Zugriff 780

Stichwortverzeichnis

– Objekte 788
– Objekte lesen 792
– Objekte schreiben 792
– Objekte serialisieren 800
– probeweise lesen 747
– read 739
– schließen 739
– Text 756
– Texteingaben 764
– Threads blockieren 739
– Typen 742
– Verantwortlichkeiten 745
– write 739
– Zahlen lesen 746
– ZIP-Dateien 744, 765
– Zwischenprodukte verfolgen 746
String 787
StringBuffer 781, 786
StringReader 765
Strings 83
– auf Gleichheit testen 87
– bearbeiten 85
– Breite berechnen 347
– eingeben 92
– Ereignisse 381
– Größe 342
– in Großbuchstaben umwandeln 90
– in Kleinbuchstaben umwandeln 90
– in Zahlen konvertieren 244
– Länge 89
– Leerzeichen entfernen 90
– lesen 775, 781
– schreiben 780
– Speicherbereinigung 87
– speichern 87
– Tastencode 409
– Tausendertrennzeichen 243
– Teil-Strings 84
– vergleichen 87
– verketten 84, 225
– Zeichen ersetzen 89
StringTokenizer 478, 775f.
stringWidth 347
StringWriter 765
Struts (Streben) 561
Subklassen 203, 209
– Instanzen-Felder 204
– Methoden der Superklasse 204
substring 90
Subtraktion 79
Sun, HotJava 635
– HTML-Konverter 640
super 204, 827
Superklassen 203
– abstrakte 274
– Namen ermitteln 251

Swing 315, 446
– Add-On zu Java 1.1 644
– Anordnung der Komponenten 580
– Applets 637, 656
– Architektur 446
– Entwurfsmuster 447
– Ergänzung zu Java 1.1 656
– grafischer Debugger 717
– Optionsdialogfelder 604
SwingConstants 483
switch 827
switch-Anweisungen 111
Symbole, Bezeichnungsfelder 484
– Dialogfelder 615
– Fenster 329
– konstruieren 387
– Mauszeiger 413
– Menübefehle 589
– Rahmen 332, 501
– Schaltflächen 386
Symbolleisten 583
synchronized 828
System.out 761
Systemfarben 352
Systeminformationen, ermitteln 329
– Farben 352
– Umgebung 340

T

Tabellen, Arrays 129
Tabstopps, Textbereiche 482
Tabulator 73
Tabulatorreihenfolge 401, 580
Tage, Anzahl zwischen zwei Datumswerten 158
Tagging Interfaces 285
Tags 58
– ALIGN 654
– APPLET 58, 635, 652
– Applets 634
– ARCHIVE 656
– CODE 655
– CODEBASE 656
– EMBED 58, 652
– HEIGHT 653
– HTML 634
– Java Plug-In 659
– konvertieren 660
– NAME 657
– OBJECT 58, 635, 652, 657f.
– TITLE 634
– WIDTH 653
Tastatur, Aktionstasten 409
– Anwendungstaste 406
– Eingaben lesen 90
– Ereignisse 397, 404
– Ereignisse unterdrücken 431

– Fokus 401
– Modifizierertasten 409
– Scancodes 404
– Tastenkombinationen 594
– Tastenkürzel 594
– Umschalttasten 406
– virtuelle Tastencodes 404
– Warnton 473
– Zugriffstasten 46
Tastencode, ermitteln 409
Tastenkombinationen, Bildlaufbereich 537
– Menübefehle 594
– Neustart 323
– Programm beenden 323
Tastenkürzel, Menübefehle 594
Tausendertrennzeichen 93, 243
Teilstrings 84, 89
Terminator 325
Testen, Applets 642
Text 340
– bearbeiten 464, 486
– Eingabezeilen 775
– eingeben 461
– Farben 352
– in unterschiedlichen Schriften 342
– markieren 485
– Schaltflächen 386
– wiedergeben 337
– Zeilen lesen 764
Textausgaben, schreiben 760
Textbereiche 461, 478
– Bildlaufleisten 479
– Ereignisse 397
– markieren 485
– Spalten 478
– Tabstopps 482
– Wortumbruch 482
– Zeilen 478
– Zeilenumbruch 479, 482
TextComponent 398
Textdateien, Datensätze schreiben 774
Texteingaben, BufferedReader 764
– konvertieren 764
– lesen 764, 775
– Zahlen 764
TextEvent 397f.
Textfelder 461
– Aktionsereignisse 466
– Ereignisse 397
– formatierter Text 480
– Kennwortfelder 477
– leere 463
– markieren 485
– Peer 314
– Schrift festlegen 463
– Spalten 462

TextField 398
TextListener 398
TextPad 40, 50
– Applets 59
– Compilerfehler 51
Textströme 756
textValueChanged 398
this 177, 828
Threads, blockieren 739
throw 828
Throwable 694, 701
throws 696, 828
timeElapsed 287
Timer 287, 437
– Listener entfernen 440
– Multicasting 440
– Schnittstellen 438
– verstrichene Zeit 287
TimerListener 287
Titel
– Rahmen 502
Titelleiste, Farben 352
– Rahmen 332
TITLE-Tag 634
toBack 332
toFront 332
Together/J 143
Token 775
Tokenizer 775
toLowerCase 90
Toolkit, Mauszeiger 413
– Systeminformationen 329
Tools, Applet-Viewer 56, 642
– DOSKEY 48
– Editoren 48
– Installation 38
– jar 679
– javadoc 830
– TextPad 39, 642
– Together/J 143
– WinZip 43
Top-Down-Entwurf 144
toString 177, 787
– Class 251
– generische Methode 259
– Integer 244
– Object 225, 228
toUpperCase 90
toURL 823
transferFocus 403
transient 809, 828
translate 357
translatePoint 399, 419
Traversal-Reihenfolge 580
Trennlinien, Menüs 588
Trennzeichen, Applets 645

Stichwortverzeichnis

– Dateien 745
– Verzeichnisse 819
trim 90
trimToSize 231, 233
try 222, 702, 828
– mehrere Ausnahmetypen auffangen 704
Typen, konvertieren 240
– Wrapper 240
Typinformationen, zur Laufzeit 249
Typumwandlung 213
– Ausnahmen 265
– char nach int 73
– Fehler 695
– instanceof 215
– Objekte 213
– Wertebereich 77
– Zahlen in Zeichen 73

U

Überladen 174
Überlagerungs-Layout 556
Uhrzeit 150
Umgebung, Schriften 340
UML (Unified Modeling Language) 143
Ungleichheit 81
Unicode 72
– Buchstaben 75
– isJavaIdentifierPart 75
– isJavaIdentifierStart 75
– keyTyped 406
– Streams 738
– Unterstützung 73
– Zeichensätze 760
Unicode Text Format 751
Unix, make 191
Unterdrücken, Ereignisse 431
Unterklassen 203
Unterlänge 343, 347
Untermenüs 582
updateComponentTreeUI 388
URL 668, 670

V

validate 468
value 242
valueChanged 510
valueOf 244
Variablen 74
– Arrays definieren 125
– final 78, 306
– globale 120
– im Debugger anzeigen 734
– initialisieren 75, 116
– Instanzen-Variablen 139
– Instanzen-Felder 168
– Klassen-Variablen 119

– kopieren 283
– lokale 304
– Namen 75
– Objekt-Variablen 147
– öffentliche 195
– private 195
– zuweisen 75
Variant 70, 236
Vector 232
Vektoren 228
– Anzahl von Elementen 231
– Benchmark 238
– Element anfügen 232
– Elemente einfügen 229, 237
– Elemente entfernen 237
– Größe 232, 233
– heterogene Kollektionen 236
– Kapazität 229
– Kapazität verringern 233
– leeren konstruieren 232
– permanente Größe 231
– Speicherbedarf 230
– Typen 235
– Unterschiede zu Arrays 233
– Wert an Indexposition 236
– Zugriff auf Elemente 233
Vererbung 202
– Entwurfstips 270
– finale Klassen 212
– finale Methoden 212
– Hierarchien 208
– Mehrfachvererbung 274, 278
– Nachrichtenbehandlung 210
– verhindern 212
Vergleichen, Elemente einer Klasse 279
– Objekte 281
– Strings 87
Verketten, Strings 84, 225
Verschachteln, Blöcke 101
– Klassen 290, 310
– Kommentare 69
– Layout 459
– Pakete 191
– Schleifen 109
Verschieben, Komponenten 328
Versionseintrag 832
Versionsverwaltung 811
– serialver 812
Verzeichnisse 738
– aktuelle 192
– Dateinamen auflisten 818
– erzeugen 818, 823
– Objekte 818
– Pakete 193
– übergeordnete 821
– Unterverzeichnis anlegen 822

Viewport 536
Visual Basic, ^ (Potenzoperator) 82
– Auflistungsklassen 229
– AutoRedraw 335
– boolesche Werte 74
– Collection-Klassen 229
– CurrentX 342
– CurrentY 342
– Ereignisse 376
– Fokus 402
– Gerätekontext 335
– GetTextWidth 342
– Grundfläche 460
– KeyAscii 473
– KeyPreview 402
– List-Eigenschaft 506
– Objektvariablen 149
– Operatoren 81
– Paint 335
– PictureBox 460
– Property Let 156
– Property Set 156
– Redim Preserve 231
– Resize 335
– Schnittstellen 281
– Timer 439
– Variant-Arrays 236
– Vektoren 229, 231
VK_x-Konstanten 405
Void 240
void 117, 828
volatile 828
Vorkommastellen 94
Vorrang, Operatoren 82

W

Wagenrücklauf 73
Währungen, formatieren 93
waitForAll 374
waitForID 374
Warteschlangen, Ereignisse 432
– manipulieren 433
– Timer 438
Webseiten 34
– Applets 636
– Aufzählung aller Applets 674
– Plug-In 636
weekday 158
weightx 569, 574
weighty 569, 574
Wertetabellen, von Funktionen ausgeben 267
while 828
while-Anweisungen 105
White Spaces 66
WIDTH 653
Wiedergeben, Text 337

Window 399
windowActivated 399
windowClosed 399
windowClosing 392, 399
windowDeactivated 399
windowDeiconified 399
WindowEvent 397, 399
windowIconified 399
WindowListener 324, 391, 399
windowOpened 399
Windows, Entwicklungsumgebungen 39
– Erscheinungsbild 316
– nmake 191
– Zeichensätze 72
WinZip 43
Wochentag 158
Wörter, reservierte 75
Wortumbruch, ein-/ausschalten 482
Wrapper 240
Wrapper-Klassen 225
– Argumente modifizieren 241
write 741
writeBoolean 753
writeByte 753
writeChar 753
writeChars 753
writeDouble 753
writeFloat 754
writeInt 754
writeLong 754
writeObject 792
Writer 761
writeShort 754
writeUTF 751, 754

X

XOR 82
– Zeichenmodi 364

Z

Zahlen, formatieren 93
– große 245
– in Strings konvertieren 84, 244
– Leerzeichen vor positiven 84
– Nachkommastellen 94
– Parsen 243
– Präzision 245
– römische Zahlzeichen 240
– signifikante Stellen 245
– Tabellen mit festen Spaltenbreiten 96
– Texteingaben 764
– Textformat 756
– Vorkommastellen 94
– wissenschaftliche Notation 96
Zeichen, diakritische 343
– ermitteln 409

Stichwortverzeichnis

– ersetzen 89
– Paare (Kerning) 343
Zeichenmodi 364
– festlegen 366
Zeichensätze 72
– Tabelle 757
Zeichentypen 72
Zeichnen, Bögen 354
– Canvas 338
– Einstellungen 336
– Ellipsen 358
– Etch-A-Sketch (TM) 406
– Farben 336
– Figuren 354
– Leinwand 338
– paint 338
– Rechtecke 358
– Schriftarten 336
Zeichnungen, Listenfelder 517
Zeiger 118
– Arrays 125
Zeilen, Textbereiche 478
Zeilenabschlußzeichen 761
Zeilennummern, Debugger 733
Zeilenschaltung 73
Zeilenumbruch, ein-/ausschalten 482
– Textbereiche 479
Zeit, verstrichene 287
Zeitgeber 437
Zeitzonen 150
Zerstören, Objekte 179

Zinszahlungen 129
ZIP (Klasse) 765
ZIP-Dateien 765
– Aufzählung der Einträge 773
– Dekomprimierungsmethode 769
– Eintrag schließen 771
– Komprimierungsmethode 765
– lesen 766
– nächsten Eintrag lesen 770
– nächsten Eintrag schreiben 771
– Prüfsummen 772
– schreiben 769
– Standardkomprimierung 771
– unkomprimierte Größe 772
ZIP-Eingabestrom 769
ZipEntry 765, 772
ZipFile 773
ZipInputStream 744, 765, 770
ZipOutputStream 744, 771
Z-Reihenfolge 278
Zufallszahlen 183
Zugriff, geschützter 223
Zugriffsattribute, Reflection 262
Zugriffsmethoden 155
– Referenzen auf veränderbare Objekte 171
Zugriffsmodifizierer 65
Zugriffstasten 46
Zusammenfassen, Ereignisse 432
Zustand, Objekte 139
Zuweisung 75